汉字传播史

陆锡兴 著

HAN ZI
CHUAN BO SHI

商务印书馆
创于1897 The Commercial Press

图书在版编目(CIP)数据

汉字传播史/陆锡兴著. —北京:商务印书馆,2018
(2023.11 重印)
ISBN 978-7-100-15614-1

Ⅰ. ①汉… Ⅱ. ①陆… Ⅲ. ①汉字—文化传播—文化史 Ⅳ. ①H12-09

中国版本图书馆 CIP 数据核字(2017)第 297575 号

汉字传播史
陆锡兴 著

商 务 印 书 馆 出 版
(北京王府井大街 36 号 邮政编码 100710)
商 务 印 书 馆 发 行
北京捷迅佳彩印刷有限公司印刷
ISBN 978-7-100-15614-1

2018 年 4 月第 1 版　　开本 710×1000 1/16
2023 年 11 月北京第 2 次印刷　　印张 35
定价:138.00 元

前言

亚洲是世界文字演化的大舞台，西亚是西方标音文字的发源地，东亚是东方标意文字的故乡，两种文字交汇、融合，产生出多姿多彩的民族文字。西方的标音文字起源于西亚的苏美尔文字，由此产生出腓尼基人的楔形文字。它东传希腊，形成希腊文字、斯拉夫字母；西传形成了拉丁字母，它顺利地传遍了西欧和中欧，波斯人借用腓尼基文字造就了古波斯文字，同样出自腓尼基文字的阿拉米文字在东方有很大的影响，后者在西亚形成古希伯来文字、叙利亚文字、巴列维文字、阿拉伯文字、安息文字。安息文字变为萨珊文字，在阿拉米文字的基础上中亚的粟特人创造了粟特文字，花剌子模人创造了花剌子模文字。印度河流域的婆罗米字母改造腓尼基文字和阿拉米文字而来，婆罗米字母有多种变体——悉昙体、笈多体和天城体。婆罗米文字又演变出南亚的巴利文字和卡丹巴文字。在印度北部，在阿拉米文字的基础上，吸收了婆罗米文字的成分形成了佉卢文。西方标音文字分三路传入古代中国，形成各个民族标音文字。中路佉卢文东传，形成了古于阗文、鄯善文；婆罗米文字东播，形成了于阗文、焉耆—龟兹文，焉耆—龟兹文传给回鹘，形成婆罗米回鹘文，以后阿拉伯文字东传，又形成新回鹘文。北路主要是粟特文字传入，突厥文字或多或少受到它的影响，回鹘文实际上是用粟特文字拼写回鹘语，加以必要的改进。回鹘蒙古文字借自回鹘文字，女真人参照蒙古文创制了满文。南路梵文从陆路传入西藏，形成了藏文，元代蒙古人采用藏文字母创制了八思巴蒙古字。另一路传入傣族地区，傣文是在婆罗米文字的基础上创制的。

汉字是独立发展起来的一种标意文字，它在商代就开始从中原向外传播，向四方发展。它的传播途径大致上可分为向西、向南、向北、向东北、向东这五条线路。向西分为两个方向，向西北出河西走廊，有西域诸国；以四川为中心，有古代巴蜀、彝族、南诏和大理；向南有楚、吴越、闽越、南越、西瓯、骆越，壮族、苗族、瑶族、侗族、傈僳族、水族以及越南；向北有白狄、匈奴、西夏；向东北有高句丽、渤海国、契丹、女真；向东有朝鲜、日本、琉球。周边民族对汉字的利用一般有几个阶段。第一阶段，说汉语，用汉字，有点像现代使用外语一样，汉字与本族语言一点关系也没有。第二阶段，用汉字的假借字或者自造方字来记录本族的部分语言，它常常和汉语混合在一起使用。第三阶段，创制民族文字，全面地记录本族语言。这三个阶段并不是每个民族必须经历的，而是根据与中原的密切程度，有所区别。可以这样说，走到第三阶段的民族必定建立独立政权，但是，建立政权的民族未必都会走到第三阶段。日本、朝鲜和越南属于前者，而中国的地方民族政权情况比较复杂。大唐是一个强盛的朝代，周边的民族不管建政与否，都使用和中原统一的汉字，没有创制自己的民族文字。宋代积弱，契丹、西夏、女真与宋对峙，先后创制了民族文字。南方几个少数民族长期以来与汉族和睦相处，生活在同一个政治背景下，没有必要创制完备的民族文字。另外创制民族文字和民族的语言有关，在语言谱系上与汉语比较远的民族，尽管吸收了大量汉语词，但是本族语言中的固有词汇、语音结构不同，语法的差异很大，所以不便使用现成的汉字，更适宜另创新的文字。非汉藏语系的民族语言，都采用与标意汉字不同的标音文字，如朝鲜的谚文、日本的假名、契丹的契丹小字和女真小字。日本假名取法梵文、契丹小字取法粟特回鹘文、谚文取法汉字反切，都是用汉式字形做外壳而标音。中国南方少数民族壮族、苗族、瑶族、侗族、傈僳族、白族均在汉藏语系之内，对本族语言来讲，利用汉字的方字就可以解决语言上的差异。西夏和彝族是在汉字传入后另创民族文字的，不过两者都没有走标音文字的道路，而是采用与汉字一致的标意文字体系，特别是西夏文字，虽然部件与通行汉字不相像，但是制度上有许多共同点，由独体和合体两个部分组成，合体字的主要构成方式也是会意、形声。越南语的谱系分类现在倾向属于南亚语系，可是又具有汉藏语系的某些特点，所以喃字只是在汉字框架内，采取方字形式的文字。

汉字传播不同于西方拼音文字的传播，首先，有使用汉字历史的民族，即使自创了民族文字，也不切断与汉字的关系，契丹、西夏都实行汉字、民族文字的双字体制，女真一度实行包括契丹字在内的多字体制。朝鲜、越南在推行民族文字之后，汉字依然是当地的正式文字，社会上层还在使用，许多重要的文件也使用汉字。日本用汉文和读等办法，让使用日文的人通晓汉字文献。汉字是标意文字，它的文字构造不仅只是读音，还自然而然地带有一些意义，在接受汉字的同时，也接受相关的观念。同时，汉字与汉文化相表里，汉字的传播无不以中原文化为先导，中原的政治制度、礼仪风俗、生活方式、物质文明先行进入，然后才是汉语汉字，导致民族文字的产生。这样汉字扎根在文化的沃土之中，根基特别牢固，时时刻刻会突显出来。所以，有汉字使用史的民族与汉民族在文化上的认同感远远超过西方民族。

可以看到，汉字的传播不仅仅是一个语言文字问题，更是一个历史文化问题。如果不把它放在这个大背景里来考察，肯定是行不通的。

汉字传播问题是一个复杂的问题，第一，要整理出传播的路线和时间，即传播的地理走向和传播的历史时间。第二，要弄清传播的状态，该民族如何使用汉字和使用的范围。第三，民族文字的创制，弄清民族文字的蓝本是什么，是一元的还是二元的，或者多元的。这些问题虽然在以前有所涉及，但是都不明确，没有做过仔细的、踏实的研究。本书希望能一一回答这些问题，当然，对未知的探索有一个过程，这既取决于笔者的能力，更取决于客观条件。

我对汉字传播史的研究是在20世纪80年代开始的，这个时期有两个领域取得了显著的发展。在考古方面，各地的考古发掘发现了大量文物，特别是文字方面，尤其在西北和东北的少数民族地区。这些文字资料对研究西方标音文字东播和汉字在东亚的传播，都提供了真实的历史轨迹，为我们的研究铺设了道路。在民族古文字方面，它的发展突飞猛进，在西夏文、女真文、契丹文三大块获得了根本性的突破，同时，在宏观的体系和微观的语词考释方面也有可观的探索。同时对南方的少数民族的古文字研究虽然规模不大，但有持续不断的探索，以及有新的材料不断出现。这两方面的成果是展开深入研究的基础，使本书具有较高的起点，把力量集中于传播本体上，解决一些疑难问题。

文字学到了今天，已经形成了很多分支。汉字传播史属于汉字史的内容，但是它所涉及的范围不仅有中国民族古文字，也有一些东亚民族的文字史，所以它也是世界文字史的组成部分，而且是主要的部分，因为它代表了完整的东方标意文字的历史。按照文字学的分类，汉字传播史只能是汉字向其他民族传播的历史，不包括本民族之内的各种民俗文字现象。这样一向视为民族古文字的女书，我认为只是由通行汉字演变而来的女性隐秘字，当然不在本书范围之内。我在已经完成的《汉字民俗史》这部民俗汉字学著作中，专门为女书安排了一个章节。

目 录

目 录

第一章　汉字的形成和发展

第一节　汉字的统一

一　夏商已有成熟的文字

夏朝自公元前21世纪立国，延续了400余年，它的灿烂文化在历史上留下了光辉的一页。这个国家是以部落联盟为基础形成的，政令、文化的统一程度还相当有限，根据现有材料，难以全面了解夏朝的文字情况。

夏代文字原是个谜。《尚书》中的《虞夏书》记载了夏代以前的尧、舜、禹的情况，但经过宋以来研究考证，认为诸如《尧典》《皋陶谟》《禹贡》等最早不过是战国人所作，否定了夏人撰述的可能。《夏小正》《夏书》虽然记录了夏代的科学知识，但也不能作为夏代文献的依据。因此，从文献方面无法证明夏代文字的存在。衡山岣嵝碑曾疑为禹治水时所刻，称之“神禹碑”，可是后人多认为伪刻，今人则考为战国所刻。总之，也不是夏代文字。对夏代文字的认识是近年来对夏墟发掘之后才逐渐清楚的。

《世本》：“夏禹都阳城。”现今河南西部的河、洛流域是夏人活动的中心区域。20世纪50年代初期，人们发现了河南登封的王村遗址；在偃师二里头，发掘到了这类文化的典型遗址，称之为“二里头文化”。它时间晚于河南龙山文化，分布与传说的夏人活动地区大致相同，因此被确定为夏文化。在这片夏文化遗址中，已经几次发现夏代文字。1977年秋至1978年夏，陕西东部商县紫荆二里头文化遗址出土了一些带刻画符号的陶片，除一片为陕西龙山文化的刻符，其余四个为夏代文字。这四个字，一个在残陶片上，三个在磨光陶觚的下部两侧及器底。据发掘者研究，刻符中“”与商代甲骨文“”基本相似，定为“交”字，“”与甲骨文“”相似①。偃师二里头文化遗址陶器刻画符号比较丰富，绝大部分都刻在大口尊的内口沿上，有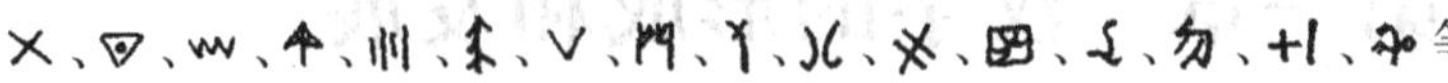等，其中很可能只是一般的刻画符号②。登封王城岗遗址是临河的一片台地，很可能就是阳城旧地。1977 年以来，对此地距今 4000 余年的小城遗址作了大规模发掘，也发现了一些夏代文字，这些字刻在盘、豆、罐之类陶器的底部或肩部，多为烧制前刻画的，有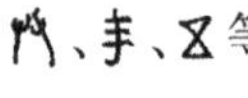等③，其中字与殷商甲文、西周金文的“共”字相似，或许就是这个字。这个字字形清晰，笔形生动，由此可见夏初已经有很成熟的文字了。

商代文字资料比较丰富，不仅有商代后期的甲骨文，而且有前期的甲骨文、陶文。从地域方面说，既有商代都城的文字，也有方国的文字。这样，我们就可能比较具体地研究商代文字的统一情况。商本是夏在黄河下游的夷人方国，后来不断地向黄河中游扩展领土。商汤都于亳（今河南商丘北）④，接近夏朝的政治中心，应该说在文字使用上受到了夏的影响。郑州二里岗（原为“冈”）早商遗址出土了一些陶文，它们绝大部分是刻画在已烧成的大口尊的口沿里边，极少数刻在其他器皿的口沿上。陶文的字形比较简单，似乎是数字。遗址发现两块字骨，一块刻“又㞢土羊乙贞从受十月”等字，显然属于习作一类的作品。无论从行款还是字形看，与商代后期的卜文都基本相同，说明商代文字的一贯性⑤。中国历史博物馆收藏一只铜鬲，高裆空尖足，具有二里岗时期的风格。内壁近口处有一字，有人定为“戊”，有人定为“亘”⑥，但是它和甲骨文不同，是一种特殊的象形字。

① 西安半坡博物馆王宜涛《商县紫荆遗址发现二里头文化陶文》，《考古与文物》1983 年第4 期。
② 中国科学院考古研究所洛阳发掘队《河南偃师二里头遗址发掘简报》，《考古》1965 年第5 期。
③ 李先登《夏代有文字吗》，《文史知识》1985 年第 7 期。
④ 一说亳都在郑州商城，参见邹衡《郑州商城即汤都亳说》，《文物》1978 年第 2 期。
⑤ 参阅河南省文化局文物工作队《郑州二里冈》，科学出版社，1959 年。
⑥ 石志廉《商戊鬲》，《文物》1961 年第 1 期；张既翕《商戊鬲商榷》，《考古》1964 年第 9 期。

商灭夏之后，大大地扩展了商王朝的统治区域，幅员辽阔，据有今河南、河北、山东、山西、陕西、安徽、湖北、辽宁的大部以及江南的一部分。此外，还有不少领属的方国。根据目前的考古发掘，在商朝统治及影响所及的广大地区中，使用同一种文字，而且，字形上只是小有差异。

山东桓台史家遗址出土了商代“父癸”铭铜觚，而且还出土了现今最早的甲骨文①。

河北藁城台西村是一个重要的商代遗址，它出土的遗物中有漆器残片、丝织物痕迹以及著名的铁刃铜钺，反映了这一地区的较高物质文化水平。1973年，在这个遗址中又得到了12片有字陶片，这些字原来分别刻在瓮的肩部、豆的圈足、簋的口沿、罐的腹部等处，是在未烧制之前刻上的②。这些字具有族徽性质，因此是用了一种象形书法，有原始文字的色彩。尽管如此，还是表现出与二里岗、殷墟文字的一致性。例如：

“止”台西作“”与“”，商代《沚爵》也作五趾。商代的铜器文字某些部件有四趾写法。在殷墟卜辞中也有把“止”写成类似台西，作“”，如《甲》2378，《乙》8502，8674。

“大”台西作“”，与商代甲文相同。

“臣”台西作“”，与商代甲文相同。

“巳”台西作“”，商代甲文和一些铜器陶器的铭文中“祀”字所从“巳”，有此写法。

“刀”台西作“”，此为象形字，《遗文》9.30“刀爵”写法与此相同。

“干”台西作“”，和商代甲文相同。

台西文字是二里岗文化之后、殷墟之前的字形，反映了早商文字到晚商文字的过渡，是统一的商代文字一个发展环节。

① 《山东出土我国最早的甲骨文》，《新民晚报》1998年4月4日。

② 河北省博物馆、河北省文管会台西发掘小组《河北藁城县台西村商代遗址1973年的重要发现》，《文物》1974年第8期；季云《藁城台西商代遗址发现的陶器文字》，《文物》1974年第8期。

1973年到1975年，江西清江（今樟树）吴城村商代遗址进行了四次考古发掘，发现了近140个文字和符号，它们都是刻在陶器底部或口沿内侧的[①]。至于文字的年代，看法有分歧，考古工作者把它分成三个层次，第一期相当于郑州二里岗的早商，第二期相当于殷墟早期的商代后期，第三期约在商末到周初。而赵峰通过陶文同甲骨文、金文的比较，认为陶文与中晚期殷墟卜辞相同或相近，下限不超过殷墟卜辞的晚期，即商代后期[②]。

吴城商代陶文是除殷墟甲骨文之外的重要发现，这不仅因为字数多，字形面貌清楚，还因为它有5个字以上的文字组合。清江吴城地处江南，远离殷人活动的中原地区，所以唐兰认为第一期陶文内可能有失传的其他民族的古文字[③]。但是，就初步考证研究的成果来看，吴城陶文与中原殷商文字相吻合的不少。

现在见到的商代文字还有湖南宁乡黄村出土的人面方鼎，上有“大禾”二字[④]。山东益都（今青州）苏埠透雕人面形大铜钺，上有族徽铭记[⑤]。河北磁县下七垣出土一批青铜器，其中一件夔龙纹簋的圈足内有一“受”字，一件觚圈足内也有一“受”字，另一件觚圈足内有一“启”字[⑥]。所有的文字字形都与殷墟甲金文字相同，并没有一点地方色彩。

这是一个很值得注意的问题。

古代中国广阔的土地上竟有这样高度统一的文字，可这并不是发生在一个统一的国家里。藁城台西遗址青铜器存在北方少数民族文化的因素，有北方“鄂尔多斯式”的鹿首铜弯刀，羊首曲柄短剑，连铁刃铜钺也与安阳大司空村发现的铜钺不相同，这可以说明台西与殷商有别，很可能是北方边地的一个方

---

① 江西省博物馆、北京大学历史系考古专业、清江县博物馆《江西清江吴城商代遗址发掘简报》，《文物》1975年第4期；江西省博物馆、清江县博物馆《江西清江吴城商代遗址第四次发掘的主要收获》，《文物资料丛刊》第2辑，文物出版社，1978年。

② 赵峰《清江陶文及其所反映的殷代农业和祭记》，《考古》1976年第4期。

③ 唐兰《关于江西吴城文化遗址与文字的初步探索》，《文物》1975年第7期。

④ 高至喜《商代人面方鼎》，《文物》1968年第10期。

⑤ 山东省博物馆《山东益都苏埠屯第一号奴隶殉葬墓》，《文物》1972年第8期。

⑥ 罗平《河北磁县下七垣出土殷代青铜器》，《文物》1974年第11期。

国。江西吴城遗址的文化也有其本身的一些特点，如中原地区未曾见过的，由变体云雷纹组合的兽面纹样、圈点纹及硬陶、釉陶和原始青瓷。这些特点可以表明，吴城在殷商时期还只是一个方国，很可能存在于荆楚之地。山东益都的苏埠屯之地与文献记载的薄姑相近，大概是古薄姑之地。以上事实反映了殷商文字已经是古代中国广袤土地上各个氏族方国的共同文字，而文字的统一程度要超过政治上的统一。

代殷而起的周原为殷的一个方国。周人起于西方的陕甘一带，古公亶父为对付鬼方等戎狄部落，臣服于商。季历即位后积极吸收商人的文化，并对邻近的戎狄进行讨伐，逐渐成为一个强大的方国。经过文王的经营，武王征伐，终于取代殷商，建立了周朝。“周因于殷礼”，周全面地继承了商政治、文化，因而周代的文字和商代的文字是一脉相承的。从商末到西周的铜器铭文看，不仅字形，而且风格都相沿袭，笔画有粗有细，间或有成块面的笔迹，象形的意味也比较重。那么，文字的继承关系是否仅限于这类典雅的礼器铭文呢？西周在继承商代文字之后，依然保持了王室与众多诸侯国之间在文字上的统一性。这一点，如果我们比较西周的各种铭文的话，同样也可以得到相同的结论。

二　文字纷乱的战国

春秋战国是文化空前繁荣时期，随着中原文化的扩散，周人的文字更广泛地为各地人们使用。在这段时期，中国的政治形势发生了很大的变化，周王室渐趋腐朽衰落，西周末期，宣王虽取得赫赫武功，却挽回不了颓势，终于一蹶不振。春秋霸王迭起，王室权威丧失，战国诸侯割据一方，周王已经名存实亡。春秋战国权力下移，以周室为中心的一元文化也变为以各诸侯为中心的多元文化。这样，周王室对文字的规范能力不断削弱，最终消失。

就文字本身而言，春秋战国是一个重要的发展时期，处于体制变化的转折阶段。西周末期，文化下移，文字走出史卜之手，走向世俗。文字中古来神秘色彩淡化了，字形中包含的原始意义被人淡忘，人们越来越把文字作为一个词的符号来对待，自然象形性的符号不断地向简练、便于辨认的规则化方向发展。这种发展起源很早。裘锡圭先生指出：“西周金文形体演变的主要趋势是线条化、平直化[1]。”变化的结果是象形程度降低，书写起来比较方便，由此产生了一个体制变革的趋向。具体地说它表现在书写形式和表达形式这两个方面。

书写线条化、平直化是一种简化的倾向，都是从笔画简练方面去考虑的。此外，还有结构部件上的简化，即省略，以简代繁。这种简化由书写的草率引起，逐渐积累成为一种社会承认的草写形式，我们称之为“草体”。草体是依附于正体的书体，但又会不断地影响甚至改变或替代正体的某些成分，逐渐地推动正体的发展。就标形文字来说，自然象形的字形存在着向符号化、抽象化字形发展这样一个积量变为质变的过程。

另一方面，假借和转注在使用的过程中也起着一些微妙的变化。假借字的使用越来越频繁，由随意借用渐渐趋于稳定，因而引起文字表达方式、生成方式诸方面的质变，造成了表意和表音兼顾的形声字，从而把标形文字推向形声文字。总而言之，从春秋末期到战国末期，汉字发生了剧烈的变化，它是一种文字体制的变化，用传统的说法来讲，正处在隶变阶段。

春秋战国时期，政治上的分裂使文字失去了统一的规范，各个诸侯国都要依照自己的地方习惯指导文字的发展方向，而所谓的“文字异形”正是以政治为外因和以隶变为内因这样的双重因素共同影响的结果。

在西周末期的宣王时期，史载曾有过一部字书，即著名的《史籀篇》[2]，其文魏晋时期全部亡佚，在《说文解字》一书内只留下少量字形。从文献记载可知，《史籀篇》共 15 篇，4 字一句，有韵，估计 200 字一篇，全文共 3000 字左右；因为复字较多，实际字数要少于 3000 字。《汉书·艺文志》云：“周宣王大史作大篆十五篇”，“《史籀篇》者，周时史官教学童书也”。上古史官掌史、掌书、掌卜、掌教，所以编字书授学童是史官本职。西周史官活动具有很重要的作用，作为各诸侯国尊奉的天子之国，其字书《史籀篇》应该是文字规范性的著作。可惜的是当时西周已经衰落，东迁洛邑，苟延残喘而已，《史籀篇》只流行于宗

① 裘锡圭《文字学概要》，商务印书馆，1988 年。

② 《史籀篇》已佚，但据笔者研究，睡虎地秦简中《除害篇》即《史籀篇》之一篇。

周故地，不行于东方诸国。秦得西周旧地，继承了西周《史籀篇》的文字规范，而东方诸国则各行其是，离西周文字的规范越来越远。结果是“诸侯力政，不统于王”，使周王室失去文字规范统一的作用，形成了“文字异形”的局面。

一般认为，当时的文字异形是指六国的同字异体，这种理解实际上是相当片面的。其实，文字异形的含义不仅指六国之间的异体，也包括一地之内的异体；而异体的内容也绝非后世的狭义的形体差异，还应包括古代汉字特有的使用假借、转注方法形成的字形差异。前面已经讲过，春秋战国以来，汉字处于大变革之中，就文字内部来讲，草体是一个非常活跃的因素，草体对正体而言，是两种字体，但因为草法不同，一字的草体往往有几个，这就形成了多种并存的异体。这种情况在春秋后期的侯马盟书中比较典型①。

以“其”字为例，石鼓文为正体，盟书的草体有笔顺连写不同形成的异体、有省略部件笔画形成的异体、、、、、、等(当然这些省略草体中也包含了笔顺连写不同的因素)。“晋”字的草体也有多种，如、、、，同“其”字的情况差不多。

古汉字还有一种加笔加符号的习惯，虽不能算作草体，但像草体一样也会构成文字的异体。我们还是以侯马盟书为例。如“人”，即写作“”，又写作加笔的“”“”(可能是出于同“人”字的区别吧)。当然，更多加笔的原因是不明的，如“身”，既写作“”“”，又加“口”作“”。如“不”，既作“”，又加笔作“”“”。晋地的文字异形情况是严重的，它会给文字使用带来不便。这种一地的文字纷乱现象不仅构成了文字异形的主要部分，而且还是造成异地异形的重要原因。上述春秋末期“其”的并存异体，到了战国时期，楚地多用省体“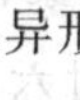”，而秦地多用“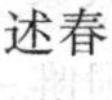”。原来“不”也有一地并存的异体，到战国时期则成为异地异体：楚地多用加笔的“”，中山国作“”，而秦地用“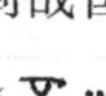”，

① 山西省文物工作委员会《侯马盟书》，文物出版社，1976年。

形成文字字形不统一的局面。不能否认,异地异体相当一部分是战国时期的产物,因为长期分裂,书写习惯上的差异长期积累,使得字形不统一的现象越来越严重。比较秦与楚,文字的面貌有很大的不同。

标形文字是依靠假借、转注功能来完善其文字功能的,容易造成字形的不统一。我们还是以《侯马盟书》为例,“明”作“盟”义时,有单作“明”的,也有加注“皿”成“盟”的;“俞”作“谕”义时,有单作“俞”的,也有加注“言”作“谕”的。另外,《温县盟书》“谛”字,有的加“心”,有的加“止”“彳”或“辶”[①]。在信阳楚简中,“铺首”之“铺”虽然都用“金”旁,但是用的声旁却不同,出现了“铺”“鈇”两个字形[②]。形声字从转注字逐渐凝固而来,但是,如果转注字作为一个临时性的组合全部变为固定的形声字的话,那么汉字的字形将会十分混乱,其后果也十分严重。

总之,战国期间一地或异地的各种文字纷乱现象是严重的,给汉字的规范性带来了很大的破坏。可以认为,从商周以来统一的文字,在春秋后期至战国时期陷入了分歧混乱之中,成为汉字历史上不协调的一个插曲。

三　秦统一文字

当东土六国文字在文字规范外自由发展之时,西土秦国文字依然沿着西周以来的轨道渐进,到了战国末期,“其文字犹有丰镐之遗,故籀文与自籀文出之篆文,其去殷周古文反较东方文字为近[③]”。秦始皇在公元前 221 年统一中国之后,“一法度衡石丈尺,车同轨,书同文字[④]”。所谓书同文字,其实就是废止六国古文,而独行秦文。许慎《说文解字·序》说:“秦始皇帝初兼天下,丞相李斯乃奏同之,罢其不与秦文合者。李斯作《苍颉篇》,中车府令赵高作《爰历篇》,太史令胡毋敬作《博学篇》,皆取史籀大篆,或颇省改,所谓小篆者也。”

秦统一文字实际上是把小篆作为中国唯一通行的文字。对六国旧地来

---

① 河南省文物研究所《河南温县东周盟誓遗址一号坎发掘简报》,《文物》1983 年第 3 期。

② 河南省文物研究所《信阳楚墓》内“信阳楚简释文与考释”,文物出版社,1986 年。

③ 王国维《战国时秦用籀文六国用古文说》,《观堂集林》卷 7。

④ 《史记·秦始皇本纪》。

说，是废止违离小篆的文字，这无疑是一个很大的变化，对秦地来说，是废大篆而行小篆，其间也有一个不小的变革。小篆是统一文字的基础，而大篆转变为小篆则是书同文字的关键。关于转变的途径史传只有“或颇省改”四个字，过于简略，使人不甚了了，这里有必要对此问题稍加研究。

小篆由大篆转变而来，那么，大篆和小篆如何划分呢？段玉裁云：“大史籀作者大篆，则谓李斯等作者小篆以别之①。”事实上，仅仅把大篆看作《史籀篇》，把小篆看作《苍颉篇》是不够的，确切地说大篆还应该包括与《史籀篇》同时代的文字材料，小篆也相同。因为，《苍颉篇》是秦始皇兼并天下之后编就，可以知道大篆与小篆的分界在秦统一。这样，我们可以在已经发现的古文字中把小篆与大篆区别开来，如睡虎地秦简中战国末年的属于大篆，秦代的属于小篆；石鼓文属于大篆，秦诸刻石属于小篆。有了这些可靠的材料，研究秦文变化就有了基础。

大篆到小篆的变革是一个渐进的过程，它经历了一个相当长的历史时期，在秦统一中国之时，李斯等人加快了这个过程，在演变的总趋势方面，对文字的规范性起了重大作用，但这绝不是几个人在短时间内能够独立完成的。睡虎地秦简基本上是战国末期的秦国文字资料，它的文字面貌虽有商周古文的痕迹，但是更接近统一之后的秦篆，这就反映出它是秦文渐变中的一个阶段，规范整齐的小篆是在战国秦文的基础上发展而来的。秦国各个时期的文字都有其研究考察价值，如战国秦简可以与西周文字比较，同时又可以与秦代小篆比较，借以研究“或颇省改”的条理。

所谓“或颇省改”，改变的是部分文字，不是所有的文字；而且改革的主流是简省。主要表现在以下几个方面：

一是改象形、会意为形声。

这类情况以《说文》籀文与篆文进行比较可以突出地显示出来。如：

籀文“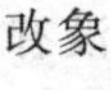”，嗌咽也，上象口，下象颈脉理也。篆文作“嗌”，从口，益声。籀文为象形，篆文为形声。

① （清）段玉裁《说文解字·叙》注。

籀文“”，从二或(段玉裁谓两国相连，举戈相向，乱之意也)，而篆文作“誖”，从言、孛声。籀文为会意，篆文为形声。

籀文“”，与甲骨文“”(前四·一二·三)、石鼓文“”同，以众木表其园囿森茂。睡虎地秦简作“囿”，篆文作“囿”，从口、右声或有声。此由会意而改为形声。

二是改繁重为简略。

段玉裁谓“凡籀文多繁重”，实际上“繁重”包括了两种形式，一种是部件的重复，一种是叠床架屋，结构繁复。前一种情况早就引起人们的注意，而且把它看作籀文形体的特征。如：

籀文从两糸作“”，篆文作“系”。

籀文从两畐作“”，篆文省作“副”。

籀文作“”，篆文省作“車”。

籀文作“”，篆文省作“匚”。

第二种情况字例很多，因而更加富于进步意义。如：

籀文作“”，篆文省“林”作“衺”。

籀文作“”，篆文省“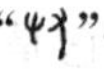”作“登”。

籀文作“”，篆文省“虫”作“鱣”。

籀文作“”，篆文省“虍”作“退”。

籀文作“”，篆文省“人”作“送”。

籀文作“”，篆文省“扌”作“逋”。

三是假借字改用本字。

古文字多假借字，殷商以来直到战国，文字假借的情况并没有根本的改变；秦文虽以严谨称世，但假借字应用同样相当频繁，显示出一定的随意性。我们拿作为字书的秦简《除害篇》为例，可以发现，其中假借字有相当的数量。秦代统一文字，用大量的新造本字取代了假借字，对某些不便用本字取代的假借字，也把假借关系固定化，使之成为某词的正字。这种变化可以说是大篆改变为小篆的最重要内容，因为是一种文字制度上的改革措施。对于古代假借字的确认，当然不能完全以后起的本字作为是非标准，而是根据古文字构形的特点，字形与字义一致的原则，来确认是本字还是假借字。

至少从战国时期起，秦文就在迅速向标意文字过渡，这种进程看来要比东方诸国快一些。从大篆到小篆的变革实际上是一场文字体制的变革，用本字取代假借字只是体制变革的一部分，而其他部分则表现在前述的字形省简等方面。

假借以音为依托，这与标形文字的构形意义是相违背的。通俗地讲，把具有某种意义的字形作为一个标音符号用，会造成使用者了解词义的困难。因此，在假借字上，人们会使用另外一个与所表达词义有关的本字去加以注释，用“六书”的术语来说，这就是转注。随着假借的不断减少，转注字逐渐走向消亡。所谓消亡是指这种功能形态的消失，有些转注字逐渐由临时性的组合转变为形声字。这种代表新的文字体制的结构形式不断地取代代表旧的文字体制的结构形式。

秦代统一中国文字是商、周以来文字规范工作的继续，是在更加广阔的领土上，在文化空前发展的基础上，以强有力的行政命令来推行的文字规范工作。秦代统一文字的意义是深远的，它结束了春秋以来汉字纷乱的局面，推进了汉字体制的变革，确立了汉字的规范。虽然自秦以来的2000多年中汉字形体还在发生变化，文字个体用法有所调整，但就整体而言却是沿袭了秦代文字。

第二节 历史上重要的正字活动

一 俗字的产生

俗字是与正字相对应的概念，正字符合标准，俗字不符合标准，文字的标准晚于文字的产生。文字产生之初，各用各造的文字，使用范围小、人数少，谁也无力树立规范。在文字相当成熟的时代，特别是在政令相对统一的时代，人们需要有一个共同的交流基础，而政治中心便成为树立文字规范的权威，这时正字就可以确立起来，相应地，一些与正字差异的现象也会出现，俗字也就形成了。这个时代我们认为是在商代。商朝统一中原，是一个较为完备的国家形式，为了使文字起到畅通无碍的交际作用，起到记载历史的作用，就必须有一个稳定的、统一的文字规范。因此，无论从必要性，还是从可能性来说，正、俗字发生于商代是可能的。不过“俗字”这种说法出现得很晚，汉代始见史载，南北朝之后才多起来了。

俗字本来不是一种严密的科学概念，它的内涵相当广泛，几乎可以包括一切不合规范的文字现象。同音字假借本可纳入俗字的范围，只是传统把它看成假借或者通假，所以另作专门研究。尽管如此，俗字的内容还是很复杂，我们可以作一些分类研究。一种是字体上的差异，称为俗体。它可以再分为两种，其一只是书体上的不同，如正体与草体的关系；其二是字形结构上的不同，这是俗体中最引人注意的。一种是俗造字，这是指某地区、某阶层自造的字，尽管它的存在有某些合理的因素，但终究对其他地区、其他人无用，因而它只能流行于局部，不能归入正字系统，这种字可以径称为“俗字”，也可以称为“俗造字”。

俗字的来源错综复杂，随时迁变，甚至会与正字换位。

第一是书写上的原因。我们讲的书写是一种广义的书写，不仅指墨书，也包括契刻与模铸等其他表现文字的方法。文字使用的场合不同，书写的要求也会有所不同。例如，庄重的场合只能工整书写，文字字形完备清晰；一般场合则可以随便书写，它可以利用上下文关系识别，在一定限度内，给字形作些变异处理，包括笔画的连接、部件的省略和简化等。这种书写工整与随便的差别，在最初阶段还不能看作正体与俗体的关系，还只是正写与草写的问题。之所以称之为草写而不称草字，因为这是带有临时性的简略书法，有较多的个人随意成分。草写经过相当长的实践，使简略的书法约定俗成，形成稳定的、公认的规则或者凝固的字形，这时，草写才成为草字。据目前发掘的考古资料，汉字的草字最早见于甲骨文，罗振玉《殷墟文契考释》谓古人文字有繁简二体。繁体即正体，简体就是草字。甲骨卜辞用后即弃，为省契刻之功，所以用简略的草字来写。商周的金文大多要记载重大事件，并传之子孙，自然要用严谨的正体书写，但其中也不乏草字。阮元谓乙亥鼎铭文："草篆可识者，'惟王九月乙亥'及'乃吉金用作宝尊鼎用孝享'等字，其余不可尽释，则以其恣意简损之故耳。"从金文中还很难看出当时草字的面貌，而在稍晚一些的墨书资料中则有较充分的体现。这类资料主要是盟书及简牍文字，较有代表性的如侯马盟书、温县盟书、信阳楚简、长沙楚帛画文字等。这些文字的字形简单，省笔画、省部件现象屡见，与正体有较大的差距。裘锡圭指出"应该充分注意甲骨文作为一种俗体的特点①"，又说"西周春秋时代一般金文的字体，大概可以代表当时的正体。一部分写得比较草率的金文，则反映了俗体的一些情况②"。笔者认为，裘锡圭所讲的俗体就是一种草字，可以说，古文字中的草字是俗体的重要部分。

秦汉之后，汉字的字体发生了剧变，古草在草书的轨道上继续发展，大致在武帝之际演变出与隶楷相适应的隶草，也就是后人所说的草书。草书是一种俗体，一般只能日常使用，如西陲军中广泛使用，以应急需。近年在西安市郊的西汉宫殿未央宫遗址内发现了记载物品名称的骨签，其字体也近于章草③。成熟的草书不仅简捷，而且规则较为严格，因而有较高的应用价值④。同时，简略的形体更能表现书写技巧，它的书法艺术性得到了汉代朝野的一致重视。所以，草书在汉代得到很高的评价，应用的范围也大于一般俗书。一度获准书写奏章及其他公文，而在居延简中还有书写经传的草字简。在东汉中期之后，汉草因为规则过严，书写不易，越来越成为使用者的负担，失去了草书简易的优点，终于从实用中退出，成为一种艺术书体，已经不能再以俗体看待它了。

草字的作用还在于它是字体发展的一个最活跃的促进因素。正体的特点就是规范，规范的基础是传统的字形，并要求一丝不苟地认真书写，可见规范性的正体字形倾向于保守，严格的正体可以使字体在很长时期内保持它古来的模样。幸亏止体只是在部分场合使用，否则字形的发展就停止了。草字是

①② 裘锡圭《文字学概要》，商务印书馆，1988年。

③ 《未央宫秘密档案大曝光》，《新民晚报》1989年5月28日第8版。

④ 关于汉代草书情况可以参阅陆锡兴《汉代简牍草字篇》序言，上海书画出版社，1989年。

使用最频繁的字体，它一方面受到正体的约束，另一方面又积极地影响正体。草字总是朝着方便书写的方向发展，在简化、省略和连笔诸因素的作用下，草字形成了与正体不同的字形。这些不同字形的长期存在及广泛使用，会逐渐地渗透到正体中去，从而取代正体的某些字或某些结构成分。正是这种草书成分的积累，使正体处于不断的更新之中，从旧体过渡到新体。前文已经讨论过秦文从大篆到小篆的变革，它是通过"或颇省改"来实现的。

从正体中产生的草字，经过结构上的修正，在使用中加入到正体中去，这是一个不间断的过程。

草字是依附于正体的一种书写体式。在人们的书写实践中，不断地产生新的草字，又不断地消失，逐渐地使草法丰富起来。从草字的历史看，章草之后的草体更多的是作为一种艺术书写形式而凝固下来，具有一定过渡性、临时性。它过渡的方向除了零星地向正体转化外，主要是形成一个新体，这是介乎正体与草字之间而集革新与继承于一身的字体，因此，它具备替代旧正体的能力。此类情况在汉字发展史上曾经不止一次地发生。所谓的隶变，名义上是篆变隶，实际上是篆体通过古草演变为隶书，隶书的直接前身是草字而不是篆书。同样，通常所说汉魏之间由隶书演变为真书，也应该重新认识，事实上，真书由隶草转变而来。比较真书与汉隶八分、草书可以看出，真书更接近草书。真书的"八法"（点画形式）、结构方式都是由草书发展起来的，其中有些字是直接移用草字。汉字的情况是诸体并存，新体取代旧体有一个相当长的过程，在新体未获得合法身份的一段时间内，它只能在一些非正式的场合使用，从规范来说，它只能是俗体。这种命运，无论汉隶，还是真书，都经历过。

草书是一种很活跃的因素，它对文字形体的演进发挥了关键性的作用。在这种演进过程中，草字产生了众多的俗体。草字与俗体有着十分密切的关系。

第二是造字上的原因。要维持一个文字体系，造字是十分必要的。它的主要作用在于随着词汇的扩大而相应地扩大字的个数；其次，随着文字自身的发展，需要用新造字去替代旧字。造字是一个约定俗成的过程，它不是由一人垄断，而是由大家参与。从这个意义来说，人人都可以做苍颉。既然写字者都有资格造字，那么，出于各自的体会、习惯等差异，造字的构形就会产生不了一致的现象。这在造字之初就已存在了。例如园囿之“囿”，有写作“”的，也有写作“”的，前者从木，后者从草，很可能反映了各自不同的生活环境。早期的标形文字是据具体图形造字，因为对象的同一性，致使构形亦多一致；即使不同民族的某些象形字也都会有惊人的相似之处，所以字形不一致的情况还比较少。随着文字由标形到标意的发展，图像性让位于抽象性，标形让位于形声，文字构形的主观性有所增加，选择余地更大，造字的不统一性就更严重了。还是以“囿”字为例，战国之时以形声字取代旧标形字，许慎《说文》所录为“囿”，从“有”声，而秦简为“囿”，从“右”声，“右”“有”读音相同，但字形不同，而当时一度“囿”“囿”并存。再如“册”为简册的象形字，后行会意字。中山王𰯼方壶铭文作“笲”，其中“斤”表示斧斤，“片”表示半木，“竹”表示材料，合起来会劈竹成册之意。马王堆帛书甲本《老子》作“箣”，“析”为分木，从“竹”从“析”也是会意，表示劈竹成册。乙本《老子》又作“笄”，从“竹”从“斤”仍是会意。这三个字会意相似，而造字却有三种。

造字的不统一性会形成众多的文字歧形，造成在正体之外的俗体字。这点与书写因素表面上十分相似，本质是完全不同的。书写因素主要是草写引起的字形变化，它往往是一种破坏性的变化，是一种突变，如果不加限制，会对文字结构系统带来不利的影响。造字因素是按照文字有机系统的生成功能构字，是一种文字正常的、有序的发展现象。按照造字规则，构造之字原则上都可以成为正体，只是正体字有唯一的原则，其余才被确认为俗体。相反，草写俗体和正体的界线相当明显，而且它们只有很少一部分才能取代正体（当然隶变可视为例外）。基于造字的固有功能，它还具有构造新字的能力，而书写因素一般不可能构造出新字，因为它始终是已经存在的字的草写形式。

所谓新字，是指标志某词的、新造的书写单位，它在音、形、义三个方面独立完整。新字产生之后，要经过一个试用阶段，然后才能得到承认，纳入正字系统。在新字的试用阶段，即使广为流行，也只能是一个俗字。例如战阵之“阵”，是取代假借字“陈”的新字，从新出《熹平三年残碑》看，它至少在东汉后期就存在了，但到了400年之后的北齐，人们仍然认为它是俗字。这类俗字现象反映了隶变之后汉字体制的一些特点。战国末期以来，尤其是汉代，为了适应字词合一的需要，一度大量造字，造成汉字数量的急剧膨胀；而为了维护文字的正常功能，又不能不对一些新字加以限制，使这些新字长期处于俗字状态。

第三是方言的原因。中国地域广大，方言自古就有。为了维系各地的语言交流，有"君子安雅①"之说。尽管方言之间可通，但是方言的差别是客观存在的。"言语异声"是一个总的面貌，其内容可以分作两类。一类是语音差异。这种差异是一种有规律的变化，可以类推。颜之推说："南方水土和柔，其音清举而切诣""北方山川深厚，其音沈浊而鈋钝②"。陆法言说："吴楚则时伤轻浅，燕赵则多伤重浊，秦陇则去声为入，梁益则平声似去③。"

这些都是总体上对方言语音类型的描述。这些类型的语音差异，人们在使用中会自动地对应转换，而不显示语音结构的汉字也有充分的余度适应之。因此，不管某一个词在不同的方言中的音读怎样，只要是有规则的，就只需用一个字标志就可以了，方言中有规则的语音变化并不会对文字有特别的要求。

另一类是词汇的差异。词汇差异与语音差异不同，它没有明显的类推规则。《方言·序》云："巡游万国，采揽异言④。"我们讲的第二类问题就是这种"异言"。方言词之间虽然词义相同，但语音形式不同，其实质已经是同义词的关系了。如《方言》卷五："鍑，北燕朝鲜洌水之间或谓之錪、或谓之鉼，江淮陈楚之间谓之錡、或谓之镂，吴扬之间谓之鬲、釜，自关而西或谓之釜、或谓之鍑。""錪""鉼""錡""镂""鬲""釜""鍑"是一物在不同方言地区的不同称名，是一组同义词。方言词之间语音形式不同包含有两种情况，一种是各自称名而其间毫无联系的，另一种是本来属于有规则可类推的，但是由于各种原因而仍看成一个方言词。按照标意文字字词合一的原则，这类方言词就应该

① (战国)荀况《荀子·荣辱》。
② (北齐)颜之推《颜氏家训·音辞》。
③ (隋)陆法言《切韵·序》。
④ (汉)扬雄《方言·序》。

有专字。

方言词的用字情况是比较复杂的。一般来说，对于那些流传不广的词可以用假借字，而流传较广或在某地使用频率较高的词就可能专门造方言字了。《颜氏家训·书证》：

> 或问曰："《东宫旧事》，何以呼鸱尾为祠尾？"答曰："张敞者，吴人，不甚稽古，随宜记注，逐乡俗讹谬，造作书字耳。吴人呼祠祀为鸱祀，故以祠代鸱字；呼绀为禁，故以糸傍作禁代绀字；呼盏为竹简反，故以木傍作展代盏字。呼镬字为霍字，故以金傍作霍代镬字；又金傍作患为镮字，木傍作鬼为魁字，火傍作庶为炙字，既下作毛为髻字；金花则金傍作华，窗扇则木傍作扇：诸如此类，专辄不少。"

在《方言》中看到的方言字是以词为中心展现的，而在《颜氏家训》这一节中则介绍了吴地方言字。可以推想，汉魏之时的方言字是很活跃的。

方言字一般是地方造字，命运是同方言词相联系的。它主要有两种存在方式：当方言词汇为普通词汇所接受，有关的方言字自然也能纳入正字之内。《说文解字》之内的同义字有很大一部分就是方言字转入的。同时，有些方言词在本地区内有重要的使用价值，在其他地区却没有重要使用价值，或者说这些词过于奇特而不能为其他地区承认，那么相应方言字就无法进入正体系统，只能是一种非规范的俗字了。古代曾称之为"俗字"或"土俗书[①]"，我们称之为"方言俗字"，简称为"方字"，它在汉字传播中有特别重要的意义，这一点在后文要专门讨论。

第四是私意改字的原因。文字是全社会的书面交流工具，识古垂今，有巨大的影响，所以历来有人要利用权势改造文字；当然，真正能达到目的的，只有帝王之尊了。秦始皇统一中国文字，也特别关注与他直接有关的字。他自号

① （宋）范成大《桂海虞衡志·杂志》。

皇帝，而见“辠”字近似于“皇”字，就改了一个“罪”字[①]，从出土的秦简看，当时确用“辠”字(后秦碣石改作“罪”字，但是改得不彻底)，此事基本可信。《说文解字》中记载了汉代皇帝的改字之举，“對，从丵、从口，从寸”，汉文帝“以为责对而为言，多非诚对，故去其口以从士也”。造出了一个“對”字[②]。有关“洛”“雒”二字的传说更为离奇。《魏略》云：“(黄初元年)，诏以汉火行也，火忌水，故洛去水而加隹，魏于行次为土，土，水之牡也，水得土而乃流，土得水而柔，故除隹加水变雒为洛。”段玉裁认为是曹丕要改“雒”为“洛”，所以托言汉改“洛”为“雒”[③]。我们撇开这个纠缠不清的例子，看看稍晚的东吴孙休为四个儿子的造字：“孤今为四男作名字：太子名𩅦，𩅦音如湖水湾澳之湾，字𩇕，𩇕音如迄今之迄；次子名𩅟，音如兕觥之觥，字𩃙，𩃙音如玄礭之礭；次子名𩃭，𩃭音如草莽之莽，字昷，昷音如举物之举；次子名𥨫，𥨫音如褒衣下宽大之褒，字𥁭，𥁭音如有所拥持之拥。此都不与世所用者同，故钞旧文会合作之[④]。”孙休造字是为了让人避讳，而理由也很充足：“夫书八体损益，因事而生。”

中国历史上帝王造字规模最大的要数唐代的武则天。唐永昌元年(689年)，武则天称帝，改周正，定年号为载初。下《改元载初敕》云：“自卦演龙图，文开鸟迹，万人以察，百工以乂，所以弘敷政道，宣明理乐。……魏晋以降，代乏名儒，穿凿多门，形声转缪，结造新字，附会其情。古今讹舛，稍益繁布，规画无端平之休，鱼鸟增弃放之容。转相仿效，日滋月甚，遂使后生学徒罔知所据，先王载籍从此湮沉。特创制一十二字，率先百辟。上有依于古体，下有改于新文，庶道可久之基，方表还淳之意。”凤阁侍郎河东宗秦客改造“天”“地”等12字献上，“丁亥(十一月初八)行之[⑤]”。这样就开始了一场造字运动。载初元年(689年)新颁字12个，有“天、地、日、月、星、年、正、君、臣、载、初”，以及武则天自名的“曌”字。天授元年(690年)增颁“授”一字。证圣元年(695年)增

① (清)段玉裁《说文解字注》“罪”字。“始皇以辠似皇字，乃改为罪。”

② 参阅《说文解字》“對”。

③ (汉)许慎《说文解字注》“洛”字下。

④ 《三国志·吴书·三嗣主传》裴注引《吴录》载孙休诏。

⑤ 《资治通鉴·则天后永昌元年》。

颁“证”“圣”及“国”三字。圣历元年(698 年)增颁“人”一字,并再改“月”字。积历年改字之功,共达18字[1]。

18 字按“上有依于古,下有改于新文”的原则,或采古体,或构新字。采自古体有“”(天)和“”(日)两字,“天”为古文无疑,“日”字为当时流传的古本或碑刻中字,与常见古文不同[2]。有些字虽古字中未见,却也模仿古字形体,如“臣”“载”“初”“君”“授”有明显的篆体笔画;而“星”写作“〇”,正是《说文解字》中“星”“象形从〇”。武氏新造字的最大特点是会意。《唐君臣正论》云:“武后改易新字,如以山水土为地,千千万万为年,永主久王为证,长正主为圣,一忠为臣,一生为人,一人大吉为君[3]。”从这些字的寓意看,武则天造字不是为了避讳,而是为了维护皇权的尊严。

武氏新字随新朝建立而令行全国,甚至远及边陲;但武后一死,新字遂废,实际实行时间从载初元年到长安四年,历时 15 年。

南汉刘岩改元白龙,改名龑,企求应龙再现的祥瑞。有胡僧言:“谶书:‘灭刘氏者龚也。’龑乃采《周易》‘飞龙在天’之义为‘龑’字,音‘俨’,以名焉[4]。”刘岩以经义造字,意在求福。

文字是约定俗成的书面交流媒介,帝王虽尊贵至极,但改字造字没有不遇到反对而失败的。裴松之有过一段精彩的批判:“休(孙休)欲令难犯,何患无名,而乃造无况之字,制不典之音,违明诰于前修,重嗤骇于后代,不亦异乎[5]!”帝王造字,随之而废,无法取代正字,其结果只能是作为俗体存于文献,我们可以把它看作俗字中较为特殊的一种。

二　正字与俗字的关系

“正字”的“正”可理解为正确的“正”,也可理解为纠正的“正”;作为前一种

① 参阅施安昌《院藏拓本探讨武则天造字》,《故宫博物院院刊》1983 年第 4 期。

② 按,此日字不见于《说文解字》,却可见于《汗简》。《汗简》古文摘自古籍及碑刻,故可认为引自古体。

③ (宋)赵与时《宾退录》卷五。

④ 《新五代史·南汉世家》。

⑤ 《三国志·吴书·三嗣主传》裴松之注。

理解，正字即规范字，它在形、义方面为人们指出合理的用法。与正字相区别的是俗字和通假字，俗字主要是字形方面存在不规范现象，通假字主要是字义方面存在不规范现象[①]。俗字与通假字一样，它与正字的区别是一种概念上的对立，是规范上的正确与否，不是势不两立的对抗关系。汉字利用同音字关系来协调文字系统，这种协调功能可以使正字与通假字产生易位。俗字也是如此，它也可以在文字系统中得到调整，产生变化。《说文》“癸”篆文作“”，籀文作“”。这就说明，秦地此字，籀文字形为正字；石鼓文中“癸”字写法相同，也可以证明。但是小篆废籀文而恢复古体，在汉代之后，古体字形无法使用，结果还是选用了籀文。这样，就籀文“癸”字而言，就经历了正体、俗体、正体的反复。山东云峰山郑道昭所书刻石，文字中杂厕了不少不合规范的破体省字，如“栖”“来”“乱”“与”“观”“经”“将”等，后来这些字被现代法定的简化字采用了，于是就把俗字变为正字。即使没有发生俗字与正字之间的转换，两者之间也有共存的余地。一种办法是设立一个中间的过渡地带，使部分俗字改属通用字，它既不能归入俗字，也不能归入正字，起了正字的辅助使用。另一种办法是限定俗字的使用范围，在不冲击正字的前提下，有限制地应用。实际上，正字与俗字的关系是十分复杂的，它贯穿了整个汉字的发展历史。

正字是对俗字的制约因素。俗字是俗成，而俗字成为正字则要靠约定，如果不能转变为正字，也是因为受到约定的限制。约定俗成，约定和俗成不同；约定需要权威性，文字规范事关全国，这种权威就必须是国家政权。古代中国的中央政权不止一次地树立起自己的文字规范，商、周、秦、汉、唐，无不尽力于此，甚至以法令来干预。那些半官方或民间的文字规范化活动，也要借助政权的力量来实施他们的主张。总之，正字法是与政权有密切关系的，体现了政权的意志。相反，俗字与社会下层的关系密切，它有利于下层民众对文字的使用。从正字到俗字，社会不同层次态度是不同的，官吏正字规范严，士人稍宽，

---

① 通假字问题可参阅陆锡兴《通假字管见》，《辞书研究》1981年第3期；《试论词典的通假处理及其意义》，《词典研究丛刊》第5辑，四川人民出版社，1983年。

平民则多用俗字。

俗字与正字是一对矛盾，俗字的发展是汉字发展的产物，而正字活动则是伴随俗字发展进行的。在漫长的汉字发展的历史中，俗字诸因素的消长表现出明显的阶段性，这与当时的正字措施是密切相关的。

三　汉代的正字活动

战国古文是由草法省简引起的结构变异，是一种文字的讹变。吴大澂《说文古籀补叙》称之"虽存篆籀之迹，实多讹伪之形"。对秦而言，六国古文实际上是一种地方俗体。因此，秦统一文字，以秦篆为正字，取消六国古文，实质上是一次整理俗字的正字行动。

汉代是汉字史上大放光芒的时代，它在俗字整理及文字规范方面给后世留下了巨大影响。秦汉相承，汉承秦制，于文字体制尤其明显。秦代以强硬法令规范文字，王国维云："自秦灭六国，袭百战之威，行严峻之法，以同一文字。凡六国文字之存于古籍者，已焚烧刬灭。而民间日用文字，又非秦文不得行[①]。"西汉立国，即有关于文字的法令颁布。《汉书·艺文志》载："汉兴，萧何草律，亦著其法，曰：'太史试学童，能讽书九千字以上，乃得为史；又以六体试之，课最者以为尚书、御史、史书令史。吏民上书，字或不正，辄举劾。'"《说文解字·叙》所引此《尉律》稍有不同："学僮十七以上，始试，讽籀书九千字，乃得为史；又以八体试之，郡移大史并课，最者以为尚书史。书或不正，辄举劾之。"近年在湖北江陵张家山西汉初年墓葬内发现与此内容略同的汉律简文[②]，段玉裁认为此律是萧何取之秦法，看来是可靠的。东汉初年，此法又加重视。《汉官仪》载：丞相辟召，刺史、二千石察举，有非其人，书疏不端正，有司奏罪

① 王国维《观堂集林·战国时秦用籀文六国用古文说》。

② 《二年律令·史律》："[试]史学童以十五篇，能风(讽)书五千字以上，乃得为史。有(又)以八體(体)试之，郡移其八體(体)课大史，大史诵课，取最一人以为县令史，殿者勿以为史。三岁壹并课，取最一人以为尚书卒史。"收入张家山二四七号汉墓竹简整理小组《张家山汉墓竹简》，文物出版社，2001年。

名，并正举者[①]。汉代为了规范文字，继承秦法，以字取吏，以字课吏，法令是相当严厉的。武帝时郎中令石建有奏事上，报下后读之，惊恐曰："书马者与尾而五，今乃四，不足一，获谴死矣！[②]"石建误书"马"字的惊惧，证明当时有关文字的法令是严格的，官吏用字是相当谨慎的。正字的律令影响两汉官吏成为风尚。东汉马援南征有功，拜伏波将军。上书诸印文字不正，"符印所以为信也，所宜齐同[③]"。可见其一斑。

秦汉文字相承，不仅表现在以法令推行正字，还表现在沿用秦文方面。秦行小篆主要依靠了《苍颉》诸篇，颁布全国，统一文字。《汉书・艺文志》："《苍颉》七章者，秦丞相李斯所作也。《爰历》六章者，车府令赵高所作也。《博学》七章者，太史令胡毋敬所作也。""汉兴，闾里书师合《苍颉》《爰历》《博学》三篇，断六十字以为一章，凡五十五章，并为《苍颉篇》"。汉初的《苍颉篇》已经发现多处，均为残简，敦煌、居延、嘉峪关及阜阳都有，其中以阜阳简年代最早，字数最多[④]。汉代《苍颉篇》在内容上对秦本略有改动，但是文字面貌变化有限。据称阜阳《苍颉篇》为汉初的秦本，基本上是小篆体式。而西陲发现的《苍颉篇》多在武帝之后，无疑是汉代改编本，字体却明显为古式，有很浓重的篆意。《苍颉篇》文字贯穿了秦汉，汉人沿用了秦字。武帝时司马相如作《凡将篇》，元帝时史游作《急就篇》，成帝时李长作《元尚篇》，除《凡将篇》外，"皆《苍颉》中正字也[⑤]"。其中黄门令史游的《急就篇》影响最大，流行最广，是取代《苍颉篇》的字书，至今西陲已经发现了相当数量的《急就篇》残简。可以说，秦汉时期，字书虽有更替，但文字是一脉相承的秦文正字。

汉代在文字方面的一些规范工作也是在秦文基础上继续进行。首先，继续字形规范，加强文字的统一。秦代是一个十分短促的朝代，后期国家陷入动乱，统一文字的工作不可能是彻底的。出土于文帝时代墓葬的马王堆帛书文

---

① （汉）应劭《汉官仪》佚此文，据《后汉书・和帝纪》注、《窦宪传》注、《太平御览》《北堂书钞》引文汇集。

② 见《汉书・石建传》。

③ 参见《后汉书・马援传》引《东观记》。

④ 阜阳汉简整理小组《阜阳汉简〈苍颉篇〉》，《文物》1983 年第 2 期。

⑤ 《汉书・艺文志》。

字，有楚国文字的遗风，夹杂了不少战国楚文字的特殊写法。这种情况很难说是个别的，至少战国文字异形的影响尚未肃清，字形统一仍需努力进行。东汉光武帝建武三十二年(56年)祭泰山，效秦皇刻石故事，文中说："书同文，车同轨，人同伦[1]。"应该说，光武帝"书同文"，是汉代既定方针的反映。

不过，汉代的"书同文"已经与秦代有所不同，时代在前进，统一的对象也在变化，规范工作自然也有所发展。在西汉前期，进一步推行秦文，从官方到民间都用秦文正字，同时限制、废除六国异文，进一步肃清影响，特别是在各边远诸侯国，古文影响较深，而中央却鞭长莫及。如马王堆帛书中的某些文字现象说明，楚字就存在于楚地的长沙王侯国之内。因此说，西汉时期要彻底消除六国异文残余，也不是一件很轻松的事。西汉中期之后，字形中新滋生的混乱现象很快取代了六国残余异文，成为文字字形统一的主要障碍。这种混乱状态是篆字隶化过程中的必然产物。从篆体结构演变为隶书结构，要经历一个突变，而突变形成俗体，最后才能定出正体。就俗体性质而言，隶字与六国古文并无根本的差异。由于国家统一，号令一出，文字始终有一个中心，所以尽管俗体存在，却还没有六国古文那样严重的异体现象。我们以前文提到的石建及马援二事为例，可以形象地说明隶变形成的异体俗字。石建所惊恐的"书马者与尾而五，今乃四，不足一，获谴死矣！"据服虔解释，"作马字下曲者为五，建时上书误作四。"颜师古说得更清楚一点："马字下曲者为尾，并四点为四足，凡五。"看起来，石建把"马"字下写成了三点。篆书"馬"，曲笔之下本来只有三画，隶书变为三点本来有其合理性，居延汉简中也可以找到相同的写法。问题在于，当时已定四点为正体，所以石建恐怕获罪。马援上书，提到两个字，"臣所假伏波将军印，书'伏'字，'犬'外向"。推想正体"犬"字内向。又"城皋(皐)令印，'皐'字为'白'下'羊'；丞印'四'下'羊'；尉印'白'下'人'，'人'下'羊'。""皋"字从篆到隶变化很大，隶书各体纷出，并存于世，可知在马援生活的东汉初年尚未定出正体。他提出的是齐同，即统一为一个字形。从篆字到隶字，隶化是一个相当长的过程，很多字都不是一次隶化定形的，隶化形成多

① (南朝宋)范晔《后汉书・祭祀志上》。

种不同俗体，有害于文字齐同。由此来看，官方把它作为文字规范的主要矛盾是从现实出发的。

在汉代，经学空前繁荣。由于经学离不开文献与文字，所以，它的发展是文字发展的一个重要因素。而对于文字规范来讲，不能忽视两件大事，即《说文解字》的问世与熹平石经的刊刻。

许慎师从古文经学大师贾逵，后与马融为友，校书东观，整理脱误，是正文字。许慎纂《说文解字》很大程度上是为了明经学。“盖文字者，经艺之本，王政之始。前人所以垂后，后人所以识古，故曰本立而道生，知天下之至啧而不可乱也[①]”。其子许冲也说：“今五经之道昭炳光明，而文字者其本所由生。自周礼、汉律，皆当学六书，贯通其意。恐巧说邪辞，使学者疑。慎博问通人，考之于逵，作《说文解字》，六艺群书之诂，皆训其意[②]。”尽管许慎从五经出发，却立足于文字，制止巧辞邪说，其结果自然要致力于文字规范了。

许慎专古文经学，古文经重六国古文，而汉承秦，是秦篆系统，许慎舍古文而立秦篆，确立了《说文解字》“叙篆文，合以古、籀”的骨架。作为全书的通例，一切以小篆为基础，分析字形，寻求古义，只有在古文字形相异之时才在后面附立。而且以小篆为媒介，明确字义，区别正体与异体，本字与假借字，客观上促进了汉代规范字系统的健康发展。当然，许慎以小篆为体，不能看作是个人的愿望，而是社会的要求。汉代袭用秦篆，存而不废，某些特殊场合，还需使用，而占重要地位的字书《苍颉篇》还是以篆文行世。所以当时人了解篆文，有可能，也有必要。再者，汉行隶书，其源于篆文，纠正俗字，必须从源头出发，作为依据，否则会落入以谬攻谬的境地。更为重要的是，隶书、篆书是汉代法定文字，不论朝野，分别用途。就古文经而言，经文为古字，而传诂用今字，就是说，离开篆隶，古文经也是空中楼阁，无法为人接受，推而广之。因此，许慎以篆为本是时代的必然产物。

《说文解字》对文字的规范作用是多方面的，是秦汉正字工作的继续和

---

① （汉）许慎《说文解字·叙》。

② （汉）许冲《上〈说文解字〉表》。

深入。

一是确定字义，限制同音通用。先秦文字是标形文字，根据词的概念，依靠图画手段来构造字形。由于受到构形条件的束缚，字少于词，这样，就必须把有限的字假借使用，所谓“本无其字，依声托事”，从商周战国的古文字中也可以看到这种情况。秦汉之后，汉字的数量已经大大增加，字与词的标志关系已经趋向固定化。但是，古文字的假借习惯还不能完全革除，这不仅干扰了当时文字体制、文字表达功能，也助长了随意解释经义的风气。许慎以篆字为本，分析字形，作为字义的依据，有些字还引文献或通人为佐证。段玉裁说：“许书每字依形说其本义，其说解中必自用其本形本义之字，乃不至矛盾自陷。”“许之为是书也，以汉人通借繁多[①]”。许书作用早已超出汉代，后人多以《说文》字义为用字准则，使汉字正字与通假字界线清晰。

二是区别正体、重文，排斥俗体。汉代社会处字体纷乱的时期。隶变之间，由草而隶，而新出字体结构破坏严重，讹体蜂出，致使一字之变，别生数字。隶变之间，随着假借功能的废弃，大量新生本字出现，而同一本字，或以构制用意不同，也会杂体并出。武帝以后，古文经学兴起，战国文字得到重视，并且借助经学传播，又使本来已经纷乱的文字更陷于杂乱。要结束这种诸体混乱的局面，也是许慎的一个理想。在《说文解字》中，他把这个理想付诸具体的实践，给汉字字体规范开创了一个新的局面。

《说文解字》以小篆为正，合以古、籀，将异于小篆者附列于下，既以存古，又不使之冲击正字，这是许慎的高明之处。对于正字未明而存在异体的，许慎则用或体指出，这也是当时的实际情况。对于俗体，许慎态度十分明朗，力斥“世间俗字诡更正文，向壁虚造不可知之书”。所以，汉代碑刻中大量俗体字多为《说文》所不录，只有那些于字义、读音有所补益的俗字才能列入，并且冠以俗字，以示区别。当然，尽管这些字是从经籍中来的，却也实在免不了混入汉人新创的俗体。不过数量极少，其影响也相当有限。

汉代的经学十分发达，而经义常常是作为政治措施的依据。由于各家传

---

① （清）段玉裁《说文解字·叙》注。

本不同，文字也有差异，各派纷争不已，为此中央政府采取了一系列措施来统一经籍文字，树立一个权威的本子。章帝建初四年(79年)，诏诸儒在白虎观讲论《五经》异同。建初、元和、永初年间多次召通儒诣东观校定五经，是正文字。在此以后，熹平四年(175年)，汉灵帝乃令正定《五经》，刊于石碑，树之学门，使天下经文取此为标准。熹平石经采用铭刻体，与当时流行的隶书相比，字体更整饬，结构更严正，代表了隶书的正体，这对当时隶变过程出现混乱现象具有规范的作用。

四　俗字泛滥的六朝

东汉之末，八分体刚趋成熟，字形才趋稳定，不久后新的楷书(今隶)又起。楷书与八分、篆书的结构差别还是有很大的。这种变化，依然是一种突变，可以认为是隶变的继续。这样，汉字字体又处在一个动荡阶段，俗体问题又严重起来了。

颜之推说："晋、宋以来，多能书者。故其时俗，递相染尚，所有部帙，楷正可观，不无俗字，非为大损。至梁天监之间，斯风未变，大同之末，讹替滋生。萧子云改易字体，邵陵王颇行伪字；朝野翕然，以为楷式，画虎不成，多所伤败。至为一字，唯见数点，或妄斟酌，逐便转移。尔后坟籍，略不可看[①]。"相比之下，北朝更不如南朝。"北朝丧乱之余，书迹鄙陋，加以专辄造字，猥拙甚于江南。乃以百念为忧，言反为变，不用为罢，追来为归，更生为苏，先人为老，如此非一，遍满经传[②]"。后人整理北朝碑刻，也注意到随意改变字形的现象。当时点画偏旁，随意增减，结构怪诞谬误，触目皆是。"即如造象之中，'區''軀'二字，厥状甚夥：王妙晖造像作'匬'，僧资造像作'𠥔'，赵阿欢造像作'匲'，天河四年造像作'𠱃'，纪僧谘造像作'軀'，清信女杨造像作'軀'，元宁造像作'塸'，路文助造像作'鏂'，曹续生造像作'傴'，郭于猛造像作'摳'。聊举其一，以列其余，则其变态不容可知矣[③]。""南北朝楷书，上承隶书之后，为创造变化

①② (北齐)颜之推《颜氏家训·杂艺篇》。

③ (清)赵㧑叔《六朝别字记·序》。

时期。一字数体，变化多方，有甚于战国时之篆书[①]”。但是，无论南朝还是北朝的俗体字，大多沿承两汉而来。如，“鼓”从“皮”、“离”从“禹”、“席”从“带”之类汉代即有，“匾”字作“匿”，则属篆法。如颜之推都归之于南北朝新生，有失偏颇。当然，由于政权频繁更迭，时逢丧乱，俗字盛行，这也是事实。

对于俗体，南朝承西晋余风，修编字书，除袭用吕忱《字林》、葛洪《字苑》外，有顾野王《玉篇》行世，以类分部，影响较大。同时，新编蒙读字篇也有流传，如东晋王羲之《小学章》为颜之推所引用[②]，梁时周兴嗣《千字文》文辞尤美，据说摹王羲之字迹，流行广泛。这些字书，多多少少能起一些抑止俗字的作用。北朝字学不及南朝，虽然也有编行字书之举，但更重视行政命令。北魏始光二年(425 年)颁新字千余，称“篆隶草楷，并行于世。然经历久远，传习多失其真，故令文体错谬，会义不惬。非所以示轨则于来世也。孔子曰，名不正则事不成，此之谓矣。今制定文字，世所用者，颁下远近，永为楷式[③]”。始光二年(425 年)新字，有人认为是专辄造字，别字之源[④]，也有人认为“实乃厘正字体[⑤]”。我认为，后说较优。北魏之世，处于隶转楷之际，讹体俗字并出，与战国之时相像。始光新字作为楷式，有点秦统一文字的意味。至于新字具体情况，推想是区别于八分的新楷体，与南朝新行书相近，但形体工整；这种字体即魏体，是唐楷的前身，它是通过一千余新字来实现的。颁布了作为标准字形一千余字，不仅规定了这些字的写法，也规定了新体字的基本结构和笔画写法。

五　唐代楷体正字的确立

南北朝后期，南风北渐，南北书风交流融合，都向现行楷体靠近。隋统一中国，楷体已经形成，隋初开皇六年(586 年)的《龙藏寺碑》文字楷法成熟，全脱汉隶、魏体余风。唐代是一个伟大的时代，而形成比较完善的文字规范也正

① 可参阅孙贯文《龙门造象题记简介》内“别字”一节，《考古与文物》1983 年第 6 期。

② (晋)王羲之《小学篇》。一说为吾下邳史王义所作。

③ 《魏书·世祖记上》。

④ 参阅孙贯文《龙门造象题记简介》，《考古与文物》1983 年第 6 期。

⑤ 参阅吕思勉《字例略说》，载《文字学四种》，上海教育出版社，1985 年。

在这个时代。唐代十分重视文字规范，尤其注意对仕进者的考核。国子监下设书学，有书学博士两人，学生三十人，典学两人。“以《石经》《说文》《字林》为专业，余字书亦兼习之[①]。”贞观初，弘文馆内，由虞世南、欧阳询执教正书。对弘文、崇文两馆学生；要求“所习经业，务须精熟，楷书字体，皆得正样[②]”。选士考举有六个科目：秀才、明经、进士、明法、明书、明算。明书一项，先试《说文》六帖，《字林》四帖，通训诂，能书杂体，书写正确是前提。吏部铨选官员要具“四才”，书法为第三项，取其“楷法遒美”。唐代官吏士人特别重视文字书写规范，并有“官楷”[③]的说法，推想这是指官场通行的结构正确、字迹端正、严于法度的楷书吧。

自东汉桓帝设置秘书监一人掌典图籍，对古今文字考校异同，其后历代沿袭，北齐秘书省有正字，隋有四人专管，唐代也有掌刊文字专职，与校书郎之职大致相同。由此可见，唐代官方对文字的规范管理是多方位的，因此，取得的效果也是十分显著的。

汉字的规范问题是一个很复杂的问题。首先，什么是正字，正字以何为标准？从文字的原始来讲，《说文解字》篆文的字形能反映字形本义，所以“世间小学者，不通古今，必依小篆，是正书记[④]”。可是，篆字早是古体，非但大多数人不识，而且篆字字形与现行字形相差太远，实际上已经失去了使用价值。所以，汉字规范始终是一个困扰士人的问题。对此，颜之推曾提出过一个设想：“吾昔初看《说文》，蚩薄世字，从正则惧人不识，随俗则意嫌其非，略是不得下笔也。所见渐广，更知变通，救前之执，将欲半焉。若文章著述，犹择微相影响者行之。官曹文书，世间尺牍，幸不违俗也[⑤]。”颜之推的变通办法的原则是，承认《说文》正字，但是，又要承认流行文字的客观实际，不要违俗。初唐陆德明订经籍文字，注意到颜之推的变通办法，保留某些与《说文》正字相背的俗

---

① （唐）张说等《唐六典》卷二十一。

② （宋）王钦若等《册府元龟》卷六百四十。

③ （唐）段成式《酉阳杂俎前集·诡习》：“大历中，东都天津桥有乞儿无两手，以右足夹笔，写经书乞钱。欲书时，先再三掷笔，高尺余，未曾失落，书迹官楷，手书不如也。”

④⑤ （北齐）颜之推《颜氏家训·书证》。

字，说"改便惊俗，止不可不知耳[1]"。在大力从事规范文字的唐代，颜之推从俗变通的办法得到了进一步的发展。

颜师古校理经籍，居秘书监，有《字样》行世，"怀铅是赖，汗简攸资"。后经学士杜延业续修，但"应出而靡载""诡众而难依"。颜元孙继承伯祖颜师古旧业，编《干禄字书》，意在仕进之人，所谓"既考文辞，兼详翰墨，升沉是系，安可忽诸[2]"，根据应时之用的需要，不求存古，而在利今，他说："字书源流起于上古，自改篆行隶，渐失本真，若总据《说文》，便下笔多碍，当去泰去甚，使轻重合宜[3]。"此书首创俗、通、正三体，"所谓俗者，例皆浅近。唯藉帐，文案、券契、药方，非涉雅言，用亦无爽，傥能改革，善不可加；所谓通者，相承久远，可以施表奏，尺牍、判状，固免诋诃。""所谓正者，并有凭据，可以施著述文章、对策、碑碣，将为允当。""进士考试，理宜必遵正体"。如："咸、减、臧"为"上俗中通下正"，"功、功"为"上俗下正"，"兇、凶"为"上通下正"等。颜元孙的正体来源复杂，恐怕既有《颜氏字样》，也有杜延业续修内容。但是有一点可以肯定，正如序文所说"根据《说文》，便下笔多碍"，是文章、对策习用的字体。通体是文献中相承已久，得到广泛流行的俗字。俗体则可能是当时社会日常使用的字体。依照《干禄字书》的原则，正、通、俗分作三体，不过用途不同罢了。敦煌发现的唐代字书、韵书里边的字下，往往会注上"正""俗"。这种办法很可能是与《干禄字书》取法相同；只分字体，区别应用而已。

颜元孙的《干禄字书》虽分字体，但是取法宽松，而当时课试对文字要求也不十分严格，其结果，正体、通体、俗体不加区别，该用正字的场合，混入通体、俗体。国子司业张参校理经籍文字，在大历年间成书的《五经文字》是他是正经文的字书。显然，他不满放松对文字规范的控制，他说："自顷考功，礼部课试贡举，务于取人之急，许以所习为通，人苟趋便，不求当否，字失六书，犹为壹事，五经本文，荡而无守矣[4]。"张参对经文的正字有比较严密的概念，而不像颜元孙采取"并有凭据"的笼统的说法。"《说文》体包古今，先得六书之要；有

[1] （唐）陆德明《经典释文·条例》。

[2][3] （唐）颜元孙《干禄字书·序》。

[4] （唐）张参《五经文字·序例》。

不备者，求之《字林》。其或古体难明、众情惊懵者，则以石经之余比例为助。石经湮没，所存者寡，通以经典及《释文》相承，隶省引而伸之，不敢专也[①]。"张参的这段有关正字的说明，包涵着许多重要的内容，对汉字的规范化有着十分重要的贡献。

其一，再次强调了《说文》的权威性。《说文》以篆字为首，以隶字说解，所以"体包古今"，而它最重要之处，是分析字形结构，使正字建立在字源的基础上，这就是所谓"六书"之要。唐代官方虽然强调《说文》为仕进之人必修，但是实际上并未付诸实用；颜元孙有"若据《说文》，便下笔多碍"之论，正反映了当时人对《说文》的态度。

其二，把文字规范与经籍联系起来。东汉汉字规范，从学术方面说，除了《说文》就是石经。石经的文字经过大量优秀学者校理而成，在经学传播的同时，传播文字规范思想和正字字体。熹平石经及正始石经都有隶书经文，这种严格的隶书字体对以后的楷体字体有结构类推的示范作用。就对唐代楷书字体的影响来讲，石经要比《说文》来得直接。经学是古代中国社会的显学，每个读书人都要长期研读经籍。因此，张参提出正字参照标准，把石经、经典、《释文》列于《说文》《字林》之后是卓越的见解。

其三，张参的正字标准是客观存在的、具体的。他作为标准的对象都是有形的文献，而且次第明白，先《说文》《字林》，而后石经、经典及《经典释文》。颜元孙更多地强调的是约定的习惯，而习惯各人不同，正、通、俗各人掌握也会不同。《干禄字书》收字不多，客观上也比较宽松。这样，要区别正、通、俗就变得不太容易了。张参的高明处在于指出正字可以参照的范围，而并不以《五经文字》收字为限。

其四，明确树立楷体正字。自秦汉以来，字体以篆为正，以隶为辅，东汉时隶书已经成为实际正体，但是篆体仍保持名义上的正体地位，《说文》以篆体为字头即是一个明证。篆与隶的这个关系一直保持到唐代。唐代楷书又称今隶，草书又称草隶，就是要说明它与篆相对的辅体地位。以篆文为字头的《说

① （唐）张参《五经文字·序例》。

文》在当时正字中始终起着主导作用，因此，自然有人把篆字作为正字，或者把篆字结构楷化笔画的隶古定字作为正体。这样的隶古定字不仅在经典中有，在颜元孙之侄、亲书《干禄字书》的颜真卿书碑中也有。不仅如此，由于隶变的复杂性、变化形式的多样性，造成了楷书中的异体字。因此，在楷体中排除隶古定体是完善正体的一个迫切问题。张参十分留意这个问题，提出妥善的解决办法。首先，提出用《说文》中古文楷体字，不用隶古定字："若古文作'明'，篆文作'朙'，古文作'坐'，篆文作'㘸'之类，古体经典通行，不必改而从篆。"其次，提出古体难明者，用石经隶体比照："若'宜'变为'宜'，'簮'变为'晋'之类，《说文》'宜''簮'人所难识，则以石经遗文'宜'与'晋'代之。"再次，可用经典及《释文》字体对比："若'𠷎'变为'寿'，'㮚'变为'栗'之类，石经湮没，经典及《释文》相承作耳。"他提出一个"隶省"名词，是隶体省变的意思，对《说文》篆体而言，凡是两者对举，"隶省"即是正体。如"接""搜"，"上《说文》，下经典相承隶省"，即是以隶省"搜"为正体。张参在经典中比较彻底地消除篆体遗留因素，对澄清楷体、确立楷体正字系统产生了重大的促进作用。

张参的《五经文字》还有一个特点，它没有正体、通体、俗体的区别，只有正体与非正体的对立。称"俗作""讹""误"为非正体，同条中相对的即是正体，另外，上文已经提到，隶省为正体，与它对立的《说文》篆体为非正体。他采用这种体例和书的内容有关，因为五经是经典之首，只能用一种严格的规范字体，因此，只能独尊正体而不能诸体并存了。

张参的《五经文字》确立了楷体正字的标准，开成年间，唐玄度编就的《九经字样》使之更加完善。《九经字样》基本上是《五经文字》的续作。唐玄度说："大历中司业张参掇众字之谬，著为定体，号曰《五经文字》，专典学者，实有赖焉。臣今参详，颇有条贯，传写岁久，或失旧规，今删补冗漏，一以正之。又于《五经文字》本部之中，采其疑误旧未载者，撰成新加《九经字样》　卷[①]。"《九经字样》更加注意篆楷字体之间的差异，"古今体异，隶变不同，如总据《说文》，

---

① （唐）唐玄度《新加九经字样·序》。

即古体惊俗，若依近代文字，或传写乖讹。今与校勘官同商较是非，取其适中①。”所谓“取其适中”，就是在楷书中排除不规则俗体，而用合于“六书”的正体。《字样》中有关古今字体方面，用了两个术语，一是隶省，二是隶变。如：“華”“蕐”，“荣也，上《说文》，下隶省”；“責责，求也，从贝从朿，上《说文》，下隶省”。所谓“隶省”，即楷书结构较篆书有所省简，这是承《五经文字》的说法。又，“𦱤莫，日冥也，从日在茻中，茻音莽，茻亦声也。上《说文》，下经典相承隶变。”“要，音腰，身中也。象人腰自臼之形。上《说文》，下隶变，本非从女”。“隶变”强调了篆、楷结构发生了突变，如“莫”字，篆从四中，楷从二中、一大，二中变一大。“要”字篆象以手叉腰中，楷变从西从女。“隶变”说法为唐张参所创，极有助于研究古今字形演变，确定规范楷体②。

颜元孙《干禄字书》选字 1599 个，张参《五经文字》选字 3235 个，唐玄度《九经字样》选字 421 个。后两者字不重复，合计 3656 个字，大体上把常用字形都收入了。辨明这些字的字形正讹及古今传承，基本上就解决了汉字字形规范的问题。可以认为，汉字楷书正体的完善是在《五经文字》《九经字样》之后。如果以《干禄字书》所列通、俗、正为标准观察，在以正体书写的碑刻中，初唐的通、俗体达 10%左右，这还不包括其他异体字，而在晚唐，通、俗体仅达 3%左右，而且其他异体字也很少见到③。至此，从秦汉篆体变化而来的楷体正体系统基本确立，宋以后的楷体则是它的发展，进一步走向严密和完善。当然，这只是就上层所定正体的使用场合而言的，至于在下层则自有俗体流行，两者分野亦趋于明朗。

六　方字的形成与作用

方字这个名词无疑是模拟方言而来，但它仅仅着眼于地方变异这一点，因为文字与语言性质不同，所以这两个相似的名词在含义上有很大的差别。首

---

① 开成二年八月十二日《新加九经字样》牒文。

② 胡朴安说：“隶变之后，继以楷变，《五经文字》《九经字样》两书，直可寻出其变迁之迹。”见《中国文字学史》。

③ 此统计情况可参阅施安昌《唐代正字考》，《故宫博物院院刊》1982 年第 3 期。

先，方言限于一种语言范围之内，而方字所限是在一种文字使用的范围之内，所涉的语言可以不是一种，而是多种，既有本语言中的方言，也有少数民族语言和外国语。可见，方字的范围大，背景也复杂得多。其次，方言作为地方变体，是总体性的规则变化，即使是相同语言个体，也有语音上的差异。方字只是局部的差别，与通用汉字相同的字不会引起普遍性的变化。方字利用汉字原字，依照汉字固有的组成方法，形成新的汉字个体。使用这种语言的人只要粗通汉字就能直接认读方字。而且，方字一般不独立使用，使用方字者都会用通行字，方字只是补充，因为始终保持通行汉字的核心地位，方字的不稳定性和随意性的缺点也可得到弥补。方字可以区别为两种，即异体字和自造字。如果从流行的地域分，有三类：汉语方言区流行的方言方字，如粤、吴、浙、闽、赣等地的零星的异体字或自造字；少数民族地区流行的民族方字，主要集中在桂、滇、黔地区；历史上或现今依然流行在域外的域外方字，存在于日本、朝鲜和古代越南使用的汉字之中。日本的国字是指少量的自造字和二战后采用的简字，韩国的略字大部分与日本的简体相同。越南的喃字数量较大，其类型大致与汉字壮文相同。应该指出，方字是从整个汉字使用范围来说的，域内域外只是使用者的地域差别，文字体制是同等看待的，域外的方字并没有因地而异化成他种文字。方字概念不是着眼整个文字，而仅仅着眼结构，所以它不包括假借字，假借字是方言或其他民族使用汉字的最宽广的途径。从结构差别上看，考虑历史的渊源，它可以划分为两大部分，一是自创字，一是移用字。自创字是当地自行造字，是方字中的主要部分，形式丰富，结构复杂，它不仅采用了汉字常见的结构方式，还创造性地采用一些罕见的新的结构方式。移用字实际上是通行字历史上的异体字。

方字中的指事字

指事字的特点是用符号合成或在字上加符号，视而可识，察而见意，有直观性，但是用来造字的文字或各种符号意义是含糊的，真正要了解词义要有一定的约定的前提。所以，指事方字是非能产性的，这类字的数量相当有限。要说明一点，汉字通行字已经处于标意阶段，它的笔画结构不宜再形成象形字，所以某些称之为象形字者，其实大多是指事字。

方字中的会意字

会意字由两字或多字合成，它充分发挥标意汉字的优点，表意明白如话，字义清楚，易识易懂，便于逻辑记忆。所以，虽然不能大量造新字，但也乐为流俗利用。早在北朝时期，就有一批会意字，流行于民间。

方字的会意是最活跃的结构，它的优点在于超方言、超语种。它可以超过词音直接与词义发生关系，因此同一个会意字会在不同的方言和语种中出现。最引人注意的是，它用最常用的字来组成新字，如天、不、人、大、石、长、食、坐、生、行、身、高、山、水、上、下等。由于这些最常用字人人都识，构成的会意字可以不言而喻，自然便于流通了。总之，会意字是不同方言和不同语种之间共同使用的构字类型。

方字中的形声字

形声结构是标意汉字中最能产的部分，因此方字中形声字也占了较大的比例。方字中形声字，声符表音，义符表义，但是有一些特殊的地方。如改造或创造新的声符、义符以及注音结构字。

方字中的反切字

反切字就是汉字式拼音，二字中上取声母，下取韵母，拼成一音。反切的产生是汉语发展的必然，但是在文字方面的使用，可能是受印度拼音文字的影响(唐玄奘《大唐西域记》中就有反切字的用例)。反切字是拼音字，并不适合标意汉字的习惯，而且汉字形声造字毫无困难，所以它无法在汉字中存在。吴语中“覅”“嫑”是词组成字，两字速读成音，意义还是两字词组的原义，所以不能算作反切字。在汉字中无法生存的反切字，却在方字中得到发展。它东播朝鲜，在吏读中两字相切来表达朝鲜语的固有音节，朝鲜的反切字流通量大，使用广泛，得到社会承认，最后发展为朝式拼音——谚文。它南传岭南，在汉字壮文中也有一席之地。

方字中的双声符字

双声符和反切字一样，都是两字合成的表音字，但形成的原理却大不一样。双声符字是在一个假借字上再加上一个同音字，用两个同音字来提示这是一个表音字。

方字中的“口”旁表音字

受到梵文字母的启发，中国僧人自创了一种有音无义的表音字，虽然具有形声字的结构，但是，其性质是原有汉字所不具备的，其方法是用同音或近音字加“口”表示。这种“口”旁字在南北朝先由佛门使用，此后流入岭南。近代以来道教在符书中使用“口”旁造字，以前用“鬼”旁的神道名称也改用“口”，因此“口”结合成字在符书中经常出现。方字采用“口”组字恐怕有此而来。在方字中，这种字是相当特殊的，属于汉字式的标音字。它在喃字、汉字壮文以及汉字苗文都有存在，在汉语的方言中，也大量地利用这类字，特别是吴语、粤语，其性质和民族方字是相同的。

方字中的别创字

所谓别创字，是指利用汉字的偏旁或取其部分构成一个新字，它和汉字原字的音义没有什么联系，实质上是利用汉字的形体创造了一个新的符号。从总体说，它还是属于汉字系统的。别创字有楷、草二体，如壮字别创字即为楷体，是利用汉字的偏旁或者截取部分形体而成的。别创字的特殊性在于比较彻底地切断原字和新创字之间的关系，使人无法用已知的汉字知识去认识它。

古代有两类乐谱，一类是记音谱，一类是记事谱，前者也叫半字谱，后者也叫文字谱。记音谱以敦煌琵琶谱为代表，传自西域龟兹，采用标音文字制度的汉字半字。文字谱是本土产生，是说明演奏办法的文字。琵琶谱的半字是标音符号，与日本的假名有密切关系，文字谱与汉字、方字存在密切的关系。

隋唐之前的琴谱就用类似的这样的解说，用文字记述古琴弹奏指法、弦序和音位。以文字说明抚琴的具体方法，十分繁琐，由此发明了减字谱。相传赵耶利是唐太宗时人，他创造了文字谱，是比较规范、明了的琴谱。稍晚，曹柔把赵耶利的文字谱升华为减字谱。减字本为古琴谱专门用字，减少部件、笔画，造就一个专业符号，可以简单明了地将抚琴的各项技法浓缩为一个减字和减字组合。减字发明以后深受欢迎，以后逐步完善，成为古琴文化的重要部分。

现代已见不到唐代的减字原物，不过流传下来的各种琴学著作中，保存了曹柔的减字谱，各本稍有差异，形体大致接近，减字原理并无二致。“减”是简省、省略的意思，音形义三者只是形体简省，音和义完整保留，有些减字选择了复音词的第二字，如“无名指”用“名”作减字“夕”，依然具有“名”字意义，代表了“无名指”整词。减字的最明显特点是减去字形中的某些部分，一般不是按照部件来做减法，而是随意减掉一些笔画，使得减剩的字形支离破碎。实际上减字不仅仅是减法，单从形体来说，“减”既有切割片段，也有切割完整的部件。减字不光有省减者，也有保持原形者。清人所言四类：起笔、半字、两合、全字。减字形体分为四类，基本正确，叫法可以改进：一为残笔，二为残件，三为原形，四为两合。四法中减法对方字影响最大，别创字很多是从减字来的，而契丹大字确实综合应用了减字法的各个元素。

深受汉文化影响，严格地接受经典文字学说的民族比较注意文字使用与通行汉字保持一致性。但即使这样，不同时期传入的汉字也还会产生方字现象，形成移用方字。日本方字和朝鲜方字中包含很多移用文字的成功例子。

汉字有铭刻体、手书体之别，又有正楷和行草之别。这种差异由来已久，它的历史可以追溯到先秦，秦汉之后分野渐明，宋元刊刻流行，成为泾渭分明的形势。但是，双方的关系不是固定不变的，草体不断转变为楷体，俗体不断地影响正体，字体的发展基本上就遵循这种情形前进。这个变化有一定的限制条件。从文字体制上说，它要维持文字体系内在的有机联系，又要保持它正常的文字交际功能。因此，要在有效的政令干预下，有条件地进行转化，阻止无序的转化，这是文字规范的主要任务。恰恰因为不同汉字使用地区的不同规范，移用的草体或俗体形成了异体方字。

汉字历来有官方用字和俚俗用字的区别，两者并行不悖。以经籍用字为基础，以《说文》为代表，可以称之为经典文字。为利于使用，在经典文字上略加改造、规范，成为官方文字。而社会下层识字不多，就常常草楷混用，以简代繁，因陋就简，甚至随想随造、随用随改，相沿成习，形成了一套俚俗文字。这种俚俗字历史悠久，时时泛滥。正、通、俗分开处理的办法，给俗字以合法存在的权利，同时又不致造成正字混乱，影响文字的规范和交流。方字是俗字的一支，也是最神秘、最活跃的一支。

方字地区有些官绅士族精通汉文化，娴熟汉文汉字，能奉行官方汉字的法则。但是，更广泛的俚俗下层，粗通或识字不多，少通汉语，他们掌握的汉字主要用于表达本地日常语言。以所识有限之字，付无穷之用，主要有两种办法：一是以少字识多字，以少字变多字。如北朝俗字，“百念”为“忧”、“言反”为“变”、“不用”为“罢”、“追来”为“归”、“更生”为“苏”、“先人”为“老”，用来造字之字皆为最基本的常用字。因此，不同地区的方字会用大致相同的字组会意字及指事字，绝非偶然。不过，这样的造字方法是非能产性的，造字有限，因此要全面地标志本地词语，必须寻求一个更加畅通的渠道。这样，依据语音中介使用的假借字就活跃起来了。当然，假借要面对标意文字的功能性干扰，因为整个文字体系还是标意文字，它的文字结构中有表意的成分。为了避免误会，这些新假借字必须加上识别标志，又转化为大批形声结构的方字。另一方面，对使用的本字，为了显示本地的语音特色，又加上代表词音的同音或近音的声符字，其结果又形成了新的形声字。假借字加注同音字会构成双声符结构的方字，本字也加注同义字会构成双义符结构的方字。同时，造字者担心词义不明白，干脆用现成字代替偏旁，或者把合成词的两个字拼在一起，这些合体字结构松散，难以凝合，有临时组合的倾向。此外，拼音性的反切字，两字切一音，与汉字形声字结构相同而性质不同，增加了文字识读的复杂性。总之，方字由简而起，因便而行，可是为了适应语言的需要，维持文字的正常功能，结果是人繁人难。

方字的先天条件不足，其消极面十分明显。某些民族方字，是在没有行政干预的情况下发展起来的，约定性不强，基本上没有规范性。同一个字，在不同地区词义不同，同一个地区，一个词有两个以上的字，即使同一个字，形体也不尽相同。所以，某个地区的方字通常只能在本地区使用，有些方字流行的范围更小。

方字作为汉字的组成部分，是汉字传播史上的一环，它表现出了汉字对各种不同语言的适应能力。

第二章　西方标音文字东传的影响

第一节　西方标音文字的产生和发展

一　西方标音文字的产生

处在北非尼罗河流域的古代埃及很早就使用文字，距今6000年前的前王朝浮雕上已有早期的文字符号。第一王朝与第二王朝之时，组成语句的圣书字形成。圣书字的发展，使之具有三种字体：装饰性的碑铭体，书写在纸草上的僧侣体，后来又兴起更为简便的大众体，这些情况与古代汉字十分相似。成熟的圣书字有明显的图示性，字形表示了被标志概念的形象特征，同时，也有由这类象形字转化的表音字，它摆脱字形形象而专表词的读音。第四王朝，某些象形字抽象化为标志事物类别的符号。上述三种符号，习惯上称之为意符、音符与定符。其实，这些特点说明埃及文字经历了标形文字阶段和向标意文字的转变。

在西亚幼发拉底河与底格里斯河之间有一个肥沃的平原，古代称为美索不达米亚。这里曾生活着一个著名的早期民族，即苏美尔人。苏美尔的文字比埃及更为悠久一些，是独立发展的文字体系。美索不达米亚地理环境与埃及不同，不仅石头少，而且不生纸草，因而只能用削尖的芦苇秆在湿软的泥版上写字，写好烤干，以供传阅。这种书写工具并不妨碍文字的图形性，早期的苏美尔文字和埃及文字一样，有较强的图示作用。后来这种书写工具有了改变，采用带三角尖头的芦苇秆在泥版上压刻文字，笔画一头粗，一头细，形似楔子，故称楔形文字。这种书写方法削弱了文字的图形性，迫使它向标意方向过渡。美索不达米亚是平原地区,无险可守,苏美尔人不断地受到其他民族的入侵,而楔形文字则因此传播到其他民族中去。先是北方闪米特人把它带到阿卡德地区,以后又为巴比伦人、亚述人、赫梯人、卡斯特人、乌拉图人、波斯人、乌加里特人传用。可惜的是,古老的埃及文字和苏美尔文字都没有沿用到后世,都成为考古发现中才能见到的失传古文字。

属于闪米特的腓尼基人,据有现叙利亚、黎巴嫩这块两河流域的要冲,在强盛时期,一度扩张到南欧、北非一带。腓尼基人在高度抽象的埃及文字及楔形文字的基础上,从埃及表音符号的原理得到启发,创造了人类最早的标音文字,当然,其中还有文字符号本身的原因。从标形文字中的表音符号发展到标音文字是一个根本性质的变革。表音符号是文字表音性质的体现,它是标形文字的一种功能形式,只能否定标形文字的构形意义才能使之变为标音符号。本民族的象形字,它的构形意义与民族文化有着密切关系,即使字形抽象化,它的本义还会顽固地存在。只有外族人,才能割断这种文化传统,从而消除包含在字形中的词义,使之成为一个彻底的、不带任何意义的表音符号。看来,腓尼基人在标音文字上的成功,主要得益于这一点。腓尼基字母大约在3500年前创制,3100年前的字母曾在腓尼基人主要城市之一的比布勒斯被发现。但它很少在它的旧地被发现,而是在它的殖民地(地中海沿岸、塞浦路斯等地)被发现。这可以反映一个事实,腓尼基人是在经商与殖民过程中把字母向外传播开来的。

腓尼基文字由22个符号组成,一个符号表示一个语音。因为它只限于辅音或半元音,所以属于辅音音素的标音文字。字母形体简单,多由曲线组成,极便书写。

二　西方标音文字的传播

腓尼基文字向着东、西两个方向传播。

古代希腊人是腓尼基人的西方邻居,希腊人所居的爱琴海诸岛处在腓尼基的强大影响之下。希腊人开始也使用腓尼基文字,早期的希腊文字与腓尼基文字大致相同。但是,为了使文字适合本族语言情况,希腊人开始改造腓尼基文字。元音在希腊语中占有特别重要的地位，许多词义只靠元音区别，所以增加了元音字母，改变了辅音字母内容，随之又对腓尼基字母形体作了一些调整，还把从右到左的书写方向改为从左到右。大约在3000年前希腊人创造了不同于腓尼基文字的元音音素标音文字，至2400年前把不同的地方文字加以统一，形成了24个字母的希腊标音文字。希腊人强盛之时，势力扩大到意大利南部及西西里岛，那里是拉丁语族的居住地。拉丁人从当地的希腊移民那里学到了希腊文字，形成了拉丁字母，在公元前1世纪有了23个字母，维持到中世纪，又补充了两个新字母。以后拉丁字母又随着罗马人的扩张以及罗马教会的重视，顺利地传遍了西欧及中欧。330年，君士坦丁大帝建都拜占庭，8世纪起，基督教会分裂为拜占庭和罗马两个中心，罗马使用拉丁语，拜占庭使用希腊语。9世纪，从君士坦丁堡出来的西里尔到欧洲中部劝说斯拉夫皈依基督；由于其弟子的不断努力，到11世纪东部斯拉夫人也归附了拜占庭正教。西里尔在传教时，制订了一套斯拉夫字母，用于斯拉夫语言。在他传播基督福音的同时，把西里尔文字传播到斯拉夫民族中去。西里尔字母创造性地改造了希腊文字，43个西里尔字母中有24个字母直接借自希腊字母正体，而其余19个或是改变希腊字母，或是借自希伯来字母，或是新造，用来表示斯拉夫语言的特殊语音。稍晚形成的格拉戈尔字母有40个，它是在西里尔字母的基础上产生的。这两套字母都是斯拉夫字母，但是西里尔字母有明显的优势，成为斯拉夫文字的代表。

向东传播的情况相当复杂，对古代中国的影响也比较大，有必要稍微详细地介绍。叙利亚和美索不达米亚以南的阿拉米草原是闪米特人中的阿拉米人的祖居地。公元前20世纪阿拉米人开始移居叙利亚，公元前11世纪之后占有两河流域。阿拉米人在同其他民族融合时，形成了一个商贾和官吏阶层，掌握经商大权。阿拉米人最初也使用腓尼基文字，大约在公元前1000年创造出自己的标音文字，使用了埃及人的羊皮纸和笔墨。阿拉米字母改变腓尼基字母，简化部分字母形体，形成了自己的22个字母。因为阿拉米与腓尼基的语言相近，阿拉米字母与腓尼基字母十分相似，而且辅音音素的特点也加以继承，这也使以后由阿拉米字母发展起来的东方文字大多具有这种辅音性质。

公元前6世纪，阿赫明尼德部族建立起波斯帝国，以后疆土又有扩大，东到亚洲印度，西到爱琴海，北到咸海、里海、黑海，南到非洲埃及、利比亚和埃塞俄比亚。波斯人原有借用两河楔形文字、具有39个符号的古波斯文字。但在波斯帝国内，阿拉米文字与古波斯文字是相互通用的。在波斯帝国广大的疆土内，王朝用阿拉米文字发布命令，书写公文，官吏外出，都用阿拉米文作为交流工具，到后来，波斯人甚至用阿拉米字母来拼写波斯语。总之，无论是阿拉米人的经商活动，还是波斯帝国的行政力量，都促使阿拉米文字扩大影响，成为西亚各国的通用文字。

阿拉米文字在西亚广大的区域内使用，有些民族就把它加以改造，使之成为本民族的文字。其中较早较重要的有四支，这就是希伯来文字、叙利亚文字、巴列维文字和阿拉伯文字。

祖居巴勒斯坦的希伯来人早在公元前2000年就采用腓尼基文字，形成了古希伯来文。但是从公元前3世纪起，希伯来人选择了阿拉米文字，不过字形有所改变，字母大小匀称，接近于方形。这类希伯来文字对东方文字体系影响相当有限。

公元前1世纪，叙利亚文字的第一种变体巴利米亚文字从阿拉米文字变易而来。到了2世纪，在埃德萨的叙利亚基督徒以巴利米亚文字为基础形成了福音文字。这种文字之所以称为福音文字，是因为用来翻译圣经的缘故。5世纪宗教分裂，福音文字也产生出相应的三种不同的文字，其中聂斯脱利教派的文字曾经随传教东播。东突厥有信奉景教的汪古部，在其势力范围所及的中亚七河地区（或译谢米列契，在今吉尔吉斯斯坦）、内蒙古阿伦苏木德等地都发现过大量叙利亚文字拼写的突厥语景教墓石，新疆伊犁阿力麻里城地近七河地区，也发现三枚宗教墓石，墓中两枚有叙利亚文字①。

公元前3世纪中叶，亚洲西部安息王朝独立，因为它本来属于波斯帝国的一个行省，所以继续使用阿拉米文字。为了使文字适合安息的帕提亚语，又将

① 黄文弼《新疆考古发掘报告》，文物出版社，1983年；新疆维吾尔自治区博物馆成振国《新疆阿力麻里古城又发现一块基督教叙利亚文刻石》，《文物》1985年第4期。

阿拉米文字改变为稍有不同的安息文字。3世纪萨珊王朝取代安息王朝,两个王朝地域有所不同,方言有所不同,文字也相应地有些差异,安息文字因而变成了萨珊文字。安息文字和萨珊文字都在波斯文字范围之内,都是古波斯巴列维文字。波斯人信奉袄教,《阿吠斯陀》是他们的圣书。3—4世纪,萨珊王朝为了正确书写圣书所用的波斯古语,改变波斯文字,吸收了希腊文字的某些成分,创立了阿吠斯陀文字。

中亚粟特人在公元前曾经遭到希腊人的入侵,但是这些属于东伊朗语的民族没有接受希腊文字,而是在阿拉米文字的基础上创造了自己的文字。由于语言关系密切的缘故,在粟特文字的创制过程中也受到安息文字的影响。它有19个音节字母,是音节文字,不标元音,只用弱辅音字母兼表元音。从右到左横写,后受汉字影响,改为从上到下竖写。粟特文字在2世纪问世之后,沿用到13世纪。在这一千多年中出现了三种字体:最初随移民传入各地的萨秣建体,5世纪末出现的佛经体及7世纪前出现的草体。粟特文字在产生不久即伴随粟特人的经商活动而传遍了中亚到西域的商路,促使当地的民族熟悉或者使用这种文字,给该地区文字的发展带来了很大的影响。地处中亚的花剌子模人曾经处在波斯帝国的统治之下,自然也用阿拉米文字,花剌子模人公元前3世纪使用阿拉米文字的实例也有发现。在3世纪初,花剌子模人最终利用阿拉米文字制成与本族语言相应的花剌子模文字,由于与粟特人接触频繁,因此,或多或少地吸收了粟特文字的特点。

散居在阿拉伯半岛的阿拉伯人,从北部的纳巴泰人那儿学到了阿拉米文字,6世纪形成自己的阿拉伯文字。阿拉伯语与阿拉米语属于同一语系,因此,文字相当接近。阿拉伯人接受伊斯兰教之后,为了保证准确书写《古兰经》,辅音字母增加到28个,并在字母上下增加符号识别元音。7世纪初,穆罕默德开始创教活动,从麦加转移到麦地那,建立起政教合一的体制。哈里发继承了穆罕默德的权力之后,向外扩张,征服了叙利亚、伊拉克、美索不达米亚。在向西继续扩展领土的同时,又向东进军。7世纪中叶,波斯军队被彻底击溃,不久萨珊王朝灭亡,吐火罗在此后也被征服。8世纪初,花剌子模人及撒马尔罕的粟特人先后被征服。在中亚,阿拉伯人所到之处,强制当地人民放弃原来信奉的祆教和佛教，改信伊斯兰教，拆毁原有寺庙，改建清真寺。随着阿拉伯文化的涌入，阿拉伯文字也传播开来，而萨珊文字、粟特文字、花剌子模文字、突厥文字被一一排挤。从8世纪末期起，哈里发国开始分裂为众多的伊斯兰国家，这些国家中使用的阿拉伯文字产生了新体。其后，形成了东、西两支文字，西支有伊朗、阿拉伯、土耳其，东支有阿富汗、巴基斯坦及中国的新疆。

印度是一个文明古国，在公元前2000—前3000年前，印度河流域曾经有过标形文字。公元前1000年中叶，雅利安人建立起分散的邦国，传入了拼音字母文字——婆罗米文字和佉卢文字(即伽罗斯底字母)。

婆罗米字母起源很早，在公元前7—前6世纪已有流传。传说这是婆罗吸摩神的发明，此神又称为大梵天，因此也称为梵文。古印度曾与腓尼基有密切的贸易往来，后同波斯帝国相邻。因此，婆罗米字母是在腓尼基文字、阿拉米文字基础上改造而来的。这点可以从相似的字母上得到证实。这是一种音节文字，有元音符号和带元音的辅音符号，辅音后带a不标符号，a以外的元音则要在字母上附着不同的符号，而辅音符号不带元音要加涅般点标示。这种注重辅音要素的字母形式，也可以说明它与西亚文字的密切关系。婆罗米字母使用之后，有多种变体，重要的有悉昙体、兰查体(笈多体)、7世纪的天城体。与此同时，婆罗米文字又衍变出两支文字，即南亚的巴利文字和卡丹巴文字。这些字体对中国少数民族文字发展有过重要影响。晋代法显去天竺求佛经，经过鄯善时，说"国国胡话不同，然出家人皆习天竺书天竺语①"。焉耆故地新疆若羌县北且尔乞都克古城中发现一片贝叶经，为笈多王朝时婆罗米字体书写的梵文，可为天竺书之证②。

佉卢文起源稍晚，约在公元前3世纪中叶形成，流行于印度西北部旁遮普等地区。波斯阿赫明尼德王朝曾把该地纳入版图，由此，阿拉米文字作为官方文字进入该地，当地印度人开始用阿拉米文字拼写地方语言，后来借助于已有的婆罗米字母加入了母音系统和混合音符，形成了佉卢文。佉卢文与婆罗米

① (晋)法显《佛国记》。

② 黄文弼《新疆考古发掘报告》，文物出版社，1983年。

文字是不同的，不仅字母形式有所不同，而且书写的方向也不同，婆罗米文是从左到右，佉卢文则从右到左，后者显然是脱胎于阿拉米文字。佉卢文为印度西北部的世俗使用，现存的阿育王石刻和石柱同时刻有婆罗米文与佉卢文两种字体，可见这两种字体在相当长的一段时期内在印度并用。佉卢文字大约在 4—5 世纪被婆罗米字母取代，此前，它曾对西域民族文字发生过很大影响。

第二节　标音文字东传而形成的民族文字

一　中路传播而形成的民族文字

中亚在世界文明史上占有十分重要的地位。在这里，有许多民族迁徙、兴起和衰亡，有众多的民族共同生存，是一个民族之间接触交流的大舞台。在亚欧大陆海运通畅之前，靠这里横贯东西的交通要道来沟通东西方的文明古国。中国古代一些民族文字就是由中亚传播而来的，也就是说，中亚的标音文字是一些古代民族文字的直接源头。从传播形式看，有民族迁移、经商活动、宗教皈依等；有直接的，也有间接的。从传播路线看，有南路、中路、北路。为了便于叙述，我们以传播路线为线索，把整个传播历史贯穿起来。

中路是指越过葱岭，沿着塔里木盆地向东延伸的路线，这是文字传播史上最重要的一条道路。佉卢文字东播，形成了古于阗文、鄯善文。婆罗米文字东播，形成了于阗文、焉耆—龟兹文，焉耆—龟兹文传给了回鹘，形成婆罗米回鹘文。伊斯兰阿拉伯文字东播，又形成了新回鹘文。

公元前 60 年，汉朝同匈奴的斗争取得了胜利，任郑吉为西域都护，把西域广大地区纳入中国版图，从此东西方贸易的丝绸之路畅通无阻。在很长的一个历史时期内，塔里木盆地的丝绸之路沿线出现了繁荣的局面，成为中西文化交流的走廊。当时在塔里木盆地西边相邻的大夏已被从敦煌一带西迁的大月氏占有。大月氏国号贵霜，即有名的贵霜王朝。大月氏毗邻塔里木，贵霜统治者与塔里木盆地诸小国邦君有密切的关系。由于汉朝内乱，中央政权无力顾及西域，大月氏乘机加强了在葱岭以东的影响。大月氏境内原有多种文字，阿拉米文、粟特文、花剌子模文、希腊文、佉卢文及用希腊字母拼写巴克特里亚方言的巴克特里亚文。粟特文流行于北方，希腊文在2世纪被逐渐废弃，而佉卢文占有特别重要的地位。早期大月氏钱仿照大夏，用希腊文，1世纪上半期在位的贵霜王丘就却铸佉卢文钱。这个时期大月氏已经把佉卢文作为主要文字看待了。在塔里木盆地楼兰国都扜泥城故地发现了米兰壁画，有浓厚的罗马风格。画师是希腊人，壁画题辞却用佉卢文，这和大月氏通行佉卢文大有关系。

19世纪后期，西方探险家来新疆活动，发现了大量的佉卢文文件，其中以斯坦因发现最多，多达758件，仅尼雅遗址就获取703件。20世纪初，日本探险队也有少量发现。20世纪中叶之后，考古工作者陆续采集到一些佉卢文文书，发现地点从塔里木盆地南缘直至玉门关附近。这些佉卢文书分属于阗王国、鄯善王国，其中有汉式封检，上面书写了佉卢文题署（图2—1）。

于阗王国早就通用汉文（时间当在西汉后期），所以佉卢文作为官方文字是后来发生的事。从于阗出土的佉卢文抄本《法句经》的年代看，约在2世纪，这是目前发现的最早的于阗佉卢文文献，可以认为至晚在2世纪当地已通用佉卢文。铸钱是有关王朝的大事，因此钱币上的用字可以作为文字通用的证明。和田马钱又称汉佉二体钱，是于阗王国发行的钱币。这种钱币的铸造年代在2世纪或更早。这点也可以说明至晚在2世纪，佉卢文就与汉文一样在于阗王国通用了。

图2—1　东汉时期的佉卢文木牍

鄯善王国邻近敦煌，原通用汉文，大约在3世纪同时通用佉卢文。鄯善地区使用的佉卢文已经把贵霜王朝的佉卢字母作了某些改变，其文书所记录的是鄯善俗语，它渗入了大量的非印度的词汇，有伊朗语成分和本地方言俗语，语法和语音也具有本地的特色，所以，佉卢文在鄯善要比在于阗使用得更加广泛。从目前的佉卢文文献看，最晚的与西晋泰始、前凉建兴汉字简牍同一灰层发现，由此推知，鄯善的佉卢文使用了大约一个多世纪。从5世纪起，佉卢文渐趋废弃，中外已无人使用，于阗的佉卢文使用历史最晚不超过这个时期。

大月氏灭大夏，自然接受了当地的佛教。贵霜王丘就却钱币上刻佛像，曾刻有“正法之保护者”。迦腻色伽在位时期，佛教最为发达。但是佉卢文的传播不是以宗教为媒介，而是通过大月氏的政治影响、经商活动和向塔里木盆地的移民来实施的，而真正以宗教媒介向这里传播的是印度的婆罗米字母。

在丝路开通之后，为了经商或其他原因，印度人会把婆罗米文带到塔里木盆地，而且这种文字本来也在贵霜通用，也会借助它的影响越过葱岭(图2—2)。在玉门关发现的一块丝布上，有早期贵霜王朝的婆罗米文的题字，用的是印度俗语，可见，婆罗米文最早并不是随着佛教东来的。塔里木盆地是东西走廊，佛教东传，首先到达此地。东汉年间，佛教传入中原，印度与月氏的僧人往来于此，更加促进了佛教的繁荣。前秦僧人鸠摩罗什，父籍天竺，而他生于龟兹，博通大小乘经论，名闻西域，就是一个著名的例子。4世纪前半期，印度笈多王朝兴起，取得了印度西北部的一些地区，对新疆地区的佛教有更大的促进作用。

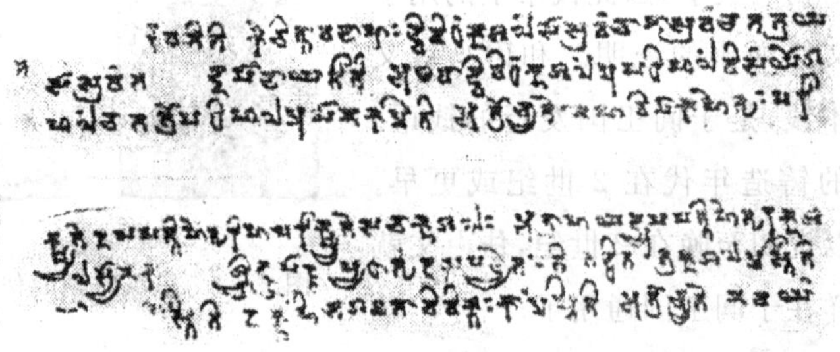

图2—2　笈多王朝贝叶婆罗米文

作为佛教经籍的载体，婆罗米文的新体笈多斜体也随之而来。5世纪中叶，嚈哒入侵，嚈哒王摩酰逻矩罗毁灭佛法，驱逐僧人，迫使一些僧人逃往塔里木盆地定居，使梵文进一步与当地语言结合。有关塔里木盆地使用梵文的情况，我国史籍有所记载。北魏杨衒之《洛阳伽蓝记》卷 5 称朱驹波“风俗言音与于阗相似，文字与波罗门同[①]”。唐玄奘《大唐西域记》内记：

阿耆尼“文字取则印度，微有增损[②]”。

屈支国“文字取字印度，粗有改变[③]”。

跋禄迦国“文字法则，同屈支国，语言少异[④]”。

佉沙国“而其文字，取则印度。虽有删讹，颇存体势。语言辞调，异于诸国[⑤]”。

朅盘陀国“文字语言大同佉沙国[⑥]”。

乌铩国“文字语言少同佉沙国[⑦]”。

瞿萨旦那国“文字宪章，聿遵印度。微改体势，粗有沿革。语异诸国[⑧]”。

斫句迦国“文字同瞿萨旦那国，言语有异[⑨]”。

从以上的记载，我们可以得出两个比较明确的概念：第一，塔里木盆地各族文字都取法印度，但有增损改变；第二，有直接取法印度的，也有间接取法印度的。把握取法的关系，自然形成四个中心，即龟兹（屈支）、焉耆（阿耆尼）、于阗（瞿萨旦那）、佉沙（疏勒）。现在有关龟兹、焉耆、于阗的婆罗米文的研究已经初具规模，这样就有可能作进一步的了解了。

于阗原用佉卢文，佉卢文渐废，笈多王朝的梵字代之而起，两者交接时代在 5 世纪。于阗改变婆罗米文体势，有楷书、行书、草书三种，文字较多连写合体。因为于阗人用这种字母记录本族语言，所以人们称之为于阗文。于阗文文献自 19 世纪末发现以来，在新疆和田、图木舒克、木头沟以及甘肃敦煌陆续都有发现。其中图木舒克的于阗文献年代最早，被称为前期于阗

① 波罗门，印度的古称。朱驹波，在今新疆叶城。
② 阿耆尼即焉耆。
③ 屈支国即龟兹国。
④ 跋禄迦国在今新疆阿克苏。
⑤ 佉沙国，在今新疆疏勒。
⑥ 朅盘陀国，在今新疆塔什库尔干。
⑦ 乌铩国，在今新疆英吉沙县。
⑧ 瞿萨旦那即于阗。
⑨ 斫句迦国，即《洛阳伽蓝记》的“朱驹波”。

文，以区别于稍晚的其他于阗文献中的后期于阗文。于阗文献分宗教文献与非宗教文献，前者是佛教经籍，后者有敕令、奏报、账目、医书之类。因为佛经有梵、汉、藏三种语文可资对照比较，因此，从佛经入手研究于阗文的人比较多。

于阗处于塔里木盆地的南缘，焉耆、龟兹处北缘，南北隔着沙漠遥遥相对。婆罗米文字却不受沙漠的阻隔，从西向东，沿两缘传播，北缘疏勒、龟兹、焉耆都在影响范围之内。但是，这一带使用的是稍有变异的中亚婆罗米斜体。这一带民族语言属于印欧语系西支的吐火罗语。这个语言有两种方言，一种是吐鲁番、焉耆一带的焉耆语，一种是巴楚、龟兹一带的龟兹语。前者又称作吐火罗语 A，后者又称作吐火罗语 B。当然这些语言情况都是从发现的残卷中整理出来的。新疆的佛经传播起步很早，在 2 世纪，就有人用中亚婆罗米斜体抄写印度梵文《舍利弗剧》，此后陆续转译了许多梵文佛经。汉文佛籍在早期是通过吐火罗语佛籍译入的，所以当时汉文的印度借字并非从梵文直接翻译而来。现存的吐火罗语文献还是以佛经、佛经故事为多，此外是公文、账册和医学文献。1974 年新疆焉耆唐宋佛教遗址内发现 44 页的《弥勒会见记》剧本，是用中亚婆罗米斜体书写的吐火罗语 A 文献，字迹清晰，墨色如新（图 2—3）。库车苏巴什古城出土陶盆，外壁有一圈龟兹笈多斜体文字

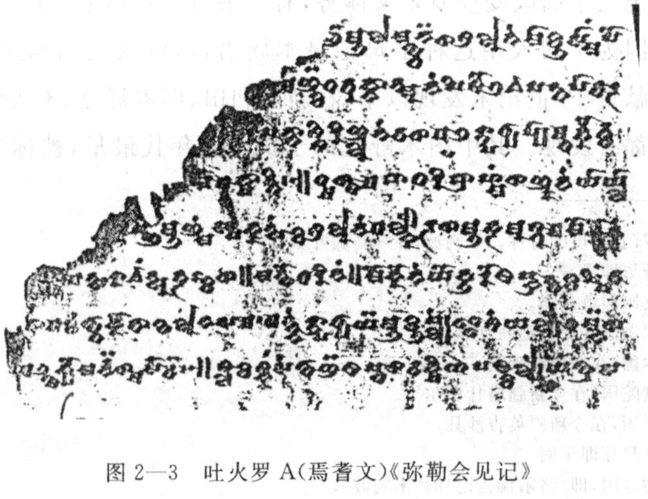

图 2—3　吐火罗 A（焉耆文）《弥勒会见记》

(图2—4)。和于阗一样,龟兹在使用婆罗米文时期,也流通与汉字合一的汉龟二体钱。近年在龟兹故地轮台发现了这种汉龟二体钱,钱型是外圆内方的汉式钱币,一面铸篆体"五铢"二字,一面铸两个龟兹婆罗米字母①。五铢钱是隋以前的钱式,由此推想,龟兹的二体钱很可能是在7世纪之前铸造的。

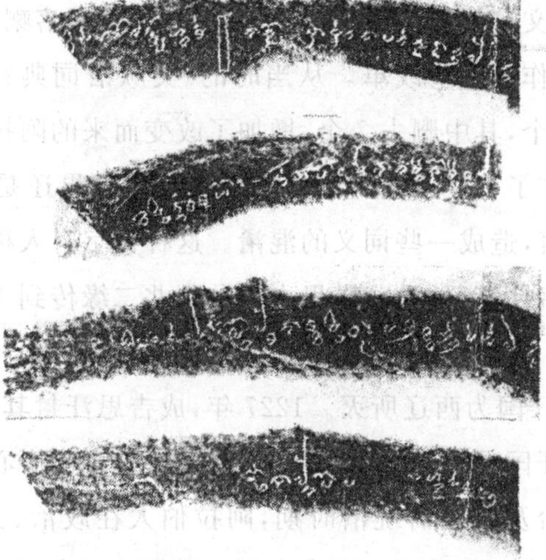

图2—4 笈多斜体龟兹文

于阗、龟兹、焉耆的婆罗米文书约在6—8世纪之间,看来,婆罗米文在这些民族中使用到8世纪,以后就趋于废止了。但是,婆罗米文的传播尚未终止。9世纪中期,回鹘的一支西迁吐鲁番盆地,建立了高昌回鹘王国,其后势力又扩展到焉耆、龟兹,从原居民那里接受了渐趋废止的婆罗米文字,当然也是中亚婆罗米斜体系统。回鹘人增添了几个新字母,使之适应于本族语言。现存的婆罗米回鹘文献不多,多属佛教方面的内容,有焉耆—龟兹语与回鹘语、梵语与回鹘语对译的字书,以及医书、历法等残卷。

阿拉伯人占有中亚后,伊斯兰教随之东传。阿拉伯人征服的地方,阿拉伯文字也成了占统治地位的文字。而且,除阿拉伯文字之外,《古兰经》被禁止以

① 张平《新疆轮台县出土的汉龟二体五铢》,《考古》1988年第7期。

其他文字记录。结果无论是被阿拉伯人的征服还是伊斯兰教的传播都促使非阿拉伯民族放弃原有文字，改而采用阿拉伯文字。从回鹘接受阿拉伯文的情况来看，不是属于被征服，而是属于宗教传播。

西迁的回鹘人在10世纪中叶进入天山南北，与葛逻禄部族结合，形成了喀喇汗国，并从葛逻禄人那里了解伊斯兰教，成为信奉真主的教徒。在此同时，回鹘把原有的文字放置一边，用起阿拉伯文字来。喀喇汗国的阿拉伯文属于其东支，使用中作了一些改革。从当时的《突厥语词典》来看，把阿拉伯28个字母改变为24个，其中删去7个，增加了改变而来的阿拉伯式字母3个，此外还对附加符号作了一些调整。但是这样变动的结果还是不甚理想，不能确切地表示突厥语言，造成一些词义的混淆。这种文字有人称之为喀喇汗国文，它从新疆西边的喀什开始，沿着塔里木盆地南北二缘传到于阗和龟兹故地，再传到吐鲁番。

1213年喀喇汗国为西辽所灭。1227年，成吉思汗封其次子察合台领有中亚之地的察合台汗国，新疆除阿尔泰地区和以吐鲁番为中心的东部地区外，尽入其版图。察合台及其后裔统治时期，阿拉伯人在政治、文化方面有重要影响，宗教方面的影响更为广泛。察合台后裔建都中亚伊斯兰文化中心撒马尔罕之后，形成了伊斯兰教发展的新高潮。另一方面，居住在中亚的波斯人也产生了重大影响。这就出现了不同语言成分的融合，产生了阿拉伯语和波斯语影响下的突厥语，人们称之为察合台语，也形成了记录这种语言的察合台文。察合台文字有32个字母，其28个取自阿拉伯字母，4个借用波斯文字母，有的字母专门用于拼写阿拉伯、波斯语源的词，词中的元音往往省略，此外对一些辅音与元音的拼写采用一些变通办法。像阿拉伯文一样，保持原有的附加符号。词首、词中、词末、单用等不同场合，字母写法也有不同，有草书、印刷体、手写体等不同书体。察合台文始用于13世纪后期察合台后裔都哇汗时期。1370年帖木儿灭西察合台国，夺取了河中统治权，然后不断向外扩张领土，侵占了伊朗、阿富汗，攻下两河流域、高加索，进入北印度、小亚细亚。这样察合台文也随之传入这些地区，成为广大地域、众多民族中通用的文字。对察合台语言文字起过重要作用的维吾尔族，在帖木儿帝国解体之后依然使用。

17 世纪天山南北建立的叶尔羌汗国依然保存着察合台文化传统。汗国的居民主要是信奉伊斯兰教的维吾尔族人，他们以当地的维吾尔族语言作为书面语的基础，察合台文经过改进形成了现代的维吾尔文（图 2—5）。察合台及其后裔统治时期，突厥诸族的文化空前发展，创造了一个繁荣的局面。突厥人继承回鹘和其他突厥民族的文化，吸收阿拉伯伊斯兰和伊朗文化的精华，涌现了一批杰出的文学家、历史学家、科学家和宗教学家，产生了各个方面的大量著作。与此同时，还有许多阿拉伯文、波斯文文献著作被译成察合台文。所以，在一段相当长的历史时期中，由察合台文字形成的文献资料是极为丰富的。

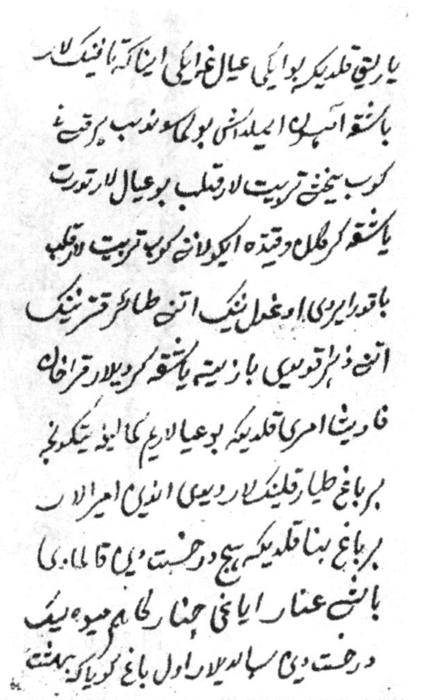

图 2—5　察合台文字《塔依尔与祖合拉》

二　北路传播而形成的民族文字

北路是指通往北漠的草原之路，它是北方游牧民族进入中亚的通道，西接中亚偏北地区，东接广袤的北方草原。由这条路线传入的西土文字主要是粟特文。粟特在今塔吉克斯坦北部、乌兹别克斯坦南部，地处阿姆河、锡尔河之间的泽拉夫善河流域。粟特人善于经商，其足迹遍于丝绸之路，与古代中国的关系密切，古代汉语文献中称之为窣利、粟弋、速利、孙邻等。突厥兴起之后，6 世纪灭嚈哒，控制中亚商路，粟特人的居地也在其控制范围内。南北朝时期高昌地区已经使用粟特文。新疆吐鲁番柏孜克里克千佛洞遗址 21 窟发现八件晚唐粟特文字摩尼教文书残卷，中间有彩绘和金字标题[①]（图 2—6）。粟特

① 吐鲁番地区文物管理所《柏孜克里克千佛洞遗址清理简报》，《文物》1985 年第 8 期。

图 2—6 粟特文《摩诃般若陀罗尼经》写本

人经营丝绸贸易，在中亚漫长的商路上有巨大的经济利益。他们希望得到突厥人的保护，同时突厥统治者也希望利用粟特人的财力人力，因此两者相互结合起来。突厥人原本没有文字，到了粟特之地后，开始借用粟特人的文字。在蒙古国的卜古特发现的突厥《木杆特勒王族纪功碑》，就是用粟特文的突厥人碑刻。《北齐书·斛律羌举传》说："代人刘世清……通四夷语，为当时第一。后主命世请作突厥语翻《涅槃经》以遗突厥可汗。"《北齐书》所说之事和《木杆特勒王族纪功碑》制作年代都在佗钵可汗统治时期，即 6 世纪后期，因此，《北齐书》所谓"突厥语"用的也是粟特文字。突厥文字的产生是在经过漫长的借用粟特文字时期之后，大约在 7 世纪的后期。

《阙特勤碑》(图 2—7)和《苾伽可汗碑》是重要的突厥文碑刻，二碑都有同时代唐玄宗开元年间的汉字铭文，前者为开元二十年(732 年)，后者为开元二十二年(734 年)。但是它们不是发现的最早的突厥文碑刻。《翁金碑》虽无纪年，但有人认为此碑为纪念颉跌利施可汗及其妻子伊利毗伽可敦而立，建于 690—693 年之间。另一块《雀林碑》是颉跌利施在位时建立，在 688—691 年

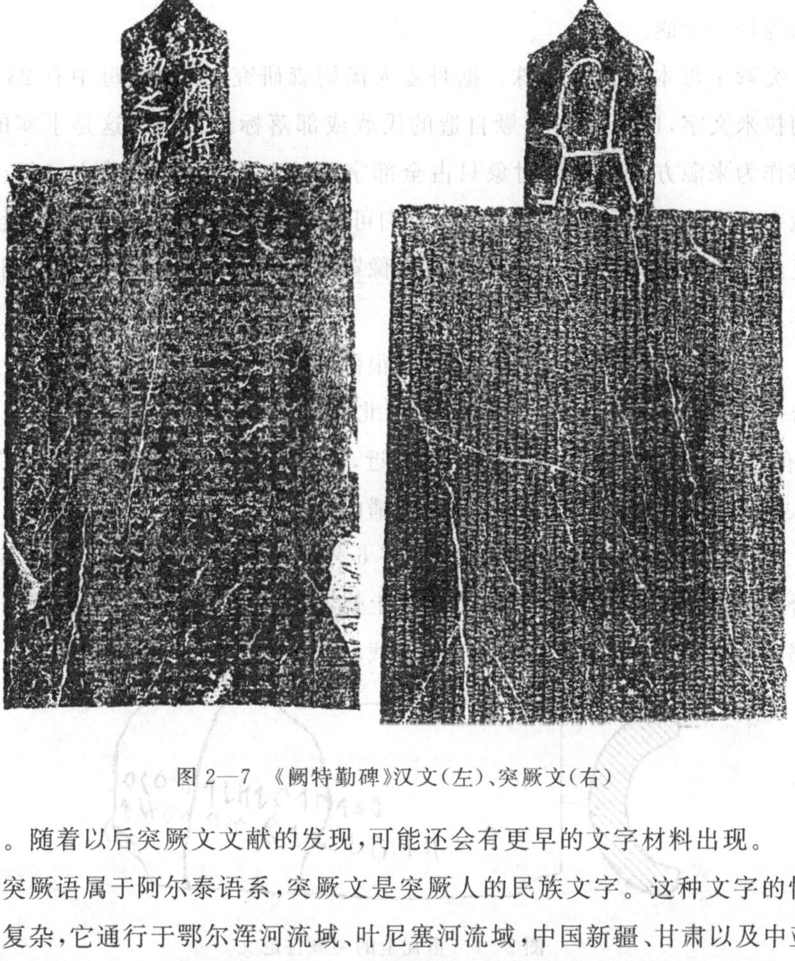

图 2—7 《阙特勤碑》汉文(左)、突厥文(右)

之间。随着以后突厥文文献的发现,可能还会有更早的文字材料出现。

突厥语属于阿尔泰语系,突厥文是突厥人的民族文字。这种文字的情况比较复杂,它通行于鄂尔浑河流域、叶尼塞河流域,中国新疆、甘肃以及中亚相邻的广大地区,从 6 世纪后期到 10 世纪不仅为突厥人使用,也为回鹘、黠戛斯等人使用。突厥文是一种音素、音节混合型文字,字母符号既有代表一个元音或辅音的,也有代表一个音节的。在各个地区、各个时期使用的字母数目不同,大约在 38 到 40 个之间。一个字母的写法也不同,甚至有五六种变体,同一个音往往用不同的字母表示。每个词或词组用一点(·)或二点(:)隔开,通常从右到左横写,也有从左到右的写法。突厥文的名称也比较多,有突厥鲁尼文、鄂尔浑—叶尼塞文、西伯利亚文、兰突厥文等。

《周书·突厥传》称“其书字类胡”,但未确指“胡”为粟特还是波斯,突厥字的来源是一个谜。

突厥字母本身情况特殊。据丹麦人汤姆森研究,38个字母中有23个来自阿拉米文字,15个来自突厥自造的氏族或部落标志。如果这是事实的话,能够作为来源方面的研究对象只占全部字母的60%。而且,前文已经说过,突厥字母变体多,形体不稳定,由此我们可以认为,那些外来的字母很大程度上已经不是原形,而是变形。种种因素像罩在突厥文字上的层层迷雾,引起人们作出种种猜想。

突厥字母主要由竖线和斜线组成,很像刻在木头上的北欧鲁尼古文字,突厥鲁尼文因此得名(当然它不可能来自北欧)。一般认为它来源于阿拉米字母,有人说与古伊朗及较晚埃及文字相近,有人说来源于阿拉伯草体字母,也有人说来源于粟特文。此外,有关其传播的途径也有争议。

蒙古国后杭爱省赫列克斯浩莱山谷6号回鹘墓园整理中发现筩瓦碎片,拼合后发现两行突厥鲁尼文,刻在泥坯上烧制而成(图2—8)。文字从右向左横书,译为汉文:“马年第七月十五(日)我切割了[①]。”

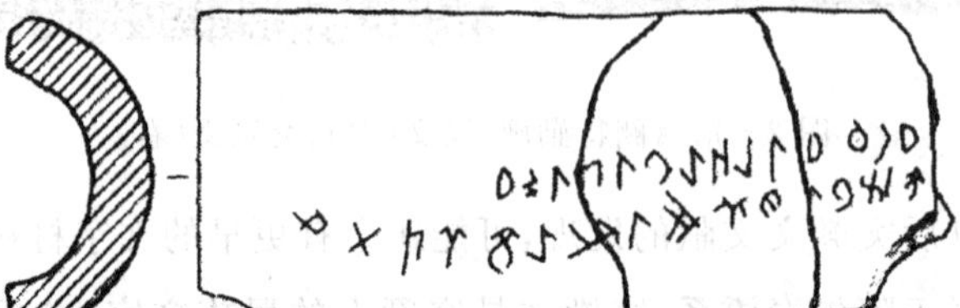

图2—8 筩瓦上的突厥鲁尼文

看来,突厥文的原形应该是粟特文。突厥人与粟特人有特别密切的关系,在突厥人尚未创造本族文字之前,把粟特语、粟特文字作为官方语文,即使在突厥文创造之后,还继续使用粟特文字。突厥进入粟特居地之后,在使用粟特文字的过程中熟悉了这种文字,大约在7世纪中叶利用粟特字母创造本族文

① 宋国栋、陈永志、包文胜《蒙古国赫列克斯浩莱山谷6号回鹘墓园出土突厥鲁尼文瓦考析》,《文物》2016年第4期。

字,7世纪后期形成突厥文。

突厥文是重要的民族古文字,它留下了大量的文字资料,碑刻主要分布在蒙古国和中亚,而在我国敦煌、吐鲁番发现的一些重要写本,由于历史原因,大部分流到国外了。

回鹘同突厥一样,起于漠北。回鹘先世可以追溯到丁零,是南北朝时期敕勒(即铁勒)六氏之一袁纥氏后裔。史籍也称之为乌护、乌纥、韦纥、回纥。唐德宗贞元四年(788年),回鹘可汗上表唐朝,请求改名回鹘,取"回旋轻捷如鹘"之意。隋唐之际,回鹘受突厥统治,与东、西突厥和后突厥关系甚密。回鹘攻灭突厥之后,不仅占有东、西突厥的广大土地,也沿用了突厥制度。由于回鹘与突厥同属阿尔泰语系的突厥语族,语言关系密切,所以回鹘人袭用突厥的文字是必然的事。在今蒙古国北部色楞格河及希乃乌苏湖的《磨延啜碑》,及该国后杭爱省塔里亚特的《塔里亚特碑》(也称《磨延啜第二碑》)为8世纪回鹘第二代可汗磨延啜的碑文,都用突厥文书写。回鹘也用粟特文,这和突厥把粟特文视作官方文字一脉相承。在漠北唐代旧回鹘首府的哈喇巴喇哈逊有建于唐元和九年(814年)的《九姓回鹘可汗碑》,用粟特文、突厥文、汉文三种文字书铭,立碑者为回鹘内宰相于伽思。1969年发现的《塞维列碑》也是用粟特文、突厥文书铭,至于是哪一位回鹘可汗所建,尚不清楚。

称为回鹘文的文字,是在840年漠北回鹘汗国覆亡、西迁后使用的文字。回鹘文采用粟特字母,字母数量在不同时期不完全相同,从18个字母到23个字母。早期字母有的要表示两个或两个以上语音,如s和š、n和a、x和q、y和w同用一个字母,在后期文献中才在这种字母的左方或右方加一点、两点区别。以23个字母为例,5个字母表示8个元音,18个字母表示22个辅音。字母因出现在词首、词中、词尾的位置不同而有不同的形式。有简单的"或"句读符号,用"∴"四方形点表示段落。字体丰富,刻本体工整,棱角突出。手写体又分经体(楷书)和草书,楷书书写重要的经典文献,草书书写一般日常文书。行款与粟特文一样,起先由右往左横写,后来改为从左往右竖写。

回鹘文实际上是用粟特文拼写回鹘语言,加以必要的改进,所以曾经有人主张称之为"后期粟特文"或"新粟特文"。这种情况,是一个民族长期借用另一个民族的文字而自然引发的。回鹘人放弃突厥文改用粟特文，与突厥王朝的衰亡有关。回鹘人使用回鹘文早在西迁之前，1953年在蒙古国西部乌兰浩木发现的八行回鹘文碑铭，可以证明它是在漠北创制的。在吐鲁番出土的回鹘西迁前8世纪的回鹘文文献和中亚七河流域突骑施故地出土的、铸有"突骑施可汗"的回鹘文钱币，很可能不是传播而来，而是在突厥王朝灭亡后自行创制的。回鹘文在8世纪创制，西迁新疆之后得到广泛的使用，一度传至葱岭以西。10世纪下半期，喀喇汗王朝强行伊斯兰化，回鹘文逐渐被阿拉伯字母取代，到十四五世纪时只有高昌、哈密一带继续保持使用，直至明清。在甘肃酒泉文殊沟发现的《金光明最胜王经》回鹘文译本，是康熙二十六年(1687年)重抄的，所以，回鹘文使用下限至少在康熙年间。

回鹘文在长期的使用过程中产生了大量文献，由于伊斯兰教传入，包括回鹘文文献在内的非伊斯兰文化遭到毁灭性的破坏，能遗留后世的只是很少的一部分。19世纪末20世纪初以来，在新疆南部塔里木盆地到甘肃敦煌等地陆续发现了一些回鹘文文献，主要是写本(图2—9)，还有13世纪的雕版印刷物。从内容看，以宗教文献为多，有佛经，也有摩尼教和景教的经文。佛经及

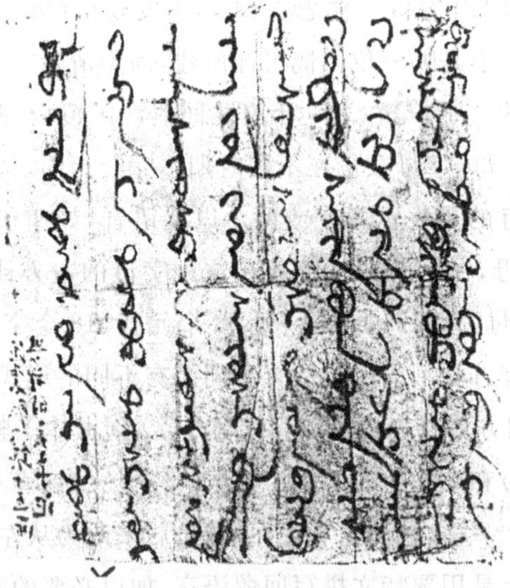

图2—9　回鹘文盟约

其他佛教文献不少是转译而来，译自汉文的有好多种。《菩萨大唐三藏法师传》译自汉籍《玄奘传》，《佛说天地八阳神咒经》(图 2—10)《八十华严经》等也译自汉籍。刻本《圣救度佛母二十一种礼赞经》梵文、藏文、回鹘文各占一栏，而回鹘文可能由元代回鹘学者安藏从藏文转译，此外还有不少译自龟兹—焉耆文。非宗教文献也比较丰富，如经济契约、字典、医书及诗歌、传说等文学作品。值得一提的是明代编辑的《高昌馆杂字》，这是一本分类词汇集，用汉文、回鹘文对照书写。现存的几种版本内容相同，它们保留了明代吐鲁番、哈密一带回鹘文的面貌，是研究回鹘文的重要资料。

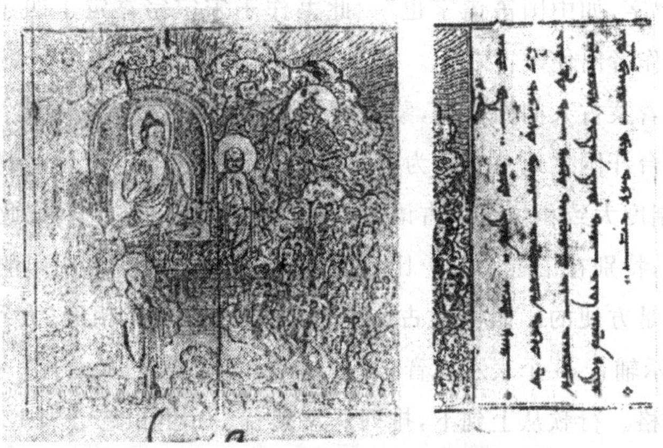

图 2—10　回鹘文《佛说天地八阳神咒经》

南宋时期在漠北兴起的蒙古人是个游牧民族，本无文字，刻木为契，也无文书流通。乃蛮部落原在阿尔泰山与杭爱山之间游牧，回鹘与之为邻，早有文化上的交流。1204 年，成吉思汗攻灭乃蛮，得畏兀人塔塔统阿。《元史·塔塔统阿传》：

> 塔塔统阿，畏兀人也。性聪慧，善言论，深通本国文字。乃蛮大敭可汗尊之为傅，掌其金印及钱谷。太祖西征，乃蛮国亡，塔塔统阿怀印逃去，俄就擒。帝诘之曰："大敭人民疆土悉归于我矣，汝负印何之？"对曰："臣职也，将以死守。欲求故主授之耳。安然有他！"帝曰："忠孝人也！"问是

印何用，对曰："出纳钱谷，委任人才，一切事皆用之，以为信验耳。"帝善之，命居左右。是后凡有制旨，始用印章，仍命掌之。帝曰："汝深知本国文字乎？"塔塔统阿悉以所蕴对，称旨，遂命教太子诸王，以畏兀字书国言。

1225 年的《也松格碑》是目前能见到的最早的回鹘蒙古文碑刻。1206 年成吉思汗即大汗位，命大札鲁忽赤"凡断之事，写在青册"，如果推测不错，这应该是用的回鹘蒙古文。南宋人的《蒙鞑备录》记蒙古"迄今文书中自用于他国者，皆用回鹘字，如中国笛谱字也"。此书作于宋宁宗嘉定十四年(1221 年)，也就是书的作者出使蒙古之年。那么，在 1221 年，蒙古使用回鹘字也为汉人所亲见。随着蒙古人向西推进，蒙古回鹘文字也向西传播，金帐汗国、帖木儿帝国和察合台汗国之地一直作为官方文字，沿用到 15 世纪。回鹘蒙古文借自回鹘文字，制度大致相仿。蒙古语与回鹘语同属黏着语类型，彼此之间有大量的共同成分，特别在语音系统上比较接近。有了这个基础，用回鹘文字来表示蒙古语自然是方便的。回鹘蒙古文字母读音与回鹘文相近，大致有 19 个字母，14 个表示辅音，5 个表示元音，字母在词首、词中、词末也有三种变体，拼写规则不甚严格。行款从上到下，排列从左到右。元世祖忽必烈 1269 年颁行八思巴蒙古新字，回鹘蒙古文的使用受到限制，只因士庶长期使用形成习惯，实际上还在流行。

托忒蒙文在中亚新疆一带的西部蒙古人中产生。1648 年卫拉特僧人札雅班弟达改进回鹘蒙古文，形成新的托忒蒙文。托忒蒙文克服了旧字的缺陷，提高了科学性，被称为"清楚的蒙古文"。它的字母形状和旧字有所差异，共有 31 个字母，其中 7 个元音字母，24 个辅音字母，一个音位配一个字母。字母重新按照发音特征顺序排列，增加了长音附加符号，这样可以消除口语和书面语之间的语音差距。此外，还特别规定了 50 个梵文字母与 30 个藏文字母的转写规则。托忒蒙文原来是为整个蒙古民族制订的规范文字，可是，它很难在东部推行，因此，它的通用范围最终还只限中国的青藏高原、新疆及中亚一带。

蒙古民族使用回鹘体蒙古文已有800多年的历史。20世纪40年代，蒙古国推进俄化方针，成立了“文字改革委员会”，1946年废弃回鹘体蒙古文，采用以斯拉夫字母为基础的西里尔蒙古文。20世纪末苏联解体，蒙古国把恢复回鹘字提上议事日程，1992年蒙古国国家大呼拉尔（议会）也作出决定，政府部门应逐步恢复使用回鹘体蒙古文字，2008年蒙古国政府出台强化使用回鹘蒙文的政策。2010年8月蒙古国总统额勒贝格道尔吉颁布命令，宣布进一步恢复和扩大回鹘蒙文的使用，命令规定：蒙古国总统、国家大呼拉尔（议会）主席、总理以及政府官员等的对外交流，公文和信函必须使用回鹘体蒙古文；蒙古国公民的出生及结婚证明、各级教育机构颁发的相关证件、毕业证书等必须同时使用回鹘体蒙古文和西里尔蒙古文。

其后，蒙古国官方加快了推行其传统的回鹘体蒙古文的步伐。2012年蒙古国总统办公厅和蒙古美术家协会4月20日在乌兰巴托美术展厅举办“文字文化——2012”书法展，向广大民众宣传推广蒙古民族传统文字的作用和意义。2013年1月蒙古国媒体主办了“蒙古国民族传统文字书法大赛”，蒙古国总理专门为获奖者颁奖。同年11月15日，蒙古国总统办公厅与巴彦洪戈尔省政府办公厅共同在巴彦洪戈尔省举办“蒙古文字日”，举办传统蒙文研讨会、演讲和培训等活动。经历差不多两代人的隔阂，如今30岁以下的蒙古国公民很少有人懂回鹘蒙文，仍然只有部分学校开设回鹘体蒙文课程，并没有得到家长及学生的重视。

不过，同为蒙古文，回鹘体是中国内蒙古自治区蒙文的官方文字，也是中国境内唯一被官方认定的蒙文的书面语[①]。

女真人在入主中原时创制女真文字，金亡之后，在东北的女真人后裔继续使用这种文字，到15世纪中期失传。东北与蒙古相邻，满族与蒙古族长期交往，接触蒙语，会用蒙文交流。明万历二十七年（1599年）努尔哈赤命额尔德尼、噶盖参照蒙古文字创制本族新字，这种文字的字形与字母数目与蒙古文字基本相同，差别不大，这就是无圈点满文，史称老满文。老满文并不很适用于

① 霍文《蒙古国加紧恢复传统蒙文》，《环球时报》2013年11月19日。

满语，有许多音素无法表达，混淆了不同的语音。此外，它字母字形不甚统一，变体也多，不便使用。后金天聪六年(1632 年)皇太极命达海改进老满文，规定了字母规范写法，在字母上加圈点来区别不同语音，同时增加了一套字母，专门用于拼写汉语为主的外族语言。改进后形成了一套比较完善的字母体系和拼写法，40 个字母，一个字母标志一个音位。同一字母在词首、词中、词尾不同位置，写法各不相同，书写顺序从上到下直书，自左向右排列。改进后的满文为满族长期使用，并随清军进入中原。1589 年，喀喇沁部僧人阿尤喜奉三世达赖之命创制蒙文阿礼嘎礼字，专用于拼写梵文。乾隆十三年至十五年(1748—1750 年)乾隆皇帝谕旨和硕庄亲王领衔，由章嘉国师主持制定佛经咒语中梵文读音的标准注音，通过借用部分蒙古字母，来补充满文所缺音韵的不足，这就是满文阿礼嘎礼(Alikali)字(图 2—11)。乾隆二十三年到三十八年(1758—1773 年)的《御制满汉蒙古西番合璧大藏经》得到沿革使用。如八思巴文一样，满文也有篆体，用于印玺文字[①]。从回鹘文到蒙古文再到满文，虽然屡有变迁，但是粟特文的特点基本存在，所以都纳入粟特文字系统。

图 2—11　满文阿礼嘎礼字[②]

① (清)吴振棫《养吉斋丛录》卷 21 记满文始末甚详，并录于此："太祖天命四年，欲创造满书，命额尔德尼、噶盖，以蒙古字合我国语音，联缀成句，编为国语，满文盖自此始。达海继之，增十二字头。太宗复命加十二字头圈点。又以国书与汉字对音未全者，于十二字头正字之外增添外字，犹有不能尽叶者，则以两字连写切成。其后，又有库尔缠增补之字。""至乾隆间，高宗以当时编纂诸臣未列三合切音汉字，且注中采掇经传，恐后人不明其义，妄行傅会。复命廷臣重加增订，凡二合、三合切音，不失毫黍。"

② 罗文华《〈满文大藏经〉藏传佛教绘画——兼及尊神名号中的满文阿礼嘎礼字》，《故宫博物院院刊》2003 年第 3 期。

回鹘人与摩尼文字也有过一段接触。摩尼教为摩尼所创，吸收了基督教、佛教、袄教的思想，形成了自己的独特的教义。它发源于伊朗，后西传西亚、北非、欧洲南部，东传中亚各地，在中亚草原地区的游牧民族中传播更广。6—7世纪，摩尼教由粟特传入漠北的回鹘，唐宝应元年(768年)被定为回鹘国教，并且传入中原地区。

摩尼教使用巴列维文、粟特文，而自创的摩尼文为该教的专用文字。通常认为摩尼文出自阿拉米文或者叙利亚福音文字，传入回鹘之后，回鹘人用它书写摩尼教方面的有关文献。这种文字是一种简单清晰的文字，传入回鹘之后，可能发生了一些小的变化。全部30个字母，其中有几个字母对回鹘语没有实际作用，同时，又要加符号来表示同一字母所表示的不同的语音。书写顺序从右到左横写，后来也有直写的。因为创始人摩尼是个画家，他的书图文并茂。摩尼教的文献保持了这种风格，很讲究书籍美观，常用不同颜色的墨水书写在上等纸上，文字周围画上美丽的图案和人物。摩尼文是一种宗教性文字，只限于宗教场合，所以它不是整个回鹘民族的文字。现今发现的摩尼文献不多，只是19世纪末在敦煌、新疆发现过一些残卷。

三　南路传播而形成的民族文字

南路是指印度以东南亚地区向东延伸的路线，中国的西藏和云南南部在此影响范围之内。这一路的文字传播，就所涉及的藏族与傣族而言，都属于婆罗米文字系统，相对比较单纯。而且，文字的传播与佛教传播密切相关，都以宗教为媒介。藏族与傣族在很长的历史时期内，一直生息在原来的地区，没有发生迁移或大的迁移。在文字传入之后，沿用至今，虽然文字变迁可分古今，但体系一脉相传，表现出很强的稳定性。以上几点，都是南路传播的特点。

印度自孔雀王朝起，佛教就广泛地向外传播，其重要路线有三条。北面经印度西北，走塔里木盆地，向中原等地扩展，以大乘佛教为主。南面有两条：一条经海路，传入斯里兰卡、缅甸、泰国、柬埔寨、老挝及中国云南，以小乘佛教为主；另一路从陆路尼泊尔传入西藏，以密教为主。吐蕃周围都是笃信佛教的地区。西域很早就是重要的佛教传播地，特别是与之相邻的于阗，浸染佛风。汉魏以来，中原佛教处于鼎盛时期。南面的泥婆罗、西面的印度本是佛教的发源地，因此，佛教对吐蕃的影响很早，只是因为传统的苯教势力很大，进入吐蕃的佛教不能形成规模而已。松赞干布在位，佛教得到了保护，才得以广泛传播。7世纪前期，图弥三菩札去天竺求佛法，学梵文，从婆罗门大师里津学习多种文字，向大班智达拉日僧格学声明学，返回吐蕃之后，受命制定藏文。

吐蕃属于汉藏语系藏缅语族，与印度梵语不同。所以，藏文采用梵文有必要作一些适合于本族语言特点的改变。梵文的34个字母删去了11个，增补了7个，成为藏语的30个辅音字母，参照梵文，按字母的发音部位排。又从梵文选用了4个元音符号，表示元音。藏文的拼式比较复杂，辅音字母在音节结构中有不同的地位和作用，可分作“基字”“上加字”“下加字”“前加字”“后加字”；4个元音符号不独立，3个附加在基字上面，1个附加在下面。文字自左向右横写，有些复合声字的字母上下叠写。音节之间用小点分隔，句子结束加一条垂直线，章节结束加两条垂直线，文章结束加四条垂直线，篇章开端还加有一个起始符号。藏文的字体繁多，所谓有头字即楷体字，用于碑刻、印刷；所谓无头字即行书，用于日常书写。无头字还可分为几种字体，大致是根据练习书写的阶段来区别：大字母体、朵洒体、粗仁体、粗通体、粗穷体及“秋”体，其中最后两种是草体。无头字中还有一种美术字叫珠杂体①。

由于历史和区域等原因，梵文字母有好几种，藏文字母取自哪一种，情况相当复杂，分歧也相当大。对此，藏文史籍记载不一，一种较有影响的说法认为，当时同时采用印度中部的两种字，取兰杂字体为有头字，取瓦杜字体为无头字。但是，也有西藏学者说唯有笈多文字是藏文的蓝本，有头字、无头字原是一体，无头字是速写有头字过程中自然形成的。这个观点很值得重视。采取笈多文字的于阗文有很多字母与古藏文相似，甚至附加元音符号也相同。人们曾因此怀疑藏文来源于于阗文。正确的看法是，两者文字相似是都取法笈多文字的缘故。藏文创制之后，经过三次文字的厘定工作，增强规范，适应藏语的变化，使古藏文向现代藏文过渡。

① 罗秉芬《藏文》，载《中国民族古文字》，第13页，天津古籍出版社，1987年。

古藏文的文献十分丰富，就吐蕃文献而言，敦煌石窟及新疆若羌米兰古城旧堡手卷大批发现，西藏目前尚可见到这个时期的碑刻和钟铭，其中有著名的《唐蕃会盟碑》。7世纪后期，吐蕃在天山南路屯军，在这些遗址中留有大量简牍（图2—12）。11世纪后，藏文文献尤为丰富，著作和译作并出，而且有众多的木刻印本。

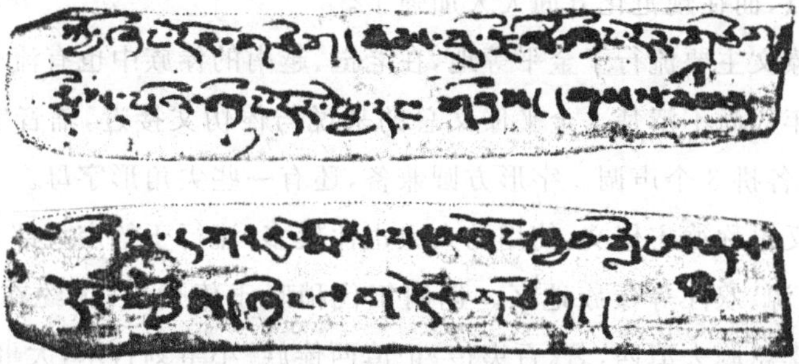

图2—12　唐代吐蕃文木简

傣族古称掸、摆夷，傣语属汉藏语系壮侗语族壮傣语支。傣族居中国南陲云南，与老挝、泰国、缅甸等南亚地区民族为邻，在文化上有过密切的接触。随着佛教传入，文字也传入傣族地区。佛教传入傣族地区约在一千年之前，那么，文字传入也有将近一千年的历史了。传入傣族的是印度婆罗米系统文字，因为传入的时期和地区不同，形成了四种不同的傣文。这四种文字字母形式、拼写方式等有所不同，但可以分为二系，傣仂文与金平傣文为一系，傣哪文与傣绷文为一系。两系的差别除了自身原因外，主要受相邻的缅甸、泰国文字的影响所致。

四种文字中傣仂文使用的人数较多，主要流行在西双版纳等地，在老挝作为经典文字，专写经文；在泰国、缅甸的傣系居民中也有流行。傣仂文脱胎于婆罗米系统的古巴利文。据傣族文献记载，13世纪后期已有用铁笔刻画在多罗树叶上的经文，与傣文关系密切的泰文几乎也在相同的年代创制。因此在13世纪创制傣仂文的意见是成立的。创制时傣仂文只有41个字母，字母的读音和顺序与巴利文字母的读音和顺序一致。以后为了更好地表达傣语，字母增加到 56 个。其中 48 个辅音字母，分高低两组，分标 3 个声调。7 个元音字母，1 个带辅音尾韵母字母。拼写时，辅音符号居中，元音符号和韵母符号写在它的上下左右，声调附在上方。傣仂文早期为扁方形，后来发展为圆形。1958 年，傣仂文得到改进，字母减少到 42 个，废除了 21 个异体或专用字母，增加 7 个新字母。字母排列顺序整齐，高、低音组分明。新傣文保留了老傣文的主要特点，而在规范化方面大大加强了。

金平傣文主要流行于金平等地，在老挝、越南的傣族中也有流行。这种文字的创制年代尚不清楚。金平傣文总的来说与傣仂文接近，辅音字母也分高低音两组，各拼 3 个声调。字形方圆兼备，还有一些尖角形字母。

傣哪文也称德宏傣文，使用的人数也比较多，流行于德宏大部分傣族地区与景谷、沧源、双江等傣族地区。创制年代稍晚于傣仂文，大约在 14 世纪左右。明初李思聪去滇西，著《百夷传》记滇西傣族“小事刻竹木，大事作缅书，皆旁行为记”。他称作缅字，就是傣哪文，因为两者相像，所以误称。傣哪文有 19 个辅音字母，不分高低音组，常用韵母有 45 个，字形为方形。

傣绷文主要流行于德宏与缅甸毗连的瑞丽等地，缅甸的北掸邦也使用这种文字，称为掸文。在 13 世纪到 16 世纪近 250 年间（缅史上称掸族统治时期），形成了灿烂的文化，由此可知傣绷文的起源相当早。傣绷文在文字体系上与傣哪文相近，有 18 个辅音字母，也不分高低音组。字形呈圆形，与缅文相似。

在云南与印度之间很早就有一条通道，古称“蜀身毒道”。自南诏起，天竺僧人就不断进入云南，经过种种努力，演化成本地的阿吒力教。该教僧人自称法力广大，能役使鬼神，召风唤雨，降龙制水，救灾禳疫，很能获得人心。梵文随之进入云南，广泛使用于经卷及书写经咒。在凤仪北汤天村后的金鸾宝刹里，有大理国的梵文抄本，包括大写梵文抄本、梵汉文夹写本、汉经梵注本、汉写题目梵文本。滇西还存在大理国及元、明的火葬墓，碑上也有梵文经咒，通常正面是汉字，背面是梵文。南诏、大理国以汉字为官方文字，梵文只限于宗教所用。

四　藏文在中原的流传

藏族与中原友好交往有很长的历史，藏文与汉文互在两地出现。

《大唐天竺使出铭》建于显庆三年（658 年），在今西藏自治区日喀则地区吉隆县北部崖壁上发现。崖壁面阔约 1.5 米，其上有崖棚遮盖，崖脚有水渠环绕而过，崖面距地表约 5 米。铭刻宽 81.5 厘米、残高 53 厘米，下部已破坏。字体为楷书，字约 2 厘米见方，以细线刻方框间隔，现存 24 列，约 311 字。碑文云："维大唐高宗显庆三年六月，大唐之驭天下……"[①]

《唐蕃会盟碑》，又称《唐蕃会盟碑》或《长庆会盟碑》，建于唐穆宗长庆三年（823 年）。高 3.42 米、宽 0.28 米、厚 0.35 米，位于西藏拉萨大昭寺前，记录唐朝与吐蕃的两次盟约，用藏文、汉文两种文字镌刻。

藏文主要依托藏传佛教的力量向周边传播。重要的影响地在河西和新疆、云南西部以及蒙古、女真以及中原地区。新疆、河西和云南西部是宗教的边缘渗透。

唐太宗贞观初，击吐谷浑，进入唐在西域的于阗、龟兹、安西和疏勒四镇，复进入河西，到 8 世纪，势力扩大到西州（今吐鲁番地区）。《新唐书·吐蕃传上》："吐蕃本西羌属，盖百有五十种，散处河、湟、江、岷间，有发羌、唐旄等，然未始与中国通。居析支水西。祖曰鹘提勃悉野，健武多智，稍并诸羌，据其地。蕃、发声近，故其子孙曰吐蕃。"安史之乱后，唐廷软弱无力西顾，吐蕃势力进入河西走廊，藏文随藏传佛教影响该地。

图 2—13　唐代吐蕃文石刻

在今新疆和河西走廊屡屡发现吐蕃文书。唐代吐蕃石刻 4 行正楷（图 2—13）在若羌县阿尔金山中采集。唐代吐蕃纸

① 记者余长安《西藏考古与文物普查获大批新资料》，《光明日报》1992 年 6 月 27 日。

质文书在若羌吐蕃古堡遗址发现，正面吐蕃文 9 行，手书带行书意味[①]。

吐蕃从河西浸染西北，与西夏、蒙古密切往来。西夏、蒙古先后皈依藏传佛教，藏文随之传播西北。

《黑水河桥敕碑》，西夏仁宗乾佑七年(1176 年)立于甘州(今甘肃张掖)之黑水河，碑高 115 厘米、宽 70 厘米。碑阳刻汉文，13 行，每行 30 字。碑阴刻藏文，21 列[②]。藏文经卷《圣胜慧到功德宝集偈》卷子，白棉纸印刷，朱红版。藏文译文在上，汉文译文在下。题记末记有“奉天显道耀武宣文神谋睿智制义去邪敦睦懿恭皇帝再详勘”，此为西夏仁宗尊号。明正统十二年(1447 年)重刊。现由北京房山云居寺文物保护所收藏。

西藏与元政府结盟，蒙古统一中国等地，藏文遍布中原。

元代西藏僧侣和朝廷密切接触，西藏僧侣被尊为国师，藏传佛教地位特隆，受到中央王朝的高度重视。藏文随之进入中原地区，留下了不少踪迹，较为著名的刻石有两处。

山东长清大灵岩寺内千佛殿的前壁有一通元代汉藏文对照刻石，题名“大元国师法旨碑”，上半为藏文，左行横书，12 行。下半为汉字，楷书，右行直书，25 行，每行 40 字，共 244 字。此藏文以前曾被误认为蒙古文，镌刻年代在顺帝至正元年(1341 年)[③]。

明清继续把藏传佛教作为皇家的信仰，用藏文或者汉、藏两种文字刊刻了数量庞大的佛经典籍。

明代永乐皇帝为报父母生育之恩，专门遣使去藏取“藏经”，刊印，万历朝有“续藏”，这些刊本是西藏《大藏经》，也叫“蕃藏”。

武威白塔寺又称百塔寺，现存石碑有《重修凉州白塔志》，明宣德五年(1430 年)立，高 51.8 厘米。碑阳汉字 15 行，满行 26 字；碑阴藏文 25 行。白

---

① 新疆维吾尔自治区社会科学院考古研究所《新疆古代民族文物》，文物出版社 1985 年，图 296、297，第 17 页。

② 史金波、白滨、吴峰云《西夏文物》，文物出版社 1988 年，图 107，第 298 页。

③ 王尧《山东长清大灵岩寺大元国师法旨考释》，《文物》1981 年第 11 期。

塔寺内有汉文和藏文两种经卷[①]。

清代皇帝信奉喇嘛教(藏传佛教),多处建造喇嘛寺。皇宫中有专职喇嘛做佛事,创立造办佛像的机构。宫中收藏了许多藏传佛教的用品、佛经、法器,既有西藏进贡,也有自造。这些器物上常有藏文书写的经咒,营造尊佛气氛(图2—14)[②]。

图2—14　书写藏文的瓷碗

云南西部与西藏接壤,深受藏传佛教文化影响。

普米族古称"西蕃",属于西北游牧民族氐羌支系,使用普米语,属汉藏语系藏缅语族。普米族原居住于现在四川的西昌地区,元进军大理,普米族加入蒙古军,进入云南的宁蒗、丽江、维西、兰坪、永胜一带并留居下来。普米语称和尚为"汗归",汗归文就是和尚用的文字,由33个藏文字母组成。藏文汗归文有印刷体、大草体、小草体以及速写体各种书体,多用印刷体和大草体。唐代以后,藏族的佛教、苯教传入滇西北小凉山地区,汗归文逐步为普米族的汗归使用。元代政教分离,汗归文只在民间礼仪场合的司礼使用。清末以来汗归文逐步失传,十年动乱中汗归文文献付之一炬[③]。

纳西族出于云南西部,周围聚居多个民族,在多元化的文化交汇之中。纳西族受到藏传佛教的影响很大,纳西东巴教用藏语读经,藏传佛教的一些专用名词出现在东巴文字中,藏文字母同时在东巴—图画和哥巴音节文字中出现[④]。

① 中国社会科学院考古研究所、甘肃省文物考古研究所《甘肃武威市白塔寺遗址1999年的发掘》,《考古》2003年第6期。

② 刘伟《清宫藏传佛教瓷器》,《紫禁城》2001年第4期。

③ 张磊《普米族与汗归文》,《中央民族学院学报》1993年第2期。

④ 木仕华《纳西东巴文与藏文的关系》,《民族语文》2001年第5期。

五　蒙古文在中原的流传

蒙古原本无文字，与金人交往文书，采用东亚通行文字——汉字。宋孟珙《蒙鞑备录》："今鞑之始起，并无文书，凡发命令，遣使往来，止是刻指以记之。为使者虽一字不敢增损，彼国俗也。其俗既朴，则有回鹘（也作'畏兀'）为邻，每于两（西）河博易，贩卖于其国。迄文书中自用于他国者，皆用回鹘字，如中国笛谱字也。今二年以来，因金国叛亡降附之臣无地容身，愿为彼用，始教之以文书，于金国往来，却用汉字。"

元朝的官方文字有汉文、回鹘蒙古文、八思巴三种，回鹘蒙文最早。

宋彭大雅《黑鞑事略》："其事书之以木板，惊蛇屈蚓，如天书符篆，如曲谱五凡工尺，回回字殆兄弟也。"徐霆尝考之："鞑人本无字书，然今之所用，则有三种。行于鞑人本国者，则只用小木，长三四寸，刻之四角，且如差十马则刻十刻，大率则其数也。……此小木即古木契也。行于回回者，则用回回字，镇海主之，回回则有二十个字母，其余只就偏傍上凑成。行于汉人、契丹、女真诸亡国者，只用汉字，移剌楚材主之，却又于后面年月之前，镇海亲写回回字'付与某人'，此盖专防楚材，故必以回回字为验，无此则不成文书。殆欲使之经山镇海，亦可互相检柅也。燕京市学，多教回回字及鞑人译语。才会译语，便做通事，便随鞑人行，打恣作威福，讨得撒花，讨得物事。契丹、女真元自有字，皆不用。"

《黑鞑事略》记载的蒙古时期的文字情况，使用三种文字符号：木契、回回字、汉文，契丹文、女真文皆弃而不用。所谓木契、小木，则是原始的计数和记事符号。所谓回回字即粟特回鹘文，只用于蒙古人，汉字通行于契丹、女真人、汉人。移剌楚材即耶律楚材（1190—1244 年），契丹人，辽皇族子孙。字晋卿，号湛然居士。元太祖十年（1215 年），归降蒙古。随太祖成吉思汗西征中亚。楚材精于汉文，年轻时博览群书，继承家族文学创作传统，有《湛然居士集》等存世。

1204 年，畏兀人塔塔统阿教以畏兀字写蒙古语，这是蒙古采用的第一种文字。遗存至今的畏兀字蒙古文主要是石刻文献，也有一些版刻纸本，其中汉字、回鹘字对照的《孝经》（图 2—15）尤为珍贵。

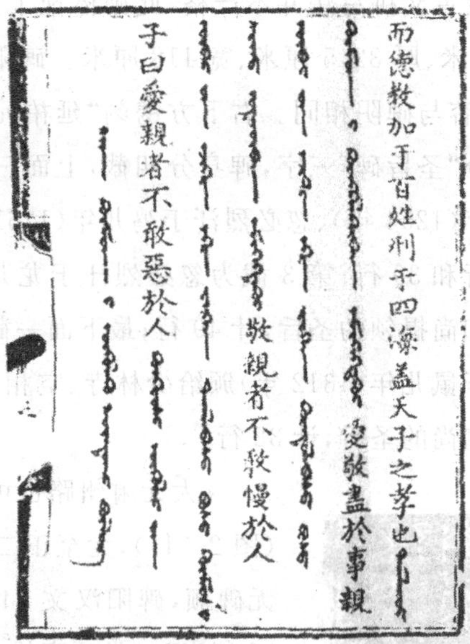

图 2—15　回鹘式蒙古文《孝经》

1979—1982 年，少林寺大雄宝殿月台前，先后发现四通深埋土中的大石碑。其中之一是元代延祐元年(1314 年)所立的回鹘式蒙古文《圣旨碑》(图 2—16)。1988 年 5 月，将四通大石碑重新树立在大雄宝殿月台下面的庭

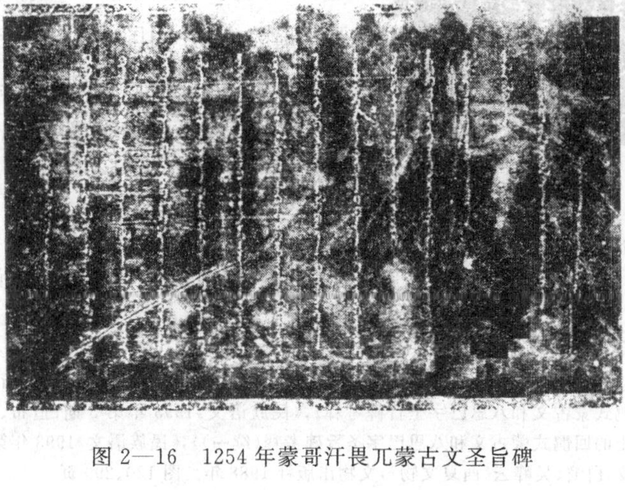

图 2—16　1254 年蒙哥汗畏兀蒙古文圣旨碑

院中。早期回鹘式蒙古文拼写法并不严格，此碑体现了这个情况。圣旨碑高248厘米、额高78厘米、厚32.5厘米、宽118厘米。碑阳的碑额无字，碑身刻汉字，分为四截。内容与碑阴相同。右下方镌刻“延祐元年孟冬吉日立”。碑阴的碑额刻汉字八分“圣旨碑”三字，碑身分四截，上面三截为回鹘式蒙古文，分别是蒙哥汗牛儿年（1254年）、忽必烈汗于鸡儿年（1261年）颁给少林寺长老的圣旨，分别为15行和39行；第3截为忽必烈汗于龙儿年（1268年）委付肃长老为河南府路众和尚提领的圣旨，计49行；最下面一截为八思巴字，为元仁宗爱育黎拔力八达于鼠儿年（1312年）颁给少林寺、空相寺、天庆寺、维摩寺长老、提点、监寺为首和尚的圣旨，计32行[①]。

图2—17　回鹘蒙古文《大元肃州路也可达鲁花赤世袭之碑》

《大元肃州路也可达鲁花赤世袭之碑》（图2—17），元至正二十一年（1361年）立，无碑额，碑阳汉文24行，碑阴回鹘蒙古文32行，记一党项家族六代历史[②]。

在采用八思巴蒙古字之后，逐步除去畏兀字。《元史·世祖纪》：“丁亥，诏虎符旧用畏吾字，今易以国字。”“己亥议封安南王号，易所赐安南国畏吾字虎符，以国字书之”。《元史·刑法志四》“禁令”：“诸奏目及官府公文，并用国字，其有袭用畏吾儿字者，禁之。诸但降诏旨条画，民间辄刻小本卖于市者，禁之。”废弃畏兀字，是为保持文字的统一。

1269年创制八思巴字，其有政治上的用意，所谓“考诸辽、金，及遐方诸国，例各有

① 王雪宝《少林寺土元明大石碑》，《中国文物报》1988年第26期；道布、照那斯图《河南登封少林寺出土的回鹘式蒙古文和八思巴字圣旨碑考释》，《民族语文》1993年第5期；道布、照那斯图《河南登封少林寺出土的回鹘式蒙古文和八思巴字圣旨碑考释（续一）》，《民族语文》1993年第6期。

② 史金波、白滨、吴峰云《西夏文物》，文物出版社1988年。图120、299页。

字”,可见元朝把八思巴字看成完善国体的措施。八思巴字由吐蕃僧人参照藏文创制,《元史·释老传》言之甚详:

> 中统元年,世祖即位。尊为国师,授以玉印。命制蒙古新字,字成上之。其字仅千余,其母凡四十有一。其相关纽而成字者,则有韵关之法;其以二合三合四合而成字者,则有语韵之法,而大要则以谐声为宗也。至元六年,诏颁行于天下。诏曰:“朕惟字以书言,言以纪事,此古今之通制。我国家肇基朔方,俗尚简古,未遑制作。凡施用文字,因用汉楷及畏吾字,以达本朝之言。考诸辽、金,以及遐方诸国,例各有字。今文治寖兴,而字书有阙,于一代制度,实为未备。故特命国师八思巴创为蒙古新字,译写一切文字,期于顺言达事而已。自今以往,凡有玺书颁降者,并用蒙古新字,仍各以其国字副之。”

八思巴字蒙古文是藏式标音字母文字,字母多与藏文字母相似,少数新造字母也以相应的藏文字母为基础。畏兀字多圆圈,八思巴字有方角,呈方形,所以叫方体字。《元史》记字母 41 个,《法书考》记 42 个,《书史会要》记 43 个。其中 41 个字母用来拼写蒙古语,增加的字母是用来拼写汉语的。八思巴字为音素文字,分元音字母和辅音字母,书写单位是音节,以上下文判断词的界限。

八思巴字区别于畏兀字,也叫蒙古新字,因关乎国家象征,故而称为国字。元朝建立后,积极推行八思巴蒙古字,颁行诸路,译写一切文字。《元史·世祖纪三》:至元六年(1269 年)二月“己丑诏以新制蒙古字颁行天下”。同年二月设立诸路蒙古字学,立国子学。

《元史·选举志一·学校》载:

> 至元六年秋七月,置诸路蒙古字学。十二月,中书省定学制颁行之,命诸路府官子弟入学,上路二人,下路二人,府一人,州一人。余民间子弟,上路三十人,下路二十五人,愿充生徒者,与免一身杂役,以译写《通鉴

节要》颁行各路，俾肄习之。至成宗大德五年冬十月，又定生员，散府二十人，上、中州十五人，下州十人。元贞元年，命有司割地给诸路蒙古学生员饩廪。其学官，至元十九年，定拟路府[州]设教授，以国字在诸字之右，府州教授一任，准从八品，再历路教授一任，准正八品，任回本等迁转。大德四年，添设学正一员，上自国学，下及州县，举生员高等，从翰林考试，凡学官译史，取以充焉。世祖至元二十六年夏五月，尚书省臣言："亦思替非文字宜施于用，今翰林院益福的哈鲁丁能通其字学，乞授以学士之职，凡公卿大夫与夫富民之子，皆依汉人入学之制，日肄习之。"帝可其奏。是岁八月，始置回回国子学。至仁宗延祐元年四月，复置回回国子监，设监官，以其文字便于关防取会数目，令依旧制。

元朝建立蒙古字学，实行蒙古新字的教学，保证蒙古新字的推广。具体落实学制、学员、教员、教材，以及教授待遇、学员出路，具有很强的可操作性。翻译八思巴的汉文典籍，吸取中华道统要旨，谋求政权的道德制高点。《元史·武宗纪一》："辛亥中书右丞孛罗铁木儿以国字译《孝经》进。"又《文宗纪五》："戊午命奎章阁学士院以国字译《贞观政要》，锓板模印，以赐百官。"

元代圣旨、诏令依照惯例采用八思巴字。《元史·百官志三》："蒙古翰林院，秩从二品。掌译写一切文字，及颁降玺书，并用蒙古新字，仍各以其国字副之。至元八年，始立新字学士于国史院。"

在河南林县（今林州市）宝严寺原有两通八思巴蒙古文圣旨碑。其一为元成宗完者笃于狗儿年（1298年）所立；其二为元仁宗普颜笃于牛儿年（1313年）所立。现在北京大学保存拓片为狗儿年（1298年）圣旨拓影[1]（图2—18）。

元代继承契丹、女真的令牌制度，作为信物，传递各种命令。元令牌行于中国，面对多字的统治地区，一般用八思巴字、蒙古字、汉字等多种文字。牌式多采用宋代常见的荷叶式样，以便在中原使用。河南洛阳出土五枚元代"防奸"铜令牌，正面是汉字：中央"令"字，自右至左连读"除伪防奸不许""借带违

① 照那斯图、胡海帆《林县宝严寺两道八思巴字蒙古语圣旨》，《民族语言语》1996年第3期。

图 2—18　八思巴字圣旨碑

者治罪”(图 2—19)。背面中间是八思巴蒙古文,右边是畏兀尔蒙古文,左边是波斯文(亦思替非文字)[①]。

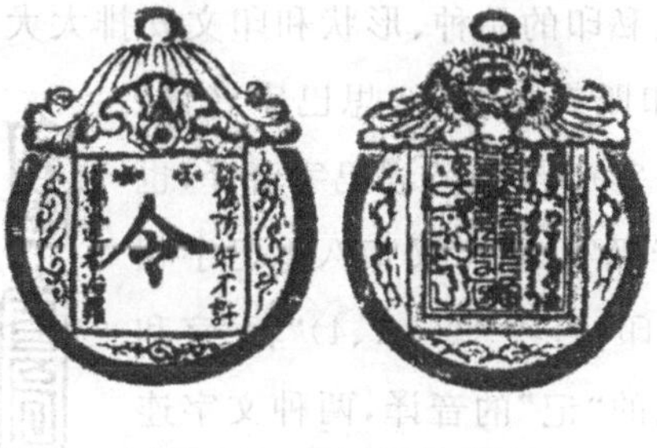

图 2—19　“防奸”铜令牌

“元夜巡牌”(图 2—20),通高 16.3 厘米、宽 11.3 厘米、厚 0.6 厘米,重 725 克,铜质。一面铸有八思巴文、回鹘蒙古文、察合台文,一面为藏文和汉文。科右中旗文物管理所藏“省府巡牌”(图 2—21),《尊古斋金石集》所载相同,一面中央为八思巴字,两侧汉字“天字廿六号”“至正廿五年”(1365 年),一面中央为八思巴字,右为汉篆“省府巡牌”,左为回鹘蒙古文[②]。

① 韩建华《河南洛阳市出土五枚元代“防奸”铜令牌》,《考古》2003 年第 9 期。

② 照那斯图《内蒙古科右中旗元代夜巡牌考释》,《民族语言语》1994 年第 4 期。

图 2—20　元夜巡牌

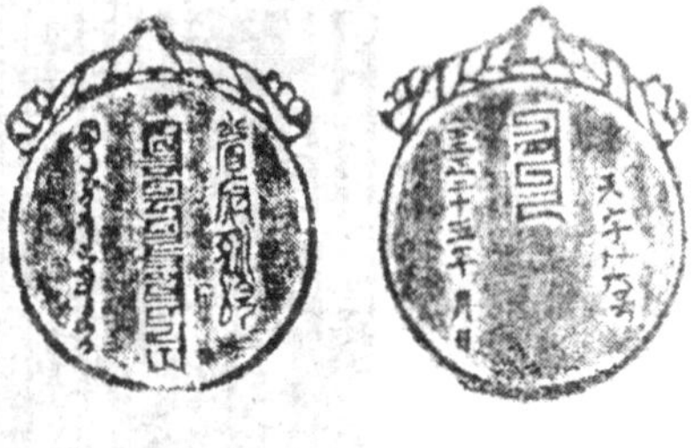

图 2—21　省府巡牌

八思巴字专门配备译写汉字的字母，以利在中原主体民族中推广。汉族人之间一般不用八思巴蒙古文，元代流行一些蒙古语，汉族人均用汉字音译。但是与官府打交道，或者入仕，必须识得一点八思巴字，最基本的就是自己的名字，需让蒙古人读得出。故宫收藏了不少八思巴私印，有姓氏印、封缄印和吉语印，多为长方形和方形，也有圆形、椭圆形，还有元宝、葫芦、鱼和瓶等形状，具有装饰意味。八思巴私印的品种、形状和印文安排大大发展了印玺制度。北京故宫的八思巴铜印既有汉字、八思巴字音译，如姓氏印“马”(图 2—22)字上有八思巴字音译，也有八思巴字的汉字音译字，再有汉字八思巴字相互补充成印。如姓氏印(图 2—22—1、4)“蒋”字和“米”字下均有八思巴的“记”的音译，两种文字连读为“蒋记”“米记”。有的中间为汉字草书(怀疑“萬”字)押字(图 2—22—13)，有的上面为八思巴字汉字音译，下为汉字画押(图 2—22—3)(图 2—22—12)。此类画押流行于北宋，是一种带有一定迷信色彩的文字符号[①]。其余皆是八思巴字的汉字音译，“张记”(图 2—22—5)、“祁记”(图 2—22—6)、“刘”(图 2—22—2)、“封”(图 2—22—10)、“封记”(图 2—22—12)、“谨

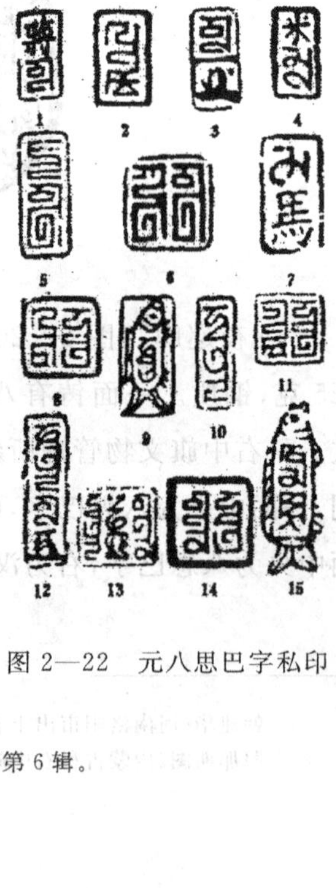

图 2—22　元八思巴字私印

① 陆锡兴《宋代漆器押字初探》，《湖南省博物馆馆刊》2010 年第 6 辑。

封”(图 2—22—14)、“福寿”(图 2—22—11)、“福安”(图 2—22—8)、“福”(图 2—22—9)、“勘合”[①](图 2—22—15)。

汉民意欲仕途者，可入蒙古字学学习八思巴蒙古文，而稍通蒙古字，亦有便利之处。元代的《事林广记·文艺类》内有“蒙古字体”，序云：“蒙古之学，设为专门。初学能复熟此编，亦可以为入仕之捷径云。”正文为“百家姓蒙古文”，每姓上为八思巴蒙古字，下为汉字，两相对照(图 2—23)。

元代的蒙古语和八思巴蒙古文对中原有一定的影响，在元代戏剧文学中保留了一些蒙古语，元刊《事林广记》庚集卷下有“蒙古译语”，其云：“今将详定《译语》一卷，刊列于左，好事者熟之，则答问之间，随叩随应，而无呆舌哽喉之患矣。”其“译语”分 39 门，大多为名物词，上汉语，下蒙古语，一一对应。(后至元本)如：刀，云都。弓，奴木。明余庭璧所著《事物异名》同。两方之间肯定有承袭关系。

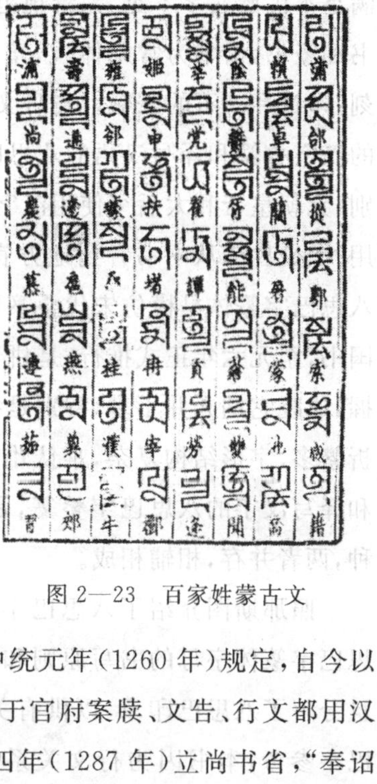

图 2—23　百家姓蒙古文

元代后期恢复畏兀字，有关情况在“北路传播而形成的民族文字”一节内说明。

元朝依照惯例把汉文定为通用书面语文，虽然称八思巴字为国字，但是未废汉字。中统元年(1260 年)规定，自今以往，凡是颁降玺书，用蒙古新字，并用汉字。至于官府案牍、文告、行文都用汉字，以付实用。《元史·程巨夫传》：至元二十四年(1287 年)立尚书省，“奉诏求贤于江南。初，书诏令皆用蒙古字，及是，帝特命以汉字书之。”改变诏令只用蒙古文的旧例，用蒙古文、汉文双文书写。由于汉文词汇丰富，尤其是政治、法律、经济词汇体系完善，概念明确，必须使用汉字词表达。因而元朝规定主管蒙古皇族勋贵的宗正府必须使用汉文。《元史·刑法志二》：“诸大宗正府理

① 叶期峰《故宫藏八思巴字印及相关问题》,《文物》1987 年第 10 期。

断人命重事必以汉字立案牍。”元朝设置机构努力向汉民推广八思巴字，主要是出于与蒙古人交流的需要，培养八思巴文和蒙古文的翻译人才，并不着眼于替代汉文。

六　八思巴篆字

西夏、契丹、女真在创建了本民族文字之后，都不同程度采用汉字的制度，满足本民族文字不足，完善规范。西夏文字在形体上仿照汉字，具备楷书、草书和篆书，楷书为常用体式，草书用为辅体，而篆书与汉字一样，专门用于铭刻、印章和碑石的篆额。契丹文楷体和篆体双体制，篆体专为篆额之用。元朝的汉字叠篆和译写汉语的八思巴字叠篆，是官印的主要文字，使用的范围有差别：元朝皇帝和太后玺使用汉字，帝师和国师使用八思巴字，诸王或用汉字、或用八思巴字，从中书省到地方官署官印，以八思巴字译写汉字占绝大多数[①]。八思巴字篆体是模仿宋代叠篆形式。照那斯图说：“八思巴字是元世祖新创的国书，至元六年正式推行，是拼音文字，有自己独特的正字法，在短期内难以掌握，通晓它的人并不多，特别是结构仿自宋代九叠篆的八思巴篆体字母笔画转折繁多、字形结构复杂，难认难辨[②]。”汉字叠篆和译写汉字的八思巴字叠篆，是官印的主要文种，两者并存，相辅相成。

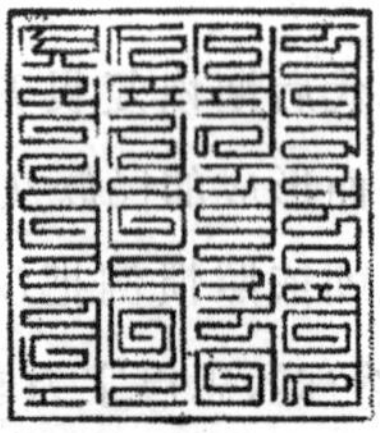

图 2—24　篆体八思巴字印

照那斯图介绍了八思巴字篆体，探讨了八思巴字篆体字母的书写原则和结构特点[③]。并且分解了八思巴印章，以供有关人员释读八思巴字参考，本书因为行文关系，把原来的直行改为横列了（图 2—24）：

左起竖行：1.  2.  3.  4. 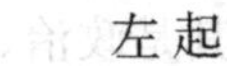

① 照那斯图《蒙元时期宫廷文书的印章文字》，《民族语文》1997 年第 3 期。

② 照那斯图《元代纸币八思巴官印文字考》，《民族语文》1995 年第 6 期。

③ 照那斯图《八思巴字篆体字母研究》，《中国语文》，1980 年第 4 期。

汉译：1.河西陇北 2.道肃政 3.廉访司 4.分司印①

因为蒙古基本上使用汉文衙门和官名，所以印章上八思巴篆文一般是把汉文音译为八思巴文字，属于译写的范围。如白玉印“国师之印”（图 2—25），青玉印“灌顶国师之印”（图 2—26），延祐三年铜印“亦思麻儿甘万户府印”（图 2—27），青玉印“桑结贝帝师印”（图 2—28），都是用八思巴字逐字拼写汉字。桑结贝（1267—1314 年）在 1305—1314 年担任元成宗、武宗、仁宗三朝帝师②。

图 2—25　国师之印

图 2—26　灌印国师之印

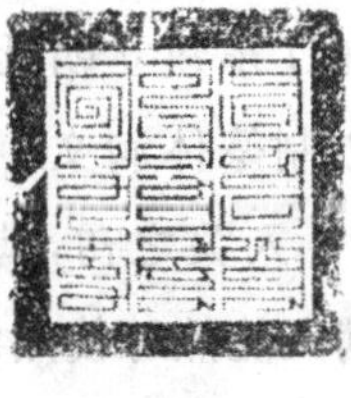

图 2—27　亦思麻儿甘万户府印

图 2—28　桑结贝帝师印

元朝也有汉字印授西藏僧官汉字印，明代封授印章只用汉字。

蒙古文要译写一切文字，除了译写汉文外，也要译写藏文。这种用蒙古八思巴字写出的藏文在元代使用。

八思巴字在元灭亡后衰落，八思巴字只是在中原消失。大量实物证明，在藏族、蒙古族地区，在政治、宗教领域内，八思巴文一直使用到 20 世纪。有一

① 照那斯图《黑城出土文献所钤一方元国书官印译释》，载聂鸿音、孙伯君编《中国多文字时代的历史文献研究》，社会科学文献出版社，2010 年，337 页。

② 程竹敏《西藏文管会收藏的元代印章》，《文物》1985 年第 9 期。

类铭刻体八思巴字，形貌与汉字叠篆相仿，称为方体字。不同之处在于字母中有新的体式。此文字一般专门用于撰写藏文，其用途大致与汉字叠篆字相当。它在藏族、蒙古族喇嘛寺院流行，主要作为玺印的印文，上层人物的名字印章，宗教首领、高僧、僧官封号、职位、尊号的印章，也用在楹联、匾额上。大约从明代初年开始使用，在喇嘛庙中一直用到近代①。

蒙古国独立前，在寺庙蒙古语文和宗教教学中包括方体字，从 17 世纪开始，在大库伦等一些地方，开办的某些与手工艺、造型艺术有关的培训机构，将八思巴文作为手工艺产品的装饰性文字。1979 年在蒙古国乌兰巴托市出版的《蒙古人民共和国民族研究・语言研究图册》中记载，八思巴文的使用曾覆盖了整个蒙古地区②。

七 满文的篆体制度

汉字制度，篆体始终占有很高地位，不仅是汉字隶书（包括今隶）取式标准，而且专门用于庄重的场合，最常见的是篆印、篆额。从西夏、蒙元、契丹文字均遵循汉字的篆字制度，皆有篆体。清代早在辽东建立朝廷，不断汉化，实行汉、满两字制，清太宗皇太极依照汉字制度，创制篆体满文。清朝把满文称为国书，诏令、公文、档案，日用文书具有满文本。入关之初，满人还是以满文为主要文字。康熙、雍正两朝汉满文化的融合，满人能熟练使用汉字，汉字作用日益重要，逐步取得了与满文相当的地位，标志汉字、满文双字制确立。那时汉文、满文并重，在一些场合汉文、满文并出，这个制度在钱币、题署（图 2—29）等标志性场合得到体现，一直维持至清朝统治结束。

满文无法回避汉字的习俗，参照前朝北方民族文字的做法，继续依照汉字不断完备满文体制。这样做的目的，不仅是满文与汉文相匹配，使得双字制日臻完美，更为了从历史传承的高点，提高满文的文化地位，与汉字相颉颃。满清入主中原，先后采取了不同篆体制度。先是单纯的满文篆体，专用玺印。

① 照那斯图《一种从八思巴字脱胎而来的文字》，《民族语文》2003 年 2 期。

② 〔蒙古〕阿・达木丁苏荣著，浩・蒙哥译注《〈蒙古方体字——八思巴文〉选译：序・导言・结论》，《西北民族研究》1989 年第 2 期。

《大清会典则例》卷二引《御制交泰殿宝谱序》："太宗文皇帝以前专用国书，既乃专用古篆。"为区别汉字篆体，别称清篆，它是把回鹘式满文写成篆体，不过这篆体是宋代以来特有的叠篆，等粗笔画横竖交叠成字。在《交泰殿宝谱》中尚可见到清太宗的清篆玺印(图 2—30)。

图 2—29　汉满双字门额

图 2—30　清太宗清篆"皇帝之宝"

《大清会典则例》卷二引《御制交泰殿宝谱序》："《宝谱》成于乾隆十一年丙寅越三年戊辰，始指授儒臣为清文各篆体书。因思向之国宝、官印汉文用篆书而清文则用本字者，以国书篆体未备也。今既定为篆法当施之宝印，以昭画一。按《谱》内青玉'皇帝之宝'本清字篆文，传自太宗文皇帝时，自是以上四宝均先代相承传为世守者，不敢轻易其檀香。""皇帝之宝"(图 2—31)以下二十一宝，则朝仪纶綍所常用，宜从新制。

名列清朝二十五宝之首"大清受命之宝"(图 2—32)，汉满双文，"大清受命之宝"汉文为篆体左读；满文可译为"承天受命大清国之宝"，右读[①]。《清朝通典》卷五四"宝印"："皇帝御宝。国朝诞膺天命，设御宝于交泰殿。初立尚宝司，其后以内监典守，当用则内阁请而用之。乾隆十一年皇上御定《宝谱》，藏之交泰殿者二十有五，藏之盛京者十。御定交泰殿宝谱：'大清受命之宝'以章皇序。白玉，方四寸四分，厚一寸，盘龙纽，高二寸。……'皇帝之宝'以布诏赦，青玉方三寸九分，厚一寸，交龙纽，高二寸一分。"为清太宗以来旧玺，保持

① 王光尧《一代受命之宝　千载王权沉淀——诠释"大清受命之宝"》，《紫禁城》2001 年第 4 期。

满文旧貌。

图 2—31　汉满双文"皇帝之宝"

图 2—32　汉满双文"大清受命之宝"

汉字的古篆有时称小篆，但是大多数的情况下包含了各种古代字体、书体。自秦汉八体六书以来，形体发展日益丰富，其中除了提倡使用的隶书（包括后来的真书）外，或是古代字体、或是杂体书。杂体书从鸟虫书开始，两汉以来又有垂露、倒薤、悬针、飞白。唐韦续《五十六种书》云："其八体者，更加刻符、摹印、虫书、署书、殳书、传信是也，并大小篆为八。后汉东阳公徐安于搜诸史籍，得十二时书，皆象神形，又加三十三体，共定五十六种书。"至南朝齐梁间杂体迭出，五花八门，光怪陆离，蔚为大观。

南朝宋齐间王愔《文字志》上卷目有古书有三十六种，南朝齐萧子良《古今篆隶文体》"凡数十种，皆出土六义八体之书，而因事生变者也"。宋代以来有释梦英，效十八体书。为古文、回鸾篆、雕虫篆、飞白书、薤叶书、璎珞篆、大篆、柳叶篆、小篆、芝英篆、龙爪篆、悬针篆、籀文、云书、填篆、剪刀篆、科斗篆、垂露篆。并有刻石传世，与后世影响甚大。

杂体书皆为寄意祥瑞，附会想象，改变形体，拼凑而来。

杂体书法大约在元明时代，重新浮现，不仅重新考证，并且附加字形。这类著作如元人《三十二体篆书金刚经》，明万历四十一年（1613 年）重刻（或说明潘鸿渐所编）清代孙枝秀，广泛搜集金石文字，用十年功夫，一人书写，编辑成书，名为《历朝圣贤篆书百体千文》，全书共 130 体，依照习惯称整数为百体。

后金入主中原后，欲满文与汉字并肩，仿照汉字杜撰满文古文。《清朝通志·六书略一》:"我皇上沿流溯源,定为清篆三十二体,符玺印章昭回云汉。其余各体并荟萃于御制《盛京赋》,虫鱼鸟兽,草木山川,陶镕万象,归于一治。又直追古皇仰观俯察之心,以神而明之,则国书为谐声之祖,何尝非象形之祖?"清乾隆十三年(1748 年)下谕旨完善古篆三十二体,汉字本有杂体,不下上百种,但是有些有名无实,有些荒唐不经,不登大雅,只能酌收集其中三十二种。清朝满文与汉文如鸟之双翼,清篆与汉字同样备有古篆三十二种。

《清朝通志·六书略二》"清篆":

> 我朝国书音韵合乎元声,体制本乎圣作。分合繁简,悉协自然。惟篆体虽旧有之,而未详备,宝玺印章,尚用本字。朕稽古之暇,指授臣工,肇为各体篆文。儒臣广搜载籍,援据古法,成三十二类,且请以朕制《盛京赋》,缮成清、汉篆文,既广国书,并传古篆,足以昭示来许。着允所请,即以傅恒、汪由敦、充总裁官阿克敦、蒋溥充副总裁官,慎简校对缮写人员,速竣厥事等。谨按清字篆文传自太宗文皇帝,时是清篆原与国书先后并出,特以各体未备,传习尚稀。我皇上本原圣作,制为三十二体,命缮写御制《盛京赋》以昭觐扬光烈,传示无疆之意。六书之道,尤为深切着明,今据各体标目依类登载,并分系缘起于每条之下,资考镜焉。

乾隆御制《盛京赋》,命臣善书者书写成册,清篆、汉字杂体各有三十二种,成就文字形体之大成[①]。三十二体名目为:玉筯篆、芝英篆、上方大篆、小篆、钟鼎篆、垂露篆、柳叶篆、殳篆、悬针篆、龙书篆、穗书、鸟迹篆、垂云篆、鸾凤篆、科斗篆、龟书、倒薤篆、鸟书、坟书、大篆、麟书、转宿篆、雕虫篆、刻符篆、金错篆、鹄头篆、飞白书、龙爪篆、奇字、璎珞篆、剪刀篆、碧落篆。

清代三十二体大致是根据前代杂体书,例如梦英"十八体"乃至《历朝圣贤

① 《乾隆御制三十二体篆书盛京赋》影印加注文本,吉林人民出版社,2000 年。

篆书百体》，虽然有小变，基本是仿造，其中痕迹十分清晰，以“科斗篆”“璎珞篆”“穗书”“龙书篆”为例，可窥一斑（下表汉篆指三十二体汉字杂体，清篆指三十二体清篆）。三十二种古篆的每个字体，各体标目依类登载，每条之下资考来源出处，有根有据，可查可考。以下为部分“十八体”“汉篆”“清篆”的对照。

科斗篆			璎珞篆			剪刀篆			穗书			龙书篆		
十八体	汉篆	清篆	十八体	汉篆	清篆	十八体	汉篆	清篆	十八体	汉篆	清篆	十八体	汉篆	清篆

三十二体中汉篆与清篆同时创制，满文本自回鹘文，书体并无古今之分，满文小篆只要依照汉字小篆笔画写出即可，其他书体并无历史依据。因此清篆三十二体唯有模仿汉字，亦步亦趋，不仅套用名称，形体也必须模仿。清篆模仿汉篆掌握两个要素，一是起笔落笔变化，就是笔画端处如何形状，往往是笔画两端的形状决定了整个笔画的状态。笔画两端是最容易显示特征，科斗篆的科斗躯干就画在起笔处，后面只是尾端，汉篆形象突出，清篆不便表示，仅有尖首尾来象征。剪刀篆的笔画端画出尖而弯的刀刃，清篆画得很小。穗书之稻穗都是画在下垂的笔画端处，而龙书篆笔端画龙头，百体不论上下笔端都有，而汉篆、清篆只有向上的笔端才画龙头。二是行笔变化，就是笔画中段曲直、粗细等。如龙爪篆，汉篆柔美，清篆直笔圆转，类似垂云篆也是这样处理，清篆笔画刚柔变化有限。比较

特别的璎珞篆行笔是点点连接而成，十八体到清篆均是如此。科斗篆的笔画变化较大，十八体笔画最像科斗，尾巴短而弯曲，汉篆尾巴长而多曲，清篆几乎没有科斗形象。总之以上四个例子看，清代杂体虽然继承前朝的写法，但是由于自己文字的特点还是小有变化，并不削足适履，为了象形而损失本身形体。

以下为清篆三十二体，左为本字，右为古体：

玉筯篆

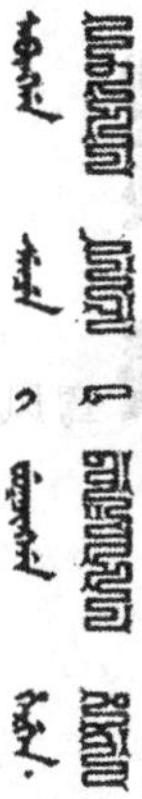
芝英篆

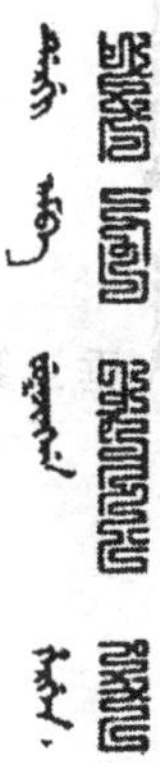
上方大篆

小篆

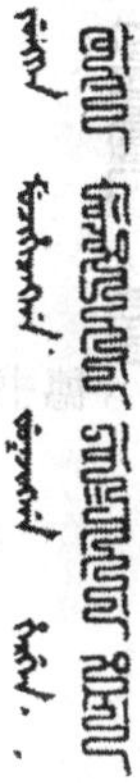
钟鼎篆

垂露篆

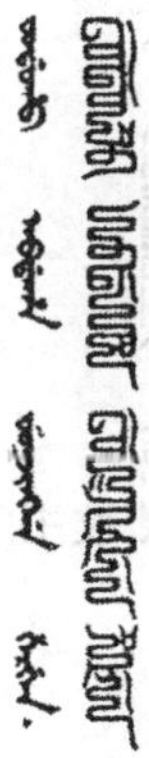
柳叶篆

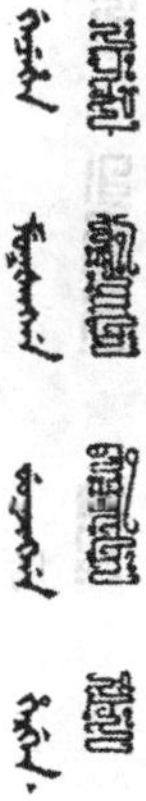
殳篆

悬针篆

龙书篆

穗书　鸟迹篆　垂云篆　鸾凤篆　科斗篆

龟书　倒薤篆　鸟书　坟书　大篆

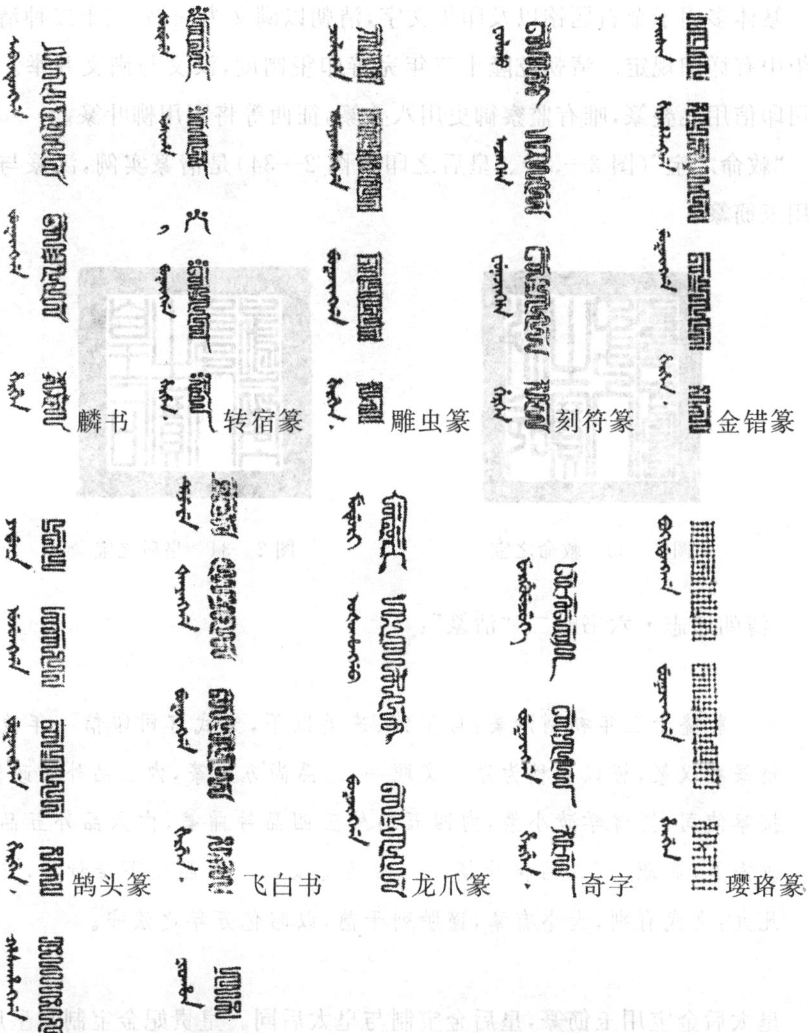
麟书
转宿篆
雕虫篆
刻符篆
金错篆
鹄头篆
飞白书
龙爪篆
奇字
璎珞篆
剪刀篆
碧落篆

篆体多用于金石题铭以及印玺文字，清朝以满文为国书，三十二种清篆在印玺中有详细规定。清朝乾隆十三年完善印玺制度，汉文与满文并举。明代诸司印信用九叠篆，唯有监察御史用八叠篆，征西等将军用柳叶篆。

“敕命之宝”(图 2—33)、“皇后之印”(图 2—34)是清篆实例，汉篆与清篆皆用玉筯篆。

图 2—33　敕命之宝

图 2—34　皇后之宝

《清朝通志・六书略二》“清篆”：

乾隆十三年初制清篆：自玉筯、芝英以下，文武官司印信一年改镌左清篆右汉篆，皆以品秩为序。文职一、二品尚方大篆，内三品外布政使司、按察使司、提督学政小篆，内四五品外三四品钟鼎篆，内六品外五品以下垂露篆，武职一、二品柳叶篆，三、四品殳篆，四、五品以下悬针篆，其为体凡九：文武有别，大小有章，谨胪列于前，以昭亿万年之法守。

皇太后金宝用玉筯篆，皇后金宝制与皇太后同。皇贵妃金宝制与皇后同，贵妃金宝制与皇贵妃同，妃金印制与贵妃同。皇太子金宝用玉筯篆，和硕亲王、亲王世子金宝用芝英篆，多罗郡王饰金银印用芝英篆。朝鲜国王金印用芝英篆，琉球国、安南国王、暹罗国王俱饰金银印尚方大篆，公、侯、伯俱银印柳叶篆，衍圣公银印尚方大篆。十四年(1749 年)，礼部奏：理藩院堂印蒙古字应否仍照本文镌刻。奉旨：理藩院印文之蒙古字不必篆书。外藩扎萨克盟长、喇嘛，并蒙古西藏，一应满洲，蒙古唐古特文亦不必篆书。其在京扎萨克大喇嘛印满文俱篆书，蒙古文不必篆书。

八　圈点满文

所谓圈点，圈为○，点为、。最早的○见于汉代简牍，是实心●的变化形式，而·或、在汉简也可见到，只是●的缩小而已，至晚在南北朝，古人就用、来表示删去的字，称为“点灭”。大概从宋代开始，“○”“、”用于断句，称为“圈点”。宋岳珂撰《九经三传沿革例》“句读”：“监、蜀诸本皆无句读，惟建本始仿馆阁校书式，从旁加圈、点，开卷了然，于学者为便，然亦但句读经文而已。”

宋代为了让学子读经方便，以免断句错误，开始在经书上加以圈点，并且随文字一起刊入书册，成为圈点本经书，基本上使用○和、两种形式。明代批评之风流行，批评家渐成气候，批点成为时尚。特别在万历之后，借助各种符号任意点评文章要义、关键，指导古人阅读诗文、八股文。晚明小说、戏曲盛行坊间，批评家大有施展的场地，评点用圈点提出紧要处、精妙处、飞动处、隐微处，任意为之，读者亦乐于接受。因而评点刊本大行于世，符号虽有成例，但是个性化的符号也间或有之，印本备有评点体例，圈点被视为书籍不可分割的一部分。

清代承袭明代风气，圈点常规化，阅读文字，随手圈点，评论臧否，成为习惯。清初黄宗羲《答张尔公论茅鹿门批评八家书》“然其圈点句抹多不得要领”。雍正六年(1728 年)，藤县休致教谕谭玉琪，将钦颁贮学之书任意借人，监生肆加圈点，虽无狂妄指摘之处，也为广西学正参闻，而雍正念其迂阔庸愚，只是借书教官罚俸一年作罢[①]。当时衙门用红笔圈点，也为公文规矩[②]。

文字上加圈点古有成法，不限于汉字。叙利亚字母从右向左书写，它的字母表有 22 个字母，都是辅音，没有元音，元音读法有两种，一是靠书写者在字母上面或下面加点表示，一是靠阅读者的记忆。契丹文有加点和不加点的现象，有人把右侧加点的字叫“影子字”，而原来没有加点的原字称作“本字”。加点与本字的差异，有读音、语法意义、音读训读的差异，最近有人提出带点与不

---

① 《清世宗宪皇帝朱批谕旨》卷二百十九。

② 《清世宗宪皇帝朱批谕旨》卷七十三之五。

带点的字与被修饰的性别有关系[①]。罗马数字兼用普通字母L、C、D、M，与语词字母很容易混淆，在字母上加点以示区别。元代扬州城教士墓碑数字1324写成M CCC XX-IIII，在数字字母上面特地打上了小圈，与一般字母不同。而日本假名加○和丶区别清浊读音，扩大字母数量。这些附加○和丶符号，是否采用汉字的圈点法，尚不能确定。但是满文采用圈点改善功能，来源于汉字的习惯，则无疑问。

《清朝通志·六书略一》："太祖（努尔哈赤）初命额尔德尼巴克什同噶盖扎尔固齐将蒙古字创立满文"，"太宗（皇太极）命达海巴克什等翻译书籍，库尔禅等记注政事，谕达海增加圈点。臣等谨按此即今所遵用国书，如、、之字即加点之始，、、之字即加圈之始。大抵十二字头，率以三字或二字蝉联成句。自加圈点而（雨）不至混于（奴仆），（户口之户）不至混于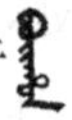（泥土之土）；（鱼刺）不至混于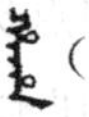（男子）之类，朗若列眉。于是字无遁声，声无遗字，于文字通行，信为明晰。""康熙八年圣祖谕达海巴克什通满汉文字于满书加添圈点俾得分明，又照汉字增造字样，于今赖之"。

第三节 标音文字在汉地的传播及影响

一 西方标音文字在汉地的流传

中原与中亚、西亚、欧洲交流的历史相当悠久。汲冢竹书《穆天子传》记载周穆王西巡见西王母，到达了葱岭西五百里的渠搜，并由锡尔河向北经天山北路返回。在《竹书记年》《史记·五帝本纪》也有周穆王西巡的记录，这反映了早在公元前10世纪中原与中亚已有大规模的交流活动。以丝绸贸易而著称于世的丝绸之路在先秦时期已经沟通，中亚和西域的塞人往返于中亚和黄河

① 吴英喆《从带点与不带点的原字论说契丹语"性"语法范畴》，《中央民族大学学报》2006年第6期。

流域，起着经济、文化交通的使者的作用。公元前 138 年及前 119 年张骞出使西域，建立了中亚西域各国与汉朝的友好关系。随着东西交流的发展，西土的标音文字也逐渐东传。

大月氏建立的贵霜王朝使用了三种文字，这就是佉卢文、希腊文和婆罗米文。佉卢文流行于印度西北部，又为鄯善、于阗所使用，因此进入汉地也比较早。当然，首先到达的是汉朝的西部边塞。斯坦因在敦煌的汉代长城烽燧遗址曾发现了佉卢文书。马衡在洛阳古物市场购得有文字的石条，原以为是希伯来文，英国学者布腊夫纠正了这个错误，指出是佉卢文刻铭。这是中亚东来的佛教僧人寺院留下的佛教内容的题记[①]（图 2—35）。婆罗米文字在汉代早期的影响没有佉卢文大，但是，传入汉地却并不比佉卢文晚。前文提到的斯坦因在玉门关得到的染色丝，其一端用婆罗米文字写“……丝长四十六虎口”，这是印度人贩丝时留下的，文字的年代不会晚于汉末。至于希腊文，或称“大夏文”，是用希腊字母的，在我国也有发现。河北定县出土的北魏石函中的银币，有一枚外缘上打上了希腊字母拼写的大夏文。起源于阿拉米文字的粟特文字

图 2—35　佉卢文井栏

① 林梅村《洛阳所出佉卢文井栏题记》，《中国历史博物馆馆刊》1989 年 13、14 期合刊本。

由善于经商的粟特人带到洛阳、长安及敦煌一带。还是斯坦因，在敦煌附近的长城遗址尘土堆积的破室中发现了8封粟特文书信，写在纸上，外用绢包裹。同为第二封信谈及洛阳被焚、匈奴入据之事，有人认为指汉，有人认为指北朝，应该说，以汉末之说为优。西安未央井上村发现凉州萨保史君墓，史君石堂门楣正面分别刻汉文和粟特文双字题记，石堂门楣正面分别刻汉文和粟特文。汉文18行刻于门楣西侧，直行。第一行刻篆书“大周凉州萨保史君石堂”，正文为楷书，有许多错字别字，书写不规范。门楣东侧刻粟特文，直行，书写流畅(图2—36)。汉文记载：墓主本居西域，史国人，迁居长安，西魏文帝由萨保府判事曹主，北周授凉州萨保。死于大象二年(579年)，享年86岁[①]。

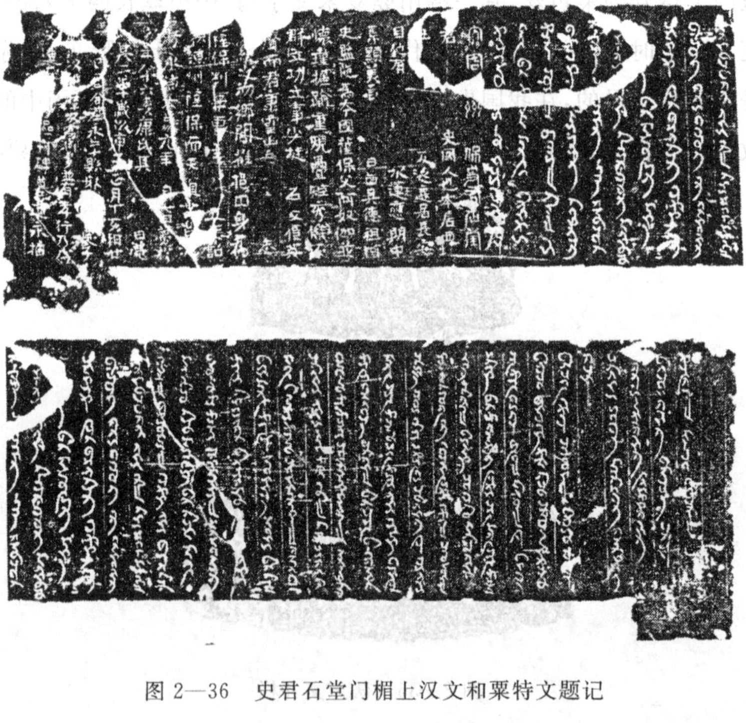

图2—36　史君石堂门楣上汉文和粟特文题记

① 西安市文物保护考古所《西安北周凉州萨保史君墓发掘简报》，《文物》2005年第3期。

汉魏时期，东西交流远及欧亚，除中亚与中国邻近的国家，还有更远的国家。这些国家也有文字资料流入中原，只是现在能见到的只有钱币文字了。陕西扶风的汉代文化遗址里有两枚铅质钱币，文字与以前西安汉长安城出土铜质钱币相同，是贵霜的希腊文钱币①(图 2—37)。河北赞皇东魏上党太守李希宗夫妇墓内发现三枚拜占庭金币。拜占庭古称“拂菻”，地处欧亚之地，

图 2—37　贵霜希腊文钱币

在南北朝时期开始与中原建立联系，从唐太宗李世民起，七次遣使长安。拜占庭使用拉丁文，拜占庭金币在今新疆、甘肃、宁夏、内蒙古、陕西、河北、辽宁隋唐墓葬中多有发现(图 2—38)。东魏墓中的金币属于狄奥多西斯二世。拜占庭金币在咸阳隋独孤罗墓、西安土门村唐墓、西安何家村窖藏中也有发现②。

图 2—38　拜占庭拉丁文字金币

西安未央炕底寨村东发现北周安伽墓，墓内发现异域风格的金戒指、金耳坠和仿制的拜占庭金币。文字面残留铭文为“VOT □□□HVL □X □XX

① 罗西章《扶风姜塬发现汉代外国铭文铅饼》，《考古》1976 年第 4 期。

② 夏鼐《赞皇李希宗墓出土的拜占廷金币》，《考古》1977 年第 6 期。

ONOB[①]”。古代伊朗由安息到萨珊王朝时，中原与之关系密切起来。据中国史书记载，455—521年间萨珊王朝十次遣使中国。阿拉伯人灭亡萨珊王朝，萨珊王的子孙和许多伊朗人移居中国，古代伊朗文字随着人员和文物的进入也流入中原。萨珊王朝各国王的巴列维文字银币在西安、洛阳等地，已经出土了不少[②]（图2—39），河北定县（今定州市）出土的北魏石函中就发现了波斯萨珊银币37枚。1955年西安发现晚唐巴列维汉文合璧的墓志（图2—40）。墓主苏谅妻马

图2—39　巴列维文字萨珊银币

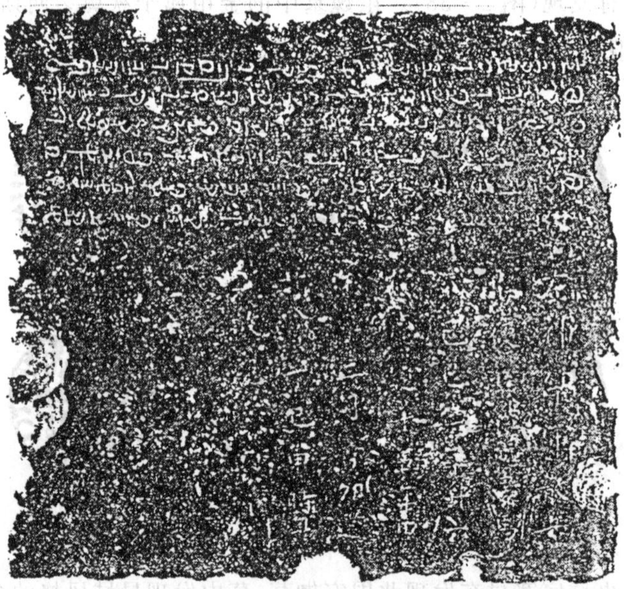

图2—40　婆罗钵文汉文合璧苏谅妻马氏墓志

① 陕西省考古研究所《西安北郊北周安伽墓发掘简报》，《考古与文物》2000年第6期。

② 夏鼐《综述中国出土的波斯萨珊朝银币》，《考古学报》1974年第1期。

氏是流亡唐朝的萨珊贵族，苏谅任官左神策军散兵马使[1]。巴列维文字开始于安息，盛行于萨珊，和出土的银币上是相同的文字。阿拉伯人攻灭萨珊王朝，占有中亚之地，与东方唐王朝有经济等多方面的交往，阿拉伯文字也有机会流入中国内地。1964 年西安唐代墓葬中发现三枚阿拉伯金币，铸于回历 83 年，相当于唐代武后二年，即 702 年。金币上铸有《古兰经》字句，铭文属于阿拉伯文字中东方系统的库法体[2]（图 2—41）。

图 2—41　阿拉伯文大食国金币

魏晋隋唐时期是西土宗教传入中原的高潮。伊朗的祆教在唐长安建祠，侨居中国的伊朗人多奉此教。来自欧洲、西亚的景教在 3—4 世纪传入中原，5—6 世纪在洛阳正式传教，到唐代已达相当规模。摩尼教为伊朗人所创，依靠回鹘和唐的特殊关系，在中原传教建寺，摩尼寺遍及南北。伊斯兰教立教较晚，但是创教不久便开始向中国传教，尤其在南方沿海城市传教建寺。这种宗教的传播都离不开宗教方面的文献，因此，与各教密切有关的各种文字也会传入中原汉地。如前述的苏谅妻马氏墓志用的巴列维文字就与祆教关系密切。

叙利亚字母从公元前 2 世纪开始主要用于书写叙利亚语的书写系统。它是直接从亚兰字母派生的闪米特辅音音素文字，同腓尼基字母、希伯来字母和阿拉伯字母相似。目前仅在叙利亚极少数地区使用。叙利亚字母从右向左书

---

① 河北省文化局文物工作队《河北定县出土北魏石函》，《考古》1966 年第 5 期。

② 陕西省文物管理委员会《西安发现晚唐祆教徒的汉、婆罗钵文合璧墓志——唐苏谅妻马氏墓志》，《考古》1964 年第 9 期。

写。它是一种草书文字，其中部分字母可在词内连写。它有22个字母，都是辅音，在外形上与摩尼文很相似。元音靠读者的记忆或加点表示。叙利亚文字体有福音体、雅各派体和景教派体三种。叙利亚文进入汉地依托景教的传播。

唐贞观九年(635年)，罗马基督教聂斯托利派经波斯传入中国，称为“景教”，这是最早进入中国的基督教派。因唐时称古罗马为大秦国，故又称“大秦景教”。

《大秦景教流行中国碑》立于唐长安义宁坊大秦寺，建中二年(781年)波斯传教士景净撰，朝议郎前行台州司参军吕秀岩(吕洞宾)书并题额。碑身连龟座高279厘米、宽99厘米。正面刻着“大秦景教流行中国碑并颂”(图2—42)，上有楷书32行，行书62字，共1780个汉字，另有数10个叙利亚文。明天启三年(1623年)出土，不久引起金石家注意。清顾炎武《金石文字记》卷四：“《景教流行中国碑》僧景净撰，吕秀岩正书，建中二年太蔟月，今在西安府城外金胜寺。”清林侗(1612—1714年)《来斋金石刻考略》卷下：明崇祯间西安守邹静长有幼子死后卜葬于长安崇仁寺之南，“掘数尺得一石，乃《景教流行碑》也。字完好，无一损者，下截及末多作佛经番字”。所谓“番字”此处指叙利亚文。唐武宗会昌五年(845年)下令灭佛，波及景教。

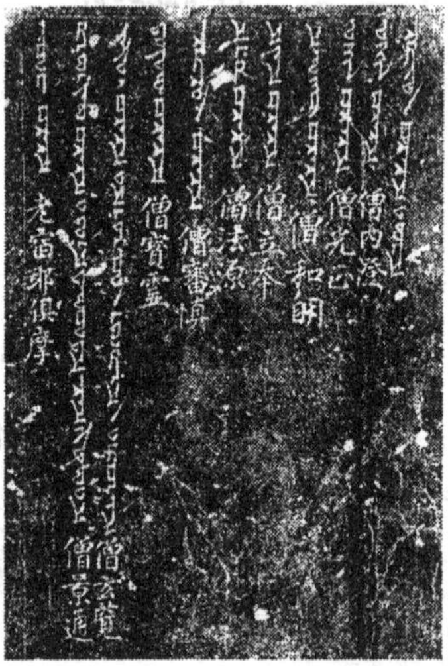

图2—42 景教碑

西土宗教对中国影响最大的是印度佛教。《佛祖统记》卷35(据朱士行《经录》和《白马寺》)说在公元前242年即有西域沙门室利防等人携带梵文佛经入咸阳，只是当时佛教尚无影响，所以未得传开。东汉明帝派蔡愔、秦景等人迎佛教典籍，中天竺沙门摄摩腾、竺法兰同来洛阳，建白马寺，摄摩腾、竺法兰译经多部。佛教受到崇奉，梵典从西土源源传入，西域高僧陆续来到中原，从事转译工作。随着对梵文的不断了解，佛经的翻译工作越来越多地由汉人担任[①]。由于对佛法的渴求，中国僧人陆续赴印，带回了众多的婆罗米文字的佛典。较有影响的有三人，即法显、玄奘、义净。东晋法显从陆路往天竺，由海路而还，带回大量梵本佛典。唐代的玄奘游历天竺，带回了大小乘经律论共657部。义净晚于玄奘由海道赴印，也携回梵本经、律、论约400部。总之，佛教的传入，导致数量庞大的印度佛典流入汉地，使梵文有更多机会在中国传播。随着翻译工作展开，有关梵文的书籍也出现了。如《悉昙字记》《梵语千字文》《唐梵文字》等，书中有梵汉文字的对照。真言宗注重咒语，人们为去灾求福常崇信密咒，梵文因此广泛地流传于各地。西安西部唐墓出土墨书经咒绢画，在菩萨及供养人四周写有梵文经咒13行，梵文中夹写汉字[②]（图2—43）。四川大学的晚唐墓出土纸质印本经咒画，四周有梵文《陀罗尼经咒》17行。敦煌千佛洞也发现一张宋太平兴国年间经咒印本[③]。河北宣化辽张文藻墓木棺

图2—43　唐代梵文经咒绢画

① 汉地文人也多通梵文者。如王维有诗题为"苑舍人能书梵兼达梵音，皆曲尽其妙"。

② 陕西省博物馆李域静、关双喜《西安西郊出土唐代手写经咒绢画》，《文物》1984年第7期。

③ 冯汉骥《记唐印本陀罗尼经咒的发现》，《文物参考资料》1957年第5期。

外壁有汉文、梵文经咒多种，集中在前、后壁[①]。这种梵文咒语很多地方都可见到，而各地的墓葬有大量的各种梵文咒语石碑、砖铭，而且附有汉文。元明以来，梵文咒语用来装饰日用品，如铜镜、瓷盆碗之类，而流传至今的民间用的法碗，原本也是梵文，只是已经难以辨认了。

宋朝与辽、金、西夏、蒙古对峙，西去的道路不畅，东南沿海成为对外的主要交流窗口，因为贸易对象中阿拉伯世界占有重要地位，所以有更多的阿拉伯人移居东南沿海城市，其中以泉州、扬州为最，阿拉伯文字在这些地方有一定的影响。这种情况到了元代又有了明显发展，清真礼拜寺遍及全国，北京牛街礼拜寺内还保存至元十七年（1280 年）及二十年（1283 年）的阿拉伯人墓碑。不仅有更多的阿拉伯人来汉地传教经商，而且还有更多的波斯人、回鹘人来到汉地居留，他们同样信奉伊斯兰教，也使用阿拉伯文字。20 世纪 30 年代杭州、扬州拆去旧城墙，都发现有元代穆斯林书写的阿拉伯文和波斯文的碑刻。泉州有阿拉伯文墓碑陆续发现，数量可观[②]。扬州仙鹤寺南门外建筑遗址拆出阿拉伯文墓碑，其中一通，一面汉文："徽州路达鲁花赤捏古伯通议之墓"（图 2—44），一面阿拉伯文（图 2—45）。"达鲁花赤"为蒙古语官长之意。此碑

图 2—44　汉文碑文

图 2—45　阿拉伯文碑文

① 河北省文物研究所、张家口市文物管理所《河北宣化辽张文藻壁画墓发掘简报》，《文物》1996 年第 9 期。

② 见《泉州宗教石刻》，科学出版社，1957 年；吴文良《泉州新发现的两方阿拉伯字墓碑》，《考古》1965 年第 2 期；陆峻岭、何高济《泉州杜安沙碑》，《考古》1980 年第 5 期；吴幼雄、王耀东、黄秋润《福建泉州清真寺发现一批伊斯兰教碑》，《考古》1986 年第 6 期。

元大德十一年(1307年)立。

伊斯兰器皿喜用阿拉伯文或波斯文作为装饰纹样，扬州地区已发现有阿拉伯文的瓷壶，元代瓷器上也用此类装饰，但是数量不多①。西安斡耳垛元代安西王府旧址发现三个同样的阿拉伯数字铁版，6行32格，为复行纵横图，纵横斜总数相等②。上海浦东明代中期的陆深墓出土了王幻方，一面阴刻阿拉伯文："万物非主，唯有真宰，穆汗默德为其使者"。反面方框4行16格，每格有一个阿拉伯数字，与元代铁幻方字形小有差异③。明代自永乐年始，其后的天顺、成化、弘治、正德、嘉靖的青花瓷器上有不少用阿拉伯文字，以正德时期最多。明代中晚期一些南方窑口所产瓷器销往东南亚及西亚伊斯兰地区，有些就有阿拉伯文和波斯文。此外，还发现一些明代铜香炉上也铸有阿拉伯铭文，恐为伊斯兰教徒所用。

唐武宗灭佛，祸及景教，景教因而绝迹中原，仅流行于北方某些民族中。元朝建立，景教自中亚、内蒙古再度向东南传播，又开始流行汉地，主教居于西京大同。泉州、扬州发现的大量景教教徒墓碑即为元代之物，以叙利亚文字为主，也有与汉字合璧的，有的还刻有八思巴文字④。1981年在扬州市南郊荷花池西侧地下发现元延祐四年(1317年)景教墓碑(图2—46)。碑上圆首，一面单刻，分上下两段，上段中间刻莲花

图2—46　汉文、叙利亚文景教墓碑

① 朱江《扬州仙鹤寺阿拉伯人墓碑记》，《文物》1957年第9期。

② 李俨《阿拉伯输入的纵横图》，《文物参考资料》1958年第7期。

③ 上海博物馆《上海浦东明陆氏墓记述》，《考古》1985年第6期。

④ 见《泉州宗教石刻》，科学出版社，1957年；夏鼐《两种文字合璧的泉州也里可温墓碑》，《考古》1981年第1期；吴幼雄《福建泉州发现的也里可温(景教)碑》，《考古》1988年第11期；王勤金《元延祐四年也里世八墓碑考释》，《考古》1989年第6期。

座上双线十字架，两侧分别镌以一个四翼的天使，头戴十字架冠，双手前伸，守护着十字架。天使下右侧三行汉文："岁次丁巳延祐四年三月初九日三十三岁身故五月十六日明吉大都忻都妻也里世八之墓。"左侧有 12 行叙利亚文，其中第 1 和第 12 行为叙利亚文记叙利亚语，第 2 至第 11 行（共 10 行）为叙利亚文写畏兀儿（突厥语），其中第 8 行最后一词和第 9 行前面两词有些模糊不清[①]。与汉字合璧的是用叙利亚字母所拼写的突厥语，这是远宦泉州的信仰景教的汪古部突厥人墓碑。也里可温是元朝对基督教的统称，既包括来自西亚的景教，也包括来自欧洲的罗马天主教。罗马教廷在蒙古入主中原之前，就遣使和林。元朝建立后，教皇与元朝皇帝取得联系，在中国传教。1307 年，成立汗八里（大都）总主教区，管理华南华北教会，派遣大批教士来华传教。天主教传教活动留下丰富的文字资料，仅墓碑文已经发现多处。泉州、扬州都发现过圣方济各派拉丁文字墓铭，泉州的为 1332 年铭，扬州的为 1342 年及 1344 年铭。扬州发现的两墓碑碑主为一父所生的意大利热那亚人，墓碑的字体为典型的老式哥特体，字形工整[②]（图 2—47）。

图 2—47　扬州拉丁文墓碑之二

明代初期，郑和、王景弘的宝船队七次下西洋，与亚非两大洲沿海国家和地区建立了友好关系，发展贸易，相关各国的文字自然会流入汉地。广州东山明弘治年太监韦眷墓发现威尼斯共和国银币，上铸拉丁文。同墓还有孟加拉银币，上铸阿拉伯文[③]。由于从西欧到印度和东方航路开通，西班牙占领菲律宾，自此西班牙银币大量流入中国，福建南安、晋

---

① 朱江《扬州发现元代基督教徒墓碑》，《文物》1986 年第 3 期；牛汝极《叙利亚文和回鹘文景教碑铭文献在中国的遗存》，《欧亚学刊》第一辑，中华书局，1999 年。第 174 页。

② 《泉州宗教石刻》，科学出版社，1957 年；耿鉴庭《扬州城根里的元代拉丁文墓碑》，《考古》1963 年第 8 期；夏鼐《扬州拉丁文墓碑和广州威尼斯银币》，《考古》1979 年第 6 期；〔意大利〕L. 培忒克（Petech）《扬州拉丁文墓碑考证》，《考古》1983 年第 7 期。

③ 广州市文物管理处《广州东山明太监韦眷墓清理简报》，《考古》1977 年第 4 期

江、惠安等地多次发现铸拉丁文的西班牙银币①。继葡萄牙侵占澳门之后，西班牙、荷兰先后来到中国。16世纪中叶，西班牙人圣依纳爵·罗耀拉组织耶稣会，并积极组织到东方传教。西方各国的传教士通过澳门进入内地，为了顺利向汉人传教，便学习汉语汉字，熟悉中国文化，并且多改易汉式姓名。他们为了便于掌握汉语，开始编纂汉语拼音、语文书籍。第一部中外合璧的字典是闽南泉州方言和西班牙文对照的《华语韵编》，这是西班牙人拉达在1576年编成的。1598年冬，利玛窦与郭居静完成了第一个拉丁字母汉语拼音方案，可惜未见出版，可能是"葡华字典"一类的著作。制墨大家程大约（别号君房）为编《程氏墨苑》向在京的利玛窦索取绘画作品，利玛窦赠了四张圣像，并附了三篇解说性短文和一篇有关语言文字的论文，文章每字都旁注了拉丁字母注音。1609年《程氏墨苑》正式出版，后来，利玛窦将前注音文章以《西字奇迹》为题单独刊行。这些文章的注音，采用了利玛窦自己的拼音方案，这个实践在汉语拼音化的进程中有十分重要的意义②。天启六年（1626年）法国耶稣会士金尼阁《西儒耳目资》在杭州印行。这本书是对利玛窦拉丁字母拼音方案的修正和完善，是一部完整的拉丁字母注音字书。全书分为三个部分：第一部分《译引首谱》，总论文字学及译编原则；第二部分《列音韵谱》，按读音编排汉字，便于从拼音查汉字；第三部分《列边正谱》，从字边笔画编排汉字，注以拉丁字母拼音，以便从汉字查拼音。利玛窦与金尼阁所写中外双字对照的拼音书的问世，向人们提供了用西方拉丁字母拼写汉语的成功经验，同时也展示了比较完善的汉语拼写方案，可以说，利、金是以后中外汉字拉丁化的先驱，是拉丁文字东播的奠基人。

17世纪到18世纪，天主教传教士大多利用利、金的拉丁字母拼写方案学习汉语、汉字，而且以此为基础编写了一些汉、外两种文字对照的辞书。19世纪初，英国基督教新的传教士马礼逊来到广州。20年代刊印了《中文字典》，这也是一本汉英对照字典，使用接近英文的新方案拼写汉语。因为广州方言

① 庄为玑《福建南安出土外国银币的几个问题》，《考古》1975年第6期。

② 尹斌庸《利玛窦等创制汉语拼写方案考证》，《学术集林》卷4，上海远东出版社，1995年。

与官话语音上差异较大,所以这本字典还附有广州方言的拉丁字母音节表。为了在各个方言地区的广大民众之中传教布道,各地教会差不多都设计和推行了当地方言的拉丁字拼音方案,在19世纪下半个50年内,至少有17种方言拼音的《圣经》出版。从19世纪下半世纪到20世纪初期,有成万的教徒借助拉丁字母拼音阅读《圣经》,有些人还用来通信等。

二 西方标音文字对汉字的影响

汉字是独立发展起来的标意文字,它孕育于黄河中下游的先民部落中。如果从夏代形成汉字原形起,它已经有长达4000余年的历史了。从夏到商、周、秦,文字从标形到标意,随着历史的发展而不断地发展,适应日益丰富的词汇发展,成为汉民族的共同文字,起着维系民族统一的作用。因此,历代的中央统治者都十分重视文字的规范,把它看作中央政权的象征之一。在很长的一个历史时期内,汉族民众生活在汉字这个独立而完善的封闭系统中,对其他民族文字不感兴趣。当西土的标音文字东渐中亚、立足西域之时,正是汉朝通西域、与中亚建立广泛交流的时代,尽管西土标音文字已经传至汉地,但除了在史书中介绍外族情况时偶一提到外,并没留下任何影响。

对汉字产生一定影响的是随佛教传入的梵文。汉魏传入的佛教,到了南北朝已经达到了兴盛阶段。由于佛教在中国成为压倒一切的宗教信仰,书写这种佛教的本来文字自然在人们心目中成为一种神圣的文字。另一方面,随同佛教而来的大量梵文经籍流入汉地,从梵文翻译为汉文的工作逐渐地由汉人担任,参与其事的僧众首先踏进一个与汉字完全不同的标音文字世界。中国人从来没有这么频繁而深入地接触一种与汉字不同的外族拼音文字,除了语音词汇上的差异之外,文字上的差异自然会引起重视。《隋书·经籍志一》:"自后汉佛法行于中国,又得西域胡书,能以十四字贯一切音,文省而义广,谓之婆罗门书①。"东晋沙门法显游历西域,已经注意到梵文的影响,在《佛国记》中说:"唯国国胡语不同,然出家人皆习天竺书天竺语。"著名翻译家玄奘对梵

① 按:"十四字"误当作"四十字"。

文的体制作了介绍："详其文字，梵天所制，原始垂则，四十七言。寓物而成，随事转用，流演枝派，其源浸广。因地随人，微有改变，语其大较，未异本源[①]。""四十七言"是指47字母，"遇物而成，随事转用"是说用这些字母拼写各种名词。"因地随人，微有改变"则是指采用梵文的西域诸国。他以字母为观察点，掌握了标音文字的特点。窣利（粟特）文"字源简略，本三十余言（按，或作"二十"），转而相生，其流浸广。粗有书记，竖读其文[②]"。覩货逻（吐火罗）文"字源二十五言，转而相生，用之备物。书以横读，自左向右[③]"。受到梵文标音文字熏陶的人，自然而然地会有一些与汉字不同的文字体制方面的新的概念，这种新的概念虽然没有引起汉字的巨大的变化，但是已经在多方面产生了影响。

梵文是标音文字，和汉字比较，它的组成形式有明显不同。它的基本单位是有音无义的字母，组成字是按照词的读音连缀。字母的概念是与梵文同来汉地的，桂馥认为"字母自后汉已入中国，至魏始大传于世[④]"。"字母"这个名称在汉籍中出现也相当早。南朝梁、陈间真谛译《宝行王正论正教王品》第四内有"先教学字母[⑤]"。《大唐西域记》把字母叫作"字源"，含义是相同的。汉字与字母最大差别是有字义，即使是汉字假借字，"依声托事"是一种用字法，它的本义依然存在。因此，假借字和字母还是有差别的。于是，在汉字系统内就产生了一种新的标音字，尽管它还是用标意的方法构造，但其性质却是以前汉字中所不具备的。这种标音字就是加"口"旁的字。在以前也有过这种加"口"的字。《说文》云："口，人之所以言食也，象形，凡口之属皆从口。"作为标音字的从"口"之字则完全不一样。郭忠恕说"钵啰护噜之文，内典加口而弹舌"。他又说："佛经真言弹舌者多非本字，皆取声近者从口以识之[⑥]。"真言宗重视念诵真言，多用梵语表示这种咒语；除了用梵文外，就采用了加"口"的汉字表示。"口"字"吐呼罗"，"吐""呼"二字虽古已有之，但在此处却是地道标音

① （唐）玄奘《大唐西域记·印度总述·文字》。

② （唐）玄奘《大唐西域记·窣利地区总述》。

③ （唐）玄奘《大唐西域记·覩货逻国故地总述》。

④ （清）桂馥《札樸·字母》。

⑤ 日本《大正藏》论集部第32册502页。

⑥ （宋）郭忠恕《佩觿》卷上。

字。专造的标音字可见于唐代编纂的史书，Ephtahalites《北史》内写作“嚈哒”，《周书》内写作“嚈哒”。元代景教碑把西方人 Antonius 写成“咹哆呢嗯”[①]。以后加“口”的标音字用得越来越多，如相传毗沙门天王之子，佛法保护神 Nalakūvara，《宋高僧传》简译作“那吒”，在《西游记》《封神演义》中写成“哪吒”了。明清之后，译写外国人名、地名频繁地使用加“口”标音字，如林则徐有关外事交涉提到的国名“咪”“嘆咭唎”等，人名“噫吃吱”“唎喥”“喳噸”“囒吔”“嗜嚓啞嘛”“吧咖哘咕”等[②]，其中大部分字在字典上找不到，很可能是同音字加“口”而成。南朝梁顾野王《玉篇·口部》：“哩，出《陀罗尼》。”这就明确地说明南北朝时此法已经成立。“口”标音的字大量出现在汉译佛经中，真言咒语则用得很多。浙江诸暨水口庵出土唐广德元年（736 年）铸铜钟，钟铭有经咒“唵摩尼跋闍犁吽随心唵摩尼达哩吽哺吒”等，有数个“口”旁标音字[③]。宋周密《癸辛杂志续集》有“解厄咒”一节，谓有一僧授解厄神咒：“答侄他唵呿啰哦哆、呿啰哦哆、呿呵哦哆、啰呿哦哆、啰呿哦哆婆呵”。辽宁的一座辽墓内也发现“肴炬如来必破地狱真言”内有“喃”“唵”“哩”“咭”“吒”“啰”等标音字[④]。藏传佛教的六字真言“唵嘛呢叭嘧吽”，除“吽”字可能为标意字外，其余五字均为标音字。加“口”的标音字实际上是一个音译字，虽然源于梵文佛经，但应用中早已扩大到其他外族名词的音译。

汉籍提到“字母”的不能不说到“三十字母”。“字母”一名见于敦煌卷子，巴黎国家图书馆藏 P2012 守温三十字母残卷，及大英博物馆藏 S512 文书。P2012 署有“南梁汉比丘守温述”，S512 字母背面标有“三十字母敲韵”。据此可知制作者守温是唐末五代间的和尚。字母出于和尚之手，自有其客观的内在因素。姜亮夫说：“大抵中唐以后，受梵藏译经之影响，释师学人，思以梵藏字母之法，调理吹万之音[⑤]。”“字母”之法随佛籍而来，所以传字母之法，远在

---

① 吴幼雄《福州泉州发现的也里可温（景教）碑》，《考古》1988 年第 11 期。

② 皆从中华书局《林则徐集》内采集。

③ 方志良、张光助《浙江诸暨发现唐代铭文铜钟》，《文物》1984 年第 12 期。

④ 冯承谦《辽宁省建平新民的三座辽墓》，《考古》1960 年第 2 期。

⑤ 姜亮夫《唐人所谓声纽三十母说》，《敦煌学论文集》，上海古籍出版社，1987 年。

唐前，只是守温字母形成于中唐之后而已。守温的字母深受梵文字母的影响，取法其原理，参照其字音，不仅是音韵学上的创举，也是文字学方面的一种尝试。梵文字母是辅音音素元音化的音节文字，字母着重于辅音音素，而不注重字母所带的元音。守温字母虽为韵母不同的汉字，但是像梵文字母一样，取前面的辅音而不取后面的元音，故而字母的韵母不同，除了有助开头辅音的发音外，并无不妥。从守温残卷的内容看，轻唇、重唇似有区别，“床”“禅”也有分别，正齿音二、三等不相混合。守温只取三十字母，恐怕是受梵音的限制，只保留了梵汉共同相似的辅音。梵文字母有音无义，守温字母也是有音无义。因为所用的汉字仅仅用作标志音读，并不带任何意义。形式不同，本质一样，梵文是字母形式，守温字母是汉字式。入宋之后，三十字母添了六个字母，变为三十六个字母，沈括《梦溪笔谈》、郑樵《通志·七音略》都不取三十字母，这是完善了的汉语的声类系统。但是郑樵的《通志·艺文略》还记有《守温三十六字母》，意谓这三十六字母为守温所创。其实守温的字母和后世字母大相径庭，不仅是字母数量不同，而且原来的标音字母含义也变为专指开头辅音的称名了。

梵文字母对汉字的影响还有更富成功的方面，这就是汉字半字的产生。梵文字母与汉字不同，它不是一个音义的统一体，而是有音无义，只有在拼写成词时才有音有义。为了区别两者，佛家把前者称为半字，后者称为满字[①]。半字字形简单，有音无义，不会让人望文生义。汉人仿照梵文字母，也着手创制汉式半字。汉字的字形结构和其字义有密切的内在联系，要使它丧失字义，必须破坏汉字原有的形体。汉式半字要从字形着手，造成半字简单形体的办法不是传统省略部件的省文法，而是一种任意切割法，以达到彻底破坏汉字标意结构，从而割断形、义联系的目的。从标意汉字分解而来的半字只剩下了原字的读音，因为它的形体来源已经无法追溯，所以，可以根据需要另外定音。利用这些半字，根据需要重新配定一套标音的字母。

汉字是复杂的标意文字系统，它有悠久的历史，维系了整个汉民族的文

---

① 在佛学中半字与满字还有更重要的含义，此处不作介绍。

化,与汉民族的语言密不可分。这意味着,要用汉式半字替代汉字是不现实的。半字的用途还无法全面地了解,现在唯一能见到的是用于记乐谱的半字,也称作谱字。1900年,在敦煌莫高窟藏经洞众多的古代文献中发现了这种半字谱。《仁王护国般若波罗蜜多经》变文的背面抄录了一套乐谱,《佛本行集经·忧波离品次》的背面也有这类曲谱,人称之为"敦煌曲谱"。这种谱字还可见于宋代的《事林广记》。从变文前所记五代唐明宗四年(929年)推测,这种谱字的产生年代要早于此时。北宋陈旸在建中靖国年间进《乐书》,卷157内说:"圣朝承末流之弊,雅俗二部,唯声指相授,按文索谱。"又说:"御制《韶乐集》中有《正声翻译字谱》,又令钧容班部头任守澄并教坊正部头花日新、何元善等注入《唐来燕乐半字谱》,凡一字先以《九弦琴》对大乐字,并《唐来半字谱》。"据此,沈曾植认为:"《管色字谱》远自唐传。白石歌曲旁注,盖仿唐人按文索谱旧式。世谓字谱始宋人,误也①。"日人林谦三认为,天平十九年写在经科纸进账背面的半字谱,"这是利用乐谱的背面作了古文书的,因此这乐谱的年代也许要早一点②"。天平十九年是唐玄宗天宝六年(747年),如果林谦三的观点成立,谱字无疑产生于唐代早期。林谦三还未考虑从唐朝流传到日本所费的时间,如果计算这段时间,谱字产生的年代要更早一点。唐代的乐器很多,半字谱自然也不只是琵琶谱一种,各种乐谱的半字未必相同。而且,唐宋以来词曲兴起,也需用谱字标乐。现在能见到的姜夔《白石道人歌曲》内的乐调半字,与敦煌乐谱稍有差异,推想唐代词谱曲谱也大致如此。因此把种种不同的乐谱加起来,唐代的谱字数量一定不少。

现在发现敦煌曲谱中用了十余个半字,它和日本片假名字母相同,从日人的观点来看,"ム"取于"牟","ク"取于"久","フ"取于"不","夕"取于"多","リ"取于"利","口"取于"吕"。我再补充一点,"艹"可能取于"萨"。这些字都是汉译佛经的常用字。这点反映了半字与佛经翻译的重要关系。中国人发明了字母式的半字,随着乐谱东传日本③,日本人稍加改变成为他们的特有民族

① 沈曾植《海日楼札丛》卷七,中华书局。

② 〔日〕林谦三著、潘怀素译《敦煌琵琶谱的解读研究》,上海音乐出版社,1959年。

③ 佛教本身有许多乐曲,如《悉昙章》可咏唱,有古琴曲流传至今。

文字——假名，有关问题，留在以后再说。

佛籍传入，译经兴起，中西文字沟通，汉人开始在总体上了解西土文字，从而可以比较优劣。南朝齐梁间的佛教史学家释僧佑在当时广有众徒、博通佛籍。他曾经综合梵、佉卢、汉三种文字，加以论述：

> 昔造书之主凡有三人，长名曰梵，其书右行。次曰佉楼，其书左行。少者苍颉，其书下行。梵及佉楼居于天竺，黄史苍颉在于中夏。梵、佉取法净天，苍颉因华于鸟跡，文画诚异，传理则同矣①。

僧佑以梵、佉为一派，以汉为一派，正确地区分了两种不同类型的文字；但以梵、佉、汉为次第，显然是受佛徒教派的影响。他进一步介绍了梵文在西土的影响："唯梵及佉楼为世胜文，故天竺诸国谓之天书。西方写经虽同祖梵文，然三十天国往往有异。"对于印度以外的西土诸国文字，佛僧有所见闻的，往往也有论述。如晋法显、唐玄奘游历中已经记载。《宋高僧传·大宋高僧传》内有"唐京师满月传"，满月是西域僧人，故而涉及一些当地的文字情况。

> 胡语梵言者，一在天竺，纯梵语。二雪山之北是胡。山之南名婆罗门国，与胡绝，书语不同。从羯霜那国字源本二十余言，转而相生，其流漫广，其书竖读，同震旦欤？至吐货罗，言音渐异，字本二十五言，其书横读。度葱岭南，迦毕试国言字同吐货罗，已以杂类为胡也。若印度言字，梵天所制，本四十七言，演而遂广，号青藏焉②。

在当时社会内，能够这样正确而概括地介绍西土文字，已是相当不容易了。

---

① （南朝）僧佑《出三藏记》卷一内《胡汉译经音义同异记》第四。此段文字后世转引，可见《法苑珠林·游学部》。（元）盛熙明《法书考·字源》。以下僧佑引文均出此篇。

② （宋）赞宁《宋高僧传》，中华书局。

元代社会中色目人地位较高，西域人、中亚人不断迁徙到东方，和汉人融合在一起。这些人既熟悉两土文字也熟悉汉文，深知两类文字的异同。元代盛熙明是回回人，他精通汉文，擅于书法，对文字有特别的爱好。在书法专著《法书考》内特地增加了《字源》一节，引述了佛籍内梵、伽卢（即佉卢）、苍颉三书情况，然后发表自己的看法。他认为："盖西方以音为母，华夏以文为基。诸国之风土语音既殊，而文字遂亦各异，溯流穷源，其法似不出乎此三者也。"他继承前人两大类型文字之说，更明确地指出了"以音为母"与"以文为基"的本质区别。并且进一步说明"语音"是造成各流文字的原因。重要的是，他后文又说："制书以载言，因言以达意，意苟相符，则言可忘。言假以传，而书非定法[①]。"他的观点很明确，"书非定法"是由于习俗不同而相异。他这样开放的文字观念与他原居西域地区文字频繁变更有关，与蒙古放弃回鹘蒙文而改用八思巴文也有关系。"书非定法"不仅反对天授神造文字的观点，而且还为更易文字提供了理论依据。盛熙明有关文字学说在汉地是新颖的，对数千年一贯使用汉字的人也是闻所未闻的。由元入明的陶宗仪可能是仿照盛熙明体例，也在《书史会要》一书中加入了外族文字内容，涉及巴思八（即八思巴）字、契丹字、女直字、天竺字、畏吾儿字、回回字、日本国字、西夏字、流求国字、真腊国字等。所论文字介绍源流，有的还附字母或字形，大开汉人眼界。有关各文的源流，他已经注意到介绍标音文字的特点，如天竺字"其音律交合而成字，载音以导意，非若华文有六义也"；畏吾儿"字虽有二十余母，除重名之外，止有一十五音"；回回"字其母凡二十有九"；日本国"字母仅四十有七，能通识之便，可解其音义"；真腊国"其字母音声正与蒙古音声相类[②]"。这对一般汉人来说是陌生的，不仅具有有关标音文字的"音律交合成字""字母"等概念，还列出了大量从未见过的外族文字。可以认为，《书史会要》实际上起着普及多种文字知识的作用。

用外族文字拼写汉语，只要是使用标音文字的民族与汉语接触，就会出现

① （元）盛熙明《法书考》，收入《中国书画全书》第 2 册。

② 见（明）陶宗仪《书史会要》卷七、卷八。

这种情况，在考古发掘和文物调查中曾经发现过这类例子。吐鲁番哈喇和卓古墓群中出土有代人木牌，其中数枚以粟特文字拼写汉语。汉语“人”粟特文字是 rin(拉丁字母转写，下同)，“代人”粟特文字是 Tairin。据研究这是 5 世纪北凉时文物[①]。呼和浩特华严经塔中的元代题记也发现用八思巴字拼写汉语[②]。这些外族文字拼写的汉语多由外族人所写，使用于汉族以外地区，为外族人服务。陈元靓编的《事林广记》内有八思巴字、汉文对照的百家姓，其中八思巴字是用来拼写汉文姓氏的。但是这些不是普通意义的汉语词汇，而是专用名称。耶稣会教士编著的拼写读物用拼音文字来拼写日常的汉语词汇，则可成篇成章使用。

三　汉字标音化的尝试

明代后期，西洋耶稣会传教士的来华，使较多的汉人熟悉了西土标音文字，对汉人的文字观念产生了巨大的影响。耶稣会教士来华后广泛地深入中国社会，在士林中的活动异常活跃，也因较高的科技知识和文化素养，获得了好评。因此，他们的活动能够借助士人的力量顺利展开，撰写的书籍也受到重视。他们的拉丁字拼写就引起了汉人的兴趣。好奇者自然不少，程君房向利玛窦求拉丁文汉语拼写读物，就因为取其奇字异形，以惊世炫俗，所以信手剪裁，任意联缀，不顾汉音文义如何[③]。从文字学方面来说，士人得到的启发也相当大。特别是金尼阁的《西儒耳目资》，比较全面地反映了拉丁文字的面貌，而且，他本人的目的是要通过这本书，“使中国人能在三天内通晓西方文字体系[④]”。《西儒耳目资》行世以后，果然达到了预期的效果。明末著名思想家、博学家方以智虽然并不热心耶稣会的传教，却十分注意西来的新学。他从《西儒耳目资》中了解了拉丁文的标音性质和拼音成字简捷的优点，由此认识到标意性质文字音、义之间的矛盾。在《西儒耳目资》刊行不到 13 年，方以智公开

---

① 库尔班·外力《吐鲁番出土公元五世纪的古突厥话木牌》，《文物》1981 年第 1 期。

② 李逸友《呼和浩特市万部华严经塔的金元明各代题记》，《文物》1977 年第 5 期。

③ 陈垣按语，见《明末罗马字注音文章》，文字改革出版社，1957 年。

④ 戴哈尼《金尼阁传》，转引自沈福伟《中西文化交流史》，上海人民出版社，1985 年。

发表对拉丁文字标音制度的赞叹：

因有一音则借一字配之，学者知此原委，则解书省力，可免费辞辩之者。曰：字之纷也，即缘“通”与“借”耳，若事属一字，字各一义，如远西因事乃合音，因音而成字，不重不共，不尤愈乎？[1]

19世纪下半叶，教会方言拉丁字在沿海地区广为传播，拥有众多的中国使用者。与此同时，西方势力侵入中国，特别是租界地区，成为西方文化的传播中心。因此，西方拼音文字在汉地已形成了较为深厚的基础。在某些中国人看来，标音文字就像先进的科学技术一样，也是西洋人的长处，拉丁文字越来越为人们注目。薛福成作为外交官出使西欧，就留意拉丁文字。关于文字特点，他认为：

图2—48　利马窦的汉字拉丁字注音

中国之字以形生义，故有一定之形之义。外国之字以声传意，故凡字不必以形求，亦不必以义求，往往有以数音拼作一字者，有数字缩作一音者[2]。

有关拉丁文字系统，他认为：

今泰西诸国文字往以罗马腊丁文字为宗，一切格致之字，未尝不溯源罗马，盖罗马为欧洲大一统之国，昔时英、法、德、奥皆其属地，制度文物滥觞有素，势所必然，然罗马文明之启肇于希腊，以其英辟

① (明)方以智《通雅·疑始》。

② (清)薛福成《出使英法义比四国日记》，岳麓书社，1985年。

名臣大半自希腊来也。当希腊开国之始，政教之源取法埃及，则埃及文字又为其鼻祖焉[①]。

在此后第二年，光绪十八年(1892年)，卢戆章的《一目了然初阶》出版，标志着西方标音文字的传播在汉地达到了一个新的阶段，以西方标音文字的体制来改革汉字的标意体制的思想也由此形成。卢戆章曾在新加坡学习英语，为教会翻译《华英字典》。他参加教会，是一名传教士，熟悉教会拉丁字，是深受西方标意文字薰陶的人，所以他最初提出的方案是仿拉丁字母及其变体的标音字母，以闽南方音为基础语音。4年后，他又推出了一套以官话为基础的"中国切音字"，这是一套汉字笔画式的标音字母。从卢氏起，汉字的标音字母方案有三种形式，一种是汉字笔画式，一种是拉丁字母式，一种是速记符号式。晚清提出的标音方案约有28种，但是创导者多肯定汉字，如卢氏《中国切音字》云："夫汉字为我国国粹之泉源，一切文物之根本""在我国累代相传，岂可反行废弃"，切音字"与固有之象形字相辅而行[②]"。因此清政府有时也采取宽容态度。1900年以后，汉字笔画式字母取得优势，1918年公布"注音字母"。

西方拉丁字母是一种有广泛基础、成熟的文字形式，它在汉语拼音化的进程中占尽优势。1906年，朱文熊推出"江苏新字母"，以江苏语音为基础，完全采用拉丁字母标音。为补字母不足，五个字母倒用，一个字母横用，作为新字母使用。他说："顾切音新字，形成离奇，难于识别，官话字母，取法假名，符号实多。余以为与其造世界未有之新字，不如采用世界所通行之字母[③]。"拉丁字母是标音字母，与汉字的声、韵反切不同，朱文熊"江苏新字母"的提出，在汉字拉丁化方面起了先导的作用。

1918年，《新青年》《新潮》等杂志提出了"汉字革命"的口号。以教会方言拉丁字为据，呼吁以拉丁字取代汉字。1928年"国语罗马字拼音法式"由教育部公布，作为"国音"字母的第二式。国语罗马字方案特别考虑了作为汉语标

---

① (清)薛福成《出使英法义比四国日记》，岳麓书社，1985年。

② 卢戆章《中国字母北京切音合订》，文字改革出版社，1957年。

③ 朱文熊《江苏新字母·自序》，文字改革出版社，1957年。

音文字的要求，对有关的技术问题作了规定，如词的连写、声调标示法等，这是汉字标音化的一次飞跃。苏联十月革命之后，受到苏联少数民族的拉丁化运动的影响，瞿秋白、吴玉章等人领导拉丁化新文字运动，在大众中推行这种新文字，"到了适当的时候才能取消汉字[①]"。这个运动从远东华侨发展到上海、北京、广州，远及南洋。1949年新中国成立后，成立了中国文字改革协会。1954年，中国文字改革委员会成为中央政府设置的"文字改革"专职机构。1958年全国人民代表大会批准汉语拼音方案。

汉语拼音方案可以认为是拉丁文字东渐的结晶，是受外来影响形成的特殊的汉语标音形式。尽管原有这样的设想，把它作为汉语拼音文字的雏形和基础，实际上只能作为一种音标性的工具，在语文教学及某些科学技术场合应用。笔者曾在1968年约了朋友，办了一个"拼音文字试点班"，在上海西康路小学(在今西康路近南京西路口)二年级办了一个试点班。编印了以拼音方案为基础的纯拼音课本及补充教材，实行了全面的拼音文字教学。半年为期的试点是成功的，学生们能用拼音来读书、作文、提前展开其他教学内容。应该指出，这只是在小学低年级中进行，教材内容有这方面的局限，无法反映全面的汉语情况。在试点中，我们制订了文字应用的全面拼写规则，可是，几个老大难问题，诸如词的连写、同音词的区分等，始终困扰着我们。与此同时，又发现了一个新的问题，由于汉语音节整齐的声调结构，造成了单音节词和多音节词拼式的单调和雷同，影响阅读的辨别。而且由于方言语音的干扰，音读不准，致使拼式差错，由此认识到如用汉语拼音作为文字，也要有正字法，有严格的字形规范。因而，那种认为拼音文字就是按读音随手拼写的想法似乎太过于乐观。有关拼音化的一些难题不是一般的技术处理所能解决的，因为这反映了汉语词汇的一些本质问题。汉语词汇缺乏印欧语那样复杂的形态变化以及音素结合的灵活性，造成汉语词汇没有那种多样化的语音结构，而汉字字形则正好补充了词识别方面的不足。其实，在几千年来汉语的发展过程中，汉字不仅作为一个超方言的书写符号系统与汉语共存，而且汉字的变化也加入了

① 瞿秋白等《中国汉字拉丁化的原则和规则》。

词汇发展，成为词汇发展的一个组成部分[①]。可见，汉字的字形不可能排除在汉语词汇之外，它始终是汉语词的特定的书写单位和识别单位，这就是分词连写和同音词分化不能解决的根本原因所在。

至少从东汉开始，西土的标音文字就不断地进入汉地，开阔了汉字使用者的眼界，对汉字产生了或多或少的影响。梵文进入，在汉字标意字内形成了特殊的标音字，汉人仿制了用于谱曲的半字以及用于音韵学的字母，这可以说是标音文字东渐后掀开的辉煌的一页。随着先进科学技术进入中国的西方拉丁文字，曾被看作是先进的文字体系，引起人们以之取代汉字的欲望。实践证明，注音字母或汉语拼音作为一种文字辅助工具，确有其独到的优点，但是要实行汉语拼音文字化似乎是不可能的，因为它违背了汉语的特殊情况。好在随着计算机的改进，汉字工作的自动化已经可以实现，也不必再为一架机器去改革文字了。事物的发展是以内因起主导作用、决定作用，外界影响只能起辅助作用、推动作用。自汉字产生起，它一直按照自身的发展规律向前迈进，它将依然作为标意文字的代表屹立于东方。

① 陆锡兴《词分裂的初步研究》，《淮北煤师院学报》(社会科学版)1989年第3期。

第三章　向西传播史

第一节　向西域传播史

一　西域多元文化和多字制

《汉书·西域传序》:"西域以孝武时始通,本三十六国,其后稍分至五十余,皆在匈奴之西,乌孙之南。南北有大山。中央有河,东西六千余里,南北千余里。东则接汉,扼以玉门、阳关,西则限以葱岭。"汉代所谓西域是指玉门关、阳关以西,葱岭即今帕米尔高原以东,巴尔喀什湖东、南及新疆广大地区。后来西域概念有所扩大,我国的青海、西藏亦是属于西域的范围。

中原与西域的交流历史很早,只是缺乏历史记载。殷墟妇好墓内出土了许多精美玉器,有的玉料即产自今新疆,可见至晚在商代西域就与中原有了往来。

西域是多民族杂居地区,有高鼻深目的白种人,有扁平脸形的黄种人,汉代以来史料所记载的有乌孙人、羌人、匈人、鲜卑人、吐谷浑人、粟特人、突厥人、回纥人。丝绸之路开通之后,更多不同民族民众在此生息繁衍。吐鲁番巴达木曲氏高昌国至唐西州时期墓地出土大量汉字纸疏和纸明器汉文残片,从这次出土的文字资料,墓主姓氏有白、康、竺、买以及祖籍山东的汉人(志文五姓氏)。另 1 号白氏家族茔院 M107 出土粟特文残书,2 号台地康氏家族茔院 M247 出土粟特文残片。其他还有白姓龟兹人、康姓康国人、天竺人等。另从这一墓地保存较好的干尸来看,人体特征为长颅、面上宽下窄、高鼻深目、黄发,他们似为居住在高昌国的胡商或客商。

中华文化特有的亲和能力，在西汉开通的丝绸之路之后，发挥了巨大影响。战国、西汉初年，匈人（汉称匈奴）征服了西域诸国，塞种人、大月氏人、乌孙人向西迁徙，匈人把持河西，不断侵袭中原。西汉武帝为了抗击匈人的侵扰，在黄河以西从金城（今甘肃与青海交界祁连山脉）到盐泽（罗布泊）设酒泉、张掖、武威、敦煌四郡，并且修建边塞，驻军屯垦，移民农耕。自20世纪初以来内蒙古、甘肃之古居延地、敦煌关塞等屡屡发现大批简牍文书，已经整理出版的有《居延汉简甲编》《居延汉简甲乙编》《居延新简——甲渠侯官》《肩水金关汉简》《额济纳汉简》《敦煌汉简》等，自汉武帝到东汉中期的各个时期的文献反映了汉朝军队的活动情况。

1984年新疆巴里坤发现的《任尚碑》，上题《汉平夷碑》，碑文有"惟汉永元五年""任尚""蒲类至西海"等字。任尚是东汉重要将领，此碑记述了西域戊己校尉任尚和王辅的作战事迹。在永元十三年（101年）任尚继班超为西域都护。清雍正七年，在巴里坤城东石人子发现《裴岑纪功碑》，全称《敦煌太守裴岑纪功碑》，刻于东汉永和二年（137年），共60字："惟汉永和二年八月，敦煌太守云中裴岑将郡兵三千人，诛呼衍王等，斩馘部众，克敌全师，除西域之灾，蠲四郡之害，边境艾安，振威到此。立海祠以表万世。"此二碑反映了汉廷维护西域平安、稳定的努力。

魏晋到前凉之间，中原朝廷在楼兰置西域长史府，在尼雅发现的两枚西晋木简，文曰"晋守侍中大都尉奉晋大侯亲晋鄯善、焉耆、龟兹、疏勒、于阗王写下诏书到……"（图3—1）这诏书证明西域诸国受朝廷管辖[①]。唐代废高昌，统一西域。

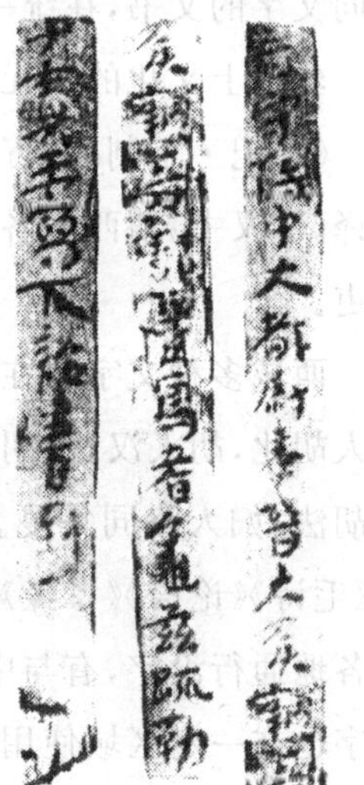

图3—1 尼雅出土西晋简

在吐鲁番阿斯塔那古墓出土的文书中钤有西域各地官衙的印章（图3—2），有"西州都督府"

① 林梅村《龟兹王城古迹考》，《西域研究》2015年第1期。

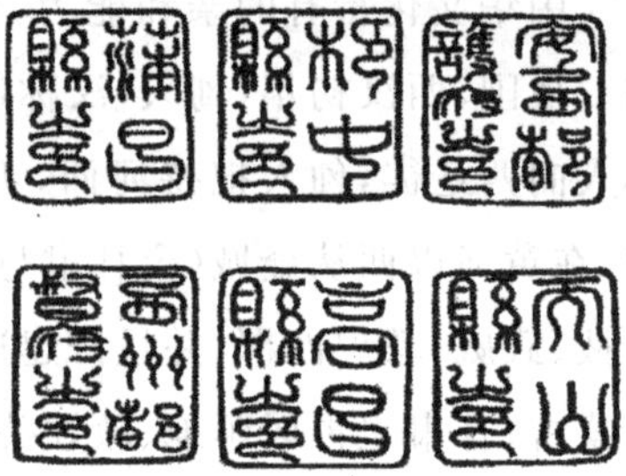

图 3—2 西域各地官衙印章

“高昌县”“天山县”“蒲昌县”“柳中县”以及河西“安西都督府”印鉴。

汉字随着屯田军民到达，作为官方文字通行无阻，汉字在此生根，逐步传播到各个民族中去。

西域地处古代中华文明与古代埃及、希腊、印度文明之中间地带，是连接诸文明的桥梁，是世界四大古文明交流汇通的重要场地。各族民众持多种语言，用不同文字，多种文字在此地光彩纷呈，留下了十分丰富的珍贵文献。在西域的楼兰古城、东南部的尼雅古城遗址，都发现了大量汉晋木简，在吐鲁番阿斯塔那古墓、西南部的于阗遗址发现大量的晋唐汉文纸质文书。汉唐时期，西域也流行着其他民族的语言文字，从考古资料来看，有佉卢文、婆罗米文、回鹘文、藏文等拼音文字。不仅在同一遗址古墓发现不同文字的文书，在统一文书上也存在汉文与其他文字并存的现象。

丝路上文化的多元化，决定了人们交流沟通的语言文字的多样化。《礼记·王制》：“五方之民，言语不通，嗜欲不同，达其志，通其欲……北方曰译。”《汉书》谓西域各国多设“译长”，也叫“译官”“译使”，是主管传译沟通的官吏。

西域多种文字存在，汉唐时期逐步形成以汉字为主，兼用胡书的双字制。汉人胡化，胡人汉化，胡汉交融成为普遍现象。《周书·高昌传》：“服饰，丈夫从胡法，妇人略同华夏。兵器有弓箭、刀楯、甲矟。文字亦同华夏，兼用胡书。有《毛诗》《论语》《孝经》，置学官弟子，以相教授。虽习读之，而皆为胡语。”西域各地通行汉字，有与中原同步的蒙学课本、相同的经史读物。同时各种当地文字也在一定区域使用，汉字为主，兼用胡书的双字制成为上佳的选择。西域人也能使用汉语。罗布泊遗址中发现一封私人的书信，“羌女白：取别之后，便尔西迈，相见无缘，书问疏简。每念兹对(叔?)，不舍心怀，情用劳结。仓卒复致消息，不能别有书裁。因数字值信复表。马羌。”这封信作者“羌女”是一个羌族妇女。“这位少数民族妇女已不是一般地懂得和使用汉文，而是非常精通汉文。她能用丰富的词汇和优美的笔调，表达出对远人的怀念。这样的文字即使放在魏晋文人书札之中也不逊色[①]”。

魏晋南北朝时期，高昌地区是受中原文化影响最为典型的地区，龟兹等环塔里木地区也不同程度地体现了这种文化影响。

汉字是民族文化的载体，它不仅是语言的书面工具，也寄托了民众的好尚，同时是装饰和美化生活的因素。藏西北阿里地区接近丝绸之路，属于广义的西域。故如甲木墓地的4座墓葬年代为东汉时期，1号墓内有铜器、铁器以及“王侯”字鸟兽纹锦（图3—3）。此类汉字锦和鸟兽纹在新疆营盘、阿斯塔那墓地也发现过。发掘者认为：这一发现证明了该地区在汉晋时期处于丝绸之路的波及地区，丝绸之路由此延伸到青藏高原地区[②]。

汉字民俗跟着汉字进入西域各族，与人们相伴。在楼兰、高昌、尼雅等古墓中发现众多的汉字吉语纹样织锦。这些锦的织文常见于汉代的铜镜，如“大宜子孙”“延年益寿”“宜侯王，乐未央，富贵昌”等。充满了对人生美满生活的向往，对祖国昌盛繁荣的期望。

图3—3　“王侯”字鸟兽纹锦

《辽史·天祚帝四》：“耶律大石者，世号为西辽。大石字重德，太祖八代孙也。通辽、汉字，善骑射，登天庆五年进士第，擢翰林应奉，寻升承旨。”契丹语把翰林称为林牙，人们因此称他为大石林牙，或耶律大石。辽国被女真打败后，耶律大石向西扩张，高昌回鹘、西喀喇汗国、东喀喇汗国及花剌子模先后臣服于西辽。西辽疆域辽阔，一度至新疆、蒙古高原、中亚及西亚。耶律大石建国承袭辽为国号，为区别于前朝，称为西辽，沿用中原旧制，上尊号为“天佑皇帝”，西辽五主，皆有汉文年号，汉语为官方语言。耶律大石西征的军队中有大

① 汪宁生《汉晋西域与祖国文明》，《考古学报》1977年第1期。

② 中国社会科学院考古研究所、西藏自治区文物考古研究所《西藏阿里地区噶尔县故如甲木墓地2012年发掘报告》，《考古学报》2014年第3期。

批汉人，他们与契丹人一起在传播汉文化方面起了很大作用。元刘郁《西使记》“回纥与汉民杂居，其俗颇似中国”。西辽时期汉字在中亚地区这个更大范围得到传播，但是沧桑变革，至今很少有汉字实物流传。

二　楼兰、且末与尉犁的汉字

鄯善原名楼兰，东起古阳关附近，西至尼雅古城，南至阿尔金山，北至哈密。敦煌往西到楼兰，由楼兰分道，西北到焉耆、尉犁，西南到若羌、且末。楼兰古国属西域三十六国之强国。《汉书·西域传上》：“鄯善国本名楼兰，王治扜泥城，去阳关千六百里。去阳关千六百里，去长安六千一百里。户千五百七十，口万四千一百，胜兵二千九百十二人。辅国侯、却胡侯、鄯善都尉、击车师都尉、左右且渠、击车师君各一人，译长二人。”

西汉时张骞出使大月氏，此后派遣汉军讨伐大宛，汉使出使西域诸国，都路经楼兰。昭帝元凤四年(前 77 年)，楼兰改国名为鄯善，请汉廷驻军伊循(今米兰古城)，汉廷遣一司马和吏士四十人屯田积谷。东汉在楼兰大规模屯田垦殖，楼兰在魏晋及前凉时期为西域长史治所，一直是通西域的交通枢纽。441 年，沮渠无讳派遣其弟沮渠安周西渡沙漠，再次控制鄯善国。

楼兰古城遗址散布在罗布泊西岸的雅丹地貌之中，20 世纪以来多次发现汉文文献和汉字文物。20 世纪初，英国人斯坦因等曾多次来此探掘。1900 年斯文赫定在新疆进行探险，无意中发现了楼兰遗址。1901 年 2 月斯文赫定来到楼兰遗址，获得魏晋木简 125 枚，其中有西晋泰始五年(269 年)简(图 3—4)。

1906 年 10 月，斯坦因第二次中亚探险到达尼雅遗址并进行发掘，获得 11 枚汉简。12 月 18 日开始考察楼兰遗址，获得魏晋木简 182 枚，获得魏晋木简 125 枚。在一枚佉卢文木牍的封检上有“鄯善都尉”的篆文印(图 3—7)。《汉书·西域传上》有“鄯善都尉”，可知此印为鄯善国所用[①]。1913 年 8 月，斯坦因第三次中亚探险，1914 年年初在楼兰遗址进行挖掘，获得魏晋木简 82 枚。

---

① 〔英〕斯坦因著、向达译《斯坦因西域考古记》，中华书局，1936 年。1987 年影印本，第 63 页，图 44。

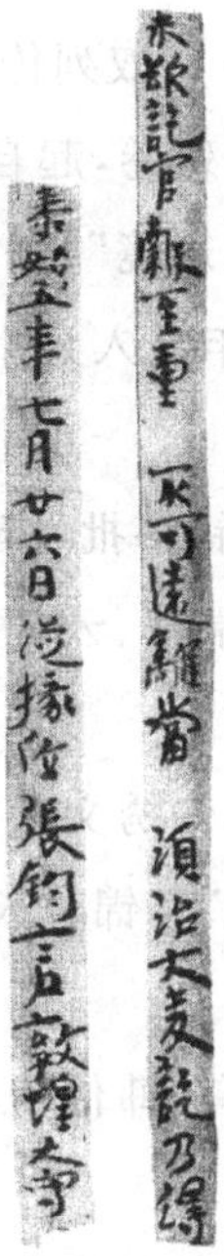

图 3—4 西晋泰始五年简

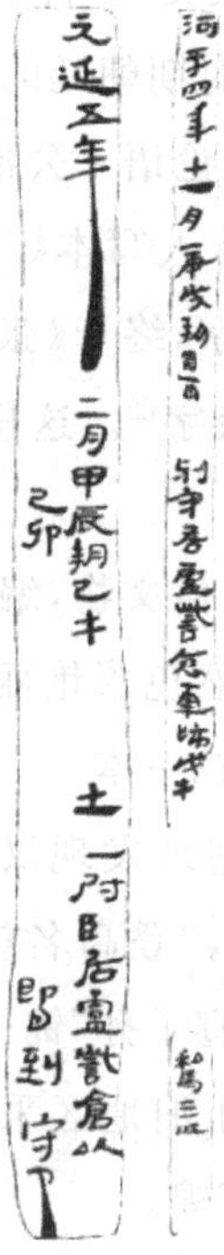

图 3—5 罗布淖尔汉简

图 3—6 楼兰汉文文书

大谷光瑞于 1908 年 6 月组织第 2 次中亚探险，队员橘瑞超在楼兰地区获得魏晋木简 4 枚。

图 3—7 “鄯善都尉”印

1930～1934 年，黄文弼在新疆罗布泊北岸的汉代烽燧建筑遗址里，掘获西汉木简 71 枚，年号有宣帝“黄龙元年”（前 49 年）、元帝“永光五年”（前 39 年）、成帝“河平四年”（前 25 年）和“元延五年”（前 8 年）纪年简，这些是西汉后期边塞文书（图 3—5，黄文弼摹本）。这批简的出土地点接近古代楼兰遗址，所以又称之为楼兰汉简①。

① 黄文弼《罗布淖尔考古记》木简摹本 15、17，国立北京大学出版部，1948 年。

1980年在楼兰三间房出土汉文65件，计汉文木简63件、纸文书2件，以及佉卢文文书1件，大多是魏晋时期朝廷的文书[①](图3—6)。

楼兰汉简内有重要典籍，有《论语·公冶长篇》《史记·匈奴列传》等。

1924年在新疆鄯善县出土晋人写本《三国志·吴书》残卷，起自《吴书·虞翻传》“权于是大怒”句的“怒”字，终于《张温传》“臣自入远境”句的“境”字。计共80行，中有残损，存1090余字[②]。这份残卷已在早年流入日本，这是十分珍贵的典籍。

在楼兰地区有丰富的汉字民俗文物，编织有汉字的彩锦多批发现，这些文字锦五彩斑斓，历经一千多年依然色彩艳丽。多以瑞兽、瑞草、云气为基本纹样，汉字嵌入其中，画中有字，浑然一体。

1913年斯坦因在楼兰古城遗址发现汉字织锦，有“韩仁绣文衣右子孙无极”锦、“延年益寿”锦、“乐”字锦、“登高名望四海”锦、“永”字锦、“长乐明光”锦、“续世锦宜”锦、“延年益寿大宜子孙”锦。

1931年瑞典人贝格曼在罗布泊地区采集汉字织锦，有“韩仁绣文衣右子孙无极”锦、“延年益寿大宜子孙”锦。

1980年楼兰孤台墓地发掘中发现东汉时期的织锦，文字锦有：MB2：42“望四海贵富寿为国庆”(图3—8)、“延年益寿大宜子孙”锦、MB2：33“延年益寿”锦、MB2：44“长乐明光”锦、MB2：38“永昌”锦(图3—9)、MB2：32/37“延年益寿大宜子孙”、MB2：34“延年益寿长葆子孙”、MB2：45“长寿明光”、MB2：47“登高富贵”，还有零碎“续世”“广山”“泽”等汉字锦[③]。这些汉文锦在新疆和甘肃等其他墓葬也发现过，如武威磨咀子汉墓出土的汉字“广山”锦，青龙白虎云纹，墓葬年代在西汉末东汉初。“延年益寿大宜子孙”锦在尼雅东汉墓也出土过[④]。

---

① 侯灿《楼兰新发现木简纸文书考释》，《文物》1988年第7期。

② 郭沫若《新疆新出土的晋人写本〈三国志〉残卷》，《文物》1972年第8期。

③ 新疆楼兰考古队《楼兰城郊古墓群发掘简报》，《文物》1988年第7期。

④ 武威市文物考古研究所《甘肃威武磨咀子汉墓发掘简报》，《文物》2011年第6期。

图 3—8 “望四海贵富寿为国庆”锦

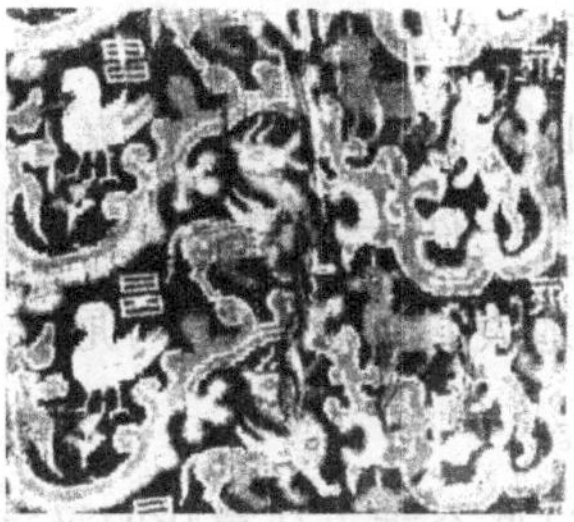

图 3—9 “永昌”锦

楼兰城郊古墓群的平台古墓中出土了“长宜子孙”和“家常富贵”铜镜，与吉祥文字锦内容相同，都是汉字民俗的产物。

楼兰地区是中原与西域的交通要冲，多种语言文化的交汇点，实行双字制，官方文字除汉文外，也用佉卢文。

双字制反映在两种文字同时出现在一件文物上。楼兰孤台墓地发现的“延年益寿大宜子孙”汉字，其锦幅边背面有佉卢文一行，汉译的意思是：“频婆·室利诃陀之锦，一百钱。”说明经手汉文锦的人是使用佉卢文字。前文提到斯坦因所获佉卢文木牍，木牍内文字是佉卢文，可是封泥用的汉字篆文印。说明官方用汉字，同时也能使用佉卢文，两种文字连接着不同民族。

且末国在今新疆且末县东南，且末城是王城。且末人过着农耕的生活，产葡萄，种五谷，与汉地相似。《汉书·西域传上》：“且末国，王治且末城，去长安六千八百二十里。户二百三十，口千六百一十，胜兵三百二十人。辅国侯、左右将、译长各一人。西北至都护治所二千二百五十八里，北接尉犁，南至小宛可三日行。”东汉时且末并入鄯善。

新疆且末扎滚鲁克 1 号墓地发掘出土一封家书残片 1 件 M73:1，原用作包扎粉末状物品的，染成红色。文书分成了两条，一件长 7 厘米、宽 2.5 厘米；另一件长 8 厘米、宽 7.7 厘米。残存 4 行汉字，存有：“□□……望叹□……煮热伏相……□万福□□□”

扎滚鲁克1号墓地M60:2出土文字锦1件，锦面有瑞兽纹，用绛红色织出“延年益寿大宜子孙[①]”。

且末县托乎拉克勒克乡加瓦艾日克6号东汉墓出土织锦，M6:14残片似非1件，云纹、茱萸纹、鸟兽纹间有残留篆字分作“益年”“长寿”[②]。且末故地发现的汉字锦与尼雅东汉墓葬和古楼兰地区发现的东汉织锦内容相似。

这些充满吉祥意味的汉字锦，是本地熟悉汉字、热爱汉文化的人们使用，并随陪葬品带到理想天国中去的。

尉犁，又名罗布淖尔，位于新疆中部，巴音郭楞蒙古自治州腹地，塔克拉玛干大沙漠北缘地带。

《汉书·西域传下》:“尉犂国，王治尉犂城，去长安六千七百五十里，户千二百，口九千六百，胜兵二千人。尉犂侯、安世侯、左右将、左右都尉、击胡君各一人，译长二人。西至都护治所三百里，南与鄯善、且末接。”

《后汉书·和殇帝纪》:“西域都护班超大破焉耆、尉犁，斩其王，自是西域降服。”

新疆巴音郭楞孔雀河古道的营盘曾出土汉代铜镜等物，1995年考古人员在此进行发掘。新疆尉犁县营盘墓地15号墓的墓主头部右侧，一条以缠枝纹为主题的锦带，在瑞兽、瑞禽中间有“寿”“右”字。墓中还出土了汉代日光镜、汉代五铢钱。墓主服饰华贵，袍子有希腊化风格，棺材外覆盖狮子纹毯子，可能是汉晋时期西方来的商人[③]。

1995年年底新疆文物考古研究所对尉犁县营盘墓地清理80座墓葬，11号墓绿色绮残片，其鸟、花卉纹中间有“草”等汉字，20号墓锦衣缘残留“登高”汉字，为褐襦两襟缘，残长35厘米、宽4厘米。14号墓有方格动物纹锦残片，

---

① 新疆维吾尔自治区博物馆、巴音郭楞蒙古自治州文物管理所、且末县文物管理所《新疆且末扎滚鲁克一号墓地发掘报告》,《考古学报》2003年第1期。

② 中国社会科学院考古研究所新疆队、新疆巴音郭楞蒙古自治州文管所《新疆且末县加瓦艾日克墓的发掘》,《考古》1997年第9期。

③ 新疆文物考古研究所《新疆尉犁县营盘墓地15号发掘简报》,《文物》1999年第1期。

内织“王”字(图 3—10)。

图 3—10 “王”字锦

三 车师——高昌的汉字

高昌在今吐鲁番市东木头沟河三角洲，因“地势高敞，人庶昌盛”，故称高昌壁，又称高昌垒。高昌在汉代为车师国范围，因地形河水相交，也称交河。《汉书·西域传下》:“车师前国，王治交河城，河水分流绕城下，故号交河。”两汉魏晋以来数百年，以交河城、高昌城为中心，形成了稳定的汉文化为主体的区域。

汉字在高昌的存在可以分为三个时期。

第一，西汉初元元年(前 48 年)至东晋咸和二年(327 年)，称为高昌壁时期。高昌本车师人故地，汉代凿空西域，因处地理之要冲，西汉初元元年(前 48 年)置戊己校尉驻扎车师，建高昌、交河诸壁垒，中原士兵长期在此屯田，汉人开始大规模进驻该地。宣帝地节二年(前 68 年)，汉遣侍郎郑吉带吏卒三百人，屯田车师。黄文弼《罗布淖尔汉简》记:“交河曲仓守丞衡，移居卢訾仓。”交河即车师之交河，交河曲，即交河弯处。此处水流和缓，临水背陆，宜于建仓。《罗布淖尔汉简》中有纪年“黄龙”“永光”“元延”，皆在郑吉屯田车师，称都护之后。

第二，晋咸和二年(327 年)至北魏太平真君三年(442 年)，称为高昌郡时期。

前凉张氏接受东晋封号，积极经略西域，先后击败龟兹、鄯善等国，建兴十五年，即东晋成帝咸和二年(327 年)，张骏置高昌郡。前秦建元十八年(382

年），吕光受命西讨，降焉耆、破龟兹，威震西域，以高昌为重镇。《晋书·吕光载记》："以高昌虽在西垂，地居形胜，外接胡虏，易生翻覆，宜遣子弟镇之。光以子覆为使持节，镇西将军、都督玉门已西诸军事、西域大都护，镇高昌，命大臣子弟随之。"十六国时期，史称高昌人"本汉魏遗黎"，是指西汉屯田之民。魏晋以降，河西乃至内地汉人大规模西迁，加强了汉人主体地位。

第三，北魏太平真君四年（443 年）至贞观十四年（640 年），称为高昌国时期。

440 年北凉王后裔沮渠无讳西渡流沙，再据高昌，遣使南朝刘宋称臣。443 年，沮渠无讳改元承平元年，定都高昌，史称高昌北凉，也称后北凉。北凉沮渠安周承平十八年（460 年）被柔然所灭，立阚伯周为高昌王。此后建立的汉人政权，分别是阚氏高昌、张氏高昌、马氏高昌及麴氏高昌，麴氏享国最久，相对独立，高昌地区安定繁荣。唐贞观十四年（640 年），高昌为唐所灭，以其地置西州，置高昌县。

五凉时期，中原板荡，唯独凉州一带政治稳定、社会安定，河东逃避战乱的民众蜂拥而来。河西俨然为礼仪之邦，甚至在中原濒临失传的礼仪风俗也在此得以继承发展。享誉海内的世家和名士随之而来，本地君主以中州之士礼待之，中土经学、文学、史学、哲学、艺术空前繁荣。《宋书·氐胡传》记：北凉主沮渠牧犍（一作"茂虔"）通使南朝宋，奉表献方物并献《周生子》《时务论》《三国总略》《俗问》《十三州志》等包括经、史、子、集、文学、算术、历法等各类典籍，合 154 卷。高昌郡时期，汉文在当地广泛使用，上至官用文书，下至墓志、碑、铭等。至高昌国时期，儒家思想被当时的统治者所尊崇，在这一时期的墓葬中出土了大量日杂文书，并且出土了重要典籍，儒家经籍有《诗经》《论语》《孝经》、孔注《尚书》残卷等，史籍有《史记》《汉书》《三国志》《晋阳秋》等，体现了汉家文化在高昌的主流地位。

以前吐鲁番文书只收录在法国马伯乐的《斯坦因第三次中亚探险所获汉文文书考释》和日本西域文化研究会编撰的《西域文化研究》中之《敦煌吐鲁番社会经济资料》中。

1959—1979 年，在吐鲁番高昌古城北郊阿斯塔那、哈拉和卓两处清理了

400多座晋至唐代的墓葬，出土汉文文书2000多件左右，现经拼合整理已编成10卷本《吐鲁番出土文书》。在这些汉文文书中，西晋、十六国有100多件，占全部文书的5%。文书记年，以M53西晋墓出土泰始九年(273年)1枚木牍最早，以唐大历十三年(778年)文书最晚，前后相距500年。

1997—2006年，在吐鲁番以及周边地区，考古新发现以及征集文书，共有300多件写本文书和墓志。这批文书年代在十六国到唐西州时期，总体上晚于以前发现的文书。由荣新江等汇编为《新获吐鲁番出土文献》，分上下两册，2008年中华书局出版。

当地居民依循中原葬俗，墓内置明器、墓志、衣物疏，还有记录所作佛事的《功德疏》及各类契券、官府文书等。此外，有许多特殊文献，它们是从纸鞋靴、纸帽和纸腰带等拆出的废纸。1914年斯坦因第三次中亚考古，在阿斯塔那唐墓，发现了纸钱、纸鞋、纸帽等纸明器。20世纪50年代起，考古发掘出土了更多纸明器，最早的纪年为建元廿年(384年)，最晚在唐大历年间(766—799年)，集中在十六国到唐代前期阶段，中间大约有300—400年的时间。阿斯塔那处于沙漠干燥地带，相当长的时期内，很少受到人为侵扰。因此出土的纸明器不仅数量庞大，品种也十分丰富，为中原同时代墓葬所无[①]。

衣物疏是重要的文献内容，记载了十分丰富的随葬物，多俗体字，反映了普通民众的文字水平。北凉武宣王沮渠蒙逊夫人彭氏墓出土的衣物疏(79TAM383:13)比较特别，它不是用纸，而是用帛书写，纪年为"大凉承平十六年十二月十八日"，即459年2月6日。彭氏为北凉国主沮渠蒙逊遗孀，身份显赫，丝帛制的衣物疏是高贵地位的标志[②]。

1965年1月在吐鲁番英沙古城之南，苏公塔附近一件陶瓮中发现了《三国志》残卷(图3—11)，存40行，凡570余字，为《孙权传》残本。郭沫若认为残本捺笔极重，隶书气味很浓厚，"写本是晋代所书，毫无问题[③]"。残本书法醇厚，横笔精劲，捺笔浓重，近似钟繇楷法。陈寿(233—297年)，字承祚，在蜀

---

① 陆锡兴《吐鲁番古墓纸明器研究》，《西域研究》2006年第3期。

② 柳洪亮《吐鲁番北凉武宣王沮渠蒙逊夫人彭氏墓》，《文物》1994年第9期。

③ 郭沫若《新疆新出土的晋人写本〈三国志〉残卷》，《文物》1972年第8期。

汉时任观阁令史。入晋以后，历任著作郎、治书侍御史等职。晋统一中原，陈寿当时48岁，开始撰写《三国志》。《三国志》成书不久就传到西域，新疆至今已经多次发现《三国志》写本，此为最早写本。西域和中原虽然相隔数千里，但政治文化动态息息相通。

图3—11　晋人写《三国志》残卷

古代蒙书，最早为《史籀篇》，秦代李斯作《苍颉篇》，赵高作《爰历篇》，胡毋敬作《博学篇》，汉代合为一书，称为《苍颉篇》，西汉中期《急就篇》出，逐步取代《苍颉篇》。居延汉简中不仅有《苍颉篇》残简，也有《急就篇》残简，体现了一段历史时期内的蒙书兴衰。随着中原居民的进入，《急就篇》传入西域，和内地一样，作为高昌地区的实用识字课本。

斯坦因第三次中亚探险所获的楼兰文书中就有一纸缀合后的晋人《急就篇》，为真书与草书两种书体对照本。阿斯塔那337号墓出土的《急就篇》古注本残卷(60TAM337:11)，注文本共7段，首尾皆缺，计55行，另有跋文2行[①]。抄件发表于《吐鲁番出土文书》第5册。根据后面的跋文“延昌八年戊子岁□写”，延昌八年即北周天和三年(568年)，此残卷可贵处不仅在于《急就篇》本

① 《吐鲁番出土文书》第2册，文物出版社，1994年，第232—238页。

文，其注文也十分珍贵。《急就篇》作为汉魏以来主要的蒙书，有多家注文，但是流传下来以唐代颜师古最早，这个注文要早于颜注，对照起来，各有异同。2004年吐鲁番巴达木203号墓又出土了《急就篇》残页，抄本为第5章到第12章，缀合为28行。此为5—6世纪文书[①]。

《千字文》为南朝梁员外散骑侍郎周兴嗣所作，据传从王羲之书法中选取1000字，编纂成四字韵文。20世纪以来，吐鲁番出土大量《千字文》写卷残片，多达140多件，分别存于国内和日本等国。继《急就篇》后，《千字文》成为主要蒙书，它在高昌流行，说明高昌地区的汉字教育与中原同步。吐鲁番巴达木1号台地115号唐墓出土高昌时期写本《千字文》，残损5行，真书，行楷。此为麴氏高昌时期文书[②]。

高昌虽称王建国，但语言文字却与中原息息相通。

《且渠安周造佛寺碑》较为著名的高昌石刻文字，共22行，每行47字。立于北凉沮渠安周承平三年(445年)，沮渠安周是北凉国主沮渠蒙逊第10子，碑文记述了崇佛观念以及建造佛寺的经过。光绪间在吐鲁番高昌故城出土，立刻被德国人带走，存于柏林国家博物院，可惜原石毁于“二战”。幸亏光绪三十二年(1906年)端方在德国柏林拓得碑影，国人才得一见。碑文为北凉中书郎中夏侯粲所书，字体为西晋发展而来的八分，笔画带圭角，两端飞扬，与东晋《爨宝子碑》接近，且更具动态[③](图3—12)。此碑书写规整，形体整饬，富于时代风尚，是难得的书法精品。

墓志是记录墓主生平的纪念文字，一般刻在石头上，称为志石。东晋把志文刻在砖上，这个风气一直传到高昌。不过高昌的墓志不仅写在砖上，也有写在木板上的。高昌砖表面涂上一层或灰色或黑色或蓝色或粉白色泥衣，用朱书、墨书、白粉书写志文，有的划出界格后刻字，然后填朱。文字都是楷体，略扁，笔端出锋，与中原流行书法有明显不同。20世纪初的日本人大谷光瑞及英人斯坦因等发现砖志，称为“高昌砖”。1930年黄文弼在吐鲁番阿斯塔那与

---

① 长沙简牍博物馆《翰墨留香丝路溢彩——吐鲁番出文书精粹展》，2015年，第117页。

② 长沙简牍博物馆《翰墨留香丝路溢彩——吐鲁番出文书精粹展》，2015年，第119页。

③ 江左《北凉且渠安周造佛寺碑》，《书法丛刊》第二辑，文物出版社，1981年，第35页。

图 3—12　且渠安周造佛寺碑

哈拉和卓发掘出土高昌砖 124 方，1931 年出版《高昌砖集》一书，计墓砖 122 方，有图 70 方。此后又陆续有高昌墓砖发现，到 2001 年年底，共出土 328 方。2004—2005 年吐鲁番交河故城、巴达木、木纳尔等地不时有墓砖出土。

高昌居民中确也杂混有相当数量的西域及北方民族居民。在出土的名籍、户籍中，有些明显不是汉民姓氏，如车师之车氏、鄯善之鄯氏、焉耆之龙氏、龟兹之帛氏或白氏、匈奴的沮渠氏、氐族的强氏、鲜卑族的秃发氏等。十六国五凉政权并非全由汉人所立，其中后凉为氐族人吕氏所建、北凉为匈奴支系卢水胡族的沮渠氏所建。他们的习俗与汉人传统生活习惯彼此吸纳，以致出现胡人汉化和汉人胡化的倾向。

高昌古墓葬、古城、洞窟遗址出土的写本文书，主要是汉文，其次是粟特、突厥、回鹘、吐蕃文等，说明高昌不仅通行汉字，也使用其他文字。1964 年吐鲁番阿斯塔那 18 号墓出土连珠“胡王”锦（图 3—13）。黄地，红、绿等色。联珠纹圈，内有正、倒相对的两组执鞭牵驼人物，正倒“胡王”两字布于人驼之间。牵驼者小袖束腰胡服，驼峰间铺以花毯，为丝绸之路胡商驮队情景。

图 3—13　“胡王”锦

《史记·吴王濞列传》:“燕王、赵王固与胡王有约。”又《李将军列传》:“孝文帝十四年匈奴大入萧关,而广以良家子从军击胡。”可知此胡王是指匈奴之王者。后来“胡王”也泛称西北方民族首领。此锦为西域兄弟民族所织,说明他们懂得一些汉语,掌握一些汉字。同墓出土有延昌二十九年(589年)唐绍伯墓表。吐鲁番哈拉和卓75TMK90墓葬出土9片木牌,正面是汉字“代人”二字,背面是粟特文,一枚写粟特文回鹘语,另两枚拼写汉语音译词nin(人),一为tainin(代人)。可知当地有人熟悉汉文,同时懂得粟特文。

9世纪中叶后,高昌为回鹘所据。中原汉民经河西西迁到高昌,与敦煌等地来此躲避战乱的汉人汇合,高昌成为汉人集居的地方,汉文化继续发扬光大,蔚为大观。

宋元时期敦煌、哈密、高昌是回鹘佛教的一个中心。

现存回鹘文佛经的大部分是译自汉文,《阿含经》是佛教基本经典的汇集,北传有汉译的《长阿含经》《中阿含经》《杂阿含经》《增壹阿含经》及由《杂阿含经》简缩而成的《别译杂阿含经》。在西域、敦煌已经发现了多种回鹘文《阿含经》,证实回鹘佛教徒传播、翻译汉文佛经的事实。

张铁山认为,回鹘文《别译杂阿含经》残卷是摘取汉文原文中的部分词句直译而成。并且推测,或是该回鹘文残卷是当时的回鹘僧人在阅读汉文佛经时写下的“读书笔记”,故只记录了个别重要的或难以理解的词句,并进行了翻译;或是回鹘僧人讲演汉文佛经所做的回鹘文“提纲”,只挑选汉文佛经中的个别词句,并标写出汉字以作提示。

回鹘文《中阿含经》译文中均夹写有汉字,用汉字书写经名和页码。张铁山认为,该经是译自汉文本,而且译文是采用摘译的方法从汉文翻译而成的[①]。

回鹘文《别译杂阿含经》残卷敦煌莫高窟北区B159窟出土,而回鹘文《大白莲社经》残卷在吐鲁番地区出土,后者20世纪30年代出土不久被人分别卖

① 张铁山《敦煌莫高窟北区B159窟出土回鹘文〈别译杂阿含经〉残卷研究》,《民族语文》2001年第6期;张铁山《〈阿含经〉在回鹘人中的传译及其社会历史原因》,《西域研究》2003年第4期。

给法国、土耳其等国，只有若干残页现收藏于北京。在敦煌艺术研究院藏的回鹘文《大白莲社经》残片，左方除用回鹘文写有小字 abitaki 外，旁边尚有朱墨写有五个汉字“大白莲社经[①]”。可知此为汉文《大白莲社经》的回鹘译本。

从回鹘文佛籍上的汉文来看，宋元时代吐鲁番及敦煌一带，部分人精通汉字同时通晓回鹘文，证明高昌是实行汉字与回鹘文字的双字制的。

高昌使用回鹘文和汉文，两种语言文字相互交流渗透。《华夷译语·高昌馆杂字》是明代编纂的一部汉文、回鹘文双字对照的分类词汇集，编纂的年代大概是在明永乐年间。回鹘《高昌馆杂字》词语共分 17 门类，含 1000 多条词，每一词条均有回鹘文、汉文以及回鹘文的汉字注音，所收录的词语均是从高昌、哈密等地的朝贡表中摘出的词语。明代初年在高昌依然同时流行汉字、回鹘文字，至此，汉文在高昌已经流行了 1500 年。

四　龟兹国的汉字

龟兹国处塔里木盆地北面，中心地在今库车县一带，最盛时辖境跨今库车、轮台、沙雅、拜城、阿克苏、新和。最盛时辖境相当于今新疆轮台、库车、沙雅、拜城、阿克苏、新和 6 县市。《汉书·西域传下》：“龟兹国，王治延城，去长安七千四百八十里，户六千九百七十，口八万一千三百一十七，胜兵二万一千七十六人。大都尉丞、辅国侯、安国侯、击胡侯、却胡都尉、击车师都尉、左右将、左右都尉、左右骑君、左右力辅君各一人。”龟兹地域广阔，物产丰富，人口众多，当时是西域大国，也是汉唐时西域都护府和安西都护府府治所在地。西汉汉武帝时代(前 141—前 87 年)起，龟兹就与中原朝廷有了正式交往。

《汉书·西域传下》载：昭帝时，乌孙公主遣女来至京师学鼓琴，汉朝派遣侍郎乐奉送公主女还，路过龟兹，龟兹王留住不让离境。公主上书汉廷，愿令女比宗室入朝。龟兹王绛宾上书言得尚汉外孙为昆弟，愿与公主女俱入朝。元康元年(前 65 年)，遂来朝贺，龟兹王及夫人皆赐印绶，夫人号称公主，赐以车骑旗鼓，歌吹数十人，后来数次来朝贺。龟兹王喜欢汉家衣服制度，回国后，

---

① 耿世民《回鹘文〈大白莲社经〉残卷(二叶)研究》，《民族语文》2003 年第 5 期。

按汉朝制度建造宫室，出入传呼，撞钟鼓，一如汉家仪式。绛宾死后其子丞德自谓汉外孙，成帝、哀帝时数次往来，汉廷对待他们友善亲密。

东汉建初九年(84年)，班超立白霸为龟兹王。魏晋南北朝期间龟兹与中原依然往来不绝。5世纪后，龟兹先后遭到嚈哒、吐蕃、回鹘侵袭，经受巨大摧残，文化面貌大变。唐太宗贞观二十二年(648年)设安西节度使，安抚西域，统管龟兹、焉耆、于阗、疏勒四国，安西都护府治所就在龟兹国城内。

自汉代起，龟兹认同汉文化，实行双字制。当地文字先后发生变化，先是龟兹文，后来回鹘化之后，采用回鹘文，但是双字制中汉文不变，龟兹的文字是变化的。

现在还留存不少龟兹使用汉字的历史文物。

“刘平国摩岩石刻”(图3—14)，也称“刘平国治列亭颂”“汉龟兹将军刘平国治路颂”。东汉永寿四年(158年)刻，在新疆拜城东北喀拉克达格山麓摩崖间。清光绪五年(1879年)发现，字迹多漫漶。因频繁拓录，不久毁坏。刻石面积高约43厘米，宽约34厘米。全文分为2段，由北向南，北段是作颂者题名，凡3行共11字，前2行各4字，后1行3字。南段是颂文，仅存8行，可辨认者百余字。全文为：

图3—14　刘平国摩岩石刻

> 龟兹左将军刘平国以七月廿九日，发家从秦人孟伯山、狄虎贲、赵当卑、万阿羌、石当卑、程阿羌等六人共来作列亭，从□□关八月一日始斫岩作孔至十日□。坚固万岁人民喜，长寿亿年宜子孙。永寿四年八月甲戌朔十二日乙酉直建纪此东乌累关城皆将军所作也。

敦煌长□谆于伯隗作此诵[①]。

颂文记述刘平国征派“家从秦人”前来修建列亭，修治道路事。秦人是以前对汉人的称呼。永寿四年(158 年)六月戊寅桓帝改元延熹，此颂作于八月，仍用永寿年号，应是西域未知改元所致。刻石处山沟是库车地区北通伊犁的一条通道，乌孙、龟兹的交通紧要处。东汉时代，龟兹国有汉人、羌人军民。在库车地区沙雅县于什格提遗址内曾出土一枚“汉归义羌长印”，羊纽铜印，这位“归义羌长”是龟兹当地的羌人头领。“刘平国”等汉人不仅作为龟兹左将军，也为私属(家从)人员，从而可看出汉人在龟兹国的重要地位。

龟兹国故地出土的一些汉字文书，有的与西土文字相伴。

二体钱古称龟兹国钱，又称龟兹五铢。本世纪初以来，库车、拜城、巴楚、轮台等地的古遗址陆续收集到汉龟二体钱，1980 年轮台县的轮台古城内东南部的居住遗址，发现窖藏的一批汉龟二体钱，这是在龟兹地区发现最多的一次。此外，在古代龟兹境内的其他遗址中也常有所发现。汉龟二体钱，最早见于宋洪遵《泉志》:“龟兹国钱，徐氏曰：龟兹、疏勒即五铢也。大九分。”钱分为红铜和黄铜质，红铜钱居多。浇铸，方孔钱，制作工艺粗糙，钱文有的清晰、有的模糊。其面铸有汉文篆字“五铢”，为反文，“五”字铸穿右，“铢”字的“金”字头成整齐的三角形，其“朱”字转折处常成圆折。背铸有汉文“五铢”，为反文。这些特征同中原东汉中后期的五铢铸币形制接近，龟兹五铢钱与汉文钱的最大区别是其背铸龟兹文[②]。

龟兹最早使用东汉桓帝的五铢钱，经济繁荣致使货用不足，开始自发仿造汉五铢钱，但是缺乏标准，各种粗劣之钱应运而生。汉龟二体钱采用两种字体，汉文篆字和龟兹文正背并出。汉龟二体钱始铸于三国，正面汉文篆字，是汉五铢翻版，盛行于南北朝的前中期。黄文弼在库车苏巴什古城发现的六朝

---

① 孟池《从新疆历史文物看汉代在西域的政治措施和经济建设》,《文物》1975 年第 7 期。

② 张平《汉龟二体钱及有关问题》,《中国钱币》1987 年第 1 期；张平《新疆轮台县出土的汉龟二体钱》,《考古》1988 年第 7 期。

二体钱(图 3—15),钱形规整,与中原钱无异①。

六朝后期中原丧乱,汉文化影响渐次削弱,汉龟二体钱停止铸造,出现龟兹文一体钱。但是二体钱并没有退出流通领域,在唐高宗显庆三年(658 年)安西都护府移至龟兹之前,二体钱仍与其他货币杂用②。

龟兹居民说龟兹语,书龟兹文。9 世纪回鹘西迁,龟兹文为回鹘文所替代。

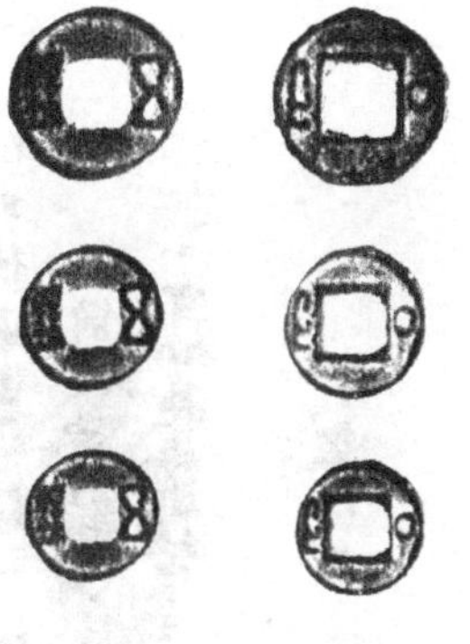

图 3—15　汉龟二体钱

黄文弼考察库车明田阿达古城,采集到一些汉文遗物。六朝写经佛经残纸(2133)(图 3—16),墨书 8 行,写在杏黄色纸上,有乌丝栏。佛经教义残纸(2133),残存 15 行,写在杏黄色纸上,有乌丝栏,背面为回鹘文。

图 3—16　六朝写经佛经残纸

双字佛经残纸,以及正面汉文(图 3—17)墨书 6 行,有乌丝栏;背面回鹘文(图 3—18),杏黄色纸。为唐代写经。杏黄色纸,疑为黄纸,是古代加工纸,因染纸用黄檗汁,不但作黄色染料,还可以防蛀③。

---

① 黄文弼《新疆考古发掘报告(1957—1958)》,文物出版社,1983 年,图版 57。

② 库车文管所《汉龟二体铜钱的发现及其认识》,《中国钱币》1987 年第 1 期。

③ 黄文弼《新疆考古发掘报告(1957—1958)》,文物出版社,1983 年,第 65 页图版 45、46。

图 3—17　双字佛经残纸正面(汉文)

图 3—18　双字佛经残纸背面(回鹘文)

汉龟二体钱与汉文回鹘文同出一处的事实表明，龟兹长期以来同时流行汉文和当地文字，是双字制的地区。北宋与龟兹依然往来，前后遣使朝贡十二次，与中原文化联系未尝断绝，汉字在龟兹依然发挥文字的职能。

五　于阗的汉字

于阗在今新疆和阗(和田)，汉宣帝时属西域都护，汉、魏、晋均称为于阗。《汉书·西域传上》:“于阗国，王治皮山城，去长安九千六百七十里。户三千三百，口万九千三百，胜兵二千四百人。辅国侯、左右将、左右骑君、东西城长、译长各一人。东北至都护治所三千九百四十七里南。”东汉建武末期，于阗被莎车所吞并，永平十六年(73 年)，于阗助班超北攻姑墨，西破莎车、疏勒。魏晋南北朝时期，与中原王朝保持朝贡，往来不绝，唐代为安西四镇之一。

于阗原居民系持印欧语系的吐火罗人，或说属塞种，于阗历史上使用过三种文字——汉文、佉卢文、于阗文。佉卢文来源于阿拉美文字，于阗文来源于婆罗米文字笈多正体。

汉字在汉代传入于阗，成为当地使用的文字。山普拉古墓群位于新疆和田洛浦县城西南戈壁台地，1984 年山普拉墓地出土汉字织锦，有“子孙＝锦”“宜吉”锦，墓葬年代在东汉到晋时期[①]。

于阗通行汉字、佉卢文，实行双字制，汉佉二体钱是标志性文物。汉佉二体钱钱形与中原不同，无方孔，用钱模打压，背面大多打压一马形图案，故称“和田马钱”，1989 年和田地区也采集到打压骆驼图案的钱。汉佉二体钱两面有钱文，一面为佉卢文环绕马一周，有佉卢文字母 20 字；一面回绕汉字古文“貝”字，周围一圈小篆“重廿四铢铜钱”6 字(图 3—19)。至于制钱年代，夏鼐认为在班超到于阗之后，林梅村认为于阗秋仁大王开创了使用文字的历史，175—220 年佉卢文传入于阗，汉佉二体钱即在此时铸造[②]。夏鼐认为马钱的汉文，是当地人民吸收汉族先进文明，使用汉文字。

图 3—19　汉佉二体钱

可以说，汉佉二体钱的流行时间与发现的汉字织锦几乎在同一时代，当时正是通行汉字的时代。

于阗位居丝路贸易要冲，中西文化的交汇点，吸收汉文化同时向东输出文化艺术。唐张彦远《历代名画记·唐朝上》：“尉迟乙僧，于阗国人，父跋质那。乙僧国初授宿卫官，袭封郡公。善画外国及佛像。时人以跋质那为大尉迟，乙僧为小尉迟。画外国及菩萨，小则用笔紧劲，如屈铁盘丝；大则洒落有气概。僧悰云：外国鬼神，奇形异貌，中华罕继。”隋末于阗国尉迟跋质那、尉迟乙僧创绘画新技法，很可能是西域画法。

于阗地区的墓葬表明早在唐朝设毗沙都督府前，于阗已深受中原制度文化的影响。近年考古发现的“大唐于阗将军叶和墓表”，墓表的残文有“大唐毗沙郡将军”“叶和之幕”“贞观十年九月三日(立)石”。对于这一墓表的主人，林

---

① 新疆维吾尔自治区博物馆、新疆文物考古研究所《中国新疆山普拉发掘报告》，新疆人民出版社，2001 年。于志勇《楼兰——尼雅地区出土汉晋文字织锦初探》，《中国历史文物》2003 年第 6 期转引。

② 林梅村《佉卢文书及汉佉二体钱所记于阗大王考》，《文物》1987 年第 2 期。

梅村认为墓主人“即便不是于阗王，也是唐初于阗国的显赫人物”。墓表说明早在贞观十年(636年)，中原帝王纪年已经在于阗使用①。

上元元年(674年)，于阗王伏阇雄驱除吐蕃，亲自入唐朝贡，唐在于阗设毗沙都督府，任命伏阇雄兼都督。天宝年间，尉迟胜入唐，玄宗宗室之女嫁之，并授予右威卫将军、毗沙府都督。尉迟胜亲自率兵赴援唐廷，平安史之乱，后终老长安。乾元三年(760年)，唐再授尉迟曜兼四镇节度副使，并主政本国事。李圣天为第五代于阗王，本名尉迟僧乌波，以唐宗属自居。9世纪末叶，尉迟氏与敦煌的沙州归义军曹氏同气连枝，交往密切。后晋天福三年(938年)，李圣天遣使入中原朝贡，高祖石敬瑭随后遣使前往于阗，册封李圣天为大宝于阗国王。使臣到于阗见到一个小中华，《新五代史·四夷附录》：“圣天衣冠如中国，其殿皆东向，曰金册殿，有楼曰七凤楼。”

图3—20 于阗国王画像

敦煌莫高窟98窟主室有一幅于阗国王画像，冠冕堂皇，完全是中原帝王冕服，左侧题名：“大朝大宝于阗国大圣大明天子”，右侧题名“大朝大于阗国大政大明天册全封至孝……”(图3—20)。

东壁门南侧有于阗王后曹氏供养像画像，其题名曰：“大朝大于阗国大政大明天册全封至孝皇帝天皇后曹氏一心供养”，曹氏为归义军曹议金之女②。

李圣天开始采用汉式年号，为“同庆、天兴、天寿、天尊、中兴”，既然用汉文年号，当

① 薛宗正《〈大唐毗沙郡将军叶和之墓〉考释》，《新疆文物》1996年第3期；林梅村《从考古发现看隋末唐初于阗与中原的关系——大唐毗沙郡将军叶和墓表考证》，《西域研究》1999年第2期。

② 敦煌研究院《供养人题记》，文物出版社，1986年，图4.1，第98窟。

然于阗使用汉字。于阗国自西汉以来，仰慕中原文化、接受汉家礼仪制度，汉字始终是通行文字。

唐时于阗使用汉字情况，在中国人民大学所藏的于阗的文书得到反映。在正式文书和帐籍的背面，有些用来习字，习字的书法水平不同，可以分作两类。一类是学习书法习作，GXW0125 由 5 个碎片拼合，为王羲之《尚想黄绮帖》的临摹作品。临习者具有一定的书法修养，是在努力提高自己的书法水平。王羲之书《兰亭序》受到唐太宗的大力推崇，王字风靡朝野，带动了于阗的学习王字的活动。敦煌文书中也发现了多个《尚想黄绮帖》临写本，于阗的书帖可能直接来自中原，也可能来自较近的敦煌，西域与中原的书法范本是相同的。一类是童蒙习字留下的材料，编号 GXW0072 正面文书为《天宝九载粮历》文书，背面习字 9 行，写的是《急就篇》"哭泣祭醊坟墓冢"。编号 GXW0068 背面写"空谷传声、虚堂习听"、编号 GXW0450 写"欣奏累遣"、编号 GXW0232 写"日月盈昃"、编号 GXW0275 写"宇宙洪荒"等，皆为《千字文》内容。从字迹看似为一人所书，书法稚拙，为初学者所写。远在西陲的蒙书与中原并无两样，也采用《急就篇》与《千字文》。这些文书中 GXW0072 有"天宝九载(750 年)"纪年，其他文书年代在 8 世纪后期①。

20 世纪初叶以来，于阗古城遗址出土了众多于阗文写卷。1927 年 4 月，中国学术团体协会和瑞典有关方面联合组成的西北科学考察团，1930—1931 年在和田策勒县老达玛沟一带的遗址发现其中一组汉文和于阗文双字文书，于阗文字横书，汉字直行。七件文书中书写材料不同，五件为纸本，两件为木简。现藏于瑞典民族学博物，编号：H(c din)15、16 和 24 及 D(umaqu). C 和 D. D②。

中国人民大学博物馆展出的一批古代文书，有三件汉文、于阗文双字文

① 陈丽芳《唐代于阗的童蒙教育——以中国人民大学博物馆和田习字文书为中心》，《西域研究》2014 年第 1 期。

② 林梅村《新疆和田出土汉文于阗文双语文书》，《考古学报》1993 年 1 期。

书，两件似为辩状公文[①]。其中一件是于阗字注音的汉字文书，瑞典民族学博物藏的双字文书也有此类于阗字注汉字本，如赫定24号文书所示(图3—21)，汉文右侧小字即是于阗文字。于阗故地发现的汉文文书全在唐开元十八年至贞元六年(730—790年)，这些双字文书都在于阗王尉迟胜和其弟尉迟曜统治的8世纪中后期，正当于阗国与唐朝廷关系密切的时期。

图3—21　于阗字注音的汉文文书

六　精绝——尼雅汉字

尼雅遗址位于新疆的民丰县，是汉晋时期精绝国故地。

《汉书·西域传上》:"精绝国，王治精绝城，去长安八千八百二十里，户四百八十，口三千三百六十，胜兵五百人。精绝都尉、左右将、译长各一人。"丝路开通，宣帝时受都护领护，东汉明帝时期，为鄯善所吞并，魏晋复由朝廷节制。

尼雅所处绿洲渐趋荒芜，魏晋之后成为废墟。遗址散布于南北长25公里，东西宽5—7公里的区域内。遗址内有房屋、墓地、佛塔、田地、果园、河渠、冶炼等遗迹，其地散落各种生活用品以及少量木简。

① 段晴、李建强《钱与帛——中国人民大学博物馆藏三件于阗语—汉语双语文书解析》,《西域研究》2014年第1期。

尼雅遗址多次发现汉字木简。

1901年1月下旬至2月，斯坦因第一次中亚探险进入新疆，在尼雅遗址获得50枚西晋简牍。1930—1931年，斯坦因进行第四次中亚考察，在尼雅遗址获得汉晋木简25枚。1999年中日联合考古队在尼雅学术考察第八次调查，获得魏晋木简9枚。

斯坦因在尼雅N14遗址曾发现木简8枚，八分书，简影收入《流沙坠简·简牍遗文》①(图3—22)，文字分别为：

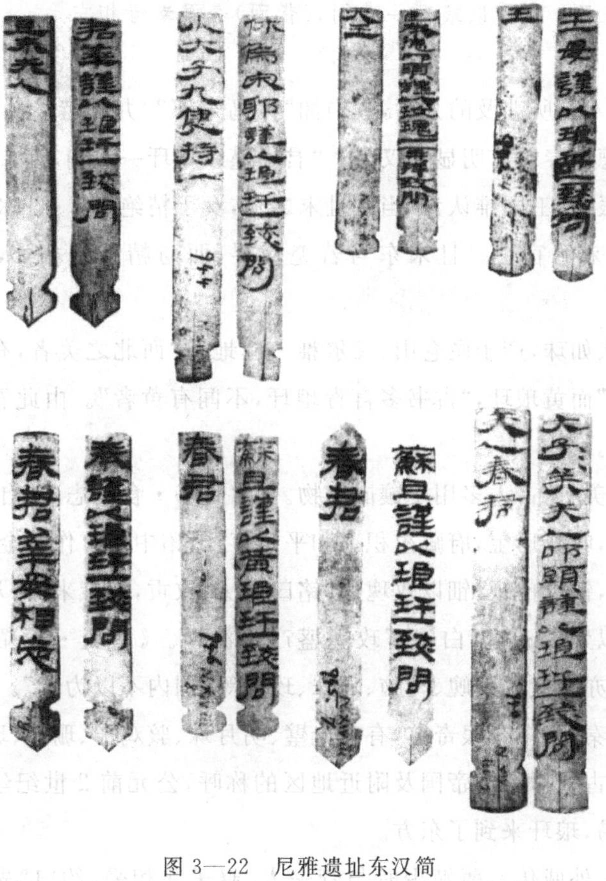

图3—22　尼雅遗址东汉简

① 罗振玉、王国维《流沙坠简》，中华书局，1993年影印本，69页、223页。

(正面) 王母谨以琅玕一致问,(背面)王

(正面)臣承德叩头谨以玫瑰一,再拜致问,(背)大王

(正面) 休乌宋耶谨以琅玕一致问,(背面)小大子九健持一

(正面) 君华谨以琅玕一致问,(背面)且末夫人

(正面) 大子□夫人叩头,谨以琅玕一致问,(背面)夫人春君

(正面) 苏且谨以琅玕一致问,(背面)春君

(正面) 苏且谨以黄琅玕一致问,(背面)春君

(正面) 奉谨以琅玕一致问,(背面)春君幸毋相忘

此8枚木简所涉及的人名,其中如“休乌宋耶”“九健持”等,不似汉名,另一些如“承德”“春君”,明显为汉名。“君华谨以琅玕一致问,且末夫人”,此“且末夫人”罗振玉、王国维认为“当是且末之女,女于精绝者”。自称“臣承德”者,可能是中原来的官吏。且末东与若羌交界,西与精绝国相邻,与精绝往来密切。

琅玕,状如珠,产于昆仑山。《尔雅·释地》:“西北之美者,有昆仑虚之璆琳、琅玕焉。”而黄琅玕,“古书多言青琅玕,不闻有黄者”。由此看来此简的年代约在东汉。

玫瑰为美石,古人多用于镶嵌饰物。如《魏书·食货志》:“自太祖定中原,世祖平方难,收获珍宝,府藏盈积。和平二年秋,诏中尚方作黄金合盘十二具,径二尺二寸,镂以白银,钿以玫瑰,其铭曰:九州致贡,殊域来宾,乃作兹器。错用具珍,锻以紫金,镂以白银。”玫瑰盛产于波斯。《南史·夷貊下·西域诸国》:波斯,“亦有武(虎)魄、马脑、真珠、玫瑰等,国内不以为珍”。《后汉书·西域传》:“(大秦)土多金银奇宝,有夜光璧、明月珠、骇鸡犀、珊瑚、琥魄、琉璃、琅玕。”大秦是古代对罗马帝国及附近地区的称呼,公元前2世纪丝绸之路的开通,东西贸易,琅玕来到了东方。

《汉书·外戚传》:薄姬少时与管夫人、赵子儿相爱,约曰“先贵毋相忘”。“毋相忘”西汉初已经流行,而汉代铜镜常用此语,表达相思之情。“勿相忘”铭文铜镜主要流行于西汉,考虑到西域相对滞后,因此推测此简的年代约在西汉

晚期。

1993年，林永健在尼雅遗址采集到两枚《苍颉篇》木简，此处即斯坦因发现“琅玕”简处。有人在新疆文物考古研究所目验原简，在放大镜下检视一简，书体为汉隶，残长15.4厘米、宽1.08厘米、厚0.3厘米，文字十分清晰，文为“黔谷阪险丘陵故旧长缓肆延涣……”。认出这是汉代《苍颉篇》中的文字，木简已残，尚存的两段在“缓肆”两字中间断折[①]。（陆按：汉汝阴侯墓《苍颉篇》C008：“溪谷阪险，丘陵故旧，长□肆延。”可与之相印证，尼雅简之“黔谷”误释，当为“溪谷”，而汝阴侯简“长□肆延”可补“缓”字。）《苍颉篇》已经发现多次，20世纪30年代以前，在敦煌、居延边塞出土残简，20世纪70年代在安徽汝阴侯墓出土篆体《苍颉篇》，居延遗址发现比较完整的章节，近年北大入藏分书《苍颉篇》，内容丰富。1977年在甘肃玉门花海农场汉代边塞遗址发现《苍颉篇》三简。2008年在甘肃永昌水泉子5号汉墓出土了一批汉简，完整者有700多枚、连同残片共1400余枚，内容为字书、日书及宣帝本始二年（前72年）一枚文书。其中《苍颉篇》字书简包括残简130枚，约900字，字形方正，与篆书接近。内容与出土的《苍颉篇》相近，但是句子不同，是七言，每句押韵。其中有类似《苍颉篇》内容，人称七言本《苍颉篇》。大多字形保留古形古意，有些字为篆书偏旁。现在多数人认为是西汉后期的文献。《说文解字·叙》谓“宣孝皇帝时，召通《苍颉》读者”，《苍颉篇》是秦代字书，西汉初闾师改编后使用，西汉中后期已经难读，到东汉初不再流行。水泉子七言本《苍颉篇》，已非秦汉之旧本，由此可知尼雅《苍颉篇》木简应为西汉之物，不晚于西汉后期。尼雅的《苍颉篇》可能为留居的汉人所习，也可能为精绝国人所用字书。精绝国本无文字，先用汉文，后也用佉卢文。精绝国也有用汉字装饰生活的风尚。20世纪初以来楼兰出土了数量众多的汉字纹锦，图案采用中原常见的吉祥纹样，文字用优美的篆体，因为织锦原因，常呈方体，人们误以为隶书。

1959年民丰北东汉合葬墓内出土男性锦袍，上织汉字“万世如意”（图3—23），袜、手衣用“延年益寿益子孙”锦制成。女性袜的锦边有“阳”字。

---

① 王越《略说尼雅发现的“苍颉篇”汉简》，《西域研究》1998年第4期。

男女各有鸡鸣枕一件，亦用“延年益寿宜子孙”锦制成。墓内还有“君宜高官”铜镜一枚①。

图 3—23 “万世如意”锦

图 3—24 “安乐”绣

图 3—25 “五星出东方利中国”锦

图 3—26 “恩泽下”锦

1995 年中日尼雅遗址学术考察队在尼雅遗址新发现大量精美绝伦的汉代丝织物，其色彩之绚丽，织工之精细，令人目不暇接。95MINI 号墓地，8 号墓男尸中年男性，高鼻深目，墓内陪葬数量众多，从服装到用品，到处用

① 新疆维吾尔自治区博物馆《新疆民丰县北大沙漠中古遗址墓葬区东古汉合葬墓清理简报》，《文物》1960 年第 6 期。

汉文锦装饰，享受灿烂的汉锦带来的光华，透露出墓主对汉文化、汉字的热爱之情。死者足端放置随葬有带流陶罐两件，其中一件罐的颈部有墨书“王”字(图 3—27)；一件木杯上有“偲”刻字。显示墓主身份特殊。上部右侧置弓、箭、弓袋及“五星出东方利中国”织锦护臂、黄绢袍服等。着长袍，右衽，腰扎宽彩织带，袍襟边缘用绛红色地“文大”锦、“延年益寿长葆子孙”锦、“宜子孙”锦及“安乐绣”锦(图 3—24)联结缝缀，裤腿底以 17 厘米长的蓝色地“延年益寿长葆子孙”锦为缘，头枕长方形绛红地“安乐如意长寿无极”锦枕。M8:29，男尸锦枕，是用一整幅“安乐如意长寿无极”织锦缝制而成。M8:35，女尸锦枕，系用“千秋万岁宜子孙”锦剪裁缝合而成。护臂 1 件 M8:15 为“五星出东方利中国”篆文织锦(图 3—25)，以宝蓝、草绿、绛红、明黄和白色五色经根据纹样分别显花，织出星、云纹及孔雀、仙鹤、辟邪、虎等瑞禽兽纹样。锦帽 1 件(M8:49)，锦帽面锦图案为乳白地上显淡黄、绛红、藏蓝、翠绿四色经花，其中藏蓝和翠绿交替排列显花。经密每厘米 176 根，纬密每厘米 24 根。见有“德”“安”“内”“生”“宜”“子”“君”等小篆文字。绢带一端与“讨南羌”锦缝合在一起，男尸长袍衣领处用“文大”锦，衣襟和袖口用绛地“延年益寿长葆子孙”锦缝制，衣襟、衣下摆用绛地“安乐绣”“宜子孙”锦缝制。下身穿白色毛布裤，裤角缝缀蓝地“延年益寿长葆子孙”织锦。衣襟及袖口所用“延年益寿长葆子孙”锦，衣领、右襟及衣下摆所用“文大”“安乐绣”“宜子孙”锦。尸手套所用织锦见“受右”小篆文字。男裤由两种不同的织物相拼缝制而成，裤身的裤角部位与女尸毡靴上锦相同，织锦纹样为云纹怪兽，间有“延年益寿长葆子孙”小篆文字。8 号墓出土的各类图案精美的织锦，多为蜀锦。“安乐绣”锦、“文大”锦与“宜子孙”锦组织结构相同，图案风格一致，织锦文字参考“韩仁绣文广者子孙无极”织锦，应可连续，当为“安乐绣文大者长宜子孙”之类。“受右”锦完整句子应为“大明光受右承福”。置于木叉上有黄绢与锦，锦文“讨南羌”。1995 年民丰县尼雅遗

图 3—27　“王”字罐

址墓葬发掘出土文字织锦有还有:"登高明望四海贵富寿为国庆"锦、"世毋极锦宜二亲传子孙"锦、"千秋万岁宜子孙"锦、"金池凤"锦、"长乐明光"锦、"广山"锦、"韩侃吴牢锦右二(亲)"锦、"恩泽下岁大孰长葆二亲子孙息兄弟茂盛寿无极"锦(图 3—26)、"德宜子生"锦。墓葬的年代下限应不晚于晋—前凉。发掘者认为出土遗物清楚地说明,中原朝廷与尼雅存在紧密的政治经济文化关系,出土的大量高规格汉地物品应是中原朝廷赠赐[①]。

1997 年尼雅遗址墓葬出土了"大光明受右承福"汉字锦, 1998 年尼雅遗址 N14 西北部一区出土一件锦囊,主要用"元和元年"织锦制成。此系 1998 年被盗掘出土,后被追缴[②]。

尼雅汉晋墓地出土的精绝王族的随葬品"五星出东方利中国"篆文织锦用的占辞术语中,"五星"指水、火、木、金、土五大行星。古代期待"五星聚合"星象出现,视为大吉、大利之征兆,以及"登高明望四海贵富寿为国庆"锦,将此内容织成锦纹,寄托了对国家繁荣昌盛的美好愿望。墓葬中出土的"千秋万岁宜子孙"锦、"德宜子生"锦,则说明了中原幸福观深入当地人心。

七 汉字传入西羌

青海省东部的湟水是黄河上游重要支流,发源于海晏县,流经大通—达坂山与拉脊山之间的山谷和盆地,以西宁盆地为最大。湟水流域有发达的史前文明,有著名的马家窑、齐家文化,留下丰富遗存。汉初先零羌原居牧于湟水下游,是古代羌人部落之一。《后汉书·西羌传》:"西羌之本,出自三苗,姜姓之别也。其国近南岳,及舜流四凶,徙之三危,河关之西南羌地是也。滨于赐支,至乎河首,绵地千里。赐支者,《禹贡》所谓析支者也。南接蜀、汉徼外蛮夷,西北鄯善、车师诸国。所居无常,依随水草,地少五谷,以产牧为业。"

武帝元鼎五年(前 112 年),先零羌联合诸羌与匈奴进攻汉地。次年,汉武

① 新疆文物考古研究所《新疆民丰县尼雅遗址 95MNI 号墓地 M8 发掘简报》,《文物》2000 年第 1 期;于志勇《楼兰——尼雅地区出土汉晋文字织锦初探》,《中国历史文物》2003 年第 6 期。

② 于志勇《楼兰——尼雅地区出土汉晋文字织锦初探》,《中国历史文物》2003 年第 6 期。

帝遣将军李息等深入河湟，西逐先零羌。先零羌请求回到湟水以北放牧，未果。汉武帝为了隔绝羌胡，一方面就山势修建关塞，设置护羌校尉，把内地人民迁入屯垦。同时对羌人采用怀柔政策，封侯封王，归入汉廷系统。元康四年（前62年）羌侯狼何向匈人借兵，欲攻鄯善、敦煌，以阻断汉军通道。神爵元年（前61年），汉将赵充国破先零羌，留步兵屯田。

1978年，青海大通上孙家寨115号汉墓出土一批残断木简（图3—28），共400片，内容为军事律令、军队阵法标志以及《孙子兵法》等兵书等。墓中出土了“马良私印”，墓主马良可能是名将赵充国部下。时赵充国为水衡都尉领军在大通河东岸①。字体为隶书②。

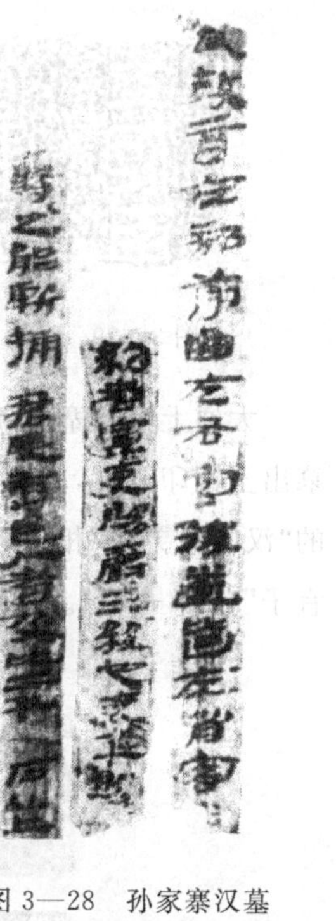

图3—28　孙家寨汉墓木简

汉宣帝神爵二年（前60年），在河湟的羌人已增加到三万多人，汉朝设置金城属国进行管理。《汉书·平帝纪》元始四年（4年），置西海郡。西海郡故城遗址在青海湖东北侧、湟水南岸的金银滩上，城内曾采集到西汉和新莽的五铢钱、货布、货泉、大泉五十等货币，还采集到“西海安定元兴元年作当”瓦当（图3—30），唐代莲花纹瓦当和宋代铜钱。在海晏县西的金银滩上发现一座古城，俗称“三角城”。在城内发现一座用花岗石雕刻的“石虎”，由于石虎基座前沿上刻有“西海郡，始建国，工河南”3行9字篆字铭文（图3—29），因此这里被认为是王莽时西海郡治所在。石虎身长1.32米，高0.46米；石座长1.37米，宽1.15米，高

① 青海省文物考古工作队《青海大通县上孙家寨一一五号汉墓》、朱国照《上孙家寨木简初探》，《文物》1981年第2期。

② 陈公柔、徐元邦、曹延尊、格桑本《青海大通马良墓出土汉简的整理与研究》，《考古学集刊》第6辑，中国社会科学出版社，1987年；青海省文物考古研究所《上孙家寨汉晋墓》，文物出版社，1993年，168页。

0.65 米[①]。1987 年 9 月海晏县文化馆发现，石虎底部的一面篆刻有 3 行 13 字铭文，从右至左分别是："虎符石匮，元年月癸卯，郭戎造。"将石虎与此石块上下结合，前述 9 字和这 13 字，便构成文字完整的 22 字，从右至左，3 行，"西海郡虎符石匮，始建国元年十月癸卯，工河南郭戎造"。始建国元年(9 年)是新莽年号，这座"虎符石匮"是王莽西海郡设置的重要证明。瓦当上的"元兴元年"(402 年)为东晋皇帝晋安帝年号。

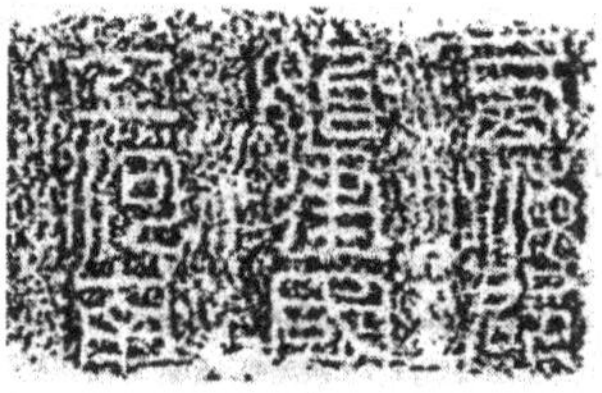

图 3—29　西海郡虎符石匮

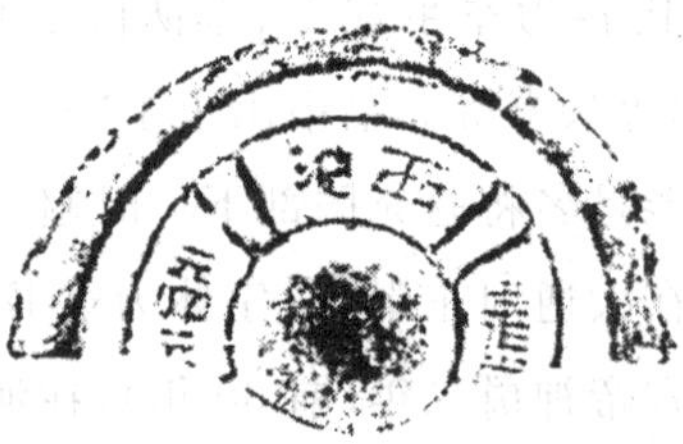

图 3—30　"西海"瓦当

大通上孙家寨到 1977 年年底已经发掘了汉墓 127 座，1 座东汉晚期匈人墓出土铜印 1 件，驼钮，篆文"汉匈奴归义亲汉长"8 字(图 3—31)，与新疆沙雅的"汉归义羌长"相似，铜镜 2 枚，其中一枚有铭文 4 字，字迹不清，似为"长生宜子"(图 3—32)。墓内还有五铢钱 33 枚[②]。墓主很可能是在河湟地区归

图 3—31　"汉匈奴归义亲汉长"铜印

图 3—32　"长宜子孙"铜镜

① 安志敏《青海的古代文化》，《考古》1959 年第 7 期。

② 青海省文物管理处考古队《青海大通上孙家寨的匈奴墓》，《文物》1979 年第 4 期。

顺汉廷的匈人，从出土文物看，此“匈奴归义亲汉长”已经识得汉字了，而新疆发现的持印的“归义羌长”，是从河湟地区随汉军而来，也是接触汉字的。

第二节 中原文字在巴蜀的传播

一 夏商、西周文化对巴蜀的影响

在四川盆地，古代巴人和蜀人创造了灿烂文化。巴蜀文化以奇异瑰丽闻名于世，但从源头上看它是在中原文化的影响下才得以形成的。中原文化在巴蜀文化中占有十分重要的地位，是它的主要来源。文字是文化的核心，具有神秘色彩的巴蜀文字也是中原文化西播的产物。

四川的原始文化经历了漫长的发展道路。除了旧石器之外，新石器大致可以分为三个阶段：中晚期的大溪文化，晚期的川西山区新石器文化和末期的早期巴蜀文化，这三种文化不相承袭，属于三个不同的文化系统。早期的巴蜀文化和较早的四川原始文化不同，却与中原的龙山文化、二里头文化有不少类似之处。这是因为一些来自东方的民族带来了中原地区的文明，成为当地的主宰力量。这使人想起《华阳国志·蜀志》所记：“黄帝为其子昌意取蜀山氏之女，生子高阳，是为帝喾。封其支庶于蜀，世为侯伯，历夏、商、周。”我们无法确定这段记载的真实程度，但是，上古有中原民族进入巴蜀确是事实。

1982年，川西平原北部的广汉县三星堆遗址发掘了1号祭祀坑，接着，1986年又发掘了2号祭祀坑，两处都发现了大批古代蜀人的珍贵遗物[①]。这些遗物有强烈的蜀人风格，同时也可以明显看到中原礼制的特征。1号坑的青铜罍花纹，形制与河北藁城台西村商代墓葬的铜罍相似；尊的工艺形制与安徽阜南月儿河发现的商代前期龙虎尊一致。2号坑的玉戈、玉瑗等恰与殷墟妇好墓的同类玉器相同。远在3000多年前，蜀国与中原就有着密切的联系。在四川新繁、陕西城固和关中的西部出土了大量的商周之际的青铜器、玉器和

① 四川省文物管理委员会等《广汉三星堆遗址一号祭祀坑发掘简报》，《文物》1987年第10期；四川省文物管理委员会等《广汉三星堆二号祭祀坑发掘简报》，《文物》1989年第5期。

陶器，尽管处在不同的地区，但在文化内涵上有惊人的相同点。这可以说明，贯通这些地区的褒斜道是商周文化入蜀的重要途径。进入春秋战国，得地理之利，蜀与秦的关系尤为密切。

巴人的文化起源于湖北西部的长江沿岸，位于湖北长阳清江中游北岸的香炉石遗址为比较单一的巴文化遗存。第 1 期为夏代；第 2 期为商代，其陶器与长江沿岸夏商遗存同类器物相似；第 3 期为商末西周，出土陶器仿商代晚期之器；第 4 期为东周，陶器仿中原春秋晚期、战国时器①。可见，巴文化虽有其独立性，同时又不断地受到中原文化的影响，呈中原文化周边的形态。《山海经·海内南经》载："夏后启之臣曰孟涂，是司神于巴，人请讼于孟涂之所。"这种关于夏代就有中原人入掌巴人的传说看来并非无据。相当于二里头文化时期的巴人文化与蜀人文化一致，与中原龙山文化和二里头文化也存在不少类似之处，这反映了中原民族进入巴人地区的事实。

商末，周王伐商，有巴蜀之师相助，西周与巴蜀之间的关系有了更深一层的发展。《华阳国志·巴志》："武王克殷，以其宗姬封于巴，爵之以子。"周人视之为周之疆土。《左传·昭公九年》："及武王克商，以巴濮楚邓，吾南土也。"此时，巴国已是姬姓周人，巴国也为西周的封国了。蜀国情况也差不多，《华阳国志·蜀王》称蜀王"奉王职"，可见也受封于周，为周天子之臣，奉周为宗主了。

夏商时代，从中原进入四川的东方人在带来中原礼仪文物的同时也会把中原文字带到巴蜀。三星堆是夏商时代的遗址，至今未发现任何文字资料。但是，这并不能证明中原文字没有进入巴蜀。同时在中原的夏代及商代中期以前，几乎也见不到有文字资料出土，商代后期除了甲骨卜辞外，青铜铭文也很有限，而且多为族徽符号。所以，尽管没有文字资料证明，巴蜀引入中原文字的可能还是存在的。

春秋时代，周室衰微，秦楚日益强大，蜀与秦、巴与楚土地相接，却战多和少。巴蜀既不必朝见周王，交通又为秦楚所阻，很难再与中原沟通。中原文化的发展影响不到巴蜀，巴蜀的文化面貌长期地停留在殷商、西周之间。这一

---

① 湖北省清江隔河岩考古队《湖北清江香炉石遗址的发掘》，《文物》1989 年第 9 期。

点，可以从巴蜀青铜器上得到证实。就以富有特色的巴蜀兵器来说，西周中晚期至战国早中期的巴蜀墓葬出土的无胡蜀式戈是中原商周泾渭流域的样式，战国时使用的柳叶形剑，也是中原西周的形制，很明显比中原慢了几个节拍。那么，在巴蜀的中原文字如何呢？事实上，它与其他文化形态一样，也迟于中原。

二 巴蜀的图形符号

《蜀王本纪》说："是时人萌椎髻左衽，不晓文字，未有礼乐。"长期以来，人们信以为真，直到20世纪20年代的发现才纠正了这个错误认识。1921年在四川成都西北郊白马寺附近陆续出土了大批古铜器，"有一种花纹文字与周异，而与殷亦不同，金石家将其年代向前推求，目为夏代物。今其出土地在四川，则知其物非夏代，而为巴蜀固有之文化也[①]"。20世纪40年代卫聚贤在成都得铜兵器若干，又寻迹至白马寺出土地点察看，随后著文对流传的巴蜀铜兵器的花纹及文字作了分析[②]，做了一些甄别工作，分辨后人伪刻之物。文中提出"由晋上溯三百年前秦未灭巴蜀时，巴蜀是有文字的，不是秦灭巴蜀，巴蜀人仿汉字造的文字[③]"。由于白马寺铜器出土后，辗转于商贾之手，有的加刻伪款，甚至照搬《岣嵝碑》的文字，因此学术界并无太大的热情。

实际上，被视为巴蜀文字的符号可以分为两大类，一类是图形式符号，另一类是文字式符号。

图形式符号出现在兵器和一些乐器的铜器上，也出现在印章上。

有图形式符号的巴蜀铜器1921年在成都白马寺已有大量发现，其符号形式与后来发现的相类似，可知其器不伪。1954年，在四川昭化（今广元市昭化区）宝轮院及巴县冬笋坝的船棺墓葬中也有大批发现[④]。此外，四川各地陆续发现巴蜀兵器，多带有此类符号。铜兵器的种类主要有戈、矛、剑、钺四类。在

---

① 于右任《巴蜀古文化之研究》，《说文月刊》第3卷第7期"巴蜀文化专号"。

② 花纹中包括一件錞于花纹，此物在四川万县出土。参见赵世忠《记錞于》，《华西学报》第5期，1937年，《说文月刊》第3卷第7期转载。

③ 卫聚贤《巴蜀文化》，《说文月刊》第3卷第7期"巴蜀文化专号"。

④ 冯汉骥、杨有润、王家祐《四川古代的船棺葬》，《考古学报》1958年第2期。

四川成都羊子山、百花潭中学、涪陵小田溪、新都马家公社、绵竹、新津等地出土的铜器罍、盉、提梁壶、盥缶、钫、甗、鼎、炉也存在巴蜀图形式符号，在少量的匙形带钩上也刻有这种符号。

这类图形式符号内容丰富，品类繁多，既可独立，也可以相互结合，符号有“虎、手、心(或称花蒂)、鱼、人、面、草、树、舟”等。现据刘英的资料作适当的调整，罗列如下(图 3—33)。

图 3—33　巴蜀图形式符号

巴蜀符号印章历来受金石家重视，把它编入印谱，传世实物不少，某些博物馆也有藏品，因为与汉族肖形相似，故也以肖形玺称之。自从昭化宝轮院、巴县冬笋坝船棺葬发现以来，不断有巴蜀印章出土，四川巴县、昭化、芦山、犍为、绵竹、新都、荥经、蒲江、大邑、广汉、峨眉山、成都、什邡等地都有发现。巴蜀印章以鼻钮为主，印面以圆形为多，也有方形、长方形和各种奇形，印纹多为阴刻。印章内容一般为符号的组合，如果分解成单体符号的话，有动物形、器物形和手形，还有一些抽象符号(图 3—34)。比较铜器花纹与印章，可以发现大部分内容是相同的，印文中一些抽象线性符号则为独有。总的面貌是铜器花纹与巴蜀印章的内容都以图画性符号为特征，所以把它们作为一类来研究。

图形式巴蜀符号，卫聚贤把它归入花纹一类，特别提出了“手与心”纹。宝轮院及冬笋坝发现的铜器，整理者称之为“间或有刻其它类似文字的花纹的”，基本上还是看作花纹[1]。徐中舒则肯定它为文字，是古代巴国的巴文，并从宝轮院、冬笋坝的材料扩大到已经发现的其他巴蜀铜器。他把巴文和么些(即纳西)象形文字进行比较，发现了许多共同之点，认为“这一类的象形文字，还是停留在较为原始的阶段，即文字与绘画还不能有显著的区别。所以《华阳国志》就把宁州亚师有关历史故事的写作，认为是‘先画天地、日、月、君长、城府，次画神龙，龙生夷及牛、马、羊’的图谱”，并指出：“巴文、么些文和汉字，在文字构成的条例上，它们也是具有一定的共同基础，最初还有可能是同出一源的。但是它们的分枝，应当是远在殷商以前[2]。”李学勤把这类巴蜀符号称之为“巴蜀符号甲[3]”，其符号可分两种。一种是常见的、重复出现的，在同一铭文或印文里可以出现不止一次。这种符号大多是简化的，不易看出象形，如“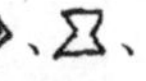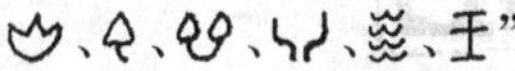”等等。也有一些是象形的，如手形、星形、四瓣花形，等等。从上面的分析知道，这种符号可各自独立，很可能各代表一完整的音节。另一种是不常重复出现的，一件铭文或印文中有时没有、有时存在一个。这

① 冯汉骥、杨有润、王家祐《四川古代的船棺葬》，《考古学报》1958 年第 2 期。

② 徐中舒《巴蜀文化初论》，《论巴蜀文化》，四川人民出版社，1981 年。

③ 区别于汉字式的巴蜀文字，后者称之为巴蜀文字乙，参见李学勤《论新都出土的蜀国青铜器》，《文物》1982 年第 1 期。

图 3—34　巴蜀符号印章

种符号大多比较复杂而象形，如鱼形、兽形、鸟形、蠕虫形、人首形、特定的人形、建鼓形、一或两个戈头的戈形、三角援的戈头形等等。并指出巴蜀的印文、器铭和商代、西周的青铜器的族氏铭文颇相近似，很可能是墓主的族氏或名字。

段渝肯定巴蜀图形符号为象形文字。认为任何一个形、音、义皆备的符号，只要被某一地域内公认为某种记事符号并且通行于这一地域，表示同一意义，这个符号就具备了文字的功能。“巴蜀符号广泛地被巴蜀境内各不同民族所接受，得以通行，正说明它已被公认为文字[①]”。

另一种意见相反，认为图形式巴蜀符号不是文字，而是能表达一定意义的特殊符号。孙华首先把图形式符号和对称均衡、重叠反复、美观的纹饰区别开来，认为它是与原始巫术有关的、含有某种意义的符号。他认为这些符号数量种类实在太少，距离能够记录语言的文字的要求有很大差距，本身极端纷繁和极不规范，并且与汉字共存，因此它不可能是文字[②]。李复华、王家祐的看法相似：“据现有的‘巴蜀图语’看来，单符约有两百个。它们绝大多数是具体的实物图像，没有动词、形容词、接续词等词汇，也没有数目字，似不能构成文句或篇章。因此，我们认为它可能是一种看图像的解语意的图画语音符号。”而且进一步指出，东巴文有20多个字与巴蜀图语相同，也是用“图组”提示、由巫师念诵的“图画韵语”，两者可能有承袭关系[③]。

把装饰花纹与图形式巴蜀符号区别开来是很有意义的。现在矛盾的焦点集中在这些传达某些意义的符号是否是文字？我们不妨从文化背景来考察一下。铜器铭刻中，中原的殷商时期有单一的族徽，早商的戈的内部也铸这种铭文，它代表了器物主的家族标志，是原始社会图腾的遗存，有些复杂的族徽由多体合成，表示两个或两个以上的氏族的从属关系。商代族徽，形态原始，在字与非字之间，但是，除了个别尚有争议外，学术界认为绝大部分族徽本身就是文字。巴蜀铜器的图形符很明显是受此影响，其铜钫甚至还保存亚字形的

① 段渝《巴蜀古文字的两系及其起源》，《考古与文物》1993年第1期。
② 孙华《巴蜀符号初论》，《四川文物》1984年第1期。
③ 李复华、王家祐《关于“巴蜀图语”的几点看法》，《贵州民族研究》1984年第6期。

铭刻。巴蜀铭刻和中原的族徽一样，也有单体和复合体，它很可能是家族徽记之类的东西。我们虽然不能因此认定图形式巴蜀符号是文字，但是，它无疑是表示意义的符号。

再看印章，20 世纪 50 年代末整理和出版《四川船棺葬发掘报告》时推测，巴蜀印章是模仿汉字在本地铸造。可是，就目前所见的材料，巴蜀印章始于战国早期，在战国中晚期流行，而中原的战国墓才有少量印章出土[①]，所以还不能断定最早的巴蜀符号印必定受到过汉字的影响[②]。

巴蜀图形可以分为两种，第一种为单体抽象图案，第二种为合成图案。

此类符号有单个出现，也有多个出现。巴蜀兵器上矛最多，有的多个聚合，台湾王振华收藏的一件巴蜀矛，骹部两面均铸有符号，一面 11 个，一面 8 个(图 3—35)，其中一些符号奇特罕见。在什邡城关战国秦汉墓地出土了巴蜀兵器，有的铜矛骹部也有类似的多个符号[③]出现在 1 号墓、14 号墓(图 3—37)、16 号墓、23 号墓(23:9)一面 8 个符号(图 3—36)、38 号墓(图 3—38)、45 号墓、50 号、61 号墓、68 号墓等铜矛骹部。14 号墓(14:2)矛分别有 8 个符号，(14:3)矛有 8 到 9 个符号(图 3—37)，23 号一面有 8 个，另一面不清，45 号铜剑一面 6 个，38 号一面 9 个(图 3—38)。

李学勤认为："矛上符号很多，可能有一些符号独立成字，另外一些符号合组成字，这样便会有若干字，足以构成语句[④]。"这些大部是图形符号，也有少量文字符号。图形符号有几种，一种是文字的美术体，如商周青铜器的象形书，古埃及的圣书体，玛雅文字。一种是原始标形文字。但是至今没有发现后者。矛上符号最有可能的是美术体，但是无论古埃及圣书体还是玛雅文字都有一定的排列顺序，没有这种团聚罗列的。巴蜀图形符号有一定的规律性、约定性，但是称为成熟的文字缺乏可靠的证明，因为简单的图画聚合同样可以表

① 有人认为什邡巴蜀印为春秋晚期之物，似不确，可参见郑绪滔《什邡船棺葬出土一枚"十方雄王"印章》，《四川文物》1994 年第 5 期。

② 参见刘豫川《巴蜀符号印章的初步研究》，《文物》1987 年第 10 期。

③ 四川省文物考古研究所、德阳市文物考古研究所、什邡市博物馆《什邡城关战国秦汉墓地》，文物出版社，2006 年。

④ 李学勤《符号最多的巴蜀矛》，《文物》1995 年第 8 期。

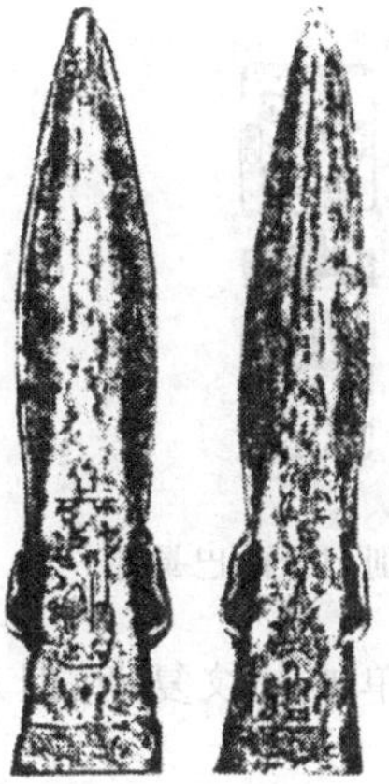

图 3—35　王振华收藏铜矛

图 3—36　城关 23 号墓铜矛

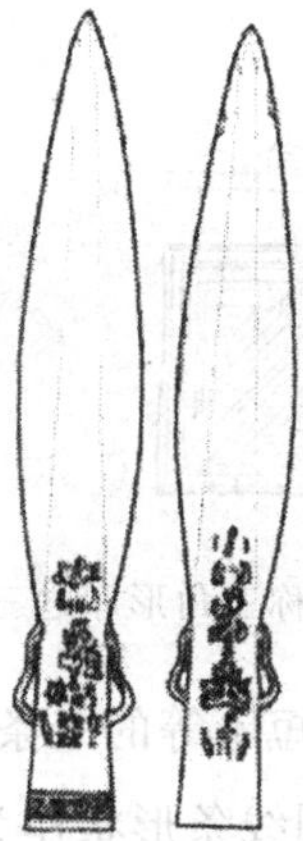

图 3—37　城关 1 号、13 号墓铜矛

图3—38　城关 38 号墓铜矛

达某些意义。

成都商业街船棺、独木棺墓，墓葬是具有巴蜀风格的器物。1 号棺铜图纹印 2 枚，近扁方形，有钮，1:31 桥钮，边长 4.5 厘米、高 0.9 厘米 1:36 鸟钮，边长 2.3 厘米、高 0.9 厘米。12 号棺 12:1 边长 4.4 厘米、高 0.8 厘米。报告称为巴蜀符号，实际是三角形的涡旋纹，1:31 铜印与 12:1 铜印图案相同，均为对角对称的三角形涡旋纹。1:36 铜印为 4 片轴对称三角形涡旋纹，实际上是变形的 S 纹①。什邡城关战国秦汉墓地 33 号墓的两方印(图 3—42)，一方钮部有“十”“王”字的印面上部是 S 纹的片段，下部是鼎、钟、钟槌组成。另一方

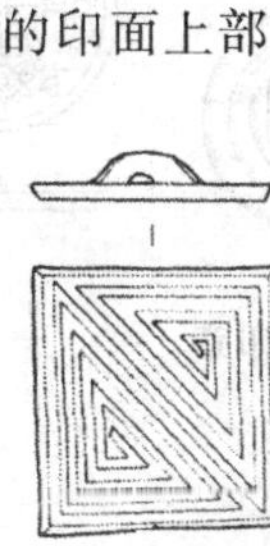

图 3—39　对称三角形印之一

图 3—40　对称三角形印之二

① 成都市文物考古研究所《成都市商业街船棺、独木棺墓发掘简报》,《文物》2002 年第 11 期。

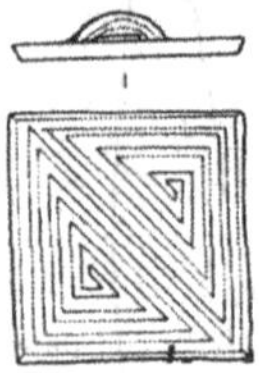

图 3—41　对称三角形印之三

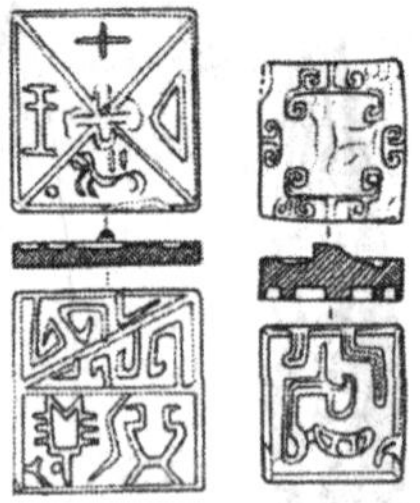

图 3—42　具有区别记号的巴蜀印

云纹钮的印面由长短不等的三条曲线组成。虽然比简单的 S 纹复杂，但是基本格局一样，以不同线条形状作为区别记号①。

此类图印无疑不是巴蜀文字印，反而说明巴蜀印的源头是在中原。

第二种为合成图像印，这是最具巴蜀风格的印章，在各个巴蜀遗存中大量发现。什邡城关战国秦汉墓地出土了多枚图印。其中有心形、八字形等典型的巴蜀符号。四川宣汉罗家坝遗址战国中晚期的 25 号墓出土合成图形印，细桥钮。直径 3 厘米、缘厚 0.3 厘米②。其印图形组成内容多而复杂，有形巴蜀符号（图 3—43）。可以说这些图形是要表达一个比较完整的意思，似乎不仅是表示凭证的信物，还附带了有关的信息。

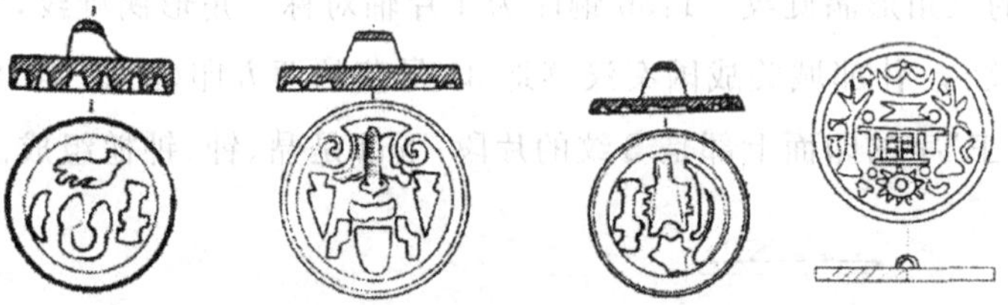

图 3—43　合成图像的巴蜀印章

① 四川省文物考古研究所、德阳市文物考古研究所、什邡市博物馆《什邡城关战国秦汉墓地》，文物出版社 2006 年，第 51 页。

② 四川省文物考古研究所、达州地区文物管理所、宣汉县文物管理所《四川宣汉罗家坝遗址 2003 年发掘简报》，《文物》2004 年第 9 期。

文字印是比较明白的形体为简单抽象的形体符号。

近年殷墟发现三枚青铜印章，其一，刘家庄 H77 祭祀坑内出土铜印(图 3—44)，弧方形，边长 2.2 厘米、厚 0.45 厘米、鼻钮高 0.46 厘米。印面阳文，有两个“𠆢”，下部为夔龙纹，属于殷墟第二期。其二，殷墟的夯土层内出土一枚铜印(图 3—45)，方形，上下边长各 1.5 厘米、左右边长各 1.6 厘米。阳文，类似兽面纹，由多个图形组成，年代在殷墟第三期，晚于第二期。其三，王裕口村 M103 墓，铜印(图 3—46)，弧方形，印面长 2.2—2.4 厘米。印文有“吕”形符号，同墓两件青铜鼎和青铜爵都有此符号，可以肯定为文字，可能是贞人的名字。此为阴文印，可以用作封泥，年代为殷墟第二期①。殷墟出土的似图非图的铜印与巴蜀图印的印面十分相似。1980 年陕西扶风黄堆乡云塘村西周灰坑发现铸造的双联铜印，一印面三角形，线框内箭镞形三角图案，底边 2.2 厘米、高 2.2 厘米。一印面圆角长方形，线框内 S 形云纹，长 2.7 厘米、宽 2.1 厘米(图 3—47)。

图 3—44　殷墟夔龙纹印

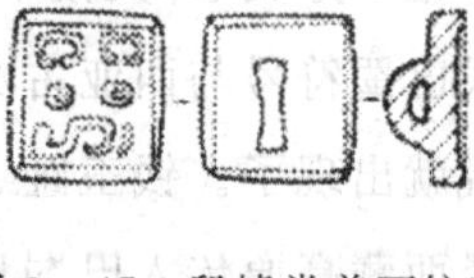

图 3—45　殷墟类兽面纹印

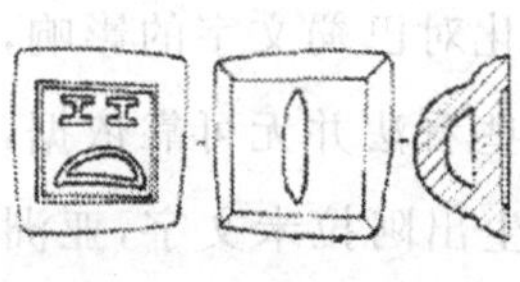

图 3—46　殷墟文字印

图 3—47　西周双联印

在扶风法门乡庄白村西周中期灰坑发现铸造桥钮铜印，印面长方抹角，为抽象凤鸟云纹(图 3—48)。西周铜印继承了商代传统，向图案化、抽象化发

① 何毓灵、岳占伟《论殷墟出土的三枚青铜印章》，《考古》2012 年第 12 期。

展[①]。湖北孝昌武家岗墓地89号东周墓铜印1件(M89:2)。印体长方形,钮半圆形,印面阴刻1个虎纹,虎头部尚有一些符号。边长1.4厘米、宽1.3厘米、高0.9厘米[②](图3—49)。

图3—48　西周凤鸟纹印

图3—49　东周虎纹印

对照中原商周与巴蜀的印章,无论印形状、印纹,都有相似之处,特别是S形纹,两者如同一辙,其中传承关系十分清晰。中原先秦两汉图案纹样的铜印,在以前的印谱中称为肖形印。用作公、私的标志和凭证,是领有的标志,在陶器和铜器上的印记可以证明这一点。商周的图案印不是文字,推想此类巴蜀图案印章也不是文字,大概不错吧。

图形式巴蜀符号与西亚古文字,甚至南美的玛雅文字有某些相似点,巴蜀文字西来说就出现了。钱玉趾、成家彻郎主张巴蜀文化西来,为西亚、印度和波斯文化经西藏高原传入巴蜀地区,因而巴蜀文字受到阿拉米文字影响。认为巴族在公元前6世纪、5世纪就知道存在巴拉米文字,参考它创造了自己的文字,并说巴蜀同时使用图像文字和标音文字,与古代埃及的情况相似,而中原印章仿效巴蜀印章制作。这不仅否认中原文化对巴蜀文字的影响,反而认为巴蜀文化影响了中国东部殷商文化。可惜这些看法并无可靠依据,是西方的西来文明学说的演绎[③]。腓尼基文字向东派生出阿拉米文字,亚洲的标音文字大部来源于阿拉米文字,最早文献在前9—前8世纪。阿契美尼德王朝

---

① 罗红侠、周晓《试论周原遗址出土的西周玺印》,《文物》1995年第12期。

② 湖北省考古研究所、孝感市博物馆、孝昌县博物馆《湖北孝昌武家岗墓地第二、四次发掘报告》,《江汉考古》2013年第1期。

③ 参阅钱玉趾《古蜀地存在过拼音文字——成都百花潭战国墓出土的铜盉盖考》,《四川文物》1988年第6期;钱玉趾《古蜀地存在过拼音文字再探——四川出土的几件铜器铭文考》,《四川文物》1989年第6期;〔日〕成家彻郎著、常耀华译《巴蜀印章试论》,《四川文物》2004年第2期。

(前550年—前330年),也称波斯第一帝国,是古波斯地区第一个把版图扩张到中亚及西亚大部分地区的君主制帝国,也是第一个横跨欧亚非三洲的帝国。极盛时期的领土疆域,东起印度河平原、帕米尔高原,南到埃及。阿契美尼德王朝使用阿拉米文字,王朝崩溃,但是阿拉米文字的影响所及,亚洲中部今伊朗、印度西北、阿美尼亚、小亚细亚和埃及等地。巴蜀南向通南亚的所谓"身毒国道",北路而来的西土文化影响并没见诸记载。文字必须是通过语音与语言建立联系,能组成句子的符号系统,它明确地表示语义,不必借助任何附加的说明。图形性的巴蜀符号属随意性、单纯性和具象的形体,与已知图形性外壳的文字有明显的区别。埃及圣书体是标意文字,玛雅文字是标音文字,它们严整的形体和有规律的重复出现,是巴蜀符号所缺乏的。所以,它不可能是成熟的文字,更不可能是标音文字。图形性巴蜀符号只能是文字前期的符号,大致相当于执行法事用的东巴文,它由部分人掌握。这种使用时需要提示说解的神秘符号,习惯上称之为图画文字,从严格意义讲,还未具备文字资格。

三　巴蜀方块文字

古代巴蜀确实有自己的文字,它有明显的特征,由简明的线条组成,多个出现时,成行排列。这种巴蜀文字在四川东部西部,以及湖南西部都有发现。

1958年,湖南常德德山镇26号战国楚墓出土有铭铜戈一件,内尾部两面均有巴蜀图形符号,胡部两面有巴蜀方块文字,发掘报告对此未作任何解释[①](图3—50—1)。1972年11月,在四川郫县红光公社独柏树发现铜戈一件,援上侧有巴蜀方块文字(图3—51上)[②]。作者指出,戈上文字与甲骨文、金文不相同,疑为蜀人固有的文字,这样成行的巴蜀文字,在四川省是首次发现。1973年,重庆博物馆在万县新田发现铜戈一件,援上侧也有巴蜀文字一行

① 湖南省博物馆《湖南常德德山楚墓发掘报告》,《考古》1963年第9期。

② 李复华《四川郫县红光公社出土战国铜器》,《文物》1976年第10期。

(图 3—51 中)。作者认为,这种文字在战国前期曾流行于巴蜀境内,使用可能并不广泛[①]。1976 年 12 月,四川郫县晨光公社张家碾战国船棺葬中,出土的铜戈胡部有自上而下的巴蜀方块文字一行,两面文字相同。作者认为古蜀国曾在郫县建都,铜戈铭文的发现,证实古蜀国确有文字[②]。另据资料,四川新都(图 3—50—2)、峨眉山符溪(图 3—50—3)也出土过带巴蜀方块字的铜戈,四川还收集到了有巴蜀方块字的无胡戈[③](图 3—50—6),湖南长沙也征集到带巴蜀方块字的铜戈一件,3 种铭文与独柏树相似[④]。

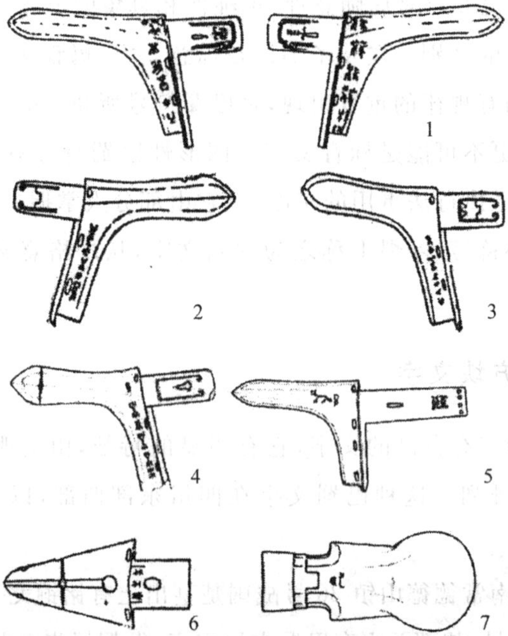

图 3—50　铜兵器上的巴蜀铭文

① 童恩正、龚廷万《从四川两件铜戈上的铭文看秦灭巴蜀后统一文字的进步措施》,《文物》1976 年第 7 期。

② 郫县文化馆《四川郫县发现战国船棺葬》,《考古》1980 年第 6 期。

③ 四川省博物馆刘英《巴蜀兵器及其纹饰符号》,《文物资料丛刊》,文物出版社,1983 年,第 15 页。

④ 《湖南考古学辑刊》第 1 辑。

在近年发掘的什邡巴蜀墓中也见此类文字，什邡59号墓铜戈胡部穿侧有5个文字（图3—50—4），与前述3种戈的部位相同、字形相似。在90号墓的铜戈的内端有2个字，而在胡上有1虎形与1字（图3—50—5），17号墓铜钺近骹处也有一组字[①]（图3—50—7）。万县新田出土的亦有弓形字，在其他一些铜戈的相似位置也能见到更加图像化的符号。这些字形与先秦中原古文字十分相似，如形态和笔画与战国文字难以分辨。

巴蜀方块文字在20世纪70年代进入学术界视野。人们发现这是一种成熟的文字体系。童恩正、龚廷万认为："这两件戈上的文字，与历史上已知的满、蒙、西夏、契丹等文字迥异，是方块字而非拼音字，是直行而非横行。它与汉字一样，应属于表意文字的范围。从这些文字已经脱离了原始的象形阶段可以看出，它似乎已经有了相当长的发展历史[②]。"段渝具体地分析了它作为成熟的表意文字的特点。首先，字体已经达到简化、省略、定型、单位小的水平，大多数看不出所象形的事物。在笔画构成的总体水平上，也基本上达到了直线化和线条化。在它发展的时代上，段渝认为其上限可早到春秋晚期，下限在战国末叶秦统一巴蜀之后。从它字形的简化和进步程度看，至少在商代晚期，巴蜀方块字已趋向成熟[③]。

那么，巴蜀方块文字的源头是什么？

广汉三星堆出土的陶器上有一些刻画符号，特别引人注目的是，一件小平底罐的肩部，有三枚成组、两组对称的形符号[④]。另据披露，该遗址陶器刻画符号内容丰富，有些尚未正式发表，如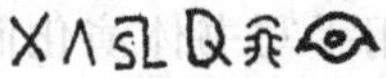等[⑤]。这些符号显然不是一般几何线条，不是随意的刻画；当然，在尚无充分依据的情况下不能对

① 四川省文物考古研究所、德阳市文物考古研究所、什邡市博物馆《什邡城关战国秦汉墓地》，文物出版社，2006年。

② 童恩正、龚廷万《从四川两件铜戈上的铭文看秦灭巴蜀后统一文字的进步措施》，《文物》1976年第7期。

③ 段渝《巴蜀古文字的两系及其起源》，《考古与文物》1993年第1期。

④ 四川省文物管理委员会、四川省博物馆、广汉县文化馆《广汉三星堆遗址》，《考古学报》1987年第2期。

⑤ 林向《三星堆遗址与殷商的西土——兼释殷墟卜辞中的"蜀"的地理位置》，《三星堆遗址研究专辑》，《四川文物》专辑，1989年。

此妄作解释。这种早期陶符是否是巴蜀方块文字的源头,至今还未找到证据。不过,笔者认为可能与巴蜀图形符号有渊源关系。李学勤曾指出,巴蜀方块文字不大可能是图形符号的草体[1]。

也有一些学者认为巴蜀方块文字与中原文字有关。徐中舒认为巴文和汉字最初同出一源,分支在殷商之前形成,不过他提到的巴文是指图形符号。熊传新说:“至于万县、郫县戈上的铭文,不论从字形或结构来看,属于一种较早期的楚文字[2]。”湖南长沙征集到的巴蜀文字铜戈,周世荣称为“奇字蜀式戈”,而李学勤认为铭文就是古汉字。并释为“偑(偲)命曰献与楚君王孙袖□”[3]。冯广宏结合战国刻铭体式,以古汉字对照,考释巴蜀方块字,多有可信之处[4]。体会“这种文字笔画与甲骨文、金文有相似之处,但并非古汉字”。

成都西郊近十二桥的商代建筑遗址出土了一件陶纺轮,上有“”“”两字,考为“丹”“亦”二字。“丹”,即丹砂。丹砂是染色的染料,《说文》:“丹,巴越之赤石也。”巴蜀之地是重要的产地。而纺轮上的“丹”字可能指染的颜色。发掘者认为此字“应属甲骨文字系统”。“从而说明,这一类型的文化与中原文化又存在着一定的联系。蜀地与中原地区,至迟在商周时期已有了广泛交往[5]”。不过,陶纺轮上的“丹”“亦”与甲骨文写法有小异,可能是传写之误,也可能是地方的异体字。其实,我们细看巴蜀方块文字,可以发现它与江西吴城的商代陶器铭文极为相似,由此是否可以设想,巴蜀方块文字是从商周的日用手写书体演化而来,经过讹变,形成了与商周文字似是而非的面貌。

巴蜀方块文字从字形上看,大致可以区别为两种:一种字体端正,左右大致平均,结构简明,如常德德山 26 号战国戈铭、郫县张家碾船棺葬的铜戈铭

---

① 李学勤《论新都出土的蜀国青铜器》,《文物》1982 年第 1 期。

② 熊传新《湖南发现的古代巴人遗物》,《文物资料丛刊》(7),文物出版社,1983 年。

③ 李学勤《湖南战国兵器铭文选释》,《古文字研究》第 12 辑,中华书局,1987 年。

④ 冯广宏《巴蜀古文戈铭试读》,《四川文物》1996 年第 6 期。

⑤ 四川省文物管理委员会、四川省文物考古研究所、成都市博物馆《成都十二桥商代建筑遗址第一期发掘简报》,《文物》1987 年第 12 期。

文，新都、峨眉山符溪的铜戈铭文；另一种字迹草率，左右不平衡，结构繁复，如郫县独柏树铜戈铭文、万县新田铜戈铭文及长沙铜戈铭文（图 3—51）。钱玉趾称前一种为巴族文字，后一种为蜀族文字[①]。他的观点是有启发性的。

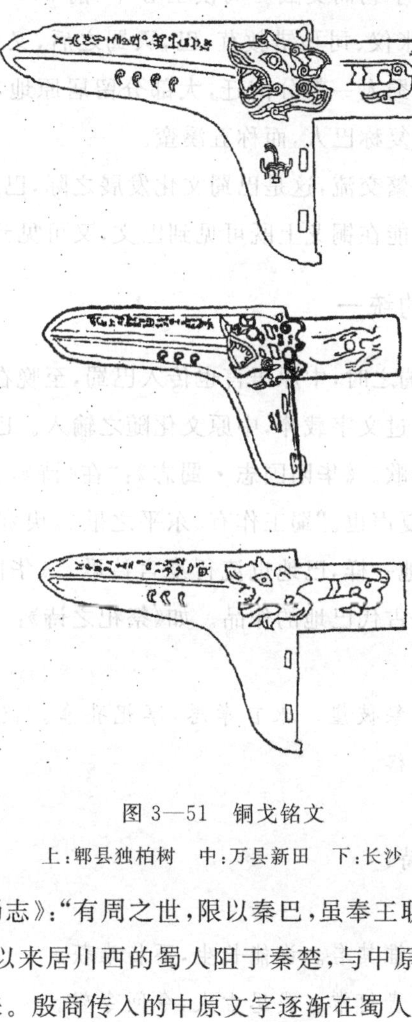

图 3—51 铜戈铭文

上：郫县独柏树 中：万县新田 下：长沙

《华阳国志・蜀志》："有周之世，限以秦巴，虽奉王职，不得与春秋盟会，君长莫同书轨。"入周以来居川西的蜀人阻于秦楚，与中原交流不通，战国之世，与秦为邻，时有往来。殷商传入的中原文字逐渐在蜀人中变异，而秦也守周之旧文，面貌与蜀地文字相去不远。总之，蜀人的文字保持着商周早期汉字的外

① 钱玉趾《古蜀人的语言和文字》，《三星堆文化》，四川人民出版社，1995 年。

形及某些相同的部件，但已经是蜀人化的方块文字了。巴人与楚国为邻，很可能接受了楚国文字的俗体，经过改造，成为巴文。春秋时期巴人受楚逼迫，进入川东，春秋晚期部分巴人到达川西。蜀地的农业发达，蜀人文化也向川东传播。战国初期巴、蜀为争霸而交战。周慎王五年(前316年)，蜀王伐苴侯，苴侯奔巴，巴求救于秦，张仪、司马错救苴、巴，灭蜀之后，又捉了巴王。巴、蜀作为独立国家已不存在，蜀人一部分南迁，大部分留居原地，成为秦民。巴人的大部流入湘西，汉时不复称巴人，而称五溪蛮。

战国时期巴、蜀频繁交流，这是巴蜀文化发展之际，巴地有蜀文、蜀地有巴文就很自然了。所以，能在铜戈上既可见到巴文，又可见到蜀文。

四　巴蜀文字的统一

中原文字传入巴蜀之时，中原语言也传入巴蜀，至晚在商周时代当地就熟悉中原语言文字了，通过文字载体，中原文化随之输入。巴蜀地区也像中原一样，流行夏言的国风诗歌。《华阳国志·蜀志》："在《诗》，文王之化，被乎江汉之域，秦豳同咏，故有夏声也。"蜀王作有《东平之歌》《臾邪歌》《归陇之曲》等，可惜失传不载。和蜀地一样，巴地也流行夏言诗歌。《华阳国志·巴志》称作先民之诗的不少，当是古代巴地的作品。如《祭祀之诗》：

> 惟月孟春，獭祭彼崖。永言孝思，享祀孔嘉。彼黍既洁，彼牺惟泽。蒸命良辰，祖考来格。

又有"好古乐道"诗：

> 日月明明，亦惟其名。谁能长生，不朽难获。
> 惟德实宝，富贵何常。我思古人，令问令望。

这些娴熟的汉话诗歌，合乎中原的雅风，和《诗》中"国风"相仿佛，从中可以窥见巴地先民很高的中原语文修养。正是因为巴蜀使用与中原一样的语言——雅言与中原各国往来,因而不必语译。如前文所述,有周以来,巴蜀疏远了中原诸国,本来一致的文字渐渐变得不同,产生了巴蜀特殊的地方文字。但是,在巴蜀疏远与中原诸国关系的同时,与它贴近的秦楚的影响却变得强烈了。通过这两个邻国,巴蜀再次输入中原文字,并最后取代了巴蜀地方文字。

春秋战国是动荡的时期,列国争战不息,远在西南的巴蜀无法摆脱这种局面。楚是南方强国,西南方在其开拓疆土的范围之内,处于长江上游的巴不断为楚侵食。战国后期,楚溯江攻占巴重镇枳(今四川涪陵),巴只能一再迁都。迁至阆中,楚又占领巴属嘉陵江下游以西地区。蜀在楚之西北,曾代楚进攻兹方,不久战败而退,此后楚也占有蜀的部分领土。《史记·秦本纪》记秦孝公元年(前361年)时"楚自汉中,南有巴、黔中"。楚对巴、蜀均有强大的压力,对于巴的影响尤其强烈。楚肃王与宣王之际,楚遣王孙袖为巴地监使,大量楚人移民入巴,楚人势力更进一步渗透巴地。涪陵小田溪出土的青铜乐器、兵器等,其中包括工艺精美的十四件错金编钟、错银铜壶。这批文物在式样、花纹图案等方面都与楚器相似。成都羊子山173号墓为楚墓葬式,在随葬品中,既有巴蜀器物,也有楚器,墓主佩戴的为楚式剑。四川新都马家公社的木椁墓出土器物十分丰富,有大量的巴蜀式的铜剑、戈、矛、印章,大多有巴蜀图形符号。墓内也有一些中原风格的,特别是楚风格的器皿,如敦就是战国时楚国普遍流行的式样。在一只小而精致的小鼎盖内刻有铭文"邵之食鼎",字形为楚地常见的细长线体,与受楚国影响的寿县楚墓铜器铭文相像。此"邵"为楚国贵族昭氏[①]。楚国昭氏之器如何入巴?无论是因为当地首领为楚人,还是因为昭氏支裔到此监守,肯定的是由楚人携来。后来又有人认为这四个字为蜀人所作。一种说法,此鼎为下葬前为墓主举行昭祭礼所用之器,并有同出的巴蜀符印章为佐证[②]。另一种说法,此器乃名邵的蜀王所铸,并以鼎盖上的巴蜀符号为证,当时的蜀人已经进入中原文字、巴蜀文字并用的阶段[③]。四川荥经曾家沟

① 四川省博物馆、新都县文管所《四川新都战国木椁墓》,《文物》1981年第6期。

② 段渝《论新都蜀墓及所出"邵之食人鼎"》,《考古与文物》1991年第3期。

③ 冯广宏、王家祐《郘之偩鼎疑辨》,《四川文物》1997年第1期。

墓葬具有荆楚地区春秋至战国楚墓的特征，表明墓主人与楚文化有一定的渊源关系。其中战国中后期21号墓出土的漆盒外底针刻“番阳馆”三字，为楚移民之物①。总之，楚国这个强邻在不间断地对巴施加影响之时，也把楚国的文化以及文字传入了巴地及蜀地。

蜀国东北境与秦相邻。《史记·秦本纪》载厉公二年（前475年）“蜀人来赂”。前387年，蜀攻秦之南郑地，同年，秦伐蜀，收复南郑。此后相当长的一段时期内，汉中为蜀、秦的交界地。《华阳国志·蜀志》记“周显王之世，蜀王有褒汉之地，因猎谷口，与秦惠王遇”。蜀侯遣使于秦，两国一度通好，往来不绝。此时蜀国华风渐盛，秦人也不断迁入。鲁人（一说魏人）尸佼曾参与商鞅变法，商鞅死后，尸佼逃亡入蜀，讲学著书②。蜀地已经有中原文字流行，否则尸佼无法立足。四川荥经曾家沟16号早期战国墓出土的漆器上有“成”“成草”，为春秋战国间中原文字③。可知蜀国也有中原文字的使用。秦灭巴、蜀之后，秦在巴地置巴郡，以巴氏为蛮夷长，行羁縻之治；保留蜀国，贬蜀王子弟为侯。据《华阳国志·蜀志》载，“移秦民万家实之”。张若为蜀国守，修筑成都城，行农垦，发展官府手工业。李冰继任蜀郡守，治理江水，建都江堰，使成都平原变为沃野。

至晚在战国中期开始，楚国从东方、秦国则从东北方进入巴蜀，原有的巴蜀文化发生了重大变化。巴蜀文字符号并没有很快消失，而是存在一个相当长的过渡期，此间从巴蜀文字独用，到与中原文字共存，再到中原文字独用。战国时期在巴蜀墓葬中同时出现两种文字符号，成都西郊石人小区战国墓中，既有中原文字“敬事”印，又有两枚巴蜀符号印（图3—52）。说明巴蜀人同时持有两种文字两种文字符号④。

---

① 四川省文物管理委员会、荥经县文化馆《四川荥经曾家沟21号墓清理简报》，《文物》1989年第5期。

② 《史记·孟子荀卿列传》集解引刘向《别录》：“商君被刑，佼恐并诛，乃亡逃入蜀。自为造此二十篇书，凡六万余言。卒，因葬蜀。”

③ 四川省文管会、雅安地区文化馆、荥经县文化馆《四川荥经曾家沟战国墓群第一、二次发掘》，《考古》1984年第12期。

④ 成都市文物考古研究所、成都市文物考古工作队《成都西郊石人小区战国土坑墓发掘简报》，《文物》2002年第4期。

图 3—52 汉字与巴蜀符号混合的印章

四川屏山沙坝墓地是战国末期到秦代的墓葬，墓中出现剑、矛等兵器以及带钩、印章等中原器物。10 号墓出土中原文字“敬事”印(图 3—53)，15 号墓出土巴蜀陶印两枚，覆斗形，中空，四面各有长方形镂孔。“田”字格各有一巴蜀符号(图 3—54)。这枚印章图形更加抽象化，处于向文字的过渡形态。“敬事”印二字形体不佳，可能是不太熟悉中原文字的当地人所铸，而田字格巴蜀印却完全采用中原印制。这种情况只能说明使用巴蜀符号文字者，在努力接受中原文字。宜宾原为僰人聚居地，公元前 316 年，秦灭巴蜀，一支蜀人沿岷江到达此地，这些墓葬带有典型的蜀人文化①。

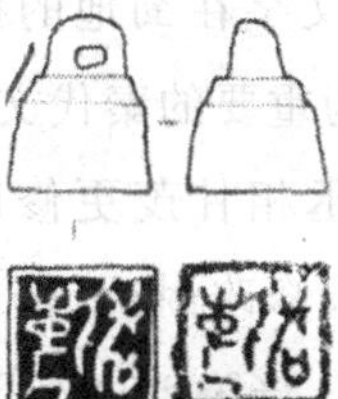

图 3—53 巴蜀墓“敬事”印

图 3—54 田字格巴蜀符号印

“王”字本义是象征权力的斧钺，先秦以来中原对于“王”字的概念就十分明确。南方“王”字铜器最早流行于湘水流域的春秋墓葬，春秋战国楚墓葬出土多件“王”字铜矛，战国中后期出现于湘水流域中上游和广东地区②。湖北

① 四川省文物考古研究院、宜宾市博物馆、屏山县博物馆《四川宜宾沙坝墓地 2009 年发掘简报》，《文物》2013 年第 9 期。

② 傅聚良《湖广地区出土的“王”字铜器》，《文物》2003 年第 1 期。

荆州院墙湾1号楚墓出土的三角形玉印(图3—55),中间"王"字,上有飞鸟,下有双鹿,印面与巴蜀印章十分相似,这个"王"印的印主应该是楚人,有可能是王室成员[①]。从风格形制来看,巴蜀图形符号印与此印雷同,巴蜀铜器、印章之"王"形符号很可能从楚地而来。汉廷常以"王"册封周边民族的首领,如著名的"滇王之印"就是一例。周边民族喜欢以"王"字装饰,如西域"胡王"锦,未必就是胡王所专用,巴蜀印章中经常见到的"王"字,也属于此例。

图3—55 "王"字玉印

秦统一巴蜀即推行秦文,在法令及日常使用中都使用中原文字。有关这个情况,史载不详,从考古发现中可以说明。在中原移民和官府手工业的产品中,多用中原文字标识。青川郝家坪100余座战国墓内有大量漆器,2号墓、26号墓的漆卮底,41号墓的漆奁底都有"成亭""成"的戳记,字形为秦篆,年代在战国中晚期[②]。"成""成亭"是指成都。《华阳国志·蜀志》记蜀王开明九世"自梦廓移,乃徙治成都"。成都从此成为巴蜀的经济、文化、政治中心,也是漆器的重要产地,标志"成亭"的漆器当是秦入蜀以后的产品。

秦军的进入和秦政的推行,也加速了中原文字在蜀地的推广。1979年,在青川北龙江下游50号秦墓内出土了一些极为重要的秦代文字资料,其中最著名的是一件秦武王元年(前310年)王命左丞相甘茂更修田律的木牍,共121字。牍文主要叙述了更修田律、律令内容、修改封疆、修道治浍、筑堤修桥、疏通河道六件事。字迹清楚,用古篆字体[③]。涪陵地区小田溪巴蜀人墓葬中既有巴蜀兵器,也有秦武王二十六年(前281年)铭文戈,其铭文为"武,廿六年蜀守武造。东工师宦,臣未,工□[④]"。青川白和乡白杨村发现一件铜戈,戈内上一面铸文"蜀东工",另一面刻"九年相邦吕不韦造,蜀守□。东工守□□

① 荆州博物馆《湖北荆州院墙湾一号楚墓》,《文物》2008年第4期。

②③ 四川省博物馆、青川县文化馆《青川县出土秦更修田律木牍》,《文物》1982年第1期。

④ 四川省博物馆、重庆市博物馆、涪陵县文化馆《四川涪陵地区小田溪战国土坑墓清理简报》,《文物》1974年第5期。

戈三,成都[①]”。中原文化进入,加速了巴蜀人的融合,巴蜀人也与秦楚移民一样,开始使用中原文字了。战国兴起的文字私印作为中原文字、文化的组成部分,在秦入蜀后,也在蜀地出现。四川芦山为蜀开明王故地,自春秋中期纳入蜀国范围。该地多次发现巴蜀印章和秦汉印章。中原印章中,除了汉官印外,有私名印,如“王子”“李”“求丑”“任封”“汤猛”“李宜私印”等,也有吉语印,如“日利”“日倍利”“日利宜泉”等,箴言印有“敬事”。这些印章中,早者为战国、秦,晚者属西汉,为中原移民之物[②]。该地同时出土不少巴蜀图形印章,说明为土著与移民杂居之地。巴蜀人也很快接受了汉字和汉字印章。1954 年,在四川冬笋坝巴蜀墓葬中出土了一批巴蜀图形符号印章和中原文字印章[③],在其他的巴蜀墓中也发现了一些中原文字的印章。这类印为篆书阴文或阳文,有半通、正方、半圆形,其内容多为吉语和箴言。吉语如“富贵”“万岁”,箴言如“中(忠)仁”。还有一些姓名印,如“高”。这些中原文字印均出自秦灭巴蜀以后的巴蜀人墓葬,可以证明受到了秦人的影响。在巴蜀墓葬中的巴蜀图形符号印章是实用之物,而中原文字印章则是专为入葬而制,这不仅表明巴蜀人对中原文化的崇拜,而且表明墓主是多少认识一些中原文字的。实际上,战国中晚期巴蜀人已经接受中原语言文字了。“蜀守李冰凿离堆,穿两江,为人开田,百姓享其利。是时蜀人始通中国言语,颇与华同[④]”。入汉以后,巴蜀之地与中原的联系进一步加强,“景、武间,文翁为蜀守,教民读书法令”。“及司马相如游宦京师诸侯,以文辞显于世,乡党慕循其迹。后有王褒、严遵、扬雄之徒,文章冠天下[⑤]”。此时,四川的大部分地区与中原无异,中原文字成为各民族的共用文字。

---

① 四川省文物管理委员会、四川省文物考古研究所《四川省文物考古十年》,载《文物考古工作十年》,文物出版社,1990 年。

② 周日琏《四川芦山出土巴蜀符号印及战国秦汉私印》,《考古》1990 年第 1 期。

③ 沈仲常、王家祐《记四川巴县冬笋坝出土的古印及货币》,《考古通讯》1955 年第 6 期。

④ 《文选·蜀都赋》刘逵注引《地理志》。

⑤ 《汉书·地理志下》。

第三节　受汉字影响的彝族文字

一　彝族先民与巴蜀、汉文化的接触

彝族是一个历史悠久的民族。彝族先民由南下的古羌人与西南土著居民逐步融合形成，生息在今四川、云南、贵州三省毗连的广大地区。对于彝族的渊源，尚有待于进一步研究，但是，较多的学者认为与西南夷中的濮人和叟人有密切关系。

彝族先民活动的地区在秦汉之前与中原不相连接，中间为巴蜀所隔，所以，首先受到了巴蜀文化的影响。巴蜀与中原文化沟通，具有高度文明，由于受到楚、秦的压力，逐渐向西南发展，促使巴蜀文化转移，蜀人向西南迁移的路线可以从考古发掘中得到证实。四川峨眉山符溪发现巴蜀土坑墓群，并有大量文物，峨边共安和永乐二地的土坑墓中出土巴蜀铜剑和铜矛，芦山清仁乡发现巴蜀铜剑及四枚巴蜀符号印章，犍为金井发掘出十余座巴蜀土坑墓葬，越西华阳村发掘出巴蜀土坑墓，会理瓦石田土坑墓发现和巴蜀铜戈相近的石戈范，汉源小堡和大田二地采集到两件巴蜀式铜剑，贵州威宁发掘的六座西汉早中期墓葬内也有巴蜀式铜剑，云南水富张滩坝发现巴蜀墓葬。由此可见，战国后期，秦汉期间，特别是秦灭巴蜀之后，蜀人正逐步移往彝族先民的地区。

向西南迁徙的蜀人保持着本民族的传统和文化。随着与其他民族的交流和融合，其特有的文化会在所到之处产生巨大影响。彝族先民生存的区域正处于蜀人迁居的路线上，受到蜀人文化的影响是自然的。

秦汉期间在西南地区设置行政区，当地的少数民族与中央王朝建立了臣属关系，《后汉书·西南夷传》对这些情况有比较系统的记载。东汉明帝永平年间，益州刺史梁国辅在州数岁，大力促进民族和睦，许多当地部落“举种奉贡，称为臣仆”。白狼王唐菆等作诗三章，以表达“慕化归汉”的心情，这首诗是用汉字记音的白狼语，犍为郡椽田恭熟悉这种语言，“讯其风俗，译其辞语”。这样，这首汉字记音的《白狼歌》诗句和汉译都完整地保存下来，在《后汉书·

西南夷传·莋都夷》《东观汉记·莋都夷》都有记载，晚出的《册府元龟》《通志》等书也有录文。

《白狼歌》传抄了1900余年，讹误难以避免，特别是"夷言"部，各本差异很大；即使在整理较精的中华书局本《后汉书》中的引文也沿袭旧误，未能订正。

《白狼歌》语言，比较一致的看法是属于古代藏缅语族，但是关于它具体的后裔语言的归属则分歧较大。1920年，丁文江把《白狼歌》与彝语比较，有21个词汇相近，认为白狼语为彝族先民的语言①。王静如把白狼语与西夏语、藏语比较研究，又以藏彝、侗傣语族与白狼语比较，结论是"白狼语与彝语支最接近，但也与藏语支有密切关系②"。此外，有关白狼语的系属，还有纳西语说、嘉戎语说、藏语说。目前来说，多认为白狼语与彝语支语言比较接近。

《白狼歌》

第一章

1. 提官隗构(大汉是治)　2. 魏冒踰(逾)糟(与天意合)
3. 罔译刘脾(吏译平端)　4. 旁莫支留(不从我来)
5. 徵衣随旅(闻风向化)　6. 知唐桑艾(所见奇异)
7. 邪毗堪𫄨(多赐缯布)　8. 推潭仆远(甘美酒食)
9. 拓拒苏便(昌乐肉飞)　10. 局后仍离(屈伸悉备)
11. 偻让龙洞(蛮夷贫薄)　12. 莫支度由(无所报嗣)
13. 阳雒僧鳞(愿主长寿)　14. 莫稚角存(子孙昌炽)

第二章

15. 偻让皮尼(蛮夷所处)　16. 且交陵悟(日入之部)
17. 绳动随旅(慕义向化)　18. 路且栋雒(归日出主)
19. 圣德渡诺(圣德深恩)　20. 魏菌渡洗(与人富厚)
21. 综邪流藩(冬多霜雪)　22. 莋邪寻螺(夏多和雨)

---

① 见《爨文丛刊》，商务印书馆，1936年。

② 王静如《东汉西南夷白狼慕汉歌诗本语译证》，《西夏研究》第1集，中央研究院专刊，1930年。

23. 藐浔泸漓(寒温时适)	24. 菌补邪推(部人多有)
25. 辟危归险(涉危历险)	26. 莫受万柳(不远万里)
27. 术叠附德(去俗归德)	28. 仍路孳摸(心归慈母)

第三章

29. 荒服之仪(荒服之外)	30. 犁籍怜怜(土地垸埆)
31. 阻苏邪犁(食肉衣皮)	32. 莫砀粗沐(不见盐谷)
33. 罔译传微(吏译传风)	34. 是汉夜拒(大汉安乐)
35. 趴优路仁(携负归仁)	36. 雷折险龙(触冒险陕)
37. 伦狼藏橦(高山歧峻)	38. 扶路侧禄(缘崖磻石)
39. 息落服淫(木薄发家)	40. 理沥发雒(百宿到洛)
41. 捕茝菌吡(父子同赐)	42. 怀稟匹漏(怀抱匹帛)
43. 传言呼敕(传告种人)	44. 陵阳臣仆(长愿臣仆)①

实际上这首诗先以汉文写成,再译注白狼语,所以译文中有不通顺的语句,译文有直译,又有意译,其中也有整句记音。值得注意的是在《白狼歌》中用了不少汉语借词,如“柳”(里)、“孳摸”(慈母)、“仪”(外)、“绨 ”(布)等,是同音或近音借词。“圣”“德”“仁”“臣”“仆”这种概念,无词可以表达,只得借自汉语,“万”“里”这样的普通词汇,许多少数民族也借自汉语,所以《白狼歌》中用借词并不奇怪。

《白狼歌》是四言诗,与先秦两汉流行的四言韵文吻合。彝族有五言诗的传统,而汉代中原正盛行五言诗,所以有理由认为,这是彝汉文化交流的产物②。

二 彝文的来源

彝语现主要分布在云南、四川、贵州、广西四省、自治区,属汉藏语系藏缅语族彝语支,有方言的差异。彝族的文字历史悠久,文献上称为彝文、爨字、罗

① 此释文采用马学良、戴庆厦《〈白狼歌〉研究》,《民族语文》1982年第5期。原文《白狼歌》附在汉文之后,现以《白狼歌》居前,汉文附后。

② 杨凤江《彝文五言诗及其起源考述》,《西南民族学院学报》,1988年第1期。

罗文、䟤书；彝语称之为“书眼”(su^{33} na^{33})。

彝文相传的创始者很多，彝族民间传说诸如吉禄老人、伯博伯耿、毕阿诗拉吉阿山、宓阿叠、阿呵等，彝文经典中记载的创始者有恒本阿鲁、伊阿伍、伯博耿以及“三圣”造字说法中的宓阿叠、白博耿冉冉一义等。汉文典籍提及阿畸者，阿畸也写作阿呵。《清一统志》卷484：“唐，阿畸，纳垢夷之后，隐岩谷，撰爨字如蝌蚪，三年始成。字母一千八百四十，号䟤书。爨人至今习之，以为书法。”《滇系·杂载》：“汉时有纳垢夷之后阿呵者，为马龙州人，弃职隐山谷，撰爨字，状类蝌蚪，二年始成。字母一千八百四十有奇，夷人号为书祖。”贵州《大定县志》卷13：“安国亨(明代人)所译夷书九则，内载阿呵唐时纳垢酋居岩谷，撰爨字，字如蝌蚪，三年始成，字母一千八百四十，号曰䟤书，即今夷字，文字左翻倒念，亦有象形、会意诸义。”

“阿呵”之“呵”为字书所无，其实古音“可”同“奇”。马王堆帛书甲本《德经》：“人多知，而何物兹[起]。”“何”用作“奇”，可证。因此，阿呵就是阿畸。“畸”，《说文·田部》：“畸，残田也。”段注：“残田者，余田不整齐者也。”阿畸寓意残缺，不整齐。陈士林怀疑阿畸为阿畤之误，阿畤拉查为祖传名巫，其远祖距今55代或58代，时间上与“唐纳诟夷之后阿呵”之文正合①。

阿畸为彝文的创造者，阿畸所在时代也就是彝文产生的年代。多数史、志称他为唐代人，少数文献称之为汉代人。因为现在发现的彝文碑碣等可靠的文字资料没有早过宋代，所以倾向于阿畸为唐代时人，不过阿畸汉代说也不能轻易否定。

据罗文笔所译彝文经典《说文·治国论》所记，在东汉光武时就有“宓阿叠造彝文”的传说，那么彝文起源在汉或汉以前。罗文笔译《帝王世纪·人类历史》所述，人类历史已历120代，造文字是29代之时，这样推算，文字的历史应有91代，至今已有1860多年了。这种传说，造字时间也与汉代说吻合②。

经彝族史学家的研究，彝族历史上最早聚居于滇池和滇东北地区，后迁向

---

① 陈士林《试论彝文的起源、类型和造字法原则问题》，《罗常培纪念论文集》，商务印书馆，1984年。

② 肖家成、武自立、纪嘉发《彝文源流试论》，《云南社会科学》1982年第3期。

贵州和四川凉山。前文已经说明，这个地区正是巴蜀迁移的路线，巴蜀文化与彝族先民的关系给我们一个启示，很可能是彝族先民从蜀人移民接受了蜀人文字符号。

迄今为止，川黔地区早期发现只有蜀人文字符号，而无其他。秦汉期间的蜀人文字符号并没有随着巴蜀政权的灭亡而立即消失，它在蜀人遗民中存在。四川犍为的蜀人土坑墓中，出土的扁茎无格柳叶形铜剑、铜矛以及其他一些兵器上都有图形性巴蜀符号，同时还出土了数枚图形符号印章①。四川越西华阳村巴蜀土坑墓葬内也发现有图形性巴蜀符号印章②。从年代看，犍为墓葬是战国晚期到西汉初，越西墓葬是西汉初年，距离传说的彝文创始期相近，而犍为、越西都是彝族先民的活动范围。战国晚期、秦汉阶段也正是蜀人遗民消失、蜀人文字符号逐渐为彝族先民接受之时。

从彝文来看，也可以证明它与蜀人文字符号的密切关系。据说，凉山彝族有人尚能识读郫县出土的巴蜀铜戈铭文。钱玉趾认为蜀人的一支融合于彝族之中，把郫县张家碾和新都铜戈的方块字与彝文加以对照，发现两者有惊人的相似性，彝文的固有笔画可以组成铜戈铭文中的每个字符。而且铭文中米、朩、㞢等字与彝文中的字相似或相同③。马学良也提出，“战国时的巴蜀文字有可能与彝族文字存在着历史上的联系④”。

1978—1979 年，贵州威宁中水进行了两次考古调查和发掘，在采集的陶片上发现了 51 个刻画符号。这些符号的部位比较固定，一器一符。符号的画线为横竖、交叉等，少量为弧线，一个符号少则 2 画，多至 12 画。因此，它与一般的陶文记号有所不同，有点像方块汉字的形体。发掘整理者认为这是一种原始的边远地区少数民族的记事符号。对照《彝文字典》，觉得形似者甚多，并且识读了部分符号。例如王，彝文是“做”的意思；⚹彝文有“掯”和“富裕”的

---

① 四川省博物馆《四川犍为县巴蜀土坑墓》，《考古》1983 年第 9 期。

② 四川凉山彝族自治州博物馆越西县文化馆《四川越西华阳村发现蜀文物》，《文物资料丛刊》(7)。

③ 钱王趾《古蜀地存在过拼音文字再探》，《四川文物》1989 年第 6 期。

④ 马学良等《彝族文化史》，上海人民出版社，1989 年。

意思；δ彝文发音 gǔ，是酒的意思，与商周青铜器“觚”同音同义，而刻符陶觚正合商代觚的形状[①]。以后，有人再对这批刻符进行研究，对照古彝文字典，依据古彝文的造字法和用字法，证之以古彝文文献，肯定为西南夷曾经盛行时的古彝文。认为“在造字方法和用字规律上，已经有象形、指事、会意和形声、转注和假借，有一字一音、一字多音、一字一义、一字多义等，已不再是原始的文字。可见，彝族先民早在战国前便有自己的文字[②]”。这的确是值得重视的发现，对研究彝文的起源有很大的参考价值。但是对文字的判断还有待于更多的实物资料，至少要有类似青铜铭刻的发现。陶器刻符发现之处甚多，且多为史前非文字性记号，形状大同小异，无非直线、曲线，多由数画组成。正因为形体简单，比较容易与一些相似的字形挂钩对照，所以，即使有对照材料也不一定就可靠。还要说明一点，这些陶器、陶片年代的上限在战国中期以前，下限在东汉晚期，如果真是古彝文或古夷经的话，这些刻符应属其下限东汉时代，而不是战国时期。当然威宁中水的陶器刻符是否为古彝文，还有待进一步的证实。总之，巴蜀文字符号在西汉时期已经逐渐在彝族先民地区传播，此后一段时期为彝族先民吸收和改造，成为历史上记载的西南夷经[③]，这很可能是事实。

彝文与汉字有许多共同点，这包括字形、笔形以及文字体制各个方面。这种共同点引起人们对彝汉两族文字关系的注意和探索。大家都肯定彝文在发生学上和汉字有很显著的历史渊源关系，推得远的认为两族在上古共同混创一种文字，或者因为氏族部落的分化，或者因为西南夷地区未接受秦代统一文字的号令而别为一支。也有人认为彝汉文字的关系只是表现在彝文大量地借用汉语的六国古文和以后的楷书、草书来表示彝语的音节。这些看法都有一个共同之处，这就是彝汉文字在战国之前是有过联系的，或者说是存在历史渊源的。这种观点与我的推测不谋而合，是比较接近的。巴蜀文字在商周时从

① 贵州省博物馆、威宁县文化局《威宁中水汉墓》，《考古学报》1981 年第 2 期。

② 王正贤、王子尧《贵州威宁出土古代刻画陶文研究》，《贵州民族研究》1989 年第 4 期。

③ （晋）常璩《华阳国志 · 南中志》：“夷中有桀点能言议屈服种人者，谓之耆老，便为主论议好譬喻物谓之夷经，今南人言论虽学者亦半引夷经。”

中原传入，春秋战国期间由于交通受阻而形成独特的巴蜀文字；而古彝文则是在汉代继承巴蜀文字而来。所以说，彝汉文字从总体上看虽有渊源关系，实际上却无直接沿革的证据，这种复杂关系决定了两种文字的面貌给人以似与不似的感觉。

三　彝文的体制

彝文的字形和汉字一样，也是方块字。乍一看去，彝文字形似在篆、籀之间，与楷书不同，故称之“字如蝌蚪”。蝌蚪文字最初指孔壁古文[①]，曾有人认为专指笔画前粗后细如蝌蚪形的战国文字，而实际上，魏晋以后是泛指古文字[②]，那些字形奇古、不易辨认的字皆可称为蝌蚪文字。彝文称为蝌蚪文字，也是从这一点出发的。彝文外形像汉字，可是部件结构和汉字完全不同，用汉字的知识去认，一字不识。彝文的笔画有与汉字楷体一样的横、竖、撇、点、折，又有与汉字古文字一样的弧线和曲线。笔顺也与汉字相同，一般先上后下，从左到右，先外后内，只是曲线、弧线和圆形线可以随意书写。彝文没有汉字楷体笔画中的各种粗细变化，只是等粗的圆均线条。所以，彝文的外形与汉字的古文字更加相似。可是彝文的部件与汉字古文字的部件不同，倒与巴蜀文字中的草体相近。巴蜀文字与汉字古文字有继承关系，而彝文可能继承了巴蜀文字，所以与彝文的关系，古汉字比现代汉字更加接近。巴蜀文字与彝文在形体上相似，除了个别部件有类同的现象外，很难找到二者的相同点。发生期的彝文没有金石之类的文献遗留下来，也没有有关古彝文的文字学著作传世，人们很难了解它的原始面貌。同时，彝族散居，文化科学比较落后，彝文一直缺乏统一的规范。因此，民间传写的错误无法及时纠正，以讹传讹，形成文字中大量的不规则字形变异，结果使人很难如研究汉字源流一样来探讨彝文的来龙去脉。

彝文的文字类型是一个争议比较大的问题。有些学者如柯象峰、罗常培、

① 《书序》：“鲁共王好治宫室，坏孔子旧宅以广其居，于壁中得先人所藏古文虞、夏、商、周之书，及传《论语》《孝经》，皆科斗文字。”

② 参阅王国维《观堂集林・科斗文字说》。

陈士林等认为它是一种音标文字或音节文字[①]，彝文是表达彝语的一个个音节的音节符号[②]，而马学良、丁椿寿等认为它是一种表意文字，和汉字类型相同[③]，而武自立等主张它是综合型文字，“既不是单纯的表意文字，也不是单纯表音的音节文字，而主要是具有表意特点，也具有表音特点的综合型文字[④]”。

我赞成彝文是标意文字的说法。主张音节文字的人特别注意到清人的“字母一千八百四十”的“字母”，认为“字母”说法都是表音的，但是，任何一种文字的字母数不会有1840个，流通的字数在8000字以上[⑤]，因此我们不必拘泥于古人的只言片语。造成这种误会的原因，主要在于彝文中有大量同音通用现象。这种理论上的困惑在汉字研究中也产生过，也有人因为甲骨文中存在比例很高的假借用法，而误把甲骨文看成标音文字。这一点我们放在后面加以讨论[⑥]。

彝文有两个来源：自创和借用汉字。

从汉字借入，一般经过变形，以示区别。彝文引入汉字是客观存在的。朱文旭、马娟指出：彝文只借汉字的独体字，有的经过改造“与原来的字体差别很大，要么增减笔画，要么改变字体方向”。在音形义方面有两个特征，一是借形借音不借义，一是借形借义不借音。

借形借音不借义，如四川彝文：（牛）、（出）、（工）、（见）、（井）、（卅）、（廿）等，如果用现成的术语就叫音读或假借。后者就是训读，就是用同义的汉字标志彝文的词。这样彝文对汉字的借用就是音读和训读两途，合乎一般借用规则。

贵州彝文：（牛）、（廿）、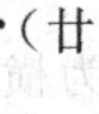（天）；云南石林彝文：（正）、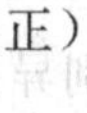（片）、

① 柯象峰《猡猡文字之初步研究》，《金陵学报》1938年第8卷第1、2期合刊。

② 参阅陈士林《论试彝文的起源、类型和造字法原则问题》，《罗常培纪念论文集》，商务印书馆，1984年。

③ 参阅《中国大百科全书·民族》中“彝文”条；丁椿寿《论彝文的类型及其超方言问题》，《贵州民族研究》1981年第1期。

④ 武自立、纪嘉发、肖家成《云贵彝文浅论》，《民族语文》1980年第4期。

⑤ 李民《彝文》，《民族语文》1979年第4期。

⑥ 本节彝文字例主要根据柯象峰、陈士林、李民、朱文旭、黄建明、马学良文章内容（篇名可见本节注释），在此基础上展开研究、阐述。

(区)、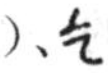(乞)、(车)等。

借形借义不借音:四川彝文之一、二、三等数字[1]。

该文提供了一些借自汉字的彝文,研究彝文如何对汉字改形。

第一,斜置,即保持一种倾斜的态势。其中又可分两种情况:整体倾斜,如四川彝文(井),云南石林彝文(片)、(五);笔画的倾斜比较普遍,特别是加的短画,都是斜置的。两者密不可分,互为因果。彝文与汉字总体面貌差异就是倾斜,喜欢采用斜笔,每字横画或者竖画总有斜笔,给人一种特别的感觉。西南部的少数民族采用汉字大多喜欢斜置,变化出一新的面貌,很容易屏蔽外人的视线,形成一个封闭的实体。汉族的闺中女书的特点也是斜置,虽然是汉字的变体,却营造出一种新形体,把很多研究者骗了,误认为是少数民族文字。

第二,增减笔画。增加笔画,一般采用在原来的笔画一端加上短画,与原画相连,并不独立。如四川彝文、、(一、二、三),"一"在两端加相反方向的短画,"二""三"在最末一横起笔处加短画,(工)原来横画两端都加了短画,右端是两画连成的折笔。云南楚雄彝文(工)、(廿)、(西),云南石林彝文(可)均在原来汉字的最长横一端或两端加短画,(从)之两"人"上端都加一横。减少笔画的情况比较少。贵州彝文(白)少了一撇,云南楚雄彝文(心)减了一点,云南石林(白)减了一撇又减了一竖。

第三,改变笔画形态。彝文改变汉字的笔画形态有多重方法:直者曲之:云南石林彝文(亏)、(王)、贵州彝文(母),很明显这是故意把笔画弯曲,以求别异。彝文的基本笔画是直线,横向为横,纵向(包括倾斜之竖笔)为竖。贵州彝文(六)横画上下三点均为横画,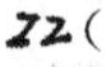(八),撇与捺均变作同方向的竖画。

第四,改变方向。这是彝文最明显的特征,且有悠久历史。民国十五年版(1926年)《大定县志·风土志·夷字》:特别记录夷字形体可以向左翻

① 朱文旭、马娟《彝文中的借汉字研究》,《中国民族古文字研究会第七次学术研讨会论文集》,第3页,民族出版社,2004年。

转，上下颠倒，为汉字所无。改变原来字形的方向是彝文的基本造字法，它也用在对汉字的改造上面。有右旋90°，四川彝文（出）、（六），云南石林彝文（车）；左旋90°，四川彝文（山），云南楚雄彝文（天）；有旋转180°，云南楚雄彝文（出），云南石林彝文（区）、（二）。

第五，综合改造。彝文改变汉字大多数是多方面的改造，一般是加笔再斜置，使得原字形体大变。

一（汉字）→右转加笔（彝文）

二（汉字）→右转加笔（彝文）

三（汉字）→右转加笔（彝文）

五（汉字）→右转缺笔（彝文）

六（汉字）→右转加笔（彝文）

七（汉字）→翻身屈笔（彝文）

九（汉字）→变笔加笔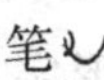（彝文）

十（汉字）→右转加笔（彝文）

百（汉字）→右转缺笔加笔（彝文）

田（汉字）→加笔（彝文）

牛（汉字）→右翻（彝文）

第六，随意性比较大。大致在以上的原则下，改变汉字形体比较随意，并无严格规定。因此出现了异体字。如“六”，四川彝文，贵州、云南彝文，“七”，四川彝文，贵州彝文，云南楚雄彝文，云南石林彝文，差别很大。

彝文对汉字的改造有一定成法，使得原来的汉字形体发生巨变，面目迥异。整个彝文形体简单，倾斜成势，来源汉字与自造字浑然一体，外人难以辨认，误以为彝文独立成字，与汉字无关。

彝文除了以楷书为原形外，还采用古文和草书；因为字形与汉字通行体不同，所以变形不大。

（汉字“五”古文）→（使齐，彝文）

（汉字“之”古文）→右转（念经，彝文）

（汉字“吕”古文）→（受惊，彝文）

（汉字“朱”古文）→（名字，彝文）

（汉字“水”草书）→（彝文）

（汉字“天”草书）→（彝文）

陈士林称，在彝文借自汉字的字汇中，有一些是钟鼎文和货币文字，“以六国系古文字为数较多，而借用货币文字特多”，并整理了42个借用字①。先秦的少笔画金文及战国货币文字中的有些简单字形，形体上的特征性不强，而彝文中相似之字完全可能自造，不必从冷僻的变形古文中去寻觅，而且如此高古的汉字，既不可能自先秦借入，又不可能从金石学大兴之清代借入。再者，此学在中原尚不普及，况处一隅之兄弟彝族？对陈士林借货币文字之说，质疑颇多，看来自有缘故②。

彝文来源除了借汉字改造外，另一部分是象形为基础的自造字，包括会意、形声等。彝文形体简单，笔画多直线，有些象形字，貌似古老，与甲骨文类比，实际是没有根据的。汉字彝文改造汉字的历史上限很难确定，但是有一点可以肯定，它是一个长期延续的过程。

古代中国境内除了汉字是标意文字外，比较完善而有较长使用历史的标意文字还有西夏文。汉字经历了自原始文字到成熟阶段的完整发展过程，是由标形文字的象形、会意、指事的结构方式，借助假借、转注的功能形式的文字体系，转变为以形声字为主的标意文字。西夏文缺乏文字的初期阶段，字形结构中没有象形字的构形因素，只有人为的规定性，所以它可以通过部件位置的变化造字，在合体字中没有象形、指事、转注的结构。彝文的原始阶段似有似无，而且地方变异较多，文字有较大的随意性。它虽有象形字，却不如古汉字那样肖形，它的象形组合中不是严格的指事、会意，而是介于中间的状态。它

① 陈士林《试论彝文的起源、类型和造字法原则问题》，《罗常培纪念论文集》，商务印书馆，1984年。

② 其实陈士林曾反对过随意把字形相似的字联系在一起。说：凡属“书体化”的图形文字，彼此之间很容易会有部分相像。解读古代文字、符号和图形时，需要十分慎重。见《规范彝文的实践效果和有关的几个问题》，《民族语文》1979年第4期。

虽有形声字，可是数量不多，不成主体，而变体造字则十分发达。此外，它文字中大量的假借办法，使人又觉得与汉字的标形文字相仿佛。因此，彝文与汉字、西夏文比较，更近于西夏文，与现代汉字、古代汉字比较，更近于古代汉字。

象形字

彝文早已脱离原始阶段，因而它的象形字已由自然肖形而过渡到简练的符号化笔画。作为文字，即使同一概念的象形字，根据不同的民族心理习惯，可以造出不同形体的字。

眼睛 梳子

蛙 蜘蛛

梯 船

指事字

彝文的指事字和汉字一样，“视而可识，察而见意”，是在象形体上加符号，使人明白字的含义。如人的身体()两侧加短画成“”(腰)字。又如水()上加画为“”(飘)，覆水()下加点为“”(滴)，水中加点为“”(溢)。

会意字

和汉字一样，也是比类合义，把两个或两个以上的字组合在一起，表达一个新的意义。如：二“”(手)为“”(抱)、以“”(爪)搅“”(水)为“”(浊)。

形声字

彝文的形声字不仅没有汉字那样大的比例，形式上也不如汉字那样齐整。形声字的关键是要具备表示类义的意符，而这一点彝文已经相当成熟，有从象形字中脱胎而出、表示某些意义范畴的符号。如“”标志“人”及有关的一些概念，“”表示与“口”有关的一些概念，“”表示家禽、家畜有关的概念。

彝文的形声字和汉字不同，它尚未形成专司表音的声符，声符的功能由意符兼代，所以形式上由两符合成，内容稍有不同。它大致上可以分成两类：

一种是意符和意兼声符合成。如“”(锈)由“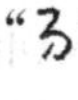”(锈)与“”(铁)合

成，其中“”意兼声，“”仅指明对象。

另一种是由两个意兼声符号合成，两个符号都含有意义也都表示读音。如“”（se[33]主）由“”（se[33]主）与“”（se[21]仙）合成。其中“”音义完整，而“”同样音义完整，不过它的意义只起补充说明作用。看来彝文中的形声字不如汉字的形声字那么发达，它多由本字增加意符或声兼意符而来，有点像汉字形声字中的累增字。

部件变体字

部件变体是彝文的一种造字方法，它改变文字内的部件位置或增减笔画而形成新字，也称为“变体造字”“转位造字”。它不仅用于改变借用的汉字形体，也用于自造字。这种造字办法并非孤例，西夏文就大量采取部件变位造就新字；其中许多方式彝文与西夏文相同，可见这并非偶然现象。彝文和西夏文部件变位的最大差异在于前者为语音或词义关系，后者只是词义关系。如：

 ta[44]抢　 tu[44]起　 du[33]烟升貌　 da[33]杂乱

 tʰa[21]一　 tʰa[21]锐利　 tʰa[33]山壁虎　 tʰi[21]其

语音变体只改变语音元素中的一部分，变化限制在一定范围内，“声母相同时，韵母、声调不同也可以变体。反之，韵母、声调相同，声母不属同一部位的不能变体，如塞音、塞擦音文字不能互变；唇音、舌尖音、舌面音之间不能互变①”。部件变体产生的新字与原字有声调、声母、韵母上的规则变化。

部件变体可分三大类，一类是互换位置，一类是增加或减少笔画，另一类是前两类的综合变化。

彝文的部件互换位置比西夏文更有特色，很明显，它是以字为圆心，外周旋转变化，这与彝文笔画简单、近几何线条、没有明显的方向性有关。

旋转 90°比较少，如：

fu[33]（夫）　fu[33]（嫁）　tɕɛ[33]（跑）　tɕɛ[33]（清）

① 黄建明《彝文造字法》，《中国民族古文字研究》第 3 辑，1991 年。

旋转 180°较为普遍：

gɯ^{21}（雁）　gɯ^{21}（床）　dʐɯ^{21}（插）　tsə^{55}（安装）

lo^{21}（龙）　lo^{33}（月）　mi^{55}（刀）　mi^{21}（方法）

旋转中有的改变方向，公转再加自转。如：

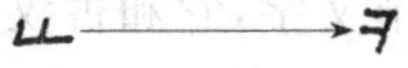

the^{33}（刃）　to^{33}（剁）

向上转 90°为，再自转 180°成。

增加或减少笔画使局部结构发生变化，形成一个新字。增减笔画有点、竖、横、弯、圆等；有一画，也有多画，有的增笔只是在原画上增长而已。如：

增：　　　　　　　　减：

za^{21}（子）　za^{55}（还）　ʐo̱^{33}（生）　ʐo̱^{33}（个[人]）

当然还有综合旋转和增减笔画的方法，两个方法的组合可以形成更多的新字。如：

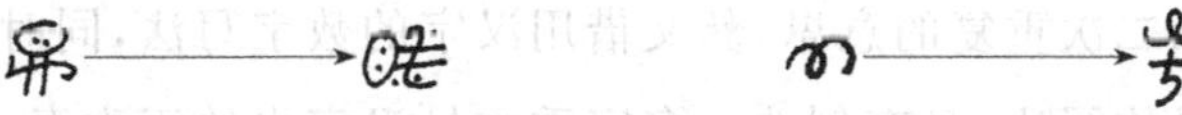

ɣɯ^{33}（走）　ɣɯ^{21}（户）　ʐi^{33}（水）　ʐa^{55}（右）

前例旋转 90°后再加四点，后者旋转 180°后再加一个部件。

语音部件变体造字是彝文所特有的。这一点，学术界早有察觉，指出"在构形中有些彝文似乎有表音的成分①"。词义变体遵循了词义变化的规律，即词义引申，而语音变体也受到语音变化规律约束。有人认为彝文中语音部件变体造字现象是表音字，这是一个误会，所谓表音字，正确地说叫标音字，这种文字构形以标志语音构成为原则，通俗地说是拼音成字。很明显，彝文中这类字是不符合这个要求的，它只能是标意文字中的特殊现象。

彝文作为标意文字，却不能以形声字的方式大量造字，建成一个有序的系

① 马学良《彝文和彝文经书》，《民族语文》1981 年第 1 期。

统，而采用各种指意不清的办法分别造字。造字不足，彝文“依声托事”，广泛使用假借字，彝文中一个字，通过同音通假，可以标志一批同音词。这样类似的同音通假的现象在汉字的甲骨文中也出现过，有人认为这种假借字是纯粹的表音文字①。同样，彝文的研究者对彝文中的大量假借字也有相似的看法。陈士林认为彝文的音节文字性质，可以从同音（近音）通假的广泛使用中反映出来。马学良认为彝文的纯表音字是假借字，武自立等也认为彝文假借字具表音文字特点②。彝文中的假借字当然不是标音字、音节文字，它和古汉字中的假借字一样，是一种标形文字的功能，或是标意文字初期的假借字现象。它和标音文字的差别在于，一是不能显示语音构成，不论音素的或者音节的；二是大量的假借用法中仍能找到本义本字。这是对彝文文字类型正确判断的重要问题，必须有一个科学的解释。

彝文中使用的字外符号有重文号和句号。彝文文献普遍使用重文号，以省写重出的字。按照使用字数的不同，可分三种：一字重文为，二字重文为，三字重文为。实际用一个“＝”号代表一个字，类推三个字用三个“＝”号。汉字的重文号自先秦起即为“＝”，后又演化为“:”，很晚才改为“々”。推想重文号用“＝”，是第二次重复的意思，彝文借用汉字的数字写法，同时也引进了这个符号，而对具体写法，又有创造。多字重文号汉字也始于先秦，秦汉简帛书常可见到。如秦简《秦律杂抄》：“求盗勿令＝送＝逆＝为＝它＝事者赀二甲。”读为“求盗勿令送逆为它，令送逆为它事者，赀二甲”。彝文的多字重文的体例完全相同，很可能是从汉字引进的，因为汉字多字重文号一直流行到明代。

彝文在早期应当是统一的，现在四川、云南、贵州三省的彝文存在着一定的差异。目前妨碍彝文发挥正常文字功能的，主要是各种不规范的现象。字形的随意性，多一点笔画，少一点笔画，旋转或不旋转，有时是造字法，有时只

① 参阅吉林大学古文字研究室《古文字研究的现状及展望》，《古文字研究》第1辑，中华书局，1978年。

② 参见陈士林《规范彝文的实践效果和有关的几个问题》，《民族语文》1979年第4期；马学良《彝文和彝文经书》，《民族语文》1981年第1期；武自立、纪嘉发、肖家成《云贵彝文浅论》，《民族语文》1980年第4期。

是异体。有现成的字不用而又另外造字或用假借字。同音假借是彝文重要的文字功能，但是通假的随意性，使用过滥，特别是那些方言语音等近音假借，从而动摇了假借的语音基础。掌握大量彝文文献的毕摩（巫师）为了显示自己的博识，增加神秘色彩，用字喜欢标新立异，故弄玄虚，任意改变字形，甚至自造、私改文字。彝族地区几乎每个村寨都有毕摩，毕摩造成的文字错误会在这个区城内得到承认，毕摩的作用只能加剧文字的混乱。有关学者呼吁整理彝文异体、别字，规范写法，实行“书同文”。

对于彝文与汉字的关系，即是否同源或仿制的问题，直至现在，学术界依然争议颇多。但是，对于彝文中存在汉字因素则并无异议。闻宥曾推论，彝文发生有四个阶段或四个部分：一为袭自汉字，因其间有近似篆文或同楷书相同者；二为彝族自创；三为经假借而成为表音字者；四为文中的独特字形之字[①]。由汉字楷体变体的彝字自然是从中古以后借入的，问题在于类似汉字古文，更明确一点地说与巴蜀文字相似的彝字是自创还是借入？

如果彝族先民从巴蜀遗民那里接受巴蜀文字的说法成立的话，彝文的古文字只是间接地和汉字发生关系。就现见的彝文而言，除了外形上与汉字相像、文字类型上和汉字相同外，其文字具体的内容与汉字相去很远。彝文出于巴蜀文字之说成立，彝、汉文同源理当成立，但是，这个前提尚需进一步论证。撇开源头看，彝文并无仿照汉文的证明。另一方面，彝、汉两族兄弟民族长期共处，汉族文化对彝族影响十分明显，彝文中包含不少汉字因素，特别是借入的汉字经过变形处理后，融入彝字之中，浑然一体。这一点，和西南其他少数民族（如水族）对汉字的借用方式有共通之处。

四 历史悠久的彝文文献

彝文文献十分丰富，较早的文献都保存在金石之中。以诺印模的原印正面六字，据研究，印文为彝字“夜郎王之印”，此印由贵州威宁境内得之，现仅存拓本。昭通蛙钮彝文铜印，印面阳文彝字“妥鲁（堂狼）山里手辖印”，西

① 闻宥《读爨文丛刻》，《图书季刊》1936年第1卷第1期。

汉时物[1]。最早的石刻是南宋开庆己未年(1259年)镌刻的《拦龙桥碑记》[2]。贵州大方明成化二十一年(1485年)铸的铜钟,上有彝、汉铭文八幅(图3—56)。罗甸水区明嘉靖二十五年(1546年)立的《新修千岁衢碑记》有彝文、汉文各一幅。明万历年间《水西大渡河建石桥记》也有彝文、汉文各一幅[3]。

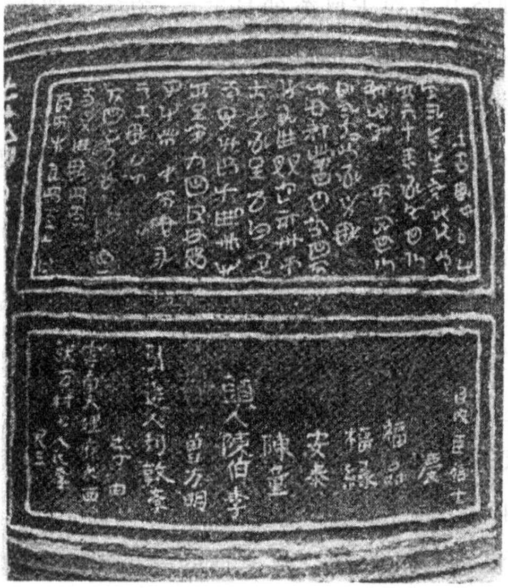

图3—56 明成化年间铜钟上的彝文与汉文铭

云南武定、禄劝两县发现两处彝文摩崖刻石,在禄劝法宜则村边称为"钻字岩"的摩崖(图3—57),上刻有诗文,其中两种汉字,一篇是"凤公世系",为明代嘉靖十二年(1533年)禄劝州知州徐进所题[4]。另一汉字刻石为"武定年民府土官知府凤世袭角色",凤英(1507—1511年)晚年所刻。彝文刻石与两通汉字刻石并列,为彝族先辈凤阿维、凤来玉所刻,记叙凤家家族历史。刻石的年代在明末。贵州大方千岁衢碑为汉字、彝文双字碑,明代嘉靖年刻。此两

① 张公瑾主编《民族古文献概论》,民族出版社,1997年。

② 参阅黄建明《彝族古籍文献概要》,云南民族出版社,1993年。

③ 参阅马学良、陈英《贵州彝族文物考》,《文物》1982年第4期;余宏模《明代万历壬辰水西大渡河桥彝文碑》,《贵州民族研究》1981年第4期。

④ 张传玺《云南武定、禄劝两县彝族的碑记、雕刻与祖筒》,《文物》1960年第6期。

碑为最古老的彝文碑。

图 3—57 法宜则村彝文摩崖刻石

彝文很早就有刊印本，现藏国家图书馆的彝文《太上感应篇》(图 3—58)，为明代云南武定刊本①。它是汉文《太上感应篇》的译本，彝族全面接受汉文化，不仅是文字，思想观念等日益趋同。

以上彝文中，早期的还有待进一步确认，不过明代文献是确定无疑的。传世尚有彝文木牍(图 3—59)，代表日常使用的字体。

图 3—58 明代彝文刊本《太上感应篇》

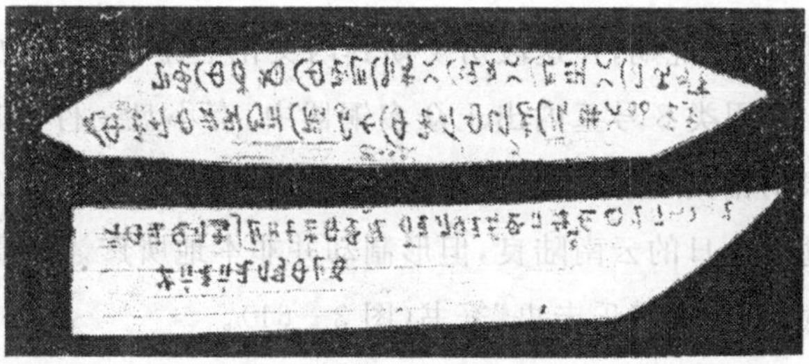

图 3—59 彝文木牍

① 张秀民《中国印刷史》，上海人民出版社，1989 年，第 496 页。

第四节　汉字在南中的传播

一　汉字传入夜郎

夜郎是秦汉时期由南方民族建立的一个雄踞西南的国家，在战国开始，与楚就有往来。

晋常璩《华阳国志·南中志》："周之季世，楚威王遣将军庄蹻，泝沅水出且兰以伐夜郎，植牂柯系船。于是且兰既克，夜郎又降。"西汉时期，夜郎到汉廷受封夜郎王，《史记·西南夷列传》：汉廷灭南越，夜郎入朝，"上以为夜郎王"。"西南夷君长以什数，夜郎最大。"《史记·西南夷列传》："西南夷君长以百数，独夜郎、滇受王印，滇小邑，最宠焉。"《后汉书》云夜郎东接交趾，西有滇国。其君长本出于竹，以竹而为姓也。

夜郎国是西南夷之南夷，地处贵州及湖南西部、广西北部一带，贵州毕节赫章可乐遗址一带是夜郎古国所在地，多年来古墓葬考古发现了大量的战国、西汉、东汉文物。赫章可乐墓葬可分为甲类墓和乙类墓，前者是汉人墓葬，随葬器物与其他地区汉墓相同。后者是土著氏族墓葬，具有地方特征器物，具有不同形式的套头葬。甲类墓葬的年代从西汉中后期至东汉初期，乙类墓葬上限可到战国晚期，下限至西汉晚期，多数在西汉早、中期。两者共存的时代在西汉中、晚期，在这段历史期其内文化上互为渗透，处于融合的进程中。

甲类 8 号墓内出土众多铜器中，有小盘一件，口径 27 厘米、高 7 厘米，刻隶书铭文一周："同劳澡盘比五尺周一，元始四年十月造。"（图 3—60）澡盘产地在今日的云南陆良，但形制却并非本地所产。8 号墓内甑五件，其中一件内底铸"富贵昌乐未央"篆书（图 3—61）。

17 号墓出土"郭顺之印"、175 号墓出土"毕赣印"、176 号墓出土"毕宗私印"（图 3—62）。

其他墓葬出土六件铭文镜，有中原流行的日光镜和昭明镜。乙类与甲类墓区别明显，陪葬品的形制花纹多具有西南地方特色。当然甲类墓也有地方特色的物品，乙类墓同样有中原器物，可见不同种族民众文化正在融合之中[①]。秦始皇三十三年(前 214 年)置象郡，下辖汉阳县。汉武帝建元六年(前 135 年)置犍为郡，下辖也有汉阳县。汉阳在可乐河上游，为汉阳县所在。

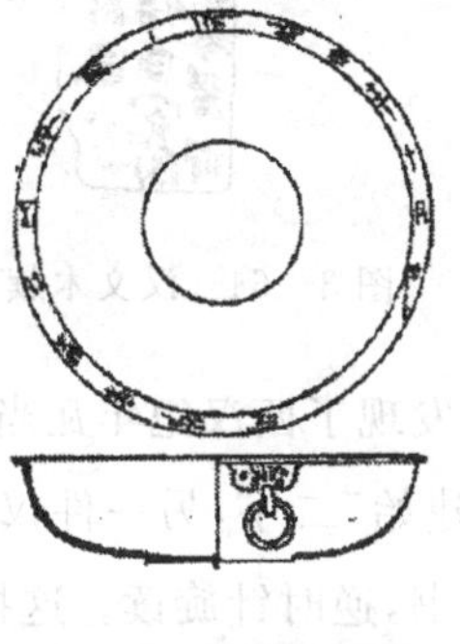

图 3—60 汉文铭澡盘

图 3—61 “富贵昌乐未央”篆书

图 3—62 “郭顺之印”“毕赣印”“毕宗私印”

贵州安顺宁谷汉代龙泉寺遗址第三地层出土少量汉代绳纹板瓦、筒瓦，发现“长乐未央”瓦当残片，在建筑残件中发现 10 件“长乐未央”，9 件当面分四区，分列四字。另一件仅存小半，一侧有“长乐”二字(图 3—63)，两边有变形云气纹，其他字无法判断。又发现一件木牍残片(图 3—64)，有 13 个隶字，长 15 厘米、宽 5.2 厘米、厚 0.5 厘米。今安顺在春秋为牂牁地，战国秦汉为夜郎所属，汉武帝元鼎六年(前 111 年)设牂牁郡，宁谷龙泉寺遗址可能为牂牁郡所[②]。

① 贵州省博物馆等《赫章可乐发掘报告》，《考古学报》1986 年第 2 期。

② 贵州省文物考古研究所《贵州安顺市宁谷汉代遗址与墓葬的发掘》，《考古》2004 年第 6 期。

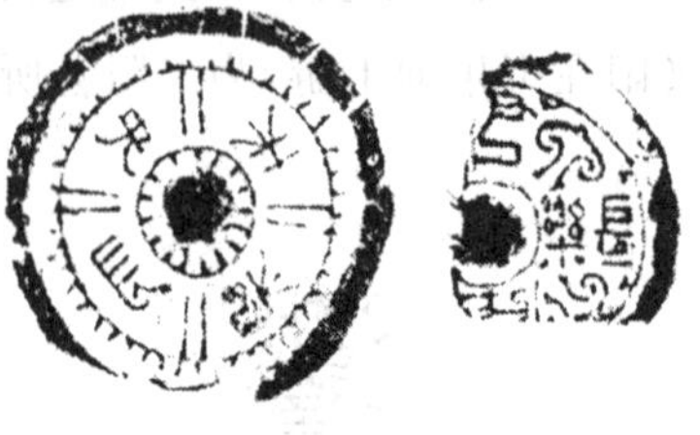

图 3—63 “长乐未央”“长乐”瓦当

图 3—64 汉文木牍残片

1988 年和 1992 年，在赫章可乐粮管所遗址发现了西汉纪年瓦当，有“建始”瓦当(图 3—65)，阳文旋书，顺时针旋读，仅存“建始”二字，另一件仅余“建”，两件为同模所制。“四年”瓦当(图 3—66)，阳文篆书，逆时针旋读。这批瓦当的制作工艺和装饰风格均属西汉中期之后的特征，“建始”为西汉成帝年号，如果铭文肯定是“建始四年”(前 24 年)，这是考古发现年代较早的瓦当。说明至晚西汉后期赫章可乐已有汉文化传入，并有一批熟悉汉字的人生活在当地[①]。

图 3—65 “建始”瓦当

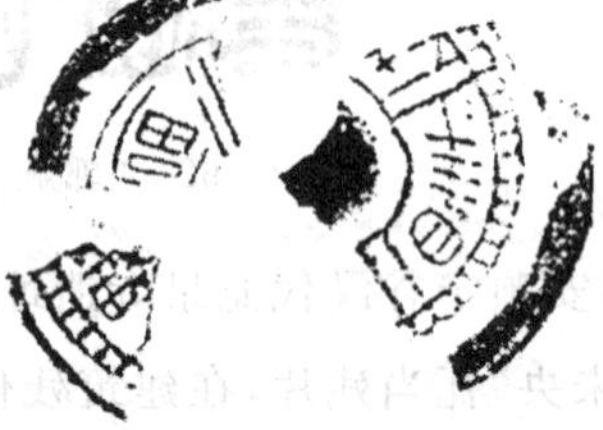

图 3—66 “四年”等字瓦当

众多铭文铜器、印章证明汉武帝建元六年(前 135 年)在此设郡，中原汉人迁入，汉字随之进入夜郎。

二 汉字传入古滇

云南从遥远的古代起就有人居住，元谋人、丽江人、西畴人和旧石器时代

① 张元《贵州赫章可乐出土西汉纪年铭文瓦当》，《文物》2008 年第 8 期。

文化遗物的发现，可以充分地证明这一点。云南各地的新石器文化既有各自的特点，彼此之间又有一些共同点，有共同的文化因素。尽管境内多高山峡谷，河流湍急，造成远古部落的相对分离状态，但是彼此之间以及和内地之间在种族、文化等方面的联系还是客观存在的。云南各地的新石器文化虽然不能确指属于哪个族系，但据史载，这些远古的居民是濮人[①]和越人[②]，还有从西北地区不断南迁的氐羌[③]。以巨石砌筑墓室的大石墓可能为濮人之冢，火葬墓很可能就是羌人所遗。云南的青铜文化依然受到中原地区青铜文化的影响，楚雄万家坝古墓群虽有强烈的地方色彩，但是受到中原文化的影响也十分明显。无胡戈是模仿殷商的形制，无格扁茎剑与西周早期无格剑有一定的渊源关系[④]，祥云大波那墓出土的豆和匕，是中原华夏生活习俗传入的明证[⑤]。

《史记·西南夷列传》载，公元前5世纪庄蹻入滇：

> 始楚威王时，使将军庄蹻将兵循江上，略巴、黔中以西。庄蹻者，故楚王苗裔也。蹻至滇池，方三百里，旁平地，肥饶数千里，以兵威定属楚。欲归报，会秦击夺楚巴、黔中郡，道塞不通，因还，以其众王滇，变服，从其俗，以长之。

庄蹻是溯江经巴、黔中入滇，他带兵众入主为王，虽然服从当地风俗，但楚国的文化也会全面地带入，中原文字也会随楚人传开。

公元前285年，秦蜀郡太守攻占筰（今雅安），南下渡过金沙江，进入云

① 《逸周书·伊尹朝献》："产里百濮、九菌，请令以珠玑、玳瑁、象齿、文犀、翠羽、菌、鹤、短狗为献。"产里，今西双版纳。

② （晋）常璩《华阳国志·南中志》："南中在昔盖夷越之地。"

③ 《后汉书·西羌传》："畏秦之威，将其种人附落而南，出赐支河曲西数千里，与众羌绝远，不复交通。"汪宁生认为羌人自发南迁此前已经开始。

④ 云南省博物馆文物工作队、四川大学历史系考古专业《云南楚雄万家坝古墓群发掘简报》，《文物》1978年第10期。

⑤ 云南省文物工作队《云南祥云大波那木椁铜棺墓清理简报》，《考古》1964年第12期。

南，夺取宁蒗、丽江一带。秦统一中原之后，开拓五尺道，由僰道（今宜宾），过石门（今盐津豆沙关），经朱提（今昭通）达味县（今曲靖），直至滇池（今晋宁）。

汉武帝元狩元年（前122），遣王然于等寻通身毒国道，至滇，滇王见使者，公元前109年滇王降。《史记·西南夷列传》：

> 滇王者，其众数万人，其旁东北有劳漫、靡莫，皆同姓相扶，未肯听。劳漫、靡莫数侵犯使者吏卒。元封二年，天子发巴蜀兵击灭劳漫、靡莫，以兵临滇。滇王始首善，以故弗诛。滇王离难西南夷，举国降，诸置吏入朝。于是以为益州郡，赐滇王王印，复长其民。

益州郡设24县，滇王继续在位，治所即滇王中心之地，在今晋宁。1955年起，晋宁石寨山进行了多次发掘①。1956年第二次发掘，共清理了20座墓葬，6号墓的漆棺底部发现一方蛇钮金印，印面篆书“滇王之印”四字（图3—67）。印面2.4厘米见方，重90克。此印即《史记》所载滇王王印，证明了石寨山就是一代滇王及其家族的陵寝地。石寨山多次发掘出土了大量滇人特色的兵器和工具，有贮贝器、铜鼓、中原铜镜，有一枚西汉中后期铜镜有篆书铭文“口思君王心思不忘”，36号出土了“王□私印”铜印。江川李家山古墓群离晋宁石寨山仅10余公里，也为滇人所遗，也属滇人墓葬②。李家山墓葬出土大量民族特色的兵器、铜鼓、铜葫芦笙，还发现西汉中晚期百乳镜、铜弩机、五铢钱等中原器物。铜弩机上刻有“河内工官二百”，昭明镜、日光镜镜背有铭文，小松山墓中铜壶

图3—67　滇王之印

① 参见云南省博物馆《云南晋宁石寨山古遗址和墓葬》，《考古学报》1956年第1期；云南省博物馆《云南晋宁石寨山古墓群发掘报告》，文物出版社，1959年；云南省博物馆《云南晋宁石寨山第三次发掘简报》，《考古》1959年第9期；云南省博物馆《云南晋宁石寨山古墓第四次发掘简报》，《考古》1963年第9期。

② 云南省博物馆《云南江川李家山古墓群发掘报告》，《考古学报》1975年第2期。

有“大徐氏二千石”。汉字随着汉人的进入而传入，出土器物的铭文，可能是中原输入，也可能是滇人自制自刻，不管是自制或传入，当地有些人已经认识这些汉字。

益州设郡之后，汉廷募徙汉民，实行屯田，巩固边防，促进经济繁荣。东汉平帝末年，文齐为益州太守，开通灌溉，垦田2000余顷，修障塞，降集郡夷，增强了经济、军事实力。东汉明、章时为了加强对哀牢地区的统治，设置益州郡西部属国都尉。《后汉书·西南夷传》：

永平十二年，哀牢王柳貌遣子率种人内属，其称邑王者七十七人，户五万一千八百九十，口五十五万三千七百一十一。西南去洛阳七千里，显宗以其地置哀牢、博南二县，割益州郡西部都尉所领六县，合为永昌郡。

永昌郡的西部有今云南保山、思茅、西双版纳等地，并有今缅甸的伊洛瓦底江中上游地区和怒江下游地区。由此可经缅甸北部直至印度，“蜀身毒道”变为现实。东汉朝廷选拔内地清廉有文才的官吏去边郡，安定社会，输送先进的汉文化。《华阳国志·南中志》：

孝明帝初，广汉郑纯独尚清廉，毫毛不犯。夷汉歌咏，表荐无数，上自三司，下及卿士，莫不叹赏。明帝嘉之，因以为永昌郡，拜纯太守。章帝时，蜀郡王阜为益州太守，治化尤异，神马四匹出滇池河中，甘霜降，白乌见；始兴文学，渐迁其俗。

三　古滇无文字

晋宁石寨山为西汉时期滇人的墓地，13号墓的出土铜器中，有一片方形铜片，上端有一孔，下端残缺，残长42厘米、宽12.5厘米、厚0.1厘米。铜片分四栏，中间有图形，最上面是雉鸡，下有扛枷的囚犯，缚手的女子，首级以及牛、马、猪、豹等动物之头，有的画面还有圆圈（图3—68）。铜片发表以来有多人对它作了解释,大同小异①。林声认为这是图画文字:“不像一般图画那样一看就能明白”,“经过反复思索,这不是一般的装饰花纹或图画,而是一种图画文字②”。林声引援了中东的苏美尔文字泥版的方格中的圆圈,墨西哥阿兹特克人的图画文字中的圆圈符号,证明铜片上是图画文字。樊海涛在解释铜片上的画面时,赞成此说:“鉴于这种图案与一般图画不同,其目的不在表现美而在于表达观念,界乎图画与文字之间,可以称之为‘图画文字’(pictographs or picture-writing)③。”这铜片似为杀俘祭祀的画面,具体解释各家大致出入不大,但是它确实不是图画文字,而是叙事的画面。任何人类社会的场景或者画面,离不开它的社会风俗、当时的历史背景,不可凭直观就能解释画面的所有问题,这是十分正常的,因此不能“一看就能明白”就说这是图画文字。关于画面上的圆圈,以第一栏来说,扛枷囚徒下一个,牛头下七个,马头下两个,羊头下两个,用圈数表达数量,是原始计量办法,与文字使用数目字不同。图画文字这是一个有歧义的名词,一种解释为文字的前期,用图画众多事物表达一种比较复杂的意思,它需要附带解释,否则意思不甚明确。以前人们称之图画文字,实际并不是文字,只是像文字那样传达意思,就如肢体语言不是语言道理一样。还有一种严格意义的图画文字,笔者称之为标形文字。文字用来表音,由所标词来传达语义。最简单的识别办法,符号有没有重复,没有重复出现者就是图画。由此可见,石寨山的铜片不是科学意义的图画

图3—68 石寨山滇人图画铜片

① 云南省博物馆《云南晋宁石寨山古墓群发掘报告》,文物出版社,1959年,104—106页,插图26-1)

② 林声《试释云南晋宁石寨山出土铜片上的图画文字》,《考古》1964年第5期。

③ 樊海涛《再论云南晋宁石寨山刻纹铜片上的图画文字》,《考古》2009年第1期。

文字，所以这不能作为滇人有文字的依据，至少到目前为止，尚未发现滇人有文字的证据。

四　汉晋时期滇中汉文化

东汉以来，云南与内地连为一体，随中原朝代更迭而变化，云南地区发展迅速，文化上与内地接近，汉字进一步传播，使用日益广泛。

今见东汉刻石中，最早为昭通曹家包墓的石座刻字，在四个斜面上，三面刻玄武、白鹭、朱雀，一面刻"建初九年三月戊子造"。建初为章帝年号，建初三年为公元84年①。

《封地刻石》，也称《延光刻石》。1956年孙太初等在昆明南郊塔密苴村东北小路发现，原砌于桥上。石高1.15米，文6行，每行8至13字不等，字体为隶之古者，字迹多磨灭不清。首句有"延光四年"，为封地之石②。

《孟孝琚碑》，光绪二十七年(1901年)在昭南城南白泥井马氏舍旁出土，碑残高1.33米，文15行，每行现存21字，每行上缺7字，分书，立于和帝永元八年(96年)，有人认为立于永寿年间。出土后有众家考证。碑短而文要，录文如下：

□□□□□，□□丙申，月建临卯。

严道君曾孙武阳令之少息孟广宗卒。□□□□，□□□遂，广四岁失母，十二随官，受韩诗，兼通《孝经》二卷，博览□□，□□□□，□改名为琁，字孝琚。闵其敦仁，为问蜀郡何彦珍女，未娶□□。□□□□□十月癸卯，于茔西起坟，十一月乙卯采。下怀抱之恩，心□□□，□□□□。其辞曰：□□□□，□□□结。四时不和，害气蕃溢。嗟命何辜，独遭斯疾。中夜奄丧，□□□□，□□□燃，忽然远游。将即幽都，归于申丘③。凉风

① 载《新纂云南通志·金石考一》。

② 孙太初《云南古代石刻丛考·汉封地刻石》，文物出版社，1983年。

③ 申丘，原释电丘，诸家无考，高文云："不详，疑是其乡葬地山名。"误。按："电"即"申"字，"申"为"神"字。"神丘"，《庄子·应帝王》："鼷鼠深穴乎神丘下。"此指坟丘。

渗淋，寒水北流。□□□□，□□□期，痛哉仁人，积德若滋。孔子大圣，抱道不施。尚困于世，□□□□。□□□渊，迹遇此灾。守善不报，自古有之。非独孝琚，遭此百离。□□□□，□□□覆。恨不伸志，翻扬隆洽。身灭名存，美称修饬。勉崇素意，□□□□。□□□时，流惠后昆。四时祭祀，烟火连延。万岁不绝，勖于后人。□□：□□□□□失雏。颜路哭回孔尼鱼。澹台忿怒投流河。世所不闵如。□□□□□□□。武阳主薄李桥字文平。书佐黄羊字仲兴。□□□□□□。□记李昺字辅谋。铃下任骡①。

碑文典雅，内杂四字韵语，引经据典，都不亚于中原之作。孟孝琚自幼接受今文学，通《韩诗》《孝经》，和中原士族无别。

《孟孝琚碑》与两处孟氏铜印都在昭通梁堆附近发现，可知这些墓为大姓孟氏。孟氏之祖先可能是当地非汉族居民，但在东汉时已成汉人。

南中地区在西汉中期就陆续住进了中原移民，部分南中大姓也来源于他们。东汉时期昭通地区的大族接受中原先进的生产技术，而且仰慕中原文化，深受熏陶。在昭通地区东汉墓葬发掘出的汉式器物，可知汉字在当时的云南已经相当普及。

在昭通"梁堆"墓葬区的二坪寨 2 号墓，1953 年发现汉代子母铜印，辟邪钮，当时报告只发表了母印印文"孟塍之印"，定为"孟滕之印"②（图 3—69 右）。1972 年 4 月在梁堆又发现三方一套铜印，辟邪钮，印面 2 厘米，母印定为"孟蒄之印"，子印亦辟邪钮，印文定为"孟蒄"，子印中又有一方小印，印文定为"伯称"（图 3—70）。同时追加公布了 1953 年子母印的子印，印文为"孟滕"③（图 3—69 左）。据载，两次发现铜印的墓葬相距 100 米，封土几乎相连，两墓的部分墓砖纹样相同。"孟塍之印"出土时，并有"货布"发现，定为东汉前期墓葬。此两铜印印钮制作一致，大小相等，皆属孟氏墓。原文错释，"孟塍"当

① 此录文主要依据高文《汉碑集释》，河南大学出版社，1985 年。

② 孙太初《两年来云南古遗址及墓葬的发现与清理》，《文物参考资料》1955 年第 6 期。

③ 云南省昭通文化馆《云南昭通发现东汉"孟蒄"》，《文物》1975 年第 5 期

为“孟朕”，“孟䍃”当为“孟玩”①。

图 3—69　孟朕之印

图 3—70　孟玩之印

“孟朕”与“孟玩”的意义有关联，“孟玩”之字“称”与“朕(胜)”两字意义相当。《国语·晋语四》：“为礼而不终，耻也；中不胜(勝)貌，耻也。”韦昭注：“胜(勝)，当为称。中不称貌，情貌相违。”《论衡·案书》：“薄厚不相胜(勝)，华实不相副。”《说文通训定声·升部》云：“胜(勝)，假借为称。”似不必作假借字看待，两字本有共同意义，实为同义字。由此可以证明“孟朕”与“孟玩”两人之间关系非同一般，可能有血缘之亲。两方孟氏印采用的是缪篆，东汉时期私印多用缪篆，以其唯美，形式多样。孟氏二印都有增笔，求得印文饱满充实，其中一印笔画盘曲，似为流行的云书②。可以看出孟氏的文化艺术修养很高，汉文水平不在中原名士之下。昭通在汉代属于犍为郡，郡下有朱提，即今昭通、鲁甸一带，南中大姓孟氏所在地，此两墓可能是朱提孟氏家族墓葬。

《汉晋春秋》(《三国志·蜀书·诸葛亮传》引)诸葛亮听闻孟获为夷、汉所

---

①　前印定为“孟滕之印”，将“塍”定作“滕”，显然不妥。“塍”字下面三画不是“水”，实为饰笔，起到充实印面作用，没有实际意义。此字只能是“朕”字。汉代“朕”常作“胜(胜)”的假借字。如，马王堆帛书乙本《老子·道经》：“自朕者，强也。”甲本作“胜(胜)”。胜，有称扬义。《礼记·表记》：“君子问人之寒则衣之，问人之饥则食之，称人之美则爵之。”“孟塍之印”当作“孟朕(胜)之印”，其“朕(胜)”为称扬义。“孟䍃之印”之“孟”，“皿”增笔，笔画多于小篆之“皿”。“孟䍃”之“䍃”，字书无此字，原文误释。此字实为“玩”字，细审两“王”之下“[illegible]”非“完”，只有两横，当是“元”，上画两端垂下，罩住“元”，是缪篆曲满之形。“王(玉)”从左侧挪移至上部，并增加一“王”，成双“王”，依然是一“王”的含义。“孟”“玩”的盘曲笔画和重复部件，使得两字结构得到平衡。“孟玩之印”之子印为“孟玩”，小印“伯称”，知为孟姓，名玩，字伯称。“玩”在汉代亦非贬义。如张衡《思玄赋》：“玩阴阳之变化兮，咏《雅》《颂》之徽音。”玩，体察也。《楚辞·九章·思美人》：“惜吾不及古人兮，吾谁与玩此芳草。”玩，称赏也。称本有称扬义。如《史记·曹相国世家传》：“百姓离秦之酷后，参与休息无为，故天下俱称其美矣。”古人名与字有意义联系。称本有称扬义，玩有称赏义，两者是近义词。《晋书·陆晔》：“弟玩，字士瑶，器量淹雅弱冠有美名。”

②　参见陆锡兴《缪篆新考》，《出土文献与古文字研究》第4辑，上海古籍出版社，2011年。

服，七纵七擒，最后孟获说："公，天威也，南人不复反矣。"蜀汉军遂至滇池，南中平定。夷是指南中本地少数民族，"夷、汉所服"说明孟氏大姓世居南中，与当地人和睦相处，有能力作南人的代表。孟获可能是"孟朕"与"孟玩"的后代，从孟氏的印章看，实为汉民，至少是汉化已久的古滇人。

此外，还有一些铜器铭文，如朱提堂狼洗。堂狼在今东川、会泽一带。铭文为篆文，两侧有鱼、鹭纹。多为传世品。在昭通、西安及山东等地汉墓都出土过。

东汉以后发现的比较重要的汉字资料：

姚安阳派水库西晋咸宁四年(278 年)墓砖文。在墓道口顶砖中，一块有"宜侯王大吉羊"铭，一块有"泰始二年造"铭，后室有十余块砖反文"咸宁元年吕氏家作吉羊"铭，后壁一块"咸宁四年大中大夫李氏造"铭[①]，字体为带篆意的隶书。

昭通后海子东晋太元年间(376—395 年)墓题壁。墓室北壁正中为墓主像，右上方有八行墨书：

> 晋故使持节都督江南交宁二州诸军事建宁越巂兴古三□□守南夷校尉交宁二州刺史成都县侯霍使君之像君讳□字承嗣卒是荆州南郡枝江牧六十六岁薨葬蜀郡以太元十□□二月五日改葬朱提越渡□余魂来归墓。

此外，东壁有"厥""番鹿""宣兵□""左帛虎"题字；右壁有"右青龙""玉女以草授龙""金女□聪而祠""广雀""虎□鹿""龙楼"题字，前壁有"中问年"题字[②]。

《晋爨龙骧墓石》，1961 年出于陆良南许坝岩古墓，高 20 厘米，书体在隶楷之间，太和六年(371 年)立，共 20 字。

① 孙太初《云南姚安阳派水库晋墓清理简报》，《考古通讯》1956 年第 3 期。

② 云南省文物工作队《云南省昭通后海子东晋壁画墓清理简报》，《文物》1963 年第 12 期。

《晋爨宝子碑》，清乾隆四十三年于曲靖南扬旗田爨君墓前出土，通高1.9米，额题“晋故振威将军建宁太守爨府君之墓”15字，碑文共13行，行30字；碑尾有题名13行，行4字。八分字体，大亨四年(405年)立。

《宋爨龙颜碑》，明代已显于世，高3.38米，额书“宋故龙骧将军护镇蛮校尉宁州刺史邛都县侯爨使君之碑”。碑阳凡24行，行45字；碑阴分三列，上列15行，中列17行，下列16行，每行3至10字不等。楷体，立于南朝宋大明二年(458年)。

《爨宝子碑》和《爨龙颜碑》对称“小爨”和“大爨”，碑主应为同一家族。碑文多别体字和假借字，多有俗态，较中原碑字稍逊，但是书法极佳，在书法史上占有很高的地位。

爨姓是汉晋时期的云南大姓。

《三国志·蜀志·李恢传》载：“李恢字德昂，建宁俞元人也。任郡督邮，姑夫爨习为建伶令。有违犯之事，恢坐习免官。太守董和以习方土大姓，寝而不许。”爨习后来官至领军之军事要职。爨氏进入云南当在东汉之前，爨氏家族称雄南中(今云南全境、贵州西部和四川南部)，作为从汉末到中唐数百年间云南的统治者，世袭太守拥兵自重，割据边陲一方。东晋南朝间两位有名人物即爨宝子和爨龙颜，直到570年才分为西爨白蛮和东爨乌蛮。

张增祺以为：爨氏即西南地区的少数民族僰人，近代白族的先民。西汉初，原居于英道县一带的僰人，因当地汉民日多，被迫迁徙。过金沙江向云南的昭通、曲靖地区迁移。爨宝子、爨龙颜、爨龙骧等即僰人，后来僰人又向滇池区域和滇西地区移动。李京《云南志略》：“今中庆、威楚、大理、永昌皆僰人，今转为白人也。”唐樊绰《蛮书·蛮夷风俗》说：“言语音，白蛮最正，蒙舍蛮次之，诸部落不如也。”白蛮语音最正，是以汉语为标准的。“正因为僰人(白蛮)汉化程度很深，通行汉文，语言与汉语接近，埋葬方式亦与汉族同。所以他们的墓葬和汉族‘大姓’的‘梁堆’墓相似，是很自然的[①]”。

① 张增祺《古代云南的“梁堆”墓及其族属新探》，《云南民族学院学报》1989年第4期。

五　南诏与南诏文字

唐代洱海地区的昆明、哀牢、磨些等乌蛮诸部较汉晋时期有了较大发展，已有定居的农业生产，构筑城邑，形成酋邦。经过相互兼并，留下六大酋邦，称作六诏。散居在洱海周围及东南大理的白蛮有发达的农业经济，不仅种五谷，还种植桑麻，建城郭，和汉地相仿，使用汉字，“自云其先本汉人”，语言“大略与中夏同[①]”。其中有汉化的僰人和汉族民众，并出现了赵、杨、李、董、张等几十个大姓的贵族。六诏之一的蒙舍诏争取白蛮大姓，占有其地。蒙舍诏住地最南，又称南诏。唐代为了镇遏吐蕃，扶持南诏，兼并其他五诏，统一了洱海诸部，天宝年间，东进滇东，兼并两爨，成为唐西南疆的南诏国。

南诏立国后，与唐朝保持密切的关系。南诏十三代王中，有十个王受唐朝册封。农业、手工业的发展需有汉族人民的参与，南诏国不但接受汉族人进入，还让被俘唐朝兵将及被掠平民中相当一部分留居本地。

南诏受汉文化的影响很深，其境内本来就居住不少汉人和汉化的白蛮，因此汉文化有很牢固的基础。唐朝主动帮助南诏上层学习中原文化，“赐孔子之诗书，颁周公之礼乐[②]”。唐朝嶲州西泸县令郑回，精通儒学，被俘后为王室子弟之师，曾教过凤伽异、异牟寻、寻梦凑祖孙三代。异牟寻继位，郑回为清平官，他积极推进汉化，在文化、官制、兵制等方面效仿唐朝，礼乐渐盛。德宗贞元后，南诏常派学生到成都和长安学习书算[③]，“许子弟入太学，使习华风[④]”。南诏有许多优秀的文章和诗歌的作家。《南诏德化碑》行文流畅，语句典雅，辞藻华丽。从今存《南诏中兴二年图卷》的题记，知南诏有《张氏国史》《巍山起因》《铁柱记》《西洱河记》等史书。在中国诗歌中，唐代诗歌成就最高，南诏也出现了许多诗人。如段义宗《题大慈寺芍药》：“繁影夜铺方丈月，异香朝散讲筵风。”《题三学院经楼》：“玉排拂道珊瑚道，金错危楼翡翠楼。”杨奇鲲《游东洱

① 《唐会要》卷九十八，《通典》卷一百八十七。

② 《全唐文》卷八百二十七《报坦绰书》。

③ （唐）孙樵《书田将军边事》。

④ 《新唐书·南蛮中·南诏下》。

河》："风里浪花吹又白，雨中岚色洗还青。江鸥聚处窗前见，林狖啼时枕上闻。"这些诗都有盛唐的诗风①。

南诏是一个多民族组成的奴隶制政权。有关南诏的族属，过去曾有一些争议。20世纪初，西方学者如英人拉古伯里、美国人杜德等认为，南诏国由傣族的祖先建立起来。20世纪30年代以来，中外学者如冯汉骥、希洛克、凌纯声等提出异议。20世纪50年代江应梁在《南诏不是傣族建立的国家》一文中，否定了南诏王室傣族说，并且明确指出："目前关于南诏的族属问题虽然没有一致的看法，但所争论的是白族和彝族问题②。"现在，学术界比较一致的看法是南诏的主体民族属于乌蛮和白蛮，即今彝族和白族的先民。

南诏国是由蒙舍诏的蒙氏家族建立起来的，而蒙氏出自氐羌系统的乌蛮。南诏国东部的两爨旧地，东爨即居住乌蛮，乌蛮为彝族的先民。现在，在南诏发祥地的巍山，仍居住着一些自称"拉鲁巴"的彝族，他们与南诏王族有亲缘关系，为王族的后裔。南诏王室为乌蛮，但官僚贵族中多数是白蛮。《南诏德化碑》碑阴题名中，段、李、张、赵、杨、尹等白蛮姓氏为多，重要的官职，如"清平官、大军将、六曹长"，多数是白蛮，就连出征的将帅、出使的使臣也多是白蛮。白蛮是原洱海地区的主要民族，并以白子国存在，本来就有了一个比较集中、统一的政治组织，所以蒙氏南诏国是建立于白蛮政治、经济、文化基础之上的政权。

白蛮是白族的先民，与汉族文化、语言的关系尤深。白语和彝语都属汉藏语系藏缅语族彝语支，白蛮的语言与中原汉语相近，有些名物称呼相异，而蒙舍蛮语言和汉语差异稍大。唐樊绰《蛮书》卷8"蛮夷风俗"记："言语音白蛮最正，蒙舍蛮次之，诸部落不如也。但名物或与汉不同，及四声讹，重大事多不与面言，必使人往来达其词意，以此取定，谓之行诺。"南诏统一洱海地区后，以白蛮语言为基础，融合成为新的、包含许多汉语言成分的白族语言。洱海地区本汉晋故土，初唐也设政，汉字在当地有很长的使用历史，南诏国自然而然沿用汉字，作为官方文字。

---

① 诗皆收入《全唐诗》。

② 参见祁庆富《南诏王室族属考辩》，载《西南民族研究·彝族专集》，云南人民出版社，1987年。

南诏使用汉字基本与中原相同，为了表达本族语言，有些字只取读音而不用本义，即所谓假借。《新唐书·南蛮上·南诏上》：“官曰坦绰、曰布燮、曰久赞，谓之清平官，所以决国事轻重，犹唐宰相也。”“坦绰”彝语 t'ɑ^{55} dʐ̩ɔ^{55}，t'ɑ^{55} 意为上，dʐ̩ɔ^{55} 意为主持或管理；“坦绰”彝语为主管上层政权事务之职。“布燮”彝语 dv̩^{11} ɕe^{11}，bv̩^{11} 意为部，ɕe^{11} 意为拿；“布燮”彝语义为管辖所属各部落事务之职。“久赞”彝语 ntɕe‘u^{11} tʂɑ^{2}，ntɕ‘u^{11} 意为通过，tʂɑ^{2} 意为算；“久赞”彝语义为经算官。“清平”彝语 tʂ‘e^{33} p‘i^{33}，作为官职名称，有辅宰大臣或辅宰丞相之义①，此种南诏假借字在五代人所著《玉溪编事》中也有记载。

南诏以 12 月 16 日为星回节日，南诏王游于避风台，命清平官赋诗。骠信诗曰：

> 避风善阐台，极目见藤越（原注：邻国之名也）。悲哉古与今，依然烟与月。自我居震旦（原注：谓天子为震旦），翊卫类夔契。伊昔经皇运，艰难仰忠烈。不觉岁云暮，感极星回节。元昶（原注：谓朕曰元，谓卿曰昶）同一心，子孙堪贻厥。清平官赵叔达曰（原注：谓词臣为清平官）：法驾避星回，波罗昆勇猜（原注：波罗虎也，昆勇野马也②，骠信昔年幸此，鲁射野马并虎）。河阔冰难合，地暖梅先开。下令俚柔洽（原注：俚柔百姓也），献赕弄揀（原注：国名）来。愿将不才质，千载侍游台③。

其中“震旦”“元昶”“清平官”“波罗”“昆勇”“俚柔”都是表示南诏语的假借字。

唐樊绰《蛮书》卷 8“蛮夷风俗”所记：大虫谓之波罗（原注：亦名草罗），犀谓之矣（原注：读如咸），带谓之佉苴，饭谓之喻，盐谓之宾，鹿谓之识，牛谓之舍，川谓之赕，谷谓之浪，山谓之和，山顶谓之葱路，舞谓之伽。傍加，富也；阁，高也；诺，深也；苴，俊也。东爨谓城为弄，谓竹为剪，谓盐为眴，谓地为諒，谓

① 参见马学良、朱崇先《从语言论证南诏王室的族属问题》，《云南民族学院学报》1990 年第 1 期。

② 昆勇，现剑川白语 phi^{55} ŋo^{55} 记音同，指牦牛，不是野马。

③ 《太平广记》卷四百八十三引文。

请为数，谓酸为制。言语并与白蛮不同。

南诏不仅用假借字表达当地词语，而且已经把词语的假借字固定化，见其字即可知其词。

六　大理国与大理汉字

南诏后期，王室荒淫无耻，并且不断地发动对外战争，使国内的经济日益凋蔽，引起国中上下怨恨，南诏国最高统治阶层的权力之争也达到了高潮。白蛮势力逐渐掌握了实权，郑回的后裔郑买嗣篡夺王位，南诏国灭亡。后又有短暂的大长和国、大天兴国及大义宁国，最后白蛮段思平推翻了大义宁国，在晋天福二年（937 年）建立了大理国。大理国疆域大致与南诏国相同，政治、经济中心在洱海周围地区。从大理开国到蒙古蒙哥汗四年（1254 年）为蒙古所灭，存世 300 余年。

大理国存在大致与宋朝时间相同，两者和平相处。宋太祖乾德三年（965 年），宋平后蜀，大理国即致牒祝贺。开宝元年（968 年），向宋表示通好之意。太平兴国初，白王遣使入宋乞求内附，宋太宗册封其为云南八角郡王。政和六年（1116 年），大理国王段和誉遣使到汴京，宋徽宗册封段和誉为云南节度使、大理国王。南宋绍兴年间，大理国请求入贡、售马，诏却之。宋金和议，可向北方买马，不必再向大理买马，宋与大理关系更加疏远了。

大理仰慕中原文化。政和六年（1116 年），大理国使李紫琮途经鼎州（今湖南常德），闻学校文物之盛，专门去瞻拜孔子像，并谒见诸生。又求观御书阁，举笏扣首[①]。乾道九年（1173 年）大理人售马求书：

> 忽有大理人李观音得、董六斤黑、张般若师等，率以三字为名，凡二十三人，至横山议市马。出一文书，字画略有法，大略所须：《文选五臣注》《五经广注》《春秋后语》“三史”加注、《都大本草广注》《五藏论》《大般若十六会序》及《初学记》《张孟押韵》《切韵》《玉篇》《集圣历百家书》之类。

① 《宋史・外国传四・大理国》。

……其后云：古人有云：察实者不留声，观行者不识词，知己之人，幸逢相遇，言音未同，情虑相契。吾闻夫子云：君子和而不同，小人同而不和。今两国之人不期而会者，岂不习夫子之言哉。续继短章，伏乞斧伐。短章有“言音未会意相和，远隔江山万里多”之语。其人皆有礼仪，擎诵佛书，碧纸金银字相间①。

大理和中原一样，尊奉孔子，诵经拜佛，故索求儒家经典、史书、韵书、总集、佛典等文集，传统相仿，观念相同。大理王室自认为是汉人后裔，所以汉文化得到了进一步的推广，比南诏时期更进了一步。

在南诏后期，乌蛮的蒙氏王朝为了借助白蛮力量，与白蛮通婚，所以，到了末期王族基本上已白蛮化，语言上逐渐接近白蛮。大理国时期，白蛮当国，保留较多汉语成分的白蛮语取得了绝对优势。大理国的文学作品文字优美，反映了高超的汉语驾驭能力。现存的《兴宝寺德化铭》《嵇肃灵峰明帝记》《高生福墓志铭》《昆明经幢造幢记》，用语工丽，用典若化，与中原毫无差别。《护法明公德运碑》，撰文者为“大宋国建武军进士”，建武军即今广西南宁。宋朝进士行文在大理立碑，竟然毫无隔阂。大理国的文字资料在考古发掘中屡有出土，其作品形式、语言和中原完全相同。在《三十七部会盟碑》及《段政兴资发愿文》中还保留一些白蛮词语，其中一部分是从南诏一直沿用下来的，如官职名“布燮”“督爽”“陀栖”“礼乐爽”，在《新唐书·南蛮传·南诏》中皆能

图 3—71 《三十七部会盟碑》

① 《文献通考》卷三百二十九引（宋）范成大《桂海虞衡志》。

见到。

大理国和南诏一样使用汉字，用字基本上和中原一样，但是有些文字现象却十分引人注意，早在宋代的周去非、范成大就有记录。无论是公文、佛经及题识，大理国都把"国"字写成"圀"。"國"字，武则天认为"国中或者惑也"，故改成"圀"。武氏新字先后颁布全国，新疆的唐墓已屡有新字发现。武周时期也传入云南，现在安宁大石庄的《王仁求碑》为武周圣历元年（698年）所立，碑中天、地、国、日、月、圣等字皆为武周新字，特别是"圀"字，屡屡出现。武周新字寿命不长，神龙元年（705年）武则天退位，新字即废。云南也不例外，改"圀"为"国"。大历元年（766年）阁罗凤所立《南诏德化碑》中用"国"而不用"圀"，如"我赞普钟蒙国大诏""大唐特进云南王越国公""南国止戈""酬上柱国"等。此时南诏虽然立国，还望以后与唐朝重结旧好，终于在贞元十年（794年）订立盟约，复归于好。这种友好关系一直延续到劝龙晟（810—815年）。此后，南诏攻唐，掠夺奴隶、财富，关系交恶。南诏弃"国"而复用"圀"，这个情况保持到大理国。现见的资料可以证明这一点：

南诏丰祐天启十一年（850年）刻张傍龙造像记"圀王天启十一年"。

大长和国郑买嗣安国六年（902年）《护国司南抄》卷末"时安圀圣治六载"。

大理国保安八年（1052年）《荐举七代亡疏》"十六圀王奉诗文"。

大理国文治九年（1118年）《维摩诘经卷》"大理圀相公高泰明，致心为大宋国奉使钟□□造此维摩经壹部"。

大理国元亨二年（1186年）《兴宝寺德化铭》"大理圀上公高腐城先再建弄栋华府阳派郡兴宝寺德化铭并序"。

大理国盛德二年（1177年）墓碑"大理圀建昌城西河军[①]"。

大理喜洲的弘圭山发现石幢，有"大理圀"，"元亨十一年"，是赵兴明为追荐亡母造尊胜陀罗尼经幢。顶部环刻梵文二周。中段阳面铭文为小真书7行，文左行。中段碑左面刻"追为殒逝慈妣女娘冢石"，右"南无尊胜大佛母"，

---

① 黄承宗《四川西昌三坡火葬墓调查记》，《考古》1983年第3期。

下部四臂佛母像，佛像头上两侧刻梵文五字。阴面及两侧横刻梵文 17 行。汉文与中原无异[1]。

看来南诏国、大理国用“圀”有一定规范，而文治九年《维摩诘经卷》内“大理圀”和“大宋國(国)”对举也反映出两国不同的用字规范。大理城五华楼基址发现的《杨俊升墓碑》“衡鉴君國(国)谏大夫杨俊升，谥曰释儒镜园圀师释照明碑[2]”，大理国《护法明公德运碑》“大理圀高相国公”“叛逆中国”“大宋國(国)”，“國(国)”“圀”分用，可能说明“圀”专用于王国。

“圀”原出自中原，中原废弃，而南诏国、大理国定为王国专用字，属于移用而形成的方字。

大理国临近吐蕃，盛行佛教，出土的石刻文字多与佛教有关。

大理弘圣寺位于大理古城西南隅，出土了大量模印文字青砖，青砖正面有梵文或者梵文、汉文相同的偈咒，如“大佛顶心咒”右面是汉文，向右“偈曰”以下为梵文(图 3—72)。此塔是在南诏大理时期建造，这些汉文是当地实际使用的文字，字体壮实有力，类隋唐楷书风格。塔内还出土了不少铜镜，其中一枚圆镜，背面铸有“仏镜”二字，“仏”为北朝以来俗体字[3](图 3—73)。

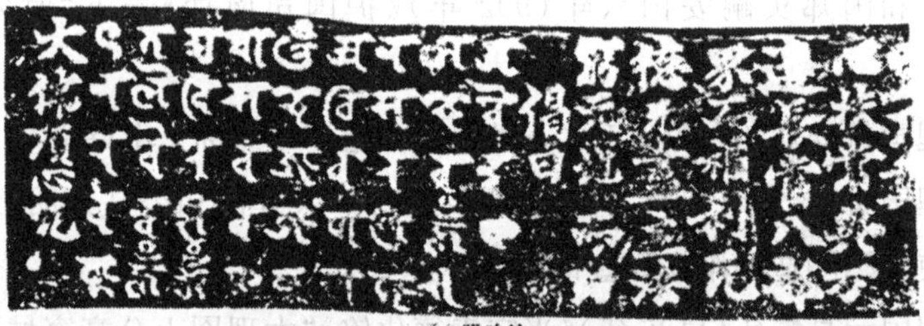

图 3—72　梵文、汉文模印文字

火葬是佛教葬仪，很多大理国的文字就保存在此类墓葬之中。

20 世纪后期腾冲来凤山火葬墓内发现两件大理国纪年文物，来凤山茶厂

① 孙太初《大理国彦贲赵兴明为亡母造尊胜墓幢跋》，《考古》1963 年第 6 期。

② 大理市博物馆《大理市收集的四方大理国末期的碑刻》，《考古》1987 年第 9 期。

③ 云南大理白族自治州文物管理所《云南大理弘圣寺塔清理简报》《考古学集刊》第 8 辑，科学出版社 1994 年，第 130、132 页。

246号墓出土板瓦买地券一件(图3—74),凸面从左到右朱书文12行,首行为“维广运二年岁次己未十一月戊寅二十九日”,广运为大理国16代皇帝段正严年号。广运二年为宋绍兴九年(1139年)。在腾冲来凤山东面的火葬墓内又发现四件带纪年的朱书买地券砖瓦。其中一件为“大宝八年(1148年)岁次丙子[①]”。

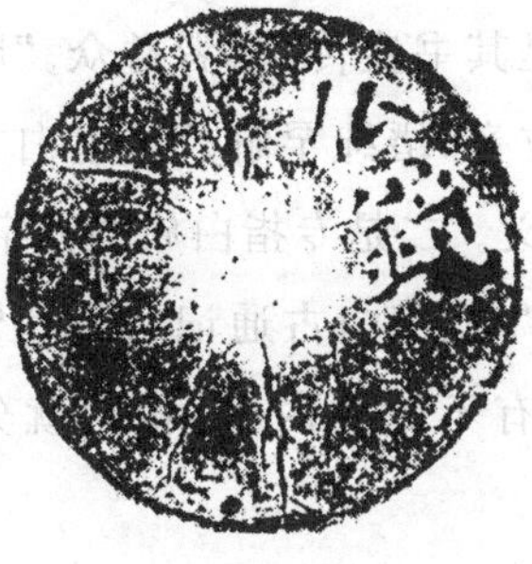

图3—73 “仏镜”铭

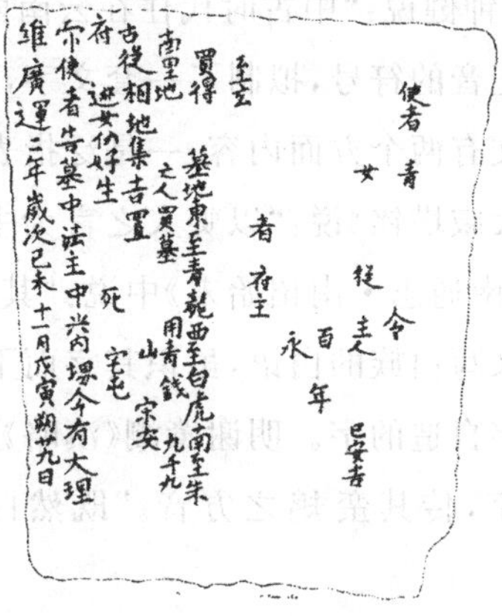

图3—74 买地券文

七 白文的起源

僰是白族的先民,南诏时期称为白子、白蛮,后来白族建立了大理国,其民族称白人,语言称白语,文字称白文。白语属汉藏语系藏缅语族彝语支,它以白蛮语言为主融合而成,其中包含较多的汉语言成分,至今白语中有很多从汉语中吸收而来的基本词汇,而且还利用汉语借词派生新词。它和汉语一样,词序和虚词是表达语法意义的主要手段。语法方面,白语与彝语支语言有不少相同或相近之处,词汇上也有一定的同源关系。白语有22至29个辅音;韵母以单元音为主,分松紧,部分地区有鼻化元音;一般有四个声调,主要分布在云南大理白族自治州,分作南、中、北三个方言。

白文是指利用汉字改造而成的白族文字,严格地说应叫汉字白文。白文

① 黄德荣《云南发现的大理国纪年文物》,《考古》2006年第3期。

古称僰文，这个名称最早由明代的杨慎提出，《滇载记》："余婴罪投裔，求蒙段之故于图经，而不得也。问其籍于旧家，有《白古通》《玄峰年运志》，其书用僰文，文义兼众教，稍为删正，令其可读，其可载者，盖尽此矣[1]。"清人陈鼎《滇游记》说："升庵往来大理永昌间近四十年，访旧家得《白古通》《元峰年运志》，其书僰文。升庵熟谙其语，译为《滇载记》，《南诏始末》方得详备。"白文的说法较晚[2]。石钟健说："中古时代住在云南西部的白族，由于需要，曾利用汉字作为表意和记音的符号，拟制了一套文字，这种文字，他们称为白文[3]。"

白文有两个方面内容，一是泛指表示白语的文字。元杨载在《大元洪镜雄辩法师大寂塔铭》说："以僰人之言为书，于是其书盛传，解者益众。"明李元阳《万历云南通志·南诏始末》中说："其文用方音，缙绅罕解。"这里白文都是指用汉字来写白族的白语，虽识其字而不知其义。二是专指白族的方字，即白族根据汉字自造的字。明谢肇淛《滇略》中说："俗有《白古通记》诸籍，皆以其臆造之文字，传其蛮鴃之方音。"既然白文中有不同的内容，我们就分开加以讨论。

白文方字是肯定存在的。它具备本民族的特殊形体，所以常被看作民族文字的标志。抗日战争时期，吴金鼎、曾昭燏、王介忱等在大理点苍山下先后发掘白王冢、三塔寺、五华楼故址、太和城遗址、史城故址、中和乙址等遗址十多处，收集到有字瓦片200余片，把部分文字临摹附入发掘报告中。这些残瓦多出于南诏建筑遗址中，所以年代应属南诏，其中年代晚者为大理国之物[4]。1958年，在巍山南诏时期大型建筑遗址，出土大量有字瓦。1964年，在洱海金梭岛南诏避暑宫遗址，发现成堆有字瓦。1965年，在楚雄城西车坪村一处大理国时期的砖瓦窑址内发现残留的有字瓦，上有模印"政安三年，岁次乙未"的题记。政安三年即宋仁宗至和二年(1055年)，为大理国王段思

---

① (明)杨慎《滇载记》跋尾。

② 白文的另一含义是白族的语言。《新纂云南通志》卷69"方言考四·白文二"："文者，言也。笔之于书为文，出于口为言，白文者犹白言云耳。"

③ 石钟健《论白族的白文》，《中国民族问题研究集刊》1957年第6辑。

④ 吴金鼎、曾昭燏、王公忱《云南苍洱境考古报告》，1942年。

廉的纪年[①](图3—75)。此外，姚安高陀山、诸葛寺也有南诏有字瓦发现。同时，南诏、大理国时的遗址中还发现有字砖。

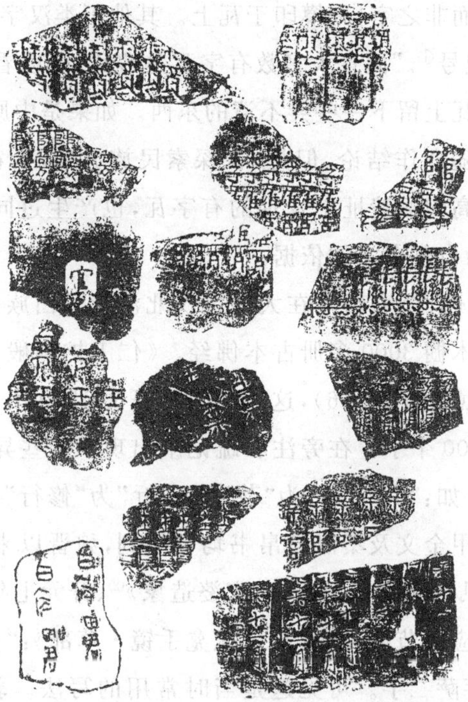

图3—75　有字瓦

有字瓦的文字大致有四种：第一种是制作纪年，如“十年官作”“政安三年岁次乙未”“元年官瓦”等。第二种是监制官府，如“官”“官瓦”“官作”“官尚方”等。第三种是制工名，如“子顺”“宽顺”“善米”“罗灵子”“王田”“李罗颠”“田傍眉”等。第四种是吉祥语言，如“长乐”“常住”“官常住”等。有争议的是一些似字非字的标记或者符号。对于这类字或符号，自发现起就有两种观点，一种认为是白文，另一种相反。实际上，凭瓦上的印文很难下结论。瓦文和一般的书写文字不一样，它的文字比较随意，可以潦草，可以简略，可以正书，也可以反

① 张增祺《南诏、大理国时期的有字瓦》，《文物》1986年第7期。

书,可能是字,也可能是随意的记号,有的是我们不太认识的异体字或错写的字。正如徐嘉瑞说:“疑当时有一部分窑工,未曾读书,自己姓名,亦不能书写正确,故书一似是而非之字,刻模印于瓦上。其他不类汉字者,如非他种文字,则当为窑工所作记号[①]。”而且大多数有字瓦是残片,所以看到的字多有缺损。种种因素,在有字瓦上留下一些弄不清的东西。如果是中原的瓦文,即使遇到这种情况,也不会随意作结论,但是,在探索民族方字时,往往被看成一种新字。不仅白文,在高句丽遗址中发现的有字瓦,也产生过同样的问题。总之,有字瓦不足以作为自创白文的依据。

1956 年,费孝通、李家瑞等在大理凤仪北汤天村白族董氏宗祠法藏寺大殿中,发现两批两木橱 3000 多册古本佛经。《仁王护国般若波罗蜜多经·嘱果品第八》引入注意(图 3—76),这一卷子中正文 1800 多个字,旁注 1700 多个字,疏记多达 4300 个字。在旁注和疏记中出现了一些异常的字形,有些被认为是新造白文。如:“卉”“卉”为“菩萨”、“彳亍”为“修行”。这类合文在汉字中长期存在,商周甲金文及秦汉简帛书均可见到,魏晋以来依然流行。如“菩萨”合文“卉”,可见于武周长安四年《宋婆造象》[②]、开元七年《吴藏师造象》[③]、《长兴四年中兴殿应圣节讲经文》[④]。《龙龛手镜·草部》:“卉,莫郎反,草木冬生不死也。又音菩萨二字。”可见这是当时常用的写法。敦煌卷中“涅槃”有合文“卌”“卌”,“菩提”有合文“菩”“芉”,《龙龛手镜·草部》:“芉,音菩提二字。”这类一字二音的合文,当时还有许多,在《龙龛手镜》中也收到了一部分。所以《仁王护国般若波罗蜜多经》中的“菩萨”合文是从中原传入的,“修行”合文恐怕也非自创。唐代的合文实际上是把常用的复词内的字形简化,《护国经》中的“金刂”(金刚)、“波罗宀夕”(波罗蜜多)、“户口”(护国)[⑤]即是这

① 徐嘉瑞《大理古代文化史稿》,中华书局,1978 年。

②③ (清)陆增祥《八琼室金石补正》卷三十二。

④ 敦煌写本 B3803。

⑤ “国”写作“□”由来已久,《字汇·□部》:“□,古作国字。《商子》:‘弱民□强,□强民弱,有道之□,务在弱民。’古国字皆作□。”

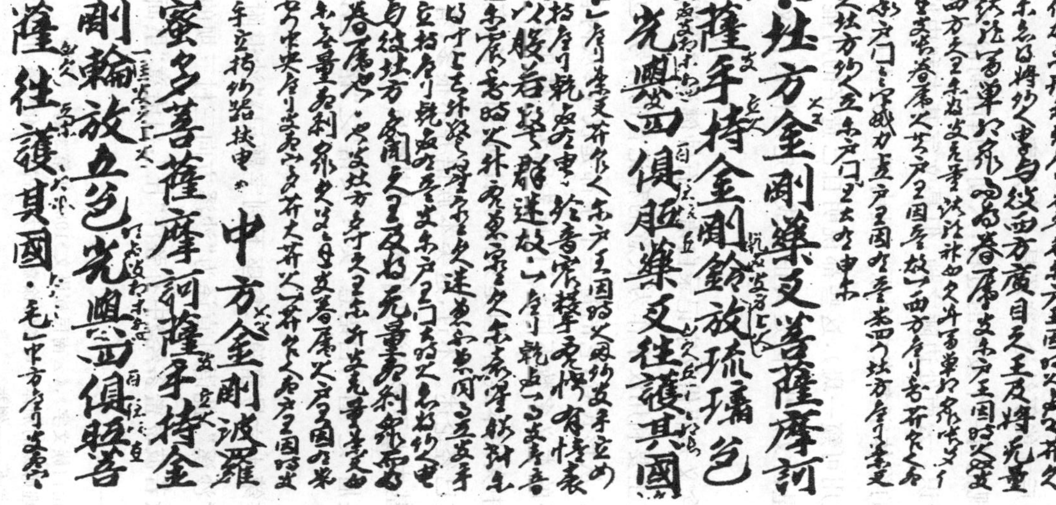

图 3—76　仁王护国般若波罗蜜多经・嘱累品第八

种情况，很可能也是传自中原。

《护国经》中有几个异形字被肯定为白文，“乔”读为 tɯ^{21} no^{44}，意为“前面”；“后”读为 ɣɯ^{33} no^{44}，意为“后面”；“上”读为 to^{33} no^{44}，意为“上面”；“乓”读为 ɣɛ^{33} no^{44}，意为“下面”①。“丘”在白文碑中读 xɯ^{21}，意为“其中”“里面”，和其他符号构成白族用字。这些旁注的作用是什么，到底是释义、注音或是其他，要在研究全文后才能下结论，这还是一个悬案。

中原汉字的规范有一个发展的过程，六朝至唐前期俗字充斥，破体简字奇形怪状，非后人所识。云南处边陲之地，但是文字基本和中原保持一致，南诏前后各种碑刻中的俗体字多来自中原②，且南诏、大理本身也有严格的文字规范（从“圀”字的使用可窥一斑），这些都说明自己造字的可能性不大。当然这并不能排斥有少量白文产生，但是真正形成一定规模的白文要在大理国灭亡之后。

白文的另一含义是假借汉字记录白语。石钟健说：“所谓白文是汉字为基础的一种文字，它主要利用汉字作为表意的和记音的符号，也就是利用汉字来记写白族的语言。从形式看，它的每一个字都是汉字；从内容看，每个字所代表的意义，与汉字的本义多数不同③。”白族先民为了使用本族语言，在南诏时期就开始在汉文中夹用本族语，但是只限于名词，如王名、官名及其他一些名物词，这一点前文已经论述。不过，这类本族语并不很多，有点像汉语中的音译词，自古有之，基本上不影响汉文的表达及其性质。

有字瓦“田侠眉”之“眉”，白语意“买”；“买诺”之“诺”，白语意“的”，和现代白语相近。

《剑川沙登村第十六号窟第二龛座下刻字题记》“沙退附尚邑三赕白张傍龙”，“沙退”现为“沙溪”，此语可直译为“沙溪方向三村三坝的白族”。

《仁王护国般若波罗蜜多经》中有旁注“丘”，白语意“里面”。

---

① 据赵衍荪《浅论白族文字》，《云南民族语文》1989 年第 3 期。

② 有关南诏、大理碑刻的别体字可参阅徐嘉瑞《大理古代文化史稿》中“南诏文化之特质 · 文字”一节。因制字麻烦，在此不一一例举。

③ 石钟健《论白族的白文》，《中国民族问题研究集刊》第 6 辑，中央民族学院研究部，1957 年。

《三十七部会盟碑》中“娉伽诺”，白语为“咱们中间”。

《大理国译氏戒净[建]绘高兴兰若篆烛碑》中“在邑前禾地三脚”，“禾地”白语“水稻田”，“脚”，白语“亩[①]”。白语和汉语的差异是明显存在的，可是在书面上是用汉字写汉语。

考察目前的文字资料，无论是方字或白语假借字，在南诏、大理国时期虽有零星存在，但与只使用汉字的整体相比，只是个别现象、偶发现象，所以就白文而言尚处在形成阶段。

八　白族的白文

大理国到后期国力衰微，忽必烈率师由临洮（今甘肃临洮）南下，越雪山，渡金沙江，在宪宗三年（1253 年）12 月兵临大理，不到两年就平定了云南。大理国灭亡之后，蒙古任用段氏家族继续管理当地，从此云南又由中原政权直接治理。忽必烈派回回人赛典赤在云南建立行省，首次在云南设孔庙，兴儒学，在中庆、大理设儒学提举，使汉字文化得到进一步传播。洪武十四年（1381 年），明王朝遣傅友德统三十万大军进讨云南，平定云南后，迁段氏到北方，立土司治理，并由土、流兼治向改土设流过渡，明朝的流官控制了云南政治、经济以及比较先进的腹心地区和交通要道。当地的土官染汉风，好诗文，知诗书，有相当高的汉文化修养。

白族统治地位的失落，使白族士人分化，一部分进入仕途，完全进入中原文化，以汉字写汉文。另一部分无意宦途或无缘科举的士人关心本族文化，尝试用汉字来表示本族语言，形成白文著作。民间粗识汉字者通白语而不通汉语，也用汉字写白语唱本等作品。大约在元末明初，汉字白文渐成气候，现存的白文碑刻有《段信苴宝碑》《山花碑》《杨宗碑》《赵坚碑》《杨寿碑》及《史城芜山道人建阉尹敬夫妇预为家冢记》等。

《段信苴宝碑》全称《邓川大元国奉训大大都元帅段信苴宝碑》，碑文中“至正三十年”，当是明洪武二年（1370 年），故实为明碑，“信苴”是王子的意思，碑

① 此碑见大理市博物馆《大理市收集的四方大理国末期的碑刻》，《考古》1987 年第 9 期。

文记载段宝施舍常住地给本山释觉真住持之事。碑共18行,402字[①]。

《词记山花·咏苍洱境》简称《山花碑》(图3—77)。作者杨黼为明代白族诗人,本段氏重臣之后,入明后绝意功名,躬耕垄亩,博通经史,精于佛老,事迹载《明史·隐逸传》。此碑碑阴《圣元西山记》所记,知立于明景泰元年(1450年)。碑文由一韵山花调白族民歌组成,共20段,正文520字,前半部分主要描述苍洱的秀美景色,后半部分感叹人生无常,怀才不遇。

山花碑

原文	译文
词记山花,咏苍洱境	词寄山花——咏苍洱胜境
苍洱境锵玩不饱,	苍洱景致观不尽,
造化工迹在阿物,	造化工迹万千处,
南北金锁把天关,	南北金锁据天险,
镇青龙白虎。	有青龙白虎。
山侵河处河镜倾,	山影倒映海面倾,
河侵山处山岭逶,	海水荡漾山盘旋,
屏面西湾十八溪,	十八溪水从西来,
补东洱九曲。	注东海九湾。
伽兰殿阁三千堂,	僧院殿殿三千堂,
兰若宫室八百谷,	寺庙宫室八百谷,
雪染点苍冬头白,	冬雪染白苍山头,
洱河秋面皱。	海面风吹绉。
五华似你门霄充,	五华楼高入晴空,
三塔似你穿天腹,	三座塔尖穿天腹,
凤翙山高凤凰栖,	凤羽山高凤凰栖,
龙关龙王宿。	龙关龙王宿。

① 全碑录文可见周祜《白文考证》,《南诏文化论》,云南人民出版社,1991年。

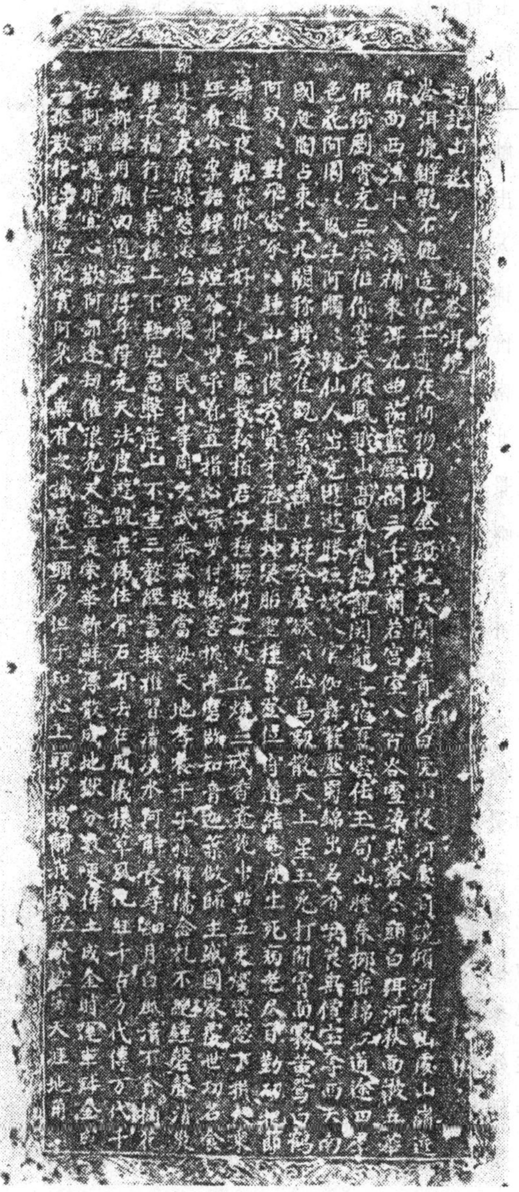

图 3—77　山花碑

夏云佉玉局山腰，	夏云绕玉局山腰，
春柳垂锦江道途，	春柳倒垂锦江道，
四季色花阿园园，	四季鲜花满园放，
风与阿触触。	风雨中逞娇。
跳仙人出克游遨，	神仙离洞府遨游，
胜姮娥入宫伽舞，	姮娥入宫舞窈窕，
薮压蜀锦出名香，	向来蜀锦扬名远，
哄崀无价宝。	号称无价宝。
夺西天南国趣陶，	南国美景胜西天，
占东土北阙称谱，	东土北阙尽纳福，
秀雀玩景鸣嗟嗟，	华雀赏景叫喳喳，
蝉吟声嗽嗽。	蝉吟声嗽嗽。
金鸟驱散天上星，	朝阳驱散天上星，
玉兔打开霄面雾，	新月冲破空中雾，
黄鸳白鹤阿双双，	黄鸳白鹤成群飞，
对飞喀啄啄。	齐飞叫啄啄。
钟山川俊秀贤才，	山川秀丽英豪出，
涵卓坤灵胎圣种，	灵胎圣种天地包，
曾登位守道结庵，	登坛守道结茅屋，
度生死病老。	度生死病老。
尽日勤功把节操，	整日勤苦守节操，
连夜观参修求好，	昼夜参禅修善福，
大夫在处栽松柏，	大夫居处栽松柏，
君子种梅竹。	君子种梅竹。
方丈丘烧三戒香，	方丈里烧三柱香，
斋苑中点五更烛，	书斋内点五更烛，
云窗下拼大乘经，	云窗下诵大乘经，
看公案语录。	看公案语录。

煴煊茶水岁呼嗜，	热茶煨好相对饮，
直指心宗岁付嘱，	诚心诚意相嘱咐，
菩提达摩做知音，	菩提达摩做知音，
迦叶做师主。	迦叶做师主。
盛国家覆世功名，	盖世功名立国古，
食朝廷尊贵爵禄，	尊贵朝廷受爵禄，
慈悲治理众人民，	仁慈治理众人民，
才等周文武。	才比周文武。
恭承敬当母天地，	忠实敬天地父母，
孝养干子孙释儒，	教育子孙尊僧儒，
念礼不绝钟磬声，	念礼不绝钟磬声，
消灾难长福。	消灾难添福。
行仁义礼上不轻，	力行仁义讲礼仪，
凶恶弊逆上不重，	不逞凶恶和弊逆，
三教经书接推习，	三教书经代代传，
漕溪水阿喇。	漕溪水不息。
长寻细月白风清，	常寻找月白风清，
不贪摘花红柳绿，	不贪摘花红柳绿，
用颜回道谑浮身，	用颜回高尚德行，
得尧天法度。	得尧天法度。
游玩在伪佉骨石，	游玩在峭壁巉岩，
有去在威仪模草，	又到茂密茅草间，
风化经千古万代，	经千年万代风化，
传万代千古。	传万古千年。
阿部遇时宜心欢，	一步遇上欢喜事，
阿部逢劫催浪秃，	一步走上坎坷路，
天堂是荣华新鲜，	纵然天堂有荣华，
漂散成地狱。	转瞬成地狱。

分数哽侔土成金，	福分厚时土成金，
时运车舛金成土，	厄运来时金成土，
聚散似浮云空花，	聚散如浮云空花，
实阿苿不无。	实一切皆无。
有之识景上头多，	赏玩景色人虽多，
但于知心上头少，	推心置腹人倒缺，
杨黼我皡空赞空，	杨黼我以空赞空，
寄天涯地角。	寄天涯地角①。

《故善士杨宗碑》简称《杨宗碑》，立于明景泰四年（1453 年），杨安道撰，文内有"弟杨安道书白文"，言明碑文为白族语言。全碑 347 字。现录后 16 句铭文及译文：

原文		译文
玉叶杨氏，	贵名勺宗。	玉洱杨氏，名讳杨宗。
年初小则，	六艺全通。	年轻时节，六艺全通。
迎王家女，	劣敬在功。	娶王家女，克敬妇工。
二子一女，	干教诗书。	二子一女，教读诗书。
齐寸家道，	和六亲房。	整齐年寿，和睦六亲。
天生年寿，	五十四冬。	天生年寿，五十四冬。
不期间丘，	遇天花痿。	不期顷刻，如花痿瘁。
立碑题名，	镇万代中。	立碑题名，镇万代中②。

《故善士赵公墓志》，简称《赵坚碑》，明景泰六年（1455 年）立，杨安道撰，前有小序，主体为十首"山花体"哀词，全文 464 字，可惜碑石剥蚀，字迹泯灭，

① 此碑释读依徐琳、赵衍荪《白文〈山花碑〉释读》，稍有改动，见《民族语文》1980 年第 3 期。

② 据周祜《白文考证》，《南诏文化论》，云南人民出版社，1991 年，第 202 页至 203 页。

抄件阙文较多。

今录哀词之九

原文	译文
九哀求仁师主坚，	九哀求仁师傅赵坚公，
生居阿乡同阿村。	生居一乡同一村。
干我经书筝琵琶，	教我经书弹琵琶，
阿人房一心。	两人同一心。
不期奔隔做阿迎，	不想那时来不及，
可伸报无常可碚，	可申报无常相等，
使我□□等不得，	我们不能相诀别，
做日做日昏。	我整日发昏①。

《故处士杨公同室李氏寿藏》，简称《杨寿碑》，花溪教读儒士撰，立于明成化十七年(1481 年)。碑正面为汉文，背面为白文《山花一韵》。

原文	译文
源是欢喜帝子孙，	原是欢喜帝子孙，
曾做白王济畏番。	白王驾下做过官。
复成神明叭居则，	后成神明到京城，
威势提是啱。	威势上了天。
恩泽重跳山河重，	神的恩德如山重，
灵感高列乾坤高。	神的灵感比天高。
阿居容陪更立石，	不须铺张更立石，

① 《赵坚碑》全文及释文可见何一琪《“白文”哀词〈赵坚碑〉之研究》，《云南民族学院学报》1987年第 2 期。周祜《白文考证》仅释其哀词之“三”“九”，两者录文、释文皆有不同，今取周祜文。参见《南诏文化论》。

传与后代看。	传给后人看[①]。

《史城芜山道人健庵尹敬夫妇预为冢冢记》,清康熙四十二年(1703年)立石,序为汉文,后附白曲一诗,以五言为主,间杂七言,共38行。现节录部分:

原文	译文
做人要放矿,神仙只饮杯。	做人要旷达,杯中有神仙。
快活时要忍,𠯋凶喏莫凶。	得意之时要忍让,人凶你莫凶。
陁毛气拒申,世间事不知。	一朝咽气后,世事总成空。
魂灵游处晓吐少,	魂灵游处知者少,
黄泉路里藏身躯。	黄泉路里藏身躯。
嗯头靠西北,嘴眼斜看东。	后脑枕靠西北,嘴脸倾斜向东。
嗒苍山吐寂,配河水朝宗。	同苍山寂静,配洱海朝宗[②]。

白文传至现代,民间使用十分广泛,从家中的祭文到曲本,无所不有。和明清的碑文相比,语言更趋于口语,所以从字面上来看,与汉文的距离更远。

如《白语本祖祭文》,正文128字,其中假借字表示白语有63字,占总字数的49.2%。

原文	译文
白语本祖祭文	白语本主祭文
祭文,诗曰	祭文,诗曰
止甲跪合斗日汪,	时轮转到二月份,
桃红柳绿呼只佳。	桃红柳绿好时辰。
富毕喷烟富招买,	春风吹过蜂鸟鸣,

① 录文及释文参照杨应新《方块白文辨析》,《民族语文》1991年第5期;周祜《白文考证》,《南诏文化论》,云南人民出版社,1991年。

② 周祜《白文考证》,《南诏文化论》,云南人民出版社,1991年。

日月重光辉。	日月重光辉。
维本墇恩主白洁圣妃，	维本墇恩主白洁圣妃，
左右判官阴兵鬼卒。	左右判官阴兵鬼卒。
切那咽赴席，	请你们来赴宴，
恭奉脑敬茶敬酒。	奉敬给您茶和面。
恭奉脑三牲九酝，	恭奉给您三牲贡品，
恭奉脑马料盐米千孝帛灰。	恭奉给您马料盐米千柱香和白香面。
恭奉脑尚双介，	恭奉给你三岁鸡，
希双咬乌双偶薄溃。	四岁羊五岁大壮牛。
尚父脑咹脑清吉又平安，	请求您赐我们清吉又平安，
社咹发富又发贵。	请赐我们荣华富贵。
社咹脑五谷丰登六畜兴旺，	赐我们五谷丰登六畜兴旺，
尚父老社咹走能宝堂之下	请求您赐我们在您的保佑下
万事如意。	万事如意[①]。

各地祭文各有不同，周祜收集到洱源西山白族祭文多文言成语，对话体，而云龙白族祭文为长诗体裁[②]。

曲本又叫白曲，是白族人民喜见的曲艺，分大本曲和本子曲，曲目众多，流传极广。因为观众为普通民众，采用口语不仅便于听懂，还可以增加语言的表达力。文字使用上假借字比例更高，且有大量方字。如：

大理一带“反调”

原文	译文
及给那自反曲曲，	唱给你们一首反曲子，
作困勒车乐约珠。	石头轻来笋壳重。

① 据杨应新《〈白语本祖祭文〉释读》，《民族语文》1992 年第 6 期。

② 周祜《白文考证》，载《南诏文化论》，云南人民出版社，1991 年，第 196 页。

门子豆沟曾尖，	蚊子站在树尖上，
干曾尖压苦。	把树尖压弯[①]。

云龙县搜集到的白文唱中一段：

原文	译文
㬹㟤㬹𡿧㑹廿诺，	隔山隔水我要翻，
㬹㴚㬹滩㑹饔千。	隔河隔水我要涉。
颠緀戞㟤瞴緀㴋，	有情高山无情河，
㚣㬹㗊滈俤。	分离咱兄妹[②]。

此外，白族善歌唱，记录它的是民歌唱本，数量庞大，代代相传，汉字面目近于曲本。

白文使用范围很广，涉及白族的整个文化风俗、对联、书信甚至迷信用品。白族的甲马纸中有汉语借词，按汉字本义理解。有的是白语，例如“何姤之神”，“姤”白语“钱”。“水汗之神”“羊希（玺）王”“房屋木气之神”，都用了一些白语假借字，需要汉字白读[③]。

九　汉字白文的体制

白文是记录白语的汉字系统，也指用这个汉字系统书写的文字资料。汉字白文作为一种文字体制，很晚才得到公认。石钟健对这种体制作了比较全面的阐述，他总结了五点：

（1）白文是标意文字。世界上的文字大概可以分为两种，一种是标意文字，一种是标音文字。前者如西夏文、女真文、喃字、水书、白文以及汉文之类。后者如梵文、巴利文、缅甸文、藏文、蒙古文以及傣文之类。白文是标意文字，

①② 以上引例皆引自杨应新《方块白文辨析》，《民族语文》1991 年第 5 期。

③ 杨民《白族民间木刻版画——甲马纸》，《美术研究》1985 年第 3 期。

与汉文同。

(2) 白文是一种以汉字为基础的文字，它利用汉字作为表意的和记音的符号。

(3) 凡白族语言中，其词汇系由汉语借来的，则直接使用汉文词汇，如“你”“生”“名”“大”等字，并不改变。

(4) 凡白族语言中，其词汇与汉语不同的，则借用汉字，作为新表意字；或借汉字，记写其音。这些字在字义上与原来所使用的汉字完全不同。如“倡”“息”“波”“夜”“难”“波扬”“梨透”等字。

(5) 如在汉字中找不到恰当的字可以借用时，势须拟制一些新表意字；这些字，我们大多不了解它的意义①。

石钟健首先肯定白文是标意文字，指出白文有两种符号：表意符号，由汉语词借入时同时借入，另外还有新造者；表音符号，借用汉字表示白族特有的语言。他简单扼要地说明了白文的体制。

徐琳、赵衍荪以《词记山花咏苍洱境》、“故善士赵公墓志”及云龙县的白文唱本为主，列举白文的四种表达方法：有音读汉字，利用汉字的音表达白语词语；有训读汉字，按汉字的意思读白语的音；自造新字，参考汉字的结构体系自造新字，主要是形声字，也有加“口”旁的字；汉语借词，直接使用汉字②。

王锋认为白文有其内在规则，概括起来有四种体式。1.音读汉字，也即借字改意。2.训读汉字，也即借意改音。3.直接用汉字书写汉语借词。4.自创“白字”，这类字主要通过增减笔画，或用汉字偏旁重新组合。其中有增减笔画的独体字；有两个汉字组成的合体字；有形声字及加“口”旁的类形声字③。这个框架为白绍尼所接受④。

根据笔者的研究，汉字白文的体制和其他使用汉字的民族文字基本相同，

---

① 石钟健《论白族的白文》“白文的特点”，《中国民族问题研究集刊》第6辑。

② 徐琳、赵衍荪《白语简志》，民族出版社，1984年。

③ 王锋《方块白文的历史发展和现状》，《中国民族古文字研究》第4辑，天津古籍出版社，1996年。

④ 张公瑾主编《民族古文献概览》“白文文献”一节（此节由白绍尼撰稿），民族出版社，1997年。

可以分为借用字、借音字、自创方字和移用字四类①。

第一，借用字。白族的祖先自战国以来就与中原保持频繁的交流，而且不断地吸收中原人员进入本族，所以白语中汉语借词量是很大的。从基本词汇到一般词汇，而且还用汉语词汇派生新的词汇。从南诏到大理国时代，白语吸收了大量汉语古代词汇，元明以来，又吸收大量的近代白话和现代汉语词汇。白族及白族的祖先在引入这些词汇的同时也引入了标志这些词的汉字，这是白文的最主要部分。

a. 音读字，即借义又借音的字。这种字就是上述和词汇配套借入的字，在白文作品中这种字占有绝对优势，汉族人可以从这些借字大致看懂所表达的文义。这种借字的字义和汉语相同或相近，只是字音有差别，但有其内在的语音对应规律可寻。秦凤翔说：白语“同湘语、赣语、吴语最相近，就声韵言，白语的声母、介母和种种半鼻音韵母都和江浙全同。就句法言，除少数不占主要成分的助动词、副词、量词以外都和汉语一致。就词素或单音节词而言，都与汉语同源而有严密的对应规律；如天、地、人、茶、水、铁等字，白语的读音或与汉语的古音相同，或与湘赣江浙等处的读音相同”。“我们可以判定白语的主要成分与湘赣江浙等汉语方言是一个最亲密的亲属语言。但此外也还有少数基本词汇是由古蜀语中遗留下来的②”。笔者是上海人，白语中的鼻化元音和鼻化元音脱落造成阳声变成阴声，在吴语中也存在，可以证明白语与江浙方言语音上有点相似。白语语音虽然与汉语江浙等处方言音相近，但也不能把它们当作亲属语言看待。汉语借字在白文的活力恐怕与此也有密切关系。如：

东 tv^{35}　　南 $\mathrm{n\alpha}^{21}$　　西 se^{35}　　北 $\mathrm{p\text{ɯ}}^{44}$

百 pɛɻ44　　千 $\mathrm{t\text{ɕ}he}^{35}$　　五华 u^{31} $\mathrm{xu\alpha}^{42}$

有些白文文献中经常会有成句的这类借字。如大本曲中《荆钗记·王石

① 本节白文字例主要依据石钟健、徐琳、赵衍荪、白绍尼、王锋、张公瑾等文章（篇名可见本节注释），笔者在此基础上研究、阐述。

② 秦凤翔《略论白语系属问题与白族形成和发展》，转引自赵衍荪《关于白文及白文的研究》，《云南民族语文》1979 年第 3 期。

明祭江》:

敬你桃园三杯酒,白酒三杯明亮亮。

b. 训读字。借用同义或近义的汉字标志白语的固有词汇,它的语音不是来源于汉语。如:

园 suɑ^{35}　　池塘 pɯ^{33}　　天 xẽ^{55}　　根 mi^{44}

第二,借音字,一般称作假借字。白族用来标志同音或近音白语词的汉字叫借音字,也就是读这个字的汉语音,表示白语的意义。所谓“汉语音”不是指标准的汉音,而是按照白语读的汉字本音。所以借音字只能起一个提示作用,表示该字读成和它差不多的白语音。如:

在　干　光　光　抬　手　盂　再把棍子拿手中

tse^{41}　ka^{44}　kua^{42}　kua^{42}　ta^{35}　sɯ^{33}　mɯ^{55}　(带点的字为借音字)

借音字在白文中有十分重要的作用,它是白文最重要的特征。很长一个时期,人们认为白文就是汉字记白音。中原人士读不通汉字白文,主要障碍就在白语的借音字。从白文的发展看,在白文的成熟阶段借音字占的比重最高,实际上,白语借音字的多少可以作为汉字白文形成的标志。

第三,自创方字。

白文称此种字为自创字、新奇字、自创新字。白族先民使用大量汉语借词,而且用字规范有政权的保障。从官方的碑刻来看,自创字几乎没有,只是在民间的文字资料中有类似方字存在。大理国覆灭,白族地方政权消失,来自本族的用字规范也随之消失,为自造方字打开了通道,它的出现越来越多。进入近现代,俚俗文学兴起,粗通汉字的下层民众增多,另创方字的必要性和可能性都较以前提高,这个阶段是方字最多、最丰富的时期。从文字制度来看,方字最具独创性,所以,它的发达程度可以作为这种文字的成熟性的标志之一。不过,对于自造方字的判断是一个比较复杂的问题,人们往往从求异的愿望出发,误把一些不属于方字的字归入。从现见的有关文章和著作看,错归的原因有两个,首先是把借用字当作自造字。如:丘 xɯ^{31}、艮 ni^{21}(人)、嫫 mɔ^{33}(母亲)、茁 tshu^{33}(草),基本上都是音借字。有的字因为同音(古音或方音)假借的关系不易看出,如“艮”,当从“银”声符读 yín,鼻化音脱落,转为阴声,“银”

"人"声母发音部位相近，有变同可能①。应该说明的是，文字学判断字的界限是字形，而不是字义，两个不同词义完全可以包含在一个字内。其次是把一些不明的文字现象看成新字。如把前文所述的残缺字，某一历史时期流行的简体、俗体等异体及僻字当成自造字。

奃，命的俗字；《宋元以来俗字谱》收列。

㐫，凶的俗字；《篇海类编》："㐫，音凶，俗字。"

躯，躯的俗字；《玉篇》："躯"，"躯，同上，俗"。

拽，拽的讹字；《康熙字典》："拽"，"字形近拽，讹文重出"。

翋，翼的异体；《玉篇》："翋，同翼。"

贮（贝八），即贝；明《西洋番国志》已有用例。

有些字的音或义不同，但字形早已存在。如：咹（我们）、啱（你的）、咊（他的）、叭（来到）、嗽（走）、唡（辣、去）、嚜（象声词）、哓（咱们）、唛（马）、嘤（将）、哒（搭、同）、吵（小）等。其中一些字产生很早，"啱""咊"见于《玉篇》，"嚜"见于《史记》，"嗽"见于《龙龛手镜》，"唡"见于《集韵》，"哓"始见于宋代，"吵"始见于宋代。排除这些字后，白文中的所谓自造方字就大大减少了。

1. 形声字

㑳	ŋɑ⁵⁵	从人昂声	我们
能	nɯ⁵⁵	从人能声	你的
啹	tɕy³³	从口居声	嘴

注义字

为了区别借音字，在本字上加上同义类的偏旁。这种形声字比较特殊，意符既表音又表意，与《说文》中的声兼意相似。

澐	ɕue⁴⁴	从水从雪，雪亦声	雪
渮	khɔ³¹	从水从河，河亦声	河、沟、溪

注音字

在本字上加上同音或近音字，表示此字的读音。这种字的结构由一个声

① 沪语"人""银"同音。

符和一个声兼意符构成。

⿰山扇　se^{35}　用扇本字，“山”注音。

⿰更厚　$kɯ^{33}$　用厚本字，“更”注音。

2. “口”旁标音字

这类字因受西土拼音文字影响而产生，和形声字不同。“口”旁表示这是个表音字，另一半字只表示读音，没有任何意义。这类字一般为左右结构，而白文中除了左右结构外，还有上下结构，这是比较特殊的。

⿱卬口　nia^{55}　咱们

⿰口武　vu^{33}　雨

咗　tso^{42}　转折、递进连词

“口”作为标音记号，还用在本字上；这时，另一部分不仅标音也含义。这也是白文中特有的。

⿱配口　phe^{55}　配本字的音义　配

⿱隔口　ke^{l44}　隔本字的音义　隔

3. 指事字

白文中指事字不多，如“我”，$ŋo^{31}$我，在勾笔上加上二短撇是为了指示。提示注意这个字读本字。

4. 会意字

仈，sv^{42}侍奉。“亻”似人站立，“入”似人伏，结合在一起表示一人奉侍另一人。

5. 别创字

⿵冂川　ka^{44}　将、把

⿰丨冂　kha^{44}　渴

这二字是切割汉字而形成的新字形，与传统的汉字不相同。

第四，移用方字。

方字中，如使用被通行汉字废弃的字就成为移用字。通行字存在在先，方字使用在后，规范由此及彼而转移，这是移用字的必要条件。因此，那些无用字规范的方字不存在移用字，同时，在通行汉字始终存在的规范字也不

可能是移用字。白语中移用字只存在于南诏、大理国中，现能确定的只有“囫”字。

白族及其先民和汉族关系十分密切，汉字水平也高，而且建立地方政权长达500余年，汉字作为官方文字，用字有行政的约束。这两点决定了白族人善于利用汉字，并注意规范，所以白文较多地使用汉字本字和假借字，自造方字比较少。据白族学者的研究，汉字白文越来越多地使用音读汉字的方法，特别是现在大理地区流行的各种大本曲、唱词、祭文，音读字已占到60%强，个别白文作品完全用音读汉字书写。同时，白文中形声字、会意字等自造字没有得到很好发展，而“口”旁的标音字则大大发展起来；实际上这也是一种汉字音借字，“口”旁只起一种提示作用①。

白文始终建立不起规范，始终无法形成独立的体制。白文无法与汉字保持足够的距离，而是游移在汉字与汉字白文之间，因此有些人认为白族没有文字，白文只是用汉字记白音的一种现象②。确实，白文没有被广大民众掌握，没有发展为全民族的文字。

汉字白文缺乏规范，因而产生了许多混乱的用字现象。同一个白语词，可以用汉字本字，也可用借音字。如：话 to^{21}，可写成“话”（训读），也可以写成“斗”（音读）；同样是借音字又可作多种选择。如：你，可写成本字“你”（训读），借音字可写成“脑”或“恼”。而且为了方便，乱用笔画少的借音字。如：弃“服侍”而用“扶事”、弃“兴趣”而用“信去”。另一方面，由于白文的识读也比较困难，采用了一种圈白点法的书写附加办法。圈点盛行于明清，原用来表示文章的句读，后来成为批评家点评的符号③。白文的圈白点法即是在汉语词下加点，在白语词下加圈。所谓汉语词也就是读汉语音用汉语义的字，所谓白语词也就是读汉语音而表示白语义的假借字，或用汉语义读白语音的同义字。但是这种办法并不一贯，有人只在白语字下画线，汉语字下不作记号，也有人在

① 见《民族古文献概览》，民族出版社，1997年，第192—193页。

② 参见杨发祥《没有必要创造白文》，《大理师专学报》1985年第1期。

③ （清）黄宗羲《答张尔公论茅鹿门批评八家书》：“鹿门八家之选，其旨大略本之荆川、道思，然其圈点句抹多不得要领。”参见本书第86—87页。

任何情况下都不加任何符号。

汉字白文中因地因人用字的随意性，往往使人只看到文字而难以判断其音义，结果只能靠上下文来揣度，这样就大大削弱了白文的文字功能。汉字白文作为一种南方少数民族的文字现象，它的某些缺陷也是其他汉字民族文字所共存的。

第四章　向南传播史

第一节　汉字在吴楚的传播

一　楚地文化与文字

汉水中下游和长江中游交汇的江汉平原，曾经是屈家岭文化的中心区域。从屈家岭文化的考古发掘看，这支文化早、中、晚各期的发展脉络清晰，是在当地原始文化基础上逐渐形成的、代表长江中游地区新石器时代晚期的文化。在相当于夏代的一段时间内，江汉平原的一些文化遗存也包含黄河中下游龙山文化的某些因素，但总体上还是区别于龙山文化，保留着屈家岭文化的特征。所以说，尽管江汉地区的氏族部落曾受到一些外来影响，却不足以改变原有文化的独有风格。

屈家岭文化及更早的大溪文化的创造者是江汉地区的土著。宜昌杨家湾新石器时代大溪文化遗址发现陶器上的刻画符号，发掘者认为这些符号具有原始记录符号的性质①。荆州博物馆在阴湘城遗址濠沟晚期堆积中出土了三片刻在磨光黑陶片上的符号，在一块红陶缸外壁发现两个陶文，整理者认为屈家岭文化早期的陶文对汉字的起源有重要价值②。这类新石器时代的刻画符号无疑是本地先民所作，是标志某种意义的符号，但是否是原始文字还有待于进一步研究。《战国策·魏策一》："昔者三苗之居，左彭蠡之波，右有洞庭之水，文山在其南，而衡山在其北。"以江汉地区为中心居住着族类繁富、部落众

---

① 余翠秀《宜昌杨家湾在新石器时代陶器上发现刻画符号》，《考古》1987年第8期。

② 贾汉清、张正发《阴湘城发掘又获重大成果》，《中国文物报》1998年7月1日。

多的有苗之民，而考古发现的龙山文化影响，则是由东北而来的祝融部族开始进入江汉苗地的证明。

三苗虽然由于夏的攻伐而元气大衰，但是广袤的南方依然是三苗或百越的天下。夏的势力未入南方，祝融部族也只是边缘影响，中原文化未能成规模地传入。殷人灭夏，建立了商朝，其威远播南方。商代初年，荆楚和氐羌等方国部落已向商王朝贡。其后，商朝又不断向南开拓。《诗经·商颂·殷武》记录了武丁南伐的事迹："挞彼殷武，奋伐荆楚。罙(深)入其阻，裒荆之旅。有截其所，汤孙之绪。维女荆楚，居国南乡。昔有成汤，自彼氐羌。莫敢不来享，莫敢不来王，曰商是常。"湖北黄陂盘龙城发现的大规模商代古城建筑，其年代相当于二里岗上层，在遗址附近有类似商代早期的墓葬，遗址中发现众多的青铜礼器及工具。黄陂盘龙城与郑州二里岗文化面貌的一致性，说明政治、文化上有着密切的关系。这可以证明，至少在商代中期，殷人已经立足于江汉之滨。殷人以长江中游的盘龙城为据点，凭借长江，控制长江流域，掌握了铜资源。已经发现的大冶铜绿山、瑞昌铜岭铜矿都由商人经营[①]。

殷人在南方的活动，带去了先进的殷商中原文化，文字也随之传播开来，估计文字进入南方的年代与殷人进入南方的年代相同。在湖北境内发现有一些商代晚期文字，如隋县安居羊子山"戈父辛"爵，汐阳沙帽山"天兽御"尊、"父丁"爵，鄂城陈林寨"父丁"爵[②]。在湖南境内发现的商代晚期文字也有一些，如宁乡黄材炭河里"癸(举)"提梁卣、寨子山"大禾"方鼎、水塘湾"己"分裆鼎、王家坟"戈"卤、石门"父乙"铜簋、桃源"皿天全"方彝。在江西境内发现的、属于晚商的文字有著名的清江吴城遗址的陶器铭文。

代商而起的周是一个强盛的国家，它的势力范围不断地扩大，对南方的开拓也超过了前代。《左传·昭公九年》："及武王克商……巴、濮、楚、邓，吾南土也。"这样，周朝的文明随之更加广泛地在南方传播，中原文字在楚地使用的机会也更加多了，而当地的诸侯国所起作用尤为重要。商代末年，由于受到商朝

① 刘诗中、卢本珊《江西铜岭铜矿遗址的发掘与研究》，《考古学报》1998年第4期。

② 见杨权喜《江汉地区发现的商周青铜器》，载《中国考古学会第三次年会论文集》，文物出版社，1981年。

的巨大压力，祝融集团中一支芈姓部落从中原迁到丹水和淅水一带，并以丹阳为中心，立足南方。酋长鬻熊背弃商朝，投奔西周，成为周之诸侯，得到了“子”的封爵；因为受封于楚蛮之地，所以用“楚”作为正式的国号和族名。这个历史事实不仅见载于《史记》等史书，而且还可以得到周原出土的“楚子来告”甲骨的证明。芈姓部落并没有独立于江汉，而是与当地的苗蛮融合，形成了混合类型的楚人，而它的文化也表现出不同于土著文化和中原文化的特殊的楚文化。

照理说，芈姓部落可以把中原文字带到楚人中去，亦可从夏人、殷人那里吸收中原文字，但实际上这是困难的，因楚人的语言与中原不同。楚地原为三苗所居，是多种民族、部族杂居地区，与古壮侗语、古苗瑶语或古藏缅语密切相关（到底属于何种语言现在已经无法考知）。据陈士林的研究，有些楚言与彝语有渊源，如《楚辞・天问》“女歧”之“歧”、“冯心”之“冯”、“弹日”之“弹”、“朴牛”之“朴”，都可从凉山彝语得到音义方面的解释。《楚辞・天问》把“问天”说成“天问”、“同馆”说成“馆同”，《九章・惜往日》把“再有”说成“有再”，语序也与汉语不同，而与彝语相同。总之，楚言与中原语言是不相同的，标志中原语言的文字无法直接标志楚言。要使中原文字在楚人中流行，在楚地生根，首要的问题是熟悉雅言，学会用雅言表达自己的思想。

楚人中芈姓集团自然是熟悉中原语言的，它作为周朝的封国也增强了中原语言在楚地的权威性。所以，楚人由上而下逐渐地学习中原语言，而中原文字也会渐渐地为楚人所接受。

至少在西周后期中原文字已在楚国上层流行了。现在所能见到的最早的有铭楚器是楚公豪戈、楚公豪钟及楚公逆镈。楚公豪戈有铭五字“楚公豪秉戈”。这是一件与巴蜀类型相似的兵器，是典型的楚文化的产物[①]。楚公豪钟与楚公逆镈都是传世铜器，其中楚公逆镈的铭文较长，两器文字历来很受重视。吴大澂誉之“字体奇肆，于此见荆楚雄风[②]”。阮元称之“奇古雄深，与他

① 高至喜《楚公豪戈》，《文物》1959年第12期。

② （清）吴大澂《愙斋集古录》卷2。

国迥别[①]”。

到了春秋时代，中原文字在楚的应用日趋广泛，铜器铭文也较西周多了。湖北枝江百里洲出土了考叔𣃭父簠和寊公孙𣃭父匜，河南南阳西关出土了申公彭宇簠，以上两处共有五件铜器，各器铭文在30字左右，寊公和申公的地位不算高，只是县公。以上是春秋早期发现的楚国文字资料，至于春秋中期之后，铜器文字资料更加多了，而且有的铭文也更长了。进入战国时期，由于楚国文化的发展，文字应用趋于普及，能见到的文字资料十分丰富，不仅有青铜铭文，还有简帛书，反映出日用文字的面貌。楚简已经发现多处，内容包括卜筮祭祷、司法文书及遣策。湖南长沙五里牌、杨家湾、仰天湖，湖北江陵望山、藤店、天星观、包山、郭店及河南信阳长台关的战国楚墓内均发现楚简。其中湖北江陵天星观有整简70余支，计4500多字[②]，包山大冢有竹简448支，12 472字，竹牍1件，154字[③]，文字数量相当可观。此外，长沙子弹库楚墓中还发现了帛书，图画与文字交织在一起。总之，中原文字已经和楚人结合在一起，深入到社会生活的各个领域。

前文已经说过，楚人语言与中原不同，所谓“越人安越，楚人安楚，君子安雅[④]”。《左传·庄公二十八年》记楚令尹伐郑，乘车长驱直入，见城门开着，迷惑不解，“楚言而出，子元曰：‘郑有人焉。’”子元用楚言与自己人交谈，是不想让郑人听出谈话内容，可知楚言与中原雅言很难相通。但识字的楚人是必须能操中原雅言的，否则无法使用标志中原语言的文字。看来，至少楚人上层是兼通楚言和雅言而实行双语制的。问题在于，楚人的雅言不会是彻底的，某些楚语成分会掺入楚人雅言中去，甚至会通过书面语的渠道为中原雅言吸收。那么楚人是如何用中原文字表达自己语言的呢？

楚人“莫敖”为官、“荆尸”为月名、“班”为虎、“梦”为大野，词义与字义不相关涉，用其字音而不用其字义，这是文字的假借用法。汉字是标意字，假借字

① (清)阮元《积古斋钟鼎彝器款识》卷3。

② 湖北省荆州地区博物馆《江陵天星观一号楚墓》，《考古学报》1982年第2期。

③ 湖北省荆沙铁路考古队《包山楚简》，文物出版社，1991年。

④ (战国)荀况《荀子·荣辱》。

不容易被人了解词义，所以有些假借字加了意符，变成了方字。《左传·宣公四年》："楚人谓虎於菟。""於菟"二字标音，是楚言虎的假借用字。汉扬雄《方言·第八》："虎……江淮南楚之间谓之李耳，或谓之於䖘。"此"於䖘"之"䖘"是加了意符"虎"以表示字义，形成一个表示楚言的方字。与此相同，《方言·第十》："南楚凡大而多谓之䅵，或谓之䢉。"表示大而多的词楚言音"邕"和"农"，各加"多"意符以标志词义，形成方字。再如《方言·第十》："煤，火也，楚转语也。"楚言表示火的词，读"果"，加"火"示义，成了方字。

楚国是一个风俗、信仰与中原保持很大差异的地方。在中原文字传入楚国、为楚人熟悉接受的过程中，楚人用自己的观念、方法去理解、改造文字。除用汉字假借、转注功能为本族语言服务外，还在字形上充分发挥创造力，形成了一些与中原文字不同的楚地文字。

早在楚人使用中原文字的初期，楚地文字已经露出端倪。如楚公冢钟的铭文，有些字字形笔画比较特殊，风格也不同于中原地区，前人形容为"字形奇肆"是很形象的。楚国文字虽然从中原引进，但它的发展却比较独特，显示出强烈的地方风格。从楚人的简帛书来看，字形结构简略，多不合中原文字，是讹变较多的文字。如果说从一般实用书写体的特点能反映出地方书写习惯的话，那么那些庄重华丽的铭刻体就能充分表现出楚人的民俗了。

大致在春秋中期，楚国一改中原浑厚凝重的铭刻字形，创造出一种婀娜华丽的字体。这种字体修长，笔画柔曲，富有装饰趣味。因为追求装饰形式，不能不部分地改变文字结构，破坏象形基础。此后，楚人又流行起附加鸟虫图形的鸟虫书，较为著名的有楚王孙渔戈、楚王酓章戈。花体鸟虫书笔画复杂，有把笔画改作图形的，有加饰鸟虫纹饰的，因此字形结构颇不合"六书"原理，自然不易辨认。使用鸟虫书，除了因为字形不易识读而造成的一种神秘感外，主要是反映了楚人的某些观念。如用鸟饰文字，很可能出自对凤的崇拜，凤原本是楚人的图腾，而用虫蛇装饰文字，可能是因为楚国地处南方，虫蛇横行，对人构成威胁。马王堆一号墓有土伯逐蛇的图画，正说明楚人畏惧这类动物的心理。所以，用虫书可以起到吓人的威慑作用，也能避邪厌胜。总之，鸟书或虫书和楚人习俗密切相关，是楚人通过改变中原文字而形成的有强烈地方色彩的字形。

楚是南方强国，楚武王崛起江汉之间，开始向北侵扰，向南、向西征战，向东吴越、淮河之地扩展。楚势力所及，都受楚国文化的浸润，形成了一个庞大的楚人风格的文化圈。就文字而言，也表现出南国特有的艺术风格。曾为汉东大国的随，是历史悠久的姬姓之国。春秋中期为楚击败，国势衰落，从此世服于楚，与楚关系极深。曾国为姬姓之国，文字同于中原，书风也完全一致，这点可以从出土的西周晚期到春秋时期的曾国铜器铭文中得到证实，但是战国初期的曾侯乙墓铭文完全是楚国的修长柔美的文字了。蔡国也是中原姬姓之国，楚文王击败蔡师，此后170余年世服于楚，蔡文化上受楚影响较深，文字体式亦染楚风，用楚式花体作金文。此外，吴、越、徐、陈、宋及汉水、淮水之间的小国普遍使用富有装饰性的花体铭文，形成了以华藻、秀丽为特征的南国文字。

楚人使用和传播中原文字，进而创造了楚式花体铭文，并向周围使用中原文字的地区扩散，可谓风靡一时，这是汉字传播史上的一朵奇葩。与此同时，楚国从千里之地扩张为五千里的大国，西包巴蜀，南平百越。随着楚人足迹，中原文字也会传到异族地区，虽然土著未必马上接受，但是楚的开拓之功是不可泯灭的。

二　吴越文化与文字

南方居住的越人，因为支系繁多，所以称为“百越”或“百粤”。越人的分布很广，《吕氏春秋·恃君篇》：“扬、汉之南，百越之际。”高诱注：“越有百种。”臣瓒称：“自交趾至会稽七八千里，百越杂处，各有种姓[①]。”大致上看，其地广涉现今江苏南部和浙江、福建、江西、广东、广西、安徽、湖南及越南境内。越人的史前文明是独立发展的，但其中也不乏北方中原文化的影响。从夏商到汉唐，中原优秀的文化由东而西逐渐地进入百越之地，而中原文字也传遍百越之地，生根开花，成为汉字传播史上灿烂的篇章。

---

① 《汉书·地理志下》颜师古注引。

古代吴越所在的长江下游地区并存着两个新石器时代文化——太湖地区的马家浜文化和宁波、绍兴一带的河姆渡文化，它们各按自身发展的规律发展，各有一定的地域范围，是各自独立的文化。当然这两种文化相互影响、相互渗透，特别是河姆渡文化晚期，受到马家浜文化及后继的崧泽文化的强烈影响，到了良渚文化时代，两种文化类型趋同，这是两者密切交流的结果。良渚文化是与仰韶文化面貌不同的文化，是与黄河流域不同的长江流域的早期文化。崧泽文化的刻画符号已有多处发现，分别刻在鼎、豆、壶三种器物上。符号数，鼎上有四个，豆上有两个，壶上有一个。良渚文化的刻画符号更多，分别在豆、盘、簋、杯、盉、罐及盆上，共有十四个符号，其中一个黑陶罐上有四个符号，排列有序，与殷商甲骨文相类，所以有的学者认为，太湖地区的原始文字可能是商周文字的源头之一①。现藏美国沙可乐博物馆的良渚文化陶壶上也有符号刻画，它横向直行刻于圈足内壁②。从符号形态观察，无疑是文字，笔画简练凝重。从它与龙山文化刻画符号相似点来看，中原文字是多源的，也是相互影响的。河姆渡文化是越文化的渊源，马家浜文化是吴文化的渊源，因此吴越文化的源头是独立发展起来的。

吴越文化与北方文化的接触交流最迟发生在新石器时代后期。在大汶口文化后期遗存中可以发现良渚文化影响的某些痕迹，在上海马桥、亭林等地的良渚文化遗存中也发现了具有大汶口文化特征的产物。有些学者还提出，在山西陶寺、河南二里头发现了良渚文化因素，而上海马桥、亭林也发现了二里头文化的特征的遗存。总之，有一点可以肯定，在新石器后期，吴越的原始居民与北方黄河流域的原始居民已有广泛的接触，并且很可能互相迁徙到对方的地区去。古代文献也有这方面的记载，《史记·夏本纪》："帝禹东巡狩，至于会稽而崩。""禹会诸侯江南，计功而崩，因葬焉，命曰会稽，会稽者，会计也"。帝禹大约生活在公元前 2100 年，而良渚文化的下限在公元前 2200 年，从良渚文化与北方文化的联系看，帝禹至越地的可能性是存在的。越与夏有着特殊

① 张明华、王惠菊《太湖地区新石器时代的陶文》，《考古》1990 年第 10 期。

② 李学勤《海外访古续记(一)》，《文物天地》1992 年第 5 期。

的关系,《越绝书·外传记地传》:“越之先君无余,乃禹之世,别封于越,以守禹冢。”“无余初封大越,都秦余望南,千有余岁而至勾践”。而《史记·越王勾践世家》的说法与之一致:“越王勾践,其先禹之苗裔,而夏后帝少康之庶子也。封于会稽,以奉守禹之祀。”这种记载并不能证明越地居民来自北方的夏,只能认为帝禹的后裔留在会稽,因为越地本来属于夏的势力范围,所以帝夏的后裔当上了土著越民的首领。如果这是事实的话,夏人的语言文字也会带到越地,当然只能为统治集团内的少数人使用。

吴居越之北,与北方中原文化的联系更处于有利的位置。紧靠它北面的宁镇地区和安徽东南部是北阴阳营文化,它的遗存表现出马家浜文化与大汶口文化交流过渡的迹象。吴地与北方的联系,据史载发生在商末。《史记·吴太伯世家》:“吴太伯,太伯弟仲雍,皆周太王之子,而王季历之兄也。季历贤,而有圣子昌,太王欲立季历以及昌,于是太伯、仲雍二人乃奔荆蛮,文身断发,示不可用,以避季历。季历果立,是为王季,而昌为文王。太伯之奔荆蛮,自号句吴。荆蛮义之,从而归之千余家,立为吴太伯。”“是时周武王克殷,求太伯、仲雍之后,得周章。周章已君吴,因而封之”。由此可知,吴太伯仲雍是周人,不是土著,到了吴地断发文身,服从当地的习俗,得到了土著的支持和拥护,被推举为领袖。但是,认为在殷末时周人就到了吴地却不可信,比较可靠的是西周分封时,周人才来吴地。丹徒烟墩山的西周墓曾出土了众多的中原青铜礼器,其中有宜侯夨簋。宜侯夨簋存铭文 126 字,是已发现的唯一详记分封诸侯的铭文。文中有记“王命虞侯夨曰:迁侯于宜①。”唐兰认为“虞”读作“吴”,与“太伯奔吴”呼应,“宜”在丹徒。李学勤也持此说,认为吴早期都邑肯定经过迁徙。有关这些问题,尚有不同的看法,但我们可以肯定,西周初期,周人已经进入苏南,因此,如果说周人在西周初期被封句吴,那是有一定的历史事实根据的。

这样,我们对吴越的文化就有了一个大致的印象。吴越自身发展起来的土著文化在夏代受到北方的影响,到了西周初期再一次受到中原周文化的影

---

① 从李学勤释,见《宜侯与吴国》,《文物》1985 年第 7 期。

响。在相当长的时期内，吴越土著文化的力量还是很强大的，因为西周以后该地墓葬的器物还是表现出浓重的地方色彩。

吴越的中原文字无疑是从中原传入的，那么吴越土著是否有文字呢？上海马桥遗址发现的陶器上有刻画符号，这些符号多在唇部，一般是单独出现的几何形线体，所以很难证明它是文字。百越是个体系繁杂的种族，即使其他地方的越族使用文字，也不能作为吴越土著使用文字的依据。如果越之先君无余确系夏帝之后，那么中原文字很可能在夏代流入越地，在上层领导集团内使用。由于土著力量强大，中原文字本来使用范围有限，估计很难在越地流行开来。商周之后形势大有变化。江西吴城留有大量商文化遗物，并留下了宝贵的文字实物资料，这足以说明商人已经到达该地，中原文字也在该地传播开了。江苏北部也发现了十多处商文化遗址，出土的遗存大致上与中原商文化相同。这些遗址，无论是淮夷还是商人自己所留，都说明中原文化向东南的渗透达到非常强烈的程度。西周时代，吴越之地与中原不是那种若有若无的松散的联络关系，而是中央对方国的册封关系。东南与中原关系的加强，特别是周人在东南的经营，迅速地锲入吴越土著文化，改变了原来的面貌。两周期间，茅山以东和茅山以西的文化面貌差异逐渐消失，趋向一致。

中原文化立足吴越，成为中原文字传入的先导。1954 年丹徒烟墩山出土了宜侯夨簋，1982 年在距烟墩山三公里处又出土了白(伯)簋，白簋器底有“白(伯)乍宝尊彝”五字[①]。两器都是中土周器风格，年代相近，为康王时器。两器的墓主是统治吴国的周人，宜侯夨簋和白簋都不是在吴地铸造，而是从中原带来的。这样，中原文字传到吴地可以定为西周之初的康王之年。吴国自制之器最早的要数者减钟。此器在乾隆二十六年(1761 年)江西临江出土，共 11 件，其中 10 件有铭文，6 件每器 83 字，4 件每器 28 字。钟铭有“工𫵷(吴)王皮𪊨之子者减”，所以可定为吴人自作之器。马承源根据其形制定为春秋中期，皮𪊨即吴王毕轸(句卑)，具体年代在鲁文公或鲁宣公之间，当公元前 7

① 镇江博物馆、丹徒县文管会《江苏丹徒大港母子墩西周铜器墓发掘简报》，《文物》1984 年第 5 期。

世纪末叶[①]。现在发现的吴国铭文比较集中在春秋末期，除了铜器铭文外，多为兵器铭文，尤以剑铭为最多。安徽寿县蔡侯墓发现的吴王光鉴是52字的长铭，浙江绍兴发现的配儿钩鑃两件，有60余字的长铭。吴王剑出土地点较多，以花体鸟书为主。青铜铭文的多种书体和多种器用，说明中原文字已经在吴地广泛使用，而且还形成了特有的南国字体。

越在吴的南面，受到中原文化影响要稍晚于吴国。越王自称是夏之后姒姓，与周人缺乏直接的、密切的关系。越人长期居于东南一隅，习惯于本民族固有的文化状态，不理会中原礼仪文化。因此，中原文化在越地的传播比吴地晚，影响也比较小。纵观越国的历史，中原先进的周人文化不是直接传入，而是从吴国和楚国间接传入。在鲁宣公八年（前601年）"楚为众舒叛故，伐舒蓼，灭之。楚子疆之。及滑汭，盟吴、越而还[②]"。吴在晋的帮助下，日益强盛。鲁成公七年（前584年）"吴始伐楚""蛮夷属于楚者，吴尽取之。是以始大，通吴于上国[③]"。此时，吴取代了楚，成为越的强邻，于是越转而盟吴，为吴国所控制。这种状态一直维持到越王勾践灭吴，共达一百余年。从出土实物来看，吴人早已经用中原文字铸器，吴人因为吴越之间的特殊关系，把中原文字传入越国。此后，越王勾践在徐州会盟，致贡于周，并徙都山东琅琊，与中原文化接触更多。既然已经成为周之诸侯，使用中原文字就是必须的了。

越国的文字资料年代很晚，有铭青铜器要在春秋末战国初的勾践之时。越国有铭铜器的品种比较单纯，主要是兵器，其中以越王剑为最多，铭文较多。其次是少量的礼器，有越王者旨于赐钟、越王于赐钟、者沪钟。者沪钟共有13件，13件铭文相连属，合为全文93字的长铭。此外，还有称为"句鑃"的乐器，但铭文不长。越器铭文大多比较华丽，而且多用鸟书，剑铭喜用错金书。早期铭文书体朴质，近于中土，姑冯句鑃及者沪钟铭文用长体，亦具南风。越国文字由吴国传入，受吴的影响较深，又吸收了相近的楚、徐等国的书体，形成了自己的风格，其鸟书之美是登峰造极的。越是东方民族风俗最重的国家，勾践之

① 马承源《关于翏生盨和者减钟的几点意见》，《考古》1979年第1期。
② 《左传·宣公八年》。
③ 《左传·成公七年》。

前无铭文发现，极可能尚未采用中原文字，所以越国采用中原文字与勾践灭吴、面向中原有极大的关系。但是，越器铭文是否能反映越人掌握中原文字，人们是有怀疑的。郭沫若认为：“据《纪年》所载越王名均有原始面貌，然器物体制与文体字体则与中原无殊，字体且更饶美术风味，盖出于中原人流仕于吴越者所为。即此可知，在战国中叶，中原文化虽已波及江南，但与地方风俗，甚至与其统治阶层之习惯，亦尚未能水乳相融也①。”当然，越国完全有可能从战败的吴国或从楚、徐弄到通字书铭的人，但是，如果在越国统治阶层不通中原文字的情况下广泛地使用铭文是不可思议的。所以只能这样认为，越国统治者不但接受了中原文字，而且在使用中原文字。绍兴306号战国墓是大型越人墓葬，出土的随葬品有别于中原，有浓郁的越风。引入注意的是有一套文具，包括刻刀、削、凿、陶纺线等，它们是用来修治简牍、编联简册的②。战国时代有把书写工具作为随葬品的习惯，如河南信阳1号楚墓随葬书写工具箱，内有刻刀、锥、削、铸、锯和毛笔③。信阳楚墓中还发现了遣策等文书，绍兴越人墓却未发现。这套文具足以证明当时使用中原文字的。

吴越两国在战国时期先后灭亡，但是越族子孙绵绵，生息在吴越故地。汉字从中原传入到为越人使用，经历了一个过程。

吴越两国土著同为越人，越人支系很多，但是这两国风俗语言相同。《吴越春秋·夫差内传》大夫种说：“吴与越，同音共律，上合星宿，下共一理。”《吕氏春秋·知化》载子胥说：“夫吴之与越也，接土邻境，壤交通属，习俗同，言语通。”相反，吴越的语言与中原是不同的，需要经过转译而后通。有关吴越的语言，古籍中有零星记载，如《越绝书·吴内传》：“越人谓人铩也”“治须虑者，越人谓船为须虑”“习之于夷，夷，海也。宿之于莱，莱，野也。致之于单，单者，堵也”。又《外传·记地传》：“姑中山者，越铜官之山也。越人谓之铜姑渎。”“朱余者，越盐官也，越人谓盐曰余”。吴、越还有发语词。《史记·吴太伯世家》：“太伯之奔荆蛮，自号句吴。”颜师古说：“句，音勾。夷俗语之发声也，亦如越为

① 郭沫若《者汈钟铭考释》，《考古学报》1958年第1期。

② 浙江省文物管理委员会等《绍兴306号战国墓发掘简报》，《文物》1984年第1期。

③ 河南省文物研究所《信阳楚墓》，文物出版社，1986年。

于越也。”勾践之“勾”、无余之“余”等也是这类发语词。吴越之地的中原文字，最初由中原移民使用，此本无困难。吴越土著要用中原文字也别无它择，首先要学会中原语言。“越人安越”在使用中原文字时就要变为“君子安雅”。中原文字在吴越的传播也就是“安雅”的“君子”不断扩大的过程。这个过程在夫差与勾践时代明显加快，吴、越君主都注目中原，会盟迁都频繁与中原地区的交往，使吴越之人熟悉中原语言，学习中原文字获得了更多的机会。吴越土著使用汉字，掌握假借功能，也在一定场合用它来标志本族语言。《春秋·襄公五年》：“会吴于善稻。”《谷梁传》：“吴谓善，伊；谓稻，缓。号从中国，名从主人。”可见“善稻”是中原的叫法，而越人却自称“伊缓”；也就是说，越人用汉字写的话，会写作“伊缓”。《国语·吴语》：“越王许诺，乃命诸稽郢行成于吴。”“诸稽郢”就是大夫“种”，越人不写“种”而写“诸稽郢”。当然越人这种处理名称的办法在当时有通例性质，并不是首创。《荀子·正名》：“散名之加于万物者，则从诸夏之成俗曲期，远方异俗之乡，则因之而为通。”杨倞说：“远方异俗名之乖异者，则因其所名遂以为通，而不改作也。”中原既然有保留“远方异俗名”的惯例，越人用中原文字假借写本名自然也就合乎文字法则。扬雄《方言》中保留了许多吴越的语言，这些词汇多加有标意的偏旁，它应该是越人继假借用字之后进入自造方字的标志。

第二节　汉字在闽越的传播

一　闽越与中原的关系

在现今的福建省，古代有一个民族叫闽越，是百越之一，由当地原始居民发展而成。福建在新石器时代的文化称作昙石山文化，它的文化遗址主要分布在闽江下游，主要有闽侯的昙石山、庄边山、溪头和福清的东张遗址。昙石山遗址与其他文化类型比较具有鲜明的特点，中下层石器工具以石锛为多，陶器多为砂质陶。两层的物质文化的发展环节紧密，反映出它们之间具有传承关系。经测定，中层与浙江良渚文化年代相当，上层不晚于商代。

闽越与中原的联系有相当悠久的历史。《周礼·夏官·职方氏》:“职方氏掌天下之图,以掌天下之地,辨其邦国、都鄙、四夷、八蛮、七闽、九貉、五戎、六狄之人民与其财用,九谷、六畜之数要,周知其利害。”“七闽”意为众闽。《说文·虫部》:“闽,东南越。”《文选·吴都赋》刘逵注:“闽,越名也。秦并天下,以其地为闽中郡。”足见《周礼》中的“闽”即福建之闽越,至少在先秦就与中原王朝有较为稳定的交往。在福建南安大盈寨山发现了一批青铜器,它们具有显著的地方风格,但在某些方面又受到中原文化影响,有的匕首、铜铃与中原地区出土的略同。据研究,这是春秋时期的遗物,可以证明,闽越虽处东南,却依然克服山川阻隔,从中原吸收有用的东西来发展本族的文化。

秦汉时代闽越与中原的关系已明确地记载在《史记·东越列传》中。秦统一中国,闽越王无诸及越东海王摇,都被废为君长,并且以东越(闽越)之地为“闽中郡”,正式纳入秦朝的版图。从此,闽越的命运就与中央王朝紧紧地联系起来了。秦末诸侯叛秦,无诸、摇率众从鄱阳令吴芮参与了灭秦的战争。因为闽越人协汉击项籍,因此,汉初又立无诸为闽越王,摇为东海王。东海王建都东瓯,又号东瓯王。闽越贵族屡次反叛朝廷,武帝决定发兵入闽越。元封元年(前 110 年)冬四路军队进入东越,东越王余善被杀,内部大乱,余众向汉军投降,闽越国除。这样,闽越从受汉册封的臣属王国又成为汉王朝直接管理的郡县,而闽越地区的越人则大部被迁往别处,闽越由强盛而转衰落。

秦汉之时,闽越与中原朝廷关系趋于密切,应该说,这段时期是汉字传入的重要时期。在具体地叙述汉字传播之前,有必要讲讲闽越的民族文字问题。

福建境内有多处古代遗留的摩崖图画,也有古代文字的传说。据地方志记载,光泽“石上有篆文,奇古不可辨”;南平有“仙书石,在城东崇福里萧坑,上有字迹,相传仙人所书”;永定“大埠虎坑,有四方形玉玺石,露出水面,有文纵横如篆书”;明溪黄杨岩“淳化寺,洞口有古碑,字画不可辨”;永泰“仙篆有三”;霞浦洪山石洞“上有篆文六字,人莫能识”;福州“古籀文,在鼓山里魁歧,有石横亘五十余丈,刻文其上,多不可识”;福清“鹿角山中大石上面,有仙篆数字,人莫能晓”;仙游石所山“中有大石,可坐百人,石上古篆百余字,如龙蛇纠缠,不可识”。此外，其他地方也有类似的说法。因为稍后迁来的畲族是没有文字的，所以人们自然会认为这些仙篆是古代七闽的遗迹。

地方志记载的“仙篆”现在已多不可寻觅，唯有华安仙字潭崖刻为人注目。在漳州华安的九龙江支流汰溪边崖壁上刻着似字非字图形。1919年，岭南大学黄仲琴调查崖刻，仅发现三处。1957年再次有人前往调查，共发现六处，大多为人体形图案，其中有两处较奇特。它与一般的简单错杂的人形不同，是成行而列的人面形图案，有早期金文笔意。学术界对于这些图形的认识分歧很大。就其性质而言，大多数人把它看作早期的古文字，是文字图画稍后阶段的文字。也有人对此作了释读，但是所释不同，显然是因为缺乏一种科学依据，带有极大主观臆测的成分。另外，关于这些崖刻的年代以及制作的民族，大家的看法差异也相当大。总之，仙字潭崖刻尚是一个谜，至于它是否是闽越的民族文字，还有待于以后的发现和进一步的研究[①]。但是，据我看来，这似乎是示意图画，不可能是文字。

二　汉字传入闽越

在春秋之前，闽越已经开通了与中原联系的渠道，随着中原较先进的文化的输入，汉字是有可能进入闽越的。由于这种推测缺乏相应的材料，所以它是否成立，只能以后由新发现的事实来证明了。

秦朝在东越置闽中郡，闽越王国依然保持相对的独立性。但是，既然已经存在中央与郡治的关系，汉字作为官方文字在闽越就有了合法的地位，而且汉字可以随着经济文化的交流进入，也可以随着各种公文传入。这样看来，汉字在秦代传入闽越的说法是成立的。秦末，闽越王无诸率众参加反秦行列，参与中原的内战，因为军事协调和行政上的联络，闽越有必要进一步地利用中原文字。此时可能掌握的人不多，但肯定有人懂得汉字。有了这个基础，在闽越上层，就有可能使用汉字，模仿汉朝制度了。闽越使用汉字的情况在《史记·东

① 黄仲琴等30篇有关文章已收入福建省考古博物馆学会编的《福建华安仙字潭摩崖石刻研究》，中央民族学院出版社，1990年。

越列传》中已经有所反映：

至元鼎五年，南越反，东越王余善上书，请以卒八千人从楼船将军击吕嘉等。

余善刻“武帝”玺自立，诈其民，为妄言。

以上两条材料，是闽越政权使用汉字的明证。而且从余善刻“武帝”玺的做法看，他虽取汉法，却是从南越王那里学来的，尽管闽越没有汉人当政，但并不妨碍汉字成为闽越的官方文字。

在闽北山区、崇溪西岸，有著名的崇安城村汉城。这个遗址自1958年被发现以来，又经系统的勘探和重点发掘，基本上弄清了城址的范围和文物遗迹①。1988年又对城村建筑遗址东门外北侧的北岗2号建筑遗址进行了发掘工作②，初步认定崇安汉城是闽越所建的王城，很可能就是闽越王无诸都城东冶，汉朝击灭闽越后成为冶县冶城。

汉城遗址出土了相当数量的文字资料，有瓦当文、陶文、铜弩机铭文及封泥文。这些文字是在福建发现的最早的文字资料之一，其中有一部应该是闽越时期的文字。这些文字资料中，较为重要的是那些陶制印文。这些陶文以篆体为主，有些与战国玺文形近，有些则带有隶书痕迹。把它与秦代陶文相比，显然晚于秦代；与甘泉宫遗址陶文大致相同，可以推定，这些陶文年代在武帝或武帝稍前的时代。

戳印在瓦片上的文字大多是姓氏，是“物勒工名，以考其诚”而留下的工匠标记。这些姓氏名字有：胡、马、黄、林、莫、皋、屋、辕、赖、邓、卢、从、会、狼、居、经、诰、茸、裹、赞、蓝、气、结、气結、根、夫唐、駠、目旃、吴、隼、申等。其中有些姓名显然不是汉人，如“夫唐”与吴越的“夫镡、夫差”相类；“气、气結”之姓，与广州南越国遗址所发现的字瓦相似；居，东越王居股，南越桂林监居翁亦同。

---

① 福建省文物管理委员会《福建崇安城村汉城遗址试掘》，《考古》1960年第10期；福建省博物馆《崇安城村汉城探掘简报》，《文物》1985年第11期。

② 福建省博物馆、厦门大学人类学系《崇安汉城北岗二号建筑遗址》，《文物》1992年第8期。

这些闽越人当然是本地的工匠，而那些众多的汉姓工匠则是从中原来到此地的，他们带来了汉式宫殿的建筑技术，是这支建筑队伍的主力。

生活陶器有些带有“官”字，这是当地官署及吏属的标记，有“官长”“官经”“官黄”“官信”。此外有一个“乾官”戳印十分重要。“乾”同“斡”，“乾官”即“斡官”。《汉书·百官公卿表》：“初，斡官属少府，中属主爵，后属大司农。”颜师古注引如淳曰：“斡音筦或作干。干，主也，主均输之事，所谓斡盐铁而榷酒酤也。”这种斡官是中央部门的行政官员；汉城发现这个铭记，说明闽越和南越一样，也模仿汉朝制度设置官员。

瓦当文和中原一样，皆为篆文，有“万岁”“乐未央”“常乐”“常乐万岁”等，其中“万岁”瓦当上部配饰云纹、树纹和当心圆泡（图4—1）。“常乐万岁”有顺读和逆读两种。

图4—1 崇安汉城瓦当文

闽越新店古城山位于福州北郊，四周有夯土墙，此地为汉高祖五年（前202年）复立无诸为闽越王时的国都东冶。1997年在新店古城外东北侧山坡发现大量建筑材料，发现虎鸟纹“万岁”当、“万岁未央”残当、“万岁”残当[①]（图4—2）。

图4—2 新店古城瓦当文

① 福建省博物馆、福建省昙石遗址博物馆、福州市晋安区管委会《福建福州市新店故城发掘简报》，《考古》2001年第3期。

铜弩机铭文先后发现多件，其文为：

河内工官二千六百五十六甲

河内工官二千二百卌二丙

河内工官四千五百卌四甲

河内工官千四百五十八丁

河内工官二千二百四十甲

河内工官三百十丁

河内工官□千[illegible][1]

铭刻为隶书，笔画细而草率，为西汉河内郡的工官所制，同样的铜器在河北陵山1号西汉墓也有出土，可知是从中原输入的。

1997年在福州新店古城的考古发掘中又出土了一批闽越时期的文字资料。文字瓦当有“万岁”“万岁未央”。“万岁”瓦当文字上部有兽面，下有凤鸟；文字也为篆体。同时还发现了“闽”字陶文，字由印压出。从建筑残件的风格看，皆为汉初之物[2]。

闽北的崇安和福州都发现有闽越时期的王城规格的宫室遗迹，两者关系众说不一，尚未有定论[3]。但是这些宫城遗迹显示，它们始建的年代应为西汉前期，还可能早到秦后期，无疑为闽越所建造。闽越王恢复王国之前已经参加了中原战事，熟悉中原文化，也就在这个时期全面引进汉朝制度，组成新朝。秦建闽中郡，汉字可能已经传入闽越。到了汉初，闽越王在全面沿用汉制时，也广泛地使用汉字。不仅王朝内的当地人使用，而且迁入的汉人也使用；崇安、福州的遗址里的文物可以证明这个事实。

---

① 参阅陈直《福建崇安汉城遗址时代的推测》，《考古》1961年第4期；张其海、林忠幹《福建崇安汉城遗址出土的文字符号》，《考古与文物》1988年第4期；杨琮《福建崇安汉城出土的青铜器及有关问题》，《华夏考古》1991年第2期。

② 《汉初闽越城可能是无诸所筑，南方古城考古有重大发现》，《中国文物报》1997年6月15日；《福州闽越故城发现一批文字瓦当》，《中国文物报》1997年12月21日。

③ 参阅吴春明《近七十年闽越都城地望探索述评》，《中国史研究动态》1999年第10期。

第三节　汉字在岭南的传播

一　南越国使用汉字

南越是百越的一支，是著名的马坝人的后代。南越处今广东及湖南南部，西连桂、滇，东接闽、台，是岭南的中心地区。南越人语言接近现代壮语，和中原语言不同[①]。考古发掘证明，南越族的祖先在本地区创造了丰富多彩、颇具特色的文化。

南越很早就与中原有了文化交流。广东信宜出土的铜盉，可以说明最晚在西周时代，中原文化就已经开始影响南越了。这种青铜器来自黄河流域，以楚地为媒介，传入南越之地。楚居南越之北，尤其关心南邻。《左传·襄公十三年》子囊谋谥，说："赫赫楚国，而君临之。抚有蛮夷，奄征南海，以属诸夏。"襄公十三年是公元前560年，就是说楚人至少在春秋中叶前就征南海了。楚人南进，就会把中原文化进一步地传到南越之地。广东清远的春秋晚期墓葬明显地染有楚风，1号墓的Ⅱ式铜鼎是长河楚墓的形制，2号墓铜罍的纹饰尤其显示出楚器的特点。公元前387年，吴越"南平百越"，楚的南部边界已经达到五岭，对南越的影响进一步加强。秦始皇统一中国，兵分五路向岭南进兵，在公元前204年，"发诸尝逋亡人、赘婿、贾人略取陆梁地，为桂林、象郡、南海，以适遣戍[②]"。任嚣为南海郡尉，赵佗为南海郡龙川县令，把南越纳入秦的版图，成为直接的统治区域。

随着中原居民的大量迁入，中原的礼仪制度深入南越，中原文字也以各种媒介在当地流传。广州秦汉造船工场遗址出土的筒瓦上印有篆文"公""官""卢"等戳印，1号船台大枕木上凿有"东□八"三字，加工场出土的漆秘残片，有针刻"巫里□"三字，皆为秦代文字，可为汉字随秦人入南越的明证[③]。广州

① 韦庆稳《论百族民族的语言》，《百越民族史论集》，中国社会科学出版社，1982年。

② 《史记·秦始皇本纪》。

③ 广州市文物管理处、中山大学考古专业75届工农兵学员《广州秦汉造船工场遗址试掘》，《文物》1977年第4期。

东郊罗冈4号墓为秦代末年墓葬，出土有铭铜戈，上书“十四年属邦工□蕺丞□□□”。此戈侧阑在上两穿的位置已磨损呈凹痕，也就是说，这件秦王政十四年（前233年）戈是经长期使用的实战兵器，是由战斗人员携入南越的[①]。

20世纪与21世纪之交，在广州南越国宫苑进行了连续多年的发掘，在遗址中发现了很多南越国的文字资料。

2002年在南越国宫署井内（J 264）清理出百余枚木简，完整长约25厘米、宽1.7—2.4厘米、厚0.19—0.2厘米。一简有两行半文字，其余皆一行。字大而疏，字数不等，多者23字，少者仅3字，一般12字。墨书隶体，为籍簿和法律文书。简长25厘米，相当于秦汉的一尺一寸（图4—3）。

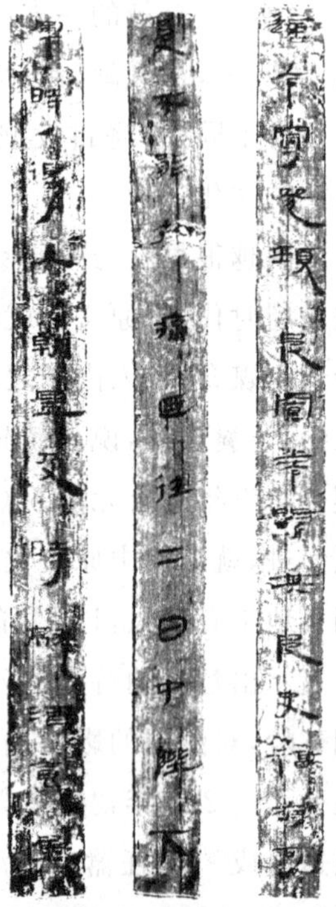

图4—3　南越国宫署木简

在宫苑遗址出土大量建筑材料，陶构件上有不少戳记，篆字、隶字皆有。遗址出土的“万岁”瓦当数量较多，当背有切割痕迹，与筒瓦黏接处两侧有对称的半孔。文字瓦当绝大多数为“万岁”二字，阳文，自右向左横读，无界栏，其外围饰两圈凸弦纹。所用的建筑不同，瓦当大小不同，直径以16—17厘米的最多，目前所见，最小的13.5厘米，最大的18厘米。有部分瓦当还残留涂抹的朱砂残迹。“万岁”两字同为云书，但写法不同，有的只有部分笔画卷曲，有的几乎每笔卷曲，字形装饰性特别强（图4—4）。可见南越国继承了中原云书、鸟虫书的风格，追求书法的艺术性。

宫苑内破池壁面铺石板上发现“蕃”（图4—5）“费”“皖”和“□□北诸郎”等篆体刻字，这是岭南迄今为止发现的年代最早的石刻文字。“蕃”当是“番

① 广州市文物管理委员会《广州东郊罗冈秦墓发掘简报》，《考古》1962年第8期。

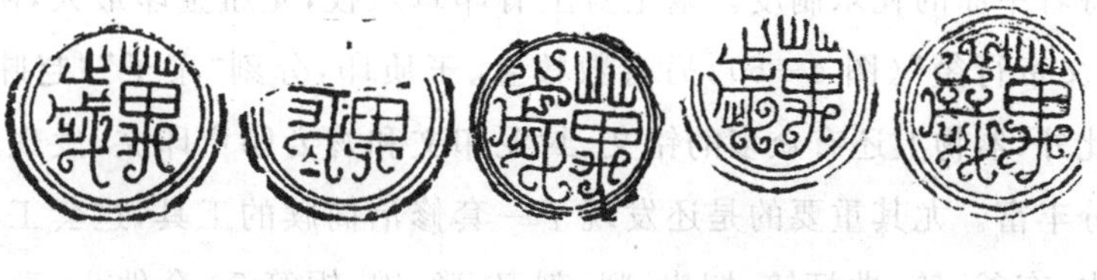

图 4—4　南越王宫“万岁”瓦当

禺”的简称，即南越国都番禺城[①]。

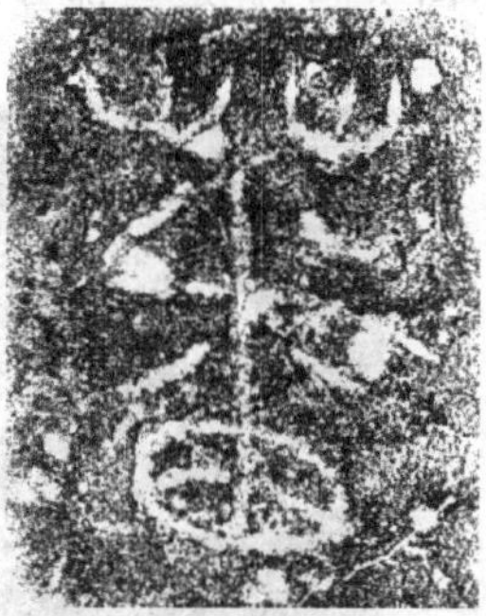

图 4—5　宫苑石板“蕃”字

《史记·南越列传》载：秦末陈胜起义，南海尉任嚣召龙川令赵佗，说：“南海僻远，吾恐盗兵侵地至此。吾欲兴兵绝新道，自备，待诸侯变，会病甚。且番禺负山险，阻南海，东西数千里，颇有中国人相辅，此亦一州之主也。”秦亡，赵佗又攻占桂林郡、象郡，自立为南越武王。赵氏以中原人为南越主，为长期立足南越，采取各种措施密切与南越族的关系，自称“帝吏大长”，有意淡化中原汉人身份以争取越人支持。他鼓励汉、越交流融合。就赵氏而言，用南越人吕嘉为相，“相三王，宗族官仕为长吏者七十余人，男尽尚王女，女尽嫁王子兄弟宗室[②]”。赵佗重用越人，赞成汉、越通婚，使居都城、郡治、县治等城邑中越人文化生活方面受到强烈的冲击和影响，使越人文化融合于中原文化之中。截止到 1995 年，已公布的南越国时期的墓葬有 78 座，共发现了 121 面中原式铜镜，可以证明这一点[③]。另一方面，赵氏又保持了中原的礼仪制度。广州象岗发掘的第二代南越王墓出土大量器物，几与中原无异。南越王着玉衣入葬，完全仿效汉朝帝王葬制。再从编钟、编磬、编铙看，南越国

---

① 广州市文物考古研究所、南越王宫博物馆筹建办公室《广州南越国宫署遗址 1995—1997 年发掘简报》，《文物》2000 年第 9 期；广州市文物考古研究所、中国社会科学院考古研究所、南越王宫博物馆筹建处《广州市南越国宫署遗址西汉木简发掘简报》，《考古》2006 年第 3 期；广州市文物考古研究所、中国社会科学院考古研究所、南越王宫博物馆筹建处《广州市南越国宫署遗址 2003 年发掘简报》，《考古》2007 年第 3 期。

② 《史记·南越列传》。

③ 参见全洪《南越国铜镜论述》，《考古学报》1998 年第 3 期。

也保持着中原的礼乐制度。墓主身上有印章八枚，龙纽金印最大，阴刻篆书，文曰"文帝行玺"（图 4—6），另有数枚金、玉质印，分刻"泰子""赵眛""帝印"等。此外，器物上还有众多的铭文、封泥印文和婢妾印章印文，发现的汉字资料十分丰富。尤其重要的是还发现了一套修治简牍的工具，这套工具放在漆木箱内，有斧、锛、曲柄铲、槲头、削、刻刀、凿、锉、锯等 70 余件[①]。墓中发现众多封泥、铭刻和陶器戳印文字，可知南越国百官设置和宫室名称也是模仿汉朝的（图 4—7）。这些都可以说明，远在南陲的南海和中原一样广泛地使用汉

图 4—6　文帝行玺

图 4—7　板瓦上的文字

① 广州象岗汉墓发掘队《西汉南越王墓发掘初步报告》，《考古》1984 年第 3 期。

字，而赵氏的汉、越交流融合的政策，无疑促进了汉文化的传播，促进了南越族人对汉字的了解和使用。

二 中原文字传入西瓯

在今广西一带很早就有人类居住，旧石器时代晚期的柳江人是数万年前生活在这里的、已知的最早人类。当地的原始社会文化遗存显示出自身发展的连接性和继承性，既有长江流域甚至黄河流域的影响，又有显著的地方特色。广西的先民与黄河流域的联系历史相当悠远，据文献记载，至晚在尧舜时代。《墨子·节用中》说："古者尧治天下，南抚交趾"，《尚书·尧典》说"申命羲叔宅南交"，可以证明尧的势力已经越过岭南。《淮南子·修务训》谓帝舜"南征三苗，道死苍梧"，苍梧即在广西北境。这些记载中的上古历史有一定的可信性。商代广西与中原的联系更加频繁，通过战争或经济交流，黄河流域的文化广泛深入广西。在兴安、武鸣等地不止一次发现商周时代的青铜器，它们具有较明显的中原文化风格，当然是从黄河流域传入的。商以至周文化的南播，形成了以模仿中原青铜器为主的广西青铜文化。中原文字最早是伴随着青铜器进入广西之地的。兴安出土的青铜卣器底内阴刻"天父乙"三字铭文，无论从造型、纹饰或铭文看，都可断定是晚商铜器。

春秋以来，江汉流域的楚国趋于强盛。战国初期，楚悼王用吴起变法图强，南平百越，越过岭南，进入漓水流域，以湘、漓二水的分水岭与百越为界。楚向岭南传播中原文化的影响是巨大的，但是没有根本上改变当地的文化面貌，这可以从出土的、具有较强地方特色的青铜器得到证实。

广西壮族自治区离平乐县城东约40公里的银山岭战国墓，出土铜戈一件，内上横刻"江""鱼"二字(图4—8)。另一面也有细刻文字，因笔画磨蚀，已无法释读。"江""鱼"应是戈的置用地名。银山岭地处五岭山脉湘桂走廊的东侧，是楚入岭南

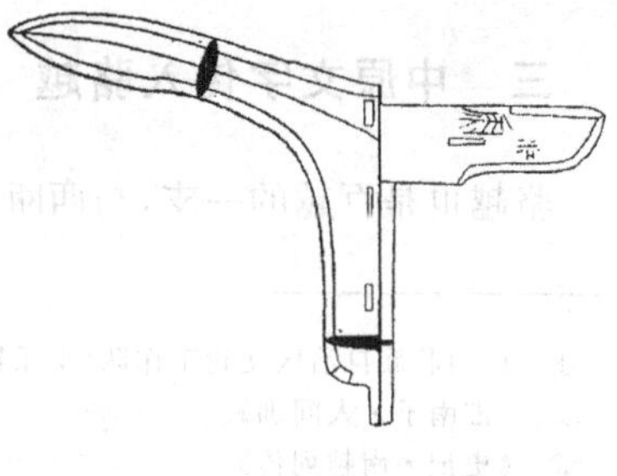

图4—8 银山岭楚墓"江""鱼"铜戈

的通道，此戈说明战国文字在岭南使用[①]。

公元前223年秦灭楚，席卷而下，进军百越，开通灵渠，沟通了湘江和漓江，“杀西呕君译吁宋[②]”，设桂林郡、象郡，把西瓯之地纳入版图。秦始皇把大批中原人徙移岭南，形成中原人、越人杂处的局面。西瓯是百越的支派，虽然在秦统一战争中受到沉重打击，但是作为一个民族依然存在，而且在当地文化上还处于强势地位，所以赵佗还要“以兵威边，财物赂遗闽越、西瓯、骆，役属焉[③]”。赵佗割据岭南，兼并了桂林、象郡，建立南越国，而西瓯之地面貌大致和秦时一样，未有大的改变。汉武帝击灭南越国，西瓯作为一个民族始不复存在。

秦汉时期是中原文化在西瓯的重要传播期。只要是由中原人士实行行政管理就必须推行中原文字，而中原、越杂居是中原文字扩散的有效途径。经此过程，中原文字使用趋于普遍，成为当地书面交流必不可少的工具。广西贵县罗泊湾1号墓发现了大批中原文字材料。除了众多器皿铭文外，有木牍五件，木简九件。较为引人注目的是三件保存墨书文字的木牍：M1:161牍自题“从器志”，记录衣、食、用、玩、兵器等随葬品，正背二面共372字。M1:162牍记录随葬农具，正背二面共残存29字。M1:163牍自题“东阳田器志”，正面有字，漫漶不清，可辨认者不多。2号墓文字资料较少，仅见少量器皿铭文、印文和封泥文字[④]。文字的字体是秦汉之际通行的、略带篆意的隶书，墓葬年代为西汉初年。贵县当时称布山，属秦桂林郡，汉初为南越王赵佗所属。罗泊湾墓文字数量较多，用于简牍、题铭、印章，范围广泛，几乎与马王堆一号汉墓的文字情况相似。这足以说明，至少在秦末汉初当地使用文字已与中土大致相同，随着汉人的大批迁入及郡县行政机构的设置，汉字已经牢牢地立足西瓯了。

三 中原文字传入骆越

骆越也是百越的一支，与西瓯为邻，在西瓯之南，大致分布在今广西南部及

---

① 广西壮族自治区文物工作队《平乐银山岭战国墓》，《考古学报》1978年第2期。

② 《淮南子·人间训》。

③ 《史记·南越列传》。

④ 广西壮族自治区博物馆《广西贵县罗泊湾汉墓》，文物出版社，1988年。

越南北部、中部。骆越与中原交往的历史久远，《逸周书·王会解》有“路人大竹”，清人朱右曾校释“路”音“骆”，“路人”即骆人。汉初南越王赵佗“财物赂遗闽越、西瓯、骆，役属焉”，把骆越之地划入南越国。汉武帝元鼎五年(前112年)派兵南下，六年(前111年)平南越国，分为九郡，其中交趾、九真、日南三郡即骆越之地。

南越王赵佗以赂得骆，实际上是名义上的隶属关系，未能实行有效管理，因而汉风尚未浸染。《后汉书·南蛮西南夷传》称：“凡交趾所统，虽置郡县，而言语各异，重译乃通。人如禽兽，长幼无别。项髻徒跣，以布贯头而著之。后颇徙中国罪人，使杂居其间，乃稍知言语，渐见礼化。”汉置之郡，成为当地的政府机关，汉字作为官方文字也随之传入，至少会在迁移去的汉人中通行。广西合浦西汉墓曾发现陶质提箭，在一只提箭内有朱书隶字“九真府”三字，在另一只破残的提箭内有朱书隶字“九真府□器”五字[①]。九真郡是平南越国后设的九郡之一，与交趾郡、合浦郡相近，所以会有九真郡的提箭。这个提箭朱书是国内发现九真郡的最早的文字资料。

汉字向骆越之民传播，其时大概在西汉末年到东汉初年，而特别有贡献的是锡光及任延。锡光在西汉平帝年间为交趾太守，任延在东汉建武年间为九真太守，“岭南华风，始于二守焉[②]”。锡光在交趾，“教导民夷，渐以礼义”。任延“明《诗》《易》《春秋》，显名太学，学中号为‘任圣童’”。任延在九真郡“令铸作田器，教之垦辟。田畴岁岁开广，百姓充给”。“光武中兴，锡光为交趾，任延守九真，于是教其耕稼，制为冠履，初设媒娉，始知姻娶，建立学校，导之礼义[③]”。二守都是从“教其耕稼”、解决生计着手，然后再传播仪礼制度，从此汉字开始在当地人民中传播开了。骆越之民与其他边远地区一样，跨入了汉字社会。东汉王充《论衡·恢国》说：“巴、蜀、越嶲、郁林、日南、辽东、乐浪，周时被发椎髻，今戴皮弁，周时重译，今吟诗书。”随着文化的进入，当地人也开始学说汉语，使用汉字。广东德庆大辽山东汉墓，墓中有盆、案、铁剑、带钩等汉式

① 广西壮族自治区文物考古写作小组《广西合浦西汉木椁墓》，《考古》1972年第5期。

② 《后汉书·循吏列传》，下同。

③ 《后汉书·南蛮西南夷列传》。

器具，而铜案刻龙凤鱼纹，具南方风格。一件铜洗底铸五铢纹，外刻隶书“谢著有”三字，另一件外刻隶书“元初五年七月中西于造谢著□”。一件铜壶已残，底刻“元初五年七月中西于李文山治谢著有[①]”。工匠是李文山；“西于”属交趾郡，在今越南北方[②]。元初为东汉安帝年号，距光武中兴100余年，此铭“西于”之物，时在锡光交趾设学之后，而使用汉字已一如中原。

第四节　壮族使用汉字

一　壮族使用汉字的历史

壮族是百越一支，西瓯的后裔，现在主要聚居于广西壮族自治区及云南文山，在广东、湖南、贵州、四川等省亦有少量分布。壮族是接受汉文化影响较深的民族，也是较早地接触汉字、使用汉字的民族。

壮族使用的壮语，属于汉藏语系壮侗语族，语音结构、语法、词汇和汉族不同，同是壮语，各地也有方言俗语的差异。壮族对汉字的利用包括两种方式，一是用汉字写汉语，一是用汉字写壮语。壮族使用汉字主要采取前一种方式。

中原汉人陆续迁入岭南，多在城市定居，而中原派遣的官员也到州县理事，城镇成为汉文化向壮乡扩散的中心。壮人在城镇中与汉人杂处，政治、经济、文化各方面的交流都要以语言为媒介，处在这种环境下的壮人自然会学用汉语。魏晋南北朝之后，避乱的文人和贬谪的宦吏陆续来到岭南，倡导教育，开坛讲学，使当地壮人有机会系统地学习汉文化，掌握汉字，熟悉汉文典籍。最晚在唐代，壮族社会就产生了不少士人，如韦敬办、冯智戴等，都见于史载。特别是在明清改土归流以后，解除了不允许平民参加科举考试的禁令，包括西部在内的广西各地涌现出大量书院，壮人和汉人一样诵读经书，走入宦途。汉壮民族长期和睦相处，亲如一家，联姻通婚已经习以为常，有些壮人在生活习俗方面已经与汉人没有什么明显的差别。这样一来，城市里的大部分壮人在

---

① 广东省博物馆《广东德庆大辽山发现东汉文物》，《考古》1981年第4期。

② 《后汉书·郡国志五》：“交趾郡武帝置，即安阳王国。雒阳南万一千里。十二城。”有“西于”。

使用本族语言的同时，也使用汉族语言，而掌握汉语的壮人又将汉语逐步向周围集镇及乡村扩散，壮人对汉语的熟悉，为学习使用汉字提供了一个良好的基础。这是汉字在广西广泛传播的基本过程。

壮族是保持本族语言的民族，在掌握汉字之后，又不满足于仅用来标志汉语，还希望用来标志本族语言，所以汉字在岭南的传播自然而然地会出现标志本地语言的方字。方字的出现应该在壮族士人大批出现的年代。唐澄州刺史、壮人韦敬办所刻立的《澄州无虞县六合坚固大宅颂》碑文已经有方字，如“畓桑滋耽，耕农尽力”中的“畓”字，即当时创造的方字，现今壮字中仍有这个字。“畓”从田从米，为田的会意字。南宋时代，壮族的方字已经在社会上流通，并且经常出现在牒诉券约之中。范成大《桂海虞衡志》载：

> 边远俗陋，牒诉券约，专用土俗书，桂林诸邑皆然。今姑记临桂数字。虽甚鄙野，而偏旁亦有依附。𡚻（音矮），不长也。閪（音稳），坐于门中，稳也。𡘫（亦音稳），大坐亦稳也。仦（音嫋），小儿也。𡗪（音动），人瘦弱也。歪（音终），人亡绝也。𠭯（音腊），不能举足也。奀（音大），女大及姐也。岆（音磡），山石之岩窟也。閂（音櫈），门横关也。他不能悉纪，余阅讼牒二年，习见之。

稍后的周去非《岭外代答·俗字》记方字13字，其中4字为范书所无：

> 氽音泅，言人在水上也。氼音魅，言没人在水下也。毜音胡，言多髭。砏东敢切，言以石击水之声也①。

宋庄绰《鸡肋编》卷下：

> 广南俚俗多撰字画，以𡘝为恩，𡘫为稳，𡚻为矮，如此甚众。

① （宋）赵与时《宾退录》卷五引《岭外代答》多出一字：“閄队，和馘切，言隐身忽出，以惊人之声也。”

此风历代不衰，方俗字流传趋广，数量也趋多。明人朱国祯《涌幢小品》、清人钮琇《觚賸》所记方字已与宋人所记的有所不同，清沈曰霖《粤西琐记》所记略有差别：

> 坔音近陈，谓旧产也。𡚻音近产，谓假子也。䢺音近满，谓最少也。𡘫音近某，谓假父也。物之不大为𡗨，音如米，即弥之误。物之不高为𡮣，音如呆，即矮之误。

这些都是笔记中零星的摘录，并不能反映广西土俗的原来面貌。清代官方会同馆编广西太平府、庆远府、镇安府译语，收列土俗原字达一百有余。分天文、地理、人物、身体、饮食、禽兽、器用、宫室、通用各门，足见方字无所不用，而且在当地得到官方的认可。当然，这还是方字的一部分。随着民间文化生活的展开，方字使用的范围不断扩大，制造方字的队伍也不断扩大。但是，大多数是随生随灭，或局限于一地使用，因而要统计方字的准确数量是比较困难的。

二　汉字壮文

汉字壮文是用来表示壮族语言的民族文字，因为采用方块汉字的形式，所以也称之为方块壮字。壮人有较长的双语历史，这对形成方块壮字是十分重要的。壮人兼习汉语，不断地把汉语词汇吸收到本族语言中，为直接借用汉字提供了条件。另一方面，在长期使用汉字的过程中，壮人熟悉了汉字的结构特点，具备了根据本族语言制造新字的能力[①]。

汉字壮文可以分为两个部分：一是直接借用汉字，这些借用字和汉语词汇有密切的关系；二是自造字，即根据壮语词汇的特点，自行创制新字。

1. 借用字。借用字是直接使用现成汉字为壮语服务，不仅借入字形，而

---

① 本节汉字壮文字例，主要根据黄革《上林地区壮族方块字的构造》，《民族语文》1982年第2期；覃国生《关于方块壮字》，《广西民族学院学报》1986年第4期；郑贻青《靖西方块壮字试析》，《民族语文》1988年第4期；李乐毅《方块壮字与喃字的比较研究》，《民族语文》1987年第4期；张元生《方块壮字》，载《中国民族古文字》第一辑，天津古籍出版社，1987年。

且还同时借用这些字的读音及字义。

a. 音读字

这实际上是在借入汉字的同时，借用这些字所表示的词。这类字在方块壮字中占有很大的比例。但是这种借用字常常带有一些变异，与它所借用的样本有些差距。就音而论，壮字汉读因为来源不同，一字异读的情况较多。早期从近似粤方言的读音借入，后来一般从西南官话或普通话借入，这样同一个字就产生了不同读音。以靖西地区为例：

	早期		近期	
汉字壮文	字义或用法	读音	字义或用法	读音
京	京都	kəŋ^{1}	北京	kjəŋ^{5}
国	国家	kuk^{7}	祖国	ko^{2}
三	三	θaːm^{1}	三好	θaːn^{5}
叶	姓	jip^{8}	叶(老师)	je^{2}
同	相同	tɔːŋ^{2}	同志	thoŋ^{2}
样	相貌	jiŋ^{6}	样板	jaːŋ^{4}

这种一字多读的情况与日本借词的汉音唐音相似，是借用字读音的特殊情况。壮语的语音音素及声调与汉语不同，所以汉字的汉音在借入时会有所变化，要根据壮族语言特点加以消化。借入汉字时虽说是连读音一起借入的，实际上在壮语中是“壮化”了的读音。除读音以外，借入汉字的词义比较稳定，但也有词义变化的例子，就是说和汉字的习用词义是有所不同的。

b. 借音字

借音字即汉语中的假借字，即弃汉字的意义不顾，而用它来标志读音相同或相近的壮语词汇。借音字的用法在外族利用汉字方面有普遍性，是最为便利的利用方法。

方块壮字	眉	斗	古
读音	mi^{2}	tau^{3}	ku^{1}
词义	有	来	我

借音字中有一类比较特别，是把汉字译成壮音以表达壮语的词义。如“该

柱”kaːi^{1} caɯ^{4} 表示买卖的意思；“皮往”pei^{4} nuːŋ^{4} 表示兄弟、姐妹的意思；“扶姝”po^{6} me^{6} 表示父母的意思。

西南官话的读音是方块壮字的借字依据，因为不同民族语音上的差异，借字的借音也就不十分严格，有同音借用，也有近音借用。同时，由于壮语的方言音读存在差别，所以同一词的汉字壮文常不统一。例如词义“有”，柳江、武鸣、龙州读 mi^{2}，写作“眉”；靖西却读 mei^{2}，写作“梅”。词义“我”，上林是“鼓”kn^{1} 或“苟”kou^{1}，柳江是“古”ku^{1}，武鸣是“九”kou^{1}。柳江虽然也用“九”，但读音与武鸣不同，为 kau^{1}。

c. 训读字

借用汉字及字义，不用汉字的读音，而用壮语的音读。其实质是壮语的固有词汇用汉语中同义的汉字来标志。这是受汉语影响最小的词汇部分。如方块壮字“雨”，字义与汉字相同，却读壮音 phoːn^{1}；相同的还有“盘”，作盘算义，读 pun^{2}；“红”，作红色义，读 neːŋ^{1}；“屋”，作房屋、家义，读 lun^{2}；“新”，为新旧之新义，读 moːi^{5}；“笑”，作欢笑义，读 khu^{1}；等等。

2. 方字。方字是壮人按照本族语言的需要自行造的字。这种自造字历史久远，可以追溯到唐宋时代。汉字壮文是汉字系统的文字，它的自造字也体现了汉字生成功能和对不同语言的适应能力。当然，其构造方式也采用汉字固有的造字方式。

a. 形声字

形声相益是汉字“六书”中最能产的造字方式，适应性很强。汉字壮文中形声字数量很大，比例也较高。它通常由意符和声符两个部分组成，用一个汉字或偏旁的意义来表示壮语的词义，用另一个汉字的读音来表示壮语词汇的读音。因为壮、汉语音系统上的不同，声符的读音可能是相同的，也可能是相近的。

壮字的形声字结构和汉字一样，位置上也是有变化的。主要形式是上下结构、左右结构和内外结构。

① 上下结构

罯 na^{2}，田。声符在上，意符在下。

臡 no^{6}，肉。声符在上，意符在下。

岜 pja[1]，山。意符在上，声符在下。

岃 ting[55]，顶端。意符在上，声符在下。

② 左右结构

伝 vun[2]，人。意符在左，声符在右。

踸 ɣan[1]，见。意符在左，声符在右。

齷 ok[7]，出。意符在左，声符在右。

鴘 ɣok[8]，鸟。声符在左，意符在右。

糴 ra:i[21]，露水。声符在左，意符在右。

③ 内外结构

圕 kiaŋ[1]，关。意符在外，声符在内。

内外结构以外形内声为主要结构模式。

汉字壮文的形声字主要是采用汉字原有的声符和意符，但在长期的使用过程中也创造了一些新的偏旁。例如从"門"省去一半成为"𨳇"，表示"半"的意思，与"歪"构成合体字"𨳇"，词义为歪。另一方面，因为很多形声字的前身都是借音字，由借音字再加意符组成形声字。原来的借音字往往已是一个合体字（以形声字居多），这样一来，新的形声字就显得结构繁复，使用不便。汉字壮文往往对这类字加以简化处理，这就是省声的形声字。

掊 pai[21]，扇。从手，倍省声。

脨 sai[5]，肠。从月，使省声。

恊 ja:p[35]，心烦。从心，協省声。

踬 cpla:i[55]，走。从足，派省声。

当然，汉字有简写的，汉字壮文也采用简体字作为声符或意符，同样可以起到改繁化简的作用，如：

𫕥 bwn[24] 天。从天，声符"云"是简体字。

𫖯 sak[33] 碰撞。则声，意符"头"是简体字。

汉字壮文的声符一般从汉读，但是少量也从壮读，即用训读字作声符。如：

𧿹 ha[24]，脚。从𧾷，五声。"五"取壮读 ha[24]。

𢴿 dam^24，种。从手，黑声。“黑”取壮读 dam^24。

有些汉字壮文的声符和现代汉音不同，但不是壮音，而是汉语的古音。同样，有些意符的意义与现代汉字的常用义也不同，因为它用的是汉字的古义。这些汉字壮文来源甚古，反映了这两种语文有着非常古老的交流历史。

口旁表音字

即在一个字上加“口”旁，表明此字注重读音。从字的结构看，还像一形一声组成的形声字。这种表音字是汉字固有的，早在六朝就产生了，至于何时流入岭南还是一个谜。壮语利用这种标音字的目的是显而易见的，由于大量地使用假借字，致使这些借音字很容易与其本义用法混淆，不利于语言交流，于是加“口”旁以示区别。如：

叴 kau^24，我。从口，九声。

㞺 pai^42，兄。从口，皮声。

咘 bo^35，泉。从口，布声。

喼 kop^55，青蛙。从口，急声。

双意符字

这种字由两个意符合成，其中一个意符起到确定读音的作用。双意符字的形成，推想原是一个训读字，为了区别于借音字，再加上一个近义或同义的意符构成了一个合体字。如：

腋 hɯn^21，半夜。从月、从夜，月、夜近义。“夜”壮读 hɯn^21。“月夜”为汉语双音词。

辖 ham^21，苦。从辛、从苦，辛、苦同义。“苦”壮读 ham^21。“辛苦”为汉语双音词。

双声符字

与双意符字相类，这种字由两个声符合成。严格地说，这类字不能算作形声字，因为它没有任何表意作用的偏旁。由两个同音或者近音的声符构成的字，不仅仅是为了强化表音的作用，更重要的是作为一种特殊的借音字的标志，以区别于其他形声字。如：

岜 saːn^24，白米。山、三皆声符，山、三读音相近。

舫 fa:ng[21]，鬼。房、方皆声符，房、方读音相近。

b. 会意字

汉字壮文的会意字和汉字一样，以二字比合表达词义。形声字有声符，可以与词的语言特征联系起来，和语言的关系密切，而且形、声相益，造字方便自然，在汉字系统中占有绝对优势。会意字与形声字相比没有这方面的优点，造字的数量相当有限，不可能形成占主导地位的造字方式。会意字与词的语音形式无关，只与词义发生关系，这个特点又恰恰可以被不同语音特征的外族语言利用，成为不同民族语言同义词的共同的标志文字。因此，宋代记载岭南的第一批方字多是会意字，这一点有其必然性。壮族地区的会意字是宋代以来方字发展的结果，是方块壮字中历史最悠久的一批文字。

由两个字组成的会意字：

⿱天上 kɯn[2]，上面。天、上会意。

⿱天下 la[3]，下面。天、下会意。

⿱石土 rin[1]，石头。石、土会意。

⿰晚饭 pjau[2]，晚饭。晚、饭联合成意。

⿰团聚 tho:m[1]，团聚。团、聚联合成意。

在会意字中有一些复音词构成的联合性文字比较有特色，它不仅反映了汉字壮文和汉字造字的不同，也反映出两种语言在某些词汇上的不同。

c. 指事字

《说文解字·叙》说："指事者，视而可识，察而见意，上下是也。"指事字是指用抽象的符号来指示字义。例如"冇"，词义为"不、无"，是从"有"字省去两笔而来，以此指示词义。再如前面讲到的"𠁣"，词义为"半"，是省去"門"字的一半，指示词义。

d. 反切字

汉语的反切至迟在魏晋已产生，而联合反切上字和下字构成一个反切字到南北朝时期才出现。唐代玄奘的《大唐西域记》有使用实例，后来很少使用。汉字壮文的反切字取上字之声、下字之韵，声韵拼合形成一个新的读音。它的反切字利用了汉字反切的原理，这一点是确定无疑的，但要说它是唐代反切字的直接继承者却十分勉强。从汉字壮文会意字使用大量二字合一的风尚看，反切字很可能是壮人自己创造的。无论如何，壮人的反切字很有特色，是汉字系统中的方块形拼音字。例如：

笑 rat^{55}　蘑菇。“竹”壮语 ruk^{55}，取声母 r；“失”读 sat^{55}，取韵母 at。

湝 rang^{24}　（肚子）胀。“水”壮语 ram^{42}，取声母 r；“曾”读 cang^{21}，取韵母 ang。

竿 rong^{35}　鸟笼。“竹”壮语 ruk^{55}，取声母 r；“下”读 rorg^{21}，取韵母。

腂 ka^{55}　杀。“架”壮语 ka^{36}，取声母 k；“刀”读 ca^{42}，取韵母 a。

汉字壮文的结构多种多样，是汉字系统中比较复杂的一种，而由汉字壮文组成的壮语文献也呈现出丰富多彩的面貌。

汉字壮文	汉译
又昤理想得实现，	今天理想得实现，
⿰蒙手拎土黄变金三。	手攥黄土变金粒。
⿰镸孟⿰土南备榔顶天地，	长起来如竹笋顶天地，
钱用不⿰禾气⿱执米满仓。	钱用不愁粮满仓。
⿰衤四花哮绿比赞凤，	上衣花花绿绿比只凤，
婆⿰甚毛仍⿰米穿的确良。	婆婆老也穿的确良。

三　汉字壮文的作用

范成大《桂海虞衡志》说：“边远俗陋，牒诉券约，专用土俗书，桂林诸邑皆然。”如果范成大的记载可靠，那就说明当时壮文还是停留在俗字的使用范围内。成熟的方块壮字使用的范围要广得多，但很明显都是俗字使用的某种扩大。汉字壮文始终流行于民间，除了书写契约等一些日用文字外，主要用来记录壮歌和民间故事以及道士巫师书经写符等，所以壮字又称“写歌的字”saw^{1} vuːn^{1}、“道士的字”saw^{1} taːu^{6}。长期流传的“董永”“周军”“梁山伯与祝英台”“何文秀”等，都是以汉族故事为题材的长歌唱本。这些唱本无年代标志，所以很难确定这些壮字文献的年代。从壮族地区受到中原影响几个高潮时期推测，大致在宋代以后市民文学普及之时。壮族是一个酷爱歌唱的民族，广西有“歌海”之誉。这种歌有浓郁的民族风格，使用生动的壮族语言。这类歌本都用汉字壮文创作记录，并且流行广泛，代代相传。新中国成立后收集整理的长歌有《唱离乱》《达稳之歌》《达备之歌》《布洛陀》《莫一大王》《嘹歌》等；唱师的歌本有《达七》《唱董永》《唱毛红》《唱月连》等。光绪初年壮剧《侬智高》，原来都是汉字壮文的传抄本。新中国成立以来，壮族群众继续使用汉字壮文编写民歌、壮剧，宣传政策等。总之，汉字壮文作为壮族民众书面交流的工具，作用巨大，为民族文化的发展作出了贡献。

四　汉字壮文的不足

尽管汉字壮文为壮族人民服务了相当长的一个历史时期，但是它始终不能成为一种有严格规范的文字。究其原因，缺乏明确而具有权威性的正字法是个关键问题，以致群龙无首，各行其是，把标意文字特有的矛盾充分地暴露出来了。

汉字壮文的字形比较复杂，特别是同词异形问题相当严重。它常用的造字办法有形声、会意、指事、反切，此外还大量地借用现成汉字，而同一个词可以有多种字形的选择。这种选择往往是不同地区不一样，甚至在同一地区也会因人而异。例如“我”，有的用借音字“鼓”“苟”，有的用自造形声字“兂”；“上”，有的用假借字“肯”，有的用自造形声字“垆”“齿”。有些情况更为复杂，例如上、下二词，除了用借音字和形声字外，还用会意字（“辷”“辶下”又作“歪”“乔”）。至于合体字部件相同而安排位置不同的现象就更加常见了，如形声字“尴”“覔”有左右结构和上下结构的差异。

壮语与汉语一样，也存在方言。在南北两个方言区内，还可分成不同的土语。与汉语相比，壮语的方言远没有汉语复杂，但反映在文字方面的问题却十分严重。由于读音不同，采用的借音字会随之不同。“知道”一词，南部方言靖西为 lou^4 音，用借音字“陋”；北部方言上林为 ro^4 音，用借音字“锣”“啰”。“人”一词，南部方言靖西音为 kan^2，形声字用“启”作声符；北部方言武鸣音为 vun²,形声字用“云”作声符。如果把各种因素综合起来看,文字的异体就会千变万化。壮语中“火”这个词,扶绥、靖西、德保写成“微”下加“火”,睦边、隆安写成“门”里加“火”,武鸣写成“微”,而龙州、百色、忻城又用“肥”字表示。在汉字系统,词与字的标志关系本是固定的,每个字形都有一定词义,而汉字壮文的一词多形现象势必会给书面交流带来混乱。

汉字壮文来源于汉字,但是难认、难读、难写更甚于汉字。借用汉字有音借、训借,合体中有形声、会意、反切,要正确辨义、正确阅读十分吃力,如非当地人来读当地的壮字,恐怕很难看懂,而且方字多用合体,结构笨拙,笔画繁多,不便书写。另外,壮字是以汉字为基础构成的,借字直接来自汉字,自造字基本上也是利用汉字和汉字偏旁。因此,要使用汉字壮文,就要先掌握汉字;不过汉字关,无法认读壮字。这样一来,使用汉字壮文实际上就要过两道难关。

再者,壮语的语音和汉语有较大差别,因而用标志汉语的汉字便无法准确地反映壮语语音。有些汉字的字音为壮语所无,有些壮语的语音为汉语所无,而且壮语的声调比汉语多出一倍以上。从根本上来说,汉字是很难适应壮语的。

更重要的一点是,使用汉字壮文的人是先学会汉字的,先入为主,往往会使使用者无意识地以汉字为中心,从汉字出发去理解、创制壮文方字。他们对壮字的随意态度和即兴观念,妨碍了自立体系的建设。因为它的随意性,娴熟汉字汉语的壮人越来越少用壮字,而是更多地使用汉字,而这种状态对汉字壮文的发展会产生极大阻力。汉字壮文在壮乡流行了一千余年,但最终也没有成为壮族的正式文字。1957 年国务院批准并推行壮文方案,采用拉丁字母为基础的拼音文字,进一步削弱了汉字壮文的使用。

汉字壮文是从汉字的方字发展起来的,两者息息相关、血脉相通,因而壮字反过来也会对汉字产生影响。比较明显的是壮语方字流入汉字并流传开去,这一点对于具有正统汉字观念的人是难以接受的。清人钮琇对岭南俗字曾疾呼禁止:“率皆仍讹袭陋,有乖六书之旨。然而师以训弟,父以训子,授受相沿，遂为锢疾。司文柄者，尚宜出而正之[1]。”尽管受到排斥，汉字壮文还是通行不衰，而且还作为译语资料受到会文馆重视，收编存档。经过长期的文化交流，某些方字流入汉字，成为汉字的一部分。例如表示壮族地区地名的“峒”“崬”“弄”“咘”等字已被列入汉语词典。不论如何，汉字壮文作为汉字家族的一员是有其特殊地位和贡献的。

第五节　苗族使用汉字

一　苗族文字的传说

苗族是中华民族中历史悠久的一员，有人认为今日苗族为蚩尤之后。蚩尤为九黎之长，其中一支在南方江汉流域定居，史称“三苗”，春秋战国的楚人和苗人皆为其后裔。汉代，湘、鄂、川、黔毗邻地区的武陵蛮或五溪蛮，主要成分即是苗族，元代正式出现苗的称名[2]。历史上苗族有过多次大迁徙。先秦从长江中游以南地区向西南迁移，进入湘西、黔东、川东南和鄂西一带的“武陵”“五溪”地区。秦汉至唐宋，进入川南和贵州，并由黔西北和川南开始进入云南，向南迁入湘西南和广西，并由桂北入黔南。元明以来，继续沿上述路线迁移，有的由云南进入越南、老挝和泰国。清代以来，苗族分布于贵州、湖南、云南、四川、广西、湖北、广东等地，黔东南和湘鄂川黔的相交地带为主要聚居区。元代朝廷对归顺的苗族首领授以土司、土官之职。入明之后，朝廷在苗族地区设置了大小数百个土官和土司。

苗族有长期迁徙和分散聚居的历史，形成了复杂的方言。主要有东部湘西方言、中部黔东方言以及西部川黔滇方言，后者又可分为多个次方言。另外，和汉族等杂居的苗民，则讲汉语等其他民族语言。这种状况造成了苗族文字特有的复杂性。

---

① （清）钮琇《觚賸·语字之异》。

② “苗”作“貓”。《元史·世祖纪十四》：“诏谕未附平伐、大瓮眼紫江、皮陵、潭溪、九堡等处诸洞貓蛮。”又：“斡罗思招附桑州生貓。”

根据各地苗家传说，苗人原来是有文字的，只是在渡河时不幸失落，沉入水中。在《造字歌·写字歌》中，记述了苗族祖先跟汉族先生一起写字，“老师写的字，一划成五朵，五朵成蚊子。通养写的字，一挥成五行，就划成马脚”。这样的字体跟刺绣图案极为相似。苗族知识分子认为，苗族的图画记事及图形文字主要保留在传统的工艺刺绣上。经过发掘与研究，目前刺绣图案上已识别出40余个“图形字”，如：

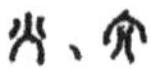（人），（龙），（鸟），（蝶），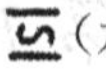（水、江、河），（筛、车、旋水虫），（转子），（叉），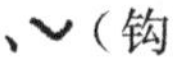（钩），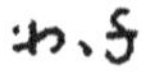（挂钩），（拐爪），（弯），（蛹），（虫），（苞、果），（箩），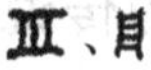（路），（升、量具），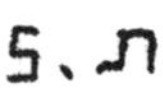（框架）[①]。

这些可以凭直观图形了解意思的图案符号，在特殊场合虽也能传达某些含义，但说到底还不是文字。

史载苗族没有文字，关于这一点清以来多有记载。《楚峒志略》云：“苗不知书算，但刻木记事而已[②]。”清代后期虽有苗文创制，但依然习惯于刻木记事。《峒溪纤志》：“木契者，刻木为符以志事也，苗人虽有文字，不能皆习，故每有事，刻木记之，以为约信之验[③]。”

苗家长期以来刻木记事，形成了完整的符号系统，现存的歌棒实物就保留了这些原始符号。在贵州施秉和黄平一带的苗族地区，当地苗族唱述《开亲歌》，其中的《刻木歌》及其仪式和符号系统就是早期的苗族木刻“文字记录”。所谓“刻木”，就是在一根木棒上刻上苗族自己的象形文字符号，名曰“歌棒”（苗语：“豆霞”）。有的歌手“刻木”随身，视为“辞书”。这些刻木记录各个苗族家族在缔结婚姻相关聘礼的内容，《开亲歌》的核心是“刻木”一节。

黄平文化馆保存的一根歌棒，长50厘米，歌棒刻有表形文字符号30多个。木刻符号由于加工原因，主要是横、竖、叉直线。

① 以上资料均引自姜永兴《苗文探究》，《西南民族学院学报》1989年第1期。

② （清）吴省兰《楚峒志略》，丛书集成本。

③ （清）陆次云《峒溪纤志》卷中，丛书集成本。

 鼎罐用火烧

 三百两白银

 三个舂米的姑娘

 一幅布送给姑娘做衣襟

 一斗二升米作妈妈饭

 一束丝线，三斗作姊妹饭的大米

 媒人说亲，这头说那头说

 一张绿色包头巾

 四两白银

 两包鸡蛋，两包盐

 一条包头巾，一把锉

 三百匹骡马

 一两当三两，一只鸡当三只鸡

 一只装嫁衣的篮子

这种符号构成十分简单，构形手段贫乏，符号形体简单，表达的意义有限，只能在特定场合、一定的范围内才能传达意义。这种符号所表示的约定的一段语词、句子的意思，不能与固定的词结合成字，因此歌棒符号不是文字。但是歌棒符号图形原始，观其外貌，似为太古文字，这是一种误会。“苗族的‘歌棒’表形文字，由于数目不多，也未赋予表音，还不足以作为交际之用①”。在贵州大方六寨的苗族地区，在举办丧事活动时，用两根长四尺左右的竹子，也用刻符记录亲友送来的丧仪。它也是属于这类简单符号，虽有用，却不是文字。

有人提到还有两种古苗文，用于专门场合，它们是计数和木匠使用的符号：

到了20世纪六七十年代，城步一些苗族老人，仍普遍使用一些较为简易的古苗文来记工分或记数，这些常用的代表数量的古苗文字如下表：

---

① 石朝江《苗族古代文字概说》，《贵州文史丛刊》1998年第2期。

表 4—1 苗族古文字中的数字

苗民用文	译成汉语	苗民用文	译成汉语
勹(简写)	斤(简写)		
[illegible](古写)	觔(古写)	〦	六
刃	两	〧	七
分(中医也用)	钱	〨	八
石	担、石	〩	九
〡	一	〸	十
〢	二	〹	二十
〣	三	〺	三十
〤	四	刀	初
〥	五		

另外，时至今日，城步苗族自治县境内一些上了年纪的苗族木匠，他们在做木工时，将一些苗族古文字书写在已做好的木料上用做记号，这些古苗文字和它们所代表的意义如下表①：

表 4—2 苗族古文字和汉语意义

苗民用文	译成汉语	苗民用文	译成汉语
[illegible]	左	[illegible]	柱
G	右	ク	瓜
W	山	P	方
G	正	[illegible]	排
山	前	厶	詹
[illegible]	后		

苗族计数的字，除去与汉字共用的钱、两等外，就是一到十等数字，不过这些数字不是苗族独有。苏州码子又称花码，是近代的一种算码。对习惯于常

① 龙仕平、曾晓光、肖清《邵阳城步古苗文实地调查报告》，《吉首大学学报》2013 年第 1 期。

见数字的人们来说，算码有一定的隐秘性。商店、作坊、当铺等经营活动用于数字计算、数字记录等，苏州码用〡〢〣〤〥〦〧〨〩十，代替一二三四五六七八九十，具有与其他汉文数字同等作用和效力[①]。由此可知苗族谙熟汉字，甚至那些专门用字的苏州码也可以运用自如。至于那些木匠用符号，布依族也使用，均为曲线符号，外人不明意义，为行业约定符号内容和写法，各有个性特征。因此，不能把它看成苗族古文字[②]。

古代苗族长期无自创文字，虽然局部有过一些尝试，也未完善，因此苗民无论对外、对内交流，都要使用全国统一的书面语文——汉字。和汉族共处的苗族士人，很早就接触汉字文化，文化水平与汉人无异。从宋代以来就不断有人在科举中入选，并出现了不少有作为的文人和武将。明代经营西南，大量汉族人进入苗族地区，而且朝廷在置卫之地设立学校，为苗族士子提供学习条件。苗族人士长期习用汉字，俗流创造出一些方字，以便贴切地表达苗语。清代嘉庆年间的《续黔书》有：

> 黔南各郡民苗讼牒中多俗字，亦有字书所载而音迥不类者，询之，亦有解，如奓读为卡，言掯勒不与也。𨈖读为摆，言行止动摇也。孌读为恋，言妇之善淫也。又，秉读为纽，言以虫置火上状纽动也（《集韵》秉，逵员切，音权，虫入火貌）。㤥读为刀，言人形矮短也（《广韵》有𩾁字，音爵，与雀同，《说文》为𩾁，依人小鸟也）。圤，读为绺，言甽亩之斜侧者也（《集韵》圤，音墣，块也。《淮南子·说林训》土胜水非一圤塞江。又普木切，音攴，义亦同）。孖，读为鸦，言水之分流者也（孖，《广韵》《集韵》《类篇》并音滋。《玉篇》云：生子也）。黔之古州城南有孖江车溶两水将合处，形如八字，有寨焉，亦名曰八孖[③]。

这些苗族的方字出现在汉语文献中，它用来表达某些苗语词语，还不是完

---

① 陆锡兴《汉字数字之变迁》，《中国文字研究》第十八辑，上海书店，2013年。

② 龙正海《渝、湘、鄂西水流域方块苗文造字法再探》，《重庆教育学院学报》2012年第5期。

③ （清）张澍《续黔书》卷五“俗字”，丛书集成本。

整的苗族语言。

汉文流行对苗家融入中原文化，提高民族的科学文化水平和中华民族的认同感起到重要的作用。各种苗文的创制，或多或少地借鉴汉字，与汉字俗字有千丝万缕的联系。当然苗族从未放弃本民族自创文字的努力，历史上曾经出现过种种苗文，但是最终无法替代汉字的作用。

二　古篆苗文与汉字苗文

湖南城步、绥宁和广西义宁等苗族地区，很早就创造了一种篆字体苗文，并设馆延师招收苗族子弟学习。清乾隆四年(1739 年)，湘、黔、桂三省的苗、瑶等民众举行起义反抗清廷。义军的文书、印信都使用苗文。这种文字似篆非篆，类似符书，官府无法认读，十分惊恐。乾隆《宝庆府志》卷六载："城步、绥宁二县与广西义宁县相接，为楚南极边，义宁之栗江城步之横岭，绥宁之界溪，皆山高箐密，名称不一，而八十里兰山，大者回绕三百余里，尤为幽险，其中皆在苗寨，楚粤苗、瑶多能汉语，粗识字，宜编立保甲，寨大者十户立一牌头，十牌头立一甲长，每寨择小心知事者全立寨长，责其稽查，按户发给门牌，将大小丁口逐一备载，不许容留汉人及面生可疑之苗、瑶居住，所藏军器悉缴官，不许私人打造，其从前捏造篆字，即行销毁，永禁学习。如有故违，不行首报，牌内一家有犯，连坐九家，治寨长失察之罪①。"湖南南部的苗瑶民众"多能汉语，粗识字"，所谓苗瑶并非专指苗族和瑶族，也包括了一些南方少数民族，因为官府并不严格区别各族。其中提到"其从前捏造篆字，即行销毁，永禁学习"。证明苗族以前有"捏造篆字"，至于如何捏造，因为没有苗文篆书的字迹，无法判断。此文告出自乾隆六年(1741 年)，说明至少到清代中期这种文字还在流行，那么这个"从前"应该是清代前期或更早。清代末期陆次云《峒溪纤志·志余》"苗书"说："苗人有书，非鼎钟，亦非蝌蚪，作者为谁，不可考也，录其二章，以正博物君子。"看来清代还能见到古老苗文，但未见抄录原文。乐山地区苗家尚有实物传世，是苗族领袖修建乐山大佛的记录，原文公布，只是字迹不

① 转引自魏文栋《解开城步苗文之"迹"》，《贵州文史丛刊》1993 年第 2 期。

甚清楚(图4—9)。

图4—9　记载修建乐山大佛的明代苗文

翻译成汉文,全文如下:

崇祯冬二月,苗王下令嘉州修佛,大佛盖蓬,前倾一丈八尺,后倾一丈二尺。

从此我辈苗人在此定居。

从字形看乐山苗文是由象形和指事构成,其中ニ为指事字,与汉字“二”同,D为象形字,与汉字“月”同。其他如□、□、□、□等也是象形字,但大部分字不识,如□,即“冬”字,但不知构形原理。需要请有传承文化的苗族老人解释,才能弄清苗文的结构原理。

乐山苗文具有古文字的象形特征,有些字与汉字甲骨文、金文相似,可能只是一种巧合,没有证据说明两者的同源关系,也不能证明乐山苗文在商代已经存在。

古代人们接触最多的古体字就是篆文,唐宋以来,把小篆、传世古文等常称之为古篆,这就是苗族此类带象形的文字称为篆文的原因。这个文件有明末崇祯纪年,与清代乾隆相差百年左右,这可以成为“从前捏造篆字”的证据。

由此推测乐山苗文至少在四川、湖南苗民地区存在、使用，可能在清代严令之下被禁止。

湖南邵阳地区城步苗族自治县屡屡发现苗文石刻。20 世纪 50 年代初在城步蓬洞沙基河边发现一块苗文碑，后修水利时毁坏。20 世纪 70 年代在岩寨乡大寨村的回龙桥傍，发现同样的苗文碑，不知所终①。2012 年城步丹口镇陡冲头村发现大型苗文摩崖群，共有 48 块文字刻石，研究者认为历经五次大迁徙后，丢失了苗文字。陡冲头村极其闭塞，与外界隔绝，因而侥幸保存下来了古苗文石刻。石刻文字夹杂一些图案或符号，有的还与汉字相似（图 4—10）②。城步古苗文摩崖石刻群列入国家文物局 2014 年考古发掘计划③。

图 4—10　陡冲头古苗文石刻

陡冲头村的苗文石刻字形残缺，从直观看有些确为文字，与汉字相似，隐约可见汉字的部件，有传统正字“乾”“陳”等。但是与乐山象形苗文比较，两者也有明显差异，显然不属历史上的“捏造篆字”。到底如何，还要看后续发表的结果。

三　清代以来的各种苗文

苗语为汉藏语系苗瑶语族苗语支，自清代以来有多种标志本族语言的文

---

① 魏文栋《解开城步苗文之“迹”》，《贵州文史丛刊》1993 年第 2 期。

② 雷学业《城步发现古苗文摩崖群》，《民族论坛》2012 年 07 期。

③ 《城步古苗文摩崖石刻群列入国家考古发掘计划》，长沙新闻网，作者：刘炬。2014 年 01 月 20 日。

字。因为苗语方言复杂，且又散居多处，始终未形成一个统一的苗文。各地各创苗文，此起彼伏，创制者既有苗族人，也有外国传教士，形式有汉字形的，字体有篆体、草体，有仅用汉字笔画的，也有拉丁字母式的。

19世纪后半期至20世纪初，一些西方国家的传教士为了便于传教布道，宣扬教义，先后设计过多种标音苗文字母，有拉丁字母式和方块字式两类。

拉丁字母式有：

克拉克苗文：英国传教士克拉克（Samuel R Clarke）1896年所创，适用于黔东苗语，不标声调。

党居仁苗文：英国传教士党居仁（Adam J R）1908年创制，适用安顺地区滇东北苗语，不标声调。

半拉丁字母式有：

柏格里苗文：英国传教士柏格里（Samuel Pollard）1904年开始创制，参加创制者有汉族和苗族的传教士、信徒多人。柏格里原在云南昭通彝族中传教，1903年到凉山布道，曾设计一套彝文字母，苗文方案从中得到启发。这套文字以黔西北及滇东北一带大花苗语语音为标准，形状似方块字，每个音节由一个大写字母和一个小写字母组成；大写字母表示声母，小写字母表示韵母、音节声调，分别以小写字母加在大写字母的上方、右侧、右上角、右下角表示。大写字母使用了8个克里字母、10个拉丁字母、6个英语速写符号和1个希腊字母，以及上述符号的复合形式。这套文字又称"波拉文字"（Pollard Script）或滇东北老苗文。

汉字式拼音文字有：

法国传教士陆亚创制的篆体文字，适用于云南泸西、路南、陆良苗族语。

注音字母苗文：澳大利亚传教士胡致中（Maurice H Hutton）1920年后设计。他利用汉语注音字母设计出用于苗语中部方言的苗文。

汉字苗文是指借用现成汉字和自造方字相结合的苗文。创制者必须熟悉汉字，了解汉字的结构及造字方式，甚至汉字的各种书体，所以一般在汉苗杂居地产生，主要在湘西。

篆体苗文：湖南南部苗族使用的苗文，明代以前已有流行，据传明代征调邵阳苗族到贵州戍防，“维文则类大篆”。湘西城步苗族并设馆延师招收子弟学习篆体苗文。清乾隆初年苗族首领李天保率众在湖南城步、绥宁和广西义宁反清起义，次年失败，被强令取缔苗文。“捏造篆字，即行销毁，永禁学习”。

草体苗文：川南叙永后山苗族地区流行，20世纪初曾发现300多个字，其中多会意字，采用汉字草体①。

通行汉字式苗文：清末在湘西出现三种汉字苗文，这是赵丽明、刘自齐首次向学界公开的。根据产生和使用的地区或创制者的名字，称之为“板塘苗文、老寨苗文、古丈苗文”②。

古丈苗文是据古丈的一块石碑来定名的。清光绪丁未年（1907年）撰写的《古丈坪厅志》有100多个汉字苗文。当地的老辈人说古丈曾经流传过这种苗字，但是早已失传，因此创制人无法查考，也无法窥其全豹。

板塘苗文是指石板塘所创制的汉字苗文。石板塘（1863—1927年），乳名石豹，学名石皇玺，故居在花垣龙潭镇板塘村，因自号板塘。石板塘是清末苗族秀才、苗歌师，具有相当的汉字素养。他创制了1000多个苗字，曾在龙潭一带流传，至今花垣龙潭镇一带的苗歌师及苗歌手还用来记录和创作苗歌。据其侄孙石连生老人及其他目击者回忆，石板塘编过一部苗文字典，叫《苗文字正谱》（又名《阅读苗歌习字》），其体例以苗字和汉字对照，如“×者（苗字）×也（汉字）”“××（汉字义）为×（苗字）”等。该书共手抄两部，一部佚于20世纪50年代初期，另一部毁于十年动乱。

老寨苗文指花垣麻栗场老寨村苗族文人石成鉴等所创制的汉字苗文。石成鉴之父为清末秀才，受父亲影响，石成鉴自幼受到较好的汉字教育，热爱家乡民间文学艺术。20世纪50年代初，石成鉴等人在家乡创办了苗家第一个苗歌剧团，为了编写苗歌和苗歌剧本，他们创制了一些苗字。至今这个民间苗歌剧团的剧本、歌本依然使用老寨苗文。

---

① 参见邱纪凤《滇黔边境苗胞教育之研究》，《边政公论》第4卷9—12期。

② 参阅赵丽明、刘自齐《湘西方块苗文》，《民族语文》1990年第1期；赵丽明《湘西方块苗文》，《中国文化》1990年第2期。

实际上，苗族的汉字苗文远远不止这三种。湘西以外，他处也有发现，只是流通不广或者失传而已。苗族各地区的巫师都有专门的经书，用于宗教丧礼及巫术活动。经书是以汉字记录各地苗语方言，并按苗语语法书写成册，其中很可能也有自创的苗字。经书师徒相传，外人见不到，也读不通。有人在贵州各苗族地区见到过用这种苗文搜集、整理的古歌、情歌与谱谍手抄本①。

应该说，湘西的汉字苗文是有其社会文化背景的。湘西一直是苗汉两族杂居之地，当地的苗民古称熟苗，熟悉汉字文化。特别是在清代推行改土归流后，进一步促进了苗汉交流。"清设苗学，间亦有童子入学，日负杂粮数升，就师傅授句读，默记而归。其中亦有聪颖者，因所晓而逐为解说，久则渐通晓文义。今湘西当局设有苗民学校以教化之焉②"。湘西三种汉字苗文由此而生。

四　汉字苗文的体制

汉字苗文是苗语的文字，是一种特殊的文字体系，但从基本方面看，它同样充分地体现了这类文字的普遍性。我们可以从汉字苗文的歌本得到这个认识。

原文	译文
一	一
乙屋客满打瞌睡，	满屋的客人都要睡觉，
宜偬想畲睬板娄。	谁来了瞌睡就睡在地板上。(《西游补》)
二	二
四十几岁力如虎，	四十几岁力如虎，
成家立业勾稽出。	成家立业种庄稼。(《辞老歌》)

① 姜永兴《苗文探究》，《西南民族学院学报》，1989年第1期。

② 《湖南苗瑶问题考述新亚细亚》10卷第5期，转引自林惠祥《中国民族史》，上海文艺出版社影印本，1990年，第220页。

几畱古书怍难果，	不知古书怕难唱，
堂傯枷咗王龙经。	当众别吼王龙经。(《开辟演义》)
三	三
乙蹦跉目罘乇雖，	一脚走去二三里，
燿朵晥瞰乴乪厚。	炊烟看见四五家。(《问古套式》)
楤早壬不同炭鋑，	坐在山下和罐子一样一动不动，
睤瀸几下烑烗炧。	到了冬天还有火烤。(《辞老歌》)
四	四
佨姜唀傩张八姐	Dɑ^{44} tɕɑŋ^{42} sa^{44} ɕoŋ^{35} ȶɑŋ^{44} pɑ^{22} tɕːe^{53} 苗家歌师傅张八姐
嗷杀几嗗几扠嗷？	Nqɤ^{35} sa^{44} tɕi^{44} le^{35} tɕi^{44} ȶha^{33} nqɤ^{35} 唱歌谁个开始唱
细嘘几嗗几扠起？	ɕi^{35} niu^{42} tɕi^{44} le^{35} tɕi^{44} ȶha^{35} khi^{53} 古时谁个开始起？
涺㳦列叮个卑潞，	Wu^{35} ŋuɤ^{22} lie^{42} liɔ^{42} qo^{35} pjei^{44} liɤ^{21} 水流要问头水井，
榔果大豆列叮几？	ntu^{53} qɔ^{42} tɑ^{44} tɯ^{35} lie^{42} liɔ^{42} tɕi^{35} 树倒地上要问那？
弄涺泶早个卑潞，	noŋ^{35} wu^{35} mpo^{53} ȶc^{42} qo^{35} pȶei^{44} liɤ^{21} 像水冒自头水井，
水有源头树有根。	ʂei^{53} ʐw^{21} ʐʂ^{22} thɯ^{22} ʂu^{35} ʐɯ^{21} ken^{44} 水有源头树有根。
凡间朵嵘嗗嗗喃，	fɛ^{22} tɕiɛ^{44} tɔ^{53} ʐa^{42} le^{35} le^{35} nɤ^{35} 人间得聪明个个会唱，
乙偭嗷港乙偭晭。	ɑ^{44} ʐɤ^{21} nqɤ^{35} kɑng^{42} ɑ^{44} ʐɤ^{21} en^{44} 一代唱送一代看。

(《苗歌师傅张八姐》片断)

从以上的汉字苗文实例中，我们可以清楚地看到两点。一是大量使用汉语借词甚至汉语短语及句子；与此同时，也直接引进汉字的本字本义以构成苗歌的组成部分。整句如“四十几岁力如虎”“水有源头树有根”，词组如“打瞌睡”“成家立业”“王龙经”“张八姐”，词汇如“屋”“客”“古书”“凡间”。这是长期的文化交流和语言关系密切而形成的局面。这些汉字除了语音上的差异外，并无形、义上的差别。另一种是大量使用假借字，即用汉字的读音来标志苗语的近音词，以上认其字而不知其义者一般属于此类，苗族歌手称之为“乡字”或“正字偏音”。有些约定俗成，有固定的用法。如：

汉字	苗语读音	苗语词	汉字	苗语读音	苗语词
为	we^{33}	我	汝	ʐu^{35}	好
龙	loŋ^{33}	来	宜	ȵi^{22}	是
能	nhen^{35}	穗	夥	hɤ^{53}	帮
嚼	ntɕiu^{35}	扎、戳	吹	tshei^{53}	喊、催促

汉字苗文也袭用汉字的标意文字制度，所以，某些假借字还选择同意符的形声字。如：“篓”，假借作苗语“席子”，偏旁“竹”表义；“魑”，假借作苗语“鬼”，偏旁“鬼”表义；“趟”假借作苗语“走得快”，偏旁“走”表义。

汉语和苗语是两种不同的语言，苗语的大量固有词汇找不到合适的汉字表示，不得不走自造新字的路子。苗语方字的类型比较完整，结构基本上可归入汉字的“六书”范围之内。以下例子是来自板塘苗文、老寨苗文、古丈苗文中的方字①。

会意字

会意字由两字合成，表意明白，易识易懂，体现了标意汉字的特点，在汉字苗文中有较长的历史。清代黔南苗地所记“乭读为摆，言行止动摇也”“叏读

① 本节的苗文歌及方言资料均引自赵丽明、刘自齐《湘西方块苗文》，《民族语文》1990 年第 1 期；赵丽明《湘西方块苗文》，《中国文化》1990 年第 2 期。

为纽，言以虫置火上状纽动也”皆是。但由于会意造字本身的局限，因而不可能占有很大比例。在板塘苗文占十分之一，老寨苗文占四分之一。

字面义比较概括，或者仅仅表示了词义的某一特征。如：

“𥕢”为破，“冠”指鸡冠，“岺”指鼠。“皅”，白色；“滗”，流下；“啰”，咽下；“皷”，鼓皮；“靠”，靠近。

形声字

形声相益，能产性好，是标意汉字的主体，汉字苗文中的形声字也占总数的四分之三以上。苗文形声字一般袭用意符和声符，而声符之音是相近的苗语词音。如：

“霅”，so^{35}，雷；“雩”，hɔ^{35}，雾；“霅”，tʂe^{22}，晴；“媠”，ȵen^{21}，年轻媳妇；“㴸”，mpen^{44}，水满溢出。

南方的方字多有独创部首，如“乙”可见于粤方言、壮语地区，表示储水凹地。汉字苗文也有以“乙”为形符构成的形声字，如“𠃵”，kou^{44}，沟；“𠃵”，taŋ^{85}，塘。而“𠃵”，an^{35}，罐，是把储水凹地引申为储水器，把“乙”偏旁义扩大了。

有些类似形声结构的字，但作为意符取义不是部首义的概括意义，而是具体的字义。如“霳”，noŋ^{42}，声符表示苗语，而合成字的字义还是“雨”的原来意义。

双声符字

假借字上再加一个同音字，两部分同时表示一个读音。如：“斗”，to^{44}，抖；“粝”，lɛ^{22}，苗属姓。

口旁表音字

这种构字法来自中原，流行于汉族方言地区。苗文中也可见到，如“咉”，tɕha^{44}，遮盖。

汉字苗文是主要的苗文形式。可以分为两类，一类是假借表音字，即古丈苗文和汉字苗文①。

① 杨再彪、罗红源《湘西苗族民间苗文造字体系》，《吉首大学学报》2008年第11期。

根据杨再彪、罗红源整理，从简单的1至10的不同字形：

表4—3　各类苗文中的数字

数字	一	二	三	四	五	六	七	八	九	十
汉字苗文	啊	欧	补	四°	五°	照	七°	八°	九°	各
古丈苗文	哈	偶	补	彼	罢	着	中	亿	仇	个
板塘苗文	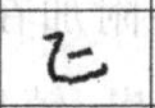	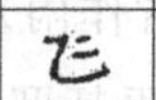				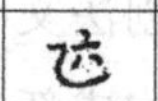	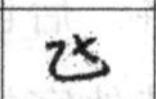		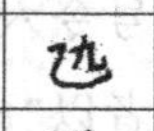	
老寨苗文		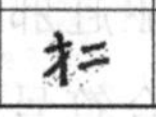	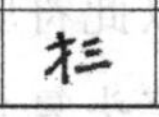				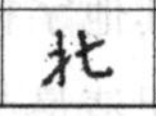			

杨、罗认为四种苗文均为汉字式苗文，差别在于处理与苗文不能对应的音节处理上。汉字苗文在差异字上加标记，或者直读汉字。后两者则另造新字。

这四种苗文正如作者所说，都是汉字式文字，其实都是汉字苗文。那么其中所谓的“汉字苗文”有什么特别之处呢？

一种是采用汉字音读（假借字）来标志苗语词汇，这是周边民族使用汉字的最常见办法。另一种是自造字，可利用现成的汉字部件创造新字，适应本族词汇的需要。前者直接采用汉字，后者采用现成汉字成分，采用汉字的造字法则造出新字，这个新字属于俗字范围，就民族文字而言，是汉字方字。所以并没有超出汉字概念。

汉字苗文有些常用组合成分值得重视。采用的符号有右侧的圈、加点、加三角，如“七”作“七°”表示苗语字，用汉字本义，而读苗语音。“°”是一个特别的区别符号。这些符号的来源应该是明清时流行的圈点符号，是当时批注常用的记号。

“乙”可以从两个方面考虑，一是当时流行勾乙，表示勾销，在账册等数字下使用，也用在其他地方。其次琴谱指法“挑”的减字“乙”，表示挑第三弦，表示挑第五弦，表示挑第七弦。琴谱“挑”另一种减字为“扌”，所以“乙”“扌”其实是一回事。

汉字苗文有一种加“雨”字头的办法。李雨梅认为：“象（雪）、（雷、电）、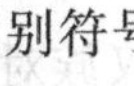（云）等苗文字，作者把‘白雨’称之雪，‘送雨’的自然现象称之雷、

电，'加助'下雨的自然现象称之云。在自然界中，下雨之前，常常是雷鸣、电闪，浓云密布，是众所周知的。作者从这一自然现象受到启迪，产生了各种各样联想，然后借用汉字造制了以上苗文①。"

加"雨"字头的写法来源于道教，人们认为雷神能辨别忠奸，惩恶扬善，除害免灾，铲除妖魔，并可勘合雷霆，呼吸五气之精，混合五雷之将。神霄派特持雷符，号令六丁神将。后创法文字符，是以"雷"(或省作雨)附加在其他文字之上，或者以"雨"与其他字构成新字。道教专以此符驱赶邪祟，镇压鬼魅，镇宅保家，包治百病。明清最为流行。这种"雨"字头复合符号在清代民国广泛使用，苗文是仿照引用道符作苗文。

杨再彪、罗红源："除了速写苗文是一套较规范的符号之外，其余民间造字都不定形，更谈不上规范，尤其是汉字苗文，可以说是一人一个体系。因此这些民间造字有一个很大的特点，就是一形多音、一形多义、异形同音、异形同义现象非常普遍②。"

第六节　其他少数民族使用汉字

一　瑶族的汉字瑶文

瑶族的族源尚未有定论，多数认为瑶族与古代的荆蛮及后来的长沙武陵蛮、山越有族源上的渊源关系。自从秦汉时期大批中原汉人进入湖南的瑶族地区后，瑶族与汉族交往密切，经济文化得到了迅速的发展。随着汉族对周边地区的开拓，瑶族的居住地不断向西南地区转移。元明清时期，瑶族分布于广西、广东及湖南西南部以及云贵山区，而以广西为主要聚居地。

因为瑶族散居于多地，且多在山区，交通不便，族人长期处于分离状态，语言状态比较复杂，与汉族、壮族杂居之地，通常会使用汉语、壮语。本族语言为汉藏语系苗瑶语族的瑶语支。到 20 世纪 80 年代，只有近一半的人使用瑶语，

① 李雨梅《湘西民间方块苗文的造字哲理》，《中南民族学院学报》1991 年第 3 期。

② 杨再彪、罗红源《湘西苗族民间苗文造字体系》，《吉首大学学报》2008 年第 11 期。

五分之二的人使用苗语，另外一部分则使用壮语等其他语言。

瑶族自古无本族文字，与其他少数民族一样，用刻木记事。宋代周去非记之甚详：

> 瑶人无文字，其要约以木契合二板而刻之，人执其一，守之甚信。若其投牒于州县，亦用木契。余尝摄静江府灵川县，有瑶人私争，赴县投木契，乃一片之板，长尺余。左边刻一大痕及数十小痕于其下，又刻一大痕于其上，而于右边刻一大痕，牵一线道合于右大痕。又于正面刻为箭形及火烧为痕，而钻板为十余小窍，各穿以短稻穰，而对结绉焉。殊不晓所谓。译者曰：左下一大痕及数十小痕，指所论仇人，将带徒党数十人以攻我也；左上一大痕，词主也；右一大痕，县官也；牵一线道者，词主遂投县官也；刻为箭形，言仇人以箭射我也；火烧为痕，乞官司火急施行也；板十余窍而穿草结绉，欲仇人以牛十余头备偿我也，结绉以喻牛角云[①]。

刻木记事，每一种符号都有一定的约定内容，表达明确的语义，自古以来，沿用不衰。在湖南江华汉冲村、连山脚村、牛路村、下王村发现当地瑶族织锦图案符号疑似瑶族文字。在日常的服饰中，如八宝带、围裙带、腰带、背带、床幔等有此类疑似文字。一件光绪二十二年(1896年)编织的背面，一位老人认出"山""树""天""鸟""女"等字。老人认为邻县江永的女书"其实就是一种瑶族文字"，但是也有专家认为断定织锦为瑶族文字为时过早[②]。瑶族与汉族接触，特别是通汉语以后，也会使用汉字，这已有很长的历史。瑶语中有些汉语借词直接使用汉语本字，而对瑶语则以相近汉字假借表示。1982年，广西上思搜集到一首瑶族历史歌谣《元国歌》，用汉字写成，从中可以看到一些汉字使用情况。现节录如下[③]：

---

① (宋)周去非《岭外代答》卷十"木契"，丛书集成本。

② 龙军、禹爱华《湖南发现疑似瑶族文字》，《光明日报》2012年8月5日。

③ 李增贵《瑶族〈元国歌〉》，《广西民族学院学报》1986年第4期。

原文	译文
《元国歌》	《故国歌》
提条语，	说点吧，
正风吹迳过九州。	随风吹去到故乡。
运大一条其愁信，	讲来是封忧愁信，
放奏元国查罗亲，	寄到故乡找亲人。
阳世愁门命雷命，	生在世间命真苦，
天日昏黄愁世雷。	天昏地暗愁事多。
墨点门愁思纸里，	用笔把愁写纸上，
放奏元国飞亲知。	寄到故乡亲人知。
天氏茫茫善雷命，	天下茫茫真苦命，
愁了夫心宗马知。	愁在我心亲不知。
每天中国地方乱，	昔日中国地方乱，
空音一时日算日，	白过一时算一时。
时算一时日算日。	得过一天算一天。
日过日头年过年，	挨过一年又一年。
念到卡罗元国地，	想到从前故乡地，
空叫人砖音啼咧。	光听人说在哪呢？
卡罗元国地方乱，	从前故乡地方乱，
庚失散离五万三。	散失瑶胞五万三。
般古仔弥夫愁过，	盘古子孙我难过，
真是愁咧亲马知。	真是愁呵亲不知。
卡罗夫音元国地，	从前我住故乡地，
不知系离到广西。	谁知别离经广西。

诗歌似汉非汉，既有汉语汉字，又有瑶语假借字，还有瑶文方字，如“迳”。这类瑶文方字在清代曾流行于粤北之地。清人李来章《连阳八排风土记》载题

为“焚瑶书、宣讲圣谕”的告示一道，日期为康熙四十三年(1704年)7月26日：

五排十一冲瑶人，于五经、四书、《孝经》、小学一字不肯读。平日排师所教者，皆瑶书也。瑶书有数种，如阎罗科、上桥书、扶道降神等名。皆鄙俚、诞妄不经。而扶道降神，崇邪诲叛，尤为无忌惮之甚者。阎罗科述破岳超度、上桥书言禳厄祈福，犹为道家之常。至扶道降神，则侈谈纠凶犯正，倩神保护。

排师多系楚中黄冠，贪瑶财贿，潜身入排，喜其有事，为之谋主，瑶人顽梗抗拒，多由渠辈指挥。而邪书数种，酿毒于童稚之年，沦骨浃髓，尤为难医之症，予深恶之。巡历诸排，搜其书，尽焚烧之，拘其师，差押驱逐出境。恭撰《圣谕衍义三字歌》，以土音训注其下，另为置约正、延端，俾为瑶童宣讲启迪[①]。

排师所教的瑶书都是有关道士、巫术的内容。排师也由道士担任，其文字当为汉字瑶文，所以可以改读《圣谕衍义三字歌》。值得注意的是采用“土音训”，此为瑶读汉字的明证。除了通行楷书汉字外，瑶地还有一种篆文汉字。《黔记》载：

(瑶人)所祀之神，名曰槃发，所藏之书，名曰旁砖，圆印篆书，义不可解，且珍秘之[②]。

在《贵州通志》也有相似的记载[③]，其字失传无法考知，恐怕也是杜撰篆字之类，为道士所传。

瑶文方字并不十分完善，流传不广，各地写法也不一致，目前能收集到的

① (清)李来章《连阳八排风土记》卷七“约束”。
② (清)李宗昉《黔记》卷三，丛书集成本。
③ 《贵州通志》：“所祀之神曰槃瓠，勤耕种，暇则入山采药，沿村寨行医，有书名榜簿，皆圆印篆文，其义不解，珍为秘藏。”

很少,但其特点还是鲜明的。

会意字

瑶文中的会意字多为诠释性的,明白如话:

挈,嫩;畣,羞;丷全,父;丷个,母;丸力,疲劳;六口,六个人。

有的会意字是比较古老的比形法。如[illegible],三鸟,会轰轰声①。

形声字

瑶文方字中的形声字不发达,如:

婶 ȼa,妇女;爹 di,母亲。

别创字

广西龙胜瑶族地区潘内、大堂界老派把"門"字反写成"門",表示开门"yi-ya"的响声,是把一个汉字拆开重新组合②。

此外,汉字瑶文中还有一些俗体字,如"昰"(是)、"降"(降)等,其中有自创,也有移用。

湖南城乡瑶族妇女中过去曾有一种表意的符号,用抽象的图画提示语音。如"\丨厂"表示先下,不行,上坡再过;"丰",表示打官司要一路走;"声",表示你们到这儿来,累不累③。可以看出,符号再加示意性线条,可能与古代的刻木记事有一定关系。因它只表示意思而不标词,所以不在汉字苗文范围之内。

二　侗族的汉字侗文

侗族源于百越族系,由秦汉时西瓯一支发展而来④。明代以后称之"峒人""峒僚""侗蛮""峒苗"等。侗族分布于湘、黔、桂三地交界地带,清代乾隆年间起改土归流,农业、手工业获得发展,与省内外贸易,促进了相互的交流。汉族的文化逐渐改变了侗族的风俗习惯。到了清代中期,侗族人从事耕作,诵读

① "[illegible]"字《玉篇》已收,义不同,非一字。

② 龙胜县志编纂委员会《龙胜县志·民族编·文字》,汉语大词典出版社,1992年,第79页。

③ 赵丽明《奇特的瑶族语句团符号文字》,《语文建设》1995年第3期。

④ 有探讨侗族与《越人歌》的关系。参阅林河《侗族民歌与〈越人歌〉的比较研究》,《贵州民族研究》1985年第4期;张民《试探〈越人歌〉的诞生地兼证榜枻人与侗族的关系》,《贵州民族研究》1986年第4期。

汉字经典，和汉族完全相同。

侗族使用的侗语，属汉藏语系壮侗语族，分南、北两个方言，词汇的一致性大。有些地区的侗族人兼通汉语。侗族自古无本族文字。《黔记》："洞苗……通汉语。"又："侗家苗……男子虽通汉语，不识文字，以刻木为信[①]。"自明清以来，习用汉字，除用来书写汉语外，也用来记录侗语。至今所知最早的汉字侗族文献在明末清初，有《绥宁县志》载明万历三年（1575 年）的《尝民册示》、明末的《东书少鬼》、乾隆五年（1740 年）的抄本《古款本》等。在侗族地方还流行汉字侗文的侗语《侗族通书》《侗族款词》以及侗歌、农书等。

汉字侗文比较灵活，有多种特殊使用办法，有些是其他民族文字中从未见到的。侗文中有大量的保持原形的汉字，这类汉字除了用于汉字借词外，包括两种情况：

1. 同音（近音）假借。如"差成"tɕiatɕan，上山；"龙牙"joŋ-ŋa，龙爷等。

2. 训读假借。即假借字不是汉字本音，而是这个字义的侗语音。如"路"，侗语"路"音 Khwan，表示同音或近音词完成义 wan；同样，"雨"读侗音 pjan，表示同音词羽毛义 pjan。

训读假借多用于侗族经典式、史诗式、法规式的文献，汉字音假借的办法多用于侗歌。当然，侗族文献中也有汉音假借字，侗歌中也有侗音假借字。在汉字侗文中占主要部分的是表示汉语借词的汉字，它也有音读和训读的差别。为了区别不同音和义的汉字，侗族的歌本中采用了记号标志的办法。这些记号是因人而异的，并不统一，仅仅广西龙胜就有△、-、○、╳、〰[②]，而且标法也不一致。如："门"下标△或〰，表示训读 tuo，门；"好"标△或不标均可表示训读 lai，好。在不同地区甚至有相反的标法，如甲地标○为音读，不标为训读，乙地完全相反。

侗文方字。为了更加恰当地表示侗语，在充分使用原有汉字的前提下，也利用汉字部件创制各种类型的方字[③]。

---

① （清）李宗昉《黔记》卷三，"侗"字原作"狪"。

②③ 参阅赵丽明《汉字侗文与方块侗字》，《中国民族古文字研究》第 3 辑，天津古籍出版社，1991 年。

会意字

如：

身在门内成“闯”ŋep，藏；

木与要合成“楆”au，要；

三山相叠成“岀”pia，岩石。

形声字

侗文的形声字数量比较大，类别也比较复杂，其中还有一些发明创造。如：

“犸”，从来马声[①]，ma，来；

“噉”，从口敢声，heem，喊；

“哆”，从口多声，to，唱；

“唥”，从口争声，ȶan，吃；

“伓”，从亻不声，pn，父；

“掃”，从亻掃省声，sa，祖母。

有的形声字，意符义弱化，仅仅起到记号作用。这类记号常见有“口”“亻”。

有表示训读的，如：

“吔”	e	他们；
“吵”	ce	沙；
“仸”	man	天；
“俍”	kwai	良；
“偢”	səu	愁（秋，愁省）。

有表示汉音假借的，如：

“叭”	pa	鱼；
“吠”	tan	根；
“倴”	aŋ	颚；
“佃”	the	扯。

① 也可作“从来骂声”。

反切字

上字取声，下字取韵，相拼成字。侗文中也有一些，如：

“𰏇”，　n:a　你；

“𰏈”　k‘ɛ　他们。

侗文中还有一些合体字难以得到合理的解释。如：“𰏉”ɕe，舍；“𰏊”pjin，鳖；“伙”hu，佛。有人认为是字形讹变所致。至于“迯”，则是汉字“逃”的俗体，很少使用，而侗文保留至今。

有些字，如“孖”“氹”“氹”是南方常见方字，恐为借入，而非自创。

1981 年在湖南通道下乡乡流源村发现《古本誊录》，用毛笔抄写，楷体，直行，共 44 页，14 000 余字。所抄内容分为侗族迁徙历史和乡规民约。抄本后记说：“乾隆五年廿（二）月廿（二）日记。抄写杨孟乡，依石壁周贵先古本滕（誊）录，年登（整）二十七岁。抄与子孙，勤心看念，莫忘当初写书人。谨谨休什（收拾）不要遗漏①。”这是十分难得的古代汉字侗文原始资料，可以发现有些失传的文字情况。

《古本誊录》的用字由两部分组成：一是仿造的方块字，共 80 来个，占用字总量的 10%左右；二是借用的汉字，约占 90%。

仿造字是指在汉字系统中所没有的字，但这些字表现出模仿汉字的特征：其一，字形呈方块状，其二，字符的组成仍多采用汉字的部件或笔画。

1. 象形字，例如：

P　pau⁵⁵，“树干上的节疤”。“丨”像树干，“ɔ”像节疤。

义　lja⁵⁵，“跨”，像人分开两腿跨越之状。

电　kji⁵⁵，“乌龟”，像乌龟形。

侗族汉字中象形字数量很少。

2. 会意字，例如：

天天天　kwak³³，“宽阔”，从三天，会意。

---

① 杨子仪《〈古本誊录〉中的古侗字研读》，《民族语文》2000 年第 4 期。

穁　wa^{11},“禾苗”,从禾从苗,会意①。

鴃　$ɕak^{33}$,“喜鹊”,从鸟手声。

偦　sa^{31},“祖母”,从人、掃省声。

《古本誊录》中有所谓“仿形字”,杨子仪说“即以某个汉字的形体为依据而稍加变化仿造的字。大多仿形字的音义为所仿的那个汉字的音义”。这个说法是不成立的。既然是某字稍加变化而来,基本上还是某字,就谈不上“仿形”了,而且音义皆同,那就是某字的变体,也就是减字。如“著 jo^{42},‘样子’。仿‘若’字”。就在“若”字的“右”上加了两笔。多数字只是拿原字改造为新字,而不是仿造。如“手 $ŋɔ^{11}$,牙齿。仿‘牙’字”。保留了下半部分,上半部分改为“手”。“宂 jen^{55},兔。仿‘兔’字”。保留了下面轮廓,把“刀”头改为“宀”。这种故意改变字形的办法,在其他民族利用汉字的过程中是有先例的,估计这样做是为了辨别音读或者提示特定含义等。如“迬 ju^{11},游。仿‘遊’字省改。”陆按:《改併四声篇海·辵部》引《类篇》“迬,行也”。《礼记·曲礼》:“遊(游)毋倨,立毋跛”疏云:“遊(游),行也。”汲古阁影宋本《类篇》卷二“辵部”作“迂”,同“遊(游)”。迬为遊(游)之简体字,或非新创。

有些是会意字:“片 $pjin^{55}$,边。仿‘片’字。”把“片”字中改为“上”“下”,意谓或上或下,非中间,会意“片”的含义。“黨 $pjin^{55}$,敞开。仿‘黛’字。”取“黑”的减字,加上“敞”字之“尚”,意谓在黑暗处敞开,衬托“敞”字含义。

《古本誊录》中的汉字,约占90%,所谓仿造方块字,共80来个,占用字总量的10%,有研究者认为:“借用汉字和仿造字构成的记录侗语的符号,就是古侗字。它与越南的字喃以及彝、白、壮、苗等少数民族的古文字同属一个类型,都是在汉字的影响下所形成的异源文字②。”这个说法自相矛盾,既然汉字占绝大部分,而其他小部分也是仿造字,仿造字是模仿汉字的特征,仿造对象还是汉字。仿造字中除了绝少部分象形字外,均属于方字,因此汉字侗文是通行汉字加上侗族变异汉字。从《古本誊录》后记看,原使用者精通汉语、汉字,

---

① 《集韵》中有此字,音义不同,与古侗字无涉。

② 杨子仪《〈古本誊录〉中的古侗字研读》,《民族语文》2000年第4期。

汉语已经成为本族语言之一，这就不必称作异源文字了。

汉字侗文与南方少数民族文字一样，对汉字的依赖性很强，缺乏自身的规范性和稳定性，一字多形、一字多音现象大量存在，这些都是南方方字的基本情况。

汉字系统中有一种专业文字，在传统乐谱和画谱中存在，在工艺制作中也广泛存在。侗族流传下来一种木匠的专业用字，似为草体，个别字与汉字草书相同，大部分外人无法识别。通行汉字的专业文字本来是一种隐秘性的符号，侗族匠人的木匠字就更不能识别了①。

第一套：

左、4中、右、或、前、后、上、下、桂、川川、方、瓜、檐、乙挂、充枕、地、脚、山等

第二套：

左、中、右、前、后、上、乙下、川柱、方、井梁、桂、天、土等

三　布依族的汉字布依文

布依族，史籍称其先民为“牂牁僚”。其先民或说为百越一支，或说为百濮一支，因聚居地盘江流域为夜郎故地，所以有人认为古夜郎国与布依族有渊源关系。在元明清时被称为“仲家”“龙家”“八番子”“六额子”等，还称为“仲苗”。明清以来，分别居于黔南、黔西南及与贵州接界的桂、滇北部地区。布依族很早就与汉族交往，接受汉文化，特别是在清雍正年间大规模改土归流之后，社会经济有了更大发展，与其他各族交往更加频繁。汉族文化深入布依族地区，不少人读书识字，熟知汉字。故《黔游记》云：“诸苗中仲家……通汉语、知汉书，到处皆有其种②。”

布依语属汉藏语系壮侗语族壮傣语支。用汉字表达本族语言，特别那些民间故事、歌本等，使用汉字加以改造，形成汉字布依文。和其他民族的汉语借词一样，可以用汉读，有些基本词汇用同义汉字表达，但读起来是本族语音。

① 龙胜县志编纂委员会《龙胜县志·民族编·文字》，汉语大词典出版社，1992年。

② (清)陈鼎《黔游记》，丛书集成本。

当然也大量使用同音字表示本族语言，即同音假借。汉字布依文如有不足，就要创制方字了。

布依族地区随着汉文教育出现并逐步发展，懂得汉文者日益增多，开始用同音字表达本族语言，在掌握了汉字结构规律后，一方面利用汉字部首依靠传统六书造字，另一方面利用后起的减字法造字，出现了汉字布依文。布依族自创字长期处于自造自用的状态，并没有一个统一的标准，据周国茂研究，布依汉文有三种。

其一，安龙龙广一带布摩占卜用字，共有94个字（由于字迹不清，无法摹录，本表缺一字）①：

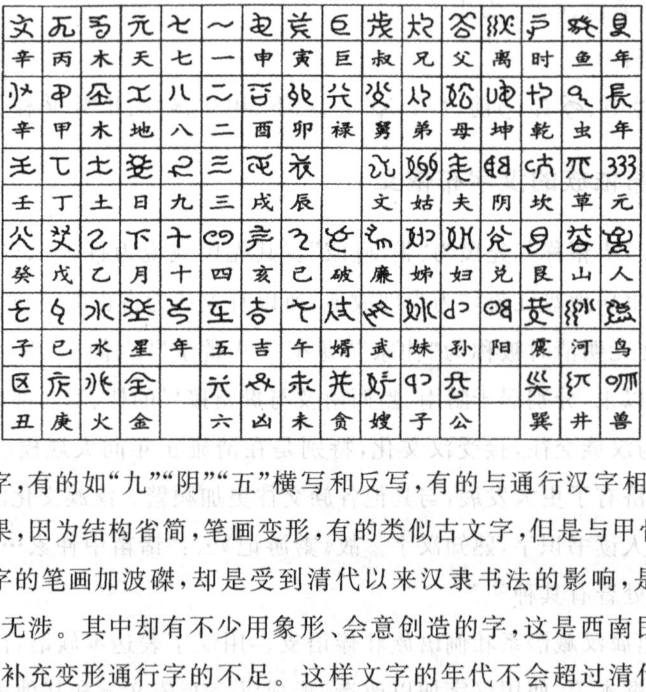

辛	丙	木	天	七	一	申	寅	巨	叔	兄	父	离	时	鱼	年
辛	甲	木	地	八	二	酉	卯	禄	舅	弟	母	坤	乾	虫	年
壬	丁	土	日	九	三	戌	辰		文	姑	夫	阴	坎	草	元
癸	戊	乙	月	十	四	亥	已	破	廉	姊	妇	兑	艮	山	人
子	已	水	星	年	五	吉	午	婿	武	妹	孙	阳	震	河	鸟
丑	庚	火	金		六	凶	未	贪	嫂	子	公		巽	井	兽

这些字，有的如“九”“阴”“五”横写和反写，有的与通行汉字相近相同，是变形的结果，因为结构省简，笔画变形，有的类似古文字，但是与甲骨有根本区别。有些字的笔画加波磔，却是受到清代以来汉隶书法的影响，是仿古的做法，与汉代无涉。其中却有不少用象形、会意创造的字，这是西南民族文字的常用办法，补充变形通行字的不足。这样文字的年代不会超过清代。布依字与水书对照，两者相同之处很多，不仅方法相同，而且制造的字也几乎一致，这是两者在创造和使用过程中不断交流、相互借鉴的结果。

① 表格来源：周国茂《布依族古文字研究》，《贵阳学院学报》（社会科学版）2010第4期。

其二，威宁布摩写经文用字，自造字与通行汉字夹用，可以看出，布依汉字不仅有变形字，还有类似草书的连笔字，中间夹杂隶书笔意。下为《殡葬经》（图 4—11），括号中的拼音和汉字是注音[①]。

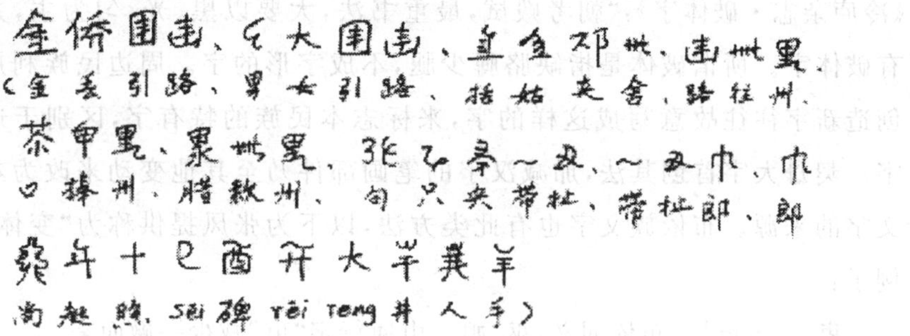

图 4—11 《殡葬经》

其三，方块土俗字。这是一种流行范围比较广的文字类型，布依族三个土语区均有发现。主要流行于宗教职业者中，部分民间歌手也用来记录和创作民间歌谣。荔波首次将其作为布依族古籍上报，因此命名为荔波类型。它以通行汉字为基础，夹用部分自造字的形式，保持了通行汉字的基本面貌，是西南地区所见最广的汉字民族文字形式。夹有方字的布依宗教文献，粗看与汉字文献无异[②]（图 4—12）。

图 4—12 布依宗教文献

布依族汉字可以分为五个类型，其中造字法四种，假借是用字法，不造字的造字[③]。

① 周国茂《布依族古文字研究》，《贵阳学院学报》（社会科学版）2010 第 4 期。

② 韦建丽《布依文古籍晋升"国宝"改变了"布依族没有文字"的观念》，《图书馆理论与实践》2012 年第 6 期。

③ 本节布依汉字字例主要依据周国茂、周国炎、张凤文章（篇名可见本节注释），笔者在此基础上研究、阐述。

1. 减字

减字也叫破体字，是破坏性的形体结构，是对通行的汉字作任意的加减得到的形体。明焦竑《焦氏笔乘续集·讹字》："书生传写，破体者多。"清陆以湉《冷庐杂志·破体字》："朝考殿试，最重书法，大要以黑、光、匀为主，并不可有破体字。"所谓破体是指缺胳膊少腿，不成字形的字。周边民族利用汉字创造新字往往故意写成这样的字，来标志本民族的特有字，区别于通行汉字。契丹大字首创其法，加减汉字的笔画部件乃至其他变动来改为本民族文字的来源。布依族文字也有此类方法，以下为张凤提供称为"变体字"的例子：

朿　naŋ[11]　布依词义：巫、娘。由通行字"束"减少一撇而来①。

样　zaŋ[13]　布依词义：随。通行字"样"增两竖。

丱　tsok[13]　布依词义：熟。通行字"井"增两竖。

聊　ʔde[44]　布依词义：扭转脸。通行字"聊"减一撇。

犬　ʔdeu[34]　布依词义不详。通行字"犬"增加一撇。

天　tiaŋ[33]　布依词义：再。通行字"天"增加一点。

氕　fli[35]　布依词义：气。通行字"气"改变形状②。

日　ʔdit[35]　布依词义：阳光。通行字"日"横写③。

这些字大部分与原字的音义不同，可以认定为布依字，有些字读音与通行字相近，如天字，改变形体为了提示布依词义。但是有些字来源十分可疑。如氕字见于清刊本，所以并非自造新字。再如样，认为是"样"改造而来，不过"样"字最早见于1936年《常用简字表》，普遍流行在简化字方案公布之后。所以样是简化字改造而来。朿读 naŋ[11]，此字与"囊"的二简字相近，可能来源二简字，而非由通行字"束"减少一撇而来。周国茂提供的安龙龙广一带布摩占卜用字，其中这些变形字与单纯的破体字有所区别，在破体之外还加装饰，

① 此字与"囊"的二简字朿相近。

② 此氕字见于清刊《目莲记弹词》、清济水太素轩刊《金瓶梅奇书前后部》。

③ 张凤《方块布依文初步研究》，西南大学2014年硕士论文，第45页。

所以它是变形破体字。

2. 反切字。这个类型仅为张凤、何羡坤一文提到①。

反切字的原理比较简单，但是布依字的方式比较复杂。

有取汉字本音的，如：

，飞翔。取“毛”的汉语音 mau^{35} 声母 m，取“品”的汉语音 pin^{214} 韵母 in，两者拼合得 min^{13}。标记布依语词“飞翔”ŋwan^{55}。

有取汉字读布依族音的，如：

，晕。取“安”布依语音 ngany 声母 ŋ，再取“恩”布依语音 anl 韵母 n，两字反切得布依词“晕”ŋɯ：n^{55}。

还有保留表意成分的，如：

，手。取“名”汉字本音 mingz 的声母 m，又取“手”布依语音 fengz 韵母 eŋ，反切得“手”meŋ^{13}。

3. 假借字。用汉字读音表达布依语词汇。如：

丁	tin^{33}	脚
利	ʔdi^{33}	好
刀	tau^{35}	生长
八	pa^{31}	妻子

用汉字假借写成的布依族《古谢经·穆考》(部分)②。

滥　地　邓　能　邓

lak^{35} tei^{13} tun^{13} nen^{11} tun^{13}

哪黑在哪睡

光　龙　那　未　散

kuoŋ^{33} luŋ^{11} na^{53} vei^{13} ɬa：n^{53}

① 张凤、何羡坤《布依族古文字形体结构初探》，《鸡西大学学报》2013 年第 6 期。

② 《古谢经》摘自周国炎《“方块布依字”及其在布依族宗教典籍传承过程中的作用》，《中央民族大学》2002 年第 5 期。

主客未分开

撒 指 拜 能 敢

ɬa⁵³ khek¹³ laŋ³³ nen¹¹ ha:ŋ⁵³

打哈欠就睡

散 浪 门 卑 你

ɬa:n³⁵ laŋ³³ meŋ¹¹ pei³³ nei⁵³

今年才分开

布依族使用通行汉字假借是随意的,并不统一,各地常有不同。如"说"(nau²),荔波为"呶",贞丰为"唠",镇宁为"扰"。同一词居然用字不一样。

布依族文字的方字主要是形声字和会意字:

4. 形声字

布依族自造的形声字并不多,有南方俗字的特点:改变声旁,提示本地读音。如:

艡 da:ŋ³³ 身体。读"当"音。

畓 na³¹ 田。读"田"音。

踫 pai³³ 去。读"拜"音。

咟 ɣa:u²⁴ 话。读从"告"。

鉡 ja:ŋ 马刀

糘 hau 饭

哓 nau 说

鲃 pja 鱼

鉾 ȵin 铜鼓

岜 pja 石山

5. 会意字

从南北朝起,俗字流行,其中尤多会意字,见字明义。会意字它没有声旁,便于按照本地读音发音。如:

“擤”，即“擤”(鼻涕)。通行字原有“擤”字。布依族把提手旁换成“手”旁，会意更加直观。

閖 roh[·o[11]]外面。门之外会意。

躭 maŋ 胖

沓 tum 淹

𡖖，陡。陡则不平，会意。“不”组成的会意字类似词法的限定结构，历史悠久。

𡗑，水牛。偏正式构词法造字。使得字义更加符合实际。

石+寻，右边；石+寻，左边；香，月；香，日。都是使用解释性的结构，使得字义更加明确。

应该说明，其中有些字本有通行字。如：

閖，《说文》“閖，古文閒。”即“间”。方言中的小山庄。“啫”，《玉篇》：“啫，多言也。”但是布依族俗字并没有注意，而是随意自造，因此音义皆不同。

据调查统计，荔波县正在使用的布依族经书有5000多册，其中超过3000册是傩书。申报小组发现，有很多布依族古文字散存于布依族经书、傩书手抄本中。据不完全统计，布依族古文字至少在300字以上。这些字系表意的方块字，和汉字的外形相似，但读音和字意与汉字完全不同，与1956年国家根据拉丁文字母创立的表音布依文更不相同。”“布依族中发现了几种古文字类型，主要用来作为占卜文字，记录《摩经》，创作民间文学作品等等。目前发现的布依族古文字，除了流行于六盘水一带的‘波拉’文字属于拼音文字，产生比较晚以外，其他类型都与汉字有关，具有悠久的历史①。

布依族的文字实际是双字制，即以汉字为主，兼用自造方字。布依方字的自创字往往与使用者的汉字水平有关，掌握汉字越好，造字的能力越强，自造方字越多。这样问题也就来了，自由造字的结果是混乱。语音不同，造字不同，甚至同一地区同一文本的用字都不相同，任意造字严重地妨碍了它的文字功能②。

周国茂说：“贵州南部与广西毗邻的册亨、望谟、罗甸和荔波等地，自创文

①② 周国茂《布依族古文字研究》，《贵阳学院学报》(社会科学版)2010年第4期。

字的比重略大些，其余地区则以借用现成汉字为主，兼创部分新文字和抽象符号[①]。”

“在宗教活动中，广泛存在着借用汉语方块字或仿汉语方块字造字来记录本民族祭祀经文的现象，人们习惯称这种文字为‘方块布依字’或‘布依土俗字’。”布依族古文字主要用于占卜、记录摩经、傩书以及民间文学等。这些文字只在布摩（民间宗教职业者布依族称之为“布摩”（boxmol）或“报摩”（bausmol））、布依傩文化执掌者或部分民间歌手中使用，不同地区不同传承群体使用时各行其是，没有统一标准，因此没能通行于全民族。布依文字存在于布依族的傩书、民俗经书中，目前还有能读懂此类文献为数不多的布依先生。据傩书先生统计，布依族的文字至少在300个以上。荔波县在2009年、2010年选报的清代文献《献酒备用》《傩祭主题词》以及《祭祀请神》等入选《国家珍贵古籍名录》[②]。

汉字主要用在民间宗教场合，记录丧葬祭祀文，此类经书有师傅“交摩”（jaucmol）保存。通汉字的学徒可以抄写经书，不识汉字的学徒只能死记硬背，并不学文字。在黔西南和黔中、黔北的村寨都有一套经文手抄本，经文所使用的汉字和俗字“各地不尽相同，甚至相距较近的地区也有所差异”。同一词在不同地区抄本文字不同，同一地区同一种经文抄本文字不同，甚至在上下文用不同的字。这里有方音差异，也有用字的差异。

这些都说明汉字的布依族俗字尚是一种不稳定状态，不能称之为一种系统完整的文字。

四　傈僳族音节文字中的汉字

傈僳，唐代《蛮书》称“栗粟”，认为是“乌蛮”的一部。该族8世纪以前居于四川雅砻江及川滇交界的金沙江两岸。12世纪之后，受白族、纳西族土司的统

① 周国炎《“方块布依字”及其在布依族宗教传承过程中的作用》，《中央民族大学学报》2002年第5期。

② 韦建丽《布依文古籍晋升“国宝”改变了“布依族没有文字的观念”》，《图书馆理论与实践》2012年第6期。

治。16世纪中叶，大批傈僳族进入了怒江地区。经过多次的迁徙后，傈僳族主要聚居在云南怒江，在丽江和迪庆、大理、保山、德容、楚雄、临沧等地也有分布。

傈僳语属汉藏语系藏缅语族彝语支，历史上没有文字。20世纪初曾有西方传教士创制过拼音文字，主要流行于基督徒中。云南维西叶枝乡岩瓦洛村民凹士波(汪忍波)(1900—1965年)创制了傈僳族音节文字。他在自传中说："汉族、藏族和纳西族都有文字"，"于是我便产生了创造文字的念头[①]"。从1924年开始，经过五六年的时间，这种文字才达到实用要求。汪忍波把他创造的文字，编成291句歌谣，长短不一，大致有韵脚，名为《傈僳语文课文》。该书有单字1211个，重复出现的有348个，不同的单字863个。在其他文献中还有40多个《课文》未收的字。傈僳族方块音节文字的每个字代表一个音节，其造字法有象形、会意及增加笔画改形造字。

傈僳族方块音节文字从同语支语言如纳西东巴文、哥巴文及玛丽玛沙文，还有贵州老彝文有所吸收，但是吸收最多的还是汉字。它的笔画有10种：横、竖、撇、点、捺、折、勾、曲线、弧线及圆圈，其中大部分为汉字的基本笔画。写字先上后下，从左到右，字行竖排，从左到右，与汉文古籍的排列相反，不用标点，如同汉文古籍。傈僳音节文字多借自汉字，但借形不借音、义，初步统计有54个。如：

"大"，繁衍；"天"，灵魂；"目"，进(去)；"囚"，出(去)；"田"，凶神；"王"，三、容易；"今"，谷物等。

五　水族的水书

水族源于百越，由秦汉时期西瓯中一支演变而来。春秋战国时期的"雟"与水族可能有直接的关系[②]。水族地区的首领谢元深在唐初内附，朝廷拜元深为刺史，其州为应州，属黔州都督府。民族交流大大加强，中原的先进生产技术

---

① 参阅木玉璋《傈僳族音节文字及其文献》，《中国民族古文字研究》第3辑，天津古籍出版社，1991年；木玉璋《傈僳族音节文字造字法特点简介》，《民族语文》1994年第4期。

② 有人认为水族源于骆越，隋唐时称为牂牁蛮。见潘世雄《水族源流考》，《广西民族研究》1990年第2期。

促进了该地区的经济发展，道教也进入水族地区，而代表中原文化的汉字当然随之传播开了。明代限制土司职权，清代进一步加强控制，把水族地区土司土官分别置于府、州、县各级流官管辖之下。此时，汉族移民大批迁入，带来了汉族地区的农业技术、家庭手工业，水族地区的社会经济有了明显的发展。水族与汉族频繁接触，开始了汉化的过程，也有读经书、求仕途者。但是，发展有先后，贵州南部荔波的水族，到乾隆时，才逐步接受汉族文化，开始有入学读书的人。

水族的主要聚居地在贵州三都，贵州荔波、独山、都匀、榕江、从江及广西融安、南丹、环江、河池等地也有分布。水语属汉藏语系壮侗语族侗水语支，长期以来使用汉文。水族使用汉字是什么状态，是表达汉语，还是表达水语，如果有汉字水书，具体情况如何？这类重要情况尚不见介绍，而人们关注的是一种巫师使用的文字符号。

这种文字符号叫“水书”“水字”，因为其中有反写汉字，所以当地汉人又称之为“反书”。同时，把这种文字符号记载的文本也称作“水书”。水书系个人传授，辗转相抄，用毛笔抄在白皮纸上，线订成书。水书始于何时不详，明弘治十三年（1500 年）是现见最早的年代[①]。它大部分是安葬、嫁娶、营造择日所用，小部分为召神驱鬼巫术所用。从内容分类，大致有：

1. 农事时象：用于农业耕种；
2. 择吉凶日：用于婚丧、外出及其他社会活动，旨在选择月、日、时；
3. 开山动土方位：用于埋葬、开垦、建房奠基时选择方位；
4. 遁掌：以星宿十二宫掐算吉凶祸福；
5. 启蒙读本；
6. 墓碑刻文，见于野外墓地，不在书本。

水书约有 400 多个字符，因为数量小，不能作为思想交流的文字使用，只能用于上述的场合。由这些简单的字符组成框架，若有不能表达的部分则依靠心传口记。为了便于记诵，有相当一部分内容编成五言或七言的歌体，有的

① 最近发现水书墓碑，但是未见明确的年代。见《中国文物报》1993 年 3 月 7 日《三都发现古水族文字墓碑》。

是汉诗格式，行款一般从右向左直行竖写，和古汉语相同。

水书相传由陆铎公或六一公、六甲公所创，不知始于何年，形体复杂，一字多体，分别属于古体、今体和秘写体。古体用竹笔书写，笔画短直如刀刻；今体用毛笔书写，笔画有粗细变化；秘写体刻意隐秘，是故意书写成的怪体①。

从形体上区别，水书可以分为两类，一类是字，另一类是图形符号。

水书的字和汉字关系密切，大多数是从汉字中借用或改造过去的，它的特点是用汉字的本形本义，而在字形上加以变化，所谓反书只是其中之一。它改造汉字的办法有以下几种：

倒书：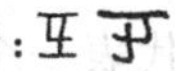（五，后一字倒转以后再右翻）、（六）。

右翻：（七）、（丁）、（己）、（辰）、（艮）、（未）、（阴）、（阳）

竖翻：（九）

减笔：（七）、（辛）、（月）、（年）、（坎）

增笔：（夫）、（六）、（冬）

变形：变形指变化笔画形态，主要有曲笔法，是把直画、折笔改为圆转的曲线。如：（兑）、（午）、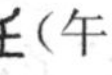（申）、（火）、（丙）、（力）。此外，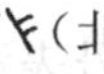（北）、（金）等种种变化也属这种变形范围。

水书的字形变化方式是十分灵活的，它可以单纯地使用一种办法，也可以同时使用几种办法。如（丑），是右翻再变形；（丙），是变形再右翻。而且，字形变化因人而异，所以一个字会有多个变体。一般来说，每个字是孤立变化，但是，如果变字作为部件组成新字的话，也可把变形带到新的合成字中去。如（坤），即"土"字的减笔和"申"字的曲笔结合而成。

水书改变字体的方式是多种多样的，除了上述对现成的字形动外科手术外，还用错位的办法。具体地说，弃正字不用而用别字，如（南）、（夏）、（菊）。"男"作"南"、"下"作"夏"、"巨"作"菊"，都是同音字借用；当然，这种借用也是经过变形的。有的弃楷体不用而用篆体，如（草）、（癸）、

① 本节水书字例主要根据：张均如《水语简志》，民族出版社，1980 年；王国宇《水书与一份水书样品的释读》，《民族语文》1987 年第 6 期；陈昌槐《水族文字与〈水书〉》，《中央民族学院学报》1991 年第 3 期。笔者在此基础上研究、阐述。

（左）、（右）；其中“左”“右”二字的篆体互换了位置。再是使用不常见的异体字，如“犮”（犬）。“犮”字作为“犬”的异体始于汉代，流行于南北朝、唐，以后少用。再如（坑），即圡字，是流行于南方的方字，不入汉字正体。

水书对汉字的借用有变化形体的，也有不变化形体的，如“二、三、四、十、西”等字，基本上就没有什么变化，估计是变化上的难度造成的。水书也继承了汉字合成的造字法，如前述用汉字部件合成，又创造性地用汉字部首与自造符号合成，如以“女”合成的有（妇）、（姑）、（姊）、（妹）、（嫂）。

水书中除了汉字外，其余都是图形性符号，有抽象示意，也有具象图画。现在大多数学者称之为象形、指事、会意字，这种符号大部分代表一个汉字、代表一个词，但它是孤立、零星的图形符号，它既不是文字初始阶段的产物，也不是完整文字体系中的个体，所以称之为字是比较勉强的。本来，这些图形符号都可以用汉字替代，但水书却故意回避而采用这些外人不甚明了的图形。

图形符号和所用汉字一样，形象也不甚统一，用法上有时还要借助汉字。图形符号有类似假借的用法，借汉字之声而以水语中音同或音近语词的图形符号表示出来，被借用的符号只用音读。如：汉语的“奎”字，在水语中与螺蛳音近，就以螺狮之图形来表示“奎”。汉语中的“弼”字，在水语中与水蛭音近，即以水蛭之图形来表示“弼”字。类似的还有汉字“辅”，以瓜花图形表示，汉字“破”，用表示瓜落地（声音）的图形表示。这是和文字关系的一方面。另一方面，又显示出图形符号图示的本质。图形符号中还有“合体读音”①，把一个符号读为一个词组，如为有鞍之马形，意为“骑马”（ts[6] ma[4]，动宾词组）。

如果从单个图形分析，三个符号为 au[4] 谷、lok[8] 仓、kui[2] 牛，而作为组合，为“粮满仓、牛满圈”的意思。

杀，它表示的是完整的一段意思。叉头向下表示“鬼可以放出杀”，叉头向上表示“鬼不可放出，放则反杀其主”。

字和图符混合使用，在不同的水书中作用是有差别的。从使用范围而言，

① 此说法见石尚昭、吴支贤《水族文字研究》，《中国民族古文字研究》第2集，天津古籍出版社，1993年。

水书可分两个大类：一类为普通水书，也称白色的书，用于日常营造、丧葬、嫁娶、出行，另一类为秘传水书，也称黑色的书，是秘密使用的、求神驱鬼的巫术。普通水书字多而图少，意思比较明确。如：

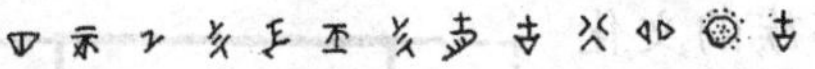

甲辰乙亥年正(月)亥(时)吉，癸卯葬吉。

秘传水书常常是图多而字少，外人看，意思比较隐秘。如：

甲子(年)虚宿日，忌放鬼，放则反害主事。

直译：二子方鱼鱼鸡鸡 放鬼放鬼放鬼。意为：二月宜放子方鬼，用鱼三，鸡二，放鬼三。

秘传水书干支以字写出，二十八宿、鸡、鱼及鬼均以图形表示，并用重复图形来说明数量。

潘朝霖指出水书的先天不足：文字量少，难以准确记录和表述社会生活的各种事象；没有统一的写法，无法进行规范教学。全靠民间家族亲属之间以及招徒授业内部传授，靠手抄本加口传心授来配合传承，势必造成师承之间的壁垒与种种差异①。实际上，水书就是汉字变形体和一些示意图画结合而成的图文混合体，本来就不是一种独立的、完善的文字体系。

六 水书的性质

关于水书的起源，清咸丰十年(1860年)莫友芝在《黔诗纪略·红崖古刻歌注》说：吾独山土著有水家，其师师相传有医、历二书，称传自三代。“核其字画，疑斯籀前最简古文”。岑家梧《水书与水家来源》一文中认为水书与古代殷人甲骨文之间，当有若干姻缘关系。此后人们把水书的产生时间尽量往上考，大致追溯到商周甲骨文时代。一个事物的出现要有很深、很广的基础，以汉字变体字为标志、道教文化为内容的水书不是轻易产生的。至少在这个地区有

① 潘朝霖《水书难以独立运用的死结何在？》，《贵州民族学院学报》2006年第1期。

相当的汉字基础，这才可能让某些巫觋接触到汉字，能够频繁地接触变体字，巫觋才有可能利用它创制水书。水族与汉文化的接触虽然有很悠久的历史，但是真正有紧密联系在明清才开始。特别在清代，土官置于各级流官节制之下，汉民大量迁入杂居，形成汉、水等族的文化交流，这时才具备水书产生的条件。篆文再度推向社会，是在《说文》为代表的小学兴起之后，时间在清代中期开始，这就意味着有篆文成分的水书必定不会早于这个时期。总之，水书产生的时间不会早于明代，在清代中后期的可能性比较大。

图 4—13 拉下村水书碑

都塘州乡拉下村东侧的墓碑分为碑座、碑身、碑帽和碑顶四个部分。碑呈“凸”字形，上刻多种图像和文字(图 4—13)，这幅图像，展示了古代水族社会丧葬的习俗，这种丧葬习俗，一直沿袭至今。上面刻的 5 行字是现见最早的水书。王品魁抄录并作了解释：

原文：

直译：乙 巳 年 七 十 六 庚 申

意译：乙巳年为亡人的生年，庚申年为亡人的卒年。从乙巳年生到庚申年卒，刚好是享年七十六岁(虚岁)。

原文：

直译：六 十 四 日 丙 申 日 己 亥 时

意译：这一行是记述亡人的生月生日和生时。亡人生于六月十四日，干支是丙申日己亥时。

原文：

直译：第 六 癸 酉 日

意译：这一行是记述安葬亡人的年日。“第六”指第六元，省去“元”字。根据《水书》七元历的推算,亡人的安葬年日为上元第六元的庚申年癸酉日。

原文:

直译:二 十 一 丁 卯 时

意译:这一行记述亡人死亡的月、日和时,即二月十一日丁卯时死亡,其中省略了"月日"二字。

原文:

直译:丙 辰 时

意译:这一行记述安葬亡人的时辰,即庚申年癸酉日丙辰时。

拉下村墓碑的年代,按照王品魁解释:墓主生于明仁宗洪熙元年(1425年)乙巳年六月十四丙申日巳亥时,殁于明孝宗弘治十三年(1500年)庚申年二月十一日丁卯时,享年七十六岁。王品魁据此推算出来的水书年代[①]。

墓碑上只有汉字的变形字,即反写、倒写等改变而来的字,而图形在文字外,不属于文字内容,并没有其他象形符号,所以它与现在的水书比较是不同的。

现在屡有传本文献出现,最早在洪武年间,有人认为是明代或者更早的写本,实际上用手工制造的纸张以及手书的写本凭经验和感觉很难作出确切的年代鉴定,需要以科学的材料分析确定纸张和墨的年代,再结合水书不同时代的标志,才可能找到可靠的结论。

反书是西南少数民族改造汉字的常用手法,并非水书特有的现象,因而不能过分强调水族的民族特性。

岑家梧可能是最早提出水书"是一种被压迫民族的文化"的学者,此说成为反书成因之一,为人们乐道。韦宗林专门讨论了反书原因:"是水家那倔强的民族精神和原始自然宗教的神秘色彩所致。具体地说:是文字本身的异体性、民族压迫的逆反性和文字载体的神秘性这三个主要因素所导致的[②]。"韦宗林说法中宗教神秘性较有价值。

① 王品魁《拉下村水文字墓碑辨析》,《贵州省水家学会第三届、第四届学术讨论会论文汇编》,1999年。

② 韦宗林《水族古文字"反书"的成因》,《贵州民族学院学报》1999年第4期。

反书当然不是压迫形成的，而是宗教文化的原因。其实早就有人把水书与宗教联系起来。坦龙认为“水族的宗教文字‘水书’，大约就是受到道教符篆影响而产生的符号[①]”。韦世方认为：水书中记录鬼神名字或吉凶兆象的极少部分文字符号在造型上结构复杂，有一定的对称性和组合性，跟道教中符咒影响有相似之处[②]。尽管说得并不正确，但都注意到道教文字对于水书的影响。

笔者曾经发表过一篇文章《反左书钩沉》，探索了反书、反左书的形成原因和过程[③]，同时著文探讨了反书与民族文字的关系[④]。反书问题有必要稍稍说明一下。反书起源于墓葬文字，远在汉代已经形成，作为一种汉字的特殊现象，在南朝一度推广、流行。

神道碑给生人指示陵墓通道，又给亡者指引出行方向，因而需要不同的两种书法，即这个右行正体和左行反体。因为鬼魂在地下，从地下看字，相当是背面看字，把字体翻转，才是正体，所以反体是陵墓的特形字体。

神道石柱在墓道前，成对而设，柱身顶端镶嵌一块小方碑，两块碑相对，有的一块正体，一块反体。如：

南朝梁太祖萧顺之（444—494 年）神道两石柱题字，西柱正体，东柱反体。（图 4—14）

图 4—14　萧顺之神道石柱西柱、东柱铭文

① 坦龙《贵州少数民族的宗教信仰》，《贵州文史丛刊》1986 年第 1 期。

② 韦世方《从水书结构看汉字对水族文字之影响》，《贵阳文史》2010 年增刊。

③ 陆锡兴《反左书钩沉》，《书法丛刊》2004 年第 4 期。

④ 陆锡兴《反体、反书与民族文字的创制》，《汉字传播与中越文化交流》，国际文化出版公司，2004 年。

南朝梁安康王萧秀神道碑题字，反体。

南朝梁吴平忠侯萧景神道碑题字，萧景卒于普通四年（523年），反体。

南朝其他神道碑文字处理简化，用左书代替反体，即用行款方向相反的正体。南朝梁普通七年（526年）临川靖惠王萧宏神道碑题字，正体，东柱右行（顺读始右），西柱左行（逆读始左）。南朝梁大通三年（529年）南康简王萧绩神道二石柱题字，东石柱正书右行，西石柱正书左行。无论在中原固有的观念，还是西方输入的意识，东方指人间，西方指冥间都是肯定的。东柱写的右行用于生人，西柱写的左行用于冥间，无论反书或者左书，或者叫反左书都是用于冥间的。韦宗林提到"'汉字是与人对话用的，水文是与鬼的对话'。这是水家巫师给笔者简单的解释，其中深刻的意义却一语道破[①]"。可见水族的巫师并不回避反书的用途。

韦宗林叙述了两个水族的民间传说：其一，陆铎公等六位老人在仙人那里学来了文字，不料在回家的路上其他五位老人相继病死，陆铎公将水文字带回，被一个坏人抢走。陆铎公为避免再受谋害，他故意用左手写字，改变字迹，还将一些字倒写、反写或增减笔画。最后就成了现今的水族文字。其二，相传水族文字是纳良从月宫中的外公那里学来的，他顺绳子下地面时，半空中摔断了右手。因而只能用左手默写所学的文字，因此，字是反写的[②]。民间用通俗的故事解释了反左书，左手写出的字与右手对称，自然右手正，左手反。因为左手写字或者右手写反字，都要有一定的技艺，道士就用从左到右的顺序替代。水族巫师则选择写反字或倒书来写丧仪文书，倒书与反书的道理一样，宋代以来的墓葬中就有倒书代替反书的情况。当然宗教文化具有隐秘性质，道教的道符、秘文就是隐秘文字，就是一种障眼法，通过不易识别的符号，把外人隔绝开来，以保持隐性的内容。从神秘到神圣，外人会产生一种心理的畏惧感，以隐秘力量来彰显巫术的法力，宗教就是来源于人们对未知的恐惧与崇拜。总之，反书或者倒书原来都是用于特殊的场合形成的特殊字形处理，没有其他特殊的民族因素。

①② 韦宗林《水族古文字"反书"的成因》，《贵州民族学院学报》1999年第4期。

水书是宗教人士在丧葬等场合使用的变体文字。其实从其他方面也可以得到证明。相传水书是陆铎公所创，另一种说法是六一公、六甲公所创，六甲公即是道教的六甲神，那么“六一”之“一”是“丁”字变体，“六一”就是道教的六丁神，六丁玉女、六甲将军，是道教的十二位神名，六甲有甲子、甲戌、甲申、甲午、甲辰、甲寅，是阳神，六丁是丁卯、丁巳、丁未、丁酉、丁亥、丁丑，是阴神。为天帝所役使，道士可以用符书召请，降魔驱鬼。六丁六甲是符书上常见的天神，例如《治愈辰龙年生人的符咒》中，整个符书传意：掌管地支辰的星宿神君，以三教令六丁、六甲神驱除病痛，始病患康复①。所以六一公与六甲公都是托名，是符书上常见的天神，隐喻水书的创造者是上界天神。至于陆铎公，也是一个虚构的人物，“陆”字即“六”字，就是六丁神之六。铎就是铃，振铃是宗教仪式中最常用的响器，有警示的作用，是镇妖驱鬼的法器，多数情况下与符书配合使用。水书从创制者的名称来源看，已经很清楚表明，水书与道教有密切的关系。在诸宗教之中，只有道教与贵州各少数民族民间宗教隔膜最少，最容易为少数民族所接受。贵州绝大部分与汉族杂居的少数民族，都不同程度地接受了道教的影响②。曾晓渝等也认为“水书和水字是只限于水族巫术活动中使用的书籍和文字”③。总之，从水书先生与汉族的道巫关系看，水书是有道教背景的，其实从水书的创造者看也证明了这一点，而且水书的文字处理也是从道教而来。所以，水书是一种特殊群体使用的宗教色彩汉字变体文字。

第七节 越南使用汉字

一 越南使用汉字的历史

越南永福省永祥县义立遗址，东南距河内 65 公里，该遗址属于冯原文化，是分布于越南北部红河流域的具有代表性的文化，存在于公元前 2000—公元

① 〔法〕禄是遒著，据〔英〕甘沛树英译本，张旭虹译《符咒说文》，上海科学技术文献出版社，2009 年，第 78 页。

② 坦龙《贵州少数民族的宗教信仰》，《贵州文史丛刊》1986 年第 1 期。

③ 曾晓渝、孙易《水族文字新探》，《民族语文》2004 年第 4 期。

前 800 年，相当于中原的商周时期，义立遗址中的部分玉、石礼器与三星堆出土的同类器非常相似。相邻富寿省仁村遗址同属冯原文化遗址，部分陶器的器形和装饰风格，与广西感驮岩遗址二期遗存出土的同类器相同或相似。出土的玉环、玉璋、有领璧形器等，在材质、形制方面与三星堆文化同类器十分接近，证明冯原文化与三星堆文化确实存在某种联系。越南青铜时代早期文化与中国华南、西南地区青铜时代文化有一定共同点①。

隋唐曾在安南施行考试选官，爱州日南人姜公辅应举中进士，以高材受德宗器重，官至宰相②。唐朝在安南开办学校，发展文化教育，培养了大量人才。

汉唐一千余年在越南旧地的经营，把汉文化全面地带到了当地，汉字和汉语已与当地人融为一体，被看作自身语言文化的组成部分。

五代荆南天福四年（939 年）交趾人吴权称王，建立了独立的王朝，由此开创了越南历史上新的一页。越南是中国南方邻邦，长期以来有着密切的经济文化交流关系，汉文化始终对越南的历史产生着积极的影响。一千余年的越南王朝，汉字一直被当作正式文字。越南史家在宋代末期撰《大越史记》、元代《安南志略》、明代《越南史略》、清代《钦定越史通鉴纲目》《皇越地舆志》《大南一统志》《大南实录》等，都是使用汉字。

最早的梵钟为南朝陈太建七年（575 年）所造，是由简单的袈裟绣纹所区划的铜铸小形梵钟，钟身设上带、中带、下带和纵带，有相当于乳间、池间、草间的区域划分。整体为纵长形，铭文铸有“称廿斤弟子沈文殊造”字样。在陈宣帝的鼎盛期铸造，当时陈朝版图含有整个江南地区。1986 年河内市南面的河西省青威县青梅社底江龙滩发现唐代梵钟，出地地点叫青梅社，因称之青梅社钟（图 4—15）。铜钟在唐德宗贞元十四年（798 年）铸造，钟高 60 厘米、下口径 39 厘米，重 36 千克。属于隋唐江南地区的梵钟，沿袭南朝陈太建七年（575 年）铜钟形制，唯有铭文差异。环绕钟面刻有楷书，分成上下两层，上层四面为贞元十四年随喜社（当时地名）社民题名。每面行数不等，分别为 14、15、15、

① 陕西省考古研究院《陕西域外考古工作的主要收获》，《考古与文物》2008 年第 6 期，208 页。

② 《新唐书·姜公辅传》。

图 4—15 青梅社钟

11行。行字约17字；下层为施主名字，四面14至16行不等，行约10字；上下两层总字数1542字。铭文有云："维贞元十四年岁次戊寅三月辛巳朔卅日[庚]戌随喜社五十三人共造洪钟一口，用铜九十三斤，流通供养。"整个铭文共有248个名字，32个姓氏。铭文中出现了大量唐朝官职、府兵名称，在人名中既有汉化人名，如杜游秦、阮齐穆、杨凤鹊，也有音译的汉字名，如阮氏逮、阮氏白、阮氏陀、黎氏小、罗阿烈、阎氏眼等[①]。

越南古来只用汉字，越南独立后，历代王朝一直提倡汉语，汉字依然是通用的官方文字。朝廷和官府的文告、文人的诗文著述乃至百姓的日杂文书，都使用汉字书写，特别是科举考试，只用汉文汉字。喃字实际是汉字的延伸，喃字流行之后，汉字与儒字并用，实行双字制。越南最后一个王朝——阮朝时期，汉文文学作品和历史著述大量出现，自诩为华夏文化的继承者。嗣德皇帝(1848—1883年在位)说："我越文明至士燮以后，盖上至朝廷，下至村野，自官至民，冠、婚、丧、祭、理数、医术，无一不用汉字。"(士燮，东汉末任交趾太守。)

安南黎朝仿照明朝颁行考试制度，1467年"初置五经博士。时监生治《诗》《书》经者多，习《礼记》《周礼》《春秋》者少，故置五经博士，专治一经，以授诸生"。又"颁五经官板于国子监[②]"。中国由明入清，中越两国交往依然十分密切，越南多沿用清朝制度，教育上尤重儒经。

"德行文学者，免其徭役，使以其学教授。邑中子弟人年八岁以上入小学，次及《孝经》《忠经》。十二岁以上，先读《论》《孟》，次及《庸》学。十五岁以上，先读《诗》《书》，次及《易》《礼》《春秋》，旁及子史[③]。"因为尊奉中华文化，文字

① 梁允华《越南出土之唐代贞元时期钟名——青梅社钟》，《中原文物》2014年第6期。

② 《大越史记全书·黎记三》。

③ 《大南实录》正编卷22。

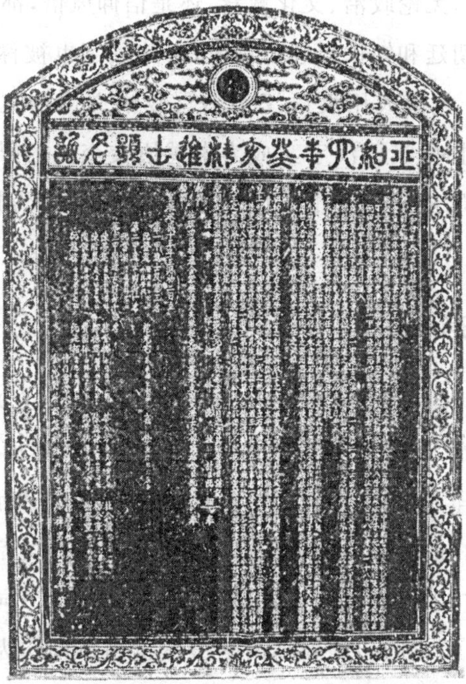

图 4—16 《正和四年癸亥科进士题名碑》广南国永盛十三年(1717年)立(此拓影为汉喃研究院阮氏翠娥提供)

同一,历来中华典籍成为越人搜求的目标,仅据明朝严从简《殊域周咨录·安南》所记:"如儒书则有少微史、《资治通鉴》史、《东莱》史、五经、四书、胡氏、《左传》《性理》《氏族》《韵府》《玉篇》《翰墨》《类聚》、韩柳集、《诗学大成》《唐书》《汉书》、古文四场、四道、《源流》《鼓吹》《增韵》《广韵》《洪武正韵》《三国志》《武经》《黄石公素书》《武侯将苑百传》《文选》《文萃》《文献》、二史纲目、《贞观正要》《毕用清钱》《中舟万选》《太公家教》《明心宝鉴》《剪灯新余话》等书。若其天文、地理、历法、相书、算命、克择、卜筮、算法、篆隶、家医药诸书,并禅林、道录、金刚、玉枢诸佛经杂传并有之。如其字样书写,则前惟有《韵府》《玉篇》《洪武正韵》等书字体,后始有《增韵》《广韵》之书字体。"

从五代以前的交趾到独立以后的安南,汉文化在此地传播,对各个方面都产生了深刻的影响，无论政治、文化教育，还是信仰风俗，都是中国的模式。语言上实行双语制，朝廷和知识界通行汉语，因此汉字也被称为儒字，意为儒者（士大夫）用的字。越南人用汉语汉字书写政治文件和文学作品，留下了无数的汉文典籍。同时，汉语汉字又成为中越语文交流的媒介，大量的汉语词汇进入越语中去，形成了占有重要位置的汉语借词，成为越南语有机的组成部分。

二　喃字的形成

汉字传入之后，越南人不甘于汉字写汉语，也想用它来书写本民族的语言，从个别方字开始，逐渐形成了本民族的汉式文字。越南语属于南亚语系高棉语族，和汉语一样，也是一种孤立语，用词序和虚词来表示语法关系，但是词序和汉语有所不同，最明显的是名词修饰语一般在名词之后。从词汇方面看，越南语和汉语一样，以单音节词为主，并由此构成多音节词汇，但是除借词以外的固有词汇与汉语不同。此外越南语虽然也用声调作为辨义手段，可是语音系统和汉语不同。因此，要使适合于汉语的汉字来标志越南语，使用一些俗字是不够的，必须在汉字基础上系统地构造一套特有方字，这种文字即越南的古文字——喃字。喃字越南语称为 Chū nho（字喃），"喃"是土音的意思，喃字还是土著字、方俗字的意思，以与作为正式文字的汉字——儒字相区别。越南学者认为喃字大致产生在独立建国初期，在越南永富省安浪县的报恩寺碑，有李朝高宗治平龙应五年（1209 年）刻的 22 个喃字，这是现知最早的喃字材料。

喃字是从汉字的俗字发展起来的。王力说，汉字和喃字其实只是一种字，因为字的构造成分完全相同。所谓成分就是指造字的部件，尽管喃字变化万千，但是它和汉字壮文一样，基本上是把现成的汉字或汉字偏旁重新组合，并没有另造一套部件。从它的组织方式看，大致上也是汉字的固有结构。越南人是为了标志越南语才创造这些喃字的，所以喃字与通行汉字字形上的相近相通并不意味着词汇的相近与相通，汉语、越南语的词义和语音相差还是很大的。特别是一些形声结构的喃字，字形与通行汉字完全相同，可是词义和语音相去十万八千里，不可不辨[①]。如：

唁，汉字吊唁之唁，喃字 ngɔ¹ 味美

坦，汉字平坦之坦，喃字 dət⁵ 地

湄，汉字水湄之湄，喃字 mya¹ 雨

核，汉字果核之核，喃字 cəy¹ 树

喃字可以分成两个部分，一是借用字，现成地借用汉字为越南语服务。二是自造字，根据越南语的特点，自行构造方字，另外还有一些简俗字。

1. 借用字

与其他民族借用汉字一样，越南语有选择地借用合适的汉字作为标志字，这是比较便利的一种办法。

a. 音读字

正确地说，越南人在学到了某些汉语词汇后，连同标志这些词的汉字一起混入越南语中使用。只是由于越南语的语音系统和汉语不同，所以，这些借用字的读音与汉音有一定的距离。例如：喃字"才"字义与汉字同，读 tài；喃字"史"字义与汉字同，读 sù；喃字"南"字义与汉字同，读 nam。有些字因为长期使用，同义喃字的字义已经有引申，如"喝"由"喊叫、吆喝"引申为"歌唱"。

b. 音借字(假借字)

音借就是同音假借。汉字常用它来调节同音标志关系，是一种机动灵活的用字办法。在掌握汉字的读音之后，越南人自然而然地会利用汉字的同音字(实际上是近音字)来标志越南语。我们把这类假借称作音借喃字。

喃字	眉	碎	沛	吏	包	英
读音	may³	tai¹	phai³	lai	bao¹	anh¹
词义	你	我	是	来	几何	兄

c. 训读字

这种喃字，有些人称之为义借字，实际上词义是越南语固有的，并不是从

① 本节喃字字例主要根据：闻宥《论字喃(Chu Nom)之组织与汉字之关涉》《广西太平府属土州县司译语考》；李乐毅《方块壮字与喃字的比较研究》。笔者在此基础上研究、阐述。

汉语借入，它只是借用同义词的代表汉字来标志罢了。因为词还是本来的词，当然读音也照越南话音，不搬用汉字原读，表现形式为同义词同字异读，和日语中的训读现象相同。例如：喃字“鲜”与汉字同义，读 tuói；喃字“捐”同汉义，表示“花费”，读 tōn。

无论哪一种借用，都有其便利的一面，也有其不利的一面。首先，极容易和汉字本字相混；其次，使用的借法没有明显的标志，要区别哪一种借法，识别是有困难的。此外，借用没有标准，会产生一词多借的现象，这对形成稳定的喃字是十分不利的。因此，和其他民族一样，喃字也有大量的自造字来充当本民族语言的代表文字。

2. 自造方字

喃字的自造字就是为了标志一个特定的越南词而出现的，根据文字的组合规律而自行组织构造的新字。这种方字从音、形、义各方面来观察都是越南语特有的文字。所以，一般把这类自造字看作喃字的象征。根据结构的不同，我们把它分成以下几类。

a. 形声字

形声字是汉字的主体，其音义结合的构字方式可以不断地满足词汇的发展。喃字和通行汉字一样，形声字占有很大的比例，也占有自造字的大多数。

喃字的形声字结构比较复杂，可以分为上下结构、左右结构和内外结构。

① 上下结构。如：

“悉”lòng，心。声符在上，形符在下

“尋”tac，寸。声符在上，形符在下

“𧖱”máu，血。形符在上，声符在下

“𥑥”trúng，蛋。形符在上，声符在下

② 左右结构。如：

“妸”gái，女。形符在左，声符在右

“獴”muong，兽。形符在左，声符在右

“𡥙”me，母。声符在左，形符在右

“𠄩”hai，二。声符在左，形符在右

③ 内外结构。如：

“囲”khuon，模型。形符在外，声符在内

喃字的形声字来源也比较复杂，不同来源的字侧重也有所不同。有些字是先借用汉字读音的音借字，然后在音借字上再加上意符。如，越南语“有”这个词，先有“固”音借，之后再加上同义词“有”，成为形声字“𣎏”。也有在训读字的基础上加上表示读音的声符的，如上述的“𪦆”字、“𬋩”字之类。有一部分形声字是通过改造汉字的形声字而产生的。如改“忆”声符“乙”（意）为“女”，成为喃字“忟”，词义依然是“忆、想”的意思。改“鷄”的声符“奚”为“哥”，成喃字“䳶”，词义依然是“鸡”的意思。

喃字形声字的声符、意符也是以汉字的部首为基础，仅有少量自创。如，“𡛔”，痴呆，“㐄”为自创；“𡞕”，妻子，“𤿰”为自创。此外，喃字的形声字有一个比较突出的现象，它的形声字中有很多不使用汉字的部首，而是使用现成的汉字，这样就形成了形声字的一个新面孔。例如：

“𠴍”，凭吊。从吊，永声

“𢆥”，年。从年，南声

“𦽼”，尽也。从尽，曷声

“𡗶”，夷狄。从夷，助声

“𧶭”，贫困。从贫，尧声

“𠨡”，危险。从危，尧声

“𡤓”，新。从新，买声

“𩲡”，魄。从魄，尾声

由于大量使用现成的汉字（其中有合体字）作部首，造成了一些部首写法的奇特现象。如：

“𦧘”，肉。从肉，舌声。“肉”不用偏旁“月”，而写作“肉”

“𦹵”，草。从草，古声。“草”不用偏旁“艹”，而写作“草”

“𢬣”，手。从手，西声。“手”不用偏旁“扌”，而写作“手”

我们可以很明显地看到，喃字中的新部首现象是特定的来源形成的。同时也考虑到字义上的显豁，所以采取这种字形。对于声符来说，喃字似乎比较

宽容,允许字形上的简省,有如通行汉字中的省声字。如:

"𡖶",多。从多,禀声,从廪省

"趍",去。从去,多声,从移省

"𥎜",短。从短,艮声,从银省

"䦺",事,崇奉。从事,余声,从途省

省声字的使用,可以大大补救由于使用原形汉字而造成的笔画繁多现象,同时也可以增加字形上的凝固能力。当然,从识字上来说,困难程度无疑大大地增加了。

喃字中有少量的形声字用喃字作为偏旁,这是汉字中见不到的。例如,"𠯪",语也,从口,以天上为声;"𫠔",价高,从半,怛声。其中"半"是喃字"买"的音借字。

喃字的声符一般用汉读,也有用训读字的。例如,"𢶒",预防;从扌、驭声,"驭"用越南语读音,而不取汉读。在喃字的声符和字音中,由于借入或流入的年代较早,保存了大量古音,它被人们看作是研究汉语音韵学的一种有用的资料。

标音字

喃字形声字原理和汉字相通,但是具体的构成相差较远,这不仅表现在上述结构完整的形声字上,还表现在下述种种结构不完整的形声字上。

喃字的标音字在一个字旁加特种符号形成,这个符号限定了文字的含义,有相当于意符的作用,但是实际上不同于提示类义的意符。根据符号的不同,喃字中的标音字可以分为两类。

一类是加"口"标音字。这类字产生于汉字,被广泛地用来表示外来词,喃字使用这类字是十分自然的事。这类字在越南词汇中使用极多,如闻宥所说:"凡一切假借字之愿其与原字有别者,在字喃中又几皆可以此施之。换言之,此口旁亦得目为一切 Syllabic signs(音节符号)之表征[①]。"例如:

"吧",并。从口,巴声。读巴声,字无义

---

① 闻宥《广西太平府土州县司译语考》,《历史语言研究所集刊》第六本第四分,1936 年。

“咾”，镰刀。从口，老声。读老声，字无义

“噻”，凡劣。从口，塞声。读塞声，字无义

一类是加“く”记号的标音字。“く”号通常是加在字的右边，正好与加“口”的位置相反，但是作用完全一样。喃字中“く”符号是怎么来的呢？在字旁加点，这种做法非常古老，秦汉时的重文号就有加在字右边的。《尔雅·释器》：“灭谓之点。”郭璞云：“以笔灭字为点。”郝懿行说：“误书用笔加点也，郭氏习于今而忌于古耳。”至少魏晋就有误书之字加点注明的做法。宋元之后，评点性符号又发展起来，与“く”接近的有“⁚”号。《武备志·凡例》有“批点凡例”，其中“凡⁚乃隐微处”。喃字中“く”号也是起的提示作用，只是更加具体而已，至于“く”的形状可能也是来自汉字。汉字的重文号原来写作“⁚”，明刊本中也有改为“く”的，可见这两种符号是相同的。总之，喃字中提示标音的符号“く”很可能是从通行汉字中借用而作为特定符号使用的。“口”号应该比“く”号早，但是，喃字为何要再取“く”号呢？这是因为，其一，“口”号原来属于表示言论行为的部首；其二，“口”旁字在佛籍中出现也较多，而且往往具有特殊的读音。这些“口”旁字的存在，对喃字“口”旁标音字是不利的。使用加点的办法可以摆脱这种困扰，比较好地起到标音字的作用。所以，可以推想加“く”标音字出现在加“口”标音字之后，很可能出现在相当于中国的元明之后的某个时期内。这类字在喃字中也有一定数量，如：

“買く”，新。读买声，非买义，起标音作用

“木く”，生出。读木声，非木义，起标音作用

“乃く”，挂虑。读乃声，非乃义，起标音作用

“尼く”，这个。读尼声，非尼义，起标音作用

双意符字

这类字由两个意符组成，其中一个还起了表示读音的作用，所以把它列入形声字一类。双意符字的特点是其中一个符号可以完整地表示词的音义，是一个音义全借的借字，因恐人误作音借字或训读字，于是再加上一个近义字来强调。由于音义全借的字是一个汉词字，所以另用一个近义汉词字加注，二字往往可以组成一个双音汉词。

“茾”，dời 代。从世，代义，代亦声。“世代”为汉语双音词

“禮”，le 礼拜。从礼，拜义，拜亦声。“礼拜”为汉语双音词

双意符字中还有一种特殊的同体双符字。例如“孛”，词义为“字”。从字、字义，字亦声。这类字原来也是一个音义全借的借字，恐人误读，再加上一个同体字，表示本义本读。

b. 会意字

喃字的会意字和汉字相同，是将两个字比合表示一个词义。喃字的会意字数量极少，这一点也接近汉字。会意字和形声字中双意符字比较相像，只是会意字的读音不取合体结构中的任何一个。例如：

“仝”，头目。从人从上，会意

“仒”，奴仆。从人从下，会意

c. 多音节字

这种字其实相当简单，就是把两个字写在一起，但要读两个字原来的音。例如：

“𡗶”，巴莱（地名）；㚖，巴陵（地名）。

关于简俗字。

汉字形成的俗字相当早，特别在隶变之后，正俗分辨趋于严格，用法也有区别。越南自独立以来，虽然文化上与中国有着密切的往来，但是政令不一，正俗区别没有中国这样严格，俗字使用比较多，范围也比较广。喃字与通行汉字相比，地位较低，文字的规范也比较宽松，俗字也就更加多了。一般来说，使用俗字的目的是为了简便，俗字的形体简化、笔画减少，易于流行，所以喃字中的俗字也就是简俗字。喃字的简俗字大致上和汉字的俗字相同，无非是采用下述方法：省略部件的，如“離”省作“离”、“聲”省作“声”；使用草体的，如“長”草作“长”、“門”草作“门”、“舉”草作“挙”；用简单部件代替复杂部件的，如“礙”简作“碍”、“園”简作“园”、“國”作“囯”（见于《龙龛手镜》）、“飛”作“玊”（见于清刻本）；用简单符号代替复杂部件的，如“難”作“难”、“觀”作“观”、“鳳”作“凤”；用古体代替今体的，如以“礼”代“禮”；用简单同音字代替复杂同音字的，

如以“云”代“雲”、以“丰”代“豐”，可见喃字简化俗体与通行汉字中的俗字相似。这种相似不是一种巧合，应该是喃字借用了汉地流行的俗字，一般不属自创。当然，自创的简俗字也是有一些的，如“爲”作“为”等，不过数量相当有限。

图 4—17 《东廛甲寺外碑》

除了简俗字外，异体字也十分丰富，有的在通行字上加偏旁，有的有意写别构字，呈现出特有的地方风格。如写在《东廛甲寺外碑》(图 4—17)儒字碑文两侧的联句，全部用俗体书写，明显是故意安排的①。

福福　洪洪、發、發發(发)　盖盖、鼎鼎、叁叁　奐(奂)

佛佛　聯聯(联)　与與(与)　旧舊(旧)　選還(选)

阮玉協说：汉字的笔画多，结构复杂，人们对字形结构和笔势有不同的理解，书写时往往出现不同的写法。汉字学习、接触条件的限制，而且汉字毕竟

① 此拓影由汉喃研究院阮氏翠娥提供。

是外来的东西，天然的隔膜使得人们对某些字的结构缺乏正确的理解，使得多变易而形成俗字。“书写变易大概可分为同一结构的字出现不同的书写方式，以及为了便于书写、节省刻板的工费或字形方正美观而笔画稍微有些改变这两种情况”。俗字有六种：简省、增繁、改换意符、改换声符、变换结构、俗写变易[①]。总的看来，越南汉字的字形是相当随意的，既有有构形依据的自造字，也有形讹字，还收罗了汉字的流行各色俗体字，似乎还有以写异体字为尚的习惯，因此越南汉字的异体字非常丰富。

古来岭南各地民族往来密切，文化上相互交流频繁。喃字和汉字壮文也有相通之处，正如闻宥所说“为一篆眷属，固一望而可知者”。两者组织方式基本相同，借字和自造字的类型也大致相似，自然，这种文字体制所暴露的弱点也差不多。它表现在以下几个方面。从文字结构看，喃字结构复杂，笔画多，较汉字为甚。这是由于喃字使用了一些合体汉字作为新合体字的部件，形成了偏音外再加偏旁的局面。喃字的合体字较多，如果采用同一汉字或部首，所形成的合体字便很难辨别各部件所起的作用。如，同一个“多”，在“𡗉”字(义多)中为意符，而在“趍”字(义去)中、“䏧”字(义皮)中却为声符。同样，有些形声结构和会意结构的字形相近，识别也颇不易。对于这类情况，只有靠学习记忆才能认识。另一方面，由于一个越南语词可以有多种选择，因而一义或具有多种字形。往往先用借字，后又造新字，二字并行，长期共存。更为严重的情况是，同属自造字，使用部件或方法不同，也会造成一词多形的现象。如肥胖义的“脿”“臕”二字是声符不同，而巨大义的“𡚢”“𡘯”二字是音符不同。与此相反，又有一字多词、一字多义的。如，“朱”既有用作汉字借字、用本义本读的，又可单为音借字、作为“给”的标志字。所以，从总体上来看，喃字也同汉字壮文一样，是一种比较繁难的文字。

当然，深入比较后就可以发现，喃字和方块壮字的社会背景有所不同，文字上的相差之处还是明显的。汉字壮文是在统一的国家内由汉字衍变出的地方性民族文字，自然而然地和汉字保持着密切的联系；考虑到两者的交流和沟

---

① 〔越〕阮玉协《越南陈朝禅宗三书俗字研究》，2013年博士学位论文，第141页。

通，较多利用了汉字的超语音的表意成分。会意字只表示词义，不表示词的读音，和汉语汉字的关系要密切得多，所以，汉字壮文的会意字比较多。喃字尽管也是汉字衍生的一种方字，但它独立于国家之外，发展方向要受到政治背景的影响。为了有利于本民族的交流，喃字常忽视与汉字的关系。形声字是以本民族词汇的读音为基础，加上义类偏旁组成的，比会意字更能体现本民族的语言特征，所以喃字形声字多而会意字极少。喃字与汉字壮文相比，汉字壮文始终停留在民间自发的造字阶段，各行其是，有临时性和地方性的倾向；喃字规范性要好一些，是形体比较一致的文字。特别是在 15 世纪之后，喃字曾被定为正式文字，用字办法以及各个字形通过行政力量趋于稳定，混乱的状态得到一定控制，一词多字、一字多体受到了相应限制。此外，印刷是文字传播的重要媒介，而越南曾经利用喃字印刷了大量的文艺作品和文书。出版物的流传，无疑为人们提供了一个文字的样本，对喃字的规范化工作起了很大的作用。反观汉字壮文，几乎没有见到成规模的印刷物传播，也就无法对一时一地的文字起到一个限制和规范的作用。总之，喃字虽然也遇到了表意汉字体制固有的一些困难问题，因为规范工作较好，给它的使用还是带来了一些便利。

三 汉字与喃字的命运

汉字在越南的传播可以分为三个阶段：从西汉中期传入到 13 世纪，是直接使用汉字的时期；从 13—17 世纪，是汉字和喃字并用的时期；从 17—20 世纪是汉字、喃字和拉丁文字的并存期。在 20 世纪中期，汉字及喃字同时被拉丁文字取代，终止使用。总的来说，汉字在越南传播、使用的历史是一个不断减弱的过程。

喃字的创制和使用是汉字传播的一个重要的转折点。喃字是以汉字为基础的一种民族文字，从结构方式到构字的部件，喃字都是以汉字为依托的，而且喃字本身就包括了大量的汉字借字，两者可以说是密切不可分离。从文字体制上来说，喃字的发明和使用可以认为是汉字传播的深化，是汉字与该民族语言结合的重要步骤，也是汉字系统的一个新的发展。对汉字来说，喃字的使用产生了两个方面的影响：一方面，喃字是汉字作为越南民族文字的延伸，客观上扩大了汉字体制的使用范围。而且，喃字作为民族文字比较容易学习使用，人们可以利用它作为学习汉字的桥梁。另一方面，喃字是民族语言的书面符号，对表示本族人民的思想有特别优越的条件。原来要用汉语汉字来表达交流的一些场合，现在改用越南语喃字来表达，这就缩小了汉字使用的范围。

喃字流行，相传始于陈朝（1220—1400 年）诗人阮诠。据说他用喃字模仿唐朝的韩愈写《驱鳄鱼诗》，因而被赐姓韩，改称韩诠。这就是说，喃字的使用是以直接书写民族语言作诗开始的。从 13 世纪起，涌现了大量喃字诗歌作品，其中以阮攸的叙事长诗《金云翘传》为最杰出之作。喃字在胡朝（1400—1407 年）[①]和阮西山朝（1786—1802 年）两度被指定为正式文字，喃字可以用来书写各种公文，当然喃字的日常使用就更加广泛了。

山西省仙侣总山路社乐林寺寺前有七律《乐林寺诗》刻石，大越永盛十三年（康熙五十六年，1717 年）黎裕（裕宗）御题，用工楷书刻[②]（图 4—18）。汉字中掺杂喃字：

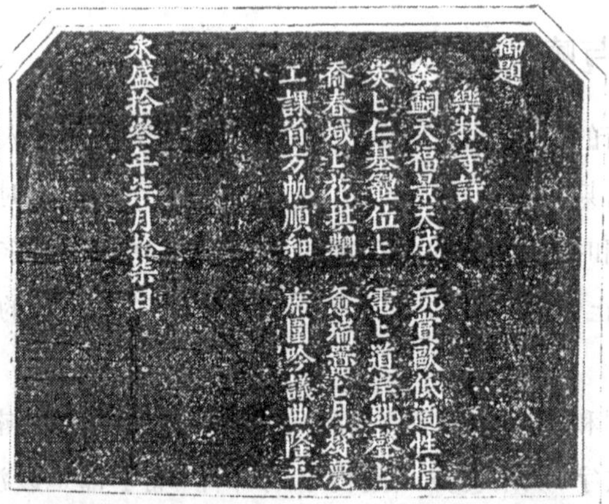

图 4—18 《乐林寺诗》刻石

---

① 一说黎朝（1428—1527）。

② 此拓影为汉喃研究院阮氏翠娥提供。

喃字是与越南语配合的方字，黎裕采用喃字更加贴近日常语言，可以贴切地表达思想情感，这与民间喃字使用有所不同。诗句中四处使用叠字号“匕”，这个符号形式可见于明刊《薛仁贵征东白袍记》，中文不会在庄重场合使用叠字号，而《乐林寺诗》使用喃字行文的习惯。喃字出现之后，实际上实行了双语双字制，不过只有短暂的阶段，把喃字提升到跟汉文汉字并行的地位，一般是把喃字当做民间俗字，不作为正式文字，专门用来表达越南语。现在遗存的喃字写本多达1000多种，《金云翘传》是喃字作品的精华。

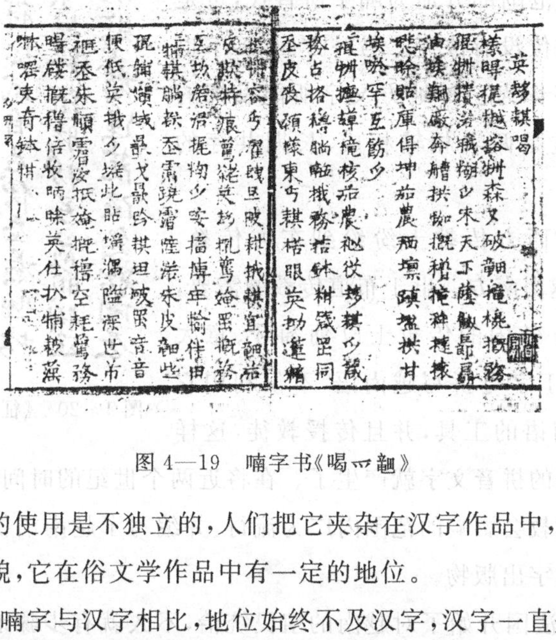

图4—19　喃字书《喝罒[illegible]》

有时喃字的使用是不独立的，人们把它夹杂在汉字作品中，形成了汉字夹喃字的特殊面貌，它在俗文学作品中有一定的地位。

在历史上，喃字与汉字相比，地位始终不及汉字，汉字一直是越南的正式文字。表现在喃字和汉字的关系上，喃字以种种方式为汉字服务，使汉字文献通过喃字媒介而为人们所接受，首先是把汉字文献翻译成喃字文献。西山朝时曾建立崇敬院，专门负责把汉字书籍翻译为喃字，以喃字书籍流通于越南。此后，民间也不断有人把汉字文籍转译为喃字文籍，成为喃字书籍的一个重要来源，《征妇吟》即为著名的汉译喃字作品（图4—20）。尽管喃字广泛使用，当地文人还是喜欢用汉字来作文著书，这些作品大部分也被转译为喃字。其次，喃字还有一个用途，就是为汉字书籍作注，使汉字书籍附带喃字注文一起流通。喃字作注的办法主要包括两点，一是把汉字词义解释为越南语，指明文字的含义；一是把汉字的正体转换成相应的喃字体，如把“爲”转为“灬”字（图4—19）。可见，喃字注本的出现并不是要取代汉文，而是推广汉字。在汉字传入之后，出现以汉字为母体的汉式民族文字，是一种合乎逻辑的进程。在这进程中，虽然汉字的使用范围部分地为喃字所替代，可是汉字的主导地位没有改变。另一方面，汉字也没有影响喃字作为一种地方文字所能发挥的补充作用。这是两者相辅相成、长期共存的原因。

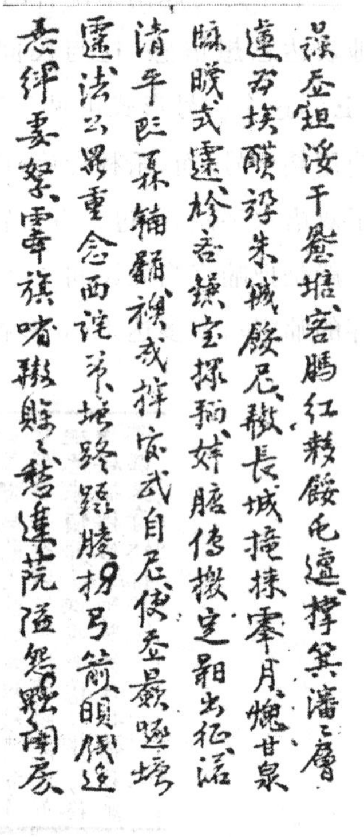

图4—20 《征妇吟》汉译喃字

16世纪，西方传教士纷纷到东方传教，17世纪到达越南南方。出于布道传教的需要，这些来自西方各国的传教士以葡萄牙、意大利、法国的拉丁字母拼写越南语，不仅利用它作为掌握越南语的工具，并且传授教徒，这样第一批越南语的拼音文字就产生了。在将近两个世纪的时间内，越南语的拉丁字母拼式在教会影响的范围内广为流行，并编写了越南语拼音字典和为数众多的拼音文字出版物。

1862年，法国开始了对越南的殖民统治，不久就有步骤地把教会拼音文字向社会推广，鼓励人们学习拼音文字，规定在学校设置课程，强制各级官吏学习。1882年殖民当局决定，一切公文都要用拼音文字书写，首先在南方宣布为正式文字。1885年后，随着法国殖民势力向中部和北部地区的伸展，把拼音文字推向越南全境。由于遭到人们的强烈反对，1916年，殖民当局只能采取一种过渡政策，规定在一段时间内拼音文字与汉字并用，这种状况一直维持到越南革命。八月革命胜利之后，越南政府才宣布拼音文字为唯一的文字，把它向全社会推广。这样，有2000年使用历史的汉字和有数百年使用历史的喃字终于被废止，成为越南古代文字了。

近年来，关心喃字的学者聚集越南，希望复兴越南自创的喃字，美国北卡罗来纳州大学教授(John Balaban)相信喃字保留了越南文化的独特韵味，是打开隐秘越南文化宝库的钥匙。他致力于喃字古诗翻译，并且编辑了一本收录两万喃字的字典。并且介绍说，有四位越南刻字匠着手喃字数字化，以利保存和研究①。

在中国，喃字作为中华民族文化的一部分，受到了充分重视。国家启动中国民族民间保护工程，即非物质文化遗产保护工程，又有少数民族事业"十一五"规划，抢救和保护少数民族语言文字，收集、整理、研究少数民族濒危语言文字，建立数据库。保护京族"喃字"是少数民族语言文字的重要部分，也在抢救、保护之列，大量行将失散的喃字文献得到收集保护。《京族喃字史歌集》作为"中国少数民族语言文字保护丛书"中的一本出版，书内喃字、国际音标、汉语直译、汉语意译四项排列，使得更多人了解神秘的喃字，让学术界、知识界去关心、爱护珍贵的文化遗产(具体内容见"中国的京族喃字"一节)。因此喃字文化不会失传，在未来将继续发挥光芒，成为文化多样化中的一朵奇葩。

四 越南岱侬的俗字

壮族是一个跨境民族，古代称为僚。越南北部各省也分布着200多万壮族人，越南把壮族称为岱侬族，是越南最大的少数民族，他们使用与中国古壮字相类似的方块文字，与喃字有密切关系。对岱侬喃字书面材料进行分析，发现它实际上是用以记录汉、越、岱侬三种不同语言的词汇，文字的来源上也可分为汉字、岱侬自造喃字和越南喃字三类。

与中国境内的古壮字相比，岱侬族喃字的出现要晚得多，约在16世纪出现，一些字流行至今，越南北方山区依然在使用。汉字、喃字是官方认可的通行字，岱侬俗字只有道公、巫师、歌手由于职业需要，才去学习掌握。17世纪初，岱侬族用汉字俗字记录一些诗赋文章，18—19世纪除开始用岱侬俗字写

① 陈怡编译《语言学家欲复兴越南古"喃语"》，《东方早报》2006年6月20日B5。

歌本、唱本之外，也用来记录日杂文书，如宗谱、田契、药方。《凉山高平岱侬族婚仪曲目集成》收录了越南凉山、高平用岱侬俗字记录的婚礼歌词128首，《集成》共一万多字，其中汉字占80%，俗字只有2300个。全集共用1500个字，汉字和小变的汉字三分之二，剩下三分之一主要为岱侬俗字，其中夹杂少量喃字。岱侬族的俗字“初看时以为就是汉文文献，然而汉人读去却如云山雾罩，不知所云”。它与壮族汉字有相似之处，可以粗通内容，有部分读不通。越南北方岱侬族地区历史上为中国领土，后来归越南管辖，因而岱侬族文化上与中原文化十分密切，从历史、民俗到语言充满中华传统文化。因此岱侬的歌本等作品大量袭用汉族语言等内容①。

岱侬俗字大致与喃字、壮字汉字相仿，主体依然是通行汉字，有部分与中国现行字形有一定差异，有些是新老字形之异，有些是正俗字形之异，草书楷写也是俗体②。

1. 岱侬俗字使用通行汉字，大部采用它的本字、本义、本音，所谓本音是按照岱侬语音消化的读音，相当于汉语方言音。

2. 假借字。用汉字的读音来标示岱侬语的词。如：

幼 ɣul[6]，拿、取。

⻊ naŋ[6]，坐。

元杭州坊刻本《古杭新刊的本关大王单刀会》中“不付能河清海晏”中“能”刻为“**⻊**”，“**幼**”（幼）字在古代写本常见，都被人误认为岱侬自造字。

3. 加点字。“恳”字上加两点，khin[3]，上。

4. 口旁字。“啉”，lum[2]，忘记。按，“啉”，汉字有此字，读“林”，常用作音译词。

5. 自造岱侬字形声字。如：

炟，天、日。从日文声。

花，蔬菜。从草北声。

---

① 吴小奕《越南岱侬族喃字初探》，《广西民族学院学报》第27卷，2005年第5期。

② 本文岱侬字字例基本取材于吴小奕一文。

㭁，坐。从坐，能省声。

扖，春。从手心声。

其中一些文字也流行于中国西南民族汉字中，很可能是从中国传入的。

五　中国的京族喃字

中国的京族，历史上叫越族，与越南的越族同源，言语相通。在明代正德年间从今越南境内涂山迁移到广西北部湾，在东兴江平镇的三海岛聚居。

京族长期流传的喃字歌用喃字记录，至今濒临失传。深入京族村落，从懂喃字的老人采访得知，当时京族能懂喃字的只剩七人。民族部门组织力量历经五年的广泛收集，编辑成《京族喃字史歌集》，包括《京族史歌》《京族哈节唱词》《京族传统叙事歌》等。目前京族喃字约有 12 000 个，一般每个读音有四至五个字，同一个音有十多字，一音多字是喃字的基本特征。字形、字词关系的不稳定，说明京族喃字尚未形成规范，不能推广普及，只能作为民间使用的文字①。

喃字《唐僧西天取经》本（部分）

喃字原文：經貫唐朝二十年，

国际音标：kin^{1} kwaːn^{5} dɯːŋ^{2} tsiːu^{2} ɲi^{6} thəp^{8} niːn^{1}

汉语直译：经　　贯　　唐朝　　二　十　年，

汉语意译：经贯唐朝二十年，

喃字原文：欽差三藏往西天；

国际音标：khəm^{1} thaːi^{1} taːm^{1} taːŋ^{6} vaːŋ^{3} təi^{1} thiːn^{1}

汉语直译：　钦差　　三奘　往　西天；

汉语意译：钦差三奘往西天；

喃字原文：白龍大聖隨從後，

① 苏维生《序三》，第 9 页；陈增瑜主编《京族喃字史歌集》，民族出版社，2007 年。

国际音标：bat⁸ lɔŋ¹ daːi⁶ than⁵ ti² tuŋ² hɘu⁶
汉语直译： 白龙 大 圣 随从 后，
汉语意译：白龙大圣随从后，

喃字《积善奉善》本(部分)
喃字原文：道吒铖德媄𡥵貼平，
国际音标：daːu⁶ tsa¹ nen¹ dɯk⁷ mɛ⁶，kɔn¹ sɛm¹ baŋ²
汉语直译：道 父 与 德 母， 儿 看 平，
汉语意译：父母道德儿在意，

喃字原文：𡥵丐𡮈斤；
国际音标：kɔn¹ kaːi⁵ nɔn¹ kɘn¹
汉语直译： 儿女 幼稚；
汉语意译：儿女幼稚无知时；

喃字原文：吒𢭮掩媄砌坦埣仁，
国际音标：tsa¹ vun¹ jɔŋ²，mɛ⁶ sɘi¹ dɘt⁷ nen² ɲɘn¹
汉语直译：父 栽培， 母 砌 土 成 仁，
汉语意译：全靠父母来栽培①。

以上两种京族喃字用字有明显的区别，《唐僧西天取经》估计直接从汉族唱本中引进，或者是通晓汉字者写的唱本，因此字形、词汇、语法，与汉文完全一致，而且字音从汉读，后文在描写细节文辞中，虽然加入一些喃字，基本上是汉字的文本。可以说这是一种京族民间的接近“儒字”的唱本。从这些唱本无意中流露出京族喃字与汉字的密不可分的血肉关系。

① 陈增瑜主编《京族喃字史歌集》，民族出版社，2007年，第169页、第407页。

第五章　向北传播史

第一节　中原文字传入白狄

狄，也作翟，是北方游牧民族。原分布于成周雒邑之北，所以也叫北狄。春秋时代狄分为三支，即长狄、赤狄和白狄。白狄原居陕西北部和山西西北部，前6世纪中叶，白狄进入太行山以东地区，攻城略地，前507年白狄的鲜虞氏建中山国①。狄居周之北，与中原诸国有长期的接触和交流，由于领土的变易，周、狄之民杂处，狄较多地吸收了中原的先进生产技术和文化。中山国处于燕、齐、赵、魏诸强之中，快速接受了周文化，并把自己等同于列国，尊奉周天子。记载中山国的历史文献不多，《战国策·中山策》的内容极少，河北平山中山国墓的考古发掘补充了这方面的不足，特别值得庆幸，让我们看到白狄使用周文字的情况。

平山三汲公社发掘了中山王墓，时属战国晚期，以前，曾在附近发现一块大河石，上刻文字两行，十九字。释文为："监罟有(囿)臣公乘得，守丘丌(其)臼(旧)将(将)口，敢谒后先贤者。""守丘"的说法对附近的中山王墓作出了有力的证据。1号墓封土高大，主墓室呈中字形，椁室内出土了金匕、银贝、铜镜及错金银兆域图。东库出土了铜鼎、铜甗、方壶、圆壶、双翼神兽等。西库出土了成套礼器，包括升鼎九个、豆、方壶、簠、鬲等。1号墓发现有铭铜器达六十余件，最重要的有四件。兆域图，即葬域平面示意图，说明了建筑尺度及王后、夫人的棺椁、题凑制度，并有王命43字，铁足铜鼎铭文469字，圆壶铭文

① 《左传·昭公十二年》："假道于鲜虞。"杜预注："鲜虞，白狄别种。"

182字，方壶铭文450字，三篇铭文记录了燕王哙让位于相子之，引起大乱，中山乘机伐燕，拓地数百里。圆壶圈足，上铸、刻文字22个，内容为制作时间、“啬夫孙固”等制器单位、负责人等。东库南端发现木签，一面墨书“宝重椁石”，两侧面各书一“左”字。6号墓东库漆盒盖上针画“廿一年左库”。文字为东土体式，刻石字形比较随意，兆域图规正凝重，鼎、壶刻铭修长，间有云书，为陈楚之风①。铭文典雅，有韵语②。

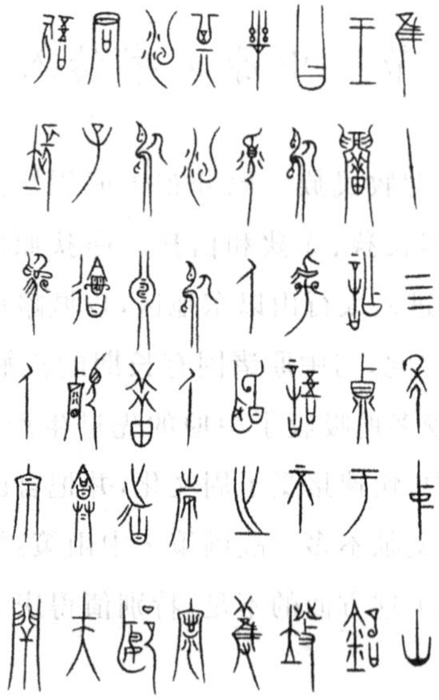

图5—1　中山国铜鼎铭文(摹本)

如壶铭描写车猎：

> 苗蒐田猎，于彼新土。其会如林，驭右和同，四牡汸汸。以取鲜薧，飨祀先王。

引人注意的是，中山王铜器铭文中有不少儒家典籍的语句，其中较多是引

---

① 摹本出自张守中《中山王嚳器文字编》，中华书局，1981年。第101页。

② 河北省文物管理处《河北省平山县战国时期中山国墓葬发掘简报》，《文物》1979年第1期。

用《诗经》，涉及《殷武》《烝民》《皇矣》《閟宫》《大明》《大东》。

史载中山国"专行仁义，贵儒学[①]"。这和魏文侯占中山有关。李学勤认为，魏国统治了20余年，把周文化进一步传播于中山。魏文侯曾师事孔子弟子子夏，子夏传《诗》于曾子之子曾申，曾申传于魏人李克，李克在魏国统治中山时为中山相，所以铭文所引《诗》，很可能与此有关[②]。

白狄进入中原，占有周诸侯的领地，周、狄两族杂处，加强了周文化的吸收。特别受到儒家文化很浓的魏国影响，白狄，至少是其上层已经深深地华化。从中山王墓的考古发掘看，器用和中原文化传统相同，其铭文和墨书文字与中原诸国完全一致。可以看出，白狄不仅接受周礼制、生活方式，也使用了华夏的语言文字。

第二节　匈奴和匈奴的文字

一　匈奴本无文字

匈奴是我国北方的草原民族，匈奴的族源包括荤粥、鬼方、猃狁、戎、狄、胡等在大漠南北活动的民族，鬼方、猃狁曾与商周为邻，互有攻伐，周宣王在朔方筑城，防止北方的侵入。春秋战国荤粥、猃狁演变为戎、狄，战国后期，北方氏族、部落融合聚集，形成了匈奴和东胡两个对立的族系。公元前209年冒顿自立为单于，控弦之士30余万，东灭东胡，西走月氏，逐渐形成东至辽河、西至葱岭、北抵贝加尔湖、南达长城的统一游牧军事政权。

关于匈奴的种族问题目前尚无定论，主张匈奴为突厥种的为多，但也有认为匈奴为蒙古种[③]。无论突厥或蒙古，均为阿尔泰语系，不属汉藏语系[④]。《史

① 《太平寰宇记·河北道·定州》引《战国策》，今本《战国策·中山策》无此文。

② 李学勤《平山墓葬群与中山国的文化》，《文物》1979年第1期。

③ 匈奴语，在国外，东方学者多主蒙古语说，西方学者则多主突厥语说。国内对此尚无定论。蒙古语说可参见〔日〕白鸟库吉《匈奴民族考》(1939)，载林幹编《匈奴史论文选集》，中华书局，1983年。

④ 〔加拿大〕蒲立本著，徐文堪译《上古汉语的辅音系统》一书中，蒲立本提出匈奴语中r和l以及复辅音声母出现的证据，证明匈奴语最不可能是一种阿尔泰语，而是叶尼塞语，但还需研究。

记·匈奴列传》:"毋文书,以言语为约束。"我国史载匈奴是没有文字的,但是,匈奴史研究者却有两种观点,其中之一认为匈奴有本族文字。蒙古东方学家L.苏赫巴塔尔推测匈奴人的文字是借用印度婆罗米文,形成原始的鲁纳文。蒙古考古学家策·道尔吉苏荣认为匈奴曾使用过突厥文,其根据是:俄罗斯阿巴干城附近发现的匈奴古城内文物上刻有"Y""P""S"等符号;蒙古诺颜乌拉23号墓出土的漆碗碗底有"Y"符号,18号墓出土的漆碗底上有"M"符号,漆桶底上有"只"符号;诺颜乌拉1号墓出土的陶器底上有"Y"符号。他认为这些符号,在鄂尔浑突厥文的字母中均可见到[①]。此外,承德地区出土的匈奴青铜刀也有类似的符号,蒙古国著名学者ц.达木丁苏荣教授抄录公布了45个: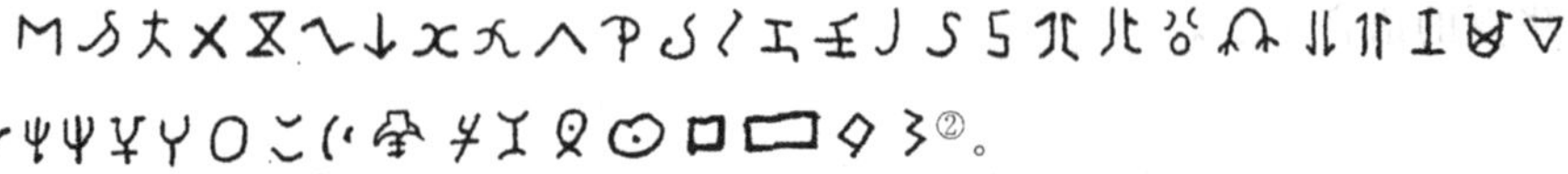[②]。

蒙古的宝力根省孛儿克—亢盖苏木的匈奴墓中出土了一枚有金人像的圆片,压印半身人像上的铭文有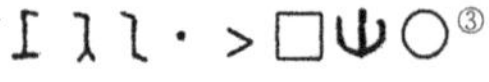[③]。

蒙古草原的一些岩画上也发现类似符号,可是有的还算不上文字,有的与西安半坡仰韶文化陶器刻画符号以及商周青铜器、陶器、甲骨上的文字或符号非常相似。看来简单的线条组合介于字与非字之间,要证明它为文字字母非常困难,以此来说明匈奴有本族文字更加困难了。

也有人根据史籍中提到过匈奴文书作为匈奴有文字之证,并称匈奴西迁欧洲有文字,证明匈奴本有文字。这一点,史学家吕思勉已有辨正:

> 《罗马史》谓匈奴西徙后,有文字,有诗词歌咏;当时罗马有通匈奴文者,匈奴亦有通拉丁文者;惜后世无传焉(见《元史译文证补》)。夫匈奴之文字,果何所受之哉?当时西域诸国,或书革旁行为书记,匈奴殆通西域后师受之,亦如回纥文字,受诸大食邪?非也[④]。

---

① 参见郭素新《匈奴族是否有文字》,《内蒙古社会科学》1981年第2期。

②③ 参见芒·牧林《"戎书"集说》,《中国民族古文学研究》第4辑,天津古籍出版社,1994年。

④ 吕思勉《吕思勉读史札记》,上海古籍出版社,1982年。

吕思勉认为，按照《汉书》体例，外族文字与中国相异才有记述，与中国相同者，如匈奴，则不记。所以，中国古籍也无法证明匈奴有本族文字。

另一种观点认为，“毋文书”的说法是正确的，匈奴没有文字。笔者的看法倾向于这种观点，因为至今尚未发现确凿的匈奴文字实物。

二　中原文字传入匈奴

匈奴发祥地在阴山河套地区。黄河两岸，沃野千里，是游牧的好地方。匈奴利用中原诸侯相互攻伐、无暇北顾之机扩大领土，在战国后期夺取河套以南地区，与秦、赵、燕三国相邻。匈奴与秦都最近，与秦往来密切。秦昭王时，义渠戎王竟然与秦宣太后生二子。秦起兵伐义渠，占有陇西、北地、上郡，并筑长城为边。中原诸国（特别是秦）与匈奴的交往和攻战造成了主动或被动的人员交流。秦国逃入匈奴的人为数不少，秦统一之后，流入匈奴的人更多，其子孙直至汉代仍称作秦人。

战国后期至秦，匈奴与中原频繁接触，较为发达的生产技术、先进的文化随之进入匈奴地区。匈奴迅速提高生产力的同时，也接受了中原的文化，周秦文字首次传入匈奴。

王国维曾考证“匈奴相邦印”，认为是匈奴自己所制：

> 匈奴相邦玉印，藏皖中黄氏，其形制文字均类先秦古钚，当是战国讫秦汉间之物。考六国执政者均称相邦，秦有“相邦吕不韦”（见戈文），魏有“相邦建信侯”（见剑文）。今观此印，知匈奴亦然矣。
>
> 《匈奴传》之相封（邦）谓左右贤王以下所置相，匈奴诸王各有分地，大略如汉之诸侯王，其相亦当如汉之诸侯相，此匈奴相邦则单于自置之相，略如汉之丞相矣。匈奴遗物传世者惟汉所赐之，匈奴官印其形制文字自当与汉印同。此印年代较古，又为匈奴所自造而制度文字并同先秦，可见匈奴与中国言语虽殊，尚未自制文字[①]。

① 王国维《观堂集林·匈奴相邦印跋》。

王国维论证简要,结论可信。有关匈奴墓中汉字近年又有发现。

内蒙古伊克昭盟准格尔旗北部西沟匈奴墓地,位于黄河之南,附近分布比较密集的原始文化遗迹和战国文化遗迹等,南面山梁还有战国秦长城遗迹。其中 2 号墓银节约及金饰牌都有汉字刻铭[①]。

银节约,长 5.5—6 厘米、宽 2.6—2.9 厘米。正面为浮雕虎头,四肢短小,背有十字形穿孔,背面刻有铭文:“少府二两十四朱”“[illegible]工二两二朱”“[illegible]工二两十二朱”“[illegible]工二两廿一朱”“[illegible]工口两十二朱”“[illegible]工二两五朱”“[illegible]工二两十朱”。

金饰牌两件,黄金铸成,大小一致,长 13 厘米,宽 10 厘米。其中一件一端有孔,重 291.4 克;另一件重 330 克。正面为猛虎与野猪搏斗的图案。在金饰牌的背面边缘处,均有刻画文字,一为“一斤五两朱少半”,一为“故寺豕虎三”。

这些刻铭是战国晚期三晋地区和秦国字体,时代不晚于秦代。从饰牌的动物图案来看,与公元前 3 世纪时南西伯利亚出土铜牌十分相似,具匈奴风格,年代为战国晚期。

银节约刻铭中的“少府”,《汉书·百官公卿表》为秦官,专管帝室财政。《汉官仪》:“少府掌山泽陂池之税,名曰禁钱,以给私养,自别为藏。少者,小也,故称少府[②]。”少府属于帝室,“水衡与少府皆天子私藏耳[③]”。关于“少府”,整理者认为是中原王朝即秦国官署,这些金牌是秦赠予匈奴的。但如王国维考证,则说明匈奴有仿中原官制之举并自刻官印;那么,这个少府刻铭和“匈奴相邦”印年代相同,也可能是同印一样是匈奴自制的。上面的结论可能会有争议,但是,周秦文字在战国后期传入匈奴是可以肯定的。

西汉初年,汉楚相争,中原朝廷无力北面用兵。匈奴在冒顿单于的统领下,不断地袭扰汉朝边境。汉高祖开始实行和亲政策,避免汉匈之间发生大规模战争。汉武帝在位时,国力强盛,进行反侵扰的对匈奴作战,汉朝北方边境出现了较长时间的安宁局面。宣帝甘露三年(前 51 年),匈奴呼韩邪单于入朝

---

① 伊克昭盟文物工作站、内蒙古文物工作队《西沟畔匈奴墓》,《文物》1980 年第 7 期。

② (唐)虞世南《北堂书钞·设官部》引文。

③ (汉)班固《汉书·宣帝纪》注引(汉)应劭注文。

觐见汉帝，称臣事汉。这种和平景象在新莽时期遭到破坏，匈奴又开始侵袭北方边境。建武二十五年(49年)，南单于遣使至京都洛阳，奉藩称臣，分其部众居北地、朔方、五原、云中、定襄、雁门、代郡等地，与汉人杂处，接受了更多的汉人生产技术及文化。

这一段时间内，汉匈之间有战有和，但是，人员之间交流十分密切，汉文化更多地进入了匈奴。史籍中屡屡记载汉、匈之间的书信往来及匈奴使用汉字的情况，其中有匈奴致汉廷之书，也有匈奴所用汉字。

> (中行说)教单于左右疏记，以计课其人众畜物。汉遗单于书，牍以尺一寸，辞曰"皇帝敬问匈奴大单于无恙"，所遗物及言语云云。中行说令单于汉书以尺二寸牍，及印封皆令广大长，倨傲其辞曰"天地所生日月所置匈奴大单于敬问汉皇帝无恙"，所以遗物言语亦云云①。

匈奴屡致汉廷文书，这些文书可能由知汉字的匈奴人所作，更可能由留居匈奴的汉人所作，所以无法就这些文书判断匈奴是否使用汉字。但是，汉臣中行说教单于左右疏记，这无疑是匈奴人学习汉文的证据。"疏"，《汉书》颜师古注："疏，分条之也。""疏记"即有条理的记录，用于统计人畜的数量，可能是最简单的流水账。中行说的教学，只能是汉字，而单于左右学习汉字所形成的簿册会以汉字传下去。匈奴之地有匈奴人学汉字，也有居匈奴的汉人用汉字，这点是可信的。

蒙古高原是匈奴的中心地带，分布着丰富的匈奴文化遗存。1927年在匈奴墓葬发现了具有草原文化特点的器物，同时出土了中原文物，诺音乌拉匈奴墓出土了汉字铭文的漆耳杯。21世纪以来，蒙古国联合了外国考古工作者发掘了众多的匈奴墓葬，2000年都尔力格那日苏松林匈奴墓发现了蟠螭纹铜镜和漆耳杯，2006—2009年在诺音乌拉20号墓发现了中原的丝织品、灯盏和漆

① 《史记·匈奴列传》。

耳杯,2005年塔米尔乌兰五座匈奴墓出土了铜钱、漆耳杯以及六博镜[①]。内蒙古察右后旗赵家房村匈奴墓群内发现"日光""长宜子孙"铭文铜镜[②]。至今为止没有报告匈奴墓葬内除了汉字文物外,显示有任何"匈奴文字"。

西汉后期及东汉前期部分匈奴内附,有的安置在汉地。从地域看,汉匈两族共居一地,匈奴有更多的机会接触汉语汉字。内蒙古自治区察右后旗兰虎沟匈奴墓出土有带汉字的器物,有日光镜、长宜子孙镜、一件铜铃上铸"大""吉"二字[③]。该旗的赵家房村匈奴墓出土带汉字的器物有日光镜、长宜子孙镜,一件陶壶的肩部刻有"春"字[④]。这些墓葬属东汉时期,在东汉察右后旗属云中郡,可知墓主是内附居汉地的匈奴人。墓中的汉字器物证明他们经常接触汉字,很可能是识字者。而且,匈奴首领为汉之巨藩,文书往来,学习汉字有其必要,必然会使更多的匈奴人学习汉文,并以汉文作为政令等通用文字。建武二十二年(46年),南匈奴比"密遣汉人郭衡奉匈奴地图[⑤]"。吕思勉认为:"此必汉人之降匈奴者为之,然亦必匈奴文字,与中国同,乃可以其图来上,可见匈奴于中国文字,用之颇广[⑥]。"匈奴地图是匈奴自用,匈奴必有识汉字的人,也必有绘汉字地图的人,因此,吕说地图用汉字至确,而说必汉人为之,似乎武断了[⑦]。

三国魏时,居住在山西境内的匈奴人分作左、右、南、北、中五部,呼韩邪的后裔改用汉姓中的刘姓。至晋,尚有三万户,开始从事农作。晋惠帝永兴元年(304年)匈奴人刘渊(元海)据离石(即今山西离石)称汉。《晋书·刘元海载记》记刘渊,"幼好学,师事上党崔游,习《毛诗》《京氏易》《马氏尚书》,尤好《春秋左氏传》《孙吴兵法》,略皆诵之,《史》《汉》、诸子,无不综览"。其子刘和,"习

---

① 〔蒙古国〕策·图尔巴图、〔中国〕萨仁毕力格《蒙古国境内匈奴墓葬研究概况及近年新发现》,《草原文物》2011年第1期。

② 盖山林《内蒙古察右后旗赵家房村发现匈奴墓群》,《考古》1977年第2期。

③ 内蒙古文物工作队《内蒙古文物资料选辑》,内蒙古人民出版社,1964年。

④ 盖山林《内蒙古察右后旗赵家房村发现匈奴墓》,《考古》1977年第2期。

⑤ 《后汉书·南匈奴传》。

⑥ 吕思勉《吕思勉读史札记》,上海古籍出版社,1982年,第602页。

⑦ 冯家昇此图文字为"别创国书"。参见《匈奴民族及文化》。载林干编《匈奴史论文选集》,中华书局,1983年。

《毛诗》《左氏春秋》《郑氏易》”。左贤王刘宣，“好《毛诗》《左氏传》”。《晋书·刘聪载记》，刘渊子刘聪，“年十四，究通经史，兼综百家之言，孙吴兵法靡不诵之。工草隶，善属文，著述怀诗百余篇、赋颂五十余篇”。即位后，“立太学于长乐宫东，小学于未央宫西，简百姓年二十五已下、十三已上，神志可教者千五百人，选朝贤宿儒明经笃学以教之”。可见匈奴上层人物不仅习识汉字，而且已经达到通经史、善诗赋、工书法的程度，俨然为汉之儒者了。

匈奴社会以氏族部落和部落联盟为基础，以游牧为主要生产方式，所以分合无常，社会结构不稳定。战国以来，匈奴与中原的关系有战有和，有离有合，所以不同时期受到中原文化影响的程度也不相同。匈奴无本族文字，随着社会的发展，借用汉字是必然的。但使用情况比较复杂：交恶与和好时不一样，臣属汉廷的与远离汉疆的也不一样。在汉字传播史中，对匈奴的传播有很特殊的一面。

第三节　汉字在西夏的传播

一　汉文化影响下的西夏

党项为古羌人的一支，早期活动于今青海东南部、四川西北部的草原上。《隋书·西域传·党项》载：党项居地，“东接临洮、西平，西拒叶护，南北数千里，处山谷间。每姓别为部落，大者五千余骑，小者千余骑。织牦牛尾及羖䍽毛以为屋。服裘褐，披毡以为上饰。俗尚武力，无法令，各为生业，有战阵则相屯聚。无徭赋，不相往来。牧养牦牛、羊、猪以供食，不知稼穑”。“无文字，但候草木以记岁时”。隋开皇年间陆续有部落内附。《新唐书·西域传上·党项》载，唐贞观年间，“诸酋长悉内属，以其地为崌、奉、严、远四州，即首领拜刺史”。拓跋赤辞为西戎州（治今甘肃环县）都督，赐姓李。《唐故大将军李公之碑》原立于卓尼卡车乡安步族村西台地上，通高 4.45 米、宽 1.27 米、厚 0.37 米，额高 1.24 米、宽 1.34 米，碑额八分书“唐故大将军李公之碑”（图 5—2）。为唐八分风格，肥硕，笔画端处出锋。碑文真书，欧体字，正文 30 行、每行 70 字，刻于3.5～4厘米方格内。碑已经残损。据考证，李将军是在洮河出生的党项羌，少年时代浸染儒家经典，成年后入职唐朝武职，官至金吾卫大将军，封临潭侯，天宝六年(747年)去世[①]。后吐蕃兴起，党项畏逼，请求内徙，唐朝迁之今甘肃东部庆阳一带。安史之乱后，吐蕃扩张至河西，唐朝为分治考虑，又把一部分党项人迁至陕西北部。唐朝末年，拓跋思恭出兵助攻黄巢，封夏国公，赐姓李。死后，其弟思谏代为定难节度使，思孝为保大军节度使，鄜、坊、丹、翟等州观察使，后乘乱取鄜州。宋初，夏州定难节度使李彝殷附宋。太平兴国七年(982年)，李继捧(赐姓赵，名保忠)献夏、绥、银、宥、静五州之地，附宋，而其弟李继迁逃入夏州东北三百里地大泽中，附辽反宋。雍熙三年(986年)，辽以公主嫁继迁，册封其为夏国王。宋宝元元年(1038年)继迁孙元昊称帝，定都兴庆府(今宁夏银川)，国号大夏。《宋史·外国传二·夏国下》称“夏之境土，方二万余里”。其地包括今宁夏及甘肃大部、陕西北部、内蒙古西部、青海东北部、新疆东部。西夏共历10帝，1227年为蒙古所灭，历时190年。

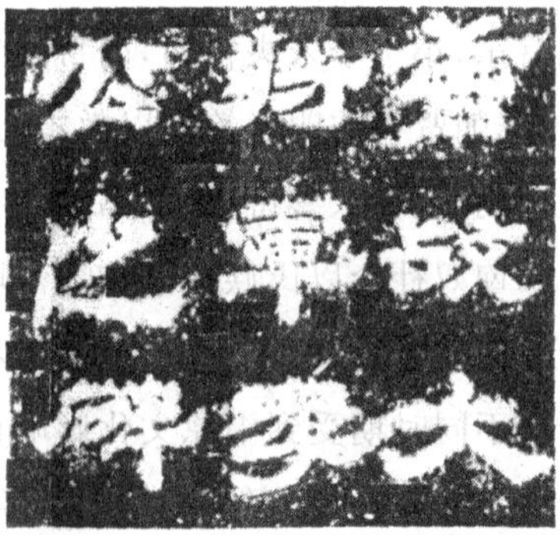

图5—2　唐故大将军李公之碑

西夏立国，有二事要说明。

关于党项族属，元昊自称“臣祖宗本出帝胄，当东晋之末运，创后魏之初基[②]”。《辽史·二国外纪·西夏》称“西夏，本魏拓跋氏后，其地则赫连国也”。北魏拓跋氏属鲜卑，早期活动于大兴安岭山脉，是东胡系统的古代民族。党项为羌人一支。《旧唐书·西戎传》：“党项羌，在古析支之地，汉西羌之别种也。”其中“拓跋最为强族”。所以，同名为“拓跋”，原居地不同，族属也不同。西夏语言为汉藏语系藏缅语族，也和羌人相吻合。元昊自称北魏后裔，这是中国古

① 樊维华《关于甘南卓尼县唐李将军碑》，《陇右文博》1997年第2期。

② 《宋史·外国传一·夏国上》引。

代帝王的陋习，高攀一个高门世族，以表出身正统与高贵，这种说法不足为训。

关于国号，自称"国名大夏"①。宋辽称"夏国"，因其地偏西，习称"西夏"。元昊为何以"大夏"为名，说法有三：

其一，大夏之名见于《周礼·春官·大司乐》，"以乐舞教国子舞《云门》《大卷》《大咸》《大磬》《大夏》《大濩》《大武》。"郑玄注："大夏，禹乐也。禹治水傅土，言其德能大中国也。"西晋时匈奴人赫连勃勃自称大夏天王。元昊自称"赫连之旧国"，疑慕赫连勃勃而称"大夏"，也即用中国古大夏之号而自称。

其二，"大夏"是由大夏河之名而来。大夏河即古漓水，东流折北入黄河。这是西夏党项祖先的原始居地。他们为了纪念家乡，所以用"大夏"作为自己的国名②。

以上二说可商，疑夏国，国号当为夏，大为饰辞。如辽之称大辽，宋之称大宋。"夏"当指夏州，拓跋氏在唐末封夏国公，元昊因"龙兴"之地作国号，这与唐宋同例。这可作为第三种说法，代表笔者的观点。

党项从一个落后的游牧民族逐步形成一个封建政权，这是一个不断吸收汉文化的过程。唐代，党项内附，开始迁居汉人居住的地区，该地区有较为发达的农耕经济和高度发展的汉人礼制文化。党项臣属于汉人政权，又得地理之利，所以它必定采取与当地汉人融合、吸收汉文化的办法。党项兴起之初，"潜设中官，全异羌之体，曲延儒士，渐行中国之风③"。党项人中多披华风的"熟户"，宋琪说：灵武自通远军入青冈峡五百里，皆为蕃部熟户④。当然这些"熟户"中也有夷汉杂居后被蕃化的汉人。张齐贤说：西凉蕃部中，多是华人子孙，例会汉言，颇识汉字⑤。西夏之地，民族构成以党项、汉为主，还包括吐蕃、回鹘、契丹、鞑靼等，其文化也是多种民族文化的综合体。

西夏的统治阶层中汉人占了一定数量。元昊规定，自中书、枢密、宰相、御

---

① 《宋史·外国传一·夏国上》。

② 李范文《西夏国名辨》，《西夏研究论集》，宁夏人民出版社，1983年。

③ (宋)李焘《续资治通鉴长编》卷五十。

④ 《宋史·宋琪传》。

⑤ 《续资治通鉴长编》卷五十一。

史大夫、侍中、太尉以下，命蕃、汉人为之。这样，就不断吸引宋朝士人进入西夏。举子在宋朝落弟，投往西夏，元昊或授以将帅，或任之公卿，推诚不疑，甚至倚为谋主[①]。

西夏立国，全面地吸收了中原文化。"其设官之制，多与宋同[②]"。官分文武班，有中书、枢密、三司、御史台、开封府、翊卫司、官计司、受纳司、农田司、群牧司、飞龙院、磨勘司、文思院、蕃学、汉学。毅宗谅祚增设了各部尚书、侍郎、南北宣徽使及中书学士等官。到了仁宗仁孝时期，官制越来越完备。据西夏文《天盛旧改新定律令》，官分五品：上品中书、枢密；次品殿前司、御史、中兴府、三司、僧众功德司、出家功德司、大都督府、御节司、宣徽院、内宿司、护法功德司、閤门司、御膳司、匭匣司、西凉府、镇夷郡、番和郡；中品大恒历司、都转运司、陈告司、都磨堪司、审刑司、群牧司、农田司、受纳司、边境监军司、宫前侍卫司、医人院、工技院以及一些军、县官署；下品行宫司、举荐司、马院司以及一些郡、州、县、城衙门；末品刻字司、造案司、金工司、织绢院、番汉乐人院、仪容院、铁工院、木工院、造纸院、砖瓦院、出车院及一些保、塞机构。而纳言处、飞禽受纳处、秘书监、工技院总管、番汉大学院还在品。可见，西夏官制已与中原汉制相似。官服杂用唐宋制度，文官为幞头、靴笏、紫云、绯衣；武官金、银镂冠、黑漆冠、紫旋襴衣、金涂银束带、垂蹀躞等。"朝贺之仪，杂用唐宋，而乐之器与曲则唐也[③]"。

儒学是汉学的核心。西夏虽以蕃礼与中原抗衡，但是无法摆脱儒学的影响。元昊创蕃书，同年译《孝经》《尔雅》等，《孝经》是儒学人伦之本，《尔雅》是经籍训诂书。元昊子谅祚即位，向宋求《九经》《唐史》《册府元龟》，宋帝诏赐《九经》。

二 西夏文的创制

自唐以来，党项拓跋氏数百年间为唐宋臣属，长期番汉杂居，与汉字汉文

① 《续资治通鉴长编》卷一二四。
② 《宋史·外国传二·夏国下》。
③ 《宋史·外国传二·夏国下》。

的接触是难以避免的。西夏开国之主元昊就通蕃汉文字。党项作为地方政权,无论与朝廷还是在当地的书面交际文件往来都使用汉字,汉字是当地的通行文字。

宋景祐四年(1037年),西夏大庆元年,元昊推出了西夏文字,自称"番字"。关于西夏文字为何人所创的问题,由于文献记载有所差异,因而说法不一。

《宋史·外国传一·夏国上》:

> 元昊自制蕃书,命野利仁荣演绎之,成十二卷。

《辽史·二国外记·西夏》:

> 子德明,晓佛书,通法律,尝观《太一金鉴诀》《野战歌》,制番书十二卷。

古代史书中把国家重大举措归于最高统治者,这是个通例。最高统治者的作用是决策,至于执行则是大臣的事情。西夏文字的创制情况也一样,西夏主只是决策者,而非实际制作者。那么,是哪一位西夏主做出的决策呢?是德明,还是其子元昊?《辽史》独称德明,李范文持此观点,认为德明时期已经有了西夏文字,德明死后,元昊继承父位,命野利仁荣搜集、整理,使其规范化[1]。这种说法仅见于《辽史》,而《辽史》编纂比较混乱。就《辽史》所记这段话而言,与《宋史》中记元昊的内容完全相同[2],显然是把元昊误作德明了。元昊制蕃字,史籍记载较多,有《宋史》、宋曾巩《隆平集》、宋李焘《续资治通鉴长编》,而且西夏人所撰的《妙法莲花经序》也有类似记载:"风角城皇帝,以自国语言,兴起蕃礼,创造文字,翻译经典。"风角皇帝即元昊,这是西夏人自记,比较可信。

---

① 李范文《西夏文字》,《西夏研究论集》,宁夏人民出版社,1983年。

② 《宋史·外国传一·夏国上》:元昊,"晓浮图学,通蕃汉文字,案上置法律,常携《野战歌》《太乙金鉴诀》"。

创制蕃字的实际工作由野利仁荣主持。由元昊出谋画策，野利仁荣根据造字构想推演具体细节，在创制西夏文字中起了关键作用。绍兴三十二年（1162 年），仁孝“始封制蕃字野利仁荣为广惠王”，再次肯定了他制字的功劳。

宋代沈括在《梦溪笔谈》中说“遇乞先创造蕃书”。遇乞，有人认为即仁荣，也有人认为《梦溪笔谈》把野利仁荣错写成遇乞，还有人认为遇乞创制了西夏文字，元昊参与制造并检查了文字，再命令野利仁荣进行改良①。野利仁荣是西夏国显赫的人物，西夏、宋频繁往来，而沈括是北宋著名的政治家，曾率兵在宋、西夏边境驻防，大破西夏七万之军。所以，他的记载也不能以三家村言视之。笔者的看法是野利仁荣也不能具体地创制文字，他作为西夏第一文士，据较高的政治地位，适合担当这个重任。他的主要任务还是辅佐元昊的军国大事，不可能逐字地创制这些字形繁复、为数众多的文字。他的作用只是主持这项工作，创造西夏文字，野利仁荣主持，野利遇乞具体制作，“独居一楼上，累年方成”，其过程也是可信的。

元昊创制西夏文字不是一个偶然事件，而是有其必然性。一个民族发展到一定阶段，政治、军事、经济、文化遂步完善和发达，就要求有与其语言相配的文字。党项是一个历史悠久、成员众多的民族，在数百年与汉、契丹等民族的交往中迅速地发展起来，成为占有广大领土的地方割据力量，它不甘心长期借用汉语汉字。

党项语，也称蕃语，据中外学者的长期研究，观点趋向一致。它是汉藏语系藏缅语族羌语支，尽管与汉语属同一语系，但语族不同。与汉语比较，党项语的语音舌上音音节少而来日舌齿音节多，声母有鼻冠音②，韵母中复韵母丰富，有平声和上声两个声调。词汇类型和汉语相同，有单纯词、合成词③、词

① 〔苏〕E. N. 克恰诺夫著，高士荣译《西夏的语言文字》，《敦煌研究》1995 年第 4 期。

② 孙宏开《西夏语鼻冠声母构拟中的几个问题》，《民族语文》1996 年第 4 期。

③ 合成词有并列、偏正、支配、主谓、重叠等式。马忠建《西夏语的复合构词法》，《民族语文》1988 年第 6 期。

组，且受汉语的影响较深，大量使用汉语借词，从基本词汇到一般词汇[①]，汉语的四字词组成为党项语中重要的词组形式，对仗骈俪也用作修辞手段。语法上最明显的是词序差别，形容词修饰名词时，名词在前，因为受汉语的影响，有时也把名词后置[②]。语言上的差异，使适合汉语的汉字无法用于党项语。尽管汉字在当地是通行文字，党项人少量地用以表示党项语，但实际使用中难以区别汉读还是蕃读。当作为蕃语的假借字时往往难以显示语义。如党项语"皇帝"用汉字音写作"兀卒"，按汉字义读会落在兵卒之"卒"上，后改为"吾祖"，宋人把字义落在祖宗之"祖"上，难以接受。总之，因汉语与党项语并行，用汉字表示党项语是不便的，最根本的问题是语言和文字不相匹配。

不过，元昊创制文字的主要原因还是出于政治的考虑，把自己的文字视为民族地方政权的必具条件。唐宋时期，建立政权的少数民族有吐蕃、回鹘，早有本民族文字，东面的契丹，也创制了契丹文字。民族文字的使用有利于表达本民族的思想观念，有利于本民族的文化积累，有利于本民族展开政治活动，它是一个民族步入文明发达的标志。实际上，元昊是把创制蕃字作为建政的条件之一，即政权党项化的一个步骤。在元昊立国的诸项准备活动中，取消唐宋赐姓，下秃发令，大建官署，创制文字等都占有显著地位。"教国人记事用蕃书"，把蕃书"尊为国字"。这些工作完成之后，改元自立。在元昊致宋的称帝上表中也特别指出：

> 臣偶以狂斐，制小蕃文字，改大汉衣冠。衣冠既就，文字既行，礼乐既张，器用既备，吐蕃、塔塔、张掖、交河，莫不从伏。

比较而言，元昊制字的主要目的，还是为了做皇帝。

三　仿自符篆的西夏文

党项创制蕃字，可供选择的有几种模式。其西邻，吐蕃及回鹘是西土东传

---

① 史金波《西夏语中的汉语借词》，《中央民族学院学报》，1982年第4期。

② 史金波《西夏文化》，吉林教育出版社，1986年。

横列式标音文字。这种文字简单易学，引进后稍作改变即可。其东邻，契丹大字、契丹小字已经存在了半个世纪，西夏、辽关系甚密，元昊不会不清楚。契丹大字是略加改造的汉字，也是标意体制；契丹小字是分解汉字形成原字，是方块式标音文字。元昊摈弃西土标音文字，显然是汉文化的影响所致。他采用契丹字的办法分解汉字重新组合，然而不用其标音制度，而是采取和汉字相同的标意文字。在字形上，西夏字比契丹小字分解得更加彻底。

西夏文是史籍中正式记载的与道教有关联的少数民族文字。

西夏民俗崇拜自然，敬畏鬼神，信巫术，认为巫师能够通鬼神，能依仗巫术和咒语祈福禳灾。《宋史·外国传二·夏国下》载：党项人笃信禨鬼，尚诅祝，每出兵则先卜。信巫，病者不用医药，召巫者送鬼。它的神道观念和某些行为方式与道教相衔接。隋唐时期，党项内附，酋长拜刺史，此后唐朝赐姓李，入宋朝廷赐姓赵，西夏长期为地方政权。唐宋之世，帝王崇奉道教，唐帝自称老子的后裔，尊老子为太上玄元皇帝，道教列为三教之首，徽宗自称教主道君皇帝，宋朝崇道不亚于唐，唐宋尊奉道教保持了道教的稳定和发展。深受唐宋文化影响的西夏，亦信奉道教信仰。据西夏《天盛律令》等有关记载，西夏朝廷设道士功德司，统理全国的道教事务，道士得到优待，流行丰富的道教典籍。史载元昊太子宁明向道士学习道教。《续资治通鉴长编·仁宗》："宁明喜方术，从道士路修篁学辟谷，气忤而死。"道教在西夏虽然没有佛教显赫，但一直占有一定地位。

西夏文的字形字貌，与道教符书相似。

> 制蕃书十二卷，又制字若符篆。(《辽史·二外国记·西夏》)
>
> 自制蕃书十二卷，字画繁冗曲屈类符篆。教国人纪事悉用蕃书。(《辽史拾忆》卷二十二引宋曾巩《隆平集》)

所谓符篆就是道教的符书，符篆取篆体，故称。符篆起于东汉，流行于唐宋。古人认为道教文字能镇压妖魅，具有法力。宋夏竦《上仁宗乞断妖巫》："民之有病，则门施符篆。"符篆有日杂镇妖祛病粗略一类，敦煌文书中如(伯 2409)

《太上玉佩金珰太极金书上经》,(伯2865)《太上灵宝洞玄灭度五练生尸妙经》都附这类符篆。真文是较为庄重的符篆,唐宋墓葬内的镇墓真文即属此类。成都宋京夫妇墓两墓共出镇墓真文十方(图5—3)。根据墓志记载,宋京生于宋哲宗元丰元年(1078年),卒于徽宗宣和六年(1124年)①。

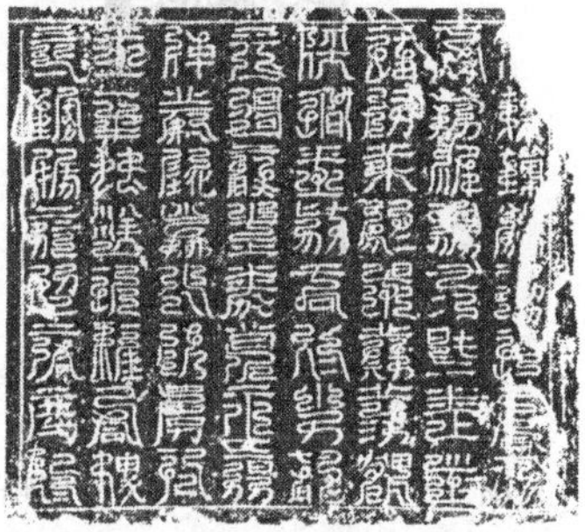

图5—3　宋京夫妇墓镇墓真文

古书中并没有直接说西夏文出自符篆,只是指出两者有相似之处。

西夏文创制是在绝密的状态下进行的。宋沈括《梦溪笔谈·杂志二》:"其徒遇乞先创造蕃书,独居一楼上,累年方成,至是献之。元昊乃改元制衣冠礼乐,下令国中悉用蕃书。"躲进小楼、闭门造车当是实情。其造字原理、方法以及参与人员都是秘而不宣,守道教之秘,堵住了人们了解制字的途径,故而人们只能从某些现象说"若符篆"。

史书对于西夏文字的制作,略而不详。西夏文研究至今,没有人对西夏文与符篆的关系做过任何的研究,没有提出任何见解。笔者认为,汉文当然是西夏文的来源,秘密在于它的母本不是通行汉字,而是道教真文,仿照了唐代的云篆形体。

西夏文篆体以《凉州重修护国寺感应塔碑》为例(图5—4),乍一看去与唐代真文完全一样,两者都有云篆的缠绕笔画,都有叠笔,有些部件相似。总体而言,云篆笔画反复弯曲,形成了笔画繁复的格局,这是西夏文繁复的由来。西夏文楷书以"敕燃马牌"为例(图5—5),这四个字要比通行汉字结构复杂,大多数字的笔画数要多于汉字,依照"永"字八法来看,各种笔画俱全,但是撇的数量偏多。如唐真文演变为西夏篆文,再楷化为西夏文,如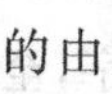字,重复的斜笔(撇捺)就是云篆的叠笔楷化而来。某些部件也可以看出一些端倪,真文中有草书成分,西夏文那些多曲折的长笔由此楷化而来。如,唐代真

① 成都市文物考古研究所《四川成都北宋宋京夫妇墓》,《文物》2006年第12期。

文[illegible]楷化为西夏文[illegible]，真文[illegible]、[illegible]中[illegible]为西夏文篆体[illegible]，[illegible]、[illegible]即有这个部件。西夏文篆体[illegible]、[illegible]中的部件从真文改变而来，楷体西夏文如[illegible]，那些与通行汉字相异部件都是由真文楷化。

图 5—4　西夏文篆字《感应塔碑》

图 5—5　西夏文楷体《敕燃马牌》

西夏文字完全是从真文脱胎而来，既采用了解散形体的原理，又仿照真文的部件、笔画，产生了特有的本族文字。西夏文一如通行汉字，先造篆体（古体），再造真书（今体），今体从古体中出来。它分解原来的汉字结构，重新组合而成，因此它很难找到汉字原来的结构和部件，它是道教文字的变体字。西夏文比照通行汉字有三个特点：第一，保留汉字的方块外形；第二，完全解散通行字的形体，基本没有相同部件，而结构如八分，古今错杂；第三，保留通行字的部分笔画形式，但是繁复曲屈。这些特点都是改造的痕迹。

西夏文字以符篆为母本，明显区别于通行汉字。道教称真文为天文，意为洪荒之原始文字，西夏文采用真文正是为了追溯文字源头，要表明它早于通行汉字，至少不晚于通行汉字，这是元昊采用真文为母本的考量。西夏字改变汉字，解散形体，这点类似契丹小字，但不取标音文字，而采标意文字；另一方面，它虽然保持汉字的体制，却又彻底地分解汉字，只剩下笔画。应该说就文字而言，在汉字传播历史上，西夏文是首次成功地采用道教文字创制的民族文字。

四　富有特色的标意文字

与汉字、契丹字相比，西夏文字形上最大的特点还是笔画繁复，斜笔丰富，撇和捺用得较多。部件之间相似，部件内同样的笔画重复使用，而且多达 3

笔。汉字从象形文字发展而来，笔画多寡自然形成，最简只有1画，多的20画以上；西夏字最简4画，最多的20画，一般在10画左右，常用字中，汉字6画以下占总数百分之五，西夏字6画以下占总数百分之一，且大多在10画以上。所以，实际使用中的西夏文的笔画要多于汉字。

西夏文字失传以后，就成了无人知晓的死文字。清朝嘉庆九年(1804年)，学者张澍游甘肃武威清应寺，发现了《凉州重修护国寺感应塔碑》。根据西夏"天祐民安"的年号，断定这似汉字而一字不识的碑文为西夏国字。此后，随着西夏文字资料不断涌现，对它的体制才有了新的认识。

俄国学者伊凤阁在《西夏国书说》中首先对此作了探讨，认为西夏字也可以分作"六书"，象形字有"鸟""门""手""石"等字，指事字有"上""下""四""五"等，而以谐声字为最多。我国学者罗福苌《西夏国书略说》一书从"字形""字体""字声""字义"等几个方面作了研究，认为它取汉字笔画积累而成，并有楷、篆、行诸体。罗福成的《西夏国书类编》，取汉字部首，按笔画次序，列出169个部首，稍晚的王静如也在这方面作了很深的研究。《文海》是西夏文字典，每一字下都记有本字的构造方面的说明，它对研究西夏文字的字形构造、文字体制有关键作用。史金波在《文海》整理过程中对西夏文字产生了新的认识，发现它存在类似部首的单纯字，会意和音意合成是造字的主要途径[①]。李新魁的研究结论基本相同，西夏文字构成以会意方式为主，辅以少量形声，有时利用更换偏旁部位的办法造字[②]。本书在以上诸家的研究基础上，作进一步的探讨。

文字的类型有三，即标形文字、标意文字及标音文字。标形文字是文字的早期阶段，而西夏文字的形体已经证明，它不可能是这种文字。标音文字可分析出为数不多的音素或音节单位，而西夏文离析不出这种单位。所以，从形体观察，西夏文属于标意文字，当然，西夏文字和汉字相同，都是标意文字，这是现有的结论。

---

① 史金波《从〈文海〉看西夏文字构造的特点》，载《文海研究》，中国社会科学出版社，1983年；史金波《西夏文概述》，载《中国民族古文学研究》，中国社会科学出版社，1984年。

② 李新魁《论西夏文的形体结构和造字方式》，《中山大学学报》1978年第5期。

西夏文和汉字一样，虽然都是标意文字，但在文字的结构上有明显的不同[①]。

首先，从原字讲，汉字的标意文字从标形文字发展而来；隶变之后，抽象线条化的形体中往往隐含象形字的因素，在汉字的几百个部首中，相当一部分形体保持了一些古代象形的影子。与之相反，西夏文没有经过前期原始的阶段，它的原字不存在象形的遗存，并且对所借汉字予以改造，致使象形的痕迹随之淡化。如：

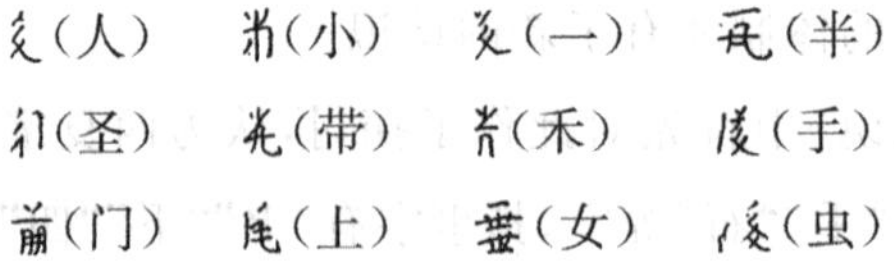

其中[illegible]、[illegible]二字从汉字借入，变化之后，汉字的原形已经难以辨认，根本无法再追溯到原先的象形字了，其他字的形体也毫无象形可言。有人把[illegible]（虫）说成象虫多足形，实在是附会。

西夏文字的原字是符合标意文字特点的。笔者早就指出过，就汉字而言，“丧失了古文字字形较强的直观效果，只有抽象的理性含义”，标意文字的原字，“字形特点是抽象性指示[②]”。所以，西夏文原字即使没有图示效果，也不妨碍它承担的标意功能。

其次，汉字原字基本上由古文字中的象形指事而来，因为受到客观物体图像的限制，数量有限，形体之间的区别特征比较清楚。西夏文字的原字根据客观的概念来制造，当时处于鼎盛的封建社会，各种概念十分丰富，而且字形由笔画排列组合而成，不受客观图形限制。所以，西夏文字原字不仅量大，而且难以从图形的理据上去区别。西夏文字无法形成像汉字一样清楚的偏旁系统。

早期研究西夏文字，用汉字“六书”往上套，这种错误已为后来的研究者所批驳。如李新魁就说：“西夏文没有采用象形、指事或假借的造字法。”并指出：

① 本节西夏文字例主要根据史金波、李新魁文章（篇名见于本节注释），在此基础上，笔者作研究、阐述。

② 陆锡兴《从划分标准看文字类型》，《语言文字学刊》第一辑，汉语大词典出版社，1998年。

“说‘谐声字最多’，也没有什么根据，与实际情况不符[①]。”事实确实如此，西夏文字只有会意、形声，“六书”中的象形、指事、假借、转注都没有。那么，为何同为标意文字，西夏文没有这“四书”呢？

“六书”是战国末到秦汉时期对汉字造字法的总结，其中六个项目包括从文字发生到发达的不同时期的内容。象形和指事实际上是标形文字的造字方式。标形文字的特点在于把词概念转换为图形符号，本质是图示，方法有三：一是描绘法，如“人”字画人，“狗”字画狗，这类符号构成了主体；二是示意法，适用于一些抽象概念的词，如“一”字画一，“上”字作“二”；三是比拟法，适用于一些复杂概念的字，如“武”字用“足（止）”和“戈”来比附。这就是象形、指事、会意三书。会意由二字比合，字形为图形或抽象都无关系，所以，文字变革，此法虽有变化，却保存下来了，而象形、指事因为是图形性符号，会随着标形文字变革而消亡。同样，假借、转注作为文字功能也属于标形文字，而不属于标意文字。标形文字通过图形来标志词，造字的前提是词义的图形转换性。那些无形可绘、无形可拟的词义要利用依声托事的假借。转注是通过在假借字上标注本字实现的，作用在于增加字形上的区别特征，使假借与标形文字的构形特点取得一致[②]。西夏文字没有经过标形文字阶段，当然没有这二书。

西夏字的构成有单体的与合体的两个部分。单体字，即一个字由一个原字组成。如[illegible]（人）、[illegible]（半）、[illegible]（手）、[illegible]（门）等。单体字内也有一些专门用于表音的字，和汉字一样，这类字通常表示借词、人名、地名等。

合体字占西夏文字总数的百分之八十左右，由两个或两个以上原字组成，其中又可分两大类，一类是会意字，另一类是形声字。

会意字由两个或两个以上的原字比合而成。通过这些原字的意义来说明合成字的字义。笔者已经谈及，会意字字义清楚，易识易懂，便于逻辑记忆，它充分发挥了标意字的优点。自北朝起渐趋流行，它在方字中有雄厚的社会基础。方字中所用原字皆为最常用字，因此造字数量有限。另一方面，方字中会

① 李新魁《论西夏文的形体结构和造字方式》，《中山大学学报》1978年第5期。
② 参阅陆锡兴《假借转注再研究》，《语言研究》1986年第1期。

意字一般为日常生活用字,也没有必要大量造字。西夏文的会意字性质上和方字一样,可是规模要大得多,它在合体字中占绝大部分,这是西夏语的特殊情况形成的。西夏文字需要表达一个较为发达的民族所需要的全部词汇,西夏语除了基本词汇外,普通词汇十分庞大,包括成套的政治、经济、军事、文教、医疗、职官方面的用语。

西夏文会意字的原字构成方式大致和汉语复合词的几种构成方式相同。简述如下。

偏正:

□(不)+□(动)=□(定)

□(皮)+□(衣)=□(裘)

□(寒)+□(氈)=□(雪)

并列:

□(寻)+□(行)=□(游)

□(黑)+□(白)=□(明显)

□(宽)+□(阔)=□(阔)

动宾:

□(木)+□(雕)=□(凿)

□(女)+□(嫁)=□(婚)

主谓:

□(心)+□(忧)=□(愁)

□(腹)+□(空)=□(饥)

补充:

□(煮)+□(沸)=□(熬)

为了确切地表示字义,西夏文的会意字不只限于二合,有些字是多合,由三四个原字合成。如:

□(膝)+□(手)+□(行)=□(爬)

□(口)+□(无)+□(水)=□(渴)

形声字由意符和声符组合,作为意符的原字表示意义,作为声符的原字表示读音。西夏文的形声字原理是相同的。原字进入形声字的合成状态，根据需要作为意符和声符，一身可为二任。同一个字，常可充任两个角色。如：

[illegible]，作声符[ma]：[illegible]（变）、[illegible]（东）

作意符（事物的存失）：[illegible]（布）、[illegible]（连袋）、[illegible]（有）

西夏文的意符不像汉字那样全部是表示抽象的类义，而多是合成形声字的近似义，但用作意符的原字与合成字的词类、范围不必一致。西夏文的声符表示读音，部分声符原字字义和所形成的形声字字义也有关联，像汉字中的声兼义。如：

[illegible]（意符，木）＋[illegible]（声符，声嗤，兼义渡）＝[illegible]（船）

西夏文的形声字的读音与声符读音相同；这种语音上的一致性，历史久远的汉字是达不到的。像汉字一样，西夏文的意符、声符的部位多变，有左音右义、右音左义、上音下义、下音上义、外音内义、内音外义等。西夏文的意符没有形成专门的偏旁，使用时截取哪一部分也不固定。同样，声符的系统性不高，能产性也较弱。由此可见，西夏文的形声字尚未成熟，也不完善。与汉字比较，西夏文的形声字远比会意字少，所占的比例也低得多。究其原因，汉字形声字相当一部分是从独体假借字增加偏旁而来，西夏文没有这段历史，缺乏这类形声字，数量自然少了。

方字常采用反切法造字，但是字数不多。西夏文中的反切字只占总字数的百分之零点五。从《文海》中20个反切字看，多用于人名、地名的注音及佛经、真言的译音。它是仿梵文的标音字，没有字的本义或假借义。西夏文的反切字和汉字反切字一样，反切上字取声母，反切下字取韵母，声、韵拼出反切字的读音。

[illegible][都]＋[illegible][讹]＝[illegible][拙]音译字

[illegible][妻]＋[illegible][因]＝[illegible][秦]汉姓

[illegible][虚]＋[illegible][野]＝[illegible][胁]音译字

与汉字不同，西夏文反切字的上字和下字大多数只取原字的一部分，而非整体。据史金波研究，反切上字取该字的上部或左边，也就是一个字书写顺序中的先起部分，反切下字取该字的下部或右边，也就是一个字书写顺序中的后半部分。显然，在字形结构上，西夏文反切字较汉字更加紧密[①]。

部件变位造字是西夏文较特殊的造字法。史金波称之为互换法。这种造字法是变换合体字内部件的位置，形成一个新字。部件变位所涉及的两个字一般有意义上的关联，如同义字、近义字、类义字；有的是双音节词中的一个音节，其中一个字没有意义。部件变位所形成的旧字和新字，有的各字皆可单用，有的一个字只能配合组成双音词，情况不一。

部件变位的形式大致上有六种。

左右互换位置：

（指）→（趾）　（牢）→（狱）

其中有保留中间部件不变的，如：（斫）→（断）。

下部互换位置：

（藏）→（匿）　（请）→（来）

右边互换位置：

（逃）→（服）

左边互换位置：

（缩）→（皱）

一角互换位置：

（水）→（鱼）

上下互换位置：

（烧）→（烤）

西夏文的部件变位造字很容易使人想到汉字转注的某些说法。如唐代贾公彦说："转注者，考老之类是也。建类一首，文意相受，左右相注，故名转注[②]。"这勉强可以作为字形相近便得灌注字义的依据。至于一字内的字形变化，与宋代戴侗的字形倒转说有点相似。戴侗《六书故》把"匕"与"人"、"㐬"与

① 史金波《从〈文海〉看西夏文字构造的特点》，《文海研究》，中国社会科学出版社；施向东《拼音造字法不自西夏文始》，《民族语文》1985年第5期；史金波《再谈西夏文反切上下字合成法》，《民族语文》1985年第5期。

② 《周礼·地官·保氏》疏文。

“子”、“县”与“首”、“叵”与“可”、“乏”与“正”看成转注关系，后称之为形转，是字内结构调整形成新字的办法。西夏文是否根据这种形转理论？李新魁认为：“西夏文中那些用偏旁移位法来构成另一个不同字可以看成转注字。汉字中的转注，应该也包括这种以变换偏旁部位为造字的方法在内[①]。”“六书”转注的含义诸说纷纭，而形转之说早为人斥为野言。在先秦古文字中有少量字依托象形，尚可倒转示意；楷化以后，除了极个别的例子外，几乎失去了这种可能。依靠文字中的部件变动位置来造新字，汉字中不可能也不会有此法则。汉字从象形发展而来，字形结构和字义密切相关，且字形结构固定化，一般情况下不能改变，即使能够改变，也很难产生新字新义。西夏文虽然脱胎于汉字，可是基本上不保留汉字的部件、原字，字形结构没有象形字的构形因素，只有人为的规定性，所以，它有可能也有必要用结构变动的方法造字。汉字和西夏文虽然是关系密切的标意文字，但因为背景不同，造字方式不同也就不足为怪了。

五　西夏文的字体

西夏文字形与汉字相仿，由笔画积累成字。汉字的一些主要书体，西夏文也大致具备。和汉字一样，西夏文楷体端正严肃，是主要的书体，皇家诏告、官府文件、符牌、经书等都用此体。西夏符牌多用单线刻成，并不十分工整，而“敕燃马”铜牌刻双勾的楷书笔画精到，结体饱满。西夏大量印刷字书和佛经，字书为世俗用品，楷体比较随便，而佛经无论雕版或活字印刷，都大小一律，结体规正凝重，代表了最规范的西夏文楷字。

行书本来没有特别体式，是楷书的便捷写法，它是日常使用最多的书体。如武威张义发现的西夏文书中，会款单、占卜辞、木简、蝴蝶装写经书，皆为行书，贺兰拜寺沟方塔出土的木牌也用行书，早期在黑水城发现的《黑水城守将告近禀帖》等通篇用行书。

汉字的草书与楷书在结构上差异很大。因为汉字草书的形体在楷书形成

① 李新魁《论西夏文的形体结构和造字方式》，《中山大学学报》1978年第3期。

之前就存在了，所以，行楷书再草率快写也不会变成草书。西夏文的草书是行楷书的进一步简略，增加动感，并无特别的结构。草体使用的范围要比我们估计的更广，武威张义出土草书文书，贺兰拜寺沟遗址发现 9 张纸相连而成的草书长卷。1909 年黑水城遗址发现过草书《孝经》（图 5—6）和《孙子兵法》。西夏文用草书抄写重要文献是沿袭了中原的习惯，现在我们还可以见到唐孙过庭书写的草书《书谱》、唐人抄的草书《孝经》和敦煌本《因明入正理论议疏》。唐人的这种风尚在中原不传，西夏倒是继承了。

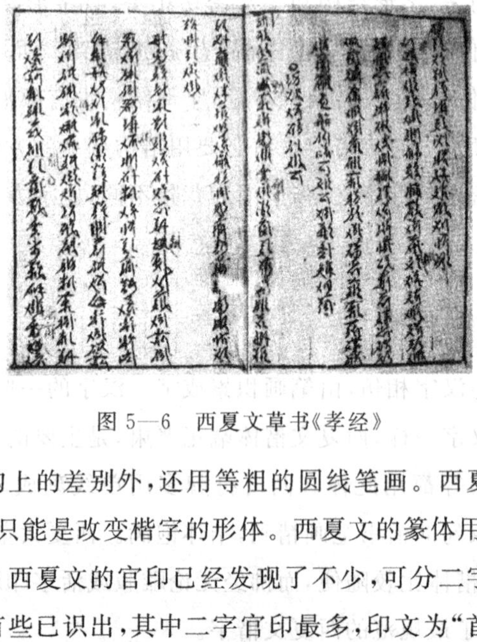

图 5—6　西夏文草书《孝经》

篆书除了结构上的差别外，还用等粗的圆线笔画。西夏文没有古文字阶段，它的篆字结构只能是改变楷字的形体。西夏文的篆体用途和汉字相同，可见于印文和篆额。西夏文的官印已经发现了不少，可分二字官印、四字官印、六字官印。印文有些已识出，其中二字官印最多，印文为“首领”二字，比较西夏文之楷体与篆体，变化是相当大的。

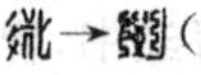(首)

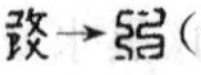(领)

西夏文篆印，为了内容保密和印文均称，短笔连成长笔，斜线改为平直线。

篆额可见于两处，西夏陵区的汉文碑和西夏文碑皆有篆额，武威《凉州重修护国寺感应塔碑》的汉文碑和西夏文碑也有篆额。西夏文篆额多用曲线，笔画圆直相济，《感应塔碑》笔画柔曲而长，往来绵延。陵碑篆额有规律性变化，最近楷体。总的来说，西夏文篆体简化了楷体的笔画，曲直相济，比楷体更美观。

西夏立蕃字、汉字二院，“汉习正草、蕃兼篆隶”，这个“隶”不是带波笔的汉隶，而是指今隶，是当时通行的真书字体。西夏文是没有八分隶书的，真书字形茂密，笔画繁复，且多斜笔，缺乏长横、长挑、长捺，因而作为汉隶特征的蚕头燕尾的优美长笔无地可容。

六 西夏文始末

元昊在西夏文制定之后，即尊为“国书”，通过政令向国内推行。《西夏书事》：“元昊即制蕃书，尊为国字，凡国中艺文诰牒，尽易蕃书，于是立蕃字、汉字二院。”西夏国内政府文件、民间的杂用都用西夏文。蕃字院掌管与吐蕃、回鹘等外交文书，用西夏文，并附相应的民族文字。又建蕃学，由西夏文的创制者野利仁荣主持，向官吏传授西夏文，并且组织人力把汉文儒家典籍、政书、兵书及佛经翻译成西夏文。党项人笃信佛教，在翻译的汉文典籍中，西夏文佛经占了主要部分。与其他民族文字相比，西夏文推行之快、流传之广是非常突出的，这可以从原西夏境内出土的西夏文字资料得到证实。

1908年受沙俄皇家地理学会委派，探险家科兹洛夫(P. K. Kozlov)进入内蒙古额济纳旗哈拉浩特，即西夏黑水故城，当年和次年两次在遗址内发掘。1909年第二次发掘中，在城外古塔中发现了一大批西夏时期的文献，这些刊印和书写的文献包含多种语文，有西夏文、汉文、回鹘文、突厥文、蒙古文、叙利亚文等。其中西夏文文献内容极其丰富，是研究西夏文的关键资料。1914年，英人斯坦因(A. Stein)光顾黑水城，也发掘了一些文献，包括西夏文、汉文、回鹘文、藏文、突厥文等，其中西夏文文献比较多。1983年和1984年，我国考古工作者发掘了黑水城遗址，发现了大量汉文、西夏文、八思巴文、畏兀体蒙古文、藏文、波斯文文书。西夏文有手写本和刊印本，手写本是经咒、契约、书信等，刊印本是多种佛经及字书[①]。

---

① 内蒙古文物考古研究所、阿拉善盟文物工作站《内蒙古黑城考古发掘经要》，《文物》1987年第7期；内蒙古文物考古研究所《内蒙古文物考古工作的新进展》，《文物考古工作十年》，文物出版社，1990年。

银川以西25公里贺兰山东麓为西夏诸陵所在地，陵区除了帝陵外，还有70余座陪葬墓。1972年开始在陵区展开调查和发掘工作，先后清理帝陵1座、陪葬墓4座、帝陵碑亭2座。发现了许多有字残碑，达3272块。后选84块残碑编辑成书，其中仁孝陵西夏文残碑321块，汉文残碑166块。遵顼陵东碑亭西夏文残碑55块，西碑亭西夏文残碑30块，汉文残碑17块。仁友墓东碑亭西夏文残碑11块，汉文残碑10块；西碑亭西夏文残碑4块，汉文残碑6块。安惠墓西夏文残碑105块，汉文残碑99块[①]。1986年和1987年，两次发掘西夏陵园北端建筑遗址，又发现西夏文残碑1块，3行10字[②]。1998年再次发掘清理3号陵西碑亭，清理出西夏文残碑300多块，4至5字以上的约有60块，最大一块刻17字[③]。

贺兰山也是西夏重要的佛事地区，该地区不断有西夏文发现。潘昶乡宏佛塔塔内发现多种西夏文字资料。有西夏文木雕板2000余块，分大、中、小号三种文版。又有西夏文木简一枚、《番汉合时掌中珠》残页、墨书西夏文字残页、绢书西夏文字以及大量腐朽的西夏文书籍[④]。

东南距银川50多公里的贺兰金乡拜寺口，有一处西夏寺庙废墟。1986年，在维修寺庙双塔过程中，发现了西夏文。在西塔塔刹穹室壁面的朱书梵文间有两个西夏字，汉译为“上师”；中心柱有多行西夏文，仅东北面和西北面可看清，汉译同为“九月十五日[⑤]”。

贺兰拜寺沟方塔遭不法分子炸毁，文物工作者进行了抢救性清理，在遗址中发现了大量汉文和西夏文文字资料。西夏文刻本佛经约10万字，写本约

---

① 宁夏回族自治区博物馆《西夏八号陵发掘简报》，《文物》1978年第8期；宁夏回族自治区博物馆《西夏陵区一〇八号墓发掘简报》，《文物》1978年第8期；吴峰云、李范文、李志清《介绍西夏陵区的几件文物》，《文物》1978年第8期；宁夏博物馆发掘整理、李范文编释《西夏陵墓出土残碑粹编》，文物出版社，1984年。

② 宁夏文物考古研究所《西夏陵园北端建筑遗址发掘简报》，《文物》1988年第9期。

③ 沈自龙《西夏陵考古又获重要成果》，《中国文物报》1998年11月4日。

④ 宁夏回族自治区文物管理委员会办公室、贺兰县文化局《宁夏贺兰县宏佛塔清理简报》，《文物》1991年第8期。

⑤ 宁夏回族自治区文物管理委员会办公室、贺兰县文化局《宁夏贺兰县拜寺口双塔勘测维修简报》，《文物》1991年第8期。

7000字，西夏文文书7种8件，素绢巾上墨书西夏文3字，塔心柱西夏文墨书7行，另外模印字砖上也有西夏字[①]。

宁夏回族自治区青铜峡黄河岸一百零八塔北侧砖塔残基内发现西夏文刊本佛经一卷[②]。灵武石坝黄河河滩出土银碗若干，其中三件银碗内壁底有西夏文墨书[③]。同心新庄集乡征集到西夏官印一方，印文为白文西夏文“首领”两字，背款西夏文2行[④]。

甘肃河西走廊也发现了大量西夏文遗存。

武威《重修护国寺感应塔碑》，碑两面撰文，一面西夏文，碑额为西夏文篆字，意为“敕感应塔之碑文”。正文为西夏文楷书，计28行，行65字。另一面为汉文楷字，计26行，行70字[⑤]。

武威小西沟岘东北有天梯山石窟，在东北山上1号天然洞、2号天然洞发现了西夏文、汉文、藏文的印本及写本。西夏文印本有《四字杂言》，佛经写本有药方、佛经、题记及占卜辞等。另有西夏文木简一枚。这批文籍历时西夏的人庆、天盛、乾祐、天庆、光定年号，属于西夏中后期的文字资料[⑥]。

1952年在武威天梯山大佛洞木建椽孔中曾发现一批西夏文文献，后来在搬迁石窟的过程中又发现了三件西夏文文献。这批西夏文均为佛经、佛教咒语及发愿文[⑦]。

武威古城乡塔儿庄出土一批西夏瓷器、窑具和碎瓷片。在一件半截褐釉剔地花罐的白色胎记上有西夏文墨书四行，可译为“斜毁”“发酵有份”“下速

---

① 宁夏回族自治区文物考古研究所、贺兰县文化局《宁夏贺兰县拜寺沟方塔废墟清理纪要》，《文物》1994年第9期。

② 宁夏回族自治区文物管理委员会办公室、青铜峡市文物管理所《宁夏青铜峡市一百零八塔清理维修简报》，《文物》1991年第8期。

③ 宁夏博物馆董居安《宁夏石坝发现墨书西夏文银器》，《文物》1978年第12期。

④ 同心县文物管理所《宁夏同心县征集一方西夏官印》，《文物》1986年第11期。

⑤ 甘肃省博物馆陈炳应《重修护国寺感应塔碑》，《文物》1979年第12期。

⑥ 甘肃省博物馆《甘肃武威发现一批西夏遗物》，《考古》1974年第3期；王静如《甘肃武威发现的西夏文考释》，《考古》1974年第3期；史金波《〈甘肃武威发现的西夏文考释〉质疑》，《考古》1974年第6期。

⑦ 甘肃省博物馆《天梯山石窟西夏文佛经译释》，《考古与文物》1983年第3期。

斜""小",为出窑器皿验收的批注[①]。

敦煌莫高窟北区洞窟曾多次发现西夏文文献。1908年,法人伯希和(Paul Pelliot)盗掘获取西夏文文献200余件。40年代,张大千在洞窟临摹壁画时期,挖掘了部分洞窟,获汉文、西夏文、回鹘文等文书百余件,并携出国外,相当一部分藏于日本天理大学附属天理图书馆。1988—1995年,敦煌研究院对北区洞窟逐一进行清理发掘,出土了大量汉文及多种民族文字;西夏文字资料比较丰富,佛经有《大方广佛华严经》,字书有《番汉合时掌中珠》《三才杂字》等,还发现泥金书佛经和极其珍贵的活字版《诸密咒要语》[②]。敦煌莫高窟及安西榆林窟壁画中有百余处西夏文题记,作者有达官贵人,也有僧俗平民,字体有楷、行、草诸体[③]。安西东南的东千佛洞四个西夏石窟也发现多处西夏文题名,作者为僧人和供养人[④]。安西碱泉子石窟共有24个洞窟,一个洞窟内发现一高僧遗体,头部下有数片珍贵的西夏文文书[⑤]。

陕西北部曾是西夏的疆土,所以陕西也有文字资料发现。陕西绥德、宜君、淳化、岐山各出土过一枚西夏文印,内容相同,汉译为"首领"二字,西安市文管会还收藏多件西夏文佛经及西夏神宗李遵顼的御制发愿文[⑥]。

在西夏的旧疆内南北东西都有大量的西夏文字资料发现,可知西夏文在其境内是使用频繁的通行文字。另一方面,西夏文字使用的时间也比较长,在西夏灭国后,西夏文还使用了相当长的一段时间。

入元以后,西夏故民还使用西夏文,依然有西夏文字资料遗存下来。如黑水城遗址内就有入元以后的西夏文献。元朝把党项人列为色目人,地位仅次于蒙古人,元朝统治者扶持西夏故地的佛教,让西夏故民的佛经刊刻继续下去;后来杭州大万寿寺参与其事,至大德元年(1302年)西夏文大藏经刻印方

① 孙寿岭《武威新发现的西夏瓷器》,《文物天地》1993年第1期。

② 彭金章、王建军《敦煌莫高窟北区洞窟所出多种民族文字文献和回鹘文木活字综述》,《敦煌研究》2000年第2期;彭金章、沙武田《敦煌莫高窟北区洞窟清理发掘简报》,《文物》1998年第10期。

③ 史金波等《莫高窟榆林窟西夏文题记研究》,《考古学报》1982年第3期。

④ 张宝玺《东千佛洞西夏石窟艺术》,《文物》1992年第2期。

⑤ 李旭东《安西碱泉子石窟发现西夏文书》,《中国文物报》1997年11月16日。

⑥ 杨瑾《陕西考古所见外国和少数民族文字》,《文博》2000年第1期。

才完毕。元代还印行活字板西夏文佛经。1917年，灵武城墙内获西夏文佛经两大箱，其中即有元印活字版《大方广佛华严经》(图5—7)，后入藏北京图书馆，一部分流出国门①。元统一中国，部分党项人开始向内地迁移，西夏文也

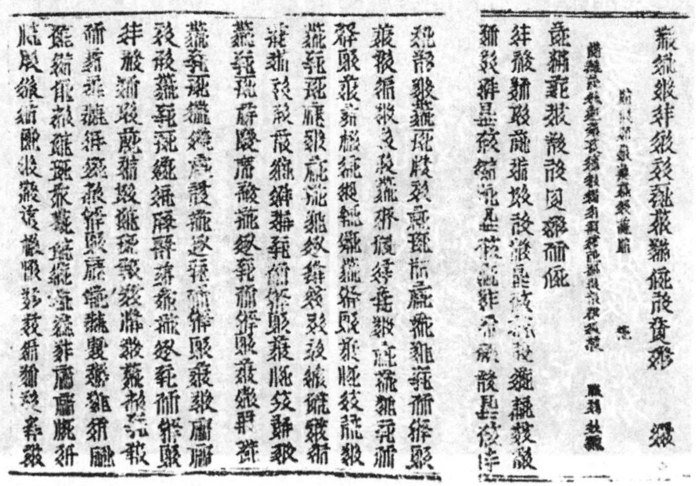

图5—7　西夏文木活字版《华严经》

随之出现在河西及河西以外地区。至正五年(1345年)建造的居庸关过街塔，塔基门洞内六体文字石刻中，有大都寺庙党项僧人所书者。2013年9月，在河北大名陈庄村南出土一方《宣差大名路达鲁花赤小李钤部公墓志》(图5—8)，此墓志是目前发现的元代最早一方西夏文、汉文碑刻，墓志为圆首竖碑状，有碑座，墓志高60厘米、宽35厘米、厚11厘米，碑座宽47厘米、高32厘米、厚26.5厘米。墓志两面书写，一面为西夏文，共2行11字；一面为汉文，篆额：小李钤部公墓志铭8字，正文全文共21行，500余字，叙述小李钤部(昔里钤部)的生平事迹，及其子孙三代在大名路任职长达60余年的情况，由长孙教化撰写。碑文末尾："至元十五年二月有五日，嘉议大夫大名路达鲁花赤兼诸军奥鲁达鲁花赤孝长孙教化志。"另一面两行西夏文，译为"田氏夫人阿母，小李钤部大人"。西夏灭亡后，西夏文逐渐消亡，昔李钤部墓志中西夏文的

① 曹淑文、何义壮《谈美国普林斯顿大学藏木活字本〈大方广佛华严经〉》，《文物》1992年第4期。

发现极其珍贵,也是迄今为止已知的元代唯一的一方夏汉文合璧墓志铭[①]。

图 5—8　西夏文(左)汉文(右)合璧墓志

直至明代,党项人后裔的佛事活动还使用西夏文,故宫博物院藏的洪武五年(1372 年)刊的西夏文《高王观世音经》,保定市郊的两座西夏文石经幢为明弘治十五年(1502 年)所建,这些印经人和造幢人都是居住在当地的党项人。从西夏文的创制到保定的西夏文经幢,西夏文已经使用了 460 多年。

七　蕃字汉字的双字制

西夏文创制之后,元昊立蕃字、汉字二院,"汉字掌中国往来表奏,中书汉字,旁以蕃书并列"。这只是外交上使用汉字的办法,实际情况是,西夏境内实行双字制,汉字与西夏字并行不悖。汉字虽然不是"国字",但它的使用得到了相当的尊重。

陵墓代表帝王威仪,它的安排反映了国家的礼制。在已经发掘整理的西

① 刘广瑞、朱建路《大名新出夏汉文合璧墓志铭的价值和意义》,《光明日报》2014 年 05 月 21 日)《大名出土元代夏汉文墓志引国内众多专家惊艳争锋》,2014-04-04 09:38:15 来源:河北新闻网。

夏陵区中，西夏文汉字并用，足证双字制的事实。2号陵为仁宗仁孝之陵，有东西两座碑亭，东碑亭内为汉文碑，西碑亭为西夏文碑。8号陵为神宗遵顼三陵，两座碑亭中，东碑亭有西夏文碑两座，西碑亭有西夏文碑一座、汉文碑一座。101号墓的两座碑亭，每个亭内各有一座碑，碑阳为西夏文，碑阴为汉文。108号墓只有一座碑亭，内有汉文、西夏文碑各一。

《凉州重修护国寺感应塔碑》是立于寺庙之碑，供公众观看，一面是党项人冷批浑嵬写的西夏文，一面是汉人张政思写的汉文，两种文字内容大体相同。

钱币由政府发行，供国内流通之用。西夏既行蕃字钱，也行汉文钱，从实物看，汉文钱多于蕃字钱。西夏钱仿宋朝制度，上铸年号。现在可见到的西夏文钱共五种，有“福圣宝钱”“大安宝钱”“贞观元宝”“乾祐宝钱”“天庆宝钱”，而汉文钱有“天授通宝”“大安通宝”“元德元宝”“元德通宝”“元德重宝”“大德通宝”“大德元宝”“天盛元宝”“乾祐元宝”“天庆元宝”“皇建元宝”“光定元宝”。其中有些钱尚存争议，但汉字钱多于蕃字钱，制钱“蕃汉并行”则无可争议。

在西夏国的各种活动和日常生活中，汉蕃两种文字并用，这可以从考古实物得到证实。佛事是西夏国最重要的精神生活，西夏耗费大量人力财力从汉文、藏文翻译出西夏文佛经，数量惊人。与此同时，西夏也刊刻少量汉文佛经。西安市文管会收藏西夏汉文《大方广佛华严经》，卷九末押有木刻西夏文四行①。贺兰拜寺沟方塔废墟出土西夏文佛经12万字，汉字刻本3000字，写本10 000字。并发现汉文版刻三件，墨书一件。三件版刻为乾鞆发愿文，墨书中有不少党项人人名。塔心柱的墨书，上段为汉文，下段为西夏文，汉字题记记载西夏皇帝秉常和其母梁氏建塔的发愿文，并有负责建塔寺的人名和各自职称。此塔还发现了25页汉文诗集残卷。宁夏贺兰宏佛塔内出土西夏文木雕板、木简等，还有《番汉合时掌中珠》残页，同时出土黄绢幡带，上书“□[戎]州张义保第壹佰柒指挥第壹社赵仲本家人等同启心愿自办清财施幡壹合谨奉上”，37字汉文。贺兰拜寺口双塔中心柱发现西夏文、梵书，而塔第八层八龛北龛右侧有汉字“吏司□”三字。

① 杨瑾《陕西考古所见外国和少数民族文字》，《文博》2000年第1期。

武威小西沟岘山洞除出土一些西夏文书外，也出土了一些汉文文书，有西夏神宗光定二年（1212年）的西路乐府公文、盖西夏官印的布告、告假申请书、文书、欠款单、便条、西夏人庄二年（1145年）日历。西夏公告之类文字用汉文不是偶然现象，现藏张掖文化馆仁宗乾祐七年（1176年）黑水河桥敕碑，正面为汉字，背面为藏文。在河西汉字的使用更多，这点可能有两个原因，一是河西一直是汉人的居住地区，汉文比较通行，二是离西夏中心比较远，"国字"的影响比较弱。甘肃武威西郊林场的西夏天庆五年（1198年）及天庆八年（1201年）墓葬，二墓同为刘氏家族墓葬，2号墓墓主生前任西经略司都案，原籍彭城（今江苏徐州）人。2号墓内木缘塔一件，塔身除书写梵文咒语外，塔顶木板上的内面墨书汉文刘德仁墓表，木板画人物有汉文题榜，如"蒿里老人""童子"等。1号墓出土残木塔顶部墨书三处，为刘庆寿母李氏墓表[①]。此二墓全用汉字，不见西夏文。汉人讲汉语，用汉字，和党项语相应的西夏国字自然无用武之地。

西夏国的居民主要是党项人和汉人，这是实行双字制的基础。蕃字和汉字各有用途。蕃字是国字，处于特别的地位，而汉字在社会上也有广泛的使用价值。蕃人需要掌握汉语汉字，汉人也需要懂得蕃语蕃字。党项人骨勒茂才专门编了一本双语双解字典《番汉合时掌中珠》，也称《掌中珠》（图5—9）。编书的目的，作者在序中说得很明白：

> 今时人者，番汉语言可以俱备，不学番言，则岂和番人之众；不会汉语，则岂入汉人之数。番有智者，汉人不敬；汉有贤士，番人不崇。若此者，由语言不通故也。如此则有逆前言。故愚稍学番汉文字，曷敢默而弗言。不避惭作，准三才集成番汉语节略一本，言音分辨，语句照然，言音未切，教者能整，语句虽俗，学人易会。号为《合时掌中珠》。

① 甘肃武威地区博物馆宁笃学、钟长发《甘肃武威西郊林场西夏墓清理简报》；甘肃省博物馆陈炳应《甘肃武威西郊林场西夏墓题记、葬俗略说》，《考古与文物》1980年第3期。

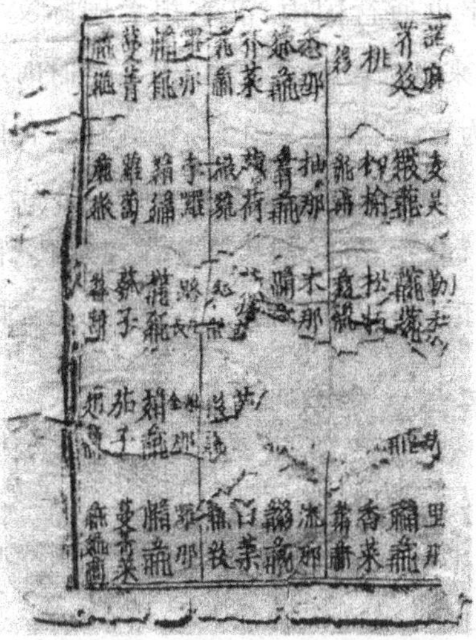

图 5—9 莫高窟北洞出土的《番汉合时掌中珠》

骨勒茂才认为相互学习语言文字，可以沟通蕃汉两族。《掌中珠》正文以内容分类，先以天、地、人三才分为三大部分，各部分再各分成三类。每个词条并列四项。中间两项为同义汉字和蕃字，汉字左侧的蕃字为汉字的注音，蕃字右侧汉字为蕃字的注音。蕃汉文字对照，音义了然。《掌中珠》在西夏乾祐二十一年（1190 年）编就，不久就流传开来。俄国人在黑水城遗址发现了两个版本的《掌中珠》①，宁夏贺兰宏佛塔内也有残页②，敦煌莫高窟北区洞窟发现的残页，可能又是一个版本③。就目前的发现看，《番汉合时掌中珠》已有多个版本，出土地点跨今内蒙古、宁夏和甘肃，涉及西夏全境。

西夏创蕃字，尊为国字，但是它的使用受党项语的限制，大量汉人还是要用汉字。西夏与宋的关系有战有和，但大部分时间西夏对宋称臣，奉宋为上

① 参阅黄振华、聂鸿音、史金波整理《番汉合时掌中珠》，宁夏出版社，1989 年。

② 宁夏回族自治区文物管理委员会办公室、贺兰县文化局《宁夏贺兰县宏佛塔清理简报》，《文物》1991 年第 8 期。

③ 彭金章、沙武田《敦煌莫高窟北区洞窟清理发掘简报》，《文物》1998 年第 10 期。

国，往来频繁，所以专设汉学院司其事，汉字也不能废，而西夏所邻的辽、金，虽有契丹、女真文字，汉字也通行国内，汉字担承国际文字的职能，汉字更不能废，西夏国土为汉代以来汉人之地，汉文化汉文字时时影响当地活动。上层党项人长期在唐宋二朝为官，娴熟汉家礼仪，已处在汉化的过程中。西夏建国之后儒学依然保存，后来毅宗、惠宗大力推广汉学，提倡汉文化，崇宗、仁宗设国学授儒学，立太汉太学，尊孔立庙，都提高了汉字地位，促进了汉字的使用。总之，对深受汉文化影响的西夏政权而言，汉字是畅行无阻的。

八　西夏文的语言文字书

西夏仿汉字创西夏文，为普及、推广和规范西夏文字的使用，同时借鉴汉语的字书、韵书等小学书的成果，编纂了多种西夏文字典等小学类书。其品类之齐全、水平之高堪与同类汉语作品媲美。

《杂字》《三才杂字》《纂要》《碎金》都是通俗的识字课本。

《杂字》是以事门分类的蒙学书，自三国魏张揖的《杂字》起便风行民间，至唐代更盛极一时。西方攫取的唐、五代敦煌文献中，定为“杂字”的就有十多种。西夏文《杂字》显然是汉文《杂字》的仿作，在启蒙识字方面发挥同样的作用。西夏文《杂字》在西夏境内流传极广，版本也不统一。俄国人在黑水城得到了六种西夏文《杂字》残页，有写本，也有不同的刻本。英国大英博物馆也收藏数页《杂字》残片。1972 年武威小西沟岘又发现两页《杂字》残纸，因为它四字成句，所以也称为《四字杂字》，史金波指出它是俄藏《杂字》中的一部分。

《杂字》有各种不同类型的本子，有一种本子以天、地、人三才分大类，再分地、山、河海、宝、丝、男服、女服、树、菜、花草、谷物、马、骆驼、牛、羊、飞禽、野兽、爬虫、昆虫、党项名、汉姓、党项姓、亲属、人体、住室、食物、器皿等，称为《三才杂字》。《三才杂字》除黑水城出土过外，敦煌莫高窟北区洞窟也有残页发现。《三才杂字序》(西夏文)是很有价值的短文。关于西夏字的结构原理，造字之始“以金石木铁为首，分别取天地风水，摘诸种事物以为编”。金、石、木、铁等字为上下结构，天、地、风、水等字为左右结构，再造字时，取第一类字的上部分，取第二类字的左部作意符，与其他部件结合，形成新字。关于编书的宗旨：

> 彼村邑乡人，春时种田，夏时力锄，秋时收割，冬时行驿，四季皆不闲，又岂暇学多文深义？愚怜悯此等，略为要方，乃作《杂字》三章。

作者着眼于终年忙碌的僻乡之人，无暇读书，所以选择日常用字分类编排，便于掌握，有点像速成识字课本①。

《纂要》是分部罗列有关语句的字书。每个西夏词语下加注相应汉语的西夏文对音，指出相应的汉语词。黑水城出土数页残片，内容为"乐器"和"花名"两个部分。西夏文《纂要》与南朝梁元帝《纂要》体例上有渊源关系，因为资料缺乏，尚不能确指以哪个汉文《纂要》为其母本②。

《新集碎金置掌文》，也称《碎金》，敦煌文献中有汉文《碎金》残卷，西夏之《碎金》显然是仿作。西夏文《碎金》5 字成句，全文 1000 字。因为内容少，篇幅小，故叫"置掌"，与现代袖珍本相似。黑水城及莫高窟北区洞窟内均有残页发现③。

《文海》和《音同》皆为西夏文字典。

《文海》是简称，全称为《文海宝韵》。是一部以声韵编排、解释音义、说明字形的字典。20 世纪在黑水城发现两个《文海》本子。一个是木刻本残件，包括平声部 89 页、杂类部 20 页。苏联学者聂历山（H. A. Невский）最早介绍了《文海》内容，我国学者罗福成介绍到国内，此后，日本及苏联学者对此作了不少有益探讨。1975 年开始，我国学者根据苏联刊布的《文海》原件影印本，作了一次全面的整理，出版了校勘和汉字翻译本《文海研究》④。另一个是写本残件《文海宝韵》，一度曾经失踪，1992 年又重新出现。写本《文海宝韵》虽是

① 聂鸿音、史金波《西夏文〈三才杂字〉考》，《中央民族大学学报》1995 年第 6 期。

② 聂鸿音《列宁格勒藏本西夏文词书残叶考》，《民族语文》1990 年第 1 期。

③ 聂鸿音、史金波《西夏文本〈碎金〉研究》，《宁夏大学学报》1995 年第 2 期。

④ 史金波、白滨、黄振华《文海研究》，中国社会科学出版社，1983 年。

刻本《文海》的略抄本，它却补足了刻本中占西夏文近半数的上声和入声韵所收的字，还填补了刻本中平声和杂类的残缺部分。刻本《文海》存字3063个，仅占西夏文的一半强，而写本《文海宝韵》的字较全。

《文海》由平、上、入声和杂类两部分组成，每声部分韵，各韵再依声母为序排列所收的西夏字，同音字同列一组，每字注反切音，抄本则略去了反切上下字①。这种编排方式类似中原韵书《广韵》。每字字头用大字，注释为两行小字。注释先是字形分析，一般指出采用构成字的哪一部分造字；其次是释义，多用同义字或近义字说明。这种以字形分析为基础的释义法是仿照《说文解字》的体例。《文海》对西夏字的文字构造分析具有十分重要的意义，从中可以寻找出西夏文字的造字原理和规律②。

《音同》，也称《同音》(图5—10)，仿中原民间的简编韵书，但编排以声类为纲，是西夏文中影响较大的字典。《音同》按九品声母分类，有重唇、轻唇、舌头、舌上、牙、齿头、正齿、喉、来日舌齿，每品同音字为一组，无同音字的独字排在各品之后。字头之下有简注，以同义字、反义字、词组说明并指出类属、词性和用途等。共收字头6000多个。《音同》成书于西夏早期，是学习和使用西夏

图5—10　西夏《音同》残页

① 聂鸿音认为某些韵可以再划分出两个以上小韵类，其中重韵代表了诸韵内部“开合”或“洪细”的区别，重纽代表了党项语声调的区别。参阅聂鸿音《〈文海〉韵的内部区别》，《民族语文》1998年第1期。

② 史金波《西夏文字本〈文海宝韵〉》，《民族语文》1999年第4期。

文的主要工具书，为了向大众普及，把《音同》的内容加以缩略，成为《杂字》。《音同》本子屡经修订，多次整理校勘重新刻印。20世纪初，在黑水城发现的《音同》至少有早期和中期两个版本、四种刻本。1976年，在黑水城东老高苏木遗址出土了《音同》的23个碎片，属于中期的第二种版本[①]。1983—1984年，黑水城遗址又发现《音同》残页共25纸，分属两种不同版本[②]。从这么多不同本子的流传也可以看出《音同》一书使用时间之久，流传之广。

① 岳邦湖、陈炳应《我国发现的西夏文字典〈音同〉残篇的整理复原与考释》，《中国民族古文字研究》，中国社会科学出版社，1984年。

② 史金波、黄振华《黑城新出西夏文辞书〈音同〉初释》，《文物》1987年第7期。

第六章　向东北传播史

第一节　高句丽使用汉字

东北地区诸民族自古就与中原保持密切的联系，所建立的民族政权多与中原王朝有一定臣属关系。周王同姓贵族召公奭受封燕，据有今河北北部和东北南部等地。春秋战国时期，燕的领地有所扩大，其北长城达到今辽宁赤峰，吉林奈曼旗、库伦旗等地。战国时期，中原燕人或赵人已经深入今吉林某些地区。1981 年，吉林长白八道沟镇葫芦套村北山坡石堆内发现战国时赵国铜戈一件，刻铭为“廿年丞閔（藺）相女（如），邦左□虒智，冶阳”及“相邦”和“肖（赵）”字。这些应是赵惠文王二十年（前 279 年）蔺相如任相邦时所铸兵器①。1980 年，在吉林集安阳岔公社高台子的某菜窖中挖出赵国的青铜短剑，剑身两面刻小字，正面 2 行 20 字，为“七年相邦阳安君邦右库工师吏笨朝冶吏疱敎剂”。背面 5 字，为“大攻看□□”。此剑铭的器式有三晋兵器的特点，所以应是春秋晋器②。总之，在春秋战国时期，已有中原势力在今吉林一带活动，并把汉字带到了当地。

居住在我国东北地区的夫余人、挹娄人和高句丽人与汉人很早就有来往。汉武帝元封三年（前 108 年）设置四郡，与辰韩、马韩相邻，夫余、高句丽等均属玄菟郡管辖。此后各族人民交流频繁，关系日益密切，当地的古代少数民族也处在汉文化的直接影响之下。元帝时，夫余人朱蒙在高句丽地建国，定都国内

① 长白朝鲜族自治县文物管理所《吉林长白朝鲜族自治县发现蔺相如铜戈》，《文物》1998 年第 5 期。

② 集安县文物保管所《吉林集安县发现赵国青铜短剑》，《考古》1982 年第 6 期。

城(今吉林集安县城),以高句丽(后也称高丽)为号。高句丽在西汉末年立国,当时就使用汉字。据《三国史记》记载,高句丽建国初期,有人记事100卷,称为《留记》。在集安一带出土一方铜铸穿带两面印,两面都有界格,一面为“癸亥年正月中”,一面为“栈天如郎直中”,字体古朴庄严。印的形制显然为汉代穿带印,但又与中原有明显差异,应为高句丽所造[①]。在稍晚的高句丽古墓中还经常发现铭文瓦当。集安出土的高句丽瓦当出土了数百件,有的就带有铭文。“太宁四年”瓦当,径12.5厘米、厚2.5厘米。卷云纹外一圈模印文字“太宁四年太岁□□闰月六日己巳造吉保子宜孙”(图6—1)。当为东晋明帝太宁三年(325年),相当高句丽十五代美川王廿六年。太宁仅有三年,明帝太宁三年闰月戊子(廿五日)崩,中原变故,高句丽尚未有消息,故而顺延年号。此外还有“泰”字当,中间乳突为泰字,连弧中有阳文“岁□戊年造瓦启记”8字。丁巳当,可读“……四时兴诣□□□□万世太岁在丁巳五月廿日”,约为晋穆帝升平元年(357年)[②]。

图6—1 太宁四年瓦当

在4世纪末叶的集安山城下墓区332号石室墓中,墓室四壁绘满“王”字和云纹组合成的图案,用黄色、黑色、红色书写的隶书“王”字使墓内充满了威严神秘的气氛[③]。高句丽把汉字视为本族的文字,广泛地使用于各种场合。遗存至今最重要的是三件碑志:一件即著名的《好太王碑》,一件是1979年在朝鲜忠清北道中原郡发现的《中原高句丽碑》,一件是《冉牟墓志》。

《好太王碑》(图6—2)出自高句丽国内城遗址,地属当时的高句丽王都。此碑于清光绪初年为金石爱好者关月山在荒草之中发现,他把碑文拓片分赠同好,引起人们的兴趣,于是争相取拓,不久即流传开来,进而引起了日本人的注意。好太王是高句丽的第19代王,名安。公元412年逝世,葬于距县城东

① 吉林省考古研究室、集安县博物馆《集安高句丽考古的新收获》,《文物》1984年第1期。
② 参阅林至德、耿铁华《集安出土的高句丽瓦当及其年代》,《考古》1985年第7期。
③ 李殿福《集安洞沟三座壁画墓》,《考古》1983年第4期。

4.5公里的陵墓中，墓上曾经出土字铭砖。书曰“愿太王陵安如山国如岳”。此碑是好太王之子长寿王所立，建碑时间是长寿王二年(414年)。碑由整块巨石制成，四面凿天地格，中间加竖行，四面刻有1775字，但是损磨泐痕较多，已有141字无法辨认。字形方正古拙，隶中带楷，多用草字，具汉魏八分风格。此碑记载当时重大史实，且不见史书记录，有很重要的文献价值。

图6—2 《好太王碑》(局部)

《好太王碑》碑文①：

惟昔始祖邹牟王之创基也，出自北夫余天帝之子，母河伯女郎，剖卵降世，生而有圣德。□□□□□命驾。巡幸南下，路由夫余奄利大水，王

① 释文依据：王健群《好太王碑研究》，吉林人民出版社，1984年。

临津言曰:“我是皇天之子,母河伯女郎,邹牟王,为我连葭浮龟。”应声即为连葭浮龟,然后造渡。于沸流谷忽本西,城山上而建都焉。不乐世位,因遣黄龙来下迎王。王于忽本东冈,黄龙负升天。顾命世子儒留王,以道兴治。大朱留王绍承基业。逯至十七世孙国冈上广开土境平安好太王,二九登祚,号为永乐太王。恩泽洽于皇天,威武振被四海,扫除不□,庶宁其业,国富民殷,五谷丰熟。昊天不吊,卅有九,宴驾弃国。以甲寅九月廿九日乙酉,迁就山陵。于是立碑,铭记勋绩,以示后世焉。词曰:永乐五年,岁在乙未,王以碑丽不归□人,躬率往讨,过富山负山至盐水上,破其三部洛六七百营,牛马群羊,不可称数。于是旋驾,因过襄平道,东来□城、力城、北丰。王备猎,游观土境,田猎而还。百残、新罗,旧是属民,由来朝贡;而倭以辛卯年来,渡海破百残,□□[新]罗,以为臣民,以六年丙申,王躬率水军,讨伐残国。军至窠南,攻取壹八城、臼模卢城、各模卢城、干氐利城、□□城、阁弥城、牟卢城、弥沙城、古舍茑城、阿旦城、古利城、□利城,杂珍城、奥利城、勾牟城、古模耶罗城、须[邹][城]、□□城、□而耶罗[城]、瑑城、于利城、[农][卖]城、豆奴城、沸[城]、比利城、弥邹城、也利城、大山韩城、扫加城、敦拔[城]、□□□城、娄卖城、散那城、那旦城、细城、牟娄城、于娄城、苏赤城、燕娄城、析支利城、岩门旨城、林城、□□□□□□□□利城、就邹城、□拔城、古牟娄城、闰奴城、贯奴城、乡穰城、曾拔城、宗古卢城、仇天城、□□□□逼其国城。残不服义,敢出迎战。王威赫怒,渡阿利水,遣刺迫城,残兵归穴,就便围城。而残主困逼,献出男女生口一千人、细布千匹,跪王自誓:从今以后,永为奴客。太王恩赦始迷之愆,录其后顺之诚。于是得五十八城、村七百,将残主弟并大臣十人,旋师还都。八年戊戌,教遣偏师观帛慎土谷,因便抄得莫斯罗城、加太罗谷男女三百余人。自此以来,朝贡论事。九年己亥,百残违誓,与倭和通。王巡下平穰。而新罗遣使白王云:倭人满其国境,溃破城池,以奴客为民,归王请命。太王恩慈,称其忠诚,特遣使还,告以密计。十年庚子,教遣步骑五万住(往)救新罗。从男居城至新罗城,倭满其中。官军方至,倭贼退。自倭背急追至任那加罗从拔城,城即归服,安罗人戍兵。拔新罗城、

[盐]城,倭寇大溃,城内十九,尽拒随倭,安罗人戍兵。新罗城□□[其]□□□□□□□[言]□□[且]□□□□□□ □□□□□ □□□□□□□□□□□□□辞□□□出□□□□ □□□残倭溃逃。拔□城,安罗人戍兵。昔新罗寐锦,未有身来论事,□□□□[广]开土境。好太王□□□□寐锦□家仆勾请□□□朝贡。十四年甲辰,而倭不轨,侵入带方界,[和]通残兵□石城,□连船□□□,王躬率住讨,从平穰□□□锋相遇,王幢要截盪刺,倭寇溃败,斩煞无数。十七年丁未,教遣步骑五万,□□□□□□□□□。王师[四][方]合战,斩煞荡尽。所获铠钾一万余领,军资器械,不可称数。还破沙沟城、娄城、牛由城、□城、□□□□□□□城。廿年庚戌,东夫余旧是邹牟王属民,中叛不贡。王躬率住讨,军到余城,而余举国骇服。献[出]□□□□□□。王恩普覆,于是旋还。又其慕化随官来者,味仇娄鸭卢、卑斯麻鸭卢、揣社娄鸭卢、肃斯舍[鸭卢]、□□□[鸭]卢。凡所攻破城六十四、村一千四百。守墓人烟户:卖句余民国烟二看烟三。东海贾国烟三看烟五。敦城民四家尽为看烟。于城一家为看烟。碑利城二家为国烟。平穰城民国烟一看烟十。此连二家为看烟。俳娄人国烟一看烟卌三。梁谷二家为看烟。梁城二家为看烟。安夫连廿二家为看烟。改谷三家为看烟。新城三家为看烟。南苏城一家为国烟。新来韩秽沙水城国烟一看烟一。牟娄城二家为看烟,豆比鸭岑韩五家为看烟。句牟客头二家为看烟。求底韩一家为看烟。舍茑城韩秽国烟三看烟廿一。古模耶罗城一家为看烟。炅古城国烟一看烟三。客贤韩一家为看烟,阿旦城、杂珍城合十家为看烟。巴奴城韩九家为看烟,臼模卢城四家为看烟。各模卢城二家为看烟。牟水城三家为看烟。干氐利城国烟二看烟三。弥邹城国烟一看烟七。也利城三家为看烟。豆奴城国烟一看烟二。奥利城国烟二看烟八。须邹城国烟二看烟五。百残南居韩,国烟一看烟五。大山韩城六家为看烟。农卖城国烟一看烟七。闰奴城国烟一看烟廿二。古年娄城国烟二看烟八。瑑城国烟一看烟八。味城六家为看烟。就咨城五家为看烟。彡穰城廿四家为看烟。散那城一家为国烟。那旦城一家为看烟。句牟城一家为看烟。于利城八家为看烟。比利

城三家为看烟。细城三家为看烟。国冈上广开土境好太王存时教言:"祖王先王但教取远近旧民守墓洒扫。吾虑旧民转当羸劣,若吾万年之后,安守墓者,但取吾躬巡所略来韩秽,令备洒扫。"言教如此,足以如教令,取韩秽二百廿家。虑其不知法则,复取旧民一百十家。合新旧守墓户国烟州,看烟三百,都合三百州家。自上祖先王以来,墓上不安石碑,致使守墓人烟户差错。唯国冈上广开土境好太王,尽为祖先王墓上立碑,铭其烟户,不令差错。又制守墓人自今以后不得更相转卖。虽有富足之者,亦不得擅买。其有违令,卖者刑之。买人制令守墓之。

《冉牟墓志》是在墓葬中发现的,墓在集安县城东12公里东龙山南麓,墓志为墨书,在墓室正壁梁枋上,每行10字,共79行,纵横有界格,另有题首2行,全文约800余字,但大多漫漶不清,可辨识者仅360字左右。文字为隶书,带楷意。建碑时期在长寿王继位初年,与《好太王碑》同期。冉牟为高句丽贵族,此志是高句丽的重要史料①。

高句丽四神墓因墓室中绘有四神壁画而得名,位于集安城东2公里禹山南麓,距五盔坟4号墓约50米。墓内壁画有钻木取火图,还有苍颉造字图。苍颉披发,穿皮草,单腿跪地,一手执笔,一手持木牍,作写字状。一侧有几,几上陈竹简,身旁三组小几,几上似有砚台。苍颉四周云气缠绕,烘托神秘气氛②。

好太王在位时,高句丽败日本、百济联军,臣服新罗,其子长寿王迁都平壤,占有辽东及汉江流域。1979年韩国檀国大学博物馆学术调查团在忠清北道中原郡的立石村发现高句丽碑,就地名称之为《中原高句丽碑》。碑形制近于好太王碑而小,由一块花岗岩修整而成,高1.44米,地上部分高1.35米,宽0.55—0.59米,厚0.37—0.38米。碑文四面环刻,面东的正面及左侧面字迹比较清楚,其他两面因磨损而模糊不清。字带隶意,每字大小在3—5厘米之

---

① 参阅劳干《跋高句丽大兄冉牟墓志兼论高句丽都城的位置》,《历史语言研究所集刊》第11本;耿铁华《高句丽贵族冉牟墓及墓志考释》,《辽海文物学刊》1987年第2期。

② 吴广孝《集安高句丽壁画》,山东画报社,2006年,第204页。

间，正、左侧面共有400字左右。前面第一排上方还发现了横书“建兴四”三字，建碑时代为长寿王之孙文咨明王时期①。

北魏太武帝始光四年(427年)，高句丽迁都平壤。不久，松花江流域为兴起的勿吉占有，高句丽的势力范围向南收缩。南北朝时期，中原战乱不息，又有一批汉人东迁移居高句丽，汉族文化在高句丽境内得到进一步的传播②。372年，高句丽立太学，以儒家经典传授王族及贵族子弟。东晋安帝义熙九年(413年)高句丽遣使东晋，历经宋、齐、梁，与南朝联系未有中断。高句丽陆路通北朝，北齐乾明元年(560年)，封其王为高丽王，此为朝鲜半岛的高氏高丽王朝。唐贞观年间，高句丽派遣子弟入唐，请求进入国学。在其国内，广泛地引进汉人的教育制度。《旧唐书·东夷传·高丽》载：

> 俗爱书籍，至于衡门厮养之家，各于街衢造大屋，谓之扃堂，子弟未婚之前，昼夜于此读书习射。其书有《五经》及《史记》《汉书》、范晔《后汉书》《三国志》、孙盛《晋春秋》《玉篇》《字统》《字林》；又有《文选》，尤爱重之。

可见，所习书籍大致与唐相同。高丽的中原文化传统至宋依旧。宋人方凤《夷俗考》记：

> 高丽国知文字，庶民子孙夜诵书，昼习射。宋时遣使进《别叙孝经》一卷、《越王孝经》一卷、《新义》八卷、《皇灵孝经》一卷、《孝经□图》一卷。又表求《板本九经》，诏与之。三岁一试，举人有进士诸科等学。

① 参阅徐光辉《中原高句丽碑》，《东北亚历史与文化》，辽沈书社，1991年。文后附此碑录文。

② 十六国时期，有些高句丽人被迫迁至中原，并在中原留居，现陕西尚见高句丽碑刻，有北魏神龟三年造像碑、西魏大通十四年造像碑及唐贞元十一年似先义逸碑。参见金宽镛、李健超《陕西新发现的高句丽人、新罗人遗迹》，《考古与文物》1999年第6期。

第二节 渤海国使用汉字

一 海东盛国渤海

渤海是以粟末靺鞨人为主体创立的政权。靺鞨是东北地区的一个古老民族，古称肃慎，曾向周朝纳贡楛矢石砮，汉又称挹娄，南北朝又称勿吉、靺鞨，都与中原王朝保持紧密的臣属关系。隋末，粟末靺鞨酋帅突地稽率其部众自夫余城迁移至柳城，炀帝授突地稽金紫光禄大夫、辽西太守。他爱慕中原文化礼仪，《隋书·东夷传·靺鞨》载“悦中国风俗，请被冠带”。唐初，粟末靺鞨乞乞仲象、大祚荣父子也迁徙营州(即隋柳城，今辽宁朝阳)。武后万岁通天年间，契丹首领李尽忠叛唐，营州靺鞨人卷入。唐军平叛，靺鞨人东渡辽海而逃，回到靺鞨故地(今吉林敦化敖东城)。乞乞仲象曾被唐封为震国公，乞乞仲象死后，其子大祚荣继承封号，以“震”为名，于公元698年自立为震(振)国王[①]。公元713年，唐朝册封大祚荣为忽汗州都督、渤海郡王，大祚荣因而改称国号为渤海。渤海经诸王经营，役属海北诸部，开拓疆土，成为东北地区相对统一的民族政权。强盛之时，幅员五千里，西接契丹，东临大海，南以泥河与新罗相邻，北至黑水靺鞨，设五京十五府六十二州。其人民以靺鞨为主，吸收汉人、高丽等其他民族，有户十余万，常备兵数万。渤海作为“海东盛国”历时229年，在公元926年为契丹阿保机所灭。

渤海的先民历来与中原王朝有臣属的朝贡关系，渤海国依然保持了这种传统，这是渤海与唐朝关系的基础。公元705年，唐中宗遣侍御史张行岌招慰大祚荣。大祚荣应招，马上遣子入侍，表示臣服，明确了与唐朝的隶属关系，并于公元711年首次向唐朝贡献方物。渤海与唐朝的臣属表现在三个方面：一

---

① 震，东方。《易·说卦》：“万物出于震。震，东方也。”震国，意即东国。

是新继王位必须有唐册命,方可称王,而不能自封;二是贺岁,尽缴纳赋税的责任(据统计,向唐朝贡共达 145 次;唐亡后,继续向后梁、后唐朝贡 8 次)。三是实行质子入侍,一直维持到唐末。由此可见,渤海与唐朝始终是较有独立性的地方民族政权与中央政权的关系,这种关系为文化上的交流、文字上的统一提供了良好的条件。

营州经隋唐两朝的悉心经营,已经成为以汉人为主的多民族杂居的区域。它由中央派来的汉人管理,具有汉人的习俗风尚及文化。渤海国的核心人物多从营州东归,他们居住期间濡染了汉文化,接触了汉人的政治经济。所以在明确与唐朝的臣属关系之后,就全面地接受了汉人的先进事物,移植汉人的政治制度,接纳汉人的优秀文化。

大武艺在位期间,十分重视与唐朝的关系,18 年中先后遣使 23 次,他的三个儿子与五个兄弟也先后到过唐朝,而其重要的目的,是"习识古今制度"。这段时期虽然不长,但却是引入唐代文化的前奏,迎来了其后从大钦茂开始的一百余年的遣使高潮。大钦茂登上王位后进一步推动与中原地区的交流,他在位的 57 年中,曾 36 次遣使唐朝,唐朝也 5 次遣使渤海。渤海屡屡送学生入唐学习,诣京师太学。大约从唐开元二年(714 年)起,渤海学生每批六人入太学学习,学成而返,再遣新的学生。在唐学成的渤海人许多都达到相当高的文化修养,有些还名留史册。与此同时,大钦茂专门遣使求唐朝的经典文选,"请写《汉书》《三国志》《晋书》《三十六国春秋》《唐礼》,玄宗许之[①]"。在渤海王室大力倡导下,中原的汉族文化全面进入了渤海社会。渤海上京龙泉府遗址(在今黑龙江宁安渤海镇)证实,这座城市的布局是以中城门的南北线为中轴,左右对称安排的。中轴线两侧的主要建筑左右对称,宫城坐落在大城北部。这些特点,与隋唐长安城极为相似,说明渤海上京龙泉城是仿照长安城的规划来建造的。贞孝公主墓墓室内绘有十二个人物,有卫士和侍者,长袍束带,有的戴幞头,有的系抹额,捧包袱,扛锦囊,体态丰腴,雍容谦恭。从绘画风格和装束上看,

① 《唐会要》卷 36。

图 6—3　贞惠公主墓志

都是当时唐朝壁画的再现。大钦茂两个公主的墓志《贞惠公主墓志》(图 6—3)和《贞孝公主墓志》,是中原文化深入渤海国的见证。铭文是四六相间的骈文,辞藻华丽,声韵谐调,对仗工整,看出作者能熟练地运用汉文。铭文中大量地引用了汉文经典的句子(如《尚书》《左传》《诗经》《易经》《礼记》),且善于用典,内容出于《汉书》《庄子》《论语》等。铭文作者具有很高的汉文学造诣,除娴熟《三国志》《文选》等重要书籍外,也熟悉从屈原、宋玉、刘向、曹植到阮籍、鲍照、庾信、徐陵的诗文。总之,无论从哪一方面来看,墓志的文字水平都不亚于中原地区。墓志宣扬儒家道德观念作为立国之本,同时崇奉佛法,也是照搬唐朝的治国办法。

二　渤海国的汉字

渤海要全面引进中原文化,学习汉语,自然首先要学习汉字。但是这还是汉字一般的传播内容和背景,对于渤海来说,还有一些特殊的情况。

首先,渤海国不是一个独立的国家,而是唐朝的一个地方民族政权,唐朝把渤海作为一个行政区来对待。公元 713 年,唐朝册封大祚荣为左骁卫大将军、渤海郡王。与此同时,把渤海领地划为忽汗州,设忽汗州都督府,与在契丹各部所设的松漠都督府、在奚各部设置的饶乐都督府、在黑水靺鞨各部设置的黑水都督府,都是唐朝在东北地区的行政单位。因此,玄宗册封渤海郡王的同时,又使其领汗州都督。尽管唐朝对这类少数民族的地方政权给予较大的自治权，如其首领为都督，可得世袭，自命年号，自建军队等，可是这只是中央对地方的一种特别办法，并不改变隶属关系。中国从古以来的传统就是统一文字，把文字作为统一的象征，这是渤海使用汉字的政治上的原因。唐朝诗人温庭筠《送渤海王子归本国诗》有句："疆理虽重海，车书本一家。盛勋归旧国，佳句在中华。""车书本一家"，说明了车同轨、书同文，"本一家"点明了是在一个统一的国家里。温诗正反映了当时渤海与唐朝的关系，是可贵的史料。

渤海国在立国的228年(698－926年)间受到中原文化的影响，出现了诗歌创作的黄金时期，成为唐诗的一个组成部分。渤海诗人出使日本，至今尚有杨泰师、王孝廉、裴颋和裴璆父子零星诗篇留存于世。日本文士推崇和拥戴裴颋，称赞他出于白居易而有新气象："白体新诗大使裁"。渤海王国的诗作国内史籍已完全失载，仅在日本古代文献《经国集》《文华秀丽集》《续日本纪》中有所收录，但数量已不足十首了[①]。李白、杜甫、白居易等人的作品持续不断地传入海东地区，并深得渤海王国各阶层人士的喜爱。唐刘禹锡《酬杨司业巨源见寄》："辟雍流水近灵台，中有诗篇绝世才。渤海归人将集去，梨园弟子请词来。"

其次，渤海使用汉字的语言基础比新罗、日本好。渤海紧邻汉人聚居的辽东，本地亦有相当数量的汉人。另外，渤海据有大片高句丽故地，而高句丽遗民对汉语熟悉，多有能说汉语者。渤海王室从汉地而来，对汉语并不陌生，而且，渤海臣属唐朝，汉语在渤海流通合理合法，具官方语言的性质。总之，汉语在渤海流通是有较深厚基础的。渤海国内民族众多，所说的语言亦不相同，高句丽、夫余与靺鞨分属不同的语言分类，共处一地，语言不通，因此有必要把汉语作为沟通不同民族的共同官方语言。渤海西有契丹，南有新罗，东与日本隔海相望，是一个国际交通的中心，当时正处于学习唐朝文化的高潮，汉字汉语自然成为一种可以作为中介的"国际语言"了。北宋宣和六年(1124年)许亢宗出使金国，在黄龙府(今吉林农安)见到"凡聚会处，诸国人言语不

① 李德山《论渤海王国的诗歌创作》，《光明日报》2012年4月16日15页。

通，则各为汉语以证，方能辨之[①]”。这种情况，很可能是从高句丽、渤海沿袭到宋金的。汉语汉字作为民族共同语文和国际性语文在古代的东北地区有悠久的历史。

综上所述，汉字在渤海国的使用有着深厚的基础和优越的社会条件，因此，汉字在渤海的传播也有其独特的方式，使用纯粹的汉语，书写纯粹的汉字。如果把渤海与日本、朝鲜比较的话，它对汉字的使用停留在第一阶段，即用汉字书写汉语，没有发展成音读、训读，也没有发展为吏读，更不会出现类似假名字母或谚文的东西了。

渤海国灭后，并无文籍传世，目前只能从中国、日本、朝鲜的汉文古籍中见到一些渤海国的文字材料，为数有限，是书、表、牒、状和诗作。渤海故地曾经发现过一些铭刻材料。清人张贲《白云集》中的《东京记》记载东京城“掘地得断碑，有‘下瞰台城，儒生盛于东观’十字，皆汉字”。此碑后来不知去向，湮没无闻。1949 年吉林敦化六顶山出土了《贞惠公主墓志》[②]（图 6—3），1980 年吉林和龙龙头山又出土了《贞孝公主墓志》，皆阴刻楷书。前者计 725 字，有 491 字清晰可辨；后者计 728 字，除个别字外，都清晰可识。2005 年和龙龙海渤海王室墓出土多件汉文墓志：3 号墓顺穆皇后墓志，正视为圭形，宽 34.5 厘米、通高 55 厘米、厚 13 厘米。碑文 9 行，共计 141 字，仅有 2 字脱落。碑文有“渤海国顺穆皇后”即“简皇后泰氏也”，“建兴十二年七月十五日，迁安□陵，礼也”等。12 号墓孝懿皇后墓志，碑文没有发表[③]。

这四通碑铭是现存文字最多、最为重要的渤海国文字资料[④]。在渤海三京故地，即黑龙江宁安的上京龙泉府，吉林珲春的东京龙原府，吉林和龙的中京显德府，出土过不少有字陶瓦。这类有戳印上字的文字瓦片累计共 250 余

① 《三朝北盟会编》。

② 阎万章《渤海“贞惠公主墓碑”的研究》；金毓黻《关于“渤海贞惠公主墓碑研究”的补充》，《考古学报》1956 年第 2 期。

③ 吉林省文物考古研究所、延边朝鲜族自治州文物管理委员会办公室《吉林和龙市龙海渤海王室墓葬发掘简报》，《考古》2009 年第 6 期。

④ 延边朝鲜族自治州博物馆《渤海贞孝公主墓发掘清理简报》；王承礼《唐代渤海〈贞惠公主墓志〉和〈贞孝公主墓志〉的比较研究》，《社会科学战线》1982 年第 1 期。

个文字和符号。瓦文出自制瓦工匠之手，字形不甚讲究，正俗不分，加之印模不清或磨损风化，所以人们颇多异议。2000年以来吉林考古对渤海国的中京显德府西古城遗址进行了大规模发掘，出土的板瓦筒瓦上有戳印文字。渤海古城遗址出土文字瓦中有“屈”“保”“成”“钵”“男”“左李”“素”“可”“方”“山”“福”“计”等字。为模印印出(图6—4)。

渤海文字瓦中有些“属于字体特殊，不能读音解意”的文字，甚至还有反文[①](图6—5)。从收集的字样看，乍看确实有点古怪。江雪等认为这些生拙丑怪、无笔法可言的写法，与刻写者的文化水平较低有关。部分不会写字的工匠误刻，有的是非常规的俗写方法，因此出现无依据的增笔、减笔与改写[②]。此类工匠文字往往有不规范的情况，而且因为砖瓦破残，字形缺失，模范的痕迹等等，离奇字形本不为怪。

图6—4 渤海文字瓦

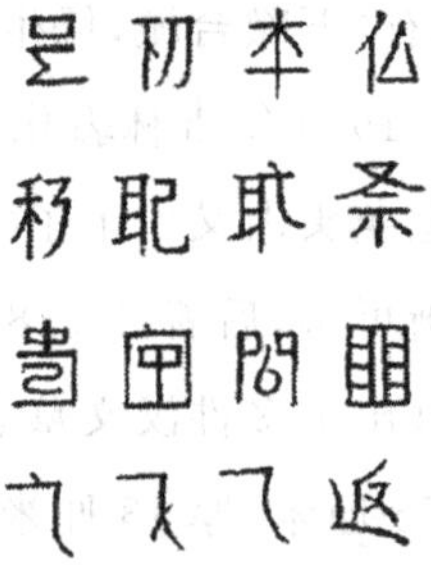

图6—5 特殊字体的文字瓦

有些字是可以认读的，如“仫”“耶”字，是当时常见的写法，并不稀奇，如果把它看成特别的渤海文字就荒唐了。

这是渤海文字的第一手资料，足以证明不仅上层使用汉字，而且下层劳动人民也使用汉字。此外，还有一些零星的文字材料，如和龙渤海古墓出土铜铊尾上刻字等。1960年宁安渤海龙泉府外城发现“天门军之印”篆文铜印，很可能是渤海国的遗物。宁安渤海镇虹鳟鱼场渤海墓葬中发现了带汉字的陶器，

① 叶丽萍《唐代渤海的文字瓦与文字》，《黑龙江史志》2012年第9期。

② 江雪、方强《渤海国文字瓦“以”“其”释读及瓦文书体考察》，《北方文物》2013年第4期。

汉字可能为官署名[1]。吉林汪清春阳镇红云村发现渤海建筑遗址筒瓦一件，正面竖行阴刻"年六月造檀主""主孝等"汉字[2]。

保留文字最多的是两通公主墓志和文字瓦，但两者文字面貌有较大的区别。这种区别主要不在字形的工整和草率，而在字体的正俗。墓志文字整饬，书风与中原一致，用的字形基本合于中原正字，很少破体俗字。相反，文字瓦字形比较随便，有大量的古字、俗体。这类"殊异字"与常见楷书写法不同，加之字形漫漶，书写不工，以致引起种种推想。日本人稻叶君山看到白鸟在东京城的文字瓦，认为"大略似女真文，而颇有不同之点，是否为渤海之文字，固不敢断言也[3]"。而沙夫库诺夫却从上京遗址的文字瓦中发现："一部分符号很像契丹大字符号。然而，把印在渤海瓦上的符号同契丹大字和女真大字符号相比较，就可看出，它们的基本形态没有任何相似之处。这就可以推测，在这种情况下我们遇到了渤海的第三种文字。这显然来源于6世纪末新罗国使用的那种似谓'吏读'文字。""大概，后来新罗人的北邻渤海人，为了同样目的改变了一些汉字的外形之后，根据'吏读'的原则创造了自己的文字。这种文字后来显然又通过渤海人而被契丹人所掌握，后者又根据上述原则在10世纪初创造了自己的文字，这就是大家都知道的所谓(契丹)文字[4]"。他认为渤海国内汉字只用于上层的狭小范围，而后两种自创的文字则广泛地应用于民间。国内学者自然否认了这种没有事实基础的臆测，但是也有人认为，这类殊异字中不能排除渤海自创的少量新的汉字。

从目前发现的文字瓦"殊异字"来看，除了反书、破损、字外加框的情况外，无非是俗字别体，而这类字体也非渤海自创，它也是从中原传入的。

李强专门整理过文字瓦的别体字，它们都可以从中原的唐碑及唐以前铭刻文字中找到用例[5]。应该指出，文字瓦上的俗体大都在汉地有很悠久的使

---

① 金太顺《宁安虹鳟鱼场靺鞨—渤海墓群发现有重大收获》，《中国文物报》1996年2月4日。

② 吉林省文物考古研究所《吉林汪清县红云渤海建筑遗址的发掘》，《考古》1999年第6期。

③ 〔日〕稻叶君山《满洲发达史》，《东北丛刊》民国十九年第7期。

④ 〔苏〕沙夫库诺夫《渤海国及其在滨海地区的文化遗存》，《民族史译文集》13期，科学出版社，1985年，79—80页。

⑤ 李强《论渤海文字》，《学习与探索》1982年第5期。

用历史，有些甚至可以追溯到秦汉时代。如“𧾷”（足）、“㝎”（定）是由篆而来的草法，至少在西汉就很流行了。“恩”（恩）、“㒷”（兴）、“平”（卒）、“写”（烏）等简化写法早在东汉的简牍碑刻中已经存在。而“男”（男）、“川”（川）、“耶”（耶）等都是长期存在的篆意楷书。所有这些字是由篆变隶过程中的不规则字形，在唐朝确立以隶省楷书为正体之后，这类被列入俚俗的别体退出了上层的交流场合，只限于民间杂用。因此，渤海国文字瓦上的“殊异字”为中原传入，随着中原正俗体的区别使用，渤海亦相应地把这种俗体限制在民间杂用的范围。渤海国故址发现的墓志和文字瓦文字差异就是一个明证。

方字是汉字适合地方特殊词汇、名称所产生的现象，是汉字功能的表现。它作为汉字的一个特殊部分，与已有的汉字相配合，完成汉字在这一地区的书面交流任务。渤海汉字中一般来说也会有这种方字，但是在两通公主铭文和文字瓦中未有发现，这只能说明渤海的方字使用很少或者根本没有。金毓黻曾提出渤海末期两位出访日本的学者名字中的两个字，认为是渤海人的新创。但他也否认了这两个字的民族文字性质，它不同于新罗的吏读、日本的假名，或恐可归入方字一类。

至今为止，在渤海国故地未发现汉字之外的文字，可以认为，渤海国使用与中原相同的文字，而且没有系统地创造表示本族语言的方块渤海文字。因而，《旧唐书·北狄传·渤海靺鞨》称之“颇有文字及书记”，《新唐书·北狄传·渤海》称之“颇知书契”，这是对该地广泛而正确地使用汉字的记载。使用的文字与汉地完全保持一致，贯穿了渤海国从建国到灭亡的整个过程。《金史》载金熙宗在天眷元年（公元1138年）下诏“百官命女直、契丹、汉人各用本字，渤海同汉人”。此时离渤海灭国已逾一百余年，渤海人依然用字同汉人，这形象地说明汉字对渤海之地影响之深，同时也足以证明渤海使用汉字是始终与汉地保持一致的[①]。

---

① 学术界始终有人认为渤海国有自创的新字，补充汉字不足。参见金在善《浅谈渤海国的语言文字》，《中央民族大学学报》1996年第6期。

第三节　汉字在契丹的传播

一　汉文化影响下的契丹

契丹源于东胡，为鲜卑宇文部的一支。北魏登国三年（388 年），北魏攻破契丹，迫使契丹退居潢水（今西拉木伦河）以南、土河（今老哈河）以北地区。《魏书·契丹传》："显祖时，使莫弗纥何辰奉献，得班飨于诸国之末。归而相谓，言国家之美，心皆忻慕。"从而逐渐与中原政权建立起互市、朝贡关系。隋代，契丹部众入塞内附，依潢水而居，其地在辽西（今锦州东北），不久开始侵扰隋境。贞观二年（628 年）契丹大酋长率各部归附唐朝，至窟哥任大酋长时，契丹举族内附。贞观二十二年（648 年），唐在契丹居地建松漠都督府，窟哥赐姓李氏，任松漠都督，各部酋长任刺史。从此，契丹诸部由中原朝廷直接管理。唐太宗时，大贺氏联盟归唐，赐姓李氏，唐玄宗以宗室女封为公主，远嫁契丹首领。

2001 年西安东郊唐墓中发现了契丹王李过折墓志，墓志边长 56 厘米。楷书整齐，19 行，共 369 字。《新唐书·张守圭传》记载"契丹别帅李过折"①。"过折"即契丹语"果珍"。《辽史·世表·唐》："果珍本契丹部长，为松漠府衙官。"夫人羊氏，是唐玄宗开元年间契丹部落联盟首领。李过折死于契丹境内，其子剌乾逃到唐境，拜为左骁卫将军，改名李忠诚，后封交河郡王，汉化，承接汉代文字风俗。

907 年，迭剌部世里（即耶律）家族的阿保机被推为首领，统一各部，916 年称帝，国号大契丹，自号"大圣大明天皇帝"，建元"神册"，征服突厥、党项、沙陀、奚、吐谷浑、渤海，拓展疆土，沟通了东西交通。又乘中原混乱，侵占幽州，次子德光继位，从后晋石敬瑭手中取得了燕云十六州。947 年改国号为辽，其地西至流沙、阿尔泰山，东至黑龙江流域，北至胪朐河（今克鲁伦河），南至河

① 葛承雍《对西安市东郊唐墓出土契丹王墓志的解读》，《考古》2003 年第 4 期。

北、山西一带。

长期以来，契丹臣服于中原朝廷，受到汉文化的深刻影响，并使契丹进入了一个不断汉化的过程。这表现在两个方面：契丹本族吸收汉人文化，在契丹国内保留汉人制度。这可以说是实行一国两制，契丹人用契丹制度，汉人用汉制。

《旧五代史·外国传一》："阿保机乃自称皇帝，署中国官号。"《新五代史·四夷附录一》："阿保机率汉人耕种，为治城郭邑屋廛市如幽州制度，汉人安之，不复思归。"

《辽史·百官志一》："至于太宗，兼制中国，官分南、北，以国制治契丹，以汉制待汉人。国制简朴，汉制则沿名之风固存也。辽国官制，分北、南院。北面治宫帐、部族、属国之政，南面治汉人州县、租赋、军马之事，因俗而治，得其宜矣。"法服，皇帝及汉官着汉服，契丹用契丹服。《旧五代史·外国传一》："二月朔日，德光服汉法服，坐崇元殿受蕃汉朝贺。"《辽史·仪卫志·舆服》："辽国自太宗入晋之后，皇帝与南班汉官用汉服，太后与北班契丹臣僚用国服。"

契丹上层有不少人是通汉语的，但对契丹人则说契丹语。随着汉文化的进入，汉语流通渐广，特别是与汉人有关的事物名称成为契丹语的一个部分。据研究，现存的契丹文资料中汉人名、地名及官员名称等专用名称多用汉语词。如"皇帝[①]""皇后""皇太后"都有汉语借词。《辽史·景宗纪上》：八年二月壬寅，"谕史馆学士，书皇后言亦称'朕'暨'予'，著为定式"。用汉字书写的"朕""予"专用名称也是用汉语借词。契丹人慕汉之英杰，改本姓为汉姓。《辽史·后妃传》："太祖慕汉高皇帝，故耶律兼称刘氏，以乙室、拔里比萧相国，遂为萧氏。"继而契丹人有弃本名而用汉名者。为首者即太宗耶律德光，《旧五代史·外国传一》："德光本名耀屈之，后慕中华文字，遂改焉。"《新五代史·四夷附录一》："兀欲更为阮，号天授皇帝。"又，"述律立，改元应历，号天顺皇帝，后

① 《新五代史·四夷附录一》：阿保机"置官号，乃俗称皇帝"。此"皇帝"恐不是可汗译名，而是汉语词。

更名璟[①]”。

可以说，汉文化对契丹的影响是多方面的，在此，我们关心的是其中的一个方面，即契丹文字的创制。

二　契丹字的发现与研究

契丹建国初期设计了本族的文字，称作契丹字或辽字。

刻木、结绳是无文字之前的记事办法，契丹原来是如此状况，史籍多有加载。《五代会要·契丹》：“契丹本无文记，唯刻木为信，汉人陷番者以隶书之半，就加增减撰为番书。”《新五代史·四夷附录一》：“至阿保机，稍并服旁诸小国，而多用汉人，汉人教之以隶书之半增损之，作文字数千，以代刻木之约。”1999年内蒙古兴安盟科尔沁右翼中旗代钦塔拉苏木3号辽墓出土契丹文木牍两件。木牍甲长145厘米、宽4.3—5.6厘米，厚0.9—1.8厘米。木牍乙长63.7厘米、宽1.5厘米、厚1.8厘米。木牍甲是两份清单，虽然契丹大字大部不能够释读，但是可以判断正背两面中，竖写的是某某若干，横写是总数。数字用汉字本义“一”“二”“玖”“十”“廿”“百”，有借汉字“拎”为“六十”，有用契丹字“丆乚”（三十）、“圣”（四十）、“冬”（七十）。木牍乙正背仅一行契丹大字。值得留意的是木牍保留了本族的计数法，如甲牍用小黑圆点、乙牍用刻痕，不同数量表示不同数字[②]。

契丹字在辽金行用了近300年。明清以来，因契丹字废止，为人了解的契丹字资料非常稀少。宋王易《燕北录》载奉使契丹时见到旗帜上的契丹字和三种契丹符牌（银牌式、长牌式和木刻子式），牌上均有契丹字，书中称为蕃书。元明间陶宗仪编《书史会要》，第八卷“辽”摘录了一些有关契丹字的史料，并把《燕北录》的五个契丹字摹入。

---

① 《新五代史·四夷附传一》载：突欲泛海奔唐，明宗赐其姓为东丹，而更其名曰慕华，后又赐突欲姓李，更名赞华。其部曲五人皆赐姓名，罕只改罕友通，穆葛改穆顺义，撒罗改罗宾德，易密改易师仁，盖礼改盖来宾。又赐获赫邈为狄怀惠，扭列为列知恩，莿剌为原知感，福郎为服怀造，竭失记为乙怀宥。这些人姓名不是自改，所以别记于此。

② 刘凤翥、丁勇、孔群、白玉《两件契丹大字木牍之研究》，《民族语文》2006年第5期。

民国初年，内蒙古巴林合旗白塔子附近的辽庆陵被掘，1922 年，比利时传教士凯尔(L. Ker)首次发现陵墓中契丹字兴宗哀册和仁懿哀册，雇人抄录后，抄本在《北京天主教会杂志》第 10 年(1923 年)第 118 号上发布。1930 年，汤佐荣再次挖掘庆陵，得到道宗和宣懿皇后的契丹字、汉字哀册。契丹字哀册发表使人们想起了唐乾陵无字碑上的《大金皇弟都统经略郎君行记》，明白这被认作女真字的石刻，原来也是契丹字。契丹字哀册的发现在学术界引起震动，中外学者共同参与的契丹字研究由此展开了。

在 20 世纪 30 年代初期，我国学者如王静如、罗福成、厉鼎煃、金毓黻等，在契丹文字方面作了开拓性的研究。大家的研究方法大致相同，都采用比勘法，把同时的契丹字与汉字相比勘，把石刻契丹文与相应史籍中有关汉文相比勘，把契丹字哀册册盖与册文相比勘，把各个哀册相比勘，经反复比勘，可靠者为结论。不过，这种比勘法考释的内容有限，多为年号、干支、数字、年、月、日、皇帝、皇后等契丹字，而且大部分是解释字义，无法确定字音。1934 年，《辽陵石刻集录》出版，这是研究契丹文字的重要著作，它收录了辽庆陵帝后哀册的拓本和抄本、《郎君行记》和《贾师训墓志》以及其他契丹文资料，包括铜镜、玉盏、鱼符等，书中还有罗振玉等人的研究成果。编著者金毓黻的绪言对契丹文字作了较全面的论述。1949 年年底，罗福颐发表《契丹国书管窥》[1]，收集和整理了契丹大小字的有关历史文献、契丹字的金石资料，并介绍了契丹小字字母、组合方式、书体、字义、文法，对以前的研究成果作了一个总结。

20 世纪 50 年代以来，随着新的契丹文资料的出现，国内学者在考释中获得前进。厉鼎煃释读《萧令公墓志》，注意到了契丹语的语法，指出契丹字的字序和汉字有异[2]。阎万章《锦西西孤山出土契丹文墓志研究》一文以《萧孝忠墓志》为主，除了采用传统的比勘内容外，还把契丹大字和女真字进行对比，这是第一篇解读契丹大字的文章[3]。金光平等人把女真字与契丹字加以比较，

① 载《燕京学报》37 期。

② 厉鼎煃《义县出土契丹文墓志铭考释》，《考古学报》1954 年第 8 期。

③ 载《考古学报》1957 年第 2 期。

正确区别开契丹大字和契丹小字。这段时间，国外的研究更为活跃，外国学者如日本村山七郎、长田夏树、山路广明、田村实造及苏联鲁多夫、达斯金等，利用语言学说，从蒙古语推测契丹语，从而探索契丹小字的读音。由于研究方法上具有很大的假设性，各派所拟音值自有较大差异，拟音可靠的仅有40个左右。山路广明的契丹文字体制研究颇有收获，他认为契丹字母源于汉字，参考回鹘字的拼音法，结合而成。

20世纪70年代开始，我国的契丹文字研究渐入佳境。1973年，陈述、郑绍宗、王静如等的专门文章相继发表。1977年，中国社会科学院民族研究所和内蒙古大学蒙古语文研究室组成的契丹文字研究小组在《内蒙古大学学报》上发表了"契丹小字研究专号"，随后又发表了《契丹小字解读新探》《契丹大字资料汇辑》《契丹小字研究方法简论》等，并把有关契丹小字的论文和资料编成《契丹小字研究》一书。契丹文字的研究蓬勃发展，成果累累，此后20多年中陆续有100多篇有关文章发表。

这个时期又有一些重要契丹文字材料出土，重要的有《故耶律氏铭石》《北大王墓志》《耶律延宁墓志》《耶律仁先墓志》《耶律习涅墓志》、海棠山契丹小字造像碑、《金代博州防御使墓志》《泽州刺史墓志》《耶律迪烈墓志铭》。在这些资料发表的同时也涌现了一批高质量的研究文章。这段时期的理论探讨比较集中于几个专题，如契丹文字的解读、契丹文的纪年方法、契丹语的数词等。从汉语借字着手，构拟契丹小字原字音值、确定原字方面已取得成功，当然还有一个不断完善的过程。

三　汉字与契丹字的双字制

汉字始终是契丹国的通行文字，这是契丹的国情决定的。

契丹自古就是中华民族的一员，契丹人认为与汉族同祖。《辽史·太祖记赞》称："辽之先，出自炎帝。"这种说法不管是否有根据，至少可以说明他们是以华夏苗裔自居。在辽国的中后期，契丹曾以中国自称。在契丹与中原的关系上，汉族政权处中土，契丹处边鄙，汉族文化几千年一脉相传，而契丹则落后得多。特别是契丹曾经臣服于中原王朝，这就造成了契丹人的一个根深蒂固的观念，即中原汉人持有正统文化。辽太宗德光灭后晋，入京师，朝崇元殿，百官入阁，德光顾左右说："汉家仪物，其盛如此。我得于此殿坐，岂非真天子耶[①]！"自阿保机称皇帝以来，至德光已累二世，但是在德光心目中，与中原相比，还不是真天子。德光自中原返辽之后，《辽史·仪卫志》载："辽国自太宗入晋之后，皇帝与南班汉官用汉服，太后与北班契丹臣僚用国服。"皇帝穿汉服，寻求中国的正统，太后穿契丹服，保持本族的传统。按照男尊女卑、以父为尊的习惯思想，这种处理办法，实际上是认可汉重于契丹。作为文化的代表，汉字与契丹文的关系，也是前者尊于后者。

在亚洲，特别是在东亚，汉字是国际通行文字，契丹、渤海、高丽、日本都使用汉字，汉字的地位自然是至高无上的。由通行汉字产生的各种民族文字，与汉字是母子关系。从这个意义上来说，具有民族文字的民族对汉字也是尊重的。契丹文是"汉字隶书之半增损之"，和汉字隶书、真书一样，都是由古文篆书繁衍而来，所以，契丹文常常会自觉地等同于汉字楷体，像汉字成法一样，碑额或墓志盖用汉字篆文，碑文或志文用契丹字。

在辽国，汉字不仅获得尊重，而且也是主要的流通文字。辽国是一个多民族组成的国家，人口中，契丹、奚占 12%—15%，汉族占 65%—70%，其余人口中以渤海为最多，高丽次之[②]。汉人说汉语、习汉字，这是固有传统，很少改变。渤海人和高丽人本也用汉字，入辽后无须改变。契丹人与汉人杂处，多有通汉语、习汉字者。《旧五代史·外国传一·契丹》："阿保机善汉语。"契丹立国后，仰慕中国典章礼仪，引进中国制度。辽太祖时上京设国子监，太宗时置南京太学，圣宗统和九年（991 年）特赐水硙庄一区供南京太学养士，道宗清宁六年（1060 年）中京置国子监。这些学校均习汉文五经和传疏。辽之宫廷也染研习经疏的风气。《辽史·圣宗纪六》："那沙乞赐佛像、儒书，诏赐护国仁王佛像一，《易》《诗》《书》《春秋》《礼记》各一部。"又《道宗纪五》："召权翰林学士赵孝严、知制诰王师儒等讲《五经》大义。"又："召枢密直学士耶律俨讲《尚书·

① 《新五代史·四夷附录一》。
② 参阅项春松《辽代历史与考古》，内蒙古人民出版社，1996 年。

洪范》。”又：“命燕国王延禧写《尚书·五子之歌》。”进而“喜书翰”，攻诗文，以至宋朝大文学家的诗文集也在辽国流传。奚人也有研习汉文者。《辽史·萧蒲奴传》言其“涉猎经史”，即为一例。

辽国普通人识得汉字，测字者以汉字形体拆字，别无疑义。《辽史·奸臣传·耶律乙辛》：

> 初，乙辛母方娠，夜梦手搏羖羊，拔其角尾。既寤占之，术者曰：“此吉兆也，羊去角尾为王字，汝后有子当王。”

以上这些活动，均以汉字为前提。

辽通行汉字和契丹文，以汉文为尊，实际使用也以汉文为广。辽国崇佛，而佛教由汉人传入，所以佛教经典通用汉字。迄今为止，辽代的佛教遗址中发现的佛典几乎全是汉文。1974年在位于辽应州（今山西应县）佛宫寺释迦木塔四层主像腹内发现大量汉文资料，经修复的有辽刻经47件，写经、杂抄30件，刻书与杂刻8件，带题榜的绘画、刊印佛像多件①。其中有12卷《契丹藏》和35卷其他辽代刻经。《契丹藏》也称《辽藏》，是辽境内雕刻的一部规模最大的佛教藏经。发现的实物表明，《契丹藏》全部用汉字书写雕板，大字楷书，未见契丹字。北京房山云居寺契丹镌刻的佛经也是汉字，大字楷书，未见契丹字。

汉字的使用情况还可从辽代的陵墓石刻中得出一些结论。翻检部分出土报告，墓石用字汉人只用汉文：

昭乌达盟《尚暐符墓志》②

北京《王泽夫妇墓志》二合③、《董庠妻墓志》及董庠《灭罪真言》石④、《马直

---

① 国家文物局文物保护科学技术研究所、山西省古代建筑保护研究所等《山西应县木塔内发现辽代珍贵文物》，《文物》1982年第6期。

② 郑隆《昭乌达盟辽尚暐符墓清理简报》，《文物》1961年第9期。

③④ 北京市文物管理处《近年来北京发现的几座辽墓》，《考古》1972年第3期。

温妻张馆墓志》[①]、《王氏墓志》[②]、《赵德钧墓志》[③]、《丁洪墓志》[④]

张家口《张世卿墓志》[⑤]，张恭诱、张世本墓志[⑥]，《张世古墓志》[⑦]，《张文藻墓志》及木棺壁《心经》等[⑧]

朝阳《常遵化墓志》[⑨]

巴林左旗《蔡志顺墓志》[⑩]、《王士方墓志》[⑪]

喀左《王悦墓志》[⑫]

宁城《夏蕴石棺记》[⑬]

在朝阳地区出土的汉文墓较多，1979 年至 80 年代初，有刘承嗣祖孙三代墓志，赵匡禹、赵为干墓志，张宁、张让墓志等[⑭]。

契丹人也有只用汉文墓志的，特别近十多年来，已有多次发现。为便于研究，按年代早晚排列如下：

赤峰宝山勤德及其夫人墓。勤德系“大少君”次子，此墓为阿保机亲属墓地。墓内无墓志，却有大量汉字题榜。1 号墓有题记：“天赞二年癸[未]岁，大少君次子勤德年十四，五月廿日亡。当年八月十一日于此殡，故记。”另外还有

① 张先得《北京市大兴县辽代马直温夫妻合葬墓》，《文物》1980 年第 12 期。

② 苏天钧《北京郊区辽墓发掘简报》，《考古》1959 年第 2 期。

③ 北京市文物工作队《北京南郊辽赵德钧墓》，《考古》1962 年第 5 期。

④ 北京文物工作队《北京市西郊百万庄辽墓发掘简报》，《考古》1963 年第 3 期。

⑤ 河北省文物管理处、河北省博物馆《河北宣化辽壁画墓发掘简报》，《文物》1975 年第 8 期。

⑥ 张家口市文物事业管理所、张家口市宣化区文物管理所《河北宣化下八里辽金壁画墓》，《文物》1990 年第 10 期。

⑦ 张家口市宣化区文物保管所《河北宣化辽代壁画墓》，《文物》1995 年第 2 期。

⑧ 河北省文物研究所、张家口市文物管理处、宣化区文物管理所《河北宣化辽张文藻壁画墓发掘简报》，《文物》1996 年第 9 期。

⑨ 刘桂馨《辽代常遵化墓出土的围棋子》，《文物》1997 年第 11 期。

⑩ 王未想《内蒙古巴林左旗出土辽代蔡志顺墓志》，《考古》1995 年第 9 期。

⑪ 王未想《内蒙古巴林左旗发现辽代王士方墓志》，《考古》2000 年第 1 期。

⑫ 辽宁省博物馆《辽宁喀左县辽王悦墓》，《考古》1962 年第 9 期。

⑬ 曹汛《辽夏蕴石棺记考述》，《文物》1985 年第 5 期。

⑭ 辽宁省文物考古研究所《辽宁近十年来文物考古新发现》，载《文物考古工作十年》，文物出版社，1990 年。

一些人物画榜题。2号墓发现石碑一通，倒扣一面墨书："□各十一大九之石[①]"壁画寄锦图及诵经图各有七绝一首。

赤峰阿鲁科尔沁旗《耶律羽之墓志》，墓志首题"大契国东京太傅相公墓志铭并序"，楷字，原字口勾金。耶律羽之，阿保机堂兄，会同五年（942年）入葬[②]。

赤峰北大营子《辽驸马赠卫国王墓志》一合，志盖中间莲花纹，两侧刻楷书"故驸马赠卫国王墓志铭"（图6—6），辽太祖耶律阿保机的女儿质古驸马萧室鲁，葬于应历九年（959年）[③]。

图6—6　故驸马赠卫国王墓志铭

内蒙古巴林左旗辽祖陵1号陪葬墓两方墓志，皆为汉文，均残。甲志残片18件，字口内填金。乙志残片4件。墓主为辽太祖第三子耶律李胡，卒于应历十年（960年）[④]。

多伦县小王力沟辽代墓葬出土汉白玉墓志一合，盖篆体"故贵妃萧氏玄堂志铭"，志文真书42行，1302字（图6—7）。志主为契丹国贵妃萧氏，葬于统和十一年（993年）[⑤]。

河北平泉《耶律加乙里妃墓志》。墓主葬于统和二十七年（1008年），墓主为宗室上层[⑥]。

---

① 内蒙古文物考古研究所、阿鲁科尔沁旗文物管理所《内蒙古赤峰宝山辽壁画墓发掘简报》，《文物》1998年第1期。按：2号墓石碑墨书原作者认为是契丹小字，不确。

② 内蒙古文物考古研究所、赤峰市博物馆、阿鲁科尔沁旗文物管理所《辽耶律羽之墓发掘简报》，《文物》1996年第1期。

③ 前热河博物馆筹备组《赤峰县大营子辽墓发掘报告》，《考古学报》1956年第3期。

④ 中国社会科学院考古研究所内蒙古第二工作队、内蒙古文物考古研究所《内蒙古巴林左旗辽祖陵一号陪葬墓》，《考古》2016年第10期。

⑤ 内蒙古文物考古研究所、锡林郭勒盟文物保护管理站、多伦县文物馆《内蒙古多伦县小王力沟辽代墓葬》，《考古》2016年第10期。

⑥ 郑绍宗《耶律加乙里妃墓志铭》，《考古》1981年第5期；稻训杰《辽〈耶律加乙里墓志铭〉补释》，《文物》1985年第5期。

图 6—7　萧氏玄堂墓志

哲里木盟奈曼旗陈国公主驸马墓。内有汉文墓志一合，志盖篆书“故陈国公主墓志铭”，志石刻楷书，书法工整。陈国公主耶律氏为景宗孙女，驸马萧绍矩为皇后之兄。公主死于开泰七年(1018 年)[①]。

河北平泉《秦晋国大长公主墓志》。志盖缺，大长公主为景宗长女耶律观音女，墓为兴宗重熙十四年(1045 年)所建[②]。

巴林右旗《耶律弘世墓志》和弘世妻《秦越国妃墓志》。弘世为兴宗第三子[③]。

赤峰敖汉旗《耶律元宁墓志铭》，墓主生于辽会同二年(939 年)，卒于统和廿六年(1008 年)[④]。

阜新关山辽墓

《晋国王妃秦国太妃耶律氏墓志铭》墓主生于统和十六年(998 年)，卒年在 997—1021 年之间[⑤]。

《萧德恭墓志铭》墓主卒于咸雍九年(1073 年)。志石、盖一合。盖篆“大

① 内蒙古文物考古研究所《辽陈国公主驸马合葬墓发掘简报》，《文物》1987 年第 11 期。

② 郑绍宗《契丹秦晋国大长公主墓志铭》，《考古》1962 年第 8 期。

③ 清格勒《辽皇室墓出土契丹文》，《中国文物报》2000 年 4 月 26 日。

④ 刘浦江《辽〈耶律元宁墓志铭〉》，《考古》2006 年第 1 期。

⑤ 辽宁省文物考古研究所《关山辽墓》，文物出版社，图 5 版 49，2011 年。

辽国节度使墓志铭”，篆文丑拙。

《萧德恭妻耶律氏墓志铭》，志主卒于乾统十年（1110年），刻于《萧德恭墓志铭》志盖背面。

《梁国太妃墓志铭》，志石、盖一合，盖篆“梁国太妃耶律氏志铭”。盖篆俗篆。志主卒于乾统六年（1106年）。

《萧知行墓志》，志石、盖一合。盖篆“故耶律公神道墓志铭”，篆书粗陋。志主卒于咸雍四年（1068年）[①]。

新县《平原公主墓志》一合，盖刻“平原公主墓志”，志铭长101厘米、宽99.5厘米，楷书30行，满行42字，全文1082字。书法工整，楷法精良。平原公主卒于重熙二十年（1051年），与驸马合葬作志[②]。

就现在公开发表的材料来看，出土地点均在契丹人的原居地，墓志主均为契丹上层的宗室或皇族，地位显赫。最重要的一点是，这些汉文墓的时间均在辽的早期或中期。内蒙古巴林右旗罕山发现了辽祠天地神祇的祭祀建筑遗址，在塌圮的碑亭内有断残石碑一通，汉文，上有“兴[中]府”等字，据《辽史》载，重熙十年（1041年）升兴中府，此碑可能在兴宗年间置立[③]。

契丹人的陵墓文字以契丹文上石，大部分附以汉字。其法有二，一种是汉字和契丹文并举，另一种是仅在志盖上用汉字。

汉字和契丹文并举，人称之合璧，这种合璧制度尤以帝陵为特殊。帝后哀册，用汉、契丹文字分别刻石。巴林右旗索布力嘎北辽庆陵有清宁元年（1055年）入葬的兴宗和皇后，乾统元年（1101年）入葬的道宗和皇后，二帝后哀册分别用汉字和契丹小字刻石。现在尚存兴宗仁懿皇后、道宗皇帝及宣懿皇后的合璧哀册。近年巴林右旗又出土了兴宗次子耶律和盖斡之“故太叔祖之哀册”，契丹小字与汉字分刻。同墓还出土了耶律和盖斡妻《宋魏国妃墓志》，契丹小字与汉文分刻二石。巴林左旗哈达英格山有辽阿保机的祖陵，陵门外发

---

① 辽宁省文物考古研究所《关山辽墓》，文物出版社，2011年，图版56。

② 辽宁省文物考古研究所《辽宁新县辽代平原公主墓与梯子庙4号墓》，《考古》2011年第8期。

③ 内蒙古自治区文物工作队、巴林右旗文物馆《内蒙古巴林右旗罕山辽代祭祀遗址发掘报告》，《考古》1988年第11期。

现龟趺，多次发现契丹大字残碑，也发现少量汉字残片。按庆陵合璧碑制，推想原有汉文、契丹文刻石。

契丹贵族的汉、契丹文合璧比较复杂，有分别刻石、一石两面或一面二字。现见有数种：

《羽厥里节度使耶律延宁墓志》。志文阴刻，上半部契丹大字，下半部汉字，入葬年代为统和四年(986 年)[①]。

《北大王耶律万辛墓志》。志盖正面汉字篆书“北大王墓志”，背面汉文墓铭，志石为契丹大字墓铭[②]。墓葬年代为重熙十年(1041 年)。

《萧孝忠墓志》。志背刻汉文，志文刻契丹大字。墓主死于大安五年(1089 年)[③]。

《肖袍鲁墓志》。志盖汉字篆书“故北宰相肖公墓志铭”，志盖背面为契丹大字墓志，志石上为汉字，共 1451 字。建于大安六年(1090 年)[④]。

《耶律祺墓志》。有汉字墓志一方及契丹大字墓志一合。耶律祺封赵王，乾统八年(1108 年)薨[⑤]。

《耶律习涅墓志》。志盖正面汉字篆书“大横帐节度副使墓志”，志盖背面刻契丹大字，志石阴刻汉文，首题“故兴复军节度副使墓志铭并序[⑥]”。

《许王墓志》。志盖正面汉字楷书“辽国许王墓志”，左边刻“掩闭日甘露降”，右边相应 6 个契丹小字。志石四面刻字，左侧刻汉字，其余三面刻契丹小字[⑦]。

《耶律智先墓志铭》。墓内同出汉字及契丹小字墓志各一方。汉字墓志题为“大辽故果州防御使耶律公墓志”，墓志主死于大安十年(1094 年)，当年

---

① 辽宁省博物馆文物工作队《辽代耶律延宁墓发掘简报》，《文物》1980 年第 7 期。
② 刘凤翥、马骏山《契丹大字〈北大王墓志〉考释》，《文物》1983 年第 9 期。
③ 刘谦《辽宁锦西西孤山出土的辽墓墓志》，《考古通讯》1956 年第 2 期。
④ 冯永谦《辽宁法库辽肖袍鲁墓》，《考古》1983 年第 7 期。
⑤ 齐晓光《内蒙古发掘契丹显贵耶律祺墓》，《中国文物报》1994 年 4 月 24 日。
⑥ 金永田《契丹大字〈耶律习涅墓志〉考释》，《考古》1991 年第 4 期。
⑦ 阜新市文化局文物组《辽宁阜新县辽许王墓清理简报》，《文物资料丛刊》1977 年创刊号。

入葬[①]。

佛寺一般用汉字，而内蒙古宁城的《辽静安寺碑》，建于咸雍八年(1072年)，碑额及正面碑文为汉字，背面为契丹大字。

有的契丹文墓志只是志盖用汉字篆文，如《故太师记》《故耶律氏墓志》《耶律迪墓志》。此类情况，前面已有论述。用汉字篆盖，既以汉字为尊，也因识汉字人多。

目前发现的辽国官印多用契丹大字，汉字官印也有发现。1988年，巴林左旗曾出土汉文"临潢府军器库之印[②]"，而前蔡志顺墓志内有"知上京军器库使"。可知此类职务可由汉人担承，此印为汉官之印。辽宁朝阳曾见一方铸铜印，印文篆字"兴中府绫锦印[③]"，印顶有"上"字。朝阳即辽之兴中府。这个印是兴中府主管绫锦的官印，采用汉字，可能是辽官制中"以汉制待汉人"。这个官员是位汉人。

辽国的汉字与中原汉字并无明显差异。辽国的汉字也仿唐宋避讳，宋朝佛经无须避讳，辽之《契丹藏》也如此，但是零单佛经、杂书、石刻等要避讳。如佛宫寺释迦塔发现的辽刻佛经中有《大方广佛花严经随疏演义钞》卷第一下等6卷有讳字，"光""明""贤""真"都缺笔，所避太宗耶律德光、穆宗耶律明、景宗耶律贤、兴宗耶律宗真之讳。同时出土的辽版《蒙求》也避"明""真"二字，不仅避本字，同音字也避，如与"真"同音的"甄""镇"。不过，辽国的避讳制度不甚严格，有的经书就不避[④]。

应县木塔发现的《蒙求》透出一些辽国的汉字教学的情况。《蒙求》为唐代李翰编撰，以历史典故为内容，四字一句，对偶押韵。在识字的同时，也可以熟悉历史知识，所以易读易记，流传极广。辽塔的《蒙求》避辽讳，存7页半，每页20行，行16字，全书白文无注，不释字义，需要老师开课传授[⑤]。这本《蒙求》

---

① 赵志伟、包瑞军《契丹小字〈耶律智先墓志铭〉考释》，《民族语文》2001年第3期。

② 王未想《内蒙古巴林左旗出土辽代蔡志顺墓》，《考古》1995年第9期。

③ 杨铁男《辽宁朝阳市发现一方辽代官印》，《考古》1999年第5期。

④ 阎文儒、傅振伦、郑恩淮《山西应具佛宫寺释迦塔发现的〈契丹藏〉和辽代刻经》，《文物》1982年第6期。

⑤ 毕素娟《世所仅见的辽版书籍——〈蒙求〉》，《文物》1982年第6期。

流行辽地，是辽国汉字的重要启蒙课本。

辽之疆土偏于东北，营州一带辽东之地在唐后期已为契丹所据，中原的政令难以到达。自五代起，幽、燕等州也相继陷入契丹，中原文化对辽的影响削弱。自唐以来，特别是中晚唐的汉字规范化活动，限制了俗体别字的流通。辽地用字的规范比较薄弱，俗体、破体流行，用错字的情况常可见到。如辽刊《蒙求》这样一本蒙学字书，也有较多错字，如“屈原”作“屈源”、“马援”作“马授”。辽塔中的写本保存了大量俗字、别字和错字。辽僧行均编的《龙龛手镜》收录了《说文》《玉篇》之外的文字，补充了写本经传中的俗字、异体，字形诡谲，出人意外，而以辽塔写本的怪字与《龙龛手镜》比较，则可迎刃而解。从已出土的辽汉字墓志看，多为书法拙劣，俗体、错字错落其间，有的字无法辨认。如“易”作“昜”、“桢”作“祯”、“署”作“置”、“恩”作“思”、“韬”作“叨”、“筍”作“笋”、“墙”作“墙”等，几乎成为墓志的文字特征。

四　契丹文的创制和使用

契丹为游牧民族，契丹语的系属目前尚有争议。根据契丹的民族背景和一些有关的历史文献资料，大致可以确定属于阿尔泰语系，但是这个语系的蒙古语族和满洲—通古斯语族都与契丹语有些瓜葛。

契丹语与汉语的差别很大，涉及语言的各个方面。

《辽史·国语解》：

> 辽之初兴，与奚、室韦密迩，土俗言语大概近俚。至太祖、太宗，奄有朔方，其治虽参用汉法，而先世奇首、遥辇之制尚多存者。子孙相继，亦遵守而不易。故史之所载，官制、宫卫、部族、地理，率以国语为之称号。

这些称号以契丹语为主，也吸收了一些汉语，而契丹语中的基本词汇不足百条，如“耶鲁盌”（兴旺）、“女古”（金）、“孤稳”（玉）、“窝笃”（孳息）、“阿斯”（宽大）、“阿鲁盌”（辅佑）、“得失得本”（孝）、“监母”（遗留）等。

北宋刘攽《中山诗话》记余靖两使契丹，能胡语，作胡语诗。

虏主曰："卿能道，吾为卿饮。"靖举曰："夜宴设逻（厚盛也）臣拜洗（受赐），两朝厥荷（通好）情感勤（厚重）。微臣雅鲁（拜舞）祝若统（福祐），圣寿铁摆（嵩高）俱可忒（无极）。"主大笑，遂为酹觞[1]。

北宋沈括《梦溪笔谈·杂志二》记：

刁约使契丹，戏为四句诗曰："押燕移离毕，看房贺跋支，饯行三匹裂，密赐十貔狸。"皆纪实也。移离毕，官名，如中国执政官。贺跋支，如执衣防阁。匹裂，似小木罂，以色绫木为之，如黄漆。貔狸，形如鼠而大，穴居食谷粱，嗜肉，狄人为珍膳，味如㹠子而脆。

以上二则中原文加以注释者，都是契丹词汇，语音与汉语完全不同。

宋洪迈《夷坚丙志·契丹诵诗》所记契丹语内容尤为重要：

契丹小儿，初读书，先以俗语颠倒其文句而习之，至有一字用两三字者。项奉使金国时，接伴副使秘书少监王补每为予言以为笑。如"鸟宿池中树，僧敲月下门"两句，其读时则曰"月明里和尚门子打，水底里树上老鸦坐"，大率如此。补，锦州人，亦一契丹也。

这段话，至少可以说明两点，一、契丹语词汇是多音节的；二、契丹语语法词序和汉语不同。

契丹语是一种阿尔泰语系的语言，现代学者的观点倾向认为它更近于蒙古语；根据用蒙古语解读契丹文的实践，认为契丹语也是一种黏着语。

由于存在语言上的差异，使得契丹语无法现成地借用汉字，这是创制契丹字的根本原因。此外，还有一个政治上的考虑。契丹建政在高句丽、渤海之后，而不仿效二国使用汉字，是为了保持契丹人的民族特点，也是为了在文化

① 《中山诗话》收入（清）何文焕《历代诗话》，中华书局本，1981 年。

上树立起本族的标志。其实契丹上层是通汉语、会汉字的，只是公开场合不说汉语。

《新五代史·四夷附录一》记阿保机言："吾能汉语，然绝口不道于部人，惧其效汉而怯弱也[①]。"

辽太宗德光也精于汉文[②]，但以通事与汉人通话。《新五代史·四夷附传一》："德光入自封丘门，登城楼，遣通事宣言谕众。"

辽虽为一国，然而容许汉人用汉语，契丹人用契丹语，所以通事一职始终保存。通事，即翻译人员，由汉人担任。《辽史·百官志三》"南面朝官"有"通事舍人院""统和七年见通事舍人李琬"。而新发现的巴林左旗《蔡顺志墓志》，蔡即是通事。

契丹把契丹语尊为国语，在辽国与汉语并行不悖。有双语就要有双字，有国语就要有国字，契丹文的创制就成为必然的了。

契丹字的创制是在阿保机建国之初。《辽史·太祖纪下》：

> (神册)五年春正月乙丑，始制契丹大字。又，九月壬寅，大字成，诏颁行之。

契丹大字在神册五年(920年)花了9个月的时间设计而成，当年即颁行使用。宋叶隆礼《契丹国志》之所记稍不同：

> 天赞六年七月，渤海既平，乃制契丹文字，三千余言。

二者相差6年，史家认为《辽史》所载较为可靠。

---

① 《旧五代史·外国传一》："阿保机善汉语，谓坤曰：'吾解汉语，历口不敢言，惟部人效我，令兵士怯弱故也。'"

② 《辽史·赵延寿传》："翰林学士承旨张砺进拟中京留守、大丞相、录尚书事、都督中外诸军事，上涂'录尚书事、都督中外诸军事。'"上，指德光，能涂改汉文，必熟悉汉字。此事又见《新五代史·四夷附传》。

《辽史·皇子表》:

回鹘使至,无能通其语者,太后谓太祖曰:"迭剌聪敏可使。"遣迓之。相从二旬,能习其言与书,因制契丹小字,数少而该贯。

据《辽史·属国表》,太祖朝,回鹘来使共三次,为神册三年(918年)2月、3月及天赞三年(924年)9月。罗福颐推想,可能在天赞初年,迭剌制契丹小字。

契丹文颁布后,即在辽国境内流行。因为辽境内占人数大部分的汉人用汉字,所以契丹文只契丹人使用。即使这样,流通的机会还是有限,识契丹文的上层官僚或文人多识汉文,他们同时也使用汉文,而且以汉字为尊。这一点可以从前文所列的墓志得出结论,全用汉文的,并用汉、契丹文的,用汉字篆盖的占绝大多数,纯用契丹文的只占很小部分。据《辽史》记载,如蒲鲁"甫七岁,能诵契丹大字,习汉文,未十年博通经籍";长没"能契丹汉字";耶律倍"工辽汉文章";萧阳阿"识辽汉文字";休坚"博鉴经史,通辽汉文字";耶律庶成"书过目不忘,善辽汉文字,于诗尤工"。契丹人善汉文,除了与汉人交流外,还可以接触大量的汉文经书,但译成契丹文的数量实在有限。

女真灭辽,因女真初无文字,所以沿用契丹文。《金史·完颜希尹传》:

金人初无文字,国势日强,与邻国交好,先用契丹字。

又《勖传》:

女直(真)初无文字,及破辽,获契丹、汉人,始通契丹汉字,于是诸子皆学之。宗雄能以两月,尽通契丹大小字。

契丹字为金朝的通行文字,所以《金史》中屡屡记载通晓之人,据罗福颐统计,共20例:

"通契丹字"者有晏、移剌斡里朵;

“工契丹小字”者有移剌温；

“通契丹大小字”者有胡十门、宗雄、乌古论蒲鲁虎、萧永祺；

“通契丹及汉字”者有移剌慥、蒲察鼎寿；

“通女直及契丹字”者有夹古查、完颜兀不喝、斡勒忠、徒丹克宁；

“通女直及契丹及汉字”者有斡者、合住、仲、宗宪；

“通女直及契丹大小字并汉字”者有阿邻、夹谷谢奴、徒单镒。

天眷元年(1138年)颁女真小字，下诏女真、契丹、汉人各用本字，渤海同汉人。就是说，契丹字只供契丹人使用，金廷给契丹人的诰命也用契丹字。正式废止契丹字是在金章宗明昌二年(1191年)。《金史·章宗纪一》：“(四月)癸巳，谕有司，自今女直字直译为汉字。国史院专写契丹字者罢之。”又，十二月乙酉，“诏罢契丹字”。

契丹字在金朝是作为本朝字使用的，在汉字之下，使用最多，现在能够见到的碑刻也有几种。

《大金皇弟都统经略郎君行记》，简称《郎君行记》。记载金太宗之弟游猎并修饰陵上建筑事，前有契丹小字5行，后刻汉字6行。刊于天会十二年(1134年)。

《萧仲恭墓志》。萧仲恭为辽道宗的外孙，辽亡归金，墓在河北兴隆。志文契丹小字50行，刊于天德二年(1150年)。

《金代博州防御史墓志》。墓志主是辽末降金的契丹人，为金朝的博州防御史。志文为契丹小字，现存48行。墓主死于金大定十年(1170年)，距“诏罢契丹字”仅有21年，是现见最晚的契丹文墓志。

金朝废契丹文，从此，在中原地区及金国统治地区契丹文就成了死文字。不过，契丹文还在西域使用。

在金灭辽之际，辽太祖八世孙耶律大石率部西行，1125年，天祚朝终，辽亡，耶律大石在中亚称帝。次年定都八拉沙衮(今吉尔吉斯斯坦的托克马克东之楚河南岸)，建立了西辽政权。

耶律大石精于汉字、契丹文。《辽史·天祚皇帝四》：耶律大石“通辽、汉字，善骑射，登天庆五年进士第，擢翰林应奉，寻升承旨。辽以翰林为林牙，故称耶律大石”。耶律大石西行，除契丹人外，还有大批中原汉人从行。大石沿袭辽朝的南北面官制，职官多用汉名。上汉尊号天祐皇帝，改元延庆。册封纪年皆用汉制，直至国终。西辽的文字，一遵辽制，也实行汉、契丹双字制。朝制以汉名为正，无疑要用汉字。西辽的铜币，仿中原形制，耶律大石时铸“康国铜宝”汉文钱，感天皇后萧塔不烟时铸“感天元宝”汉文钱。陈垣先生也认为：“西辽五主，凡八十八年，皆有汉文年号，可知其在西域曾行使汉文[①]。”

西辽依然使用契丹文。蒙古西征，西辽国灭，1222年，随成吉思汗西行的耶律楚材在西辽故地遇见西辽前郡王李世昌，曾向他学契丹文。耶律楚材有《醉义歌序》记此事：

> 辽朝寺公大师者，一时豪俊也。贤而能文，尤长于歌诗。其志趣高远，不类世间语，可与苏、黄并驱争先耳。有《醉义歌》，乃寺公绝唱也。昔先人文献公尝译之。先人早逝，予恨不得一见。乃大朝西征中，遇西辽前郡王李世昌于西域。予学辽字于李公，期岁颇习，不揆狂斐，乃译是歌，庶几形容其万一云。

可知西辽仍行契丹文，一直到国灭。1952年、1958年，新疆先后发现两枚契丹小字铜印，一枚印背无字，一枚印背的柄端有一汉文“上”字。印文为篆体，二印印文不同，尚未释出[②]。西辽的行政势力曾达天山南北，因此，这两枚印当为西辽之物。

金灭辽，大部分契丹人降金后又归蒙古，有的加入了蒙古军，征战南北。在云南施甸居住着一支契丹人后裔，阿苏鲁为一世祖，自称为阿保机之12世阿育祖之后，他们因居住地的原因，或说汉语，或说其他少数民族语言，但是语言中却夹杂一些特殊的词语。这些特殊词语与达斡尔语、蒙古语相近，有的还与《契丹国志》中的契丹语相合。散居在云南一些县、市的契丹后裔还保留一

① 陈垣《西域人华化考》卷1，《励耘书屋丛刻》上册，北京师范大学出版社，1982年。

② 李遇春《两颗契丹铜印》，《文物》1959年第3期。

些零星的契丹字。

施甸卖糖村赖山“明故显妣孺人蒋门李氏之墓”碑（明天启元年，1621年），有“十”（东）、“穴夯”（后土）二字。

施甸长官司东山大楼子石墙坟地“请故显考妣☐”残碑（清康熙甲申年，1704年），有“丙”字。

昌宁邑林村蒋家山大伯坟注“皇清待赠乡谥醇悫公享阳六十五寿老大人墓志”（清嘉庆八年，1803年），有“六”“权”两字。

保山辛街乡龙洞村后祖坟地“皇明诰封百夫长始祖讳都鲁阿将军太君墓”（清嘉庆十七年，1812年），碑下方左右两侧宝葫芦上，各有一个“十”字。

龙洞村后祖坟地“皇明诰封百夫长二世祖讳保阿将军太君墓”（清嘉庆十七年，1812年），也有同上墓一样的两个“十”字。

施甸木瓜榔村东山老官坟地“皇清待赠孝友毅显考蒋老府君寿墓”（清道光十一年，1831年）及同年立“皇清待赠孝友醇谨祖考蒋老大人之墓”的碑上都有一“太”字。

施甸大竹篷村东山小田伯坟“皇清待赠孝友和平一世祖讳阿苏鲁千秋之墓基”碑（清道光二十三年，1843年），碑右首行“甲山庚向”四字下有“穴公”（正职官长）二字。在施甸大庙村确儿得“阿龙之墓”、仁和乡蒋家松林“武略将军莽公讳翁之墓”，也有以上两个契丹字①。

大致从金代后期起，随着契丹文的废止，不仅女真人不用，连契丹人自己也放弃使用；契丹人又回到契丹文创制之前，重新使用汉文。金崇庆元年（1212年）金北边千户、契丹人耶律留哥起兵反金，建大辽国。在丹东地区发现过三枚大辽铜印——“大辽尚书吏部之印”“克剌阿邻猛安所之印”及“萌夺果大猛安合里太谋克印”，可见汉文为大辽国的官方文字②。

综上所述，从辽太祖神册五年（920年）创制契丹文到金明昌二年（1191年）罢废，前后接近300年，如果以西辽亡国为契丹字的使用下限，契丹字共使

① 参阅杨毓骧《云南契丹小字的遗存与释义》，《内蒙古大学学报》1993年第4期；陈乃雄《云南的契丹族后裔和契丹字遗存》，《民族语文》1994年第6期。

② 许玉材《丹东地区发现金末耶律留哥大辽政权铜印》，《文物》1985年第5期。

用了390年。云南契丹后人所保留的若干契丹字，它不具备作为文字的全面交流功能，自然不能作为契丹文字的使用下限，只能看作残留现象。

五　契丹大字

契丹字先后制定了两套，神册五年(920年)正月始制契丹大字，9月大字成，诏颁行之。契丹大字的流传远没有契丹小字广，至今发现的实物资料也比较少。

契丹文字首先被发现的是契丹小字辽陵哀册，一度还弄不清何为大字，何为小字。1939年发现的"故太师铭石记"，日本人稻叶君人认为是契丹小字，而李文信撰文说这是古董商人的伪作，并举出种种理由[①]。1951年，辽宁锦西西孤山辽墓墓志出土，阎万章认为它不像辽陵哀册的契丹字那样复杂，可证是契丹小字[②]。这种错误为金光平和曾毅公纠正，后来详论了契丹大小字的区别[③]。

到目前为止，已经发现的契丹大字资料已有多件，重要的是石刻文献。

《静安寺碑》约建于道宗咸雍八年(1075年)，额题"大辽大横帐兰陵郡夫人建静安寺碑"，正面是汉字，背面为契丹大字，字迹漫漶不清，难以辨认。

《故太师铭石记》墓志，志盖有汉字篆文"故太师铭石记"，志文40行，约1800字。志石下落不明，拓片原件也失踪，发表的拓片不清楚。

《萧孝忠墓志》，因出土地点，也称锦西西孤山契丹墓志，约道宗大安五年(1089年)建。盖背汉字230字，志文契丹大字约500字[④]。已有阎万章、金光平、曾毅公的考释。

《耶律延宁墓志》，志文上半部刻契丹大字，约270字，下半部刻汉字，511字，契丹字与汉字不对译[⑤]。圣宗统和四年(986年)建。刘凤翥、于宝林有初

---

① 李文信《契丹小字〈故太师铭石记〉之研究》，伪满《国立中央博物馆论丛》第3号，1942年。

② 阎万章《锦西西孤山出土契丹文墓志研究》，《考古学报》1957年第2期。

③ 金光平《从契丹大小字到女真大小字》，《内蒙古大学学报》1962年第2期。

④ 刘谦《辽宁锦西西孤山出土的辽墓墓志》，《考古通讯》1956年第2期。考释文章见前文。

⑤ 辽宁省博物馆文物工作队《辽代耶律延宁墓发掘简报》，《文物》1980年第7期。

步考释①。

《北大王墓志》,也称《耶律万辛墓志》,正面篆题"北大王墓志",背面汉字21行,志石契丹大字27行,789字。字迹清楚,字数较多。已释出年号等若干契丹大字②(图6—8)。

图6—8 北大王墓志汉文及大字

《萧袍鲁墓志铭》,志盖汉字篆书"故北宰相萧公墓志铭",志盖背面刻契丹大字志文15行,每行字数不等,最多为25字。志石正面为汉文③。

《耶律习涅墓志》,志盖正面汉篆"大横帐节度副使墓志",志背刻契丹大字1616字,志石刻汉字601字。契丹大字书写镌刻工整,是目前所见存字较多、

① 刘凤翥、于宝林《〈耶律延宁墓志〉的契丹大字释读举例》,《文物》1984年第5期。

② 刘凤翥、马俊山《契丹大字〈北大王墓志〉考释》,《文物》1983年第9期。

③ 冯永谦《补辽萧袍鲁墓出土的契丹大字墓铭》,《辽金契丹女真史研究》1988年第1期;阎万章《契丹文〈萧袍鲁墓志铭〉考释》,《民族语文》1988年第3期。

保存最好的契丹大字资料①。

《耶律祺墓志》，墓主为道宗、天祚帝两朝重臣。同时出土汉文墓志一方，契丹大字墓志一合，两者不对译。契丹大字墓志近3000字，出现许多以前未见的新字，尚未有考释成果发表②(图6—9)。

图6—9　耶律祺墓志

内蒙古赤峰地区耶律羽之家族墓获得一墓碑，正面契丹大字15行，背面6行，共21行。发表摹本，有初步考释，根据读音名之为"多罗里本"墓志铭。其中"太王"即汉字"大王"，"皇帝""月""日""南""弟""公"与汉字同义，而"國"用"国"，"丹"改为"冄"。"仁""来""此"等一些字与汉字原意无关③。

辽祖陵纪功碑残石。耶律阿保机陵在今内蒙古巴林左旗东，20世纪60年代以来，经多次调查，已经收集到大小不同契丹大字残石10块，约78字。

① 金永田《契丹大字〈耶律习涅墓志〉考释》，《考古》1991年第4期。

② 齐晓光《内蒙古发掘契丹显贵耶律祺墓》，《中国文物报》1994年4月24日。

③ 丛艳双、刘凤翥、池建学《契丹大字〈多罗里本郎君墓志铭〉考释》，《民族语文》2005年第4期。

字体规整[1]。

内蒙古巴林左旗辽代祖陵陵园遗址出土一些带字的碑石共数百块，不足原碑二分之一。龟座上的双字碑刻残片，均为楷书，正面是契丹大字(图 6—10)，背面是汉字(图 6—11)。汉字残碑存字较多，中有“天赞五年”“升仙皇帝”“李胡皇子”等字，对照《辽史》，诸多吻合。此处为辽太祖纪功碑楼，碑为辽太祖纪功碑[2]。

图 6—10　辽祖陵契丹大字残碑

图 6—11　辽祖陵汉字残碑

此外，还有一些契丹大字资料。

辽宁建昌素珠营子出土契丹大字石棺，文字残存 21 字[3]。玲珑塔出土 2 行 6 字的契丹大字铜印[4]。

内蒙古耶律祺墓内还发现有影青瓷器，器底有契丹大字墨书题款，共约百余字。

河北丰宁大阁镇出土契丹大字陶壶，1 号壶 17 个字，有大康四年(1078 年)纪年，2 号壶 17 个字，有大康五年(1079 年)纪年。已经有考释[5]。

内蒙古巴林右旗白塔子出土了刻有契丹大字的铜镜[6]。

① 洲杰《内蒙古昭盟辽太祖陵调查散记》，《考古》1966 年第 5 期。

② 中国社会科学院考古研究所内蒙古第二工作队、内蒙古文物考古研究所《内蒙古巴林左旗辽代祖陵龟趺山建筑遗址》，《考古》2011 年第 8 期；刘毅《关于辽代皇陵的几点认识》，《中国国家博物馆馆刊》2013 年第 3 期。

③④ 冯永谦、邓宝学《辽宁建昌普查中发现的重要文物》，《文物》1983 年第 9 期。

⑤ 郑绍宗《文物春秋》2003 年第 6 期；张少珊、曲轶莉《丰宁县出土的契丹大字铭壶补释》，《北方文物》2009 年第 2 期。

⑥ 李逸友《昭盟巴林右旗白塔子出土铜镜》，《文物》1959 年第 5 期。

内蒙古巴林右旗出土契丹大字铜符牌和道教印符。符牌一面是道符，一面是契丹大字咒语，石印背刻汉字“上”，印文特别，是否是契丹文尚不能肯定①。

契丹大字的铜印在辽宁、内蒙古都有发现，内蒙古奈曼旗②、翁牛特旗、巴林右旗、巴林左旗、敖汉旗、赤峰县、察右前旗③，辽宁盘山都出土过这类铜印。其中翁牛特旗桥头河南营子辽代遗址发现的契丹大字印，铜质鎏金，方印，边各长 9 厘米，钮上有双钩汉字“上”，印文为九叠契丹字，结体均称，右侧边款有双钩楷体契丹字，字同印文。此为所见契丹文印中形制最大、保存最好的一件。

契丹文铸造官印，都采用大字，不用小字。1994 年黑龙江宾县马鞍山大桥出土了契丹大字铜印，同样的印在辽宁也发现过。

这是用契丹大字仿照宋代叠篆体式制作的官印。印文有五个契丹大字的楷体为“都尖安畓亢”，译为“都统府之印”（图 6—12）。“都”字是直接袭用汉字，原形原音原义。“尖安”是契丹语的音译，只表音。以上“都尖安”读为汉字音 du tung pu，而“畓亢”表示契丹语，“之印”的意思④。

图 6—12　契丹大字篆体“都统府之印”

发现的契丹大字资料，最早的是辽祖陵纪功碑残石，太祖在天显二年（927 年）入葬，当为建碑的时期。最晚为耶律习涅墓志，天庆三年（1113 年），离辽亡只有十多年。至今未发现金代的契丹大字资料。

有关契丹文的制度，《五代会要·契丹》：“汉人陷番者以隶书之半，就加增减，撰为胡书。”《新五代史·四夷附录一》所记相同：“汉人教之以隶书之半增

---

① 韩仁信《内蒙古巴林右旗出土契丹大字铜符牌和石质道教符印》，《考古》1999 年第 6 期。

② 李逸友《内蒙古出土古代官印的新资料》，《文物》1961 年第 9 期。

③ 项春松《内蒙古昭乌达盟发现的一批古印资料》，《文物》1983 年第 8 期；韩仁信《内蒙古巴林右旗李家园子村出土唐印》，《考古》1997 年第 8 期；李兴盛《内蒙古乌兰察布盟察右前旗发现一方契丹大字铜印》，《考古》1997 年第 8 期。

④ 刘凤翥《契丹大字“都统府之印”的解读》，《北方文物》2012 年第 3 期。

损之,作文字数千。"这里有几个要点,何谓"隶书"?何谓"半"?何谓"增减"?这对弄清契丹文造字的内容都十分重要。

"隶书",很容易使人联想到蚕头燕尾的一种书体,它盛行于汉,后代作为古体使用。唐玄宗书有《纪泰山铭》和《石台孝经》,唐宋间称为八分,它是铭石书。从字形观察,契丹文也没有蚕头燕尾的特征。"隶书"有另一个概念,它是与篆文古体相对的今体。南朝梁庾肩吾《书品》:"以奏事繁多,篆字难制,遂作此法,故曰隶书,今时正书是也。"后人为区别汉隶,也称后起的隶书为今隶。篆、隶对称,还是一个比较正规的称名。正字辨正字形,每以《说文》和隶省、隶变相比较。隶书以正书(楷书)为准,故也有直呼为楷书①。但是,隶书不只是楷书,还有行书和草书。唐张怀瓘《书断·王献之》:"王献之字子敬,尤善草隶,幼学于父,次习于张芝。"此草隶,即草书。由于历史发展的原因,文字形体不断发生变化,正字的规范也是逐渐形成的。不管如何变化,作为与篆字古体相对的隶书通行字既含正体,也含俗体。前文已经谈及,契丹境内长期割据,中原文化影响较弱;从文字来看,俗字流行,所以不能低估汉字俗字对契丹文的作用。

"隶字之半"这个"半"的含义,至今无人作出分析。这个"半",就是半字之半。但是半字的概念非常清楚,是字的一部分,一般不能还原到原来字形。但是契丹大字并非如此,既有局部部件或点画,也有全形,如直接使用通行汉字的"皇帝""太子""仁""地""山""月""正""来""包""坐""万""此"等,其中"皇帝""太子""仁"等政治伦理词汇是把原字的音形义全面吸收过来,是照搬的字,"地""山""月"有关自然地貌、天体是否照搬尚不得知,"正""来""包""坐""万""此"可不能依照原字释读,原来的字很可能是合体字,看起来是完整的字可能只是一部分。依照汉字来看,契丹大字大部分是似是而非的字,是取原来字的部分,或者挖去一些笔画,改变一些笔画,或者是残件的拼合。如:

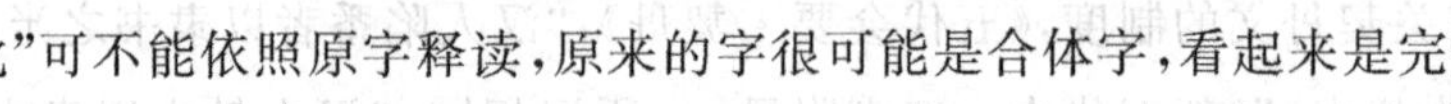

① (宋)姚宽《西溪丛语》卷下:"东魏大觉寺碑阴,题银青光禄大夫臣韩毅隶书,盖今楷字也……自唐以前,皆谓楷字为隶。"

这些破体怪字就是以上各种方法改造的结果，不过究竟如何变化，要在对契丹大字得到音义的确切结论才能明白。

“隶字之半”只能提供后人一点线索，并不能机械地认为契丹大字取原来字的一半，或者局部。契丹大字是取法古琴谱的“减字”原理，具有比龟兹琵琶谱半字更加复杂的造字条理，多样化的造字途径而获得的汉字式表意文字。辽道宗大安六年（1090 年）李谦贞撰《郑恪墓志》把契丹小字叫作“小简字”。“简字”之“简”则简约、精简，与“减”意思相同，所谓“简字”就是“减字”[①]。

从减字看契丹文字的增与减。

增：

二→二

三→彡

兄→兄

之→之*

牛→乎

王→生*

天→夽、𡗗

贊→兟→先

减：

来→小

馬→马、马

夹→亚

其→其*[②]

今→仌*

弟→才、扎*

麗→丽→丙

處→处→夂*

用→同

增减兼而有之：楽（“乐”俗字）→泊→糸*

要确定契丹字的汉字原形十分困难，经过增、减，形体发生了极大变化，难以辨认。而且，即使可以辨认，还有多种选择，如契丹大字“𢗁”可能是“急”之减，更可能是“稳”“隐”之半减法而成，归根到底要看契丹文是如何利用这个汉字的，要明白契丹字的音义才能最终确定它的汉字原形。从汉字原形看，有通行的正体、俗体，也有草体、行书。从契丹字的实际情况看，不仅在“隶书之半”

① 参阅陆锡兴《古琴谱减字与其他民族文字的创制》，《中国文字研究》第 22 辑，上海书店出版社，2015 年。

② 加＊号者为笔者假设。

增减，个别的合体字也可增减。总之，契丹大字的汉字原形是一个很复杂的问题，与它的解读密切相关。

契丹大字由两个部分组成，一是上述的自造字，二是汉字借字。汉字借字和自造字的区别比较清楚，凡是未经改形的汉字通行字都是汉字借字。前文已经谈及，契丹境内通行俗字，汉字借字中也保留了较多俗字成分，如“床”“来”“将”“万”“荅”“国”“尘”“弃”等。这些字同时流行于中原地区，产生的时间很早，唐、宋间多可见之，即使大家名碑也不能免，所以不能认为是契丹借字的特点。汉字借字从功效看，有用来标志汉语借词的字，如“皇帝”“皇后”“皇太后”“朕”“予”等。这些字的音、义、形都从汉人搬来，当然，字音是契丹语的相近读音。“一”“二”“三”“五”“十”“廿”“月”“日”“东”“南”“西”“北”等字，契丹文是借了同义字，而读为契丹语词音，读音与汉字完全不同。因为这类都属于基本词汇，契丹文只需借字而不需借词。有些汉字如“仁”出现的频率很高，在契丹文中充当假借字角色，它的意义和汉字原义毫不相干。在契丹大字中的汉字约占五分之一左右[①]，事实上，汉字所占比例是有变化的，早期的契丹大字碑刻中较多，越晚越少。

契丹大字的墓志有长有短，耶律习涅墓志共 1616 字，耶律祺墓志近 3000 字，单耶律祺墓发现的新出现契丹大字就有数百之多，随着以后大字文献的发现，契丹大字的总字数还要增加。到耶律祺墓志为止，经统计共有契丹大字 1870 字[②]，其中有些字是异体，剔除重复，约有 1800 字，《契丹国志》记有 3000 余字，尚有百分之四十未被发现。从对契丹大字的解读中了解到，契丹大字有表音字的倾向，一个字标志多个同音词，多个字标志一个多音节契丹词语。但是这种文字现象在汉字中也能找到，还是属于标意文字的功能。3000 余汉字足以应付一般交流使用，那么，基本上可以推断契丹大字也是标意文字，当然，随着对契丹大字的深入研究，可能会有新的发现，特别是要弄清楚它的表音成分到底发展到什么程度。

---

① 参见于宝林《契丹文字制字时借用汉字的初步研究》，《内蒙古大学学报》1988 年第 4 期。

② 额尔敦巴特尔《简论契丹大字和女真文字的比较研究》，《内蒙古大学学报》1996 年第 3 期。

六 契丹小字

契丹小字与契丹大字的关系有三层意思：一是如大篆与小篆那样，契丹大字与小字意味先后关系；二是正俗关系，大字近于汉字，是标意字，小字便于表达本族语言，是标音字；三是繁简关系，契丹小字比大字形体更加简单。小字需要多字拼合成字，相当于汉字的部件，或者“文”，现在称为“原字”。契丹字研究者之称原字主要是标音角度，契丹原字就是标音的契丹字母。

《兴宗哀册》，兴宗重熙二十四年(1055年)崩，哀册小字36行，共861字。

《仁懿哀册》，兴宗之后，大康二年(1076年)殁，谥“仁懿皇后”，计契丹小字32行，575字；另有汉字哀册，不对译。

《道宗哀册》，道宗寿昌七年(1101年)崩，哀册小字37行，1134字。册盖篆体小字，36原字。另有汉字哀册，不对译(图6—13)。

《宣懿哀册》，道宗之后，大康初年殁，乾统初昭雪，谥“宣懿皇后”。哀册小字30行，620字，盖16原字。另有汉字哀册一合。不对译[①]。

《萧令公墓志》，石已残，现存594字[②]。

《萧仲恭墓志》。萧生于辽，后归金，金大德二年殁(1150年)。志盖有契丹小字3行9字，志文50行，2442字[③]。

《许王墓志》。志盖正面汉字“辽国许王墓志”，左边刻“掩闭日甘露降”，右边有6个契丹小字，对译。志石四面均刻字，左侧5行汉字，其余三面为契丹小字，64行，残存2163字[④]。

---

① 辽帝后哀册收入金毓黻《辽陵石刻集录》，1934年。

② 阎文儒《辽西省义县清河门附近辽墓的发掘简报》，《文物参考资料》1951年第2卷第2期；李文信《义县清河门辽墓发掘报告》，《考古学报》1954年第8期；厉鼎煃《义县出土契丹文墓志铭考释》，《考古学报》1954年第8期。

③ 郑绍宗《兴隆县梓木林子发现的契丹文墓志铭》，《考古》1973年第5期；王静如《兴隆出土金代契丹文墓志铭解》，《考古》1973年第5期；刘凤翥、于宝林《契丹小字〈萧仲恭墓志〉考释》，《民族研究》1981年第2期。

④ 阜新市文化局文物组《辽宁阜新县辽许王墓清理简报》，《文物资料丛刊》创刊号，1977年；刘凤翥、于宝林《契丹小字〈许王墓志〉考释》，《文物资料丛刊》创刊号，1977年。

图 6—13《道宗哀册》

《故耶律氏铭石》。志盖汉字"故耶律氏铭石"6 字，志石契丹小字 25 行，699 字，字体工整①。

《耶律迪烈墓志铭》。志盖汉字"南瞻部洲大辽国故迪烈王墓志文"14 字，志石正面契丹小字 32 行，背面 9 行，共约 1740 字②。

① 辽宁省博物馆文物工作队《辽代耶律延宁墓发掘简报》，《文物》1980 年第 7 期；昭乌达盟文物工作站、翁牛特旗文化馆《内蒙古山嘴子"胡耶律氏"墓发掘报告》，《文物资料丛刊》第 5 辑；苏赫《〈故耶律氏铭石〉考释》，《文物资料丛刊》第 5 辑；刘凤翥、于宝林《〈故耶律氏铭石〉跋尾》，《文物资料丛刊》第 5 辑，1981 年。

② 卢迎红、周峰《契丹小字〈耶律迪烈墓志铭〉考释》，《民族语文》2000 年第 1 期。

《海棠山墓志》，在辽宁阜新海棠山发现，故名。此墓志后被改为佛像，仅存左半边。现存13行，约300字①。

《博州防御使墓志》，墓主为辽末降金的契丹人，卒于金大定十年（1170年）。志文残存48行，1570余字，残缺部分约700余字。此墓志距金朝废除契丹小字仅有21年②。

《梁国王墓志铭》。2001年阜新大巴镇9号墓出土墓志一合，志盖中央刻汉字“梁国太妃耶律氏志铭”，背刻契丹小字“梁国王墓志”。志石上面刻汉字“梁国太妃墓志铭”。工楷书刻，存字量大，保存完好，一石二志，辽刻首次发现③。

内蒙古扎鲁特旗伊和背乡水泉子沟4号墓出土了一座龟座双字墓碑，上有二龙戏珠纹样。正面刻汉文“望坟碑记”，下刻汉字“拔济苦难陀罗尼经”一卷。背面为契丹小字墓志（图6—14），碑额契丹小字2行7字，正文13行，164字，残损10字，现存154字。为辽代中期《撒懒·室鲁太师墓志》，由他大儿子特每于辽寿昌六年（1099年）在黄龙府尹公署书写。端楷书写，笔画精到，结构匀称④。

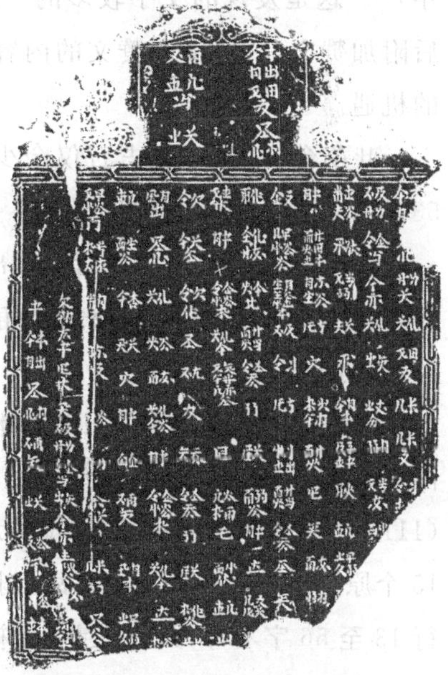

图6—14　《梁国王墓志铭》

① 吕振奎、袁海波《辽宁阜新海棠山发现契丹小字造像碑》，《考古》1992年第8期；吕振奎《海棠山契丹小字墓志残石补释》，《民族语文》1995年第4期。

② 朱志民《内蒙古敖汉旗老虎沟金代博州防御使墓》，《考古》1995年第9期；刘浦江《内蒙古敖汉旗出土的金代契丹小字墓志残石考释》，《考古》1999年第3期。

③ 辽宁省文物考古研究所《关山辽墓》，文物出版社，2011年，图版54。

④ 刘凤翥、董新林《契丹小字〈撒懒·室鲁太师墓志碑〉考释》，《考古》2007年第5期。

1999年,辽宁阜新大板镇发现一座辽墓,出土《耶律奴墓志铭》。志盖无文字,志文正面阴刻契丹小字24行,背面连续刻24行,行8至35字不等,共1274字,残缺2字,半残40余字,1200字清晰可见。发表了摹本和初步考释①。

1996年内蒙古科尔沁旗罕苏木朝克图耶律祺家族墓地2号墓,《耶律副部署墓志铭》再次发现。志盖无字,背面刻契丹小字27行,志石刻小字21行,2石共小字51行。志主耶律副部,汉名为运,卒于大康三年(1077年)②。这是发现的文字较多的一通志石。志石与汉字志铭相同,叙述文字后附加赞文,一般来说赞文的内容格式化,为我们提供了一个解读契丹小字的机遇。

叶茂台23号辽墓志石仅余少量残片,无法拼合释读。较大志石石面长53厘米、宽18厘米、厚约15厘米③。

1995年赤峰喀喇沁旗营子乡出土契丹小字《耶律永宁郎君墓志铭》,高56厘米、宽76厘米,已经残缺右上角。共小字43行,清晰者1041字。发表摹本,作初步考释④。

内蒙古巴林右旗索博日嘎苏木的瓦林茫哈出土了《皇太叔哀册》和《宋魏国妃墓志铭》一合。皇太叔汉名弘本,生于重熙十年(1041年),卒于乾统十年(1110年),其妻即宋魏国妃。《皇太叔哀册》篆盖刻契丹小字3行,每行5字,15个原字拼合6个词,意为"故太叔祖之哀册"。册文楷体契丹小字25行,每行13至56字不等,共807字。《宋魏国妃墓志》篆盖契丹小字原字4行,每行5字,共20个原字拼成八个词,意为"故宋魏国妃之墓志铭"。志文契丹小字24行,每行9至58字不等,共计642字。哀册、墓志均为耶律模奴书。墓内同时出土汉字《皇太叔哀册》和《宋魏国妃墓志铭》,部分内容可以对译。在太

---

① 石金民、于泽民《契丹小字〈耶律奴墓志铭〉考释》,《民族语文》2001年第2期。

② 盖之庸、齐晓光、刘凤翥《契丹小字〈耶律副部署墓志铭〉考释》,《内蒙古文物考古》2008年第1期。

③ 辽宁省文物考古研究所、沈阳市文物考古研究所《辽宁法库县叶茂台23号辽墓发掘简报》,《考古》2010年第1期。

④ 郑晓光《契丹小字〈耶律永宁郎君墓志铭〉考释》,《民族语文》2002年第2期。

叔祖墓北100米处耶律弘世夫妇合葬墓，出土耶律弘世与其妻秦越国妃汉字墓志铭各一合[①]。

《泽州刺史墓志》。墓志左、右残去部分，仅存中间下部26行[②]。

《耶律智先墓志铭》。契丹小字与汉字墓志同时出土，44行，未有统计字数，墓主葬于大安十年(1094年)[③]。

扎鲁特旗水泉沟5号辽墓龟趺石碑，背面题为契丹小字"室鲁太师墓志碑"，约300字[④]。

《郎君行记》，汉字碑额为"大金皇弟都统经略郎君行记"，为金代用契丹小字拼写的女真语。碑文右刻契丹小字5行，97字；左方汉字6行，108字(图6—15)。此碑明清已有记载和考证，误作女真字。展开契丹文研究以来，因此碑汉、契丹文对译，是解读契丹小字的有效途径。原刻于乾陵无字碑上，后来陵前面朱雀门遗址附近发现一块残石，上面也刻《郎君行记》，内容相同，笔画、大小、行款也相同[⑤]。

此外，契丹小字资料尚有庆陵壁画题字、翁牛特旗出土木椁的墨书、呼和浩特市郊万部华严塔题壁、科尔沁右翼中旗巴拉哈达山洞内题书以及若干铜镜铸铭。在河北承德和吉林德惠都发现了字形相同的金银牌，为契丹小字，但此牌到底为辽物或金物，尚未得定论[⑥]。

契丹小字和契丹大字不同，它是一种标音文字，字的数量较少，规律性比较强。契丹小字和汉字同刻的辽金碑刻不少，但是只有《郎君行记》正文和《许王墓志》志盖上的6个字是严格对译的，由《郎君行记》入手，参考前人对年号、日月、数字、人名、地名、官职名的考证，并利用其他资料进行综合研究。我国

---

① 清格勒《辽皇室墓出土契丹文》，《中国文物报》2000年4月26日第1版。

② 王未想《契丹小字〈泽州刺史墓志〉残石考释》，《民族语文》1999年第2期。

③ 赵志伟、包瑞军《契丹小字〈耶律智先墓志铭〉考释》，《民族语文》2001年第3期。

④ 辽金考古队《扎鲁特旗辽墓发现精美壁画》，《中国文物报》2000年10月29日。

⑤ 齐德文《乾陵发现契丹小字石刻》，《考古与文物》1983年第6期；黄振华《契丹文〈郎君行记〉新译》，《宋辽金史论丛》第1辑。

⑥ 郑绍宗《承德发现的契丹符牌》，《文物》1974年第10期；邹世魁《吉林省德惠县发现辽金时期银质符牌》，《文物》1986年第5期。

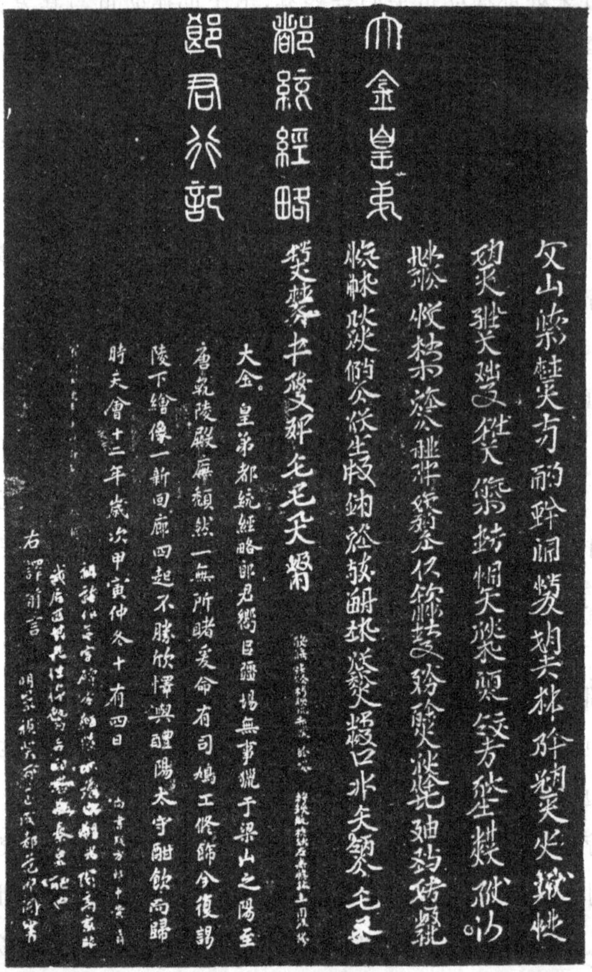

图 6—15 《郎君行记》

学者利用汉语借词来推断小字的读音，同时，参照通古斯语的相近语言，摸索小字的音值和语音规律。因此，对契丹小字的认识比较清楚，但是还有必要对细节问题加以讨论。

问题是由《辽史》所载“回鹘使至”，迭刺“习其言与书，固制契丹小字”这些话引起的。使人们误以为契丹小字仿自回鹘文，所以当辽陵石刻发现时，因为是汉式字形，所以把契丹小字当作契丹大字。有些日本学者提出契丹小字直接由突厥文字所制作，还从突厥字母中找寻证据。但是，契丹字笔画较多，字形方正，而突厥文字笔画少，字形不规正，多弧形和圆形笔画，两者有明显的差异，毫无关系①。因此，引起人们对《辽史》这段记载的怀疑，认为契丹小字因袭回鹘字母以拼契丹语的意见是没有事实根据的，是一段数典忘祖的传说②。当然，还有一些不同意见，他们肯定契丹小字吸收了回鹘文的某些因素，即吸收了回鹘文的表音方法，也可能吸收过回鹘文的某些字形③。

从契丹小字的文字体制来说，无论字形或者表音方式，都是由汉字变化而来，这是毋庸置疑的。但是，汉字不是标音文字，它没有一套这方面的法则，契丹小字从回鹘文寻求一些启发是完全可能的。在对契丹小字的研究尚未达到圆满的时期，不必先下结论。

由于比较成功地解读契丹小字，确定原字，并从汉语借词着手对部分原字作了初步拟音④，由此推导出了一些契丹小字原字的汉字原形，这为我们分析契丹小字字形提供了可靠的基础。

小字与汉字比较，依然与大字一样，采用减字法，通过各种办法，得到简约字形。

增加：

与→与(i)　　　　仄→太(jirgo)

减少：

益→六(i)　　　　夾→火(a)

---

① 参见于宝林《略论〈契丹文字的解读方法〉》，载《中国民族古文字研究》，中国社会科学出版社，1984年。

② 沈汇《论契丹小字的创制与解读》，《中央民族学院学报》1980年第4期；刘凤翥《契丹大字和契丹小字的区别》，《内蒙古社会科学》1981年第5期。

③ 陈述《契丹文字的历史概况》，《中央民族学院学报》1978年第3期；〔日〕西田龙雄《关于契丹小字研究中的基本性质问题》，《民族语文》1992年第2期。

④ 汉语借词以汴洛地区的语言为语音基础。参见聂鸿音《论契丹语中汉语借词的音系基础》，《民族语文》1988年第2期。

加→力(ka)　　　伞→仐(s)

屠→戶(dalo)　　　㳺→才(i)

分→兮(p)

增减变化：

天→关(tengri)　　　昆→圠(kum)

永→亦(iun)　　　女→·乂·(ni)

其中“与”“㳺”为俗体或草体。

除了以上的创制办法，还有一种转制字，即把契丹小字的原字加以变化而成为新的原字，如：

兴→㒫(he)

契丹大字制字在前，小字制字在后，小字也借用了一些大字的字形，这类字截止《萧忠孝墓志》，已发现 70 字。不过，这仅仅是利用字形，字音和字义则不一定有什么关系。

契丹小字也不加改造地利用了独体和少量合体的汉字。例如：一、丁、丙、而、天、十、卡、木、杏、并、土、大、太、丈、又、刀、力、了、子、乙、欠、勺、久、各、乃、及、丸、午、伏、仕、付、仍、公、乂、山、出、小、目、由、口、文、火、米、主等。这些契丹小字中的汉字和契丹大字中的汉字不同，只取其形，不取音义。在契丹小字中保留了相当数量的汉字，这似乎有点不可理解。其实，文字是一个系统，这些汉字脱了标意的汉字系统，进入标音的契丹小字系统，只是一个标音符号，与其他原字相等，并无特别之处，所以不会造成干扰。

在契丹小字的原字与汉字原形的关系上，可以用三点来说明：一、绝大部分原字和汉字原形没有音、形、义的联系；二、如果采用汉字原形的读音，字形必定改变；三、直接采用汉字，不用其音。

契丹小字是标音文字，这一点已经获得公认。当然，契丹小字有其特殊性，原字有的标音素，有的标音节；同一原字因位置变化，可能标音素，也可能标音节。作为辅音的原字，一般带央元音 ə，在与原字相拼时，ə 常作为介音，影响主元音。在同一字中有另一作为元音的原字时，这些辅音原字也可常有同类元音。契丹小字原字中可区别为阳性元音和阴性元音，在部分辅音字母和音节字母中也可区别为阴性和阳性。就辅音而言，x、g、k类各有阴阳或前后两种不同写法，契丹小字很可能借鉴了回鹘文的拼写办法①。

契丹小字的标音制度与接触汉字时学习到标音字的原理有关，汉字标音字包括汉式标音字和反切字，以“口”旁为特征的标音字和二字合一的反切字都是六朝期间在中原流行开的。汉字标音字是根据梵文的拼音字原理制造的，它主要用于从语音上模写佛教的梵语。唐代开元年间，密宗传入，其真言宗尤其重视念诵真言，特别强调语音的准确。在书写真言时，一般采用两种办法，一种是直接书写梵文，一种是音译成本民族文字，在汉字使用范围内就是汉字。这类真言很多，宋洪迈《夷坚志》记录了几则常用咒语，如“解脱真言”：

> 馆客徐圣俞旧传西天三藏法师金总持释迦往生三真言，其一曰：“唵牟尼牟尼摩贺牟那牟曳莎贺。”其二曰：“唵逸啼律呢娑缚阿。”其三曰：“唵似呢律呢娑缚诃。”凡世人死而未解脱，或为诵之，或为书之，无不获应②。

又“辟兵真言”：

> 有男子在傍，持幅纸，大书佛咒语九字为三行，曰“唵阿游阿哒利野婆诃”，以授彦仁，曰：“能持此咒，可免兵难③。”

---

① 参见清格尔泰等《契丹小字研究》，中国社会科学出版社，1985年；高路加《契丹小字复数符号探索》，《内蒙古大学学报》1988年第2期；清格尔泰《契丹语数词及契丹小字拼读法》，《内蒙古大学学报》1997年第4期。

② （宋）洪迈《夷坚三志辛·解脱真言》。

③ （宋）洪迈《夷坚志补·辟兵咒》。

还有“宝楼阁咒”：

> 祂试书咒语，贴于柱，此夜晏然。由是一斋妖祟绝迹。其咒语即所谓“唵摩尼达哩吽拨吒”八字，但世俗所传讹谬，写皆从口，而亦不得其音，要当取大藏中善本元初译师言为证，自有大功①。

这些记载虽晚，但是所记的真言早已流行，所记“写皆从口”及“不得其音”十分重要，实际上，我们可以看到更早而且写音准确的真言。

河北宣化大安九年（1074 年）改葬的张文藻墓木棺四面和盖顶均有墨书梵文和汉文，内容主要为祈福和超生等真言。棺盖有汉文真言 13 行，前壁有梵、汉文真言 18 行，第 11 行为汉文“阿閦如来灭轻重陀罗尼”、第 15 行“智矩如来心破地狱陀罗尼”、第 18 行为汉文“大吉祥陀罗尼”，后壁梵、汉文真言 18 行，第 13 行汉文“一切如来大阿毗三摩耶百字密语”、18 行汉文“法舍利真言”。发掘简报刊出了盖顶汉文真言“警觉陀罗尼和观自在如意轮陀罗尼”。值得注意的是真言汉文的小注，有“二合”“引”“平”“去”“半音”，在“观自在如意轮陀罗尼”真言还注有“一”“二”至“十三”的语音段落标记。“引”，是拉长的意思②，“半音”，可能是读一半音长的意思，“平”“去”是指声调，最重要的是“二合”，凡是被注“二合”的皆二字紧密合写：“跛底”“入缚”“纥哩”“娑嚩”“怛曩”“怛啰”“哩野”“嚩路”“湿嚩”“怛嚩”“你也”“讫啰”“纳铭”“瑟姹”“啰洒”“登吒”③。北京阜成门外出土了寿昌三年（1097 年）董庠墓真言刻石，共有“灭罪真言”“智炬如来破地狱真言”及“生天真言”三种，文中小注也有“引”“去”“二合”，属“二合”的字有“娑缚”“洒吒”“摩也”“良齿”“娑缚”，但字距均等④。辽宁新民巴图营晚期辽墓出土“看炬如来必破地狱”等真言鎏金铜胸

① （宋）洪迈《夷坚甲志一·宝楼阁咒》。

② 《诗·小雅·楚茨》：“勿替引之。”孔传：“引，长也。”

③ 河北省文物研究所、张家口市文物管理处、宣化区文物管理所《河北宣化辽张文藻壁画墓发掘简报》，《文物》1996 年第 9 期。

④ 北京市文物管理处《近年来北京发现的几座辽墓》，《考古》1972 年第 3 期。

牌，报告仅出释文，小注也有“二合”，有“竭吒”“摩也”“口齿”三组[①]。“二合”，指二字拼合成音。宋李石《续博物志》卷四：“‘不可’为‘叵’，‘如是’为‘尔’，‘而已’为‘耳’，‘之乎’为‘诸’，西域二合之音，切字之原也。”“二合”和反切不同，它没有变为一个字的两个部分，而是生成一个新字。它和反切注音也不同，它不用作注音，而成为一种标音字，而且反切音都是汉语的固有音节，而“二合”是为了标出汉语所没有的梵语音。在汉字音译梵语中有直音和“二合”音，正好给契丹小字提供了一个如何利用汉字创制拼音文字的模式。辽的汉字多承唐制，因此，这些“二合”标音字虽然出自中晚期辽墓，而实际上在创制契丹字之前就已经存在。

契丹小字是多字母拼音成词，改变了单字独立的写法，有单原字，有二合字①②或①/②顺序，三合字①②/③或①/②③，四合字①②/③④或①/②③/④、五合字①②/③④/⑤或①/②③/④⑤、六合①②/③④/⑤⑥、七合①②/③④/⑤⑥/⑦。它和一般拼音文字的字母以线式排列完全不同，而是以块式堆叠，这当然也是参照汉字结构方式，照顾汉字的书写习惯。

契丹小字累叠式形体会根据需要有所变化。契丹小字用篆体，书写格式采用单列，而非垒叠式。

《皇太叔哀册》篆盖篆体原字和楷体原字，两者形体有一定差异。分解出的原字（图 6—16）：

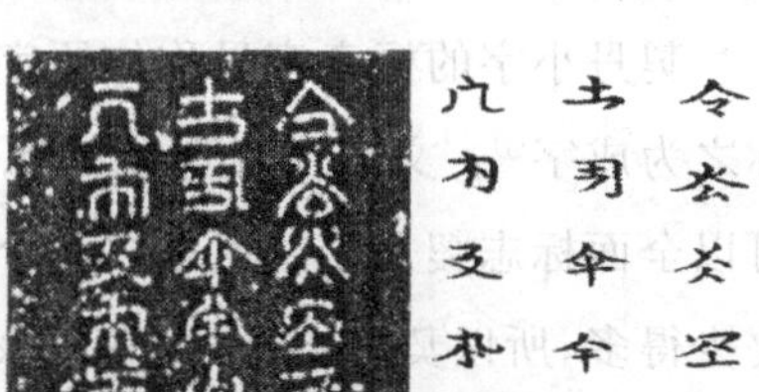

图 6—16 《皇太叔哀册》契丹小字篆体与契丹小字楷体

原字拼成的契丹小字，为了达到整齐划一的效果，原字与拼成的小字内原字数量有调整，如中多了 个[②]：

①　冯永谦《辽宁省建平、新民的三座辽墓》，《考古》1960 年第 2 期。

②　清格勒、刘凤翥《契丹小字〈皇太叔祖哀册文〉考释》，《民族语文》2003 年第 5 期。

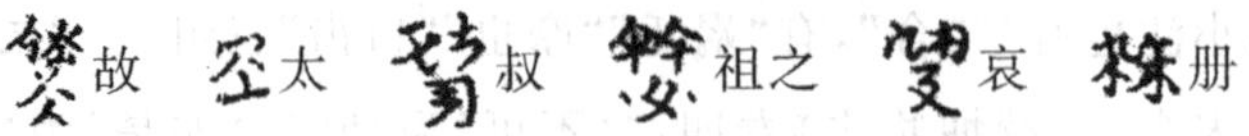

契丹文字与汉字相仿，有书体的变化。楷体用于日常行文，楷体略速，即成为行书，但是行书作为书体并无形体上的特别标志。大字和小字均有篆体，像汉字一样，篆体用于印文、碑额和志盖。契丹小字的志盖篆字尤其引人注意，笔画圆均，仿佛古文，原字不依块式堆叠，而如汉字分字罗列。契丹小字的篆字可见于辽陵《道宗哀册》册盖、《宣懿皇后哀册》册盖、新出《皇太叔哀册》册盖以及《宋魏妃墓志》志盖，由此可见，篆字在契丹文中不是随意可用，可能代表着一定的等级。

契丹小字从汉字脱胎而来，然而，汉字是标意文字，即使是受梵文影响而产生的标音字也难以突破标音字的框框。契丹小字要成为制度完善的标音文字还需要解决一系列的问题，有必要向其他标音文字借鉴，这就使人想起了契丹小字与回鹘文的关系。

回鹘人的一支迁至吐鲁番盆地，建立了高昌回鹘国，其势力范围达到焉耆、龟兹。在当地具有较高文化的高昌人和中原汉人的影响下，回鹘人抛弃了原来的古代突厥文，改而采用阿拉米文字系统的粟特文。回鹘文在当时中亚属通行文字，契丹与回鹘保持良好的关系（阿保机的皇后述律氏即为回鹘血统），这很可能是把回鹘文作为创制小字参考文字的原因。

契丹小字的标音字母称作原字，由原字根据词的读音拼合成字（词），笔者称之为成字[①]。文献没有现成的原字表，据目前的研究，其总数约 350 个，它可以全面标志契丹语。但是 350 个原字比起 3000 个契丹大字来讲，文字个体要少得多，所以契丹小字“数少而该贯”，“该贯”即贯通的意思。

原字字少，可以尽可能地采用简单的字形。无论直接借用汉字或改造汉字，常用原字多在 6 画左右，而契丹大字常用字在 9 画、10 画之间。不过单从笔画上很难说契丹小字比大字简单，契丹小字的原字要组合为成字后才能标志词，而契丹小字的成字一般由多个原字组成，如果把契丹小字的成字与契丹

① 原字通过一定的组成形式组合为成字。汉字的独体文、拼音文字的字母皆称作原字，直接标志词的单位称成字，如汉字的字，英语的单词（Word）。

大字的成字比较，小字的笔画要比大字多。辽《郑恪墓志》称“通契丹语，识小简字[①]”。前文说过“简字”是减字，而这个“小简字”当是指原字，不仅字形简单，而且拼音成字，以简驭繁，其“简”应是指这两个含义。

第四节　汉字在女真的传播

一　汉文化影响下的女真

女真的历史十分悠久，商周时代的肃慎是其远祖，“女真”是从“肃慎”音转而来。汉代称之为“挹娄”，南北朝时称之为勿吉，隋唐时称之为靺鞨。唐代，靺鞨的一支黑水靺鞨演化为女真。

女真在契丹之东，活动于今长白山和松花江、黑龙江流域及俄罗斯滨海一带。《新五代史·四夷附录二》：“女真，善射，多牛、鹿、野狗。其人无定居，行以牛负物，遇雨则张革为屋。”辽太祖天显元年（926年），辽灭渤海国，阿保机把女真豪右千家迁至辽阳之南，编入辽籍，称为熟女真，尚留在原地的女真有十余万户，保持本族的传统习惯，72个部落不相统属，称生女真。辽代女真之“真”，因避兴宗（宗真）之名而改作“女直”[②]，后女真也称女直。

生女真中以完颜部最大，初期生活在统门水（图们江）、苏频水（绥芬河）一带，到第四代献祖，迁到按出虎水（阿什河），开垦耕地，广用铁器，社会生产有了很大的发展。五代昭祖时，部落逐渐强盛，辽廷封之为“惕隐”。六代景祖乌古迺联合诸部组成酋邦，受辽封赐，为生女真部节度使，并仿辽官制，治理酋邦政务。辽天庆三年（1113年），阿骨打继任酋邦首领，仍臣服于辽廷，但反辽情绪与日俱增。天庆四年（1114年）阿骨打起兵反辽，辽籍女真人纷纷响应，次年正月，阿骨打即皇帝位。《金史·太祖纪》：“‘金之色白，完颜部色尚白’。于是国号大金。”《金史·地理志上》：“国言‘金’曰‘按出虎’，以按出虎水源于此，故名皇源，建国之号盖取诸此。”太宗天会三年（1125年）擒辽天祚帝，灭辽。

① 《全辽文》卷九收录，中华书局，1982年。

② 《辽史·太祖统上》：“明年春，伐女直，下之，获其户三百。”即称“女真”。

随后挥师南下，袭宋，靖康二年(1127 年)北宋灭亡。金与南宋对峙百余年，1234 年为蒙古、南宋攻灭。

女真进入中原之后，进入了与汉人不断融合的过程，全面吸收汉文化。

其一，政治中心南迁。太宗天会十五年(1137 年)，废黜“大齐皇帝”刘豫，在汴京置行台尚书省，治理汴京地区。熙宗天眷元年(1138 年)，下令改燕京枢密院为行台尚书省，与汴京行台尚书一同统治中原地区。海陵王天德五年(1153 年)，下诏建都燕京，改燕京为中都，汴京为南京，大定府为北京，辽阳府为东京，大同府为西京。正隆二年(1157 年)折毁宫殿、宅第，夷为平地，以示南迁决心。蒙古兴起，金兵连连败绩，宣宗弃中都而向南渡河，迁都南京开封府，深入中原腹地。

其二，移民。金太宗天会年间，已令猛安谋克移居中原，棋布星列，散居四方。据《金史·金国语解》:“猛安，千夫长，谋克，百夫长也。”金廷对女真人实行猛安、谋克制，这是军事、生产、行政三位一体的组织。熙宗时，再把女真户迁至中原，与汉人杂处，给以官田，使自播种，以充口粮。“今屯田出处，大名府、山东、河北、关西诸路皆有之，约一百三十余千户，每千户止三百人，所居止处皆不在州县，筑寨处村落间，千户百户虽设官府，亦在其内[①]”。海陵王迁都燕京，平毁女真各大族的住宅，驱使大批女真贵族南迁至大兴府等地。又把在中都屯田的两猛安迁至南京安置。女真人散居汉地，可与汉人婚嫁。《金史·兵志》:“猛安谋克杂厕汉地，听与契丹、汉人昏因以相固结。”北京通州城关出土大定十七年(1177 年)的《石宗壁墓志》:“公娶克石烈氏。”克石烈为女真贵族，此为女真、汉通婚之例。女真人居于汉人之中，多染汉风，改女真姓为汉姓。《金史·金国语解》:“女奚烈曰郎。”大批女真人改姓，引起朝廷的恐慌。《金史·世宗纪中》:大定十三年(1173 年)，“禁女直人毋得译为汉姓”。

中兴古城西金代墓葬群 3 号墓、4 号墓出土押印(图 6—18)，私人押印，石印“郎”押印(图 6—17)，第 1 字为“郎”，第 2 字押记，“郎”为女真人奚烈氏改的汉姓。在古城附近收集到铜印，有汉文“封全”两字(图 6—19)，其余部分就

① 《大金国志》卷三十六。

是叠篆押书。可见女真人并不在乎金廷的禁令，在金代中晚期其上层仍有改汉姓的行为。①

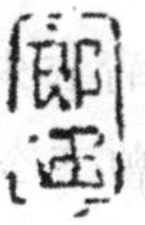
图 6—17　“郎”画押印

图 6—18　画押印

图 6—19　“封全”画押印

其三，仿汉政治、礼制、风俗。女真原为部落民族，文明尚在萌芽阶段，只有原始的简陋的风俗。灭辽入宋，占据中原，无法抗拒汉人的礼制传统。宋洪皓《松漠纪闻》卷上：“女真旧绝小，正朔所不及，其民皆不知纪年。问之，则曰：‘我见草青几度矣’。盖以草一青为一岁也。自兴兵以后，浸染华风。酋长生朝，皆自择佳辰，粘罕以正旦，悟室以元元，乌拽马以上巳，其他如重午、七七、重九、中秋、中下元、四月八日，皆然。”此为节令。又宋范成大《揽辔录》：“金既蹂躏中原之地，制度强效华风，往往不遗余力，而终不近似。金主既已端坐得国，其徒益治文，为以眩饰之。始则大修国制，其历曰《大明历》。金本无号，自阿骨打始有天辅之称。”此为历法、纪年。又，《金史·韩企先传》：“凡汉地选授调发租税皆承制行之。”此税赋。《金史·刑志》：“至皇统间，诏诸臣，以本朝旧制，兼采隋、唐之制，参辽、宋之法，类以成书，名曰《皇统制》，颁行中外。”宋洪皓《松漠纪闻》卷上：“金国新制大抵依仿中朝法律。至皇统三年颁行其法。”此刑法。《金史·韩企先传》：“斜也、宗干当国，劝太宗改女直旧制，用汉官制度。”《金史·百官志一》：“熙宗颁新官制及换官格，除拜内外官，始定勋封食邑入衔，而后其制定。然大率皆循辽、宋之旧。”此官制。《金史·选举志一》：“金承辽后，凡事欲轶辽世，改进士科目兼采唐、宋之法而增损之。”此科举。《金史·礼志一》：“世宗既兴，复收向所迁宋故礼器以旋，乃命官参校唐、宋故典沿革，开‘详定所’以议礼，设‘详校所’以审乐。”此皇帝礼式。又《金史·乐志上》：“皇统元年，熙宗加尊号，始就用宋乐。”又：“明昌五年，

① 黑龙江省文物考古工作队《黑龙江畔绥滨中兴古城和金代墓葬群》，《文物》1977 年第 4 期。

诏用唐、宋故事，置所，讲议礼乐。”此乐制。又《金史·舆服志上》：“金初得辽之仪物，既而克宋，于是乎有车辂之制。”袭用宋之车舆。《金史·舆服志中》：“金制皇帝服通天、绛纱、兖冕、偪舄，即前代之遗制也。其臣有貂蝉法服，即所谓朝服者。章宗时，礼官请参酌汉、唐，更制祭服，青衣朱裳，去貂蝉竖笔，以别于朝服。”而女真平民也仿汉人衣着装束，金廷曾下令禁止，违者杖八十。

金人的汉化，由外而内，最后引起文化意识的变化。以金帝为例，《大金国志》卷12：“熙宗自为童时聪悟。适诸父南征中原，得燕人韩昉乃中国儒士教之。后能赋诗集翰，雅歌儒服，分茶焚香，奕棋象戏，尽失女真故态矣。视开国旧臣，则曰无知夷狄，及旧臣视之，则日宛然一汉户少年子也。”元刘祁《归潜志》卷一：“金海陵庶人，读书有文才，为藩王时，尝书人扇云：‘大柄若在手，清风满天下。’人知其有大志。正隆南征，至维扬。望江左赋诗云：‘屯兵百万西湖上，立马吴山第一峰。’”《金史·章宗纪一》：习“汉字经书”。元刘祁《归潜志》卷一：“章宗天资聪悟，诗词多可称者。《宫中绝句》云：‘五云金碧拱朝霞，楼阁峥嵘帝子家。三十六宫帘尽卷，东风无处不扬花。’真帝王诗也。”章宗诗词、书法俱佳。英国大英博物馆收藏的《女史箴图》，有章宗手书女史箴76字，美国波士顿博物馆收藏的《捣练图》，有章宗题签，并有“明昌御览”等印鉴。总之，女真人虽然极力保持本民族的传统，但是在强大深厚的汉文化冲击下，难以维持。世宗曾经说：“今之燕饮音乐，皆习汉风，盖以备礼也[①]。”

二　多字制的金代

契丹使用汉字，同时又制造适合本族语言的契丹大小字，是双字三体制。西夏使用汉字，又创制了西夏文，也是双字制。金朝原有契丹大小字，又创制女真大小字，同时使用汉字，形成了最为繁复的三字五体的文字体制。

① 《金史·世宗纪中》。

《金史》载女真破辽，获契丹、汉人，始通契丹文字、汉字。实际上，女真与高丽、渤海相邻，处在汉字的包围中，汉字可能早就传入女真，而破辽之后，汉文是大举进入了。在学习、使用汉字和契丹字的过程中，自然想起利用契丹字的办法创制女真文字。《金史·勖传》：

> 宗雄能以两月，尽通契丹大小字，而完颜希尹乃依仿契丹字制女真字。

完颜希尹创制的是女真大字，并于金太祖天辅三年(1119年)颁行。20年之后，已经入主中原的熙宗又制了另一种女真文。《金史·熙宗纪》：天眷元年(1138年)"颁女直小字"。自此，女真字具有二体。《金史·完颜希尹传》：

> 熙宗亦制女直字，与希尹所制字俱行用。希尹所撰谓之女直大字，熙宗所撰谓之小字。

金灭辽，但是契丹文被保留下来了。和汉字相比，契丹文更加接近本族语言，所以女真人在很长一段时间内也使用契丹大、小字，即使在女真文创制之后，也没立即弃用。唐乾陵无字碑上的《郎君行记》是金太宗之弟所刻，立于天会十二年(1134年)，此为金代女真人使用契丹字之例。另外，辽亡后契丹人多用契丹文。如辽道宗外孙萧仲恭的《萧仲恭墓志》及《金博州防御史墓志》，墓主均为降金的契丹人，此为契丹人用契丹文之例。

汉人无论何时、何地都与汉字共存，辽代如此，金代也是如此。何况中原地区是汉人生存活动的地区，汉字使用比辽国更加普遍，所以没有存废的问题。渤海人与女真人族系相近，但是自唐以来通过与中原的交流，引进先进的汉文化，从宫室、服装、政治制度到文学艺术汉化的程度很深。渤海人用汉名，使用汉字，即使灭国，也没有改变这种状况。渤海人跟随女真人进入中原，又多了一种使用汉字的异族人。

汉字是书面语，是官方语言之一，女真字在金朝并未得到普及，而汉字的使用十分稳定。所以女真人习女真字，也学汉字。

《金史·完颜匡传》："显宗曰：每日先教汉字，至申时汉字课毕，教女直，习国语。"

《金史·显宗诸子》："郓王琮……世宗选进士之有名行者，纳塔谋嘉教之，女直小字及汉字皆通习。"

金立国有相当一段时间，本族使用的女真文被奉为国字，但是难以推广到其他民族中去。契丹文不但契丹人使用，女真人也使用，废除尚待时日。

女真大字问世后，诏书仍使用契丹字和汉字。即使创制了女真小字，典籍要同时译成契丹文以便对照阅读，女真人通过契丹文和汉文来学习女真文。女真人学习女真文，亦通契丹文。

《金史·世戚传·乌库哩富勒呼》："乌库哩富勒呼……通契丹大小字。"

《金史·文艺传·萧永祺》："萧永祺字景纯本名富里少好学，通契丹大小字。"

《金史·完颜鄂博库传》：完颜鄂博库，"年十三充女直字学生，补上京女直吏，再习小字，兼通契丹文字。"

《金史·瓜尔佳实讷》："瓜尔佳实讷……长身多髯，善骑射，通女直、契丹大小字，及汉字。"

汉字是契丹文、女真文之源，使用人最广，使用价值最高。金代的多字多体文字制度是历史的必然，难以用行政命令改变。《金史·熙宗纪》天眷元年(1138年)乙未，"诏百官诰命，女直、契丹、汉人各用本字，渤海同汉人"。虽然仅仅是对诰命而言，但却以诏令的形式公开肯定了不同民族使用不同文字的一国多字体制。

三　汉字在金廷的使用

女真所处的东北地区是在汉文化的范围之内，从战国开始，中原已经开始影响该地，所以周边民族都熟习汉语、汉字。到了辽金时期，汉语、汉字成为当地各族的通用语言文字。宋人在金初到了西京黄龙府(今吉林农安)所见的情形可证明这一点，"凡聚会处，诸国人语言不通，则各为汉语，令通事者，然后能辨之”[①]。《金史》称金破辽，获汉人，始通汉字，“于是诸子皆学之”。这是明白记载女真人在建国之初已有学习汉字的风气。但对使用汉字的具体情况少有记载，我们只能从考古资料窥见一斑。

吉林舒兰小城子北早期女真贵族墓地中有完颜希尹之墓。完颜希尹名兀室，金国之开国元勋，官至尚书左丞相兼侍中，为女真大字的创制人。在完颜希尹家族墓地中采集到许多汉字碑碣，有“太子少保之墓”“奴哥马郎之墓”“畏合裴羊吉之墓”“悟辇明威之墓”“阿尹太夫人之墓”“吵看郎君之墓”和200多字的完颜尹希之子昭毅大将军完颜守宁墓志，“阿里郎君墓”一残石上有“太尉☐濮国公之☐公讳守道”，知为完颜希尹之孙完颜守道墓碑。有“昭勇大将军同知雄州节度使墓志”和100字的完颜琏为其父昭勇大将军与其母乌合伦氏以礼合葬的墓志，及完颜希尹之父“欢☐司代国公之碣”残石[②]。所有碑石中只有汉字，均未见女真文字。

吉林长春石碑岭南坡为金左副元帅、金源郡壮义王完颜娄室家族墓地。完颜娄室，字斡里衍，为金开国功臣，在灭辽、攻宋的战争中屡建战功。天会八年(1130年)病死军中，皇统六年(1146年)追封为莘王，后改赠金源郡义王。完颜娄室墓在清康熙年间被发现，墓前有汉文神道碑，书“完颜娄室神道碑”，有石人、石羊、石虎一类的石像生。墓葬在1912年被日本人盗掘。1988年，文物管理部门对墓葬进行整理，发现墓前有碑亭，神道碑立于亭内。碑文清代已有人记录[③]，早年日本人在墓地采集到残石一块，有“坚甲”二字，这次又发现残石一块，有“锋军取”三字，字体劲健、端正，似取柳体[④]。其墓内未见有出土文字的报道，而神道碑不用女真文，只用汉字。

黑龙江阿城巨源乡城子村发掘金齐国王墓，此墓主为完颜晏，太宗时率军北定乌底改，《金史·晏传》称“通契丹字”。墓中未见女真文及契丹字，唯见汉

① 宋人《宣和乙巳奉使金国行程录》。

② 吉林省文物考古研究所《吉林舒兰小城子完颜希尹家族墓地发掘报告》待刊稿，转引自《文物考古工作十年》。

③ (清)杨宾《柳边纪略》。

④ 长春市文物管理委员会办公室《长春市石碑岭金代墓地发掘简报》，《考古》1991年第4期。

字。墓中有晏及妻子，两人头后一木牌，上墨书“太尉仪同三司事齐国王”。墓内并出土银牌，压印“太尉开府仪同三司事齐国王”及墨书“房一坐”木牌①。

故宫旧拓《完颜希尹神道碑》篆盖“大金故尚书左丞相金源郡贞宪王完颜公神道碑”（图 6—20）（碑文 2463 字），连同《完颜娄室碑》（碑文 4191 字），《完颜忠碑》《完颜斡鲁碑》（立于金大定年间）皆为金代“书为当时第一”的任询所书。任询书法宗颜真卿。大定八年（1168 年）世宗命图画功臣于太祖庙，其未立碑者立之②。北京石刻艺术博物馆藏金代汉文碑志有：金大定二十四年（1184 年）《乌古论窝论墓志》，墓志记由党怀英篆盖，盖已失。金泰和元年（1201 年）《乌古论元忠墓志》并篆盖、金大安元年（1209 年）《大金故鲁国大长公主墓志铭》并篆盖（图 6—21），由著名文人庞铸书丹并篆③。

图 6—20 “大金故尚书左丞相金源郡贞宪王完颜公神道碑”篆额

图 6—21 “大金故鲁国大长公主墓志铭”篆额

这些女真贵族墓的文字情况，可以说明女真人懂汉语、用汉字，而绝少用女真文。

皇帝建立的铭刻，既有东亚通行的汉字，也不能舍弃本族的女真文字，只能是双字制。

金世宗称颂完颜阿骨打建国功业立碑纪念，大定廿五年（1185 年）立《大

① 黑龙江省文物考古研究所《黑龙江阿城巨源金代齐国王墓发掘简报》，《文物》1989 年第10 期。

② 秦明《金任询书法述略》，《书法丛刊》2007 年第 3 期。

③ 熊鹰《从馆藏石刻略谈辽金元时期石刻书法特点》，《书法丛刊》2007 年第 4 期。

金得胜陀颂碑》。镌刻篆额“大金得胜陀颂”6 字。碑身高 177 厘米，宽 85 厘米，厚 31 厘米，碑文正面刻汉字 815 字，背面刻女真大字 1500 余字；碑座为龟趺，长 160 厘米，高 72 厘米，宽 97 厘米。石碑全身高为 328 厘米①。

金朝完颜襄等在明昌七年(1196 年)北伐蒙古，在克鲁伦河畔九峰石壁勒铭纪功。《完颜襄纪功刻铭》在蒙古国温都尔汗市巴彦忽塔格镇发现，原来是汉字墨书摩崖题记。不久在汉字题记东面 18 米处发现女真文题记，高 3 米，凡 9 行。揭示了《完颜襄纪功刻铭》同时用汉字、女真字两种文字，女真文为女真大字，字形制度表明小字更接近汉字②。

以女真人为主的金朝实行多字制，但是，通行文字是汉字。印玺是政权的象征，是严密的以文字为主的符号系统，由此可以了解金朝的文字制度。

御宝是皇权的象征，金朝御宝有几个系列，它有三个来源：克宋所得，本朝所制，灭辽所得。

《金史·礼志四》：“获于辽者，玉宝四、金宝二。玉宝‘通天万岁之玺’；‘受天明命惟德乃昌’之宝一，‘嗣圣’宝一，御封不辨印文宝一。金宝：‘御前之宝’一，‘书诏之宝’一，二宝金初用之。”

“受天明命惟德乃昌”宝是契丹从后晋掠得，天辅七年(1123 年)金又自辽天祚帝败亡时获得，即所谓传国玺。太祖置怀中，东面恭谢天帝。金建国之初，用辽之二宝行政。

又《礼志四》：“获于宋者，玉宝十五，金宝七，印一，金涂银宝五。”玉宝：受命宝一，相传为秦玺，文“受命于天，既寿永昌”；镇国宝一，文“承天休，延万亿，永无极”。又有“天子之宝”“天子信宝”“天子行宝”“皇帝之宝”“皇帝信宝”“皇帝行宝”等各一，“皇帝恭膺天命之宝”二，“御书之宝”二，“宣和御笔之宝”一。金宝与印：“天下同文之宝”一，“御前之宝”二，“御书之宝”一；“宣和殿宝”一，“皇后之宝” ，“皇太子宝” ，皇太子妃”印 。金涂银宝：“皇帝钦崇国祀之宝”一，“天下合同之宝”一，“御前之宝”一，“御前锡赐之宝”一，“书诏之宝”一。

① 刘祐、吴喜才《汉文、女真文石刻、〈大金得胜陀颂〉碑》，《文物天地》1991 年第 6 期。

② 林梅村《成吉思汗史迹调查》，《考古》2008 年第 9 期。

又《礼志四》载，金皇统五年(1145年)开始制宝，铸“御前之宝”一、“书诏之宝”一。大定十八年(1178年)制玉印“大金受命万世之宝”。二十三年(1183年)又铸“宣命之宝”。

金建国早期没有印信，发号施令依靠信牌，后灭辽攻宋，在汉人影响下，采用了官印制度。开始时期，金廷把缴获的辽宋旧印与自制的印混合使用。随着官制的完善，逐渐形成相适应的金代官印制度。正隆年间，废除了辽宋遗留的旧印以及契丹字印，由礼部重铸新印。除了礼品定制，少府具体制造外，在金末，其他机构也制印，这是因为战事频繁，允许地方便宜行事。金代的官印包括中央和地方各级行政机构印和各级品官官印，还有不入流的低级办事机构“记”，军事组织和武官印、女真人特有的猛安谋克印。

金代官印的情况可从《金代官印集》[①]中了解概况，以金末年款为多，以军官印为多。从近年《文物》《考古》杂志发表的金代官印看，出土地点主要集中在金土。大致分布如下：河南淮滨、新蔡、灵宝，河北滦平、平泉、任县、满城、盐山、保定、易县、栾城、承德、怀来、岳城，山西大同、黎城、河曲、太原，山东博兴、莱州、苍山、章丘、胶南、枣庄、茌平、微山，安徽凤台、阜阳，辽宁阜新、喀左、铁岭、锦县(今凌海市)、凤城，吉林双阳，黑龙江北安。在宋土的江苏武进及浙江杭州也有金印发现。制印的年代以后期为主，“贞祐”最多，“正大”“兴定”“开兴”“天兴”次之，中期较少见，但是大定有多枚出土，以贞元为最早。

金朝的官印和宝玺一样，全用汉文，其篆字多用方折，用叠篆，笔画反复，迂回曲折，印文布局紧密均匀。金朝官印在印背、印侧一般有刻款，款的内容有制印机构、年月、注释性的印文和编号。刻款的文字大多数用印文相同的汉字，只有猛安谋克印例外。担任谋克的是女真人，其中有识汉字的，也有只识女真字的。所以，谋克印刻款也有女真文，以适应不同女真人的需要。刻款的内容除了制印的机构和年月外，还有谋克的隶属关系，这些都用汉字，而印文，有的用汉字，有的用女真字，但是女真字的谋克印仅见数例。总之，宋辽的玺印制度为金所继承，并实行比辽更加彻底的汉字印文制度。

---

① 景爱《金代官印集》，文物出版社，1991年。

金朝通用汉文,主要是从实际出发的。如皇帝的谥号和庙号,都是用汉人制度,都是用汉语、汉字表示,这是女真文不适用的原因。陕西吴起长官庙乡白沟村发现金代界碑,是在正隆四年(1159年)所立汉文,这是与西夏的划界[①]。汉文通行于金,也通行于西夏,所以必须用汉文。

蒲鲜万奴原为金朝辽东宣抚使,于贞祐三年(1215年)据辽东,建大真国。《元史·太祖纪》:十年冬十月,"金宣抚蒲鲜万奴据辽东,僭称天王,国号大真,改元天泰"。十一年冬十月,"蒲鲜万奴降,以其子帖哥入侍。既而复叛,僭称'东夏'"。东夏国的辖境大致在今辽河流域、松花江流域、黑龙江流域以东到日本海的广大地区,并置北京、南京。东夏官制与金相同,也袭用女真的猛安谋克制度。蒲鲜万奴立足女真旧地,力图重振女真雄风。东夏承袭金朝制度,通用汉字。现在已经陆续发现东夏国官印多枚,近时又发现两枚。1981年,吉林镇赉大屯乡五家村出土"行尚书六部印",有"天泰三年七月廿七造""行尚书六部刻"刻款[②]。黑龙江海林大海林森工处工务段也发现"北京劝农使印",有"天泰二年十月日""行六部造"等刻款,印文用九叠篆,刻款用楷体[③]。珲春哈达门乡出土东夏的铜砝码,正面有阴刻汉字:"大同六年三月日,少府监监造官王守道,作头罗力、用钗牛。雨字号。"背刻"铜埚,大小壹拾柒件,重贰斤"[④]。

四　女真字的创制和使用

女真在相当长的一段时期中使用汉字,也使用契丹字,比较而言,与契丹字关系更为密切。这不仅因为地理位置接近和曾经有过的隶属关系,而且女真人熟悉契丹语。女真语和契丹语同属阿尔泰语系,在语音结构、语法和语词上有相近点。但是作为两种语言,彼此差别是很大的。《大金国志》卷三九"初兴风土":女真"与契丹言语不通,而无文字"。

女真立国,不甘于用外族语和外族文字,要适合于本族语言文字,只有另

① 姬乃军《陕西吴旗出土金与西夏划界碑》,《文物》1994年第9期。
② 刘雪山《吉林镇赉县出土"行尚书六部印"》,《文物》1993年第12期。
③ 刘长海、王清民《东夏国"北京功农使印"考述》,《考古》1996年第11期。
④ 张英、朴太元《吉林珲春县出土东夏铜砝码》,《考古》1987年第2期。

行创制,"依本国语制字"。而且,本族文字对新立的民族政权有特别重要的意义。

天辅三年(1119年)8月,完颜希尹依本国语言制字,字书成,同月,"颁女直字①"。当时以字书形式颁行。女真字书在《金史·宗宪传》也有提及,"颁行女直字书,年十六,选入学"。

女真字书的面貌与汉字蒙学字书相仿。1973年,西安碑林发现女真字书残件,共11片,有女真字237行,约2300余字,中多重复,译成汉文如下:

天地日月 佛帝天皇 □□友纲 雷霆阴晴 雪雹雾风
海江河湖 年节季时 春夏秋冬 东西南北 夜日〔朝〕夕
国邦中人 官远理民 主奴□臣 男女夫妻 父母兄弟
姐妹□婿 树松柏柳 苗草木柴 桃梨李杏 熊獬虎豹
狐獭獾豹 兔貂□獐 熊□狮驼 马驴牛羊 猪犬骟马
鹰鹅海青 鸦鹊仙鹤 鸭雉蛇虫 衙城寺宫 院殿楼子
窗门柱井 衣韈宫绢 梳裙表裹 鞍辔鞊镫 灯旗弓矢
鞭盔刀剑 床瓦椅帘 面盐饭菜 麴酱果醋 大小厚薄
跪学俊丑 陞授□乐 罚忠安再 舍退俭□ 叩求贫贼
□□收回 祸使□情 一二三四 五六七八 九十十一十二
十三十四十五十六 十七十八十九二十 三十四十五十六十
七十八十九十百 千万②

其内容按天文、地理、时序、方向、人事、禽兽、器用、花木、果品、房舍等分别列举,与汉文字书相比,更加通俗明白。

《宗宪传》中提及的"入学"是金朝各府路的学校,专门传授女真大字,优秀生可上京师学官进修女真字。《金史·温迪罕缔达传》:"初,丞相希尹制女直

① 《金史·太祖纪二》。

② 刘最长、朱捷元《西安碑林发现女真文书、南京拓全幅集王〈圣教序〉及版画》,《文物》1979年第5期。

字，设学校。”又《曹望之传》：“天会间，以秀民子选充女直字学生。”又《纳合椿年传》：“初置女直字，立学官于西京，椿年与诸部八童俱入学，最为警悟。久之选诸学生送京师，俾上京教授耶鲁教之，椿年在选中。”又《耨怨温敦兀带传》：“天会间，充女直字学生，学问通达。”由此可见就读女真字学的学生有的来自于上层子弟。

女真小字稍晚于女真大字。《金史·熙宗纪》：天眷元年（1138 年）正月，“颁女直小字”。几年后，皇统五年（1145 年），“初用御制小字”。

金代前期，学习女真字的人并不很多，流传范围比较狭窄。女真人进入中原以后，渐被华风，习汉语、服汉服已成风气，女真字更不受重视。金世宗即位，对熙宗、海陵朝的汉化不满，害怕本族语言的丧失，力图扭转局面。世宗对皇太子及诸王说：“朕思先朝所行之事，未尝暂忘，故时听此词，亦欲令汝辈知之。汝辈自幼惟习汉人风俗，不知女直纯实之风，至于文字语言，或不通晓，是忘本也。”世宗大力推行女真语，不准女真人说汉语。在宫中，世宗自己用女真语，命令周围卫士学习女真语，以后不得用汉语。女真大小字是金朝的国字，世宗为了提高它的地位，促进使用，采取了多种措施。

经史是治国之本，女真人读经史必须学习汉文。世宗下诏把汉文书籍译成女真文，这样既可学习经史内容，又保持女真语文传统。

《金史·徒单镒传》：

> 镒颖悟绝伦，甫七岁，习女直字。大定四年，诏以女直字译书籍。五年，翰林侍讲学士徒单子温进所译《贞观政要》《白氏策林》等书。六年，复进《史记》《西汉书》，诏颁行之。选诸路学生三十余人，令编修官温迪罕缔达教以古书，习作诗、策。镒在选中，最精诣，遂通契丹大小字及汉字，该习经史。

又：

> 十五年，诏译诸经，著作佐郎温迪罕缔达、编修官宗璧、尚书省译史阿

鲁、吏部令史杨克忠译解，翰林修撰移剌杰、应奉翰林文字移剌履讲究其义。

翻译汉籍的工作是一个浩大的工程，除《五经》之外，还有诸子、史书等，所以进行的时间很长。《金史·世宗纪下》载大定二十三年(1183年)，译经所译《易》《书》《论语》《孟子》《老子》《扬子》《文中子》《刘子》及《新唐书》，直至大定二十八年(1188年)，译经尚未完成。宰臣说："《五经》中《书》《易》《春秋》已译之矣，俟译《诗》《礼》毕，试之可也。"世宗也认为："大经义理深奥，不加岁月不能贯通。"可见金廷译经的决心之大①。

女真字译书专供女真人学习，世宗谓"朕所以令译《五经》者，正欲女直人知仁义道德所在耳②"。女真字译书印量极大，大定二十三年(1183年)，一次就以女真字《孝经》千部付点检司"分赐护卫亲军③"。大定四年(1164年)，"颁行女直大小字所译经书，每谋克选二人习之④"。后来下制，"猛安谋克皆先读女真字经史经后承袭⑤"。

女真字学校在世宗朝得到了充分的发展。大定四年(1164年)，选猛安谋克学习译经，大定九年(1169年)，选优等者百人，荐于京师，再教古书，作诗、策。十三年(1173年)下诏京师设立女真国子学、诸路设女真学府。大定十一年(1171年)创设女真进士科⑥。女真进士比起汉人来说，有更加优惠的待遇，吸引女真人读经入仕。女真进士科以译经教材，显宗曾说："不以女直文字译经史，何以知此。主上立女直科举，教以经史。乃能得其渊奥如此哉⑦。"读经是目的之一，另一目的是为了推广女真字。

若夫以策论进士取其国人，而用女直文字以为程文，斯盖就其所长以收其用，又欲行其国字，使人通习而不废耳⑧。

---

①④⑥ 《金史·选举志一》。
②③⑤ 《金史·世宗纪中》。
⑦ 《金史·完颜匡传》。
⑧ 《金史·选举志一》。

女真大字、小字兼用，故需兼习之。

《金史·显宗诸子》：瀛王瓌“工诗，精于骑射书艺、女直大小字”。

《金史·赵重福》：“赵重福字履祥，丰州人。通女直大小字。”

章宗继续推行女真字。明昌五年（1194年），仿照尊奉造字之神的办法，祠女真字创制者。

> 以叶鲁[①]、谷神始制女直字，诏加封赠，依苍颉立庙盩厔例，祠于上京纳里浑庄。岁时致祭，令其子孙拜奠，本路官一人及本千户春秋二祭[②]。

以叶鲁、谷神与苍颉抗礼，实际上是要提高女真字地位，与汉字齐等。并且“置弘文院，译写经书[③]”，设立这个专职机构，主管译经，把它变成长期的工作，保障译经的顺利进行。经过世宗、章宗的努力，大大促进了女真字的使用，现见的女真文资料几乎都是大定年间及此后的作品，可以充分地证实这一点。

世宗、章宗大力推行女真文字，使在中原垂忘的本族语言文字得到了重视，促进了它的应用。但是，女真人居中原日久，汉化浸深，大部分人学女真语还不到熟练的程度，习用女真文多为功利驱使，作为进身的阶梯。迫于蒙古的军事压力，宣宗迁都汴京，金廷国事日下，金人几乎完全使用汉语。虽然策论女真进士科照旧不辍，但可能只是书面语了。总之，金代后期，女真人讲女真语、写女真字已非自然习惯，而是人为的附加之物。金亡之后，中原女真人放弃女真语言文字，讲汉语，写汉字，与汉人无异。宋人徐霆云：“行于汉人、契丹、女真诸亡国者，只用汉字[④]。”

在东北的女真人，辽宁一带已与汉人杂居，多用汉语、汉字，只是在东、北部还保持旧俗，依然使用女真语文。入元以来，部分女真人受蒙古人的影响，

---

① 叶鲁，又作耶鲁。《金史·纳合椿年传》：“初置女直字，立学官于西京，椿年与诸部儿童俱入学，最呈警悟。久之，选诸[路]学生送京师，俾上京教授耶鲁教之。”

②③ 《金史·章宗记二》。

④ （宋）彭大雅《黑鞑事略》徐霆疏证。

在学习蒙古语的过程中，也学会了蒙古字，放弃了本族语文。尽管这样，女真文还是随着女真语言保存在女真人之中。金末，女真人周汉进入高丽，高丽高宗召至国都，请他教授女真小字，自此女真字传入朝鲜半岛。明初，女真字是女真人的文字。明成祖永乐五年（1407 年）设四夷馆，分作鞑靼、女真、西番、西天、回回、百夷、高昌、缅甸八馆，女真也包括在内，这是培养外族语文翻译的机构。从《女真馆来文》来看，东北女真人上表使用女真文。同样，明廷对女真的谕令，也用女真文。

明代在黑龙江下游奴儿干永宁寺两次立碑，一次是明代永乐十一年（1413 年），纪念永宁寺的修建，石碑额题“永宁寺记”，碑文首行“敕修奴儿干永宁寺碑记”。碑正面为汉文，阴面为蒙古文、女真文。碑两侧有汉文、女真文、蒙文、藏文的六字真言。宣德七年（1433 年）为重修永宁寺，再立石碑，曰“重修永宁寺”，同样用汉文、女真文、蒙文碑文。在永乐年的《永宁寺碑记》的女真文碑文末有“女真文书写人：辽东女真康安①”。

到了明正统年间，东北女真人全部改用蒙文，至此女真文的使用终止了。

五　女真文的发现与研究

在金代，女真文字只是少数民族的文字，使用范围有限，遗留下来的文字资料很少。15 世纪后期，女真文已经失传，16 世纪努尔哈赤正式采用蒙古字式满文。清代讳言女真，使女真文变为湮没无闻的古文字。

清代金石之学兴起，尤注重收集整理石刻碑文，道光九年（1829 年），刘师陆和麟庆重新发现了史载的《女真进士题名碑》。光绪十一年（1885 年），曹廷杰发现了吉林扶余的《大金得胜陀碑》和黑龙江入海口的明代《奴儿干都司永宁寺碑》。清末，杨同桂又发现了吉林海龙的《海龙女真国书摩崖》。稍后，日本人在朝鲜发现了《朝鲜北青郡女真国书摩崖》《朝鲜庆源郡女真国书碑》。罗振玉所藏《奥屯良弼饯饮碑》（图 6—22），此碑不知出于何处。新中国成立后，在山东发现《奥屯舜卿诗碑》。1980 年，吉林舒兰小城子新发现《昭勇大将军

① 钟民岩、那森柏、金启孮《明代奴儿干永宁寺碑记校释》，《考古学报》1975 年第 2 期。

同知雄州节度使墓碣》，其左侧为 21 字女真文。

图 6—22 《奥屯良弼饯饮碑》

内蒙古等地还多处发现女真文的墨书题记。如呼和浩特万部华严经塔题记，吉林科右中旗都尔基毛都营子屯题记，科右前旗乌兰茂都题记等。其中万部华严经塔题记较重要，塔内四、五、七层共有五条，但是字迹潦草[①]。

1973 年，陕西西安在石台《孝经》的碑身中心石柱的卯眼内发现了女真文书残页，其中 4 页两面书写，7 页一面书写，11 页共有女真文字 237 行，约 2300 余字。此为金世宗大定以前之物，内容为字书[②]。

此外，存世及新出土的押印及铜镜上也有零星的女真文字。

1896 年，德国人葛鲁贝（W. Grube）发表了《女真语言文字考》，他所引用的《华夷译语》中的《女真译语》，进入了女真文研究的范围。

从刘师陆发现《进士碑》以来，女真文已有 170 年的研究历史，成为以中、日为主，德、法、韩、朝、美、澳等国学者参与的国际性学问。

女真文字研究首先是释读文字，它有两个途径。一种是利用原双语文献

① 内蒙古大学蒙古史研究室李逸友《呼和浩特市万部华严经塔的金元明各代题记》，《文物》1977 年第 5 期。

② 刘最长、朱捷元《西安碑林发现女真文书、南宋拓全幅集王〈圣教序〉及版画》，《文物》1979 年第 5 期。

上对应的汉字认读女真字。《大金德胜陀颂碑》碑面为汉文,碑阴为女真文,汉文与女真文完全对译。此碑约1500字,为现存女真文石刻中保存字数最多的文献。《海龙女真国书摩崖》(图6—23)中的《半截山女真国书摩崖》有女真文20多字,对照的汉字15字以上。《奴儿干都司永宁寺碑》碑面刻汉文,碑阴刻女真文和蒙古文,两侧刻汉、女真、蒙古、藏四种文字的"唵嘛呢叭嘛吽"六字真言。女真文约700字,节译汉文。金代女真基层组织的官员叫谋克,谋克印现存五方,印侧有女真文,与印面汉文内容相同,可对译。此外,明王世贞《弇州山人四部稿》内及方于鲁《方氏墨谱》内有与女真文相应的"明王慎德,四夷咸宾"汉文。

图6—23　海龙女真国书

另一种办法是利用《华夷译语》中的《女真译语》进行识读。明代编的《华夷译语》分"杂字"和"来文"两个部分,"杂字"收录词汇,与汉语对照外,并有汉字注写的读音。"来文"收录当时的进贡表文,也有该种文字与对照的汉文。现存的《华夷译语)有三种,其中永乐年本有《女真译语》,会同馆本《华夷译语》只有"语汇","语汇"中只有汉字注音,无女真文。永乐本《女真译语》经过几百年的传抄,又有后人增补,讹误之处很多。《女真译语》中存在的种种问题,严重地影响了它的价值。1896年,葛鲁贝把柏林图书馆藏本《女真译语》中"杂字"部分的698个女真文单字按笔画排列,逐字定音、释义,又把"来文"进行转写和德译,编成《女真语言文字考》,成为一部女真文的工具书。1933年,渡边薰太郎收录柏林本、东洋文库本"来文",每个女真字注上汉字读音,再加女真、汉文对译。以后,罗福成合柏林本、东洋文库本及内藤湖南本共79篇,加以整理出版。100多年来，在中外学者的不断努力下，《女真译语》的研究已经达到了成熟阶段。金启孮编的《女真文辞典》在《女真译语》的基础上，又增加其他女真文献中的女真字，每个女真字均列“源”“音”“义”“例”，包含该字的各方面信息。全书按部首排列，方便女真文研究者使用，是释读女真字的最佳工具书①。

女真文字原理方面的研究，到20世纪50年代才有明显的成果。1953年，山路广明在《言语集录》上一连发表了《女真文的构造》《女真制字中加点的研究》《契丹女真制字方法论的比较》等，最后，1958年出版了《女真制字研究》。他对698个女真字逐一考证基字（原形），从而归纳出10种造字方法，认为汉字是女真文字的单一来源。金光平看法不同，认为女真字取材“基字”是双轨的，既来源于汉字，也来源于契丹字，而女真字是改制汉字、契丹字和女真字三个途径形成的，并提出了六种女真文的造字法②。稍晚，蔡美彪指出女真字中直接从汉字改成的是借词或同义词，沿用或改变契丹字的是一个音节字或同义词，这是有启发性的研究③。

完颜希尹等造女真大字，熙宗御制女真小字，那么现存的女真文是大字还是小字，这是女真文研究的一个焦点问题。刘师陆考证《进十题名碑》时曾认作女真小字，影响了后来了中外学者。1962年金光平从源流上澄清了契丹大小字和女真大小字的关系，得出了现存女真文为女真大字的结论。1973年西安碑林石台《孝经》的女真文书出现，金启孮认为残页上几乎全是“完全意字”，属初创的女真文字，从中也可看出向“音字”转化的迹象④。田村实造在《东洋史研究》第35卷第3号上《契丹女真文考》指出，现存的女真文为大、小字的混合体。道尔吉进一步认为现存女真文“其中纯粹的表意字和能够起表意作用的不完全意字约占三分之一，其余都是表音字。这些女真字都属于同一类型

① 金启孮《女真文辞典》，文物出版社，1984年。

② 金光平遗稿、金启孮整理《女真制字方法论》，《内蒙古大学学报》1980年第4期。

③ 蔡美彪《女真文构制初探》，《内蒙古大学学报》1984年第2期。

④ 金启孮《陕西碑林发现的女真文字》，《内蒙古大学学报》1979年1、2期合刊。

的字，都是意音结合的文字[1]”。和希格更明确地说：“传世女真文字是表音和表音文字相结合的文字体系，也就是女真大字和女真小字混杂在一起的文字体系[2]。”

六　女真文的构造

女真文字是汉式文字，既像汉字，又不是汉字，即使有少量与汉字相同的字，音义也不一样。宋方勺《泊宅编》卷6：“李伯纪初赴举辇下，一夕，酒渴，梦雪下，以双袖承接，欲快啖之，细视雪片上有女真字，殊不晓。”女真字以汉字为原形，改变很大，能识汉字，却不能识女真字。这则笔记形象地说明熟悉汉字的人对女真字的陌生感觉。

女真字的创制，记载十分简单：

> 金人初无文字，国势日强，与邻国交好，乃用契丹字。太祖命希尹撰本国字，备制度。希尹乃仿汉人楷字，因契丹字制度，合本国语，制女直字[3]。
>
> 女直初无文字，乃破辽，获契丹、汉人，始通契丹、汉字。
>
> 完颜希尹乃依仿契丹字制女直字[4]。

综合两段记载的意思可以看出，女真人是先通契丹、汉字，然后依照契丹字体制，仿造汉人楷字。女真文是契丹字式汉字，最明显的特点是以汉字为原形，通过增减笔画、改变形体而形成新字。

以增笔成字，有增点、增勾、增多画：

日→　　月→

一→ 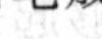　　兄→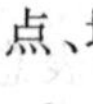

---

① 道尔吉《关于女真大小字问题》，《内蒙古大学学报》1980年第4期。

② 和希格《契丹大字与传世的女真文字》，《内蒙古大学学报》1984年第3期。

③ 《金史·完颜希尹传》。

④ 《金史·勖传》。

以减笔成字，从一画到一个部件：

志→赤　　茶→苶

酥→禾　　弟→乕

部分笔画的变化，不只是简单增减：

南→萳　　雨→甬

何→伺　　百→有

女真文的造字十分复杂，它的原形不光是正体字，还有古体、俗体等：

“萬”用“万”→方　　“事”用“叓”→攴

“卒”用“卆”→乑　　“车”用“車”→乎

实际上，女真的改字办法多种多样，往往是综合运用，使人莫知其本，增减等法之外，还有倒书和合文造字：

倒书

六→亍　　不→㐅

合文

“十”加“五”→丟（十五）　“十”加“七”→乇乇（十七）

汉字“六书”中的象形、会意也是女真文的造字办法。

“凸”（帽），此字像帽子之形。

“夿”（君），从天会意。

“囯”（国），汉字“國”从“或”，武则天曾改从“八方”之“圀”。女真文“囯”从“平”可能出于治国平天下的意思，和㉿“收国”年号含义相近。

女真字不是单一来源，它可以从汉字改制，也可以从契丹字改制。

𣎴→𣎵（年）　　仁→伴（人）

川→舟（子）　　火→炏（lɑo）

杲→杲（lo）

女真字是契丹式文字，所以，有些契丹字直接为女真字采用，而不加改制。

比→比　　釜→釜

汆→汆　　弁→弁

有的女真字来源于女真字，即由第一代女真字再改制为第二代、第二代改制为第三代。

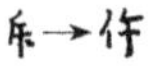

女真文字的多源性，对确定女真字的原形带来了复杂的因素。而且，至今为止，对女真字的改制方法尚找不出一条规律，很可能这种改制是个别的、随机的，本身就没有什么法则来支配。

七　女真文的意字和音字

女真文字研究中，有“意字”和“音字”的概念，也有人称之为“意符字”和“音符字”。“女真文字（指《女真译语》中文字）有的是表示意义的意符字，也有些是表示声音的音符字。意符字的定义是从字形即可认出它所代表的事物的意义，不必借助于它的读音。因为女真语是多音节语，表达一个完整的意义，往往须要几个音节，女真文意符字常常是一个字形代表一个完整的意义，这样就不可能每字一音，因此女真文字就有许多字是复音字，有的两个音节，有的三个音节，甚至还有四个音节的字。但是意字也不一定是复音，也有单音节的意字。”“音符字的定义是它只代表一个声音，字的个体本身并不含有任何意义，除非它与几个其他音字组合在一起方能成为一个有意义的语词[①]”。

意字是一个独立的标志语词的单位，不管所标志的词是单音节还是多音节，只需一个字就可以了。如：

 nialma（人）  ləfu（熊）  xaxa（男）

 miŋgan（千）  duxa（门）  mədʒ:lən（心）

有的意字需加词缀，称之为不完全意字。如：

 nienie 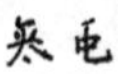 nienieri（春）

 dʒua 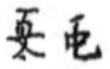 dʒuari（夏）

 bolo 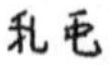 bolori（秋）

 tuwə 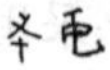 tuwəri（冬）

音字只是表示词的读音，由读音而得词义。它们大多数是单音节字，如：

① 金光平、金启孮《女真语言文字研究》，文物出版社，1980年。

东 a 头 a 平 ai 币 ai 走 ao 手 aŋ 米 an

多个音字组成一个语词，如：东丹 ajaŋŋ 蜡烛。

同一个音字可以在不同语词中出现，只要有这个音。如：玍 u，玍化 ufa（面粉之面）、玍呑币 umiaxa（虫）。

汉字有本字、有假借字，女真文改字之初已经区别这两类字，有的改成意字，有的改成音字。

改成意字的，意字的词义和原汉字相同。

天→乑 abuxa　　風→凧 ədu

百→百 taŋgu　　北→扎 uli

有些汉语借词，改原汉字而成意字，不仅字义相同，字音也相同。

京→亦 gin　　府→东 fu

犀→斥 ɕi　　上→仩 ʃaŋ

大→夭 dai　　太→夭 tai

改成音字的，音字的字音与原汉字相同。

舍→仺 ʃa　　朱→朱 dʒul

于→于 i　　牧→攵 mu

幼→幼 iu　　度→反 du

同样，女真文的音字和意字也有从契丹字改制而成的，还有从女真文改制而来的，不赘述。

不过，音字和意字也不是可以绝对区分的。意字常作音字，如：五→玍 u、上→仕 ʃan，“玍”“仕”出于意字，也作音字。

女真文造字之初有本义，假借而使之成为依声托事的音字。如：

“朱”iʃï，到（本字）；“朱芠”iʃïmo，柏树（假借字）

“甬”di 前来（本字）；“甬币”dixa，船（假借字）

“戊”ŋul 软弱（本字）；“电戊”muŋŋul 蒙古（假借字）

“盂”tʃau 軍（本字）；“立由乐”əndəxei 罚（假借字）

可知，所谓意字相当于汉语中的本字，所谓音字相当于汉语中的假借字。

八 女真大字和女真小字

女真文字的发展史上有三个重要事件：1119 年创制女真大字，1138 年颁女真小字，1145 年开始使用御制小字。那么，从大字到小字经历了什么样的变化呢？

辽代的契丹大小字并用，金代的女真字仿照契丹字制度，所以女真大小字与契丹大小字一定会有某种相同之处。1973 年西安碑林发现女真文手写文书残页，因系两人书写，可称作甲、乙二本，二者剔除重复内容，实有字数不足 1000 字。这是创制女真大字时完颜希尹编的乙本《女真字书》，而抄写年代在金世宗大定以前，甲本书写年代在金代早期。这个残页中有两点值得注意。

首先，残页中的字形与其他女真文献不同，有些字在迄今所见的女真文金石文献中从未见到，有些字的字形有明显不同。在字形有差别的 44 个字中，多有与契丹字相同或相近者，可知早期女真字不仅仿契丹字，而且直接借用了不少字。如：

词义： 雪 夏 邦 狮 冬 驴

残页： 

现存女真文： 

其次，残页的女真字，几乎全是一个字标志一个词的完全意字，绝少音字。如：

词义： 男 女 夫 妻

残页： 

《女真译语》： ①

以上两点差异正是女真文字发展的轨迹。

女真字从天辅三年(1119 年)颁行以来，其字形屡有变迁，早期字形与晚期字形相差很大，有的是笔画差别，有的是结构上的差异。在现见的女真文献

① 以上内容参见金启孮《陕西碑林发现的女真字文书》，《内蒙古大学学报》1979 年第 1 期。

中,《大金得胜陀颂碑》的字接近初创,《进士碑》与《奥屯良弼饯饮碑》皆为晚期的字体。《女真文书研究》中"女真文字字形变迁"一节附"柏林本女真文字字形变迁表""东洋文库本女真文字字形变迁表""来文中所见女真文字及字形变迁表""金石刻词所见女真文字及字形变迁表",基本反映了字形的差异情况。总的来说,女真字的字形从借用和自造混合体逐步向自造过渡,字形也逐步统一。

女真文字残件几乎全部是完全意字,反映了和汉字、契丹大字在文字制度上的一致性。但是女真语是黏着型语言,有些词有词干和词缀两个部分,名词词缀有 30 多个,形容词词缀有 10 多个,动词、助动词词缀有 50 个,女真文有 7 个格,有 12 个格助词。这些特点,很不适应使用一词一字的汉字和契丹大字文字类型,更适于采用标音文字的契丹小字。所以,女真文字自然地会向音字方面靠拢。这也是女真文字创制之后,契丹小字长期为女真人使用的原因。不过,女真文字中向音字倾斜的趋向在女真大字的残件中已经有所显露。如"旗、盔、辔、鞍、海青、楼子、齿、头发"等词原来为单个女真字标志的完全意字,后面加上了语尾或变为音节字的,这是抄写者后加上的。包括《女真译语》及流传下来的碑刻等传世女真文字晚于《女真字书》,女真文字的表音成分进一步增长。在总共不到 1000 个字中,完全意字 150 个字,不完全意字约 120 个字,其余都是音字。

金代继承了辽代的牌制,有木牌、银牌和金牌三种。制造并使用共有两次,一次在太祖收国二年(1116 年),一次在熙宗皇统五年(1145 年)。1972 年河北承德发现的金牌、银牌为太祖收国二年所制,牌文为契丹小字①。1977 年苏联滨海地区的赛金古城出土一件银牌,为熙宗皇统五年所制,牌文为女真小字。上端为女真字花押,下为"国之诚"三字②。它和女真大字不同,不是逐个分开书写,而是把组成一个词的两个女真字并在一起书写,这种排列有点像契丹小字的写法。大定二十年(1180 年),"遂定制,今后以策、诗试三场,策用女

① 郑绍宗《承德发现的契丹符牌》,《文物》1974 年第 10 期。
② 刘凤翥《女真字"国诚"银牌考释》,《文物》1980 年第 1 期。

直大字，诗用小字[①]”。金光平认为若发现女真文诗，则女真大小字的问题立刻就可以解决了，他设想女真文的诗像契丹小字诗一样。1982年，女真文《奥屯良弼诗刻石》发表，它和传世的女真文不同，语词分词连写，词之间留空，助词单独书写(图6—24)。它与银牌文横向结合不同，而是纵向连书，所以看上去不如契丹小字诗那样规整[②]。女真小字的纵连和横连书写形式不同，但是，分词连写的原理是一致的。不过，女真小字形式虽与契丹小字相仿，性质却不同，它不是标音文字，而是与女真大字一样的标意文字，与女真大字的区别在于音字比例大而已[③]。

图6—24　奥屯良弼女真文诗

女真文与汉字一样，也有草书。在黑水城遗址发现的西夏文献中发现女真文草书四纸，分别为俄藏No.3775-1和3775-2，以及西夏文书籍封套中发现几件女真文残页，比较完整有四件，俄藏No.5827(图6—25)、799、6348、

① 《金史·选举志一》。

② 罗福颐、金启孮、贾敬颜、黄振华《女真字〈奥屯良弼诗刻石〉初释》，《民族语文》1982年第2期。

③ 参见额尔敦巴特尔《简论契丹大字和女真文字的比较研究》，《内蒙古大学学报》1996年第3期。

836,836为西夏文与女真文合璧草书。在俄藏No.3775-1背面有西夏光定七年(1211年)纪年[①]。

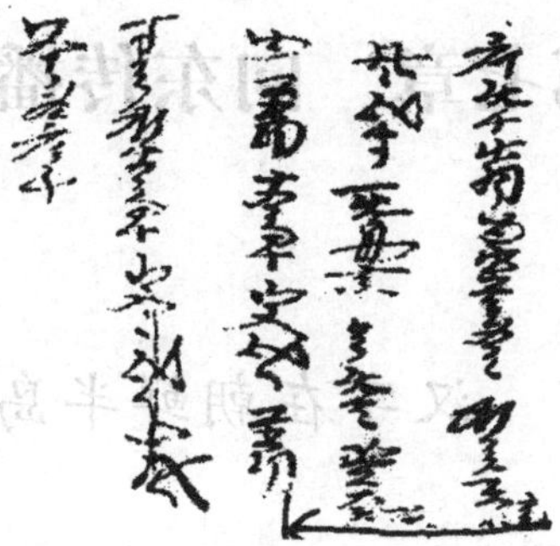

图6—25　女真文草书残页

① 孙伯君《圣彼得藏女真文草书残叶汇考》,《北方文物》2008年第3期。

第七章 向东传播史

第一节 汉字在朝鲜半岛的传播

一 汉字传入朝鲜半岛

中朝、中韩之间不仅是地理相连的邻邦，而且具有悠久的交流历史。早在春秋战国时期，齐国通过海路、燕国通过陆路就与朝鲜半岛进行贸易。随着贸易而进入朝鲜的战国钱币至今还在朝鲜大批出土，钱币上的铭文大概是传入朝鲜的最早一批汉字。贸易的发展促进了文化交流，进一步沟通了联系。秦汉间，不断有人从汉地流入朝鲜，带去中国文化，西汉初流入朝鲜的燕人卫满就被古朝鲜准王委以“博士”，主掌文化。汉武帝元朔元年（前128年）濊君南闾率28万口，内附汉朝。

汉武帝元封三年（前108年），汉廷在朝鲜半岛北部设立乐浪（治所在今朝鲜平壤南）、临屯（治所在今朝鲜咸镜南道德原）、玄菟（治所在今朝鲜咸镜南道咸兴）、真番（治所在今朝鲜黄海南道信川）四郡，实行郡县统治。在这地区汉文化进一步扩大，汉字加速传播，立足生根，开创了半岛汉字使用新局面。

大同江流域平壤附近曾发现秦篆铭文的铁戈、西汉元帝时的铜钟，铜钟铸铭“孝文庙铜钟容十升……永光三年六月造”等字、乐浪郡治城址内发现“乐浪礼宫”“乐浪富贵”铭瓦当，封泥有“乐浪太守章[①]”“乐浪大尹章”等众多县之令、长、丞、尉印。1931年发现东汉五官椽王盱墓，内有“五官椽王盱印”，有

① 西安也发现“乐浪太守章”的封泥，当为乐浪郡与朝廷往来所遗留之物。见吴镇锋《陕西历史博物馆馆藏封泥考》，《考古与文物》1996年第4期。

“长宜子孙”镜，“建武廿一年”“建武廿八年”铭漆杯，都是“蜀郡西工”制作。一漆盘铭“永平十二年蜀郡西工夹纻行三丸宜子孙卢氏作[①]”。太守掾王光墓内有木印“王光私印”、两面印“臣光”“乐浪太守掾王光之印”(图 7—1)，漆匣篆文铭“长寿延年宜子孙”、出土镜多枚，六博镜铭“太山作竟真大巧，上有山人不知老，渴次玉泉泛食枣，寿[长]如此兮”。日光镜铭“泳冶铅华以清而明，为镜宜文章，延年益寿辟不羊，与天毋极而日光，千秋万岁长乐未央”。同出木简上书有“缣三匹，故吏朝鲜丞田肱遣吏再拜祭[②]”。东汉末年分出带方郡，治遗址现在黄山北道凤山郡石城里，城内出土东汉至西晋的纪年砖，城北发现墓砖有“使君带方太守张抚夷砖”铭。西汉设郡之后，东汉、魏晋因之，后为高句丽取代，一直以汉字为官方文字。

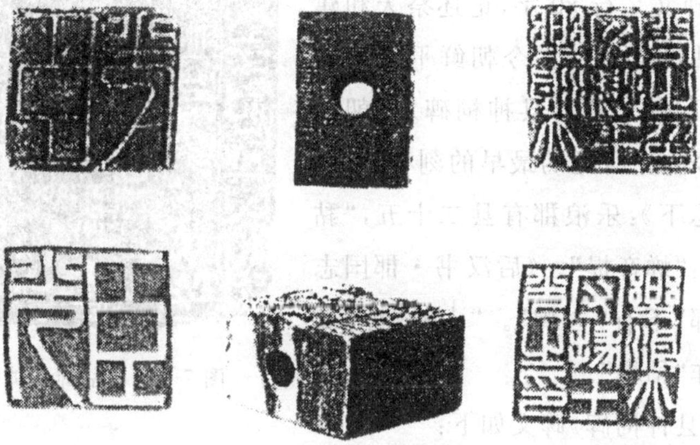

图 7—1　“乐浪太守掾王光之印”及“臣光”两面木印

在朝鲜黄海北道安岳冬寿墓，墓内有众多壁画，壁画人物有“记室”“小吏”“门下拜”“省事”“帐下督”等榜题[③]。从壁画所表现的内容看，完全是中原魏晋制度。在前室左壁上，有墨书题记：

① 东京帝国大学文学部《乐浪——五官掾王盱の坟墓》，刀江书院，1930 年。

② 朝鲜古迹会《乐浪王光墓》，桑名文星堂，1936 年。

③ 宿白《朝鲜安岳所发现的冬寿墓》，《文物参考资料》1952 年第 1 期；洪晴玉《关于冬寿墓的发现和研究》，《考古》1959 年第 1 期。

[永]和十三年十月戊子朔廿六日□□

使持节都督诸军事平东将军护抚夷校尉乐浪□昌黎玄菟带方大守都□□幽州辽东平郭□乡敬上里冬寿字□安年六十九薨官□

永和十三年(357年)乐浪郡已为高句丽攻占,冬寿为辽东汉人,原为前燕司马,咸康二年(336年)投奔高句丽,但其官职却为东晋所封,仍用东晋纪年。

朝鲜半岛北部遗留至今的文字资料,尚有重要的刻石和简册典籍。

《秥蝉县神祠碑》或称《平山君碑》(图7—2),碑高170厘米、宽120厘米、厚12厘米。碑文7行80字,记述祭天和建碑经过。秥蝉县城址在今朝鲜平安南道龙冈郡城岘里。《秥蝉县神祠碑》是朝鲜半岛上迄今为止所见的最早的刻石。《汉书·地理志下》:乐浪郡有县二十五,"黏蝉"服虔曰:"蝉音提"。《后汉书·郡国志五》"乐浪郡"下有"占蝉"。"占蝉"即"黏蝉",而碑作"秥蝉"。

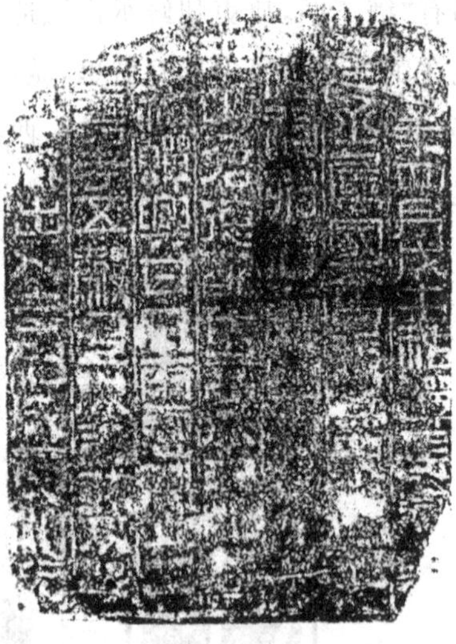

图7—2 《秥蝉县神祠碑》

《秥蝉县神祠碑》碑文如下:

□武□年四月戊午,秥蝉长□□卌□丞属国会□册宗□立□山神祠,刻石,辞曰:□惟平山君,德配代嵩,承天幽□□佑秥蝉,兴甘风雨惠民,立工□□氏寿孝五谷丰□,盗贼不起,□蚈□臧,出入吉利,咸受神光。

碑刻年号字迹漫漶不清,刘承干《希古楼金石萃编》卷七《汉秥蝉县平山神祠碑》释为建武二年(26年),恐不确。汉碑流行尚在后汉中期之后,地方祭祀山川神灵刻石未见在此之前。现见较早者,如元初四年(117年)《祀三公山碑》、元初五年(118年)《嵩岳太室石阙铭》,延光二年(123年)《嵩岳少室石阙铭》,其他祭祀山川土地神灵石碑皆多在桓、灵之间。秥蝉县作为东方边鄙之地,建立石碑不会早于中原地区。即使有人释作“元和二年”(85 年)依然太早,不合情理,笔者以为最有可能是“光和二年”(179 年),此时祭祀碑大兴,有延熹七年(164 年)《封龙山颂》、延熹八年(165 年)《西岳华山庙碑》、熹平四年(175 年)《堂溪典嵩高请雨铭》、光和四年 (181 年)《山公山碑》《无极山碑》《殽坑君神祠碑》、光和六年(183 年)《白山神君碑》。永兴二年(154 年)《李孟初神祠碑》是祭祀人物,其神祠也在桓帝之时。

这些祭祀碑是官员们所祈祷的内容,是地方官员祈求山川神灵护佑,风调雨顺,五谷丰登,为国为民祈福。《秥蝉县神祠碑》“兴甘风雨惠民”“五谷丰□,盗贼不起”“出入吉利,咸受神光”等语,亦可见于同类碑刻。《西岳华山庙碑》中有“其有风旱,祷请祈求,靡不报应”之语,《祀三公山碑》有“吏民祷祀,兴云肤寸,遍雨四维”等语。

东汉地方官吏以为废山川祭祀会招致灾害,反之则得福报,因此在全国都有此类祭祀,立碑纪年只是其中一小部分。

《秥蝉县神祠碑》的字形方正饱满,与常见汉碑字形不同,别具一格。这种字体始于东汉,为一种新体,汉刻中尚有集中,如建武中元二年(57 年)《何君尊楗阁刻石》、永元十二年(100 年)绥德汉王德元画像石墓后室口中柱刻字、汉永和二年(137 年)《敦煌太守裴岑纪功碑》。高句丽长寿王二年(414 年)《好太王碑》也是此种形体。字形呈方形,笔画均为水平和垂直,少波磔。有人称之为古隶,其实是一种铭刻隶书。我们由此碑得知,远处东陲士人娴熟经史,精于书法,与中原无异。

1990 年平壤贞柏洞 364 号汉墓出土多枚竹木简牍,其中《论语》竹简书册超出三分之一,有《先进》33 枚、《颜渊》11 枚,两篇内容。竹简书册由竹简编连成册,竹简留有 3 个缺口,用于编连。《论语》竹简是墓主生前经常诵读的经书,用工整隶书写就,与定州汉墓经籍木简文字相似。墓内出土了环首刀和带钩,这些都是汉墓常见的器物。墓主为乐浪郡的属吏,极有可能是中原人士,而《论语》简可能也是从中原带来,因为当地并不产竹子。汉武帝时独尊儒家,设立五经博士,到西汉后期,儒家经籍已经在乐浪郡生根,贞柏洞 364 号汉墓

《论语》不过是沧海一粟。它为认识东亚古代社会汉字文化与思想的传播过程提供了重要线索。

贞柏洞364号汉墓另有户籍木牍，三枚木牍题为“乐浪郡初元四年县别户口多少□簿”。初元四年（前45年）为西汉元帝年号。除标题外，每枚书写9行，每行约23字，三枚木牍共680字。由此推测此为西汉末年墓葬，简牍年代早于王光墓，为朝鲜半岛最早的墨书汉字[①]。

朝鲜半岛的南方和汉朝有交流关系，汉人也可能由北方进入南方。韩国庆尚南道金海郡酒村面良洞里一带，发掘了伽倻系统的墓葬，良洞里322号木椁墓出土青铜鼎，刻铭“西□宫鼎，容一斗，并重十七斤七两七”。这是中原西汉时期的制品，这件鼎为重器，可能是汉朝的赠予之物。在庆尚南道洛东江口附近，隔海与日本九州福冈相望。在永川的一处丘陵上，曾发现三面汉镜和十一面仿制镜，其中有日光镜，铭“见日之光，天下大明”。这里可能是一个贸易通道，中国的物品经此入日本，汉字可能在西汉或稍晚进入朝鲜半岛南部，再进入日本[②]。总之，在朝鲜半岛，汉字传入有两千年以上的历史。如果以战国钱币铭文为准，则传入的年代更早。

百济处朝鲜半岛西南部。由马韩人的伯济部所建，逐渐合并了马韩的大多数部落，313年，合并带方郡，与高句丽、新罗形成鼎足之势。东晋时，百济遣使前来，此后与中国往来不绝。百济很早受到汉族文化的影响，自汉武帝置乐浪郡，文字即由北传入，3世纪中叶以后，引入中原儒学，以汉文经籍为教本，培养学生。285年，百济博士王仁应邀携《论语》等典籍东渡日本。375年，博士高兴编汉文百济历史《书记》。南朝宋元嘉二十七年（450年）百济从海路到建康请求《易林》等书。梁大同七年（541年），又遣使梁武帝，求佛籍《涅槃》等经义，请派《三礼》《毛诗》博士，结果《三礼》学者陆诩东渡百济。《旧唐书·东夷传·百济国》：“其书籍有《五经》、子、史，又表疏并依中华之法。”韩国忠清南道公州宋山里发掘的百济武宁王墓，武宁王即《梁书》所记的百济王余隆，梁

① 尹龙九、金庆浩《古代东亚汉字文化传播的缩影》，2012-01-10《中国社会科学报》第254期。

② 齐东方《韩国庆尚南道金海郡发掘伽倻墓群并出土重要文物》；又，李学勤《韩国金海出土的西汉铜鼎》，《中国文物报》1994年2月27日。

武帝授宁东大将军，卒于普通四年(523 年)。墓室的形制和构造采用中国南朝制度，墓室内所置的石质墓志和买地券，用汉字书写。墓志全文：

宁东大将军百济斯麻王，年六十二岁，癸丑年五月丙戌朔七日壬辰崩，到乙巳年八月癸丑朔十二日甲申安厝登冠大墓，立志如左。

可见汉字早已成为百济的官方文字。

新罗居朝鲜半岛东南部，起源于韩族辰韩 12 部中的斯卢部，后逐渐合并辰韩诸部，公元 4 世纪前期已成朝鲜半岛东南部大国。早在公元前秦汉移民就把汉字带入该地，据《三国史记》记载，新罗沾解王五年(251 年)，汉祇部人夫道者，"工书算，著名于时"。此可证明至晚此时汉字已经在新罗流行。6 世纪占据汉江下游地区，西与中国隔海相望。新罗曾随百济遣使南朝梁，得与中国通使。自得汉江下游之地后，直接沟通与中国联系，开始广泛地吸收中国文化。6 世纪初，新罗已把国号、王号都改作汉文名称，7 世纪中期，衣冠同于中国。唐太宗贞观十四年(640 年)，善德王遣子弟入唐，求入国学。新罗在 660 年灭百济，668 年灭高句丽，676 年统一了朝鲜半岛。新罗统一朝鲜之后，社会安定，同唐朝加强了联系。在 8、9 两个世纪内，新罗与唐交往频繁，新罗遣使团近 90 次，唐遣使团近 20 次。新罗人经商或留学大批进入中国，在唐朝的沿海地区形成了新罗人的聚居区，人称新罗坊①。新罗更广泛地学习唐朝的先进文化，全面地引进唐朝的制度。682 年，立国学，置卿一人，并配备博士、助教，以教育贵族子弟。以《周易》《尚书》《毛诗》《礼记》《春秋左氏传》《论语》《孝经》等为教材，还教算学等科技方面的课程。747 年，改国学为大学监，增加医学、天文学等科技内容的课程。新罗国王极为重视国学，常有幸国学听讲和讲论经义之举。788 年，公布了以经学取士办法，具体地规定了取士标准：

① 杨泓《吴东晋南朝的文化及其对海东的影响》，《考古》1984 年第 6 期；王仲殊《东晋南北朝时代中国与海东诸国的关系》，《考古》1989 年第 11 期。

读《春秋左氏传》、若《礼记》、若《文选》而能通其义，兼明《论语》《孝经》者为上。读《曲礼》《论语》《孝经》者为中。读《曲礼》《孝经》者为下。若博通五经、三史、诸子百家书者，超擢用之。

为了更好地学习唐朝文化，还把大批子弟送往唐朝留学，在唐朝学习的外国或外族的留学生很多，其中以新罗人数量最多。有些留学生应试中举，就留在唐朝做官，唐末的大学者崔致远即是较为著名的一位，至今他的《桂苑笔耕》20卷还保留在中国的文化遗产中。

1975年以来韩国不断有木简发现，集中在6—8世纪的新罗、百济时代，多达20多处，在15处重要遗址中发现了350枚木简，其中有字简240枚。庆州雁鸭池出土107枚木简(部分简、牍、觚等，下同)；庆北庆州月城34枚、京畿河南二圣山城29枚、忠南扶余陵山里寺址33枚、全南罗州伏岩里65枚、庆南咸安城山273枚木简。这些不包括少量发现，以及沉船的木揭等文字资料。

2005年在仁川市桂阳山城要塞的集水井出土了一支13.8厘米长的五面木觚，其五面均写有文字，简文为《论语·公冶长》的内容。这座要塞建于百济时期，木觚残件的年代在公元3—4世纪之间。

1999年在朝鲜半岛金海凤凰台出土《论语·公冶长》四方觚一枚(图7—3)。在新罗百济时代，具体时间无法确定。该木简上下缺失，高约20厘米，呈四角柱形。2005年，仁川桂山洞桂阳山城也发现了《论语·公冶长》五方木觚[①]。凤凰洞木觚《论

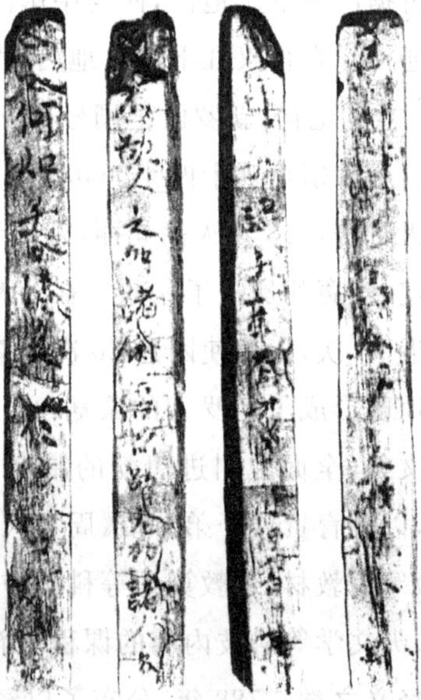

图7—3　凤凰台《论语·公冶长》木觚

① 〔日〕李成市著，葛继勇译《东亚视野中的朝鲜木简》，《唐都学刊》2011年第5期。

语·公冶长》:“……违之何如子曰清矣曰仁矣乎曰”“我不欲人之加诸我也吾亦欲无加诸人”“……子谓子产有君子之道四焉其行”,后面简文模糊不清。

考古证明早在西汉时期中原就出现了纸张,纸张正式作为书写材料则在东汉,但是书写纸张并没有立即取代简牍,简牍与纸张有一个很长的共存期。东吴、西晋简牍还常见于考古发掘,南昌吴应墓《疏衣板》为最晚东晋早期木方,江西南昌火车站站前广场雷陔墓出土纪年东晋永和八年(352年)木方。甘肃玉门花海毕家滩五凉十六国时期墓葬出土一批衣物疏木牍,报告发表了26号墓“升平十四年”(377年)衣物疏简影①。

东晋日常使用是以纸为主,吐鲁番出土的东晋年间《三国志·孙权传》纸本、东晋义熙年间(405—420年)《毛诗郑笺》纸本、敦煌发现东晋义熙六年(410年)《大般涅盘经疏》等,都能证明中国在东晋时期普及用纸了。朝鲜半岛和日本在中国纸张普及以后的数百年间,仍把简牍作为书写材料。朝鲜半岛和日本的纸张使用晚的原因无非两个,一是传播的时间,发源地要比接受地要早。其次纸张的制作工艺也有传授的过程,这两者决定后者晚上几百年。

汉代以来中原地区的简牍形式也有一些变化,如长沙走马楼东吴简牍,多为官方文牍,有的简上端刹角,两边切出两个缺口,这个形式在百济、新罗的简牍中能够见到。至于棒状木简,名为觚。由于加工方便,并可反复使用,三国时期使用相当普遍,长沙走马楼出土的东吴文书相当数量是写在木觚上,方木简形制传之新罗、百济,现在出土的实物就是明证。

汉唐时期朝鲜半岛南部古国百济,前后三次迁都,最早在现首尔汉江南岸,称为河南慰礼城,原称汉城。高句丽攻占此城后,百济迁都至现忠清南道的公州,最后定都现中清南道的扶余。首尔江南分部百济王族墓群,其中风纳土城陆续出土了两晋、六朝的青铜龙首鐎斗、带銙、弩机、铜镜等。百济出土超过100件的中原陶瓷,包括富有时代特色的青瓷鸡首壶、虎子、羊尊以及其他日用器皿等②。《晋书》记载咸安二年(372年)“二年春正月辛丑百济林邑王各

① 张俊民《甘肃玉门毕家滩出土的衣物疏初探》,《湖南省博物馆》第7辑,岳麓书社,2010年。

② 〔韩〕权五荣《百济最初的王城——风纳土城之调查》,《东南文化》2011年第2期。

遣使贡方物”，百济与晋交流始于此年。实际并非如此，公州宋山里6号墓出土的青瓷器为东吴至东晋时期江南产品，可见两地的交流早在三国时期。值得注意的是，出土的陶器上颈部刻有“大夫”“井”字，说明百济的工匠已经使用汉字了①。

在不断引进儒家文化的同时，中原兴起的佛教文化也风靡朝鲜，汉字的媒介呈现出多姿多彩的状态。佛教传入百济后，汉城（今首尔）、熊津（今公州）、泗沘（今扶余）等地陆续建造佛寺。20世纪开始对寺庙遗址发掘，出土了佛像等重要文物，其中不乏汉字铭记。1995年陵山里寺遗址的木塔石础下发现“昌王十三年（567年）”铭舍利龛。2007年清理王兴寺木塔中心石础中青铜舍利函，正面有汉字铭文。2009年弥勒寺西石塔清理出金质舍利瓶与金质“舍利奉安记”（图7—4），记录了百济王后创建盖寺，以及639年奉安舍利于此的经过②。

图7—4　金质“舍利奉安记”

新罗时期，随着汉字和汉文化传入朝鲜半岛，汉字已经是不可缺少的书面交流工具，所以史载新罗“颇知书记，有类中国”的说法。

书法是汉字特有的艺术形式，唐代特别重视书法教学，朝廷设立书学士，专事培养书法人才。行书历来是随意的书写形式，王羲之发挥到了极致，行云流水，委婉流畅，存真率意，充分显示了行书的魅力。唐太宗虽然出于个人的爱好，客观上提高了行书的地位，使之能与楷书、八分一样上碑刻字。唐太宗《晋祠铭》《温泉铭》，武后《升仙太子碑》是著名的行书、行草碑刻，两碑或多或少都有王字的风范。王字在唐代成为主流的书体，对后世书

① 〔韩〕赵胤宰《韩国公州宋山里6号坟铭文砖释读管窥》，《东南文化》2011年第2期。

② 梁银景《百济佛教寺院遗址的相关问题研究》，《考古学报》2014年第2期。

法影响很大，而且远播朝鲜半岛，乃至日本。朝鲜高丽时代《真空大师塔碑》(图 7—5)，此碑为行书，集唐太宗书法，字体风格与《晋祠铭》《温泉铭》相同[1]。

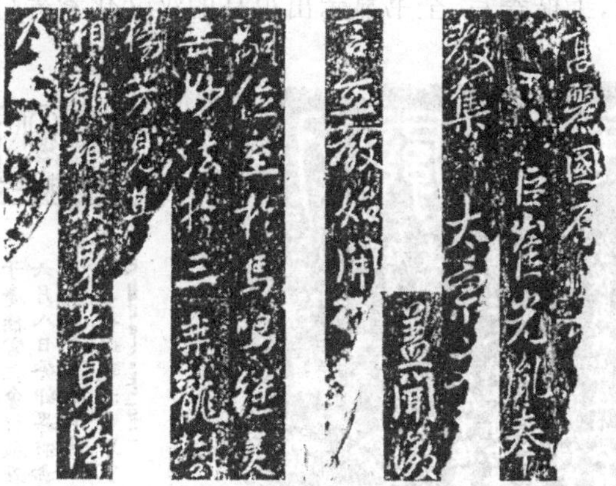

图 7—5　《真空大师塔碑》

汉字是标意文字，语义与字形有一定的逻辑关系，互为表里。因此汉字传播同时是汉语的传播，朝鲜半岛在接受汉字的同时接受了汉语，形成完整的汉文。在漫长的 2000 多年的历史中汉语成为朝鲜半岛的官方语言，朝廷和文人都把汉字作为书面用语，作文赋诗，宣布文告。这个状态从汉代一直延续到 20 世纪上半叶，留下了大量重要的文献。

在《训民正音》产生之后，汉字继续使用，这样，朝鲜出现了两种文字并存的局面。汉文通行于朝廷、官员和士人之中，谚文则流传于下层平民之中。汉字居于主导的地位，官方的文件以汉文为主。李朝科举中，设有吏文科，所谓“吏文”是指官方奏章文牍所用的汉文。官方编纂的《李朝实录》用的是汉文，官员奏章，如名将李舜臣的《请赏义兵诸将状》、柳成龙的《请训练军启》等均用汉文，其他如诉讼、告示也用汉文。1592 年，日本丰臣秀吉发动 7 年侵朝之战，史称“壬辰倭乱”，记述“壬辰倭乱”的《北关大捷碑》纯用汉字，上为篆额，正文为楷书(图 7—6)。

---

① 〔日〕谷川雅夫《木鸡室的拓本藏品》，《中国书法》1992 年第 4 期。

隆熙三年(1909年)朝鲜王国编纂的《国朝宝鉴》,是一部实录体朝鲜史料长编,共记述了朝鲜从李成桂创建李朝(1393—1863年前后共470年的历史。完全用汉文成文,工楷誊写,全书显示出很高的汉文化素养(图7—7)。

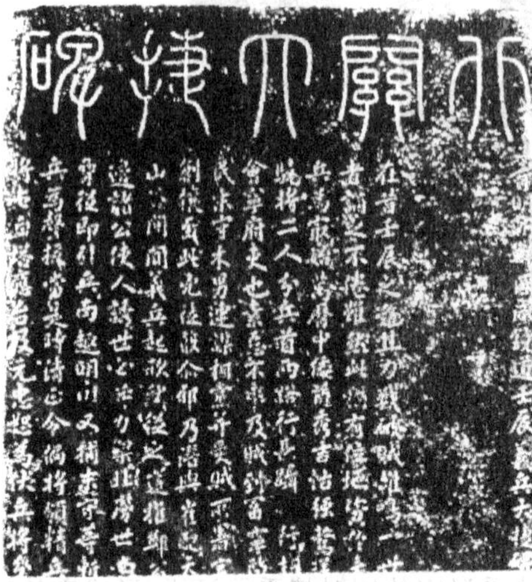

图7—6 《北关大捷碑》

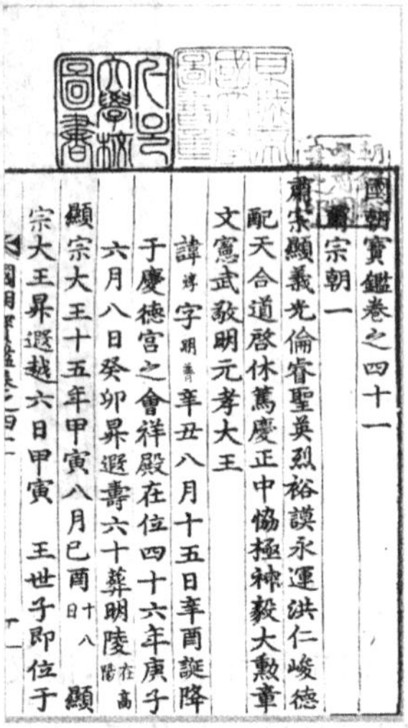
國朝寶鑑卷之四十一
肅宗朝一
肅宗顯義光倫睿聖英烈裕謨永運洪仁峻德
配天合道啓休篤慶正中協極神毅大勳章
文憲武敬明元孝大王
諱焞字明普辛丑八月十五日辛酉誕降
于慶德宫之會祥殿在位四十六年庚子
六月八日癸卯昇遐壽六十葬明陵高陽在
顯宗大王十五年甲寅八月己酉十八日顯
宗大王昇遐越六日甲寅　王世子即位于

图7—7 《国朝宝鉴》

汉文是东亚书面语,士大夫阶层从小接受汉字教学,熟悉汉字,并以汉字为正。他们不仅能阅读汉文,还能从事汉文写作。李朝和明朝保持着密切的友好的关系,中国的小说开始大量传入朝鲜,15—16世纪有《剪灯新话》《剪灯余话》及《三国演义》《水浒传》《西游记》《金瓶梅》。17世纪以后,传入的明清小说有《隋唐演义》《封神演义》《东周列国志》《水浒后传》《聊斋志异》《儿女英雄传》《红楼梦》等。这些小说获得了上层文人到下层民众的普遍爱好。朝鲜文人从模仿到创造,也写了许多文言和通俗两种系列的小说,小说中运用了中国的成语、典故,大量地引用中国的历史故事和风俗。其中较为著名的如金时习的《金鳌新话》短篇传奇集。同时,士人赋诗作文也使用汉文,作品和中国完全一样。

二　吏读

汉字与汉文化传入朝鲜,汉语也进入了朝鲜。在很长的一个历史时间内,朝鲜采用汉文为朝鲜语的书面语。汉语词汇对朝鲜语的影响更大，它大量地加入了朝鲜语词汇，并导致了朝鲜词语的汉语化。这个过程至少从西汉置四郡开始，到新罗时达到了高潮，而到8世纪中叶大部分固有名词都演变为汉语词汇了。此后，汉文汉字在朝鲜上层社会还享有正统地位，继续促进汉语词汇在朝鲜语中的融化。但是，朝鲜语毕竟不同于汉语，两者分属不同的语言系属，语言上有很大差别。朝鲜语用递加成分表示语法范畴，词序和某些词类的语法功能也与汉语不同。从词汇方面看，尽管大量吸收汉语词汇，可是一些重要的基本词汇依然没有改变。同时，朝鲜语的语音系统和汉语也不一样，同样的汉语词汇，在朝鲜语中的读音与汉语有很大的差别。因此，完全切合于汉语的汉字，在应用于朝鲜语时必定有许多不适应的情况，这就发生了汉字的朝鲜化变革。

俗体、俗字虽然有一定的数量，还只是局部的问题，真正全面利用汉字标志朝鲜本族语言，并且对汉字加以变化的形式是吏读。吏读也叫吏吐、吏道、吏头、吏套或吏札。所谓吏读就是朝鲜语的汉字书面形式，表面上它是汉字或包括一些汉字变体，但要按照朝鲜语的词序组织成句，并且有表示朝鲜语语法意义的附加成分，也即“吐”。从词汇方面来说，除了部分汉语借词外，大部分汉字的音义是经过改造后进入吏读的，这些汉字已经不是汉语中的汉字，而是朝鲜方块字，属于朝鲜汉字式的民族文字了。

吏读是朝鲜民族灵活地运用汉字的标志。它的起源非常早，在汉字传入之时，人们开始用汉字来表示朝鲜语时，吏读就产生了。18—20世纪先后在平壤地区发现了三块碑刻，是高句丽长寿王(413—491年)时期的刻文，碑上均有吏读。到了新罗真平王(579—632年)时期，吏读日趋成熟，流行更为广泛。现存十四首新罗乡歌中的《薯童谣》《彗星歌》就是这个时期产生的吏读作品。

新罗神文王时新罗十贤之一薛聪(645—701年)是世传“吏读”的创制人。郑麟趾在《训民正音·序》说：“昔新罗薛聪始作吏读，官府民间，至今行之。”《增补文献备考》卷243中也说：“新罗薛聪以方言解九经，又以俚语制吏札，行于官府公簿。”既然吏读早就存在，薛聪就不可能是创始人，这只能说明神文王时代，吏读已经发展成形，薛聪很可能做了整理工作，归纳不同，使之统一。

吏读包含了三方面的内容，一是采用朝鲜语的词序，二是有表示语法成分的附加字,三是广泛地改变汉字原有成分。

汉语和朝鲜语的词序不同。从汉语到朝鲜语的转换,或者说,利用汉语词汇讲朝鲜语,它的重要的一个差别在于句子中词的排列顺序不同。如1940年在朝鲜庆州郡出土的《壬申誓记石》中:“今自三年之后,忠道执持,过失无誓。”如果用汉语表达这句话,“今自”变为“自今”,“忠道执持”变为“执持忠道”,“过失无”为“无过失”,最后一个“誓”字应该放在整个句子的前面。用汉语完整地表达的话,是“誓曰:自今三年以后,执持忠道,无过失”。这种存在词序差异的吏读句,可以看作是最早、最简单的吏读类型。

朝鲜语属于黏着型语言。名词和代词有格和数,动词有态、时、式、尊称和阶称,形容词有时、式、尊称和阶称,这些语法范畴主要用附加成分表示。朝鲜采用汉字来表示本族语言,最困难的是没有合适的文字标志这些附加成分。所以,早期的吏读只能省略这方面的内容。但是,这些附加成分对朝鲜语来说是十分重要的,无法缺少。他们一旦掌握了汉字的功能后,就开始利用汉字来标志这些成分了。例如:

新罗乡歌《老人献花歌》

原文	汉译
紫布岩乎边希	在紫色的岩石边,
执音乎手母牛放教遣	松开手母牛顾不等牵;
吾肹不喻惭肹伊赐等	如不笑我老朽,
花肹析叱可献乎理音如	折下花来献给女神仙。

《大明律直解》

凡官吏亦　擅自离职役为在乙良　笞四十为乎矣　难若为去向入回避为要　因而在逃为在乙良　杖一百　停职不用为旀　所避事重为在乙良　各从重论罪齐

《大明律》汉语原文

凡官吏,无故擅离职役者,笞四十。若避难,因而在逃者,杖一百,罢职不叙。所避事重者,各从重论。

以上两例吏读中画线的部分就是表示语法附加成分的文字。这类文字最初并不一致，经过发展才逐渐形成统一的特定汉字。如："隐""亦"表示主格，"肹""乙"表示宾格，"衣""矣"表示属格，"中""良""良中"表示位格，"教是""教"表示尊称，"白"表示阶称，"遣""旀"表示谓语的并列等①。

在吏读中，为了使汉字适应于朝鲜语言，比较恰当地表示本族语言的特点，除了制造新的方字外，还有系统地改造汉字，使现成的汉字方俗化，用汉字的音或意标记朝鲜语。这种新字，史称吏读文字，其类型大致可以分为音借字和训借字。

音借字只借汉字的音而不用其义。很明显，这种用法如同汉字固有的假借，即原为标志甲词而被移作标志同音的乙词。吏读中的音借字原理相同，不过假借的是朝鲜词汇。它多用于标记地名、人名等名物词以及标志语法意义的附加成分。人名如"弗矩内""居七夫"地名"今勿奴""沙伏忽"。名物词如"太"(大豆)、"吐"(助辞)之类。至于语法意义的附加成分，前文已经谈过，这里不再举例。

训借字只借汉字的义而不用其音，就是说，字的意义相同，但是它按照朝鲜语的发音来读，其实质是借用汉字的同义字来标志朝鲜语词。这种训借字似乎有点陌生，实际上是汉字特性的反映。汉字是标意字，它的声旁有提示读音的作用，但是没有标音的作用，它不规定语音结构，因此，汉字的读音没有规定性。在汉地，汉字从来是可以改读的，读甲音的可以改读乙音，屡见不鲜。在汉魏之际，音义之学兴起，其风犹炽。朝鲜的吏读字正是根据汉字的特性来用于本民族的。

训借字汉字来标志朝鲜语同义词，汉字音与之无关。如新罗乡歌《薯童谣》：

善花公主主稳
他密只嫁良置古
薯童房乙

① 以上朝鲜文(韩文)文献及解释采用自陈植藩《朝鲜文》，《民族语文》1979年第3期。

夜矣卯乙造遣去如

这首歌的意思是：善花公主偷嫁了人，每到夜来，就抱着薯童去了[①]。

文中"稳""只""依""置""古""乙""矣""卯乙""遣如"是音借字。"善花公主""薯童""房"音义都取自汉字，而"主""他""密""嫁""夜""抱""去"取汉字义而用朝鲜音，即训借字。《三国史记》卷三十六："丹川县，本百济赤川县，景德王改名，今朱溪县。""丹""赤""朱"三个字汉音不同，而朝鲜语读音相同，"川""溪"两个字汉音也不同，朝鲜语读音相同，这些都是训借字，因此相与转用。训借字的实质是用同义汉字来训释朝鲜语词汇；朝鲜语的基本词汇是固有的，这类词大都不用本族固有读音而用同义汉字标志。因此，训借的数量十分庞大，使用的频率也非常高。

音借和训借使用相当灵活，常有二者兼用来标志一个朝鲜词的情况。例如"川理"，"川"是训借，读作 nari，"理"却是音借，仅仅是标志后一个音节的 ri。"心音"，"心"是训借，读作 mezem，"音"却是音借，只是标志收尾音 m 而已。

三　减字到略字

韩国固有汉字存在很早，从百济和新罗时期文献已经出现，因为认为与本民族的文化直接有关，得到学界重视。20 世纪之后，朝鲜半岛学者对之进行系统的研究，大韩民国成立，固有汉字的研究才达到高潮。

什么叫韩国固有汉字？韩国固有汉字的定义和范围，没有统一的说法和标准。

河永三认为："为了反映韩国固有情绪而创造或变用的这些汉字可称之为'韩国固有汉字'，韩国固有汉字之研究不仅可以提供汉字在韩国使用之历程，而且也可以提供理解韩国固有文化情绪之一些线索。所谓韩国固有汉字实际上包括国字、国音字、国义字三方面。国字是指不存在于中国与日本等其他国

---

① 此节朝鲜文（韩文）及汉译采用刘毓纕《汉文字在朝鲜文中的地位和作用》，《外语数学与研究》1988 年第 1 期。

家，而唯一存在于韩国的汉字而言；国音字和国义字是指虽存在于汉字使用范围之其他国家，但只限使用于韩国的特殊义项之汉字而言。其中，国音字是指用于特殊义项时就有读音变化之汉字，国义字是指没有读音变化而使用之汉字①。”这是韩国学者对韩国固有汉字的代表性认识，把韩国固有字定义为“反映韩国固有情绪而创造或变用的这些汉字”，里面实际有两类，一类是创造，一类是变用。对照下文阐述，所谓“创造”就是“国字”，“唯一存在于韩国的汉字”，其中包括当地的俗字和官方承认的正字，笔者称之为方字，再具体地说叫作朝鲜半岛方字。

段甜认为：1. 具有汉字的结构。首先，不能完全脱离中国汉字的偏旁或部首，否则就不能称之为汉字；但是，不必全部使用汉字的偏旁或部首，在主体是汉字偏旁或部首的前提下，还可以使用韩文字母等其他结构要素。2. 是新创造的。已有汉字的俗体字、简化字、略体字、异体字等不能算作韩国固有汉字。3. 必须与其他汉字字形不同。国音字和国义字仍然采用汉字的原字形，不属于韩国固有汉字。4. 是韩国创造的、用于标记韩国语的汉字。其他国家和地区的汉字或固有汉字不属于韩国固有汉字。韩国，汉字除了执行其原始职能——记录汉语外，还被赋予了新的职能——记录韩国语。固有汉字就是韩国人为了更好地发挥汉字的新职能而创造出来的②。

汉字的变革最早是从方字创制开始的。

方字是汉字的组成部分，汉字所到之处，方字就会随之而生。高句丽《好太王碑》中“开”写作“刑”，“冈”写作“罡”，是融入草书的俗体，而“龟”“遐”“珍”“末”的俗体写法则和中原相同。当地人在熟悉汉字之后，就开始自造方块字了。最早是用于官名、地名，如《三国史记》中“迲”，为高句丽的“迲城郡”用字，“朶”“柰”均为职官名。不过，最有序、最能产的方字还是口诀和略字。

朝鲜半岛使用了多种方字，大致可以分为两类，一类是特殊单体字，即略字，一类是一般的汉字仿造字。特殊单体字是指形体特别的略字。这是口诀

① 〔韩〕河永三《韩国固有汉字国字之结构与文化特点——兼谈〈异体字字典〉之〈韩国特用汉字〉》，《中国文字研究》第6辑，2005年，第258页。

② 段甜《韩国固有汉字分析》，2007年硕士学位论文，第2页。

时期使用的略字。在8世纪以后，为便于阅读汉文，古代朝鲜半岛人们发明了口诀，在汉文原文的每个句节后都加上韩国语词尾或助词。口诀只是诵读汉文的辅助性手段，便于韩国人理解汉文内容。加了口诀的汉文，如果把表示助词或词尾的汉字去掉，汉文的句子结构并不会遭到破坏。这类语法附加成分，朝鲜称之为“吐”，在前节“吏读”中已经提到。朝鲜《行用吏文》说：“我国所谓‘吐’，中国之助辞。”解释得非常清楚。8世纪之后，主要用于释读汉文的语法附加成分也称作“口诀“，它在汉文的词句中间插入，使之转变为朝鲜语。例如：

天地之间万物之中厓，唯人伊，最贵为尼，所贵乎人者隐，以其有五伦也罗。是故奴 孟子伊 日父子有亲为於 君臣有义为於 夫奴有别为於 长幼有序为於 朋友有信是罗为时尼。

其中“崖”“伊”“为尼”“隐罗”“奴”“为於”“是罗为时尼”为增加的朝鲜语虚词[①]。口诀字书写起来也比较繁杂，人们把口诀字定位之后，就将这些字简化，造出了口诀略字。在朝鲜半岛创制《训民正音》之前，口诀字是具有特色的略字，如：是→人、面→丅、古→口、“厓”（或“涯”）→“厂”、“尼”→“匕”、“也”→“マ”（或“フ”）、“隐”→“卩”、“奴”→“又”、“为”→“ソ”、“於”→“尓”。

《论语》加“口诀字”的情况：

子㇏曰学而时习之丅，不亦说乎亇有朋㇏自远方来丅不亦乐乎亇

文中㇏表示主格，丅表示假定，亇终结形，表疑问。

它与日本片假名有相同处和相异处。有些字是完全相同的，“也”→“マ”，“奴”→“又”，片假名与口诀字的简化办法相同。有些字是原理相同、来源不同而最后字形相同，如口诀字：古→口；片假名：吕→口。口诀略字“隐”→“卩”，片假名“阿”→“ア”。

口诀字和片假名制造的办法都是从原字截取部分，形成的新字。截取相对完整的部件的：口诀略字“厓”→“厂”、“隐”→“卩”、“奴”→“又”，片假名

① 本节引自李炬《训民正音与汉文化因素》，《中央民族学院学报》1993年第5期。

"利"→リ、江→エ、扵→オ、加→カ。

截取不完整部件的：口诀略字：是→人、"为"为、"ソ"面→丁，片假名：半→ハ、奈→ナ、不→フ、流→ル。

以上两种文字的构形都是来自琴谱减字原理。韩语中表示语法意义的简略字符称为略字，略即省略，省略是通过减少而来，略字是减字的别称。

减字是琴谱表示指法等的特殊字符。唐代琴家曹柔根据文字谱减省，成为减字谱。取其原字部分成字，构成完整部件，如：连→车、打→丁、度→广、擂→雷、踶→足、历→厂。不完整笔画，只是局部笔画，如：食(指)→人、挑→乙。其中与口诀略字相同的字形：琴谱减字，历→厂；口诀减字，厓→厂；琴谱减字，食(指)→人；口诀略字，是→人。

河永三认为：朝鲜半岛玄鹤琴与伽倻琴之弹法，新造了不少汉字符号。此外，弹法之俗字有："勾""挑""廾""六""娄""夕""匕""示""一""止""尺""佳"等。

伽倻琴与中国古筝的形制大体相同，相传 6 世纪时已流传于新罗南方。伽倻琴等弹法符号即中国古琴的指法谱字。就所举的资料比较，两者有明显的渊源关系。

表 7—1　古琴指法与伽倻琴弹法符号的字形比较

指法原字	散	名	挑	勾	娄
琴谱指法	廾	夕	匕、乙	勾、厶、勹	娄
弹法符号	廾	夕	挑、匕	勾	娄

从表中对比，指法原字都采用减字的，有三对，即廾、夕、匕；一方兼用原字和减字的，弹法符号为挑、匕，琴谱指法为勾、厶、勹；皆用原字为娄。玄鹤琴和伽倻琴谱中还有二字合成的"乭"，"浮"下"乙"，在古琴谱中式"挑"的减字，"乙"常与其他指谱字合成，而"浮"字恐为"拂"，"乭"则是抚而挑的合成指法。仅仅从以上数例的比对就可以明白，朝鲜半岛的弹法符号与中国指法有渊源关系。朝鲜半岛无疑从指法减字得到启发，并且在创造略字中使用，事实已经证明这一点。

口诀略字与片假名的构形原理都来自减字，如果仅仅从简单的形体说，确实有点相像。但是它们表达的意义不同，片假名是根据唐代的半字原理，是一个单纯的表音字符，而口诀略字是有意义的，是原字的简化，这点与琴谱减字是相同的①。

口诀略字是依据中原琴谱减字的原理创作的，有些字与琴谱减字完全相同，口诀略字是韩语中颇具特色的简体字，谚文字母是采用汉字假古文“苍颉字”等创制，以特殊的形体成为韩文的标志。两者看起来与汉字形体相异，实际上都利用了汉字点画，可视为汉字的变体。

从汉字传统的结构分析，韩国的方字有以下几种：

1. 象形字

ll 저(jeo)，“箸”。直观就是一双筷子的形象。

수 마(ma)，“锤子”。有锤子头和柄的形象。

2. 会意字

佬 고(go)，考问人、誓言必行。“人”加“考”理解为二字作为意符结合起来会意。

夻 화(hwa)，意为“大口鱼”，由“大”和“口”二字会意。

沓 답(tap)，稻田、水田。

夫 부(bu)，役丁，苦工。会意字，“功”意为活儿，“夫”意为汉子。

3. 形声字

这类字是由意符和声符合成的，使用的意符、声符和汉字相同。意符的含义基本上还是汉字的原义，声符读音则纳入朝鲜语音系统。所构成的形声字多体现出当地对某些事物的特殊称名。

艍，小舟。从舟，居声。

縇，席筵边饰，衣缘。从系，宣声。

啫，普啫，哼啰。从口，者声。

鯿，饼。从食，扁声。

① 参见陆锡兴《古琴谱减字与其他民族文字的创制》，《中国文字研究》第22辑，上海书店，2015年。

弫 후(hu)，桑木做的弓。“弓”为意符，“侯”为声符。

岾 점(jeom)，意为“岘，岭”。“山”为意符，“占”为声符。

囕 람(ram)，噬，咬。“口”为意符，“覽”为声符。

垈 대(dae)，意为“宅地”。利用形声的造字原理创造的韩国固有汉字，“土”为意符，“代”为声符。

椧 명(myeong)，笕，木枧。“木”为意符，“命”为声符。

榌 비(bi)，梯子。“木”为意符，“飞”为声符。

4. 合音字

汉字反切是标音法，汉字中也有极少的反切字，某些少数民族方字也用反切造字。不过朝鲜半岛的合音字是造字法，接近拼音文字的规则，是较为合理的汉字式拼音。合音造字，合二字之音为新字之音，而新字就是这二字的合体。它的直接来源是佛教密宗的汉字合音字。

乺 솟(sos)，将“小”与“叱”合并，“小”按照音读法标记[소]音素，“叱”标记终声音素[ㅅ]，[소]音素与[ㅅ]音素合并即为[솟]。

乫 긋(gut)，表示韩国语中的“긋”音。利用合字的造字方法将“仇”与“叱”合并切音。

䅋 씨(ssi)，种子。将“种”与“叱”合并反切。属于音素重叠合并，“叱”标记[ㅅ]音素，此处作为头音。

乧 둥(duk)，将汉字“斗”与谚文字母“ㅇ”反切。

乬 굴(gul)，表示韩国语中的“굴”音，将“九”与“乙”合并反切。

乭 둘(dul)，韩国语中的“둘”音。“斗”按照音读法对应的音为[두]，标记[두]音，“乙”标记终声音素[ㄹ][두]音素与[ㄹ]音素合并为[둘]。“乭”用于人名。

䂖산(san)，将汉字“斜”与口诀中“隐”的略字“ㄗ”反切成字。“斜”按照音读法对应的音为[사]，标记[사]音素，口诀简体字“ㄗ”标记终声音素[ㄴ][①]。

① 本节内容主要参考：李松植《汉字与朝鲜的吏读字》，《延边大学学报》1987年第4期；段甜《韩国固有汉字分析》，2007年硕士学位论文。

这类字有两种，一种是两个汉字相合，如：

乫，加与乙相合，即 ga＋l

乤，下与乙相合，即 ha＋l

乺，所与乙相合，即 so＋l

乬，巨与乙相合，即 kə＋l

⿱庫叱，庫与叱相合，即 ko＋t

⿱巴叱，巴与叱相合，即 pa＋t

⿱去叱，去与叱相合，即 kə＋t

⿱古叱，古与叱相合，即 ko＋t

除“加”“下”等字外，作为尾音的“乙”“叱”原为独立汉字。另一种是汉字和谚文的合音字。如：

둑，斗与谚文 ㄱ相合，即 tu＋k

둔，豆与谚文 ㄴ相合，即 tu＋n

둥，斗与谚文 ㅇ相合，即 tu＋ŋ

合音字的出现，是谚文的先导，由此开始突破标意汉字观念，逐步走向民族标音文字的道路。

四　谚文字母出于古篆

汉语汉字传入朝鲜半岛之后，如何适应本民族的语言，始终是一个难题。在此之前，日本、西夏、契丹、女真的民族文字创制已经获得了成功的经验，采用标音文字是一个最佳的选择。李朝以明朝制度为模式，完善本朝的文化，决定了字形的价值取向。古篆简单形体给截取方式提供了方便，具有更大更灵活的制作空间。谚文字母的特点有两个，一是采用比真书更早的古篆，以示源远流长，文化正统；二是截取方式灵活，既用现成部件，也取其局部笔画。

朝鲜王朝世宗二十五年(1443 年)十二月，创制“训民正音”，并在世宗二十八年(1446 年)颁布。题为明正统十一年(1446 年)的资宪大夫礼判书集贤殿大提学知春秋馆事世子右宾客臣郑麟趾谨书之跋：“殿下天纵之圣，制度施为超越百王。正音之作无所祖述，而成于自然。”朝鲜王朝世宗主持了本民族的标音符号——谚文的创制。

长久以来，谚文形体的来源众说不一，有象形发音器官说、太极阴阳说、梵文说、八思巴字说，这些说法各有理由。如果分析、归纳一下，象形器官说法肯定有道理，不过它并非制字的来源，而是制字形体的设计目标。“象形而字仿古篆”中所谓象形是说明谚文字母象发音器官的发生状态。“制字解”云：“正音二十八字，各其象形而制之”，牙音ㄱ，象舌根闭喉之形；舌音ㄴ，象舌附上颚之形；唇音ㅁ，象口形；齿音ㅅ，象齿形；喉音ㅇ，象喉形；半齿音△，亦象舌齿之形，而异其体无加画之义焉。形体来源与形体制作要求是两回事，象形是于形体的来源。太极阴阳五行之说，是制字的原理或者说是理论依据。中华文化认为太极是世界的核心，阴阳是天地万物一切事物变化之本，谚文在制作过程中贯穿易学所包含的哲学思想，这是十分自然的。韩国学者李正浩说：“有人认为《正音》来自印度系统的梵字或西藏文字与蒙古的八思巴文字，甚至有人认为所谓仿古篆是蒙古篆。最近似乎又出现了较为相近的动向。这是因为不了解《正音》的制字原理源于《周易》，另一方面它们不了解《周易》可分为‘象’与‘义’两方面，且又分别在《正音》的制字过程中发挥了象形、会意乃至指事作用①。”来源于梵文说、藏文说、八思巴字说，都是梵文系统的字母，大同而小异，其中最为流行的是来源于八思巴字说。

主张谚文为八思巴字起源说是李朝学者李瀷（1681—1763年），他说：

> 元世祖时八思巴者，得佛氏遗教，制蒙古字，……后世与我之谚文同科。意者明初必有其法也。我国之始创也，设局禁中，命郑麟趾成三问申叔舟等撰定。时皇朝学士黄瓒罪谪辽东，使三问等往质，凡往返十三度云，以意臆之，今谚文与中国字绝异，瓒何与焉？是时元亡才七十九年，其事必有未泯者，瓒之所传我者，抑恐外此，更无其物也②。

---

① 〔韩〕李正浩著，洪军译《韩文的创制与易学》，河北人民出版社，2006年，第25页。

② 转引自照那斯图、宣德五《训民正音和八思巴字得关系探究——正因字母来源揭示》，《民族语文》2001年第3期。

李瀷自言“以意臆之”，前提是八思巴字与谚文同属合音（同科），而谚文与中国字无一相同（绝异），因此由黄瓒传来必定是八思巴字，尽管“正音”创制时元已亡了七十九年。这种理论实在玄乎又玄，却开了谚文源于八思巴字之说。力主此说者，多从发音部位对照八思巴字和谚文，作为依据。

照那斯图、宣德五是两位中国民族语言学家，承袭此说，近年发表文章，详加论述[①]。他们认为谚文辅音字母中真正与八思巴字有关的是基本字母和无加画字母，谚文辅音字母的五个基字与八思巴字母存在有机联系。其实，所谓两者的“有机联系”是主观的，而不是客观的反映[②]。

《训民正音》谚文的来源，历史记载非常明确，它仿自古篆。《世宗实录》二十八年丙寅九月甲午：“上亲制谚文二十八字。其字仿古篆”，《训民正音》郑麟趾跋：“殿下创制正音二十八字，略揭例义以示之，名曰‘训民正音’，象形而字仿古篆[③]。”朝鲜李朝士人声言本国秉承箕子遗风，文物礼乐，比拟中华。不会取法梵文、契丹、蒙元，而应取法汉字。

古篆是古文篆的简称。北朝学者王愔《古书三十六种》有“古文篆、大篆、象形篆、科斗篆、小篆”等分类，原来古文篆专指战国古文，唐代以来含义扩大，泛指不同于小篆的古文字。宋代把隶书以前的大篆、小篆、古文统称为篆文，把小篆以外的篆文混称为古篆。古篆或者篆甚至包容了与汉字不同的其他文字。宋代周密《癸辛杂识别集上·汴梁杂事》：罗寿可元初游汴梁，见古碑数种，“有大金登科题名，女真进士题名，其字类汉篆而不可识”。金代进士题名碑书写的是女真文，古人称之“如汉篆”。可知宋代以来对于篆或者古篆是非常宽泛的文字形体指向。

谚文字母仿自“苍颉书”“夏禹书”以及“鲁司寇仲尼书”，此三帖皆收在《淳化阁帖》中。宋淳化三年（992 年），太宗令出内府所藏历代法书，命翰林侍书

① 转引自照那斯图、宣德五《训民正音和八思巴字得关系探究——正因字母来源揭示》，《民族语文》2001 年第 3 期。

② 参阅陆锡兴《谚文字母来源古篆说》，《中国文字研究》第十八辑，上海书店，2014 年。

③ 郑麟趾（1396—1478 年），高丽李朝学者。字伯雎，号学易斋。1414 年状元及第，历任集贤殿学士、刑曹参判等官职。学识渊博，擅文史、文字音韵。

著编次摹勒上石(实为枣木版)于禁内，名《淳化秘阁法帖》，也叫《淳化阁帖》，古代重要的书迹得以保存。此为丛帖之祖，以后屡有翻刻，传于后世，对书法艺术的影响巨大。《淳化阁帖》的书法作品来自内府秘藏，但是秘府诸帖真伪错杂，内府不精于此道，视后人伪作为上古书迹。黄伯思云："淳化中，内府既博访古遗迹。时翰林侍书王著受诏绪正诸帖。著虽号工草隶，然初不深书学，又昧古今。故《秘阁法帖》十卷中瑶珉杂糅，论次乖讹。"并断言"自苍颉至程邈书皆伪①"。现在，大致可以确定，"苍颉书""夏禹书"来路不明，形体荒诞，而"仲尼书"是拼凑而成。

"苍颉""仲尼""夏禹"三帖字形可疑，尽管出于好事者伪作，但是帝王刻帖，天生有文化上的正统性、政治上的权威性。

谚文形体直接取材于"苍颉文""夏禹书""仲尼书"，只是截取一些形体而已，它本来不需要构形意义，所以此类"高古"的古怪形体真是最佳选择。

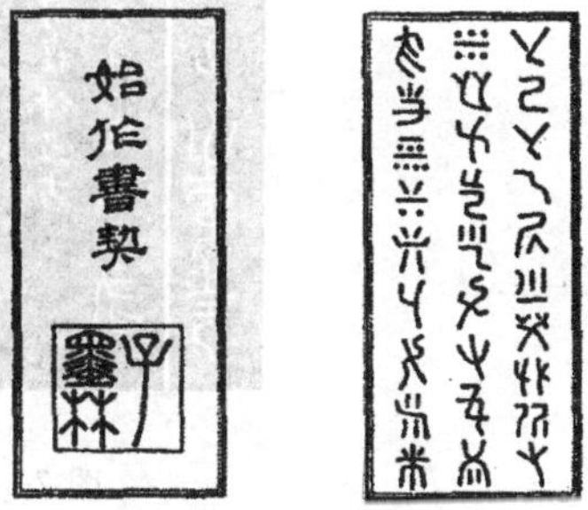

图 7—8　"苍颉书"墨模

《训民正音》初声 17 字，中声 11 字，合计 28 字，可以拼写一切韩语。这 28 字是韩文最小形体单位，如果单纯从形体观察，还可以再分析出更小的单位。

谚文形体本来简单，如果再概括一下，可以归并为八个基本形体：

ㅇ、ㅁ、ㅂ、ㄹ、ㅅ、ㄷ、•、ㅡ

这些基本形体可以通过加减、旋转，变化出其他字母：

减法

ㅁ拆为ㄴ、ㄱ两字；

加法

ㅅ加ㅡ为ㅿ；

•加ㅡ为ㅗ、ㅛ等；

① (宋)黄伯思《东观余论·法帖刊误上》。

旋转

一改变方向为丨；⊥改变方向为丨，⊥⊥改变方向为丨等；

“苍颉书”“夏禹书”“鲁司寇仲尼书”三帖在《淳化阁帖》卷五“诸家古法帖”内（图 7—9），虽然《淳化阁帖》有各种翻刻本，但是基本字形没有出入。其中“苍颉书”最富特色，字形简略，绝大部分与篆字、古文字不类。“苍颉书”28 字，“夏禹书”12 字，“鲁司寇仲尼书”12 字，形体重复不多，字数不多，足以供谚文字母创制借鉴①。

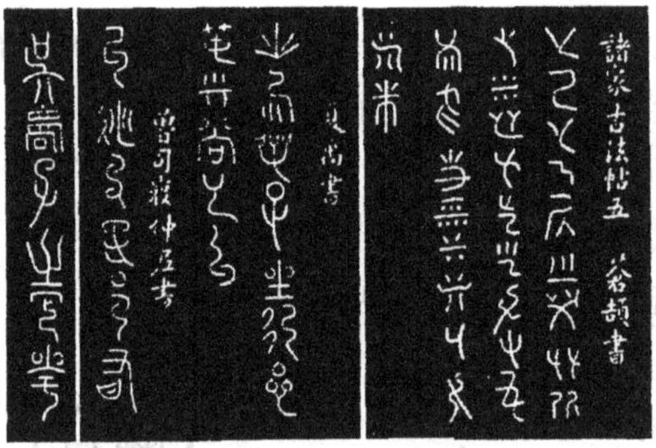

图 7—9 《淳化阁帖》“苍颉书”

谚文八个基本形体○、□、日、己、人、匚、•、一均从“苍颉书”等古篆中得到：

“苍颉书”⺌、⺌、⺌可以提取出•、一，并且获得•、一组合模式；

“苍颉书”己可以独体成字己；

“苍颉书”減去多余部分，提取人，即人；

“苍颉书”減去多余部分，提取匚，即匚；

“夏禹书”或“仲尼书”减去多余，部分提取日，即日；

“仲尼书”减去多余部分，提取口，即口；

① 参见陆锡兴《谚文字母来源古篆说》，《中国文字研究》第十八辑，上海书店，2014 年。

“夏禹书”、或“仲尼书”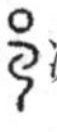减去多余部分，提取○。

谚文从“苍颉书”等古篆获取形体，再完善到28字，除了直接获取和加减法以外，还使用旋转法。在汉字结构中进行加减部分结构变化出新体，这是很常见的现象，但是旋转变形很少见到。汉字的结构从原始标形文字发展而来，即使具象发展到抽象，在结构中依然蕴含理性逻辑内容，方向性是逻辑因素之一。相反如果字形不反映原始构形意义，则无所谓颠倒，它没有方向性，可以旋转出新的形体了。总之，谚文字母取《淳化阁帖》内“苍颉书”“夏禹书”等古篆为原形，经过加、减、旋转，获得了18个谚文字母基本字形。谚文源于汉字，保留了方块形，但是与通行的汉字面貌迥异，是富有民族特色的文字形体。

五 谚文的合字

拼音文字由字母联合成词，古代称之为合音。新民巴图营子辽墓出土“看炬如来必破地狱真言”的鎏金胸牌一件，铭文中有“□谟阿竭吒二合悉底喃三摩也二合”，句子中“二合”均用小字①，表示前二字拼合取音。宋沈括：“古语有二声合为一字者，如‘不可’为‘叵’，‘何不’为‘盍’，‘如是’为‘尔’，‘而已’为‘耳’，‘之乎’为‘诸’之类②。”《梦溪笔谈》之“二声合为一字”之“合”，即辽之“二合”。汉字没有拼音制度，只能用汉字的特殊例子来解释。历史上采用方块式的标音文字有契丹文字、女真文字。契丹、女真皆有大字、小字制度，大字为标意文字，采用减字法造新字。契丹小字是取大字为原字（字母），以上下左右合字。女真小字以契丹小字为本，加以修改，不过它不是纯粹的标音文字。无论契丹大字、小字，女真大字、小字都保持了汉字的方块形式，与回鹘、蒙古的线式合字有根本的区别。宋元时代，朝鲜半岛前后与宋、契丹、女真、蒙古保持联系。在语言文字方面，除了汉语汉字之外，也会接触契丹、女真、蒙古语言文字。

《辽史·二国外记·高丽》：统和十三年（995年）十一月，高丽“遣童子十人来学本国语”。

---

① 冯永谦《辽宁省建平、新民的三座辽墓》，《考古》1960年第2期。

② （宋）沈括《梦溪笔谈·艺文二》。

《辽史·圣宗纪六》:开泰三年(1014 年)“州言其居民本新罗所迁未习文字,请设学以教之”。

高丽学契丹小字、契丹语文,自然会了解汉字式标音文字的字母和组合形式,对朝鲜半岛文字制度具有借鉴作用。当然,谚文不必取道北方民族,也可以直接采用汉字结构形式,创制自己的方块式合字。

金兴定二年(1218 年),女真人蒲鲜万奴由海岛返回曷懒路(今朝鲜咸镜北道吉州),改国号为东夏,建都南京(今吉林延吉城子山古城),辖有南京、恤品和开元三路,控制东至海(今日本海)、北抵松花江,据有辽东东部地区,南与高丽为邻。东夏国人周汉进入高丽,高丽王召周汉到都城,教授女真小字,女真小字的拼音文字传入高丽。

谚文采用拼音制,宋人称为合字。《训民正音》有“合字解”云“初、中、终三声,合而成字”。标音文字的拼式有线式和块式,线式又可分为横行和直行,横行和直行有左行和右行区别。一种文字的拼式是可以改变的,例如回鹘文原来是横行,后来受到汉字的影响,改为直行。块式上下左右堆垒,不同文字,具体拼式不尽相同。

谚文的块式合音规律自上而下,自左而右,并有斜上之法:

辅音字母加在竖立类元音字母的左边,为从左到右横向;辅音字母添加在躺卧类元音字母的上方,为自上而下纵向;辅音字母添加在复合类元音字母的左上方,为纵向;韵尾字母一律添加在“声母韵母结合体”的正下方,为纵向。

韩文组合方式以纵向为多,而且上下各部也可以组合。这种拼式绝非蒙古回鹘字或八思巴的线式结构,明显是采用汉字的块式结构。韩语的音节结构与汉语相似,完整的一个音节由三个部分组成,即初声辅音(声母)、中声元音(韵头和韵腹)和终声辅音(韵尾)。实际上韩语音节构成有三种:一种三个部分齐备;一种只有二个部分,或者只有声母和韵母,或者有的音节只有韵母和韵尾;一种只有韵母。谚文合字以音节为单位,一个音节组成一个韩文,这与汉字完全一样。契丹小字的合字中不限几个音节,大多是多音节的,韩文与之差异很大。所以说谚文的创制借鉴了汉语音韵学的成就。

谚文合字原理虽然与契丹小字的标音原理一样,出处大不一样,它的合字形式来源于汉字古琴谱减字，却是一种特殊的俗体字。

谱字一般为四部分，上方记录左手指法，下方记录右手指法，左上为左手按弦用指，右上为所按徽位，下方外部为右手指法，内部为所弹、按弦。每个谱字的部件排列遵循“从左到右，自上而下”这两个基本规则，典型的谱字内有四个减字。减字形体安排的原因，有的会把并列式改作包孕式，横排改直排，但是原则是明白的。

《绿绮新声》卷一“商意”之“兴亡多少英雄”句之减字谱：

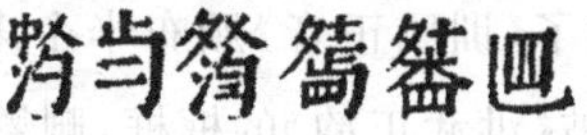

每一个谱字组合内，由若干减字组成，每个减字表示一个动作，合起来是一组完整的弹拨动作。如：“中”为中指，“乂”为外，“氵”为“注”，“勹”为“勾”“一”弦。这个谱字解释为：左手中指在十三徽外，右手注法勾一弦。

减字组合形式远比普通汉字的简单明了，谚文不必采用复杂的通行汉字的组合方式，借鉴减字谱的组合是较合理的选择。

谚文出土古篆，自然用古篆等线体的笔画，无粗细变化，直到现代依然是平时书写的笔画，省力省事。谚文楷法按照今隶的笔画运笔，起笔收笔有提按，行笔用中锋，点画有回锋。谚文楷法笔画类型与传统汉字楷体也有所不同，以唐代欧阳询《九成宫醴泉铭》的“永”字为例（图 7—10），概括的通行汉字楷书笔画为：点、横、竖、钩、提（近于短横）、撇、短撇、捺。简化一下就是横、竖、钩、撇、点、折、捺。谚文有横、竖、撇、点、折，甚至有提，但是没有钩和捺。谚文字母中来源于古篆○的圆圈形笔画，这是通行汉字没有的（图 7—11）。从细微看，汉字有笔画的交叉，形成笔画间的上下层次，谚文笔画无交叠，为平面分布。从结构上看，通行汉字由很多部首或者部件组成，谚文字母部件少而简

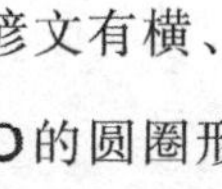

图 7—10　汉字形体

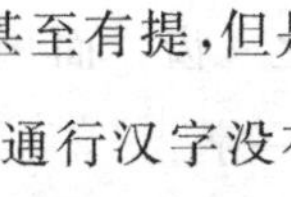

图 7—11　谚文字形

单，基本是以笔画符号直接组字，这是因为文字的性质不同，形成的巨大差异。文字外形看，谚文面目简明清晰，通行汉字相对复杂，除了部分点画写法相同，两者整体上全然不同。

六　谚文的产生与推广

崔世珍是16世纪朝鲜著名的语言学家，他精通朝鲜语文也通晓汉语、汉文。他为了推行音、形、义结合的汉字教学，推广朝鲜文，编著了《训蒙字会》。在这本书的凡例中他总结了《训民正音》颁布半个多世纪以来朝鲜文的经验，提出了一些改进办法，突破《洪武正韵》的框框，删繁就简，以俗为正，使朝鲜文字更加切合口语的实际情况。他把《训民正音》的28个字母调整为27个字母，改变了字母的排列次序。把字母分为两类，一类是初声、终声通用，一类是初声、中声独用。谚文字母原来是没有名称的，崔世珍按音值命名，并借用同音汉字来表示，在缺乏适当的汉字表示时，就用近音和固有词表示，对后者在字外加圈以示区别。

1. 初声、终声通用八字

ㄱ	ㄴ	ㄷ	ㄹ	ㅁ	ㅂ	ㅅ	ㅇ
其役	尼隐	池末	梨乙	眉音	非邑	时衣	异凝

2. 初声独用八字

ㅋ	ㅌ	ㅍ	ㅈ	ㅊ	ㅿ	ㅇ	ㅎ
箕	治	皮	之	齿	而	伊	屎

3. 中声独用十一字

ㅏ	ㅑ	ㅓ	ㅕ	ㅗ	ㅛ	ㅜ	ㅠ
阿	也	於	余	吾	要	牛	由

ㅡ	ㅣ	ㆍ
应	伊	思
(不用终声)	(只用中声)	(不用初声)

在崔世珍之后，谚文字母又发生了一些变化，都是以《训蒙字会》谚文为基础进行补充和修订。

在李朝世宗创制了谚文字母之后，汉字仍居有正统的地位，尽管朝廷鼓励百姓使用朝鲜文字，却没有用它取代汉字的企图。所以，从朝鲜字母的创制到全面推行经历了一个很长的历史时期。在《训民正音》问世的半个多世纪中，官方努力推行新文字。1445 年，权踶、郑麟趾、安止等用谚文写了 125 章的《龙飞御天歌》，歌颂李朝建国的伟业。经过修改之后在 1447 年刊行。这是第一部朝鲜文著作，此后刊行了大量朝鲜文书籍。然而谚文的翻译、写作、刊行主要在宫廷及所属机构进行，而且多为佛教书籍，对社会影响不大。1504 年，由于发现了用谚文书写的抨击时政的匿名信，燕山君下令禁止使用谚文，并焚毁谚文书籍，谚文一度被禁，只容许翻译汉语的谚文存在，问世不久的朝鲜文字受到了严重的打击。

1506 年，燕山君被黜，谚文得到恢复，并且扩大了使用的范围。较为突出的是用谚文翻译汉文的“谚解”得到了发展，其重点由佛教书籍转变为儒家经典和其他书籍。如科技方面有《农书》《蚕书》《辟瘟方》《疮疹方》；儒家书籍有《论语谚解》《中庸谚解》，其他杂用书籍有《小学谚解》《吕氏乡约谚解》《老乞大谚解》《朴通事谚解》等。崔世珍对谚文的普及作出了极大的贡献，1527 年编就《训蒙字会》，这是一部用谚文注音释义的儿童用汉字字典。凡例中说：

> 凡在边都下邑之人必多不解谚文，故今乃并著谚文字母，使之先学谚文，次学《字会》，则庶可有晓诲之益矣。其不通文字者，亦皆学谚而知字，则虽无师授亦将得为通文之人矣。

在当时不能废除汉文的历史条件下，他提倡利用谚文学习汉文，促进了朝鲜文字普及。

谚文产生之后，从辅助性符号到附加性符号，最后成为正式文字，随着文字民族化的发展而前进，经历了几百年的的漫长时间。

韩语口诀夹写于汉文中间，是阅读汉文的辅助手段。15 到 16 世纪朝鲜出现了汉文谚解本，把谚文用于口诀，插入汉文的句子中。《楞严经》是一部佛教修行大全，是十分重要的佛教典籍。15 世纪到谚文口诀首次出现在 1462

年刊行的《楞严经谚解》中，传世有世祖八年（1462 年）经都监本（图 7—12）。《楞严经谚解》跋文："世祖亲自为《楞严经》附加口诀断句[①]。"汉文字体为赵孟頫之赵体，谚文为等线体，两者形体判然不混。

这种用谚文附在汉文后作训释的叫谚解，用谚文注释的汉文读本，统称为谚解本。

谚解本培养汉语的翻译人才。用谚文给原文汉字标注读音，用读书音、口语音皆可。还能逐字直译，帮助理解汉文。《老乞大》为旧时高丽、朝鲜朝人学习汉语的会话书，元代成书，15 世纪上半叶刊行。后来崔世珍加上的谚文注解，称为《老乞大谚解》（图 7—13），崔世珍还有《朴通事谚解》，也是同类读物，通事是翻译的意思。

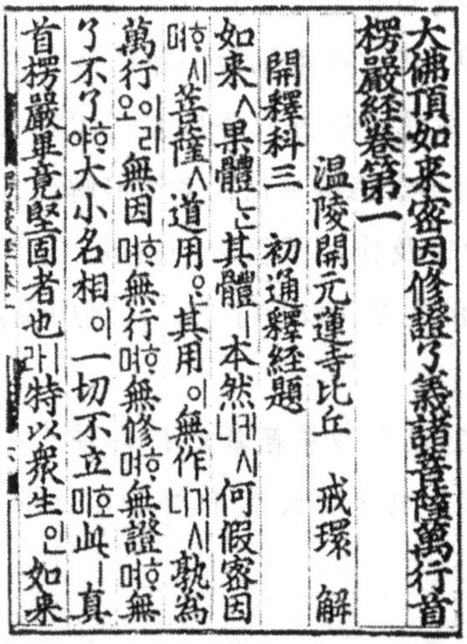

图 7—12 《楞严经谚解》

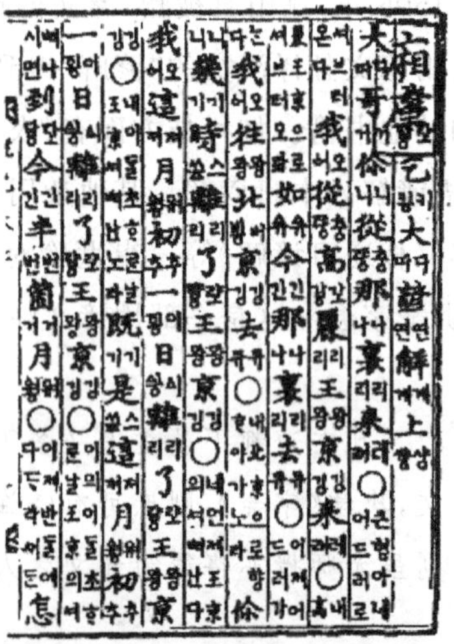

图 7—13 《老乞大谚解》

16 世纪《训民正音》曾一度禁止使用，只在僧人和妇女中流行，由此被称为女字。16—17 世纪，民间文人用谚文来写私记和汉文的跋语，写出了面向大众的通俗读物，如《沈清传》等小说，翻译了《西游记》等中国名著。谚文很晚

① 金永寿、林强《朝鲜语口诀标注研究》，《民族语文》2014 年第 2 期。

被知识分子接受，并产生了汉字和谚文夹用的混合体，如《真言劝供》跋文[①]（图 7—14）。

谚文广泛使用，在民间得到普及，刊印大量谚解书籍，内容无所不及。17 世纪之后涌现了谚文的诗歌、小说，如著名的《春香传》《沈清传》《朴氏夫人传》等。这类书的出现，标志着朝鲜文字已经达到了成熟阶段，逐渐向替代汉文的方向发展。

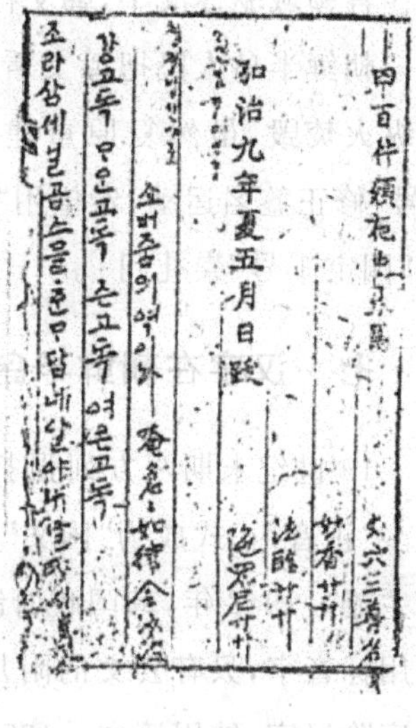
弘治九年夏五月日跋

图 7—14　16 世纪《真言劝供》的谚文跋文

此时，由于谚解的应用，人们多了一个学习汉字、汉文的途径，为汉文书籍进入朝鲜社会找到了方便之门，为汉字走向平民打开了道路。前文提到的崔世珍《训蒙字会》，本身是一本汉字蒙学课本，体例效仿《千字文》，四字为句，隔句押韵，如“天地霄让，乾坤宇宙。日月星辰，阴阳节侯”。他就强调利用谚文作为认识汉字的媒介和工具。这种办法行之有效，有力地促进了朝鲜人民学习汉语、汉字，使得汉字在谚文产生之后长盛不衰，李朝留存的汉文文献数量庞大，甚至远远超过以往各个朝代。

19 世纪末，东方文化随着政治经济的衰退而为人轻视，朝鲜半岛民众接受新文化，官方发出了兴谚废汉的指令，开始用谚文书写公文。从此“正音”文字正式成为“国文”，中日甲午战争之后，朝鲜王朝甲午更张，高宗发布下旨令，废除汉字，谚文终于成为朝鲜正式文字，代替使用长达 1500 年以上的汉字。实际上朝鲜语文尚难以脱离汉文，国家法律文书一律改作夹带汉字的国文，取代纯汉字的做法。这是因为朝鲜半岛语言中大量汉语词汇带来的影响，谚文主要书写助词和词尾，所以汉字谚文夹用成为新常态。这种混合体，比单用汉字方便，比全用谚文符合传统。官方文书开始向汉字与谚文混用过渡，其后一

① 李钟美《韩国朝鲜早期印书概况》，《中国典籍与文化》2002 年第 3 期。

段时期朝鲜半岛处于汉谚并用的状态。谚文现称“韩文”(한글/Hang-gul),从 1970 年起,韩国小学、中学教科书中的汉字被取消,完全使用谚文。以后逐步在各领域驱逐汉字,韩文得到充分使用。

朝鲜半岛人民把谚文看成民族文化的象征。2008 年韩国首尔的崇礼门被纵火焚毁,虽然复原重建,已经不是古迹原物。因此,有民众发起“国宝 1 号”修正签名运动,希望用“国宝 70 号”创造民族文字的《训民正音》代替原来“国宝 1 号”崇礼门[①]。

七　汉字在朝鲜半岛的命运

19 世纪末期西方列强打开了东方大门,朝鲜官方发出了兴谚废汉的指令。“正音”正式成为“国文”或“朝鲜文”。二战之后,废除汉字成为朝鲜半岛的主流。1948 年,韩国政府制定了《表音文字(谚文)专用法》,规定公文全部使用标音字,只有公文的附加条款允许汉字与表音字并用。1954 年,朝鲜北方废除汉字,纯用谚文。1957 年韩国文教部制订颁布了 1300 个“临时限制汉字”,1964 年规定在中小学进行汉字教育。1968 年,韩国总统朴正熙下令禁止在公文中使用汉字,强行废除教科书中的汉字。1969 年韩国文教部规定从 1970 年起,在学校废除汉字教育。1972 年,韩国文教部再次颁布“教育法改正令”,规定在初高中恢复汉字教育,并制订了 1800 个“教育用基础汉字”。1999 年韩国文化观光部颁布了“汉字并用推进案”,规定在政府公文和交通标志上同时使用韩文和汉字。2005 年 8 月韩国总理室法制处向国会递交《关于法律韩语化的特别处置法案》,9 月韩国国会将对《国语基本法》及相关法案进行表决。已于 2005 年 7 月实施,2011 年、2013 年先后进行过修订。政府将去掉法律文件中的所有汉字,只有少数用韩文无法准确表达词汇的可以在韩语后的括号内用汉字加注。某些韩国政客以弘扬民族精神为旗帜,主张全部使用韩文,要求立即停止中学汉字教育,韩国议员议会坐席的名牌也只用韩文标记。2014 年 4 月 8 日通过修改国会会徽和国会旗帜的相关法案,决定将原有汉字

---

① 李大明《韩民众要求更换“国宝 1 号”》,《环球时报》2014 年 11 月 17 日。

“國”字改作韩文“国会”。

朝鲜半岛使用汉语汉字的悠久历史，使之与本民族的语言、文化密切结合，血肉相连，推行谚文以来，消极因素渐渐显露。当代东方的复兴，特别是中国的飞速发展，引起人们的反思。近年来在韩国不断有人发出重视汉字教学、重新评价汉字的呼声。

对于韩国不断削弱汉字教学，韩国部分学者呼吁加强汉文教育。洪仁杓认为：“实行汉文教育能够培养理解汉文的基础能力，珍惜、继承和发展传统文化，并能为创造新文化奠定基础[①]。”汉字教育振兴会会长李在田认为：“（谚文）表音文字不能表意，韩国语言中的汉字音约占70%，只用谚文表述就有很多同音异义词，所以不使用汉字就难以准确表述。因此，要准确表述必须学习汉字[②]。”成均馆大学教授李大根进一步指出使用汉字的现实意义，认为汉字不仅是进行专门研究和高水平教育的必要条件，也是促成东北亚经济圈的重要因素[③]。汉字在韩国、中国和日本通用，从韩国出发，国语中汉字词越多，对三国互通越有利。对于韩汉的语言文字关系，有学者指出：“既然国语中有一大半是汉字词，为什么能说汉字不是国家字呢[④]。”要充分发挥汉字在中日韩三国间的交流作用，字形差异是一个不小的障碍。韩国前总统金泳三建议统一中国、韩国和日本汉字[⑤]。韩国国内要求推广汉字教育的呼声越来越高。1998年，韩国学术界、教育界、政界、宗教界的众多知名人士和社会团体的负责人1500多人在汉城集会，发出了要求废除“韩文专用法”和加强汉字教育的建议书，组成了“全国汉字教育促进总联合会”。到11月17日在要求废除“韩文专用法”的请愿书上签字的国会议员已达151名，超过了议员总数

---

① 〔韩〕洪仁杓《继承文化遗产必须进行汉文教育》，韩国《中央日报》，《参考消息》1992年1月22日转载。

② 〔韩〕李在田《韩中建交和汉字教育》，韩国《东亚日报》1992年10月15日，《参考消息》1992年11月4日转载。

③ 〔韩〕李大根《汉字是东北亚经济圈的催化剂》，韩国《中央日报》1993年10月25日，《参考消息》1993年11月12日转载。

④ 〔韩〕《早期汉字教育利国利民》，韩国《中央日报》1994年3月4日，《参考消息》1994年3月31日转载。

⑤《上海译报》1994年4月4日载齐羽编译自路透社电讯。

的二分之一[①]。1999年2月9日，韩国文化旅游部长官申乐均在国务会议上提出一份《推动汉字并用方案》，方案规定，凡地名、人名、历史用语等容易混淆的词汇，在韩文后加注汉字，为中日观光者提供方便，在道路交通标志上实行汉字标记。此外，还将同教育部门协调改善汉字教育体制问题。韩国政府决定，在公务文件和交通标志等领域，将恢复使用汉字和汉字标记[②]。

韩国政府在汉字政策上左右摇摆，处于十分矛盾的境地，在一系列的弃用汉字的政策出台之时，又不断推出汉字使用的法令。2000年，韩国政府宣布恢复汉字教育和使用汉字，在中小学推行"1800个常用汉字必修教育"。2002年13位前教育部长向总统办公室和教育部门建议从小学一年级起恢复汉字教学。韩国第一大报《朝鲜日报》2006年8月8日发表社论《不懂汉字并不是什么值得骄傲的事情》，目前掀起的汉字学习热起源于市场和企业的需要，中国等汉字国家占韩国出口的四成以上。并且指出，东亚传统、文化和知识，都以汉字为基础形成的，只有掌握根源——汉字，才能树立本国的文化主观性，享受丰富的文化，才能培养独立思考的能力。在51万多个韩文词汇中约有七成，35.2万个词，是纯汉字和混杂汉字的词，阻止汉字学习，不仅不能正确理解民族语言，而且妨碍民族语言的进一步发展[③]。首尔江南区教育部门2008年9月17日宣布：计划所在区小学从10月份起恢复韩语常用汉字学习[④]。2009年，目前尚健在的韩国历届20位国务总理，联署签名的信函送进青瓦台总统李明博，化解汉字缺失导致的韩国文化危机，尽快在小学实施汉字教育。绝大多数总理均以汉字签名，包括卢信永、卢在凤、郑元植、高建、李汉东等，以实际行动体现对汉字的重视，这些总理的汉字签名都显示了一定的书法功底与汉文修养。这份建议书由韩国全国汉字教育推进总联合会递呈，建议书说，强调半个世纪"韩文专用"的错误文字政策，使得今天韩国陷入了比20世纪

① 据新华社汉城11月23日电，《韩国民间疾呼推广汉字教育势在必行》，《文汇报》1998年11月24日。

② 冬冬《韩国街头又见汉字》，《羊城晚报》1999年2月12日。

③ 中央社首尔8月8日电《韩大报呼吁民众学汉字》，《参考消息》2006年8月9日第8版。

④ 韩联社9月19日电《韩国部分小学恢复学习汉字》，《参考消息》2008年9月20日8版。

90年代经济危机还要严重的文化危机。并说汉字应和韩文一起被视为“国字”,来实施教育①。

对于汉字的存废,韩国有两个针锋相对的派别。1945年,朝鲜半岛摆脱日本殖民统治,一些表音字学者把表音字与爱国联系起来。以“韩文学会”为代表认为:汉字是外来文字,而且汉字有四难(难认、难记、难读、难写),汉字和韩文混用,会给印刷造成困难,所以坚持彻底废除汉字。以“语文教育研究会”为代表看法相反,汉字是东方乃至整个人类的共同财富,是“准国字”。近年来,中韩交流的日益频繁,中国国力的持续上升,韩国国内重视汉字教育的声音也日益高涨。但是韩国国内的民族主义情节仍然很重,追求韩语“纯洁性”的人大有人在,关于汉字的存废和使用的争论不会停止。

第二节 汉字在日本的传播

一 汉字传入日本

日本古称“倭”,8世纪之后改称“日本”“大和”。日本列岛处西太平洋,隔海与朝鲜为邻,与中国相望。中国与日本的交流起源很早,《山海经·海内北经》就说:“盖国在巨燕南,倭北,倭属燕。”从地理位置来看,这个“倭”即今日的日本。公元前3—2世纪,中国大陆的水稻栽培、金属工具制造等技术由朝鲜半岛传入日本九州等地。西汉元封三年(前108年)夏,朝鲜王卫右渠被大臣所杀,汉武帝借机攻灭朝鲜,设真番、临屯、玄菟、乐浪四郡,中原统治延伸到朝鲜南部。当时倭人分为百余个小国,有三十多个小国通过朝鲜半岛与汉朝产生了联系。《汉书·地理志下》说:“乐浪海中有倭人,分为百余国,以岁时来献见云。”《汉书》此段文字是附在“燕地”项下,可以认为当时中日之间的交流,还限于燕地或乐浪四郡,只具民间往来性质。真正属于官方性质的交往,要在东汉初年才发生。《后汉书·东夷列传·倭》记云:“建武中元二年,倭奴

① 中央社首尔1月10日电《韩历届总理联名建议实施汉字教育》,《参考消息》2009年1月11日;顾维华《汉字缺失让韩国陷入文化危机》,《东方早报》2009年1月15日。

国奉贡朝贺，使人自称大夫，倭国之极南界也。光武赐以印绶。安帝永初元年，倭国王帅升等献生口百六十人，愿请见。”建武中元二年(57 年)，倭人已经在朝鲜半岛乐浪郡官吏的导引下，向汉朝皇帝纳贡称臣了。光武帝、安帝之后，汉倭往来之门大开，交流日趋频繁。1784 年，博多湾志贺岛一块田地的水沟里，一个农民发现了一颗金印，上刻“汉委奴国王”，这就是光武帝赐倭奴国的金印。日本还出土了不少带有汉字铭文的汉代文物，如王莽所铸“货泉”、东汉灵帝“中平”纪年铭文的大刀等。这些器物铭文，可以说是最早进入日本的汉字。

汉末，辽东襄平(今辽宁辽阳)人公孙度东伐高句骊(后写作“高句丽”)，西击乌丸，威行海外。汉献帝初平元年(190 年)，公孙度知中原纷争，就乘机割据今辽宁大凌海以东地区的辽东郡，以襄平为都城，自立为辽东侯、平州牧，并跨海占领东莱诸县(今山东半岛)，接管中国在朝鲜半岛所设的乐浪郡。建安九年(204 年)其子公孙康继立，分乐浪郡的南部立带方郡。魏明帝景初元年(237 年)，康之子渊自立为燕王，侵扰魏之北方。次年，魏以司马懿为帅，八月破襄平，斩渊父子，重新控制了辽东、带方、乐浪、玄菟四郡，使诸韩及倭人通往中原的道路畅通无阻。

为了提高在日本列岛上的政治地位，倭邪马台国女王卑弥呼决定向魏王朝朝贡，以求亲善。《三国志・魏志・乌丸鲜卑东夷传》：“景初二年六月，倭女王遣大夫难升米等诣郡，求诣天子朝献，太守刘夏遣吏将送诣京都。”刘夏是带方郡太守，当时倭人渡海登带方郡向西至魏都。魏廷下诏倭女王，封其为“亲魏倭王”，假金印紫绶，并赐珍贵锦、罽、绢等，其中有“铜镜百枚”。魏正始元年(240 年)，带方太守弓遵遣使奉诏书印绶诣倭国，拜假倭王，并赐金、帛、锦、罽、刀、镜等物，此镜即“铜镜百枚”之一。

魏所赐卑弥呼女王之铜镜，日本学术界称之为“卑弥呼之镜”。这种铜镜在日本古墓中也有发现。京都府大田南 5 号墓出土了青龙三年铭博局镜(亦称方格规矩镜)(图 7—15)，为明帝青龙三年(235 年)所铸，这就是魏帝诏书中“铜镜百枚”中的一枚。此铜镜完好无缺，直径 17.4 厘米，扁平圆钮，镜内区由方格区和圆形区组成。方格区内有“子”“丑”“寅”“卯”“辰”“巳”“午”“未”“申”“酉”“戌”“亥”十二支字，圆形区内有青龙、白虎、朱雀、玄武的四神纹，并有博局的局道。内区的外侧为一周由39个字组成的铭文。铭为："青龙三年，颜氏作竟成文章。左龙右虎辟不详，朱爵(雀)玄武顺阴阳。八子九孙治中央，寿如金石宜侯王[①]。"日本各地还出土了数百枚汉式铜镜，其中一部分是从中国输入的，一部分是日本工匠仿制的，一部分是东渡日本的吴地工匠制作的[②]，这些镜铭无疑也是传播汉字的媒介。

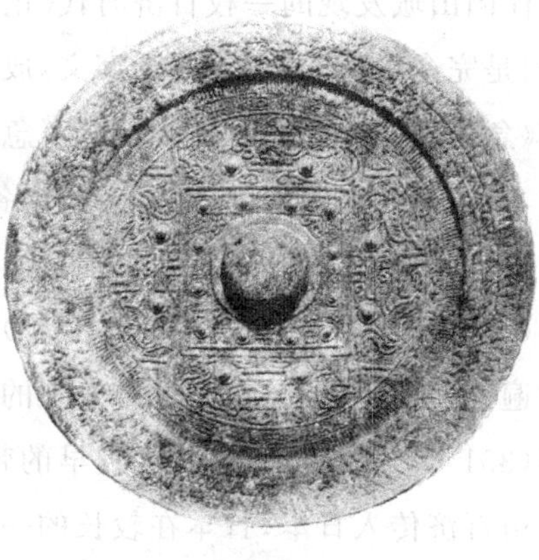

图7—15　青龙三年铭博局镜

从魏景初二年(238年)到正始九年(248年)，魏倭双方使者往返有六次之多。在这个时期，汉字进一步深入日本，那些与汉人交往的倭人可能已会使用汉字了。《三国志·魏志》"倭王因使上表，答谢恩诏"，魏使到倭女国"为檄告谕之"。这些事实虽然不能说日本已经流行汉字，但是，至少可以说，开始有懂汉字的人了。

倭人是通过朝鲜半岛与中国交往的，当时与日本关系比较密切的是百济。百济接受汉文化的时间较早，在西汉置乐浪郡时，汉字即由北而传入，3世纪中叶起，即有正规的汉字教学，并以汉人的经籍为教本。高句丽南下占乐浪郡，313年百济也占有了带方郡，更进一步地推进了百济对汉字、汉文化的吸收和融合。日本人引入汉字不必舍近求远，只需请百济帮助就可以了。关于百济给日本传汉字，中国史书也记载了这一点。《隋书·倭国传》："无文字，唯刻木结绳。敬佛法，于百济求得佛经，始有文字。"根据《日本书纪》所记载，应神十五年(284年)"百济王遣阿直岐"，"阿直岐亦能读经典，即莬道稚郎子师焉"。翌年，"王仁来，太子莬道稚郎子拜为师，随王仁研习诸典籍，无不通晓。此王仁即文首之祖"。据载王仁带去《论语》十卷，《千字文》一卷。从韩国仁川

① 参见王仲殊《论日本出土的青龙三年铭方格规矩四神镜》，《考古》1994年第8期。

② 王仲殊《论日本"仿制三角缘神兽镜"的性质及其与所谓"舶载三角缘神兽镜"的关系》，《考古》2000年第1期。

市桂阳山城发现的一枚百济时代《论语·公冶长》木觚来看，王仁来日本传《论语》是完全可能的。其中《千字文》成书在6世纪的南朝梁，当时的字学蒙书只有《急就篇》，王仁带去的只能是《急就篇》，而不是《千字文》①。自450年以后，百济从海路到南朝，在宋、齐、梁各代，不断求取汉文典籍，《千字文》也就是在这段时期引入的。应神天皇时代（270—310年），即中国西晋武帝的泰始六年（270年）到怀帝永嘉四年（310年）。当时中国虽然已经用纸书写，可是还不普遍。就斯坦因在楼兰、尼雅发现的简牍来看，最晚的还有西晋愍帝建兴十八年（331年）简②。那么，时代较早的带方郡也是使用简牍，简牍这种书写材料再由百济传入日本，日本在较长的一段时期内沿用这种简牍制度。

日本曾在20世纪初发现过少量木简，此后发现大量木简（图7—16）。1961年奈良西郊平城宫遗址出土了40枚木简，后又陆续发现多达335 000枚（片）木简。在飞鸟京、藤原京、长冈京遗址等地出土了数量庞大的木简，木简总数已达数十万计③。

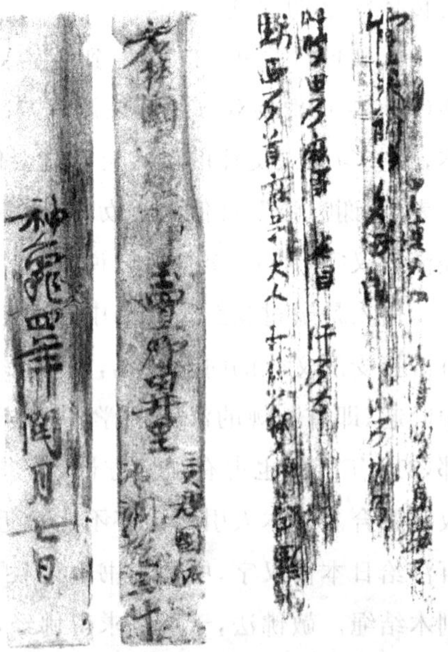
图7—16　平城宫木简

从木简所记的年号看，有圣武天皇神龟元年（唐开元十二年，724年）、神龟四年（唐开元十五年，727年），最早的是难波宫遗址出土的戊申年（唐贞观二十二年，648年）木简。汉字书体为真书，以行草为主，也有草书、行楷，与中国六朝、隋唐文字相近，书风

---

① 或云《千字文》为钟繇所作，《日本杂事诗广注》："考李暹《千文注》云：'钟繇始作千文献晋武帝。应神当武帝时，殆钟氏《千字文》也。'"

② 西晋愍帝在建兴四年降刘曜，但是前凉张氏沿用建兴年号。

③ 平城宫迹资料馆·秋期企画展《地下の正仓院展——コトバコと木簡》，奈良文化财研究所，2011年。

相似。这些木简集中在7—8世纪,相当于中国的唐代中期。日本在引进汉字同时采用中国的书写材料,简牍使用年代晚于中国,这是文化传递的延迟效应。20世纪初以来,中国、朝鲜半岛、日本均出土了大量简牍。中国简牍主要为战国到汉晋时期,韩国主要为新罗、百济时期,日本为飞鸟、奈良、平安时期,三者时代层次分明。对于研究东亚文明的形成、汉字文化的传播与本土化等均具有重要意义。

百济在东晋时,从海路遣使建康,从此与南朝保持联系,以求邀博士、请求经籍为要务。百济发达的汉字文化又渐向日本输出,梁武帝天监十二年(513年),百济人段杨尔向日本传去《诗》《书》《易》《礼》《春秋》五经,进一步促进了日本的文化发展。在百济的影响下,日本也开通了往南朝的海路,东晋、宋、梁等各朝,先后遣使达13次之多。与南朝往来,自然有利文化上的交流。

这段时期内,汉字在日本得到一定范围的流传,以统治者上层和归化汉人为其核心。日本熊本县玉名市江田船山古墓曾经发现5世纪上半叶的大刀,刀上有白银镶嵌的74个汉字,其文:"治天下复□□□齿大王世。奉事典曹人,名无利弖。八月中,用大锜釜并四尺廷刀。八十练六十捃三丁上好□刀。服此刀者长寿,子孙注注得三恩也,不失其所统。作刀者名伊太加。书者张安也。"伊太加是制刀工匠,是倭国人,而书铭者张安无疑是归化汉人。值得注意的是,这段铭文已经不是纯粹的汉文,而有明显的日本语意味。另外,在和歌山县桥本市隅田八幡神社珍藏的5世纪人物画镜,上面有48个汉字铭文,里边有日本名词"意柴沙加宫"。以上两件铭文中的日本语成分都说明,它不专是写给汉人看的,而主要为日本人写的。这是汉字进入日本社会生活的明证。

《宋书·蛮夷传·倭国》内保留着日本流传至今的公元478年倭王武的汉文,这是致刘宋顺帝的上表,是一篇六朝风行的骈文①。原文是:

封国偏远,作藩于外,自昔祖祢,躬擐甲胄,跋涉山川,不遑宁处。东

① 此文在《南史·夷貊传下》中也有记载,但文字稍为简略。

征毛人五十五国，西服众夷六十六国，渡平海北九十五国，王道融泰，廓土遐畿，累叶朝宗，不愆于岁。臣虽下愚，忝胤先绪，驱率所统，归崇天极，道逕百济，装治船舫，而句骊无道，图欲见吞，掠抄边隶，虔刘不已，每致稽滞，以失良风。虽曰进路，或通或不。臣亡考济，实忿寇仇，壅塞天路，控弦百万，义声感激，方欲大举，奄丧父兄，使垂成之功，不获一篑。居在谅闇，不动兵甲，是以偃息未捷。至今欲练甲治兵，申父兄之志，义士虎贲，文武效功，白刃交前，亦所不顾。若以帝德覆载，摧此强敌，克靖方难，无替前功。窃自假开府仪同三司，其余咸各假授，以劝忠节。

这篇文章是十分珍贵的倭国文字资料，它来自日本，只能说明当地已经有熟练掌握汉字汉文的人才，可是从这娴熟的骈文看，很可能是出于入籍汉人的后裔之手。

隋唐时期，中国统一，空前强盛，周围的国家与民族纷纷遣使入贡，中日关系也达到了一个新的高潮。推古天皇十五年(607年)，圣德太子派遣小野妹子为首的使臣赴隋，次年，隋遣文林郎裴世清等经由百济出使日本。圣德太子阅读汉文典籍，仰慕中华，遣使的目的不仅为求取佛法，更重要的是要广泛地输入中原文化。裴世清返国，小野妹子再次同往，同时派遣学生四人，学问僧四人。这些人都是入籍日本的汉人，熟悉汉字汉语。遣隋使的成功，引来了规模宏大的遣唐使，而圣德太子所遣留学生回到日本，激起知识阶层强烈的求知欲望，造就了盛唐时期连绵不断的留学生和学问僧。汉文化全面进入日本，汉字也在日本社会生根、开花。

推古朝是汉字在日本传播的重要转折时期。经过相当一段历史时期的学习与消化，日本知识人士已经通晓汉文，开始用汉字作为交流媒介。因而在604年，圣德太子以汉字颁布《宪法十七条》，通行于社会。这是汉字成为日本政府公文用字的标志。在645年大化改新中，采用汉字汉文制定律令，传达公文；此后也开始用汉字来编写史书，712年，太安万侣的《古事记》就是用汉字写成的。公元800年，舍人亲王用汉字编就著名的《日本书记》。在飞鸟奈良时期，出现了大量石刻墓志、碑文，著名的碑刻有《那须国造碑》(700年)

以及和铜四年(唐景云二年,711 年)《多胡碑》(图 7—17),风格质朴,不同于写经。

汉字之所以能深入日本社会,与日本引入唐朝教学制度密切相关。文武天皇大宝元年(701 年)颁布"大宝律令",制定了有关教育方针、学习内容和考试办法等一系列措施。模仿唐国子监,设立"大学寮",学习经、乐、书、算四科。聘请东渡汉人和留学唐朝的日本人担任教师。大学寮中的经学与唐相似,主要是《周易》《尚书》《周礼》《仪礼》《礼记》《毛诗》《春秋左氏传》等,《孝经》《论语》为必修课程,并学《老子》等其他汉籍。日本的律令规定,任用官吏必须通过中国儒家经典的学习和考核,到 9 世纪,在官吏考试中又增加了写作汉诗的项目。于是,贵族士人在攻读汉儒家经籍的同时,阅读中国文学作品的热情也迅速高涨,如《文选》及唐人诗文等都极受欢迎。日本知识界不仅酷爱汉文汉诗,同时也吟写创作。9 世纪初叶的十二三年间,日本天皇就敕选了《凌云集》《文华秀丽集》《经国集》等多部汉诗集。中国的书法艺术也东播日本。王羲之由于唐太宗爱好,中原掀起了一股王羲之风,风靡全国,也吹到了东瀛。王羲之的羲之体对日本影响很大。天平胜宝八年(756 年)《东大寺献物帐》载有"晋右将军王羲之草书十卷""羲之书九卷""羲之扇书一卷"。唐人喜欢的王羲之、智永、欧阳询、颜真卿等书法作品也被日本人作为临写的范本,出现了许多擅长书法的名手。平安朝初期的嵯峨天皇、空海、桔逸势三个人被称为"三笔",名扬日本及中国。平安朝中期,在唐人书法的基础上,初步形成了独特的日本书风,以小野道风最为著名。其后又出现了藤原佐理、藤原行成两名书法大家,三人当时被称为"三迹"。

图 7—17 《多胡碑》

总之,汉字作为书面符号系统服务于日本社会,又作为文学艺术的创作手段深入日本社会,日本民族已与汉字紧密结合而须臾不可离开了。

二　汉字的日本化

从中国引进汉字，使日本从无到有、现成地得到了一套高度发达的文字系统。在古代亚洲，汉字是具有国际性质的书面符号，因此，日本掌握汉字，沟通了与外族的政治、经济、文化交流，使日本社会获得了迅猛的发展。然而，汉字是汉语这种特定语言的书面交流系统，它有许多适应汉语的性能与特点。日语和汉语毕竟是两种差别很大的语言。日语的系属，至今尚未有定论，许多学者倾向于属于阿尔泰语系，也有学者则倾向于南岛语系。它的词序和汉语不同，助词和助动词起着特别重要的语法作用，动词、形容词、形容动词都有词尾变化，即由词的附加成分来表示语法意义，这种黏着成分也是日语的特点之一。在词汇方面，日语有固有的民族词汇，词汇的语音系统和汉语也大有不同。这样，用汉字来表示日语自然有很大的困难。因此，最好的办法莫过于在引入汉字的同时引入汉语，在某些场合代替日语进行交流[①]。

在汉字传入的初期，流传的为数不多的文献都是汉文。圣德太子用汉文颁布法令开了先例。圣德《宪法十七条》内："夏四月丙寅朔戊。皇太子亲肇宪法十七条。一曰以和为贵。无忤为宝，人皆有党，亦少达者，是以或不顺君父。""三曰：承诏必谨。君则天之，臣则地之，天覆地载，四时顺行，万气得通。地欲覆天，则致坏年，是以君言"。这些文章完全像隋唐汉人所写，可见当时日本朝廷使用汉文汉字的彻底。此后奈良、平安朝都沿用此例，把汉文作为公文体。迄至江户时期，上层依然视汉文为正统，甚至进入明治时期，官方文件、告示还是用汉文发表。以知识人士为主的社会上层一向崇尚汉文，写汉文、汉诗，读汉籍，用汉字著述，从推古朝到明治朝相继不衰，留下了大量汉语日本历史文献。可是，汉文对日本来说，是一种外族文字，掌握这种语言要花费大量精力，具备特殊的条件，因而不可能向全社会推广，只能在少数有优越条件的上层人士中使用。同时，即使对掌握汉字汉文的人来说，汉文也只能在有限的

---

① 本节的日语古文献采自：李树果《从"万叶假名"看日本文字的创造》，《日语学习与研究》1986年第3期。

场合使用，而一般场合还是要用日语。日本人把汉字引进之后，自然不满足于仅用它书写汉文，而是要用它来表示民族语言，书写日语，成为本族语言的书面符号系统。其实，作为一种必然的发展趋势，一种民族愿望，用汉字表达日语在汉字进入日本初期就表现出来了。

前文所提到的江田船山大力铭文，虽然是用汉文书写，可是已经不是纯粹的汉文，而是夹杂着日语的语法。八幡神社铜镜铭文也含有倭语语法，其中“意柴沙加宫”，既有用汉字音读来表示倭语固有名词的，也有用汉字义来表示倭语名词而不读汉字音的，已经具备后来形成的“字音”“字训”的雏形。推古十五年(607 年)法隆寺金堂药师如来像铭文是更浓重的日本味汉文：

> 池边大宫治天下天皇，大御身劳赐时，岁次丙午年，召于大王天皇与太子而誓愿赐，我大御病太平欲坐故，将造寺药师像仕奉诏。然当时崩赐造不堪者。小治田大宫治天下大王天皇及东宫圣王大命受赐而岁次丁卯年仕奉。

此文中有不少汉字表示的倭语。如“大御身”“劳赐”“誓愿赐”“大御病”“太平欲坐”“崩赐造不堪者”“受赐向”等，这些多半是特有敬语、助词和助动词之类。如果说这已经是日本化的汉文的话，那么平安时期的公文则是介于倭语和汉语之间的语言了。如起着传唤作用的木简公文：

> 府召牟仪猪养　右可问给　依事在召　宜知状　不过日时　参向府庭　若迟缓科必罪。

文中有一些倭语成分。如“可问给”中“可”是助动词“べし”，“给”是敬语动词“たまふ”。文字的音读、训读也很复杂，如音读有“参向”“誓愿”，训读如“猪养”“大御身”“赐”“给”等，而专名则大多用汉字标音，如“年仪”即读为“おけ”。

汉字是标意文字，每个字的意义基本上是确定的，而每个字的读音却是不确定的。它不是标音文字，文字中虽然有提示读音的声符，却不能显示语音结构，没有变读的限制，因此在某些条件下，字音可以加以改变。日本引入汉字，要使汉字适合于日语的实际，正是以汉字的这些性质为基础进行的。从汉字传入的初期开始，已经显露出在改造汉字音、义两个方面的发展动向，其结果就形成了字音和字训。

太安万侣在《古事记》序言中说：

> 上古之时，言意并朴，敷文构句，于字即难。已因训述者，词不逮心。全以音连者，事趣更长。是以今，或一句之中，交用音训，或一事之内，全用训录。

所谓“音”即“字音”，“训”即字训。《古事记》序言中的“音”是说明汉字只表示某某读音，而这读音就是具体词的读音，所以，注明“音”实际上是解释了汉字的含义。“训”作为汉语训诂学的基本概念来说，它的基本含义是用一个词或字来解释另一个词或字，有同义互释的意味。《古事记》序言中的“训”大致上也就是这个意义，说明汉字义和日本词义是相同或相近的。事实上，日本“音”“训”两字不仅来自中国训诂学，而且最初它和训诂学使用的范围也完全相同，也是用来解释文献的，只不过后者不限于古籍罢了。

有关和化汉文中的音、训情况，可从《古事记》中观其原貌。如：

> 故、二柱神立训立云多多志天浮桥而，指下其沼矛以画者，盐许许袁袁吕吕迩此七字以音。

这个句子内，有音注、有训注。“立”“训立云多多志”，“多多志”（たたし）是用汉字标的日语词音，含义是“站立”。这是说明“立”训释为“站立”义。“许许袁袁吕吕迩”“此七字以音”，就是只取汉字音，不取汉字义。用这些汉字读音作为海水“ころころ”的象声词。当然，音、训未注明的更多。如“桥”取义不取音，应读作“はし”，实际上也是字训。训释语“立云多多志”，“多多志”取音不取义，实际上也是字音。日语中有关字音与字训的概念和用法在奈良时期得到了充分的发展，在奈良末期编集的《万叶集》中，用字已有字音和字训的完善的处理办法。

字训也叫训读，即用汉字的字义表示日语中的同义或近义词汇。日语词义和汉字字义完全相同的叫正训，如“吾（れれ）”“秋（あき）”“京师（みせて）”“悲哀（かなし）”。两者字义稍有近似的叫义训，如“丸雪（あられ）”“未通女（をとめ）”。字训中借义又借汉字字音的叫音读，这类字多是后期从中国引进的。如“饿鬼（がき）”“力士（りきし）”“布施（ふし）”“塔（とう）”。

字音只取汉字音，不取汉字义，如“南（なお）”“宇（う）”“万（まに）”“念（ねむ）”等。还有一种借训，训读汉字，不取义，只取音。

万叶假名多样化地利用和改造汉字的音义，使它更加有利于标志本族语言，取得了汉字日本化的初步成功，给本族文学创作提供了良好条件。

三　日本标音字母的产生

外族在用汉字标志本族语言的时候，都会自觉和不自觉地利用汉字假借的功能表达本族词汇，《古事记》说的用字以“音”也就是指的这种情况。随着日本民族对于汉字熟悉程度的提高，这种以音用字的办法越来越受到欢迎，使用也越来越普遍，对它的认识也越来越清楚。在此基础上，进一步自觉地把汉字作为标音字来标志日语，就突破了对汉字的固有认识，观念上发生了飞跃。所谓“借唐土之字音，以之表达本邦语言，不问其字意如何。如‘樱’为‘佐久罗’，‘雪’为‘由枝’[①]”。这种字日本称之假名。

假名又叫假字，后多以《万叶集》假名为代表，故称“万叶假名”。其实除《万叶集》外，《古事记》《日本书记》《风土记》均有假名。日本假名无疑源于汉字的假借字，假名的相对概念是真名，即汉字的本字。

既然假名来源于汉字的假借字，那么汉字假借字的发展会自然而然地影响到日本假名的发展。南北朝时期佛籍翻译达到高潮，音译假借字被大量使

① 〔日〕山崎美成《文教温故》。转引自赵连泰《中日“同文同种”与文化交流初探》，《齐齐哈尔师范学院学报》，1986年增刊。

用，因而音译字的规范化问题就引起了僧人的注意。尽管南北宗派不同，译经者都努力使音、字对应，逐渐向一音一字靠拢。至少从北凉昙无谶译《大般涅槃经》起就用“阿”标 a、“伊”标 i、“罗”标 la 等，到唐元和年智广的《悉昙字记》仍沿用不变。这种译经用字的办法不久之后就传到日本，也引起日本假名用字相应的变化。在《古事记》中就已经出现假名一字一音的做法，用于日本人名、地名和日语词汇。例如，被称为日本诗歌起源的伊邪那歧命和伊邪那美命二神相互赞美的歌唱：

阿那迩夜志爱袁登売袁
阿那迩夜志爱袁登古袁

上面汉字都是一字标志日语一个音节，如果翻作平假名的话，就是：
あなにやしえをとめを
あなにやしえをとてを
意思是“啊，多么美丽的姑娘呀！”“啊，多么伟大的男子汉呀！”值得注意的是，《古事记》不仅遵奉汉语译经一字一音的原则，而且常见的用字也完全相同。如一律用“伊”标写“イ(i)”，用“阿”标写“ア(a)”，用“那”标“ナ(na)”等。

可是，从音译假借到日本的假名，还是标音汉字的一种应用形态。汉字原则上都可以从字形来寻求字义，有一套庞大的声符、意符系统，读同一个音的字不是一个，而是几个甚至几十个。汉字音译字或日本假名中一字一音的做法只是局部性的约定，与稳固的汉字体制、根深蒂固的使用习惯相比就显得十分脆弱。在对唐朝的音译字中，一音一字未能贯彻到底。随着唐朝文化制度的不断影响，奈良末期出现了一批对汉文汉字深有素养的贵族和文人。他们以唐风为尚，写汉诗、汉文，行文典雅，讲究文字技巧。另一方面，日本在任用官吏的考试中，用字规范被提到了一个很重要的地位。结果，日本使用汉字的表意成分得到强化，表音成分削弱，万叶假名中的一字一音为人抛弃。除此之外，日语汉字语音繁复，音读中既有从六朝传入的吴音，又有唐以后传入的汉音。因此，一字数读比汉地更为严重。对日语的黏着成分，汉字缺乏语音上的灵活性，要想准确标志也难胜任。总之，汉字不能有效地标志日本民族语言的缺陷显得越来越突出，对日本民族来说，就需要摆脱汉字的标意体制，去寻求一种字母式的标音文字。正是在这样的情况下，片假名与平假名才得以应运而生。片假名、平假名是继万叶假名之后日本汉字的新发展，是日本民族文字形成的象征。如果从汉字向日本传播的历史进程来看，片假名、平假名的出现是这个进程的高级阶段。

汉字的半字尽管只应用于乐谱，但是它和文字的关系十分密切。唐朝平定西域，推动了东西方文化艺术的交流。在音乐方面，受到西来的影响特别强烈，其中尤以天竺、龟兹为甚。《隋书·音乐志下》载：

> 《龟兹》者，起自吕光灭龟兹，因得其声。吕氏亡，其乐分散，后魏平中原，复获之。其声后多变易。至隋有《西国龟兹》《齐朝龟兹》《土龟兹》等，凡三部。开皇中，其器大盛于闾闬。时有曹妙达、王长通、李士衡、郭金乐、安进贵等，皆妙绝弦管，新声奇变，朝改暮易，持其音技，估衒公王之间，举时争相慕尚。

唐代的音乐中容纳和吸收了龟兹音乐，无论是燕乐还是佛乐都杂以龟兹乐。无论是龟兹入唐的乐人，还是演奏龟兹乐的中国乐人，都用乐谱记音。《大唐西域记·屈支国》："（屈支国）文字，取则印度，粗有改变，管弦伎乐，特善诸国。"龟兹（屈支）与印度在文字方面的关系，前文已有论述，而乐谱符号和文字一样，也取自印度。印度古音阶的七声，是用七声梵文的第一个字母来标志的，龟兹使用梵文，也采用这些梵文字母作为音符。由于龟兹乐在汉地广泛流行，梵文字谱也为汉人接受。《梦溪笔谈》卷5说："今蒲中逍遥楼楣上，有唐横书，类梵字，相传是《霓裳谱》，字训不通，莫知是非。"《霓裳曲》原为西凉节度使所献，本名《婆罗门曲》，经唐玄宗润色配以歌词，并改为《霓裳羽衣曲》，可知它原与龟兹音乐关系密切，曲谱自然是梵文字母。经汉化后的《霓裳曲》依然用梵文标谱，流传到后世的逍遥楼梵字正是汉人所记的曲谱。唐代是梵文翻译十分发达的时代，大量梵文佛经译成汉文。向达认为，唐代佛曲来源于苏祇婆琵琶七调，当然最终来源于印度北宗。因而熟悉梵文翻译的僧人自然会把梵文谱字转写成汉文谱字，所以汉字的半字谱又称作“翻译字谱”，很清楚地说明了用汉字译写梵文的实质。梵文谱字只写了七声梵文的第一字母，就此字来说有音无义，只是个半字。汉字要与之对应，也只能是有音无义的半字。汉字不是字母拼式，无法取出一个完整的字母，只能取出汉字的一个部分，为了使这个部分不能恢复原字而带来字义，所以要加以截取，这样就形成了目前见到的敦煌半字谱。

潘怀素认为印度七声，用梵文七个字母表示，而“宋人所谓古今字谱中的古字谱，就是黄、大、太、夹、姑、仲、蕤、林、夷、南、无、应；今字谱的正声与梵文七声排列在一起，就会明白地看出，今字谱的正声，正是采取了梵文七声的半个字[①]”。

古梵文七声字母：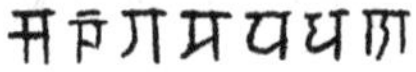

宋今字谱：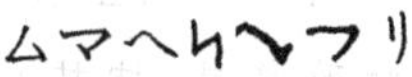

尽管其中有少数几个字相似，但是大部分字形毫无关系，看来把半字说成来自梵文是错误的。梵汉乐谱字在字形上没有借用关系，相反，翻译半字谱的“翻译”恰好说明是转换，而不是改造。

中国古代的乐谱半字是记音的，但不能因此否定语言记音的半字的存在。首先，乐谱用半字数量较少，无法反映半字全貌。其次，半字的原形多为佛经常用的译音字，所以它非常可能起源于翻译音译字，进而成为成套标音字母。

一般认为片假名的“片”，意为片断、部分，这种说法虽然可以解释片假名的字形，但未切中要旨。《广雅·释诂》：“剖、辟、片、胖，半也。”“片”“半”同义，所以片假名与半字是同义词。半字取字之半，有音无义，是一种标音字母；片假名中的“假名”也是强调其标音性质，相对而言，字形是次要的。简单地说，唐人称为半字，日本人改称片假名，所指依然是一回事。

就目前已经发现的半字来看，中国半字与日本片假名是相同的，这点显示

① 潘怀素《从古今字谱论龟兹乐影响下的民族音乐》，《考古学报》1958年第3期。

出两者明确的渊源关系。大理凤仪发现的南诏大理时期的写经《仁王护国般若波罗蜜多经·嘱果品第八》中旁注及疏记中有些字引人注意。"菩萨"写作"卄"、"金刚"写作"金刂"、"波罗蜜多"写作"波罗ウタ"，其中"サ""リ""ウ""タ"与日语片假名同形，而且"サ""タ"同音[①]。看来，半字出于汉字，出于佛经翻译用字当没有什么问题。如果有机会全面整理此类文献，一定能找到满意的答案。我初步整理了敦煌曲谱、日本雅乐、《事林广记》及姜夔《白石道人歌曲》谱字[②]，把它与日本片假名比较，就昭然若揭了。

表 7—2　敦煌曲谱等与片假名形体对照表

片假名	敦煌曲谱	日本雅乐	《事林广记》	《白石道人歌曲》
エ	エ	エ		
ク	ク	ク		
コ	コ	コ		
ス	ス			人(ス)
ハ	ハ	ハ		
フ	フ	フ	フ	フ
マ			マ	
ミ	ミ			ミ(ミ)
ム	ム	ム	ム	ム
ヤ	ヤ	也(ヤ)		
リ			リ	リ
レ	レ			
ロ	ロ			

从上表可以看到，敦煌古谱中保存的半字最多，而且字形与片假名完全一致，而传入日本雅乐的半字数量要少一些，而且字形也有点变化。姜夔谱字及《事林广记》内的谱字变化较大，保存的唐代半字不多。这就告诉我们，唐代的半字在中国流传并不很久，北宋时沈括看了唐贺怀智的琵琶谱之后，才弄懂元稹诗中琵琶八十一调的含义，宋代的半字谱无疑已趋失传了，虽然还有部分谱

① "タ"从"多"音，"多"古音读 ta。

② 采景宋本清张奕枢刊本《白石道人歌曲》，但恐流传或翻刻有误，字形已有变化。

字零星保留在某些乐谱中,但是已非唐时原貌。所以,日本从中国引入半字只可能在五代之前的唐代。

当然仅仅依靠琵琶谱的半字远远不能满足创造日文假名需要。中国古代最重要的乐器谱,流传最广、文人接触最多的是古琴谱。古琴谱的谱字是依照减字的原理创造的,减字的形体处理多种多样,其中就包含琵琶谱半字的类型。古琴谱与琵琶谱的最大区别是音义方面,前者是原字的代表,具有原字的音义,后者只有原字之音而无义。

乐谱半字何时产生?因无历史记载,很难确定。敦煌半字谱是五代抄件,谱中有《伊州曲》,推想原件出自盛唐天宝或稍后的年代(图 7—18)。日本正仓院藏的琵琶半字谱和敦煌谱有很多共同之处。纸上有天平十九年的纪年,日本天平十九年即唐天宝六年(747 年),这是半字有记载的最早年代。当然,这还不是半字产生的年代。如果把半字产生到流行、从唐朝传到日本所需要的时间考虑在内,半字产生大致可以定在初唐。

半字传入日本可能有两个途径,一是作为文字传入,一是作为谱字传入。在中日文化交流史上,吉备真备起了重要的作用。吉备真备是遣唐留学生,留唐学习达 17 年,通晓唐朝典章文物,研习经史、天文、历算,返日本时,带去了大量书籍和实物。57 岁时,他又自请为第 10 次遣唐朝例使赴唐朝。归国后先后任太宰少贰、太宰大贰达 9 年之久,大力推广唐朝文化,对日本历史发展产生了深刻影响。吉备真备第一次入唐在开元五年(717 年),第二次入唐在天宝十一年(752 年),其时正处唐朝的极盛时期,而半字已经产生。《续日本纪》记载了他奉献朝廷的礼物,其中武则天《乐书要录》引人注目。凭他对音乐的兴趣,完全会把唐朝燕乐半字谱东传日本。史传吉备真备创制片假名,虽然此说已经遭到怀疑,但是从历史事实看却有一定的根据。无论从历史时期或者他的活动来看,吉备真备都极有可能是半字的传播者、片假名的创制者。当然,这个观点有待于进一步的证明。此外,日本的学问僧很早就为传播佛教往返于中日之间,在盛唐时期,达到了高潮,而半字作为梵文字谱的翻译字谱,和佛经翻译有密切的关系,所以半字由僧人引入日本也是情理之中的事。总之,半字在盛唐时期引入日本,当无疑义。从汉字的半字到日本片假名需要有一

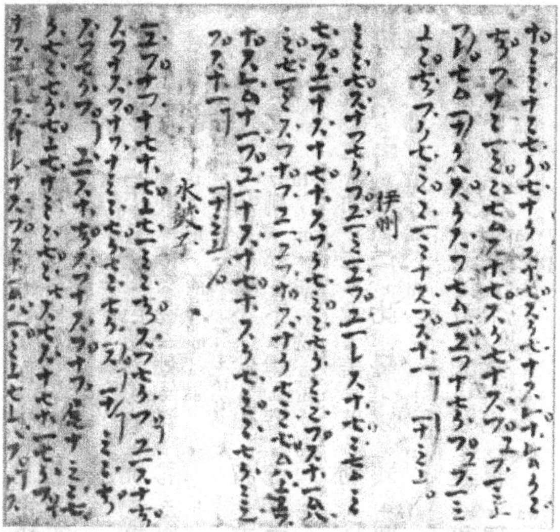

图 7—18　敦煌琵琶半字曲谱(局部)

个完善和推广的过程,大约在平安中期之后才为整个社会接受,成为日语的标音字母。

片假名创制之后又有了平假名,史传为弘法大师空海所创。从史实看,这种说法是可信的,空海对日本假名的贡献是巨大的。

空海原名真鱼,青年时研习儒学,后皈依佛门,22 岁时改称空海。唐德宗贞元二十年(804 年)空海随遣唐使一起来中国求法,在长安遇见了真言密教的惠果。惠果对空海极为欣赏,为之灌顶,并授之金刚界大法,让他继承第八位师位,法号遍照金刚。空海在唐刻苦学习、精研佛法,熟悉梵语,擅长诗文、书法。

密宗为佛教的一派,教授密藏,进行某些仪式都要使用梵语梵字,所以特别重视梵文。智广所撰的《悉昙字义》是研习梵文的专门典籍。空海对《悉昙字义》下了很大的功夫,颇有心得造诣,撰有《梵文悉昙字母并释义》。他认为梵文适合各种语言,合乎文字的根本原则:"夫梵字悉昙者,印度之文书也。《西域记》云:梵天所制,五天竺国皆用此字。然因地随人,稍有增减,语其骨体,以此为本。劫初之时,也无法教,梵天下来授以此悉昙章。根源四十七言,

图 7—19　片假名、平假名字形的来源

流派一万①。”空海返回日本带去大批佛教典籍，其中有不空三藏译的密教，促进了密教在日本的兴起。当然空海带回的还有梵汉、梵文的书，如《真言仪轨赞》等 42 部、44 卷。总之，真言宗在日本兴起，引起悉昙学的兴盛，从而推动了声韵学的发展，无疑对日本人重新认识自己的语言系统、依照悉昙章制订自己的字母系统起了相当大的作用。空海有关于梵文体制的理论上的认识，又有使用标音文字的实际经验，而对梵天的崇拜之情更直接促使他完成日本式字母“伊吕波”。“伊吕波”出于空海之手，自然保持着浓重的佛教色彩，“伊吕波”四十七字母（摩多）全搬悉昙字母，变动不大。从平安时期“伊吕波”假名原字看，充满佛教色彩：“以吕波仁保不止知利好留远，和加与右礼曾川祢奈良武。宇为乃于久也未计不已衣天，安左几由女美之惠比毛世寸。”这四十七个字译成汉文为：“花虽芬芳终须落，人生无常岂奈何。俗世凡尘今超脱，不恋醉

① （唐）空海《梵字悉昙字母并释义》，见《大正藏续诸宗部十五悉昙部》。

梦免蹉跎。”它劝人看破红尘，皈依佛门，显然是在宣扬佛教教义。

史传空海还创制了新的假名字体，因为是草书形式，当时被称为草假名，或统称假名，到平安末期称为伊吕波，至于平假名的说法很晚才正式出现。平假名虽然是空海所制，但是，它的形成与唐朝文字书法有内在的必然联系。从汉代开始，实用汉字的字形就形成了楷、草并存的局面。魏晋以来，草书以它特有的字形结构和笔画姿态，逐渐成为一种艺术化字体，流行于社会上层。唐朝以二王为法，而草书也是二王书法的重要部分，因此草书地位很高，往往与楷书并重。唐代中期，出现了两位草书大家——张旭与怀素，他们都精于草书，擅长狂草，笔墨淋漓，意态纵横，人称“颠张醉素”，张、怀草书促进了草书艺术的发展，以致中唐之世草书风靡朝野。空海在唐勤于笔翰，上追王羲之父子，下揽唐时诸家。他学王逼真，唐宪宗曾命他在屏风上补写王羲之的字迹。空海在日本影响更大，是书道史上的重要人物。唐朝汉字真、草并存的情况启发了空海，有必要创造一种更便于书写的假名，取材于汉字草书，成为一种草假名。与片假名比较，平假名的创制要简单一些，部分是直接使用完整的草字字形，如“あ”(安)、“お”(於)、“か”(加)、“け”(计)、“て”(天)、“ぬ”(奴)、“ふ”(不)、“ま”(末)、“む”(武)、“め”(女)、“も”(毛)、“や”(也)、“を”(远)等；部分与片假名一样，是截取一部分，如“い”(以)、“く”(久)、“よ”(美)、“そ”(良)等；部分对草书形体略加变化，如“さ”(笺)、“ち”(太)、“の”(乃)、“る”(留)等。空海在书法上的深厚功底提供了创制的基础，他从王羲之草字中选择适当的字样作为草假名的字形，利用王字在日本的权威性和自己书法艺术上的影响力，顺利地推广开了。

空海采用草体假名想来还有更深一层的意义。他精于悉昙学，熟悉梵文，语音方面可以从梵文找到样板，但文字方面却不可能。不顾日本通行汉字的现实，使用梵字显然是行不通的。但是，梵字的性质与汉字不同，在性质上与梵文字母相同的假名字母采用汉字也并不十分合适。汉字的篆、草、楷三种字体差别很大，古人常用这三种不同的字体来比喻外族的文字。汉字草字字形简省，笔画连续而多圆转，在形态上与梵文字母相通，经过特别挑选和处理的草字或草字局部字形与梵文就更加接近了。看来使用草假名不失为一个高明之举，它既没有越出汉字的范围，又能满足模仿梵文的意愿。

由中国引入半字而变为日本的标音字母，其形成和发展经历了相当长的历史时期。汉字的半字传入日本约在奈良初期，大致在奈良中期形成片假名，最初应用于汉籍、佛教典籍旁训，因为较适合男性使用，故称为"男手"。平安中期之后，片假名使用范围扩大，为广大民众所接受，平安末期达到全盛，出现了完全用片假名书写的作品，《宇都宫物语》《狭衣物语》是平安中后期的作品，均可以见到片假名的使用。片假名来源于半字，经过日本使用者的增改，特别是用于旁训，写法因人而异，字形不甚统一。平假名在平安中期形成。平假名圆柔流丽，适于女性书写，故被称为"女手"。最初仅在女性书翰、诗歌赠答及文艺作品中使用。905 年敕编《古今和歌集》传播开之后，平假名开始在文学方面受到重视，接着就出现了像《源氏物语》等平假名作品。但是平假名字形统一始终是一个问题，长期以来，因为人们追求书写华丽多变，或者与真名协调，一直保持着多种字形。明代李言恭、郝杰所录"路法四十八字样"中收录了平假名的字形，一字有二形、三形是普遍情况。江户时期为普及庶民教育，要求字形统一，基本上形成如现在的平假名规范字形(图 7—19)。

片假名为半字，是从文字的性质命名，平假名，一般理解为平安时期的假名，事实上，平假名之平，并非平安之简称，而是平满之意①。平假名就是满假名，就是整字假名，与片假名含义相对。平假名只是从字形上说，作为表音字母实为古代日本的创造。

四　日文的方字

日文的方字泛称倭字、和字，它是一种自创字，是与通行汉字不同的异体字，一种是弃现成汉字不用，另造字去标志，是根据日语的需要自造的字，即日本国字。

① "平有满义，故平假名犹言满假名，也就是唐人所说的满文。平假名是满字，不是半字，也并不是日人所自创，它与片假名一样，都是从中国引进。"(引自孙雍长《唐宋语言"平"有满、全义——兼释平假名》，《中山大学学报》2008 年第 2 期。)

日本在引进汉字之后，根据本民族的特点和传统，创造了一些自己特有的字，叫国字。有些日语特有的概念，没有相应的汉字，就依据汉字造字方法自行造字去标志。陈谦臣根据《国字の字典》(飞田良文监修·菅原义三编，东京堂出版社，1994年)收字按部首排列，合计和字1553字[①]。可见这类字数量不小，但第二次世界大战后进入通行字范围的只有少数。如：

込こむ。拥挤，复杂；

榨さく。榨取，拧干；

畑はたけ。旱田、专门领域；

働どう。劳动、工作；

峠とうげ。山顶、关头；

塀へい。围墙；

枠わく。圈子、范围。

实际上，这些字不完全是日本所造。塀，《龙龛手镜·土部上声》"塀，必郢反"。《龙龛手镜·尸部平声》"屏，音瓶，屏风也……又必井反，蔽也。"可知"塀"读如"屏"，有屏蔽义，与日文同字义近。日文"塀"非自创，而字义略有转移。

匁 もんめ，约3.75克，近于中国市斤的1钱(市斤500克之1钱为3.125克)。此字自元刊《通俗小说》以来，"钱"作外，多见诸刊本，因此，此字无疑是日本引进的汉字俗体[②]。故《倭楷正讹》匁(钱)列入"华人所谓省文者"。

会意字的好处是意义明确，见字明义，便于记忆。它的部件都是用来表示意义，与形声字不同，没有声符，就没有读音的限制。不同语言、不同方言都可以毫无障碍的利用它，明清以来会意字是俗字中主要结构形式之一。日本方字中会意占有重要地位：

鱈たら 肉色洁白，冬天捕捉。从雪从鱼。

鯱しやち 凶猛如虎的鱼。从虎从鱼。

---

① 陈谦臣《日本语言文字里的汉字》，1996年6月"汉字应用与传播国际研讨会"论文，后收入赵丽明、黄国营编《汉字的应用与传播》，华语教学出版社，2000年。

② 本文引用的宋元以来刊本资料大部分来自刘复共、李家瑞编《宋元以来俗字谱》，台湾商务印书馆，1992年版。

鰹かつお　晒干的鱼，肉质坚硬。从坚从鱼。

鰯いわし　离水即死的鱼，很脆弱。从弱从鱼。

再如：

凪，风平浪静。从几(风)、止合字。

梺，山脚。从山林、从下。

圷，低地。从下从土，地下之地。

日本使用的汉字与中国一样，也有很多俗体字，这些俗体字大部分是图方便，形体简化的字，日本称之为略字。日本江户时代著名学者太宰春台在宝历三年(1753年)编了规范俗体字的著作《倭楷正讹》，有"华人所谓省文者"，"倭俗所谓省文者，决不可用也"。他辨别华、倭省体，排斥倭体。汉文化在江户时代享有正统文化地位，汉字作为文化载体其地位不可撼动。字体以《康熙字典》为准则，除了少量日本国字外，与通行汉字并无不同。本来字体在实际使用中会有各种变化，隶变以后，真书楷体自然是字体的标准，平日书写可以使用随意的行书，也可以夹杂少量的常见草书。明代中期以来，匠体字出现，汉字形体标准化得到保证，楷体字的形体标准提得更高，但是日常书写不必严格，即有手头字和印刷体的区别①。日用书写一般写小字，笔画繁多，书写和阅读均为不便，故有省体字的用武之地。《倭楷正讹·序》："今之书以楷为本，而书之难，莫难于楷，楷之难小字为甚，小字未善，而能作中字大字者，未之有也。""字有省文，字书所不载，特为细书勒石之用，幼学之所当知，而亦有妄谬之患焉。今因附录于篇末，冀童子辈作楷字者，免于倭俗之谬讹云"。太宰春台的意见，要分别华、倭，控制使用省体字，是一种变通的办法。

第二次世界大战结束，日本在限制汉字数量的同时，简化汉字形体，其措施是部分俗体字转正，部分汉字印刷体向手写体靠拢。1949年4月日本政府公布了《当用汉字字体表》，从此日本汉字有了统一的字形，与中国通行汉字的差异固定化了。

日本汉字开始与传统正字分道扬镳，显示出自己的特点来。

---

①　陆锡兴《宋体字产生及其在文字史上的意义》，《南昌大学学报》2007年第3期。

有一部分字的字形与汉字俗体相同，它们历史悠久，长期为人们所用。古代的俗体字成为日文通行字，同时也用汉字简化字，这部分俗体成为现代中日共同的通行字体。

来，来（《居延汉简甲乙编》506·26）、来（北朝魏《解不失衣界羯磨文》）；

麦，麦（《流沙坠简》）；

将，将（《居延汉简甲乙编》387·19）→将北齐天保三年《道明墓志》；

会，来源于会（《居延汉简甲乙编》214·97）→会（晋索靖《月仪帖》）→会（元赵孟頫《急就章》），元代以来刻本可见“会”；

国，发源于汉代草书国（《居延汉简甲乙编》210·10）→国（北齐天保三年（552年）《道明墓志》），历宋明清以来均为此形，近代加点为“国”，为中日汉文采用；

尽，来源于草书尽（唐孙过庭《书谱》），尽（集王羲之书《百韵歌》）楷化→尽，宋元刊本已有此字；

号，号（永平五年《元珍墓志》）；

断，断（北齐天统二年《皇甫艳墓志》）。

有些汉字在历史上长期使用，楷化为俗体，没有进入汉文通行字范围，但是日本把它们定为略字形体，进入通行字。如：

縄（绳），縄（汉《刘熊碑》）；

霊（灵），霊（汉《王稚子阙》）；

豊（丰），豊（汉《居延汉简》233·45）；

継（继），継（汉《陈球后碑》），《倭楷正讹》列入“华人所谓省文者”；

器（器），器（汉《孔龢碑》）；

練（练），《居延新简》E. P. T51：727“练”字从“東”，練（北魏永平四年《元冏墓志》）；

遅（迟），遅（汉《韩勅碑》）；

恵（惠），恵（北齐《道明墓志》）、恵（隋智永《真草千字文》）；

徳（德），徳（隋智永《真草千字文》）；

日文略字从草书楷化而来，其中一些字的楷化方式、方向与中文不同，自然出现了独特的日文通行字。例如“圖”字，中文简体字和日文的略字都是草书楷化，中文为“图”，显然是王羲之（晋王羲之《二谢帖》）的草书写法楷化，日文“図”，显然来自明人（明王宠《自书诗》），草书楷化。中文把中间“啚”变为一个楷书“冬”，而日文则不成楷书字形。《倭楷正讹》将此字列入“华人所谓省文者”。

“澤”字草字楷化来源于（隋智永《真草千字文》），“睪”楷化为“圣”，不成字形，形成简体字“释”“泽”“驿”“择”等。日文“睪”楷化为“尺”，来源于（晋索靖《月仪帖》）→→楷化为“沢”，相关字有：択（择）、釈（释）、駅（驿）。太宰春台指出“沢”在极少数“倭俗所谓省文者，决不可用也”，可能认为形体过于离谱，不能容忍，但是明确地把它列入省文。确实，“沢”字系列的字成为最为显眼的日本方字[①]。“實”字草书楷化来源于（宋赵构《真草千字文》），中文简体字据形描写为“实”，日文把两点改作两横为“実”，两者均为楷化形成的楷书部件。

用楷字的部件替代近似的草书部件是一个好办法，不增加汉字构件，使得构件规则化。但是现成楷书字形与替代的草书形体总有一点距离。如“團”，草书（宋赵构《草书礼部韵》）楷化，中文把“專”以“才”代，草书变作“团”，而日文以“寸”代，变作“団”。

来源于草书的日本方字，如：

壱（壹），来源于（晋索靖《月仪帖》），隋（智永《真草千字文》），楷化。

有些来源于草书的字形，或者中间有缺环，或者变形楷化，不容易看出其中关系。如：

仮（假），来源于《流沙坠简》、（《居延新简》→唐孙过庭《书谱》→楷化为“仮”；

① 何华珍认为“睪”与“尺”是同音关系。参见何华珍《日本汉字和汉字词研究》，中国社会科学出版社，2004年，114页、166页。

伝(传)包括転(转)等含“专”之字，来源于传(宋赵构《真草千字文》)楷化为近似楷体“云”，成为“伝”。

日文依照草法楷化，而中文另有俗体简化，两者不同：

亀(龟)，继承宋元俗字而来，中文简体据古陶文写成“龟”字。

蛍(营)，营(宋赵构《真草千字文》)，元代以来俗体为“萤”，中文简体所本。

巣(巢)、继承草书巢(索靖《皋陶帖》)，宋元以来刊本收列，中文沿用楷体“巢”不改；

桜(樱)，继承草法樱(清《草韵汇编》)，中文简体“樱”，小改简化。

相反，日文略字不用草体，而是自造新体：

单(单)，单(《居延新简》E. P. T52：187)，以后草法、俗体均为“单”，日文自造略字“単”。

大部分日文草书楷化字与中文简体字只有细微差别，在日常使用中并无差异。如：

継(继)，継(汉《陈球后碑》)，《倭楷正讹》列入“华人所谓省文者”；

覚，觉(吴皇象《急就章》、清《目连记》收)；

児(儿)，児(东吴皇象《急就章》)→児(景明二年李次明造像)；

粛(肃)，粛(北齐《郑子尚墓志》)，亦含“肅”；

卆(卒)，卆(北齐天保三年(552年)《道明墓志》，日文“卒”单用为“卒”，组合改用卆，粋、酔(粹)皆含卆部件；

有些日文通行字来于非草书的汉字俗体，这些俗体最早也与草法有关。

楽(乐)，相关薬字，战国郑东仓鼎有樂，但日文来自宋元俗体，可见于宋元版本，中文来自草法“乐”，《倭楷正讹》此字列入“华人所谓省文者”。

竜(龙)，隋开皇十七年《董美人墓志》之“龍”作此形，是把“龍”左右两部分简化后叠在一起，“竜”出现不晚于五代，湖南安仁五代墓铜镜铭文中有此字①，元刊《三国志平话》等版刻经常可见“竜”。日本“竜”不是直接取《董美人

① 柴焕波《湖南安仁发现一座五代墓》，《考古》1992年第10期。

墓志》竜,而是来自五代以来流行俗体,《倭楷正讹》“竜”列入“华人所谓省文者”,中文简体“龙”据元刊俗体改变而来新体。

鉄,见于明万历刻本《宛署杂记》以及其他明代刊本,中文简体据明代以来俗体简化而来,《倭楷正讹》此字列入“华人所谓省文者”。

有的所取俗体不同,仅为细小差别,日本方字取自中文:

与(与),与(银雀山汉简 681)→与(居延新简 E. P. T44: 5)→与(北齐天保三年(552 年)《道明墓志》)。日文采用“与”,为了与“馬”行草书“马”区别。何华珍指出:明刻本如《重订直音篇》“與”多作“与”,“寫”写作“写”[①]。

庁(厅),宋刊《取经诗话》以及元明刊本多作“厅”,元至元八年(1271 年)太赵村稷王庙《舞厅石》也作“厅”,但元刊《古今杂剧》、元刊《三国志平话》作“庁”。

有些日文略字则是改造宋元以来俗体,去掉遗留的草书痕迹,是自创的方字:

気(氣),気(清刊《目连记》等)“气”内两点,与日文“気”异。

発(發),発(明刊《白袍记》等)写法异。《倭楷正讹》此字列为“华人所谓省文者”。

価(價),価(清刊《目连记》)

売(卖),売(元刊《古今杂剧》)

対(对),“对”(元本《通俗小说》)。日文改“又”从“文”。

日文某些字被称为“倭字”,是日文自创之体。但是追溯来源,其法出自中文。円(圓),这是日文的“圆”字,太宰春台在《倭楷正讹》中举出“円”作为“圆”的“倭俗所谓省文”。其后松本愚山《省文纂考》指出“円,圓俗作~”。何华珍认为:口中间一竖或一撇是“员”省写符号。并指出 1114 年写本《篆隶万象名义》中“圆”已经写作“円”,只是没有楷化而已。而“円”用于货币单位,最早见于 1857 年的书简中[②]。“円”写法确实是草法所致,在一个框子内,把多横笔连写,形成一竖,早在武帝时期的银雀山汉简中已经常见,如見(見)、相(相),

① 何华珍《日本汉字和汉字词研究》,中国社会科学出版社,2004 年。第 160 页。

② 同上,173 页、174 页。

甚至竖笔与下笔相连，如 则(则)，这些写法为后世草法所常见。这种草法也渗入抄本、刻本。宋刊《取经诗话》已有 看(看)，元抄本《通俗小说》可见 目(目)、直(直)、相(相)、看(看)等，元刊《古今杂剧》又见 省(省)、清刊《目连记》有 日(日)、昌(昌)等，在口内用丨替代还有多字，如“明”“景”“是”“自”等字。所以，日文“圆”内变为丨，此为汉字草法在抄本刊本中的延续，而“圆”变作 冂，又变为 円，则是日文的创造。“圆”作 冂容易与“日”“目”相混，故而改作 円。

日文“亜”“悪”中笔画直通，隋开皇十七年(597 年)《董美人墓志》中 壶(壶)正作直通笔，唐《王深墓志》中“壶关”之“壶”也作类似写法。因此我们可以推测隋唐时代有“亜”写法，而《宋元以来俗字谱》收集宋元刊本字例，显然晚于实际时间。

古今草法不同，中文、日文各有所取。有些看来陌生的日本方字本就来自古法。此类字形传入日本有不同的时代。在唐代汉字全盘传入日本，此时中土使用的字形全部传入日本，有些字形在中土成为俗字，或者渐次消退，但是日本一直沿用不衰。

日文中有些方字似曾相识，但是一时间找不到在中原使用的例子，如 農之为 辳(农)、襾之为 要(要)，都用同样的交叉线框替代复杂部分。日文略体“囲”看起来奇怪，实际采用了这个替代办法。代号在宋元以来逐渐地发展起来，出现了典型的“又”，创造了“对”(元本《通俗小说》、明刊《白袍记》)、“难”(明刊《白袍记》)、“欢”(明刊《东窗记》)、“观”(元本《通俗小说》、明刊《白袍记》等)、“鸡”(清刊《目连记》《金瓶梅》)、“竟”(宋刊《列女传》)、“袁”(清刊《目连记》)等字。代号“乂”，出现“刚”(元刊《太平乐府》)、“赵”(清刊《目连记》、清刊《金瓶梅》)、“鋼”(清刊《目连记》)；代号“文”有“刘”(元本《通俗小说》)、有“竟”(宋刊《古烈女传》)。代号“丶”有多个变体：代号“:”有“謙”(元本《通俗小说》)、“饑”(《太平乐府》)、“枣”(清刊《目连记》)。代号“⺀”有“気”、“賸”(清刊《目连记》)。代号“丷”有“弯”(清刊《目连记》)、“鸾”(元本《通俗小说》)、“蛮”(元本《通俗小说》)、“炎”(宋刊《列女传》、元刊《三国志平话》等)。代号

“‖”是“⺀”延长，有“养”(元本《通俗小说》、元刊《古今杂剧》)、“辿”(“进”，清刊《目连记》)、“齐”(《取经诗话》)、[illegible](清刊《目连记》)等。

从宋元以来的通俗版刻文献中，年代越晚使用越多，代号在文字中不断扩大。代号的频繁使用和模式化，影响了通用汉字的字形，也改变了日文汉字的结构状态。日文俗体字使用代号更加大胆、更加广泛。如用代号替代双口，“品”为“[illegible]”；代号替代“山”，“出”成为“[illegible]”；用双点替代双女，“姦”成为“[illegible]”，而汉文除了“轰”下用代号替代双“车”外，很少见到这种情况。“塁(垒)”用代号替代双“田”也是日文自创的方字字形。

从源头来说，日本方字均出于汉文，或者是汉文草书，或者是汉文俗体，如何判别日文方字？其标准是楷体的确立，如果楷体在汉文确立，那就是汉文，如果在日文确立，那就是日本方字。如“壱(壹)”，来源于草书“[illegible]”(晋索靖《月仪帖》)，后来也出现在智永《真草千字文》中，但[illegible]是与真书对应的草书，这字由日文楷化，所以它是日本方字。

确认日文方字有相当的难度。首先，汉字的形体不断变化，有些后代视为俗体的字以前是流行体。正、俗体会发生变化。其次，汉字形体资料浩如烟海，搜罗未得尽净，目前认为某些是日本方字的也可能发现来源于汉字。这些都是困难之处，学术是渐进过程，未必能尽然。

五　假名字母产生之后的汉字

片假名与平假名的产生是日本文字发展的重要里程碑，由此形成了独特的文字系统。由于假名字母是一种标音文字，它自然具有简单易学的优点。它以日本语言系统为字母的基础，特别适合于表达日本固有的民族语言，能够达到语言和文字的高度统一，因而被日本人视为不同于汉字的民族文字。自然，假名字母一旦形成，就会给汉字造成很大的威胁，瓦解了汉字在日本的一统天下。

片假名与平假名产生后不久就显示了巨大的生命力。片假名多用于汉文书籍，特别是佛经汉字的旁训。这种用法从平安以来，一直沿用至现代。尽管片假名也用来拼写日本语言，但是平假名产生之后，拼写日本语的任务主要由它来担任了。平安时期盛行用平假名拼写的物语、和歌、日记，此后，纯假名字母成为日语的重要文字形式，在社会下层影响尤其强大。中国明代陶宗仪称日本：

彼中自有国字，字母仅四十有七，能通识之，便可解其音义。因索写一过，就叩以理，其联辏成字处，仿佛蒙古字法也。全又以彼中字体写中国诗文，虽不可读，而笔势从横，龙蛇飞动，俨有颠素之遗则①。

如果说陶宗仪之说过于笼统的话，那么，李言恭、郝杰的稍晚记载就更加详细具体了：

本国自古及今尚无学校，虽有字书，全无真正字体，而官民子弟幼学皆从师于释教，虽释教颇通中国真字，但本国惯以习草为常，以真正字书视非切要，故不习耳。且通国公文私札，绝无真字，悉用草书，童蒙初学业四十八字，名曰以路法（即"伊吕波"）。以四十八字分别清浊之音，一应诸书文俗之言悉皆通用。本国之人间有精熟四十八字能变通字体者，即为饱学也。及考诸书，草草（书）之中间有一二字与中国相似，本国文意颇同而呼又异②。

假名字母占有压倒性的优势，可是这种优势并没有使它成为日本语言的唯一文字形式，汉字始终在日本占有一席之地。汉字无法被废除的原因是多方面的。日本引进汉字以引入中国文化为背景，随着唐风东渐，中国的政治、思想、礼制、风俗等各个方面都影响了日本社会，作为文化重要载体的文字随之深入日本社会，成为它的有机部分。据9世纪的统计，从中国传入的汉字书籍共1579部，计16 790卷。在此基础上，有一大批熟悉、研究汉文、汉文化的知识分子，他们对日本的语言文字有着举足轻重的影响。当然，语言文字方面

① （明）陶宗仪《书史会要·外域》。

② 李言恭、郝杰《日本考》卷3。

的情况是更为重要的原因。汉语伴随着汉字一起进入日本，虽然汉语与日语不属同一个语系，可是，经过长期的交流借用，汉语在语法、词汇方面都对日语有一定的影响。在汉字进入日本的初期，日本人是用汉语来表达自己思想的，后来汉语渐渐为日语取代，可是大量汉语词汇却保留下来(一度出现过用日本语法组织的汉语词汇)。日本通过音形义统一的汉字吸收汉语词汇，使这种吸收变得十分容易。平安初的《竹取物语》有汉语词汇 90 个，到了平安中期的《枕草子》就增加到 720 个，到了平安晚期的《今昔物语》竟增加到 1498 个。汉语词汇中包含有大量日本没有的思想概念，词汇之丰富，是日本语固有词汇无法匹敌的。现在，汉语词汇约占日本语词汇量的一半，成为不可缺少的组成部分。日语对汉语词汇的利用，不只停留于引进，还利用汉语单音词作为词根来自造新词，如“心配”“见物”“返事”“映画”“会社”等。汉语词汇一般用汉语音读，它与日本固有词汇的读音不一样，比较适宜用汉字来标志，而不适合用假名字母来标志。所以从词汇方面来看，废止汉字对日本语言会带来不利的影响。

在片假名、平假名形成以后的一千余年中，日本使用的文字始终包括了汉字和假名两个部分，两部分的有机结合已然成为日本民族文字的特殊面貌。日本皇帝颁发诏书文件等使用“宣命体”，这种宣命体原来都专用汉字，但要按其性质写成大小字。大的汉字表记实体内容，小的汉字表记语法意义。如：

今诏久　事卒雨　有衣天　诸臣等议天

这是奈良时期的宣命，用字训的办法，阅读时把活用词尾加入。平安时期假名字母逐渐进入了书面交流，其重要的作用是取代宣命体中表示语法意义的小汉字。此后假名作为一种标音符号表示助词、助动词，夹杂在汉字之间，过渡为现代日语文字的混用形式。

汉字与假名字母的这种“实”与“虚”的关系，还体现在汉籍文字的旁训中。汉籍输入日本以佛经为大宗，同时还有经史子集各个方面的文献。这些汉籍在日本得到很好的保存，文字一律不加更改，只是为了便于阅读，在某些汉字旁加注假名字母，有的还略作句读。在日本翻刻的这类汉籍，一般也有假名训点，形成了和刻本的特有标志。由于汉字在日本的音读非常繁复，阅读不便，因而在汉字、假名混用的宣命体中，有些汉字也有旁注假名的现象。

在日文中也有类似的旁注，振假名（振り仮名，）是为表示日文中汉字读音而附注的假名。直书时振假名写在右方，横书时振假名写在上方，多使用平假名字母。这是明治维新以来出版物形式的习惯，可以帮助读者阅读，不必改动汉字。缺点是拖泥带水，版面不洁净，后来处于不断减少之中。

汉字传入日本，在当地生根开花，发挥了极其重要的作用。稍晚从中国引进的半字被完善为日本特有的音节字母，部分地替代了汉字的职能，但是它一直未能取得正统地位。在这一千余年中，汉字在日本发生了一些变化，从而造成了中日汉字的差异。

汉字是一个能产的文字体系，在掌握了构字方法之后，只要有必要就能创造新的汉字。像汉字中其他方字一样，日本在全面引进汉字之后，也开始自造俗字，为区别固有的汉字，称之为“国字”。方字的创制从奈良时代就已经开始，到14、15世纪的室町时代盛行起来，这是对本民族交流需要的补充。这类字相当部分长期使用，流通到现代。值得注意的是，日本国字和中国少数民族的方字一样，会意结构的字占有重要地位。日本国字适合于本民族的思维形式，是日本方块字中特有的民族成分。中国自古以来就有正体、俗体和通体字之分，不同的字体有不同的使用场合，日本也有大致相似的情况。但是因为习惯不同，具体情况又有所不同。像中国一样，日本在全面整理俗体通体的基础上，简化了方块字的字体。简化方针有三点：第一，重视手写习惯；第二，考虑学习的难易；第三，统一印刷和手写的字体。从原则来看，和中国简化汉字是相同的；但完全相同字形的绝少。有些中国和日本的学者提出双方采取一定的措施，统一字形。笔者认为这种想法是积极的，需要集中双方的优点，拟定一个统一的方案。

片假名与平假名适合于本民族的语言特点，这种字母易学易用，在很多场合取代了汉字。18世纪以后，西方的文明冲击日本列岛，人们开始用怀疑的眼光来看待东方的事物。从文字制度来看，西方是标音文字，这点与汉字不同，而假名与之相同，因而有人提出废弃汉字的主张。江户幕府末期和明治维新时期，有过两次废除汉字运动，但因得不到支持而作罢。第二次世界大战之后，日本也一度拟订罗马字拼音方案，美军占领日本后曾设想强行罗马字化，结果招来了全社会一致的反对。

日本对汉字进行改革的一个重要措施是限制、减少应用汉字的数量。明治六年(1873 年)，福泽谕吉(1834—1901 年)提出减少汉字至两三千字的主张。1922 年起规定，新闻限用 3500 个汉字，以后逐步减少。1933 年，文部省规定标准汉字为 2669 字。1946 年文部省规定“当用汉字”为 1850 字；后来又规定了“常用汉字”1945 个，同时又追加了 166 个汉字为人名用字，以《人名用汉字别表》颁发。

2010 年日本政府对《常用汉字表》作出修改，增加 196 字，删除 5 字，总字数为 2136 字，颁布最新《常用汉字表》。根据文部省的计划安排，2012 学年开始，把最新《常用汉字表》用于指导初高中国语教学，2015 年起有关要求适用于高中和大学入学考试。日本现在的国语教科书、新闻报道及文学作品中的应用汉字已经固定在限制数量之内，被废除的汉字一律用假名替代。这样，汉字在日本又进入了一个新的时期，以它特有的方式为日本民族服务。

六　汉字传入琉球

琉球群岛居东海，在中国台湾和日本之间。明初，琉球分中山、山南、山北三国，以中山最强盛，洪武五年(1372 年)，中山王遣王弟入朝，贡方物，七年、九年、十年再贡，以后贡奉不绝。洪武十年(1377 年)山南王始贡。当时二王正与山北王争雄，互相攻战，后山北也遣使同二王一齐朝贡，明廷都赐以镀金银印、章服；中山等国奉正朔，以臣藩礼节事明。

琉球原为酋长国，与中国语言不通。“无文字，不知节朔，视月盈亏以知时，视草荣枯以计岁[①]”。琉球慕中华文明，明太祖特赐以“闽人之善操舟者三十有六[②]”。洪武二十二年(1389 年)，“令子弟入太学”，“唯遣陪臣之子进言读

①② (明)陈侃《使琉球录》引《大明一统志》。

书，大司成教以诵诗学礼，处之观光之馆[①]”。至洪武二十五年(1392年)夏，“中山贡使以其王从子及寨官子偕来，请肄业国学”，其冬，“山南王亦遣从子及寨官子入国学”，次年，“中山两入贡，又遣寨官子肄业国学”，二十九年(1396年)，“中山亦遣寨官子二人及女官生姑、鲁妹二人，先后来肄业[②]”。其后，不断遣国相子、寨官子入国学求学[③]，直到清末，北京国子监还有琉球官生。

汉字汉文进入琉球，产生了广泛的影响，琉球国王改用汉字名。《使琉球录》记：“琉球国嗣王姓尚氏，名清，父名真，祖名圆，自上世以来，皆命名以汉字。”习中国书籍。《星槎胜览》记：“能习读中国书，为古画铜器，作诗效唐体。”用汉字写匾。如明陈侃所见，登岸有亭、匾题“迎恩”；都城五里外面有牌坊，匾题“中山”，国门叫“欢会门”；王宫左右有“天界寺”“圆觉寺”，都有数千卷藏经。办汉学。“陪臣子弟与凡民之俊秀者，则令学读中国书，以储他日长史通事之用，其余从倭僧学书番字而已[④]”。琉球从日本传入的日语词汇，其中不少源于汉语，但是读音为训读或音读。明代传入的汉语词则保持中原的官话音，如《使琉球录》夷语“衣服”项中“罗”“帽”“网”“葛布”“改机”等。

琉球与日本相邻，语言文字方面受到日本影响。日僧寄居当地，成为蒙师，百姓多习番字(即倭字)。嘉靖年间陈侃所记48个夷字即假名。“夷国上下文移往来书札，止写此数字，凡音韵略相类者，即通用也[⑤]”。明万历四十年(1612年)，日本进入琉球。琉球受日本控制，倭语假名得到进一步推广。

清康熙年间，在久米村孔庙西建立中山学校，可从研习经籍中学习汉字。国王派官师稽察学生，并处理与中国往来的文件，讲师由大夫、都通事、秀才来担任。明代迁去的福建舟人后裔，也从通事学习汉语汉字，“以储他日长史通事之用[⑥]”。一般小吏、百姓的子弟，只能以寺庙为学校，以僧为师。“皆学国字，有草书，无楷字[⑦]。”所谓国字草书，即平假名，楷字指汉字。虽然平民不习

---

①④⑤ (明)陈侃《使琉球录》引《大明一统志》。

② 《明史·外国传四·琉球》。

③ 《明史·选举志一》：“至成化、正德时，琉球生犹有至者。”

⑥ (清)周煌《琉球国志略》卷四下“风俗”。

⑦ (清)周煌《琉球国志略》卷六“学校”。

汉字，但对汉字怀有深厚感情。“无贵贱老幼，遇中国人，必出纸乞书，不问其工拙也。得使臣书，尤恭谨，俯身搓手，高举加额而后启视[①]”。甚至有嘱留学生求名家字者。“琉球生自太学归国，踵公门乞一见，公以无相见仪却之。其人太息曰：‘来时国王命必一见公而归，今不得见奈何。’因丐公书一纸，曰：‘持是复国王耳’[②]。”

琉球王国在官方正式场合，说华语，行中国礼，穿汉服，写汉字，官方使用汉文。

琉球采用多种汉文课本，既有中国人编就，也有本地人编写。《白姓官话》是山东登州府商人白世芸编成的会话课本，时为琉球通事郑氏所用，清乾隆十八年(1753 年)经由福州老儒林启升校正而成。《学官话》成书于 1797 年，记录了琉球官员、留学生与福州官员、商人等的会话(图 7—20)。此外还有琉球闽人后裔梁允治《广应官话》，都是与中琉商业贸易密切相关的语文[③]。

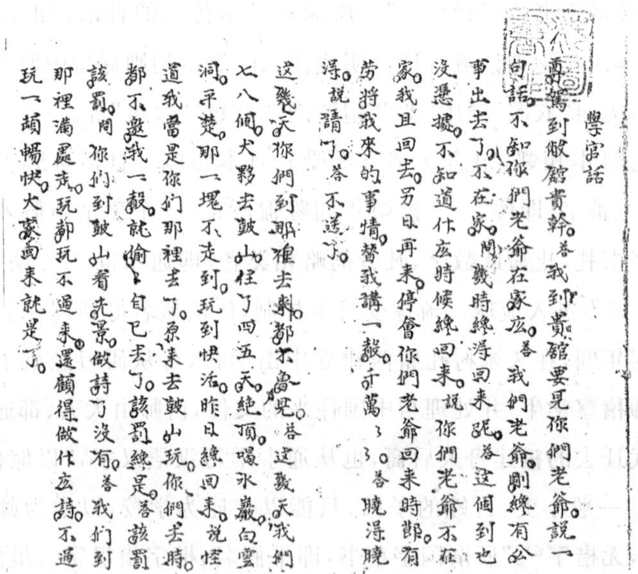
學官話
高薦到敝館貴幹。答我到貴館要見你們老爺說一句話。不知你們老爺在家麼。答我們老爺剛纔有公事出去了，不在家。問幾時纔得回来呢。答這個到也没憑據，不知道什麼時候纔回来。說你們老爺不在家，我且回去，另日再来。停會你們老爺回来時節，有勞將我來的事情替我講一聲。亦萬〻〻。答曉得曉得。說請了。答不送了。
這幾天你們到那裡去剩，都不爲見。答這幾天我們七八個大夥去鼓山，住了四五天，絕頂。喝水巖，白雲洞，平楚，那一塊不走到。玩到快活，昨日纔回来。說怪道我當是你們那裡去了。原来去鼓山玩。你們去時都不邀我一聲，就偷〻自己去了。該罰纔是。答該罰該罰。問你們到鼓山看光景，做詩了沒有。答我們到那裡滿麗堯，玩都玩不過来，還顧得做什麼詩。不過玩一頓暢快，大家回来就是了。

图 7—20 《学官话》

① 《琉球国志略》卷四下引(清)汪楫《使琉球录》。

② (清)陈康祺《郎潜纪闻》卷 11“梁山舟书名播于日本琉球”，中华书局。

③ 〔日〕濑户口律子《琉球官话课文研究》，中国文化研究所，2000 年。

琉球出版不少汉文书籍。吴继志的《质问本草》(图 7—21),是极为详尽的植物图录。1789 年(清朝乾隆五十四年,日本宽政元年)撰成,日本天保八年(清道光十七年,1837 年)“新镌”《质问本草》刊行。全书分 3 篇,共 9 卷,收录 160 种药材图鉴。其中内篇 4 卷,收录药材 41 种,外篇 4 卷,收录药材 97 种,附录 1 卷,收录药材 22 种,详细记载药材的形态和药用①。

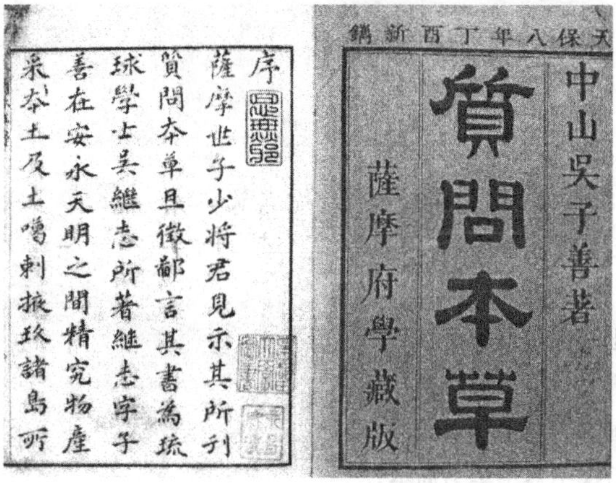
天保八年丁酉新鐫
中山吳子善著
質問本草
薩摩府學藏版

序
薩摩世子少將君見示其所刊
質問本草且徵鄙言其書為琉
球學士吳繼志所著繼志字子
善在安永天明之間精究物產
采本土及土噶剌振玖諸島所

图 7—21　《质问本草》

琉球的书法艺术主要从中国传入。清廷的使团去琉球,有著名书法家王文治,号梦楼,深得董其昌神髓。乾隆二十一年(1756 年)到琉球,“球人传宝其翰墨”。使琉球的册封使往往是书法高手,历次使节有很多墨迹为琉球保存。历代皇帝的墨迹被视作珍宝,册封诏书的字迹被放大作匾额,如“守礼之邦”,为明代万历诏书字迹。清朝几代皇帝有亲笔御赐:康熙“山中世土”,雍正“楫瑞球阳”,乾隆“永作瀛口”,道光“弼服海隅”,咸丰“同文式化”,同治“瀛峤屏藩”。琉球与中国交流,同时与日本、朝鲜交往,从各个途径获得大量中国典籍和书法艺术作品。琉球本土人士爱好书法,并有杰出的书法家出现,如郑嘉训,工诗,擅书,为琉球王府书法侍从。他曾去萨摩、江户,书名轰动日本②。

① 王振忠《琉球馆》,《东方早报》2013 年 10 月 27 日。

② 徐春兴《明清时期中国书法在琉球的传播和影响》,《中国书法》2004 年第 7 期。

参考文献

著作

《十三经注疏》，中华书局影印本。

《国语》，上海古籍出版社本。

《战国策》，上海古籍出版社本。

（汉）司马迁：《史记》，中华书局本。

（汉）班固：《汉书》，中华书局本。

（晋）陈寿：《三国志》，中华书局本。

（晋）刘昫等：《旧唐书》，中华书局本。

（晋）常璩：《华阳国志》，四部丛刊本。

（南朝宋）范晔：《后汉书》，中华书局本。

（梁）沈约：《宋书》，中华书局本。

（梁）萧子显：《南齐书》，中华书局本。

（北齐）颜之推撰，王利器集解：《颜氏家训集解》，上海古籍出版社。

（唐）房玄龄等：《晋书》，中华书局本。

（唐）姚思廉：《梁书》，中华书局本。

（唐）姚思廉：《陈书》，中华书局本。

（唐）李百药：《北齐书》，中华书局本。

（唐）令狐德棻等：《隋书》，中华书局本。

（唐）李延寿：《南史》，中华书局本。

（唐）李延寿：《北史》，中华书局本。

（唐）颜元孙：《干禄字书》，丛书集成本。

（唐）张参：《五经文字》，丛书集成本。

（唐）唐玄度：《新加九经字样》，丛书集成本。

（唐）玄奘：《大唐西域记》，上海人民出版社。

（宋）范成大：《桂海虞衡志》，四川民族出版社。

（宋）周去非：《岭外代答》，丛书集成本。

(宋)赵与时:《宾退录》,丛书集成本。
(宋)洪迈:《夷坚志》,中华书局。
(宋)周密:《癸辛杂识》,中华书局。
(宋)方凤:《夷俗考》,上海古籍出版社影印说郛本。
(宋)彭大雅撰,徐霆疏证:《黑鞑事略》,丛书集成本。
(宋)薛居正:《旧五代史》,中华书局本。
(宋)欧阳修:《新五代史》,中华书局本。
(宋)欧阳修、宋祁:《新唐书》,中华书局本。
(宋)司马光:《资治通鉴》,中华书局本。
(元)脱脱等:《宋史》,中华书局本。
(元)脱脱等:《辽史》,中华书局本。
(元)脱脱等:《金史》,中华书局本。
(明)宋濂等:《元史》,中华书局本。
(明)陶宗仪:《书史会要》,上海书店影印本。
(明)陈侃:《使琉球录》,丛书集成本。
(清)周煌:《琉球国志略》,丛书集成本。
(清)钮琇:《觚剩》,上海古籍出版社。
(清)吴省兰:《楚峒志略》,丛书集成本。
(清)陆次云:《峒溪纤志》,丛书集成本。
(清)李宗昉:《黔记》,丛书集成本。
(清)沈日霖:《粤西杂记》,丛书集成本。
(清)闵叙:《粤述》,丛书集成本。
(清)陈鼎:《黔游记》,丛书集成本。
(清)田雯:《黔书》,丛书集成本。
(清)张澍:《续黔书》,丛书集成本。
(清)段玉裁:《说文解字注》,上海古籍出版社影印本。
(清)陈康祺:《朗潜纪闻》,中华书局。
(清)张廷玉等:《明史》,中华书局本。
卢戆章:《中国字母北京切音合订》,文字改革出版社影印本。
朱文熊:《江苏新字母》,文字改革出版社影印本。
章炳麟:《驳中国用万国新语说》,文字改革出版社影印本。
王国维:《观堂集林》,上海书店影印本。
〔意〕利玛窦:《明末罗马字注音文章》,文字改革出版社影印本。

Edouard Chavannes, Les Documents Chinois Découverts par AurelStein dans les Sable du Turkestan Oriental. 1. Vol. Oxford. 1913.

〔日〕东京帝国大学文学部:《乐浪——五官掾王盰の坟墓》,刀江书院,1930年。

金毓黻:《辽陵石刻集录》,1934年。

〔英〕斯坦因著,向达译:《斯坦因西域考古记》,中华书局,1936年。

〔日〕朝鲜古迹研究会:《乐浪王光墓》,桑名文星堂,1936年。

林惠祥:《中国民族史》,商务印书馆,1937年。

黄文弼:《罗布淖尔考古记》,国立北京大学出版部,1948年。

〔日〕林谦三著,潘怀素译:《敦煌琵琶谱的解读研究》,上海音乐出版社,1959年。

云南省博物馆:《云南晋宁石寨山古墓群发掘报告》,文物出版社,1959年。

启功:《古代字体论稿》,文物出版社,1964年。

内蒙古文物工作队:《内蒙古文物资料选辑》,内蒙古人民出版社,1964年。

郭沫若等:《中国史稿》(第1册、第2册、第3册),人民出版社,1976年、1979年。

山西省文物工作委员会:《侯马盟书》,文物出版社,1976年。

徐嘉瑞:《大理古代文化史稿》,中华书局,1978年。

王治来:《中亚史》(第1卷),中国社会科学出版社,1979年。

金光平、金启孮:《女真语言文字研究》,文物出版社,1980年。

喻翠容、罗美珍:《傣语简志》,民族出版社,1980年。

韦庆稳、覃国生:《壮语简志》,民族出版社,1980年。

梁敏:《侗语简志》,民族出版社,1980年。

张均如:《水语简志》,民族出版社,1980年。

喻翠容:《布依语简志》,民族出版社,1980年。

金光平、金启孮:《女真语言文字研究》,文物出版社,1980年。

喻翠容、罗美珍:《傣语简志》,民族出版社,1980年。

韦庆稳、覃国生:《壮语简志》,民族出版社,1980年。

梁敏:《侗语简志》,民族出版社,1980年。

张均如:《水语简志》,民族出版社,1980年。

喻翠容:《布依语简志》,民族出版社,1980年。

〔日〕木宫泰彦:《日中文化交流史》,商务印书馆,1980年。

吕思勉:《吕思勉读书札记》,上海古籍出版社,1982年。

徐中舒:《论巴蜀文化》,四川人民出版社,1982年。

陈述辑校:《全辽文》,中华书局,1982年。

〔埃及〕艾哈迈德·爱敏著,纳忠译:《阿拉伯—伊斯兰文化史》,商务印书馆,1982年。

陈垣:《励耘书屋丛刻》,北京师范大学出版社,1982年。
中国社会科学院考古研究所:《新中国的考古发现和研究》,文物出版社,1982年。
〔日〕白鸟库台著,何健民译:《匈奴民族考》,中华书局,1939年;收入《匈奴史论文集》,中华书局,1983年。
孙太初:《云南古代石刻从考》,文物出版社,1983年。
黄文弼:《新疆考古发掘报告》,文物出版社,1983年。
李范文:《西夏研究论集》,宁夏人民出版社,1983年。
史金波:《西夏文化》,吉林教育出版社,1983年。
蒙文通:《越史丛考》,人民出版社,1983年。
徐琳、赵衍荪:《白语简志》,民族出版社,1984年。
王宇信:《西周甲骨探论》,中国社会科学出版社,1984年。
李尾声、祁庆富:《南诏史话》,文物出版社,1984年。
金启孮:《女真文辞典》,文物出版社,1984年。
王建群:《好太王碑研究》,吉林人民出版社,1984年。
魏隐儒:《中国古籍印刷史》,印刷工业出版社,1984年。
宁夏博物馆发掘整理,李范文编释:《西夏陵墓出土残碑粹编》,文物出版社,1984年。
中国社会科学院考古研究所:《新中国的考古发现和研究》,文物出版社,1984年。
清格尔泰等:《契丹小字研究》,中国社会科学出版社,1985年。
徐旭生:《中国古史的传说时代》,文物出版社,1985年。
新疆维吾尔自治区:《新疆古代民族文物》,文物出版社,1985年。
林幹:《突厥史》,内蒙古人民出版社,1985年。
沈福伟:《中西文化交流史》,上海人民出版社,1985年。
杨保隆:《渤海史入门》,青海人民出版社,1985年。
史金波:《西夏文化》,吉林教育出版社,1986年。
河南省文物研究所:《信阳楚墓》,文物出版社,1986年。
民族编辑委员会:《中国大百科全书》(民族),中国大百科全书出版社,1986年。
考古学编辑委员会:《中国大百科全书》(考古学),中国大百科全书出版社,1986年。
敦煌研究院:《供养人题记》文物出版社,1986年。
斯坦因著,向达译:《斯坦因西域考古记》,中华书局、上海书店影印本,1987年。
〔苏〕B. A. 伊斯特林:《文字的产生和发展》,北京大学出版社,1987年。
向达:《唐代长安与西域文明》,生活·读书·新知三联书店,1987年。
史金波、白滨、吴峰云:《西夏文物》,文物出版社,1988年。
广西壮族自治区博物馆:《广西贵县罗泊湾汉墓》,文物出版社,1988年。

语言文字编辑委员会:《中国大百科全书》(语言·文字),中国大百科全书出版社,1988年。
马学良等:《彝族文化史》,上海人民出版社,1988年。
裘锡圭:《文字学概要》,商务印书馆,1988年。
史金波、白滨、吴峰云:《西夏文物》,文物出版社1988年。
张秀民:《中国印刷史》,上海人民出版社,1989年。
蒋炳钊、吴绵吉、辛土成:《百越民族文化》,学林出版社,1989年。
陆锡兴:《汉代简牍草字编》,上海书画出版社,1989年。
张秀民:《中国印刷史》,上海人民出版社,1989年。
(西夏)骨勒茂才著,黄振华、聂鸿音、史金波整理:《番汉合时掌中珠》,宁夏人民出版社,1989年。
广西壮族自治区少数民族古籍整理出版规划领导小组:《古壮字字典》,广西民族出版社,1989年。
〔新加坡〕谢世涯:《新中日简体字研究》,语文出版社,1989年。
中国民族古文字研究会:《中国民族古文字图录》,中国社会科学出版社,1990年。
文物编辑委员会:《文物考古工作十年》,文物出版社,1990年。
江应梁主编:《中国民族史》,民族出版社,1990年。
杨建新、马曼丽主编:《西北民族关系史》,民族出版社,1990年。
福建省考古博物馆学会:《福建华安仙字潭摩崖石刻研究》,中央民族学院出版社,1990年。
孙雍长:《转注论》,岳麓书社,1991年。
景爱:《金代官印集》,文物出版社,1991年。
佟柱臣:《中国边疆民族物质文化史》,巴蜀书社,1991年。
湖北省荆沙铁路考古队:《包山楚简》,文物出版社,1991年。
龙胜县志编纂委员会:《龙胜县志》,汉语大词典出版社,1992年。
罗振玉、王国维:《流沙坠简》,中华书局,1993年影印本。
青海省文物考古研究所:《上孙家寨汉晋墓》,文物出版社,1993年。
屈小强等:《三星堆文化》,巴蜀书社,1993年。
项春松:《辽代历史与考古》,内蒙古人民出版社,1996年。
周有光:《世界文字发展史》,上海教育出版社,1997年。
张公瑾主编:《民族古文献概览》,民族出版社,1997年。
李建国:《汉语规范史略》,语文出版社,2000年。
四川省文物考古研究所、德阳市文物考古研究所、什邡市博物馆:《什邡城关战国秦汉墓地》,文物出版社,2006年。
吴广孝:《集安高句丽壁画》,山东画报社,2006年。

《乾隆御制三十二体篆书盛京赋》影印加注文本，吉林人民出版社，2000年。
新疆维吾尔自治区博物馆、新疆文物考古研究所：《中国新疆山普拉发掘报告》，新疆人民出版社，2001年。
盖之庸：《内蒙古辽代石刻文研究》，内蒙古大学出版社，2002年。
段甜：《韩国固有汉字分析》，硕士学位论文，2007年。
陈增瑜主编：《京族喃字史歌集》，民族出版社，2007年。
云南省文物考古研究所、昆明市博物馆、晋宁市文物管理所：《江川李家山——第二次发掘报告》，文物出版社，2007年。
贵州省文物考古研究所：《赫章可乐二〇〇〇年发掘报告》，文物出版社，2008年。
云南省文物考古研究所、玉溪市文物管理所、江川县文物管理局：《晋宁石寨山——第五次发掘报告》，文物出版社，2009年。
聂鸿音、孙伯君编：《中国多文字时代的历史文献研究》，社会科学文献出版社，2010年。
辽宁省文物考古研究所：《关山辽墓》，文物出版社，2011年。
长沙简牍博物馆：《翰墨留香丝路溢彩——吐鲁番出文书精粹展》，2015年。

论文

王静如：《东汉西南夷白狼慕汉歌诗本语译证》，《西夏研究》第1集，中央研究院专刊，1930年。
王静如：《辽道宗及宣懿皇后契丹国字哀册初释》，《国立中央研究院历史语言研究所集刊》第3本第4分，1933年。
闻宥《论字喃(Chu Nom)之组织及其与汉字之关涉》，《燕京学报》第14期，1933年。
冯家升：《匈奴民族及其文化》，《国学论衡》第5期上，1935年。
王静如：《契丹国字再释》，《国立中央研究院历史语言研究所集刊》第5本第4分，1935年。
闻宥：《读爨文丛刻》，《图书季刊》第1卷第1期，1936年。
闻宥：《广西太平府属土州县司译语考》，《国立中央研究院历史语言研究所集刊》第3本第1分，1936年。
柯象峰：《猡猡文字之初步研究》，《金陵学报》第8卷第1、2期合刊，1938年。
于右任：《巴蜀古文化之研究》，《说文月刊》第3卷第7期“巴文化专号”，1942年。
卫聚贤：《巴蜀文化》，《说文月刊》第3卷第7期“巴文化专号”，1942年。
李文信：《契丹小字〈故太师铭石记〉之研究》，伪满《国立中央博物馆论丛》第3号，1942年。
罗福颐：《契丹国书管窥》，《燕京学报》第37期，1949年。
阎文儒：《辽西省义县清河门附近辽墓的发掘简报》，《文物参考资料》第2卷第2期，1951年。
陈文彬：《汉字影响下的一些东方民族的文字》，载《中国文字改革问题》，中华书局，

1952 年。
宿白:《朝鲜安岳所发现的冬寿墓》,《文物参考资料》1952 年第 1 期。
李文信:《义县清河门辽墓发掘报告》,《考古学报》1954 年第 8 期。
厉鼎煃:《义县出土契丹文墓志铭考释》,《考古学报》1954 年第 8 期。
山西省文物管理委员会:《山西省洪赵县坊堆村古遗址墓葬群清理简报》,《文物参考资料》1955 年第 4 期。
孙太初:《两年来云南古遗址及墓葬的发现和清理》,《文物参考资料》1955 年第 6 期。
沈仲常、王家祐:《记四川巴县冬笋坝出土的古印及货币》,《考古通讯》1955 年第 6 期。
刘谦:《辽宁锦西西孤山出土的辽墓墓志》,《考古通讯》1956 年第 2 期。
孙太初:《云南姚安阳派水库普墓清理简报》,《考古通讯》1956 年第 3 期。
陕西省文物管理委员会:《长安张家坡西周遗址的重要发现》,《文物参考资料》1956 年第 3 期。
云南省博物馆:《云南晋宁石寨山古遗址及墓葬》,《考古学报》1956 年第 1 期。
阎万章:《渤海"贞惠公主墓碑"的研究》,《考古学报》1956 年第 2 期。
金毓黻:《关于"渤海贞惠公主墓碑的研究"的补充》,《考古学报》1956 年第 2 期。
郭宝钧:《1954 年春洛阳西郊发掘报告》,《考古学报》1956 年第 3 期。
金毓黻:《辽国驸马赠卫国王墓志铭考证》,《考古学报》1956 年第 3 期。
阎万章:《锦西西孤山契丹文墓志研究》,《考古学报》1957 年第 2 期。
冯汉骥:《记唐印本陀罗尼经咒的发现》,《文物参考资料》1957 年第 5 期。
石钟健:《论白族的白文》,《中国民族问题研究集刊》1957 年第 6 辑。
朱江:《扬州仙鹤寺阿拉伯人墓碑记》,《文物》1957 年第 9 期。
李俨:《阿拉伯输入的纵横图》,《考古》1958 年第 7 期。
郭沫若:《者汈钟铭考释》,《考古学报》1958 年第 1 期。
冯汉骥、杨有润、王家祐:《四川古代的船棺葬》,《考古学报》1958 年第 2 期。
潘怀素:《从古今字谱论龟兹乐影响下的民族音乐》,《考古学报》1958 年第 3 期。
李遇春:《两颗契丹铜印》,《文物》1959 年第 3 期。
李逸友:《昭盟巴林右旗白塔子出土铜镜》,《文物》1959 年第 5 期。
高至喜:《楚公豪戈》,《文物》1959 年第 12 期。
洪晴玉:《关于冬寿墓的发现和研究》,《考古》1959 年第 1 期。
苏天钧:《北京郊区辽墓发掘简报》,《考古》1959 年第 2 期。
云南省博物馆:《云南晋宁石寨山第三次发掘简报》,《考古》1959 年第 9 期。
安志敏:《青海的古代文化》,《考古》1959 年第 7 期。
冯承谦:《辽宁省建平、新民的三座辽墓》,《考古》1960 年第 2 期。

福建省文物管理委员会:《福建崇安城村汉城遗址试掘》,《考古》1960 年第 10 期。
熊瑛:《大理市发现大理国墓幢》,《文物》1960 年第 1 期。
张传玺:《云南武定、禄劝两县彝族的碑记、雕刻与祖筒》,《文物》1960 年第 6 期。
陈直:《福建崇安汉城遗址时代的推测》,《考古》1961 年第 4 期。
郑隆:《昭乌达盟辽尚暐符墓清理简报》,《文物》1961 年第 9 期。
李逸友:《内蒙古出土古代官印的新资料》,《文物》1961 年第 9 期。
懿恭:《北京牛街礼拜寺两方阿拉伯文的古刻》,《文物》1961 年第 10 期。
金光平:《从契丹大小字到女真大小字》,《内蒙古大学学报》1962 年第 2 期。
北京市文物考古队:《北京南郊辽赵德钧墓》,《考古》1962 年第 5 期。
广州市文物管理委员会:《广州东郊罗冈秦墓发掘简报》,《考古》1962 年第 8 期。
郑绍宗:《契丹秦晋国大长公主墓志铭》,《考古》1962 年第 8 期。
辽宁省博物馆:《辽宁喀左县辽王悦墓》,《考古》1962 年第 9 期。
李殿福:《一九六二年春季吉林辑安考古调查简报》,《考古》1962 年第 11 期。
林声:《记彝、羌、纳西族的"羊骨卜"》,《考古》1963 年第 3 期。
北京市文物工作队:《北京市西郊百万庄辽墓发掘简报》,《考古》1963 年第 3 期。
耿鉴庭:《扬州城根里的元代拉丁文墓碑》,《考古》1963 年第 8 期。
湖南省博物馆:《湖南常德德山楚墓发掘报告》,《考古》1963 年第 9 期。
云南省博物馆:《云南晋宁石寨山古墓第四次发掘简报》,《考古学报》1963 年第 9 期。
云南省文物工作队:《云南昭通后海子东晋壁画墓清理简报》,《文物》1963 年第 12 期。
孙太初:《大理国彦贲赵兴明为亡母造尊胜墓幢跋》,《考古》1963 年第 6 期。
林声:《试释云南晋宁石寨山出土铜片上的图画文字》,《考古》1964 年第 5 期。
陕西省文物管理委员会:《西安发现晚唐祆教徒的汉、婆罗钵文合璧墓志——唐苏谅妻马氏墓志》,《考古》1964 年第 9 期。
张既翕:《商戊鬲商榷》,《考古》1964 年第 9 期。
云南省文物工作队:《云南祥云大波那木椁铜棺墓清理简报》,《考古》1964 年第 12 期。
吴文良:《泉州新发现的西方阿拉伯字墓碑》,《考古》1965 年第 2 期。
中国科学院考古研究所洛阳发掘队:《河南偃师二里头发掘简报》,《考古》1965 年第 5 期。
夏鼐:《西安唐墓出土阿拉伯金币》,《考古》1965 年第 8 期。
洲杰:《内蒙古昭盟辽太祖陵调查散记》,《考古》1966 年第 5 期。
河北省文化局文物工作队:《河北定县出土北魏石函》,《考古》1966 年第 5 期。
高至喜:《商代人面方鼎》,《文物》1968 年第 10 期。
郭沫若:《古代文字之辨证之发展》,《考古》1972 年第 3 期。
北京市文物管理处:《近年来北京发现的几座辽墓》,《考古》1972 年第 3 期。

广西壮族自治区文物考古写作小组:《广西合浦西汉木椁墓》,《考古》1972 年第 5 期。
北京市文物管理处:《近年来北京发现的几座辽墓》,《文物》1972 年第 3 期。
山东省博物馆:《山东益都苏埠屯第一号奴隶殉葬墓》,《文物》1972 年第 8 期。
郭沫若:《新疆新出土的晋人写本〈三国志〉残卷》,《文物》1972 年第 8 期。
云南省博物馆:《云南江川李家山古墓群发掘简报》,《文物》1972 年第 8 期。
河北省博物馆、文物管理处:《河北迁安上芦村辽韩相墓》,《考古》1973 年第 5 期。
王静如:《兴隆出土金代契丹文墓志铭解》,《考古》1973 年第 5 期。
郑绍宗:《兴隆县梓木林子发现的契丹文墓志铭》,《考古》1973 年第 5 期。
王静如:《兴隆出土金代契丹文墓志铭解》,《考古》1973 年第 5 期。
于省吾:《关于古文字研究的若干问题》,《文物》1973 年第 2 期。
任日新:《山东诸城县前寨遗址调查》,《文物》1974 年第 1 期。
四川省博物馆、重庆市博物馆、涪陵县文化馆:《四川涪陵地区小田溪战国土坑墓清理简报》,《文物》1974 年第 5 期。
河北省博物馆、河北省文管会台西发掘小组:《河北藁城县台西村商代遗址 1973 年的重要发现》,《文物》1974 年第 8 期。
季云:《藁城台西商代遗址发现的陶器文字》,《文物》1974 年第 8 期。
郑绍宗:《承德发现的契丹符牌》,《文物》1974 年第 10 期。
罗平:《河北磁县下七垣出土殷代青铜器》,《文物》1974 年第 11 期。
夏鼐:《综述中国出土的波斯萨珊朝银币》,《考古学报》1974 年第 1 期。
甘肃省博物馆:《甘肃武威发现一批西夏遗物》,《考古》1974 年第 3 期。
王静如:《甘肃武威发现的西夏文考释》,《考古》1974 年第 3 期。
史金波:《〈甘肃武威发现的西夏文考释〉质疑》,《考古》1974 年第 6 期。
江西省博物馆、北京大学历史系考古专业、清江县博物馆:《江西清江吴城商代遗址发掘简报》,《文物》1975 年第 4 期。
云南省昭通县文化馆:《云南昭通发现东汉"孟琴"铜印》,《文物》1975 年第 5 期。
唐兰:《关于江西吴城文化遗址与文字的初步探索》,《文物》1975 年第 7 期。
河北省文物管理处、河北省博物馆:《河北宣化辽壁画墓发掘简报》,《文物》1975 年第 8 期。
西安半坡博物馆:《临潼姜寨新石器时代遗址的发现》,《文物》1975 年第 8 期。
孟池:《从新疆历史文物看汉代在西域的政治措施和经济建设》,《文物》1975 年第 7 期。
钟民岩、那森柏、金启孮:《明代奴儿干永宁寺碑记校释》,《考古学报》1975 年第 2 期。
云南省博物馆:《云南江川李家山古墓群发掘报告》,《考古学报》1975 年第 2 期。
庄为玑:《福建南安出土外国银币的几个问题》,《考古》1975 年第 6 期。
罗西章:《扶风姜塬发现汉代外国铭文铅饼》,《考古》1976 年第 4 期。

北京市文物管理处:《北京地区的又一重要考古收获——昌平白浮西周木椁墓的新启示》,《考古》1976年第4期。
赵峰:《清江陶文及其所反映的殷代农业和祭祀》,《考古》1976年第4期。
童恩正、龚廷万:《从四川两件铜戈上的铭文看秦灭巴蜀后统一文字的进步措施》,《文物》1976年第7期。
李复华:《四川郫县红光公社出土战国铜器》,《文物》1976年第10期。
阜新市文化局文物组:《辽宁阜新县辽许王墓清理简报》,《文物资料丛刊》1977年创刊号。
刘凤翥、于宝林:《契丹萧字"许王墓志"考释》,《文物资料丛刊》1977年创刊号。
广州市文物管理处、中山大学考古专业75届工农兵学员:《广州秦汉造船工场遗址试掘》,《文物》1977年第4期。
李逸友:《呼和浩特市万部华严经塔的金元明各代题记》,《文物》1977年第5期。
田广金:《桃红巴拉的匈奴墓》,《考古》1977年第2期。
盖山林:《内蒙古察右后旗赵家房村发现匈奴墓》,《考古》1977年第2期。
广州市文物管理处:《广州东山明太监韦眷墓清理简报》,《考古》1977年第4期。
夏鼐:《赞皇李希宗墓出土的拜占庭金币》,《考古》1977年第6期。
汪宁生:《汉晋西域与祖国文明》,《考古学报》1977年第1期。
山林:《内蒙古察右后旗赵家房村发现匈奴墓群》,《考古》1977年第2期。
黑龙江省文物考古工作队:《黑龙江畔绥滨中兴古城和金代墓葬群》,《文物》1977年第4期。
广西壮族自治区文物工作队:《平乐银山岭战国墓》,《考古学报》1978年第2期。
李新魁:《论西夏的形体结构和造字方式》,《中山大学学报》1978年第5期。
裘锡圭:《汉字形成问题的初步探索》,《中国语文》1978年第3期。
陈述:《契丹文字的历史概况》,《中央民族学院学报》1978年第3期。
邹衡:《郑州商城即汤都亳说》,《文物》1978年第2期。
宁夏回族自治区博物馆:《西夏八号陵发掘简报》,《文物》1978年第8期。
宁夏回族自治区博物馆:《西夏陵区一〇八号墓发掘简报》,《文物》1978年第8期。
吴峰云、李范文、李志清:《介绍西夏陵区的几件文物》,《文物》1978年第8期。
云南省博物馆文物工作队、四川大学历史系考古专业:《云南楚雄万家坝古墓群发掘简报》,《文物》1978年第12期。
董居安:《宁夏石坝发现墨书西夏文银器》,《文物》1978年第12期。
吉林大学古文字研究室:《古文字研究的现状和展望》,《古文字研究》第1辑,中华书局,1978年。
江西省博物馆、清江县博物馆:《江西清江吴城商代遗址第四次发掘的主要收获》,《文物资料丛刊》第2辑，文物出版社，1978年。
马承源：《关于翏生盨和者减钟的几点意见》，《考古》1979年第1期。
夏鼐：《扬州拉丁文墓碑合广州威尼斯银币》，《考古》1979年第6期。
河北省文物管理处：《河北省平山县战国时期中山国墓葬发掘简报》，《文物》1979年第1期。
李学勤：《平山墓葬群与中山国的文化》，《文物》1979年第1期。
青海省文物管理处考古队：《青海大通上孙家寨的匈奴墓》，《文物》1979年第4期。
陈炳应：《重修护国寺感应塔碑》，《文物》1979年第12期。
刘最长、朱捷元：《西安碑林发现女真文书、南京拓全幅集王〈圣教序〉及版画》，《文物》1979年第5期。
陕西省周原考古队：《陕西岐山凤雏村发现周初甲骨文》，《文物》1979年第10期。
陈植藩：《朝鲜文》，《民族语文》1979年第3期。
李民：《彝文》，《民族语文》1979年第4期。
陈士林：《规范彝文的实践效果和有关的几个问题》，《民族语文》1979年第4期。
金启孮：《陕西碑林发现的女真文字》，《内蒙古大学学报》1979年1、2期合刊。
唐兰：《从大汶口文化的陶器文字看我国最早文化年代》，载《大汶口文化讨论文集》，齐鲁书社，1979年。
唐兰：《中国奴隶制社会的上限远在五、六千年前》，载《大汶口文化讨论文集》，齐鲁书社，1979年。
彭邦炯：《是氏族社会不是奴隶社会》，载《大汶口文化讨论文集》，齐鲁书社，1979年。
陈国强：《略论大汶口墓葬的社会性质》，载《大汶口文化讨论文集》，齐鲁书社，1979年。
禚振西：《陕西户县的两座汉墓》，《考古与文物》1980年第1期。
徐锡台：《周原出土甲骨的字型与孔型》，《考古与文物》1980年第2期。
宁笃学、钟长发：《甘肃武威西郊林场西夏墓清理简报》，《考古与文物》1980年第3期。
陈炳应：《甘肃武威西郊林场西夏墓题记、葬俗略说》，《考古与文物》1980年第3期。
王志俊：《关中地区仰韶文化刻划符号综述》，《考古与文物》1980年第3期。
道尔吉：《关于女真大小字问题》，《内蒙古大学学报》1980年第4期。
金光平遗稿，金启孮整理：《女真制字方法论》，《内蒙古大学学报》1980年第4期。
沈汇：《论契丹小字的创制与解读》，《中央民族学院学报》1980年第4期。
陆峻岭、何高济：《泉州杜安沙碑》，《考古》1980年第5期。
郫县文化馆：《四川郫县发现战国船棺葬》，《考古》1980年第6期。
赵衍荪：《白文〈山花碑〉释读》，《民族语文》1980年第3期。
武自立、纪嘉发、肖家成：《云南彝文浅论》，《民族语文》1980年第4期。

照那斯图:《八思巴字篆体字母研究》,《中国语文》,1980年第4期。
刘凤翥:《女真字“国诚”银牌考释》,《文物》1980年第1期。
辽宁省博物馆文物工作队:《辽代耶律延宁墓发掘简报》,《文物》1980年第7期。
伊克昭盟文物工作站、内蒙古文物工作队:《西沟畔匈奴墓》,《文物》1980年第7期。
田广金、郭素新:《西沟畔匈奴墓反映的诸问题》,《文物》1980年第7期。
张先得:《北京市大兴县辽代马直温夫妻合葬墓》,《文物》1980年第12期。
库尔班·外力:《吐鲁番出土公元五世纪的古突厥语木牌》,《文物》1981年第1期。
四川省博物馆、新都县文化馆:《四川新都战国木椁墓》,《文物》1981年第6期。
汪宁生:《从原始记事到文字发明》,《考古学报》1981年第1期。
贵州省博物馆、威宁县文化局:《威宁中水汉墓》,《考古学报》1981年第4期。
马学良:《彝文和彝文经书》,《民族语文》1981年第1期。
丁椿寿:《论彝文的类型及其超方言问题》,《贵州民族研究》1981年第1期。
余宏模:《明代万历王辰水西大渡河桥彝文碑》,《贵州民族研究》1981年第4期。
江左:《北凉且渠安周造佛寺碑》,《书法丛刊》第2辑,文物出版社,1981年。
库尔班·外力:《吐鲁番出土公元五世纪的古突厥语木牌》,《文物》1981年第1期。
青海省文物考古工作队:《青海大通县上孙家寨一一五号汉墓》,《文物》1981年第2期。
朱国照:《上孙家寨木简初探》,《文物》1981年第2期。
王尧:《山东长清大灵岩寺大元国师法旨考释》,《文物》1981年第11期。
西藏自治区文物管理委员会:《明朝封授西藏地方官员的印章》,《文物》1981年第11期。
刘凤翥、于宝林:《契丹小字“萧仲恭墓志”考释》,《民族研究》1981年第2期。
昭乌达盟文物工作站、翁牛特旗文化馆:《内蒙古山嘴子“故耶律氏”墓发掘报告》,《文物资料丛刊》(5),1981年。
苏赫:《〈故耶律氏铭石〉考释》,《文物资料丛刊》(5),文化出版社,1981年。
刘凤翥、于宝林:《〈故耶律氏铭石〉跋尾》,《文物资料丛刊》(5),文化出版社,1981年。
夏鼐:《两种文字合璧的泉州也里可温墓碑》,《考古》1981年第1期。
广东省博物馆:《广东德庆大辽山发现东汉文物》,《考古》1981年第4期。
郑绍宗:《耶律加乙里妃墓志铭》,《考古》1981年第5期。
郭素新:《匈奴族是否有文字》,《内蒙古社会科学》1981年第2期。
刘凤翥:《契丹大字和契丹小字的区别》,《内蒙古社会科学》1981年第5期。
即实:《契丹字源一斑》,《社会科学辑刊》1981年第3期。
杨权喜:《江汉地区发现的商周青铜器》,载《中国考古学会第三次年会论文集》,文物出版社,1981年。
史金波等:《莫高窟榆林窟西夏文题记研究》,《考古学报》1982年第3期。

史金波:《西夏语中的汉语借词》,《中央民族学院学报》1982年第4期。
国家文物局文物保护科学技术研究所、山西省古代建筑保护研究所等:《山西应县木塔内发现辽代珍贵文物》,《文物》1982年第6期。
李强:《论渤海文字》,《学习与探索》1982年第5期。
四川省博物馆、青川县文化馆:《青川县出土秦更修田律木牍》,《文物》1982年第1期。
李学勤:《论新都出土的蜀国青铜器》,《文物》1982年第1期。
施安昌:《唐代正字考》,《故宫博物院院刊》1982年第3期。
马学良、陈英:《贵州彝族文物考》,《文物》1982年第4期。
阎文儒、傅振伦、郑恩淮:《山西应县佛宫寺释迦塔发现的〈契丹藏〉和辽代刻经》,《文物》1982年第6期。
严汝娴:《普米族的刻划符号》,《考古》1982年第3期。
毕素娟:《世所仅见的辽版书籍——〈蒙求〉》,《文物》1982年第6期。
罗福颐、金启孮、贾敬颜、黄振华:《女真字奥屯良弼诗刻石初释》,《民族语文》1982年第2期。
戴庆厦:《〈白狼歌〉研究》,《民族语文》1982年第5期。
集安县文物保管所:《吉林集安县发现赵国青铜短剑》,《考古》1982年第6期。
陕西周原考古队、周原岐山文管所:《岐山凤雏村两次发现周初甲骨文》,《考古与文物》1982年第3期。
延边朝鲜自治州博物馆:《渤海贞孝公主墓发掘清理简报》,《社会科学战线》1982年第1期。
王承礼:《唐代渤海〈贞惠公主墓志〉的比较研究》,《社会科学战线》1982年第1期。
肖家成、武自立、纪嘉发:《彝文源流试论》,《云南社会科学》1982年第3期。
韦庆稳:《论百越民族的语言》,载《百越民族史论集》,中国社会科学出版社,1982年。
彭适凡:《吴城文化族属考辨》,载《百越史论文集》,中国社会科学出版社,1982年。
蒋炳钊:《东越历史初探》,载《百越史论文集》,中国社会科学出版社,1982年。
朱维干、陈元煦:《闽越的建国和北迁》,载《百越史论文集》,中国社会科学出版社,1982年。
傅举有:《关于湖南古代越族历史的几个问题》,载《百越史论文集》,中国社会科学出版社,1982年。
徐恒彬:《南越族先秦史初探》,载《百越史论文集》,中国社会科学出版社,1982年。
蒋廷瑜:《从考古发现探讨历史上的西瓯》,载《百越史论文集》,中国社会科学出版社,1982年。
汪宁生:《古代云贵高原上的越人》,载《百越史论文集》,中国社会科学出版社,1982年。
齐德文:《乾陵发现契丹小字石刻》,《考古与文物》1983年第6期。

黄承宗:《四川西昌三坡火葬墓调查记》,《考古》1983 年第 3 期。
广州象岗汉墓发掘队:《西汉南越王墓发掘报告》,《考古》1983 年第 3 期。
立殿福:《集安洞沟三座壁画墓》,《考古》1983 年第 4 期。
冯永谦:《辽宁法库辽肖袍鲁墓》,《考古》1983 年第 7 期。
〔意〕L. 培忒克:《扬州拉丁文墓碑考证》,《考古》1983 年第 7 期。
四川凉山彝族自治州博物馆、越西县文化馆:《四川越西华阳村发现蜀文物》,《文物参考资料》(7),文物出版社,1983 年。
刘瑛:《巴蜀铜器纹饰图录》,《文物资料丛刊》(7),文物出版社,1983 年。
刘瑛:《巴蜀兵器及其纹饰符号》,《文物资料丛刊》(7),文物出版社,1983 年。
熊传新:《湖南发现的古代巴人遗物》,《文物资料丛刊》(7),文物出版社,1983 年。
阜阳汉简整理小组:《阜阳汉简〈苍颉篇〉》,《文物》1983 年第 2 期。
河南省文物研究所:《河南温县东周盟誓遗址一号坎发掘简报》,《文物》1983 年第 3 期。
项春松:《内蒙古昭乌达盟发现的一批古印资料》,《文物》1983 年第 8 期。
冯永谦、邓宝学:《辽宁建昌普查中发现的重要文物》,《文物》1983 年第 9 期。
刘凤翥、马骏山:《契丹大字〈北大王墓志〉考释》,《文物》1983 年第 9 期。
邓宝学、孙国平、李宇峰:《辽宁朝阳辽赵氏族族墓》,《文物》1983 年第 9 期。
甘肃省博物馆:《天梯山石窟西夏文佛经译释》,《考古与文物》1983 年第 3 期。
王宜涛:《商县紫荆遗址发现二里头文化陶文》,《考古与文物》1983 年第 3 期。
孙贯文:《龙门造象题记简介》,《考古与文物》1983 年第 6 期。
浙江省文物管理委员会等:《绍兴 306 号战国墓发掘简报》,《文物》1984 年第 1 期。
吉林省考古研究所、集安县博物馆:《集安高句丽考古的新收获》,《文物》1984 年第 1 期。
镇江博物馆、丹徒县文管会:《江苏丹徒大港母子墩西周铜器墓发掘简报》,《文物》1984 年第 5 期。
刘凤翥、于宝林:《〈耶律延宁墓志〉的契丹大字释读举例》,《文物》1984 年第 5 期。
李域静、关双喜:《西安西郊出土唐代手写经咒绢画》,《文物》1984 年第 7 期。
刘凤翥、马俊山:《契丹大字〈北大王墓志〉考释》,《文物》1984 年第 9 期。
方志良、张光助:《浙江诸暨发现唐代铭文铜钟》,《文物》1984 年第 12 期。
杨泓:《吴东晋南朝的文化及其对海东的影响》,《考古》1984 年第 6 期。
四川省文管会、雅安地区文化馆、荥经县文化馆:《四川荥经曾家沟战国墓群第一、二次发掘》,《考古》1984 年第 12 期。
孙华:《巴蜀符号初论》,《四川文物》1984 年第 1 期。
李毅然:《两件正德朝阿拉伯文波斯文瓷器——兼谈伊斯兰文化的影响》,《故宫博物院院刊》1984 年第 3 期。

李复华、王家祐:《关于“巴蜀图语”的几点看法》,《贵州民族研究》1984年第6期。
施安昌:《从院藏拓本探讨武则天造字》,《故宫博物院院刊》1983年第4期。
张公瑾:《傣族的文字和文献》,载《中国民族古文字研究》,中国社会科学出版社,1984年。
马雍:《古代鄯善、于阗地区佉卢文文字资料考》,载《中国民族古文字研究》,中国社会科学出版社,1984年。
李铁:《焉耆——龟兹文的研究》,载《中国民族古文字研究》,中国社会科学出版社,1984年。
黄振华:《于阗文研究概述》,载《中国民族古文字研究》,中国社会科学出版社,1984年。
耿世民:《古代突厥文》,载《中国民族古文字研究》,中国社会科学出版社,1984年。
安瓦尔·巴依图尔:《察合台文和察合台文献》,载《中国民族古文字研究》,中国社会科学出版社,1984年。
耿世民:《回鹘文》,载《中国民族古文字研究》,中国社会科学出版社,1984年。
沈宗振:《从〈突厥大字典〉看喀喇汗王朝的文字》,载《中国民族古文字研究》,中国社会科学出版社,1984年。
史金波:《西夏文概述》,载《中国民族古文字研究》,中国社会科学出版社,1984年。
岳邦湖、陈炳应:《我国发现的西夏文字典〈音同〉残篇的整理复原和考释》,载《中国民族古文字研究》,中国社会科学出版社,1984年。
吴峰云:《〈番汉合时掌中珠〉校补》,载《中国民族古文字研究》,中国社会科学出版社,1984年。
陈士林:《彝文研究的基础和前景》,载《中国民族古文字研究》,中国社会科学出版社,1984年。
刘凤翥、于宝林:《契丹字研究概况》,载《中国民族古文字研究》,中国社会科学出版,1984年。
金启孮:《女真文字研究概况》,载《中国民族古文字研究》,中国社会科学出版社,1984年。
道布:《回鹘式蒙古文研究概况》,载《中国民族古文字研究》,中国社会科学出版社,1984年。
照那斯图、杨耐思:《八思巴字研究》,载《中国民族古文字研究》,中国社会科学出版社,1984年。
宣德五:《朝鲜文字的变迁》,载《中国民族古文字研究》,中国社会科学出版社,1984年。
张元生:《壮族人民的文化遗产——方块壮字》,载《中国民族古文字研究》,中国社会科学出版社,1984年。
于宝林:《略论〈契丹文字的解读方法〉》,载《中国民族古文字研究》,中国社会科学出版社,1984年。

陈士林:《试论彝文的起源、类型和造字法原则问题》,载《罗常培纪念论文集》,商务印书馆,1984年。
徐琳:《明代白文〈故善士杨宗墓志〉译释》,载《罗常培纪念论文集》,商务印书馆,1984年。
蔡美彪:《女真字构制初探》,《内蒙古大学学报》1984年第2期。
和希格:《契丹大字与传世的女真文字》,《内蒙古大学学报》1984年第3期。
陆瑛:《浅谈"方块壮字"》,《三月三》1984年第2期。
许玉材:《丹东地区发现金末耶律留哥大辽政枚铜印》,《文物》1985年第5期。
嵇训杰:《辽〈耶律加乙里墓志铭〉补释》,《文物》1985年第5期。
程竹敏:《西藏文管会收藏的元代印章》,《文物》1985年第9期。
上海博物馆:《上海浦东明陆氏墓记述》,《考古》1985年第6期。
林至德、耿铁华:《集安出土的高句丽瓦当及其年代》,《考古》1985年第7期。
于宝林:《契丹文字文献论著解题(上)》,《文献》1985年第1期。
于宝林:《契丹文字文献论著解题(中)》,《文献》1985年第2期。
施向东:《拼音造字法不自西夏文始》,《民族语文》1985年第5期。
史金波:《再谈西夏文反切上下字合成法》,《民族语文》1985年第5期。
杨发祥:《没有必要创造白文》,《大理师专学报》1985年第1期。
李先登:《夏代有文字吗》,《文史知识》1985年第7期。
杨民:《白族民间木刻版画——甲马纸》,《美术研究》1985年第3期。
新疆维吾尔自治区博物馆成振国:《新疆阿力麻里古城又发现一块基督教叙利亚刻石》,《文物》1985年第4期。
曹汛:《辽夏蕴石棺记考述》,《文物》1985年第5期。
李学勤:《宜侯与吴国》,《文物》1985年第7期。
吐鲁番地区文物管理所:《柏孜克里克千佛洞遗址清理简报》,《文物》1985年第8期。
福建省博物馆:《崇安城村汉城探掘简报》,《文物》1985年第11期。
林河:《侗族民歌与〈越人歌〉的比较研究》,《贵州民族研究》1985年第4期。
陆锡兴:《假借转注再研究》,《语言研究》1986年第1期。
张民:《试探〈越人歌〉的诞生地兼证榜枻人与侗族的关系》,《贵州民族研究》1986年第4期。
吴幼雄、王耀东、黄秋润:《福建泉州清真寺发现一批伊斯兰教碑》,《考古》1986年第6期。
李增贵:《瑶族〈元国歌〉》,《广西民族学院学报》1986年第4期。
坦龙:《贵州少数民族的宗教信仰》,《贵州文史丛刊》1986年第1期。
邹世魁:《吉林省德惠县发现辽金时期银质符牌》,《文物》1986年第5期。
同心县文物管理所:《宁夏同心县征集一方西夏官印》,《文物》1986年第11期。

朱江:《扬州发现元代基督教徒墓碑》,《文物》1986年第3期。
贵州省博物馆等:《赫章可乐发掘报告》,《考古学报》1986年第2期。
张平:《汉龟二体钱及有关问题》,《中国钱币》1987年第1期。
陈公柔、徐元邦、曹延尊、格桑本:《青海大通马良墓出土汉简的整理与研究》,《考古学集刊》第6辑,中国社会科学出版社,1987年。
库车文管所:《汉龟二体铜钱的发现及其认识》,《中国钱币》1987年第1期。
林梅村:《佉卢文书及汉佉二体钱所记于阗大王考》,《文物》1987年第2期。
内蒙古文物考古研究所、阿拉善盟文物工作站:《内蒙古黑城考古发掘纪要》,《文物》1987年第7期。
史金波、黄振华:《黑城新出西夏文辞书〈音同〉初释》,《文物》1987年第7期。
四川省文物管理委员会等:《广汉三星堆遗址一号祭祀坑发掘简报》,《文物》1987年第10期。
叶其锋:《故宫藏八思巴字印及相关问题》,《文物》1987年第10期。
刘豫川:《巴蜀符号印章的初步研究》,《文物》1987年第10期。
李步青、吴云进:《山东莱阳发现一件罕见的仿铜陶盉》,《文物》1987年第10期。
内蒙古文物考古研究所:《辽陈国公主驸马合葬墓发掘简报》,《文物》1987年第11期。
李学勤:《论新出大汶口文化陶器符号》,《文物》1987年第12期。
四川省文物管理委员会、四川省文物考古研究所、成都市博物馆:《成都十二桥商代建筑遗址第一期发掘简报》,《文物》1987年12期。
余翠秀:《宜昌杨家湾在新石器时代陶器上发现刻划符号》,《考古》1987年第8期。
大理市博物馆:《大理市收集的四方大理国末期的碑刻》,《考古》1987年第9期。
四川省文物管理委员会、四川省博物馆、广汉县文化馆:《广汉三星堆遗址》,《考古学报》1987年第2期。
许辉勋:《试谈明清小说对朝鲜古典小说的影响》,《延边大学学报》1987年第1期。
李学勤:《湖南战国兵器铭文简释》,《古文字研究》第12辑,中华书局,1987年。
胡大权:《巴蜀文字之谜》,《历史知识》1987年第1期。
朱松植:《汉字与朝鲜的吏读字》,《延边大学学报》1987年第4期。
何一琪:《白文哀词〈赵坚碑〉之研究》,《云南民族学院学报》1987年第2期。
耿铁华:《高句丽贵族冉牟墓及墓志考释》,《辽海文物学刊》1987年第2期。
祁庆福:《南诏王室族属考辨》,《西南民族研究彝族专集》,云南人民出版社,1987年。
阎频:《包山大冢珍品撷英》,《文物天地》1987年第6期。
姜亮夫:《唐人所谓声纽三十母说》,载《敦煌学论文集》,上海古籍出版社,1987年。
高鲁加:《契丹小字复数符号探索》,《内蒙古大学学报》1988年第2期。

于宝林:《契丹文字制字时借用汉字的初步研究》,《内蒙古大学学报》1988年第4期。
钱玉趾:《古蜀地存在过拼音文字——成都百花潭战国墓出土的铜盉盖考》,《四川文物》1988年第6期。
杨凤江:《彝文五言诗及其起源考述》,《西南民族学院学报》1988年第1期。
张平:《新疆轮台县出土的汉龟二体五铢》,《考古》1988年第7期。
内蒙古自治区文物工作队、巴林右旗文物馆:《内蒙古巴林右旗罕山辽代祭祀遗址发掘报告》,《考古》1988年第11期。
吴幼雄:《福建泉州发现的也里可温(景教)碑》,《考古》1988年第11期。
罗二虎:《成都地区卜甲的初步研究》,《考古》1988年12期。
冯永谦:《补辽萧袍鲁墓出土的契丹大字墓铭》,《辽金契丹女真史研究》1988年第1期。
聂鸿音:《论契丹语中汉语借词的音系基础》,《民族语文》1988年第2期。
阎万章:《契丹文〈萧袍鲁墓志铭〉考释》,《民族语文》1988年第3期。
马忠建:《西夏语的复合构词法》,《民族语文》1988年第6期。
张其海、林忠翰:《福建崇安汉城遗址出土的文字符号》,《考古与文物》1988年第4期。
宁夏文物考古研究所:《西夏陵园北端建筑遗址发掘简报》,《文物》1988年第9期。
王雪宝:《少林寺出土元明大石碑》,《中国文物报》1988年第26期。
张平:《新疆轮台县出土的汉龟二体钱》,《考古》1988年第7期。
侯灿:《楼兰新发现木简纸文书考释》,《文物》1988年第7期。
张增祺:《古代云南的"梁堆"墓及其族属新探》,《云南民族学院学报》1989年第4期。
河南省文物研究所:《河南舞阳贾湖新石器时代遗址第二至六次发掘简报》,《文物》1989年第1期。
四川省文物管理委会员等:《广汉三星堆遗址二号祭礼坑发掘简报》,《文物》1989年第5期。
四川省文物管理委员会、荥经县文化馆:《四川荥经曾家沟21号墓清理简报》,《考古》1989年第5期。
王勤金:《元延祐四年也里世八墓碑考释》,《考古》1989年第6期。
王仲殊:《东晋南北朝时代中国与海东诸国的关系》,《考古》1989年第11期。
湖北省清江隔河岩考古队:《湖北清江香炉石遗址的发掘》,《文物》1989年第9期。
黑龙江省文物考古研究所:《黑龙江阿城巨源金代齐国王墓发掘简报》,《文物》1989年第10期。
钱玉趾:《古蜀文字是拼音文字再探——四川出土的几件铜器铭文考》,《四川文物》1989年第6期。
林向:《三星堆遗址与殷商的西土——兼释殷墟卜辞中的"蜀"的地理位置》,《四川文物》

“三星堆遗址研究专辑”,1989 年。
董其祥:《巴蜀文字探讨》,《西南师范大学学报》1989 年第 3 期。
姜永兴:《苗文探究》,《西南民族学院学报》1989 年第 1 期。
赵衍荪:《浅论白族文字》,《云南民族语文》1989 年第 3 期。
王正贤、王子尧:《贵州威宁出土刻划陶文研究》,《贵州民族研究》1989 年第 4 期。
林海村:《洛阳所出佉卢文井栏题记》,《中国历史博物馆馆刊》13,14 期合刊本,1989 年。
陆锡兴:《词分裂的初步研究》,《淮北煤师院学报》1989 年第 3 期。
释贵明、杜可臣:《西周有字卜骨在襄樊出土》,《中国文物报》1989 年 2 月 24 日。
内蒙古文物考古研究所:《内蒙古文物考古工作的新进展》,载《文物考古工作十年》,文物出版社,1990 年。
辽宁省文物考古研究所:《辽宁近十年来文物考古新发现》,载《文物考古工作十年》,文物出版社,1990 年。
张家口市文物事业管理所、张家口市宣化区文物管理所:《河北宣化下八里辽金壁画墓》,《文物》1990 年第 10 期。
周日琏:《四川芦山出土巴蜀符号印及战国秦汉私印》,《考古》1990 年第 1 期。
王成:《内蒙古鄂温克族自治旗发现契丹大字铜牌》,《考古》1990 年第 6 期。
韩仁信:《内蒙古巴林右旗出土契丹大字铜符牌和石质道教符印》,《考古》1990 年第 6 期。
张明华、王惠菊:《太湖地区新石器时代的陶文》,《考古》1990 年第 10 期。
郑洪春:《试论龙山文化晚期的社会形态》,《文博》1990 年第 4 期。
马学良、朱崇先:《从语言论证南诏王室的族属问题》,《云南民族学院学报》1990 年第 1 期。
赵丽明:《湘西方块苗文》,《中国文化》1990 年第 2 期。
赵丽明、刘自齐:《湘西方块苗文》,《民族语文》1990 年第 1 期。
聂鸿音:《列宁格勒藏本西夏文词书残叶考》,《民族语文》1990 年第 1 期。
杨应新:《方块白文辨析》,《民族语文》1991 年第 1 期。
王人聪:《西汉越族官印试释》,《东南文化》1991 年第 1 期。
潘世雄:《水族源流考》,《广西壮族研究》1991 年第 2 期。
羽离子:《西江官方所行用的几种文字》,《西北史地》1991 年第 3 期。
长春市文物管理委员会办公室:《长春市石碑岭金代墓地发掘简报》,《考古》1991 年第 4 期。
金永田:《契丹大字“耶律习涅墓志”考释》,《考古》1991 年第 4 期。
段渝:《论新都蜀墓及所出“邵之飤鼎”》,《考古与文物》1991 年第 1 期。
双福:《后期蒙文沿革概述》,载《中国民族古文字研究》第 3 辑,天津古籍出版社,1991 年。
黄建明:《论彝文造字法》,载《中国民族古文字研究》第 3 辑,天津古籍出版社,1991 年。

梁庭望:《古壮字及其文献新探》,载《中国民族古文字研究》第3辑,天津古籍出版社,1991年。
王国宇:《略论水书与二十八宿》,载《中国民族古文字研究》第3辑,天津古籍出版社,1991年。
赵丽明:《汉字侗字与方块侗字》,载《中国民族古文字研究》第3辑,天津古籍出版社,1991年。
吴启禄:《布依族古籍中的方块布依字》,载《中国民族古文字研究》第3辑,天津古籍出版社,1991年。
木玉璋:《傈僳族音节文字及其文献》,载《中国民族古文字研究》第3辑,天津古籍出版社,1991年。
周祜:《白文考证》,载《南诏文化论》,云南人民出版社,1991年。
李家瑞:《南诏以来云南的天竺僧人》,载《南诏文化论》,云南人民出版社,1991年。
徐光辉:《中原高句丽碑》,载《东北亚历史与文化》,辽沈书社,1991年。
杨琮:《福建崇安汉城出土的青铜器以有关问题》,《华夏考古》1991年第2期。
宁夏回族自治区文物管理委员会办公室、贺兰县文化局:《宁夏贺兰县宏佛塔清理简报》,《文物》1991年第8期。
宁夏回族自治区文物管理委员会办公室、贺兰县文化局:《宁夏贺兰县拜寺口双塔勘测维修简报》,《文物》1991年第8期。
宁夏回族自治区文物管理委员会办公室、青铜峡市文物管理所:《宁夏青铜峡市一百〇八塔清理维修简报》,《文物》1991年第8期。
〔日〕濑户口律:《关于琉球官话课文的研究》,《语言研究》增刊,1991年。
刘祐、吴喜才:《汉文、女真文石刻、〈大金得胜陀颂〉碑》,《文物天地》1991年第6期。
朝阳北塔考古勘察队:《辽宁朝阳北塔天宫地宫清理简报》,《文物》1992年第7期。
余长安:《西藏考古与文物普查获大批新资料》,《光明日报》1992年6月27日。
〔日〕谷川雅夫:《木鸡室的拓本藏品》,《中国书法》1992年第4期。
刘凤翥:《契丹大字"五"的读音》,《民族语文》1992年第1期。
〔日〕西田龙雄:《关于契丹小字研究中的基本性质问题》,《民族语文》1992年第2期。
杨应新:《〈白语本祖祭文〉释读》,《民族语文》1992年第6期。
吕振奎、袁海波:《辽宁阜新海棠山发现契丹小字造像碑》,《考古》1992年第8期。
谢崇琨:《云南昭通出土汉代文字砖》,《考古》1992年12期。
张文:《巴蜀符号琐谈》,《四川文物》1992年第2期。
冯广宏:《峋嵝碑巴蜀文试析》,《四川文物》"三星堆古蜀文化研究专辑",1992年。
李学勤:《海外诗古续记(一)》,《文物天地》1992年第5期。

张宝玺:《东千佛洞西夏石窟艺术》,《文物》1992 年第 2 期。
曹淑文、何义壮:《谈美国普林西顿大学藏木活字〈大方广佛华严经〉》,《文物》1992 年第 4 期。
福建省博物馆、厦门大学人类学系:《崇安汉城北岗二号建筑遗址》,《文物》1992 年第 8 期。
山东大学历史系考古专业:《山东邹平丁公遗址第四、五次发掘简报》,《考古》1993 年第 4 期。
王恩田等:《专家笔谈丁公遗址出土陶文》,《考古》1993 年第 4 期。
杨毓骧:《云南契丹小字的遗存与释义》,《内蒙古大学学报》1993 年第 4 期。
段渝:《巴蜀古文字的两系及其起源》,《考古与文物》1993 年第 1 期。
刘雪山:《吉林镇赉县出土“行尚书六部印”》,《文物》1993 年第 12 期。
孙寿岭:《武威新发现的西夏瓷器》,《文物天地》1993 年第 1 期。
孙寿岭:《三都发现古水族文字墓碑》,《中国文物报》1993 年 3 月 7 日。
石尚昭、吴支贤:《水族文字研究》,载《中国民族古文字研究》第 2 辑,天津古籍出版社,1993 年。
林梅村:《新疆和田出土汉文于阗文双语文书》,《考古学报》1993 年 1 期。
魏文栋:《解开城步苗文之“迹”》,《贵州文史丛刊》1993 年第 2 期。
张磊:《普米族与汗归文》,《中央民族学院学报》1993 年第 2 期。
李炬:《训民正音与汉文化因素》,《中央民族学院学报》1993 年第 5 期。
道布、照那斯图:《河南登封少林寺出土的回鹘式蒙古文和八思巴字圣旨碑考释》,《民族语文》1993 年第 5 期。
道布、照那斯图:《河南登封少林寺出土的回鹘式蒙古文和八思巴字圣旨碑考释(续一)》,《民族语文》1993 年第 6 期。
云南大理白族自治州文物管理所:《云南大理弘圣寺塔清理简报》,《考古学集刊》第 8 辑,科学出版社,1994 年。
柳洪亮:《吐鲁番北凉武宣王沮渠蒙逊夫人彭氏墓》,《文物》1994 年第 9 期。
郭福祥:《清代帝后谥法与故宫博物院藏清代帝后谥册谥宝》,《故宫博物院院刊》1994 年第 4 期。
云南大理白族自治州文物管理所:《云南大理弘圣寺塔清理简报》,《考古学集刊》第 8 辑,科学出版社,1994 年。
宁夏回族自治区文物考古研究所、贺兰县文化局:《宁夏贺兰县拜寺沟方塔废墟清理纪要》,《文物》1994 年第 9 期。
姬乃军:《陕西吴旗出土金与西夏划界碑》,《文物》1994 年第 9 期。
王仲殊:《论日本出土的青龙三年铭方格规矩四神镜》,《考古》1994 年第 8 期。

齐东方:《韩国庆尚南道金海郡发掘伽倻墓群并出土重要文物》,《中国文物报》1994 年 2 月 27 日。
李学勤:《韩国金海出土的西汉铜鼎》,《中国文物报》1994 年 2 月 27 日。
齐晓光:《内蒙古发现契丹显贵耶律祺基》,《中国文物报》1994 年 4 月 24 日。
郑绪滔:《什邡船棺葬出土一枚“十万雄王”印章》,《四川文物》1994 年第 5 期。
木玉璋:《傈僳族音节文字造字法特点简介》,《民族语文》1994 年第 4 期。
陈乃雄:《云南的契丹族后裔和契丹字遗存》,《民族语文》1994 年第 6 期。
吕振奎:《海棠山契丹小字墓志残石补释》,《民族语文》1995 年第 4 期。
赵丽明:《奇特的瑶族语句团符号文字》,《语文建设》1995 年第 3 期。
张家口市宣化区文物保管所:《河北宣化辽代壁画墓》,《文物》1995 年第 2 期。
罗红侠、周晓:《试论周原遗址出土的西周玺印》,《文物》1995 年 12 期。
王未想:《内蒙占巴林左旗出土辽代蔡志顺墓志》,《考古》1995 年第 9 期。
朱志民:《内蒙古敖汉旗老虎沟金代博州防御使墓》,《考古》1995 年第 9 期。
吴春明:《闽江流域先秦两汉文化的初步研究》,《考古学报》1995 年第 5 期。
钱玉趾:《古蜀人的语言和文字》,载《三星堆文化》,四川人民出版社,1995 年。
〔苏〕克恰诺夫著,高士荣译:《西夏的语言文字》,《敦煌研究》1995 年第 4 期。
聂鸿音、史金波:《西夏文〈三才杂字〉考》,《中央民族大学学报》1995 年第 6 期。
聂鸿音、史金波:《西夏文本“碎金”研究》,《宁夏大学学报》1995 年第 2 期。
尹斌庸:《利玛窦等创制汉语拼音方案考证》,《学术集林》卷 4,上海远东出版社,1995 年。
照那斯图:《元代纸币八思巴官印文字考》,《民族语文》1995 年第 6 期。
李学勤:《符号最多的巴蜀矛》,《文物》1995 年第 8 期。
罗红侠、周晓:《试论周原遗址出土的西周玺印》,《文物》1995 年第 12 期。
薛宗正:《〈大唐毗沙郡将军叶和之墓〉考释》,《新疆文物》1996 年第 3 期。
刘长海、王清民:《东夏国“北京功农使印”考述》,《考古》1996 年第 11 期。
金在善:《浅谈渤海国的语言文字》,《中央民族大学学报》1996 年第 6 期。
于宝林:《略论〈契丹语研究〉及其相关问题》,载《中国民族古文字研究》第 4 辑,天津古籍出版社,1996 年。
芒·牧林:《“戎书”集说》,载《中国民族古文字研究》第 4 辑,天津古籍出版社,1996 年。
马尔干:《彝文的历史发展和规范彝文》,载《中国民族古文字研究》第 4 辑,天津古籍出版社,1996 年。
王峰:《方块白文的历史发展和现状》,载《中国民族古文字研究》第 4 辑,天津古籍出版社,1996 年。
冯广宏:《巴蜀古文戈铭试读》,《四川文物》1996 年第 6 期。

吴镇锋:《陕西历史博物馆馆藏封泥考》,《考古与文物》1996年第4期。

金太顺:《宁安虹鳟鱼场靺鞨——渤海墓群发现有重大收获》,《中国文物报》1996年2月4日。

陈伟汉:《广州发现西汉南越国官署遗址》,《中国文物报》1996年2月11日。

额尔敦巴特尔:《简论契丹大字和女真文字的比较研究》,《内蒙古大学学报》1996年第3期。

刘凤翥:《契丹大字中若干官名和地名之解读》,《民族语文》1996年第4期。

孙宏开:《西夏语鼻冠声母构拟中的几个问题》,《民族语文》1996年第4期。

内蒙古文物考古研究所、赤峰市博物馆、阿鲁科尔沁旗文物管理所:《辽耶律羽之墓发掘简报》,《文物》1996年第1期。

河北省文物研究所、张家口市文物管理处、宣化区文物管理所:《河北宣化辽张文藻壁画墓发掘简报》,《文物》1996年第9期。

韩仁信:《内蒙古巴林右旗李家园子存出土唐印》,《考古》1997年第8期。

李兴盛:《内蒙古乌兰察布盟察右前旗发现一方契丹大字铜印》,《考古》1997年第8期。

刘桂馨:《辽代常遵化墓出土的围棋子》,《文物》1997年第11期。

宋治民:《早期蜀文明与商周文明》,《四川文物》1997年第1期。

冯广宏、王家祐:《郚之偐鼎疑辨》,《四川文物》1997年第1期。

清格尔泰:《契丹语数词及契丹小字拼读法》,《内蒙古大学学报》1997年第4期。

清格尔泰:《汉初闽越城可能是无诸所筑,南方古城考古又重大发现》,《中国文物报》1997年6月15日。

李旭东:《安西碱泉子石窟发现西夏文书》,《中国文物报》1997年11月16日。

李旭东:《福州闽越故城发现一批文字瓦当》,《中国文物报》1997年12月21日。

周有光:《水书中的六书及其跟甲金文字的比较》,《语文建设通讯》1997年第3期。

照那斯图:《蒙元时期宫廷文书的印章文字》,《民族语文》1997年第3期。

大理州文物管理所:《云南大理市下关城北东汉纪年墓》,《考古》1997年第4期。

中国社会科学院考古研究所新疆队、新疆巴音郭楞蒙古自治州文管所:《新疆且末县加瓦艾日克墓的发掘》,《考古》1997年第9期。

王越:《略说尼雅发现的“苍颉篇”汉简》,《西域研究》1998年第4期。

陆锡兴:《从划分标准看文字类型》,《语言文字学刊》第一辑,汉语大词典出版社,1998年。

全洪:《南越国铜镜论述》,《考古学报》1998年第3期。

刘诗中、卢本珊:《江西铜岭铜矿遗址的发掘与研究》,《考古学报》1998年第4期。

内蒙古文物考古研究所、阿鲁科尔沁旗文物管理所:《内蒙古赤峰宝山辽壁画墓发掘简报》,《文物》1998年第1期。

长白朝鲜族自治县文物管理所:《吉林长白朝鲜族自治县发现蔺相如铜戈》,《文物》1998 年第 5 期。
彭金章、沙武田:《敦煌莫高窟北区洞窟清理发掘简报》,《文物》1998 年第 10 期。
〔日〕丰田五郎:《契丹小字对四季的称呼》,《民族语文》1998 年第 1 期。
聂鸿音:《〈文海〉韵的内部区别》,《民族语文》1998 年第 1 期。
聂鸿音:《广州发现南越国御苑遗址》,《中国文物报》1998 年 1 月 25 日。
冯永驱:《广州发现南越国御苑遗迹》,《中国文物报》1998 年 1 月25 日。
贾汉清、张正发:《阴湘城发掘又获重大成果》,《中国文物报》1998 年 7 月 1 日。
王未想:《契丹小字〈泽州刺史墓志〉残石考释》,《民族语文》1999 年第 2 期。
史金波:《西夏文写本〈文海宝韵〉》,《民族语文》1999 年第 4 期。
聂鸿音:《契丹大字解读浅议》,《民族语文》1999 年第 4 期。
刘浦江:《内蒙古敖汉旗出土的金代契丹小字墓志残石考释》,《考古》1999 年第 3 期。
杨铁男:《辽宁朝阳市发现一方辽代官印》,《考古》1999 年第 5 期。
韩仁信:《内蒙古巴林右旗出土契丹大字铜符牌和石质道教符印》,《考古》1999 年第 6 期。
吉林省文物考古研究所:《吉林汪清县红云渤海建筑遗址的发掘》,《考古》1999 年第 6 期。
宋治民:《试论蜀文化和巴文化》,《考古学报》1999 年第 2 期。
金宪镛、李健超:《陕西新发现的高句丽人、新罗人遗迹》,《考古与文物》1999 年第 6 期。
杨春:《"以诺"印章浅谈》,《四川文物》1999 年第 4 期。
龙腾:《蒲江新出巴蜀图语印章探索》,《四川文物》1999 年第 6 期。
吴春明:《近七十年闽越都城地望探索述评》,《中国史研究动态》1999 年第 10 期。
〔韩〕朴点玉:《韩国国字概述》,《语文建设》1999 年第 4 期。
新疆文物考古研究所:《新疆尉犁县营盘墓地 15 号发掘简报》,《文物》1999 年第 1 期。
王品魁:《拉下村水文字墓碑辨析》,《贵州省水家学会第三届、第四届学术讨论会论文汇编》,1999 年。
牛汝极:《叙利亚文和回鹘文景教碑铭文献在中国的遗存》,《欧亚学刊》第一辑,中华书局,1999 年。
林梅村:《从考古发现看隋末唐初于阗与中原的关系——大唐毗沙郡将军叶和墓表考证》,《西域研究》1999 年第 2 期。
韦宗林:《水族古文字"反书"的成因》,《贵州民族学院学报》1999 年第 4 期。
清格勒:《辽皇室墓出土契丹文》,《中国文物报》2000 年 4 月 26 日。
新疆文物考古研究所:《新疆民丰县尼雅遗址 95MNI 号墓地 M8 发掘简报》,《文物》2000 年第 1 期。
陕西省考古研究所:《西安北郊北周安伽墓发掘简报》,《考古与文物》2000 年第 6 期。

杨子仪:《〈古本眷录〉中的古侗字研读》,《民族语文》2000 年第 4 期。
卢迎红、周峰:《契丹小字〈耶律迪烈墓志铭〉考释》,《民族语文》2000 年第 1 期。
王未想:《内蒙古巴林左旗王士万墓志》,《考古》2000 年第 1 期。
王仲殊:《论日本“仿制三角缘神兽镜”的性质及其与所谓“舶载三角缘神兽镜”的关系》,《考古》2000 年第 1 期。
彭金章、王建军:《敦煌莫高窟北区洞窟所出多种民族文字文献和回鹘文木活字综述》,《敦煌研究》2000 年第 2 期。
陆锡兴:《方字论》,载《'99 汉字应用与传播国际学术研讨会论文集》,华语教育出版社,2000 年。
清格勒:《辽皇室墓出土契丹文》,《中国文物报》2000 年 4 月 26 日。
辽金考古队:《扎鲁特旗辽墓发现精美壁画》,《中国文物报》2000 年 10 月 29 日。
陈福康:《百年悲愤一石碑》,《中华读书报》2000 年 3 月 8 日。
广州市文物考古研究所、南越王宫博物馆筹建办公室:《广州南越国宫署遗址 1995—1997 年发掘简报》,《文物》2000 年第 9 期。
杨瑾:《陕西考古所见外国和少数民族文字》,《文博》2000 年第 1 期。
赵志伟、包瑞军:《契丹小字〈耶律智先墓志铭〉考释》,《民族语文》2001 年第 3 期。
徐超英:《滇西“紫禁城”》,《紫禁城》2001 年第 4 期。
王光尧:《一代受命之宝千载王权沉淀——诠释“大清受命之宝”》,《紫禁城》2001 年第 4 期。
木仕华:《纳西东巴文与藏文的关系》,《民族语文》2001 年第 5 期。
石金民、于泽民:《契丹小字〈耶律奴墓志铭〉考释》,《民族语文》2001 年第 2 期。
刘伟:《清宫藏传佛教瓷器》,《紫禁城》2001 年第 4 期。
福建省博物馆、福建省昙石遗址博物馆、福州市晋安区管委会:《福建福州市新店故城发掘简报》,《考古》2001 年第 3 期。
张铁山:《敦煌莫高窟北区 B159 窟出土回鹘文〈别译杂阿含经〉残卷研究》,《民族语文》2001 年第 6 期。
周国炎:《“方块布依字”及其在布依族宗教典籍传承过程中的作用》,《中央民族大学》2002 年第 5 期。
成都市文物考古工作队、浦江县文物管理所:《成都市浦江县船棺墓发掘简报》,《文物》2002 年第 4 期。
成都市文物考古研究所、成都市文物考古工作队:《成都西郊石人小区战国土坑墓发掘简报》,《文物》2002 年第 4 期。
新疆文物考古研究所:《新疆尉犁县营盘墓地 1995 年发掘简报》,《文物》2002 年第 6 期。

郑晓光:《契丹小字〈耶律永宁郎君墓志铭〉考释》,《民族语文》2002 年第 2 期。
成都市文物考古研究所:《成都市商业街船棺、独木棺墓葬发掘简报》,《文物》2002 年第 11 期。
和希格、穆鸿利:《从奥屯良弼女真文石刻看金代民族文字的演变》,《北方文物》2002 年第 3 期。
傅聚良:《湖广地区出土的"王"字铜器》,《文物》2003 年第 1 期。
阿力肯·阿吾哈力:《古代突厥如尼文字源自"旧粟特文"学说质疑》,《中央民族大学学报》2003 年第 2 期。
罗文华:《〈满文大藏经〉藏传佛教绘画——兼及尊神名号中的满文阿礼嘎礼字》,《故宫博物院院刊》2003 年第 3 期。
清格勒、刘凤翥:《契丹小字〈皇太叔祖哀册文〉考释》,《民族语文》2003 年第 5 期。
张铁山:《〈阿含经〉在回鹘人中的传译及其社会历史原因》,《西域研究》2003 年第 4 期。
葛承雍:《对西安市东郊唐墓出土契丹王墓志的解读》,《考古》2003 年第 4 期。
中国社会科学院考古研究所、甘肃省文物考古研究所《甘肃武威市白塔寺遗址 1999 年的发掘》,《考古》2003 年第 6 期。
于志勇:《楼兰——尼雅地区出土汉晋文字织锦初探》,《中国历史文物》2003 年第 6 期。
照那斯图:《一种从八思巴字脱胎而来的文字》,《民族语文》2003 年第 3 期。
耿世民:《回鹘文〈大白莲社经〉残卷(二叶)研究》,《民族语文》2003 年第 5 期。
于志勇《楼兰一尼雅地区出土汉晋文字织锦初探》,《中国历史文物》2003 年第 6 期转引。
阿力肯·阿吾哈力:《突厥如尼文字溯源》,《西域研究》2004 年第 2 期。
曾晓渝、孙易:《水族文字新探》,《民族语文》2004 年第 4 期。
陆锡兴:《反体、反书与民族文字的创制》,载《汉字传播与中越文化交流》,国际文化出版公司,2004 年。
陆锡兴:《反左书钩沉》,《书法丛刊》2004 年第 4 期。
贵州省文物考古研究所:《贵州安顺市宁谷汉代遗址与墓葬的发掘》,《考古》2004 年第 6 期。
四川省文物考古研究所、达州地区文物管理所、宣汉县文物管理所:《四川宣汉罗家坝遗址 2003 年发掘简报》,《文物》2004 年第 9 期。
牛汝极:《泉州新发现的叙利亚回鹘语景教碑铭》,《西域研究》2004 年第 3 期。
〔日〕成家彻郎著,常耀华译:《巴蜀印章试论》,《四川文物》2004 年第 2 期。
包明军、李华冰:《河南南阳市发现巴蜀式铜剑》,《华夏考古》2004 年第 2 期。
朱文旭、马娟:《彝文中的借汉字研究》,载《中国民族古文字研究会第七次学术研讨会论文集》,民族出版社,2004 年。

西安市文物保护考古所:《西安北周凉州萨保史君墓发掘简报》,《文物》2005 年第 3 期。
丛艳双、刘凤翥、池建学:《契丹大字〈多罗里本郎君墓志铭〉考释》,《民族语文》2005 年第 4 期。
吴小奕:《越南岱侬族喃字初探》,《广西民族学院学报》2005 年第 5 期。
潘朝霖:《水书难以独立运用的死结何在?》,《贵州民族学院学报》2006 年第 1 期。
黄德荣:《云南发现的大理国纪年文物》,《考古》2006 年第 3 期。
广州市文物考古研究所、中国社会科学院考古研究所、南越王宫博物馆筹建处:《广州市南越国宫署遗址西汉木简发掘简报》,《考古》2006 年第 3 期。
吐鲁番地区文物局:《新疆吐鲁番地区巴达木墓地发掘简报》,《考古》2006 年第 12 期。
陆锡兴:《吐鲁番古墓纸明器研究》,《西域研究》2006 年第 3 期。
阿布都鲁甫・甫拉提:《察合台维吾尔文及主要文献》,《民族语文》2006 年第 4 期。
刘凤翥、丁勇、孔群、白玉:《两件契丹大字木牍之研究》,《民族语文》2006 年第 5 期。
吐鲁番地区文物局:《新疆吐鲁番地区巴达木墓地发掘简报》,《考古》2006 年第 12 期。
吴英喆:《从带点与不带点的原字论说契丹语"性"语法范畴》,《中央民族大学学报》2006 年第 6 期。
刘凤翥、董新林:《契丹小字"撒懒・室鲁太师墓志碑"考释》,《考古》2007 年第 5 期。
广州市文物考古研究所中国社会科学院考古研究所、南越王宫博物馆筹建处:《广州市南越国宫署遗址 2003 年发掘简报》,《考古》2007 年第 3 期。
秦明:《金任询书法述略》,《书法丛刊》2007 年第 3 期。
熊鹰:《从馆藏石刻略谈辽金元时期石刻书法特点》,《书法丛刊》2007 年第 4 期。
林梅村:《成吉思汗史迹调查》,《考古》2008 年第 9 期。
张元:《贵州赫章可乐出土西汉纪年铭文瓦当》,《文物》2008 年第 8 期。
陕西省考古研究院:《陕西域外考古工作得主要收获》,《考古与文物》2008 年第 6 期。
杨再彪、罗红源:《湘西苗族民间苗文造字体系》,《吉首大学学报》2008 年第 11 期。
盖之庸、齐晓光、刘凤翥:《契丹小字〈耶律副部署墓志铭〉考释》,《内蒙古文物考古》2008 年第 1 期。
荆州博物馆:《湖北荆州院墙湾一号楚墓》,《文物》2008 年第 4 期。
孙雍长:《唐宋语言"平"有满、全义——兼释平假名》,《中山大学学报》2008 年第 2 期。
荆州博物馆:《湖北荆州院墙湾一号楚墓》,《文物》2008 年第 4 期。
孙伯君:《圣彼得藏女真文草书残叶汇考》,《北方文物》2008 年第 3 期。
樊海涛:《再论云南晋宁石寨山刻纹铜片上的图画文字》,《考古》2009 年第 1 期。
中央社首尔 1 月 10 日电:《韩历届总理联名建议实施汉字教育》,《参考消息》2009 年 1 月 11 日。

中国社会科学院考古研究所内蒙古第二工作队、内蒙古文物考古研究所:《内蒙古巴林左旗辽代祖陵陵园遗址》,《考古》2009 年第 7 期。
张少珊、曲轶莉:《丰宁县出土的契丹大字铭壶补释》,《北方文物》2009 年第 2 期。
邹芙都:《"玄舍"》,《江汉考古》2009 年第 4 期。
吉林省文物考古研究所、延边朝鲜族自治州文物管理委员会办公室:《吉林和龙市龙海渤海王室墓葬发掘简报》,《文物》2009 年第 6 期。
宋玉彬:《渤海都城故址研究》,《文物》2009 年第 6 期。
刘林海、孟令婧:《巴林左旗敖包镇辽代窖藏钱币》,《内蒙古文物考古》2010 年第 1 期。
孙伯君:《契丹小字解读新探》,《民族语文》2010 年第 5 期。
辽宁省文物考古研究所、沈阳市文物考古研究所:《辽宁法库县叶茂台 23 号辽墓发掘简报》,《考古》2010 年第 1 期。
《布依族古文字:如何避免"天书"厄运?》,www.chinesefolklore.com,2010 年 12 月 20 日。
周国茂:《布依族古文字研究》,《贵阳学院学报》2010 年第 4 期。
张俊民:《甘肃玉门毕家滩出土的衣物疏初探》,《湖南省博物馆》第 7 辑,岳麓书社,2010 年。
〔蒙〕策·图尔巴图、〔中〕萨仁毕力格:《蒙古国境内匈奴墓葬研究概况及近年新发现》,《草原文物》2011 年第 1 期。
武威市文物考古研究所:《甘肃威武磨咀子汉墓发掘简报》,《文物》2011 年第 6 期。
平城宫迹资料馆·秋期企画展:《地下の正仓院展——コトバコと木简》,奈良文化财研究所,2011 年。
中国社会科学院考古研究所内蒙古第二工作队、内蒙古文物考古研究所:《内蒙古巴林左旗辽代祖陵龟趺山建築遗址》,《考古》2011 年第 8 期。
辽宁省文物考古研究所:《辽宁新县辽代平原公主墓与梯子庙 4 号墓》,《考古》2011 年第 8 期。
〔韩〕赵胤宰:《韩国公州宋山里 6 号坟铭文砖释读管窥》,《东南文化》2011 年第 2 期。
陆锡兴:《缪篆新考》,《出土文献与古文字研究》第 4 辑,上海古籍出版社,2011 年。
李成市著,葛继勇译:《东亚视野中的朝鲜木简》,《唐都学刊》2011 年第 5 期。
中国社会科学院考古研究所边疆民族考古研究室、吐鲁番学研究院、龟兹研究院:《新疆鄯善县吐峪沟东区北侧石窟发掘简报》,《考古》2012 年第 1 期。
何毓灵、岳占伟:《论殷墟出土的三枚青铜印章》,《考古》2012 年第 12 期。
龙军、禹爱华:《湖南发现疑似瑶族文字》,《光明日报》2012 年 8 月 5 日。
龙正海:《渝、湘、鄂西水流域方块苗文造字法再探》,《重庆教育学院学报》2012 年第 5 期。
刘凤翥:《契丹大字"都统府之印"的解读》,《北方文物》2012 年第 3 期。

〔韩〕赵胤宰:《韩国百济故地出土南朝官印浅析》,《东南文化》2012年第6期。
韦建丽:《布依文古籍晋升"国宝"改变了"布依族没有文字的观念"》,《图书馆理论与实践》2012年第6期。
尹龙九、金庆浩:《古代东亚汉字文化传播的缩影》,《中国社会科学报》第254期,2012年1月10日。
李德山:《论渤海王国的诗歌创作》,《光明日报》2012年4月16日15页。
叶丽萍:《唐代渤海的文字瓦与文字》,《黑龙江史志》2012年第9期。
罗新:《西安大唐西市博物馆新入藏的"回鹘王子葛啜墓志"》,《东方早报》2013年5月19日"上海书评"。
霍文:《蒙古国加紧恢复传统蒙文》,《环球时报》2013年11月19日。
张铁山:《〈故回鹘葛啜王子墓志〉之突厥如尼文考释》,《西域研究》2013年第4期。
刘毅:《关于辽代皇陵的几点认识》,《中国国家博物馆馆刊》2013年第3期。
龙仕平、曾晓光、肖清:《邵阳城步古苗文实地调查报告》,《吉首大学学报》2013年第1期。
张凤,何羡坤:《布依族古文字形体结构初探》,《鸡西大学学报》2013年第6期。
江雪、方强:《渤海国文字瓦"以""其"释读及瓦文书体考察》,《北方文物》2013年第4期。
湖北省考古研究所、孝感市博物馆、孝昌县博物馆:《湖北孝昌武家岗墓地第二、四次发掘报告》,《江汉考古》2013年第1期。
四川省文物考古研究院、宜宾市博物馆、屏山县博物馆:《四川宜宾沙坝墓地2009年发掘简报》,《文物》2013年第9期。
〔越〕阮玉协:《越南陈朝禅宗三书俗字研究》,博士学位论文,2013年。
陈丽芳:《唐代于阗的童蒙教育——以中国人民大学博物馆和田习字文书为中心》,《西域研究》2014年第1期。
梁银景:《百济佛教寺院遗址的相关问题研究》,《考古学报》2014年第2期。
张凤:《方块布依文初步研究》,硕士学位论文,2014年。
梁允华:《越南出土之唐代贞元时期钟名——青梅社钟》,《中原文物》2014年第6期。
中国社会科学院考古研究所、西藏自治区文物考古研究所:《西藏阿里地区噶尔县故如甲木墓地2012年发掘报告》,《考古学报》2014年第3期。
段晴、李建强:《钱与帛——中国人民大学博物馆藏三件于阗语—汉语双语文书解析》,《西域研究》2014年第1期。
中国社会科学院考古研究所、西藏自治区文物考古研究所:《西藏阿里地区噶尔县故如甲木墓地2012年发掘报告》,《考古学报》2014年第3期。
西安市文物保护考古研究所:《西安市唐故奚质子热瓌墓志铭》,《考古》2014年第10期。
刘广瑞、朱建路:《大名新出夏汉文合璧墓志铭的价值和意义》,《光明日报》2014年5月

21 日。

陆锡兴:《谚文字母来源古篆说》,《中国文字研究》第 18 辑,上海书店,2014 年。

林梅村:《龟兹王城古迹考》,《西域研究》2015 年第 1 期。

陆锡兴:《古琴谱减字与其他民族文学的创制》,《中国文字研究》第 22 辑,上海书店,2015 年。

中国社会科学院考古研究所内蒙古第二工作队、内蒙古文物考古研究所《内蒙古巴林左旗辽祖陵一号陪葬墓》,《考古》2016 年第 10 期。

内蒙古文物考古研究所、锡林郭勒盟文物保护管理站、多伦县文物馆《内蒙古多伦县小王力沟辽代墓葬》,《考古》2016 年第 10 期。

后 记

《汉字传播史》初版面世已经15年了，这些年中，我没有放弃传播史的思考探索，没有放弃资料的收集。在增订版中我增加了向西域传播史，讲述了汉字在西域诸国和青海羌地的传播历程，把这一大块补上，使得汉字传播史完整无缺。增订版在彝文与汉字关系、布依文与汉字的关系上有了新的认识。传播史背景十分复杂，大部分民族利用和改造汉字的过程并没有详细记录，后人只能从传说中摸索，或者从文献的只言片语中体会。有些民族文字的创制历史文献记载空白，要从汉字内部的因素去寻找。我近年研究了古琴谱减字，发现这个减字居然覆盖了契丹文字、女真文字、谚文、片假名的创制，是产生新字形的理论依据。乐器两谱——西来的龟兹琵琶谱和中原的古琴谱，分别代表标音文字和标意文字的精华。不同基础的半字或减字共同创制了诸多民族文字，造就了东亚汉字文明。某些民族文字的创制是神秘的，有意隐瞒了改造方法，人为地披上了一件神秘的外衣。西夏文字是"独居一楼上"闭门制造出来的，虽知"类符篆"，而如何创制却是千古之谜。只有了解了符篆所指是道教的真文，才明白西夏文字是采用云篆结构，出现了不同于通行汉字的结构和繁复的笔画。

从20世纪80年代初我开始收集资料，研究汉字传播史以来，至今历经30多年。对于大多数文字研究者来说，这是一个陌生的领域。1986年，我曾经把《从敦煌曲谱看日本民族文字的形成》一文投稿《日语学习与研究》，很快责任编辑来信称拙文为几年未见之好文章，马上发表。过了一年，却收到该刊主编的来信，要我把观点改掉，因为他在日本没有听说过这种说法。我只得把稿子转投《敦煌研究》，又过了一年多才刊出。不久，被《新华文摘》转载。2000年我把"汉字传播史"作为国家社科项目，提出申请，结果未被采纳。这说明，一个新的观点，一个新的领域，对学术界而言，也有一个认识和接受的过程。今年我看到不同学术会议上都有汉字传播史的项目，甚至那些否认传播史为文字研究的学者，现在也把它纳入研究领域。不过，目前学术界的传播史研究还限于汉字文献传播以及俗字比对，希望能深化理论研究，发掘传播的内在规律，这样更有意义。全香兰教授翻译的韩文版《汉字传播史》(2013 年国家社科基金中华学术外译项目)已经在韩国出版，拙著能进入韩国文化界，让韩国汉字学者换个角度观察文字发展历史，也许会有些新的体会。

最后感谢商务印书馆出版修订本，这本书内容庞杂，排版麻烦，花费了额外的人力和财力，才把此书奉献到读者面前。

陆锡兴 2017 年秋于沪上仙霞西路寓所